장미와
에델바이스

LA ROSE ET L'EDELWEISS by Roger Faligot

ⓒ Editions La DECOUVERTE, Paris, 2009
All rights reserved.

Korean translation rights are arranged with Editions La DECOUVERTE,
Paris through PubHub Literary Agency, Seoul.
Korean translation Copyright ⓒ 2011 by Openhouse for Publishers Co., Ltd.

이 책의 한국어판 저작권은 PubHub 에이전시를 통한
저작권자와의 독점 계약으로 도서출판 오픈하우스에 있습니다.
저작권법에 의해 한국 내에서 보호를 받는 저작물이므로
무단 전재와 무단 복제를 금합니다.

장미와 에델바이스

LA ROSE ET L'EDELWEISS

로제 팔리고 지음 | 우석훈·이재형 옮김

오픈하우스

차례

| 장미와 에델바이스 해제 | 10대의 트라우마, 그것은 지워지지 않는다. 6

서론 | 레지스탕스에 뛰어든 청소년들, 과연 이것은 금지된 주제인가? 29

제1장 세 대의 열차, 그리고 이름 모를 해적에게 바쳐진 비석 39

제2장 11월 11일 : 고등학생들의 저항 65

제3장 무릎을 펴고 당당하게 걷는 아이들 93

제4장 '검은손'의 심판자들 123

제5장 빛의 도시 속 '그림자 군단' 153

제6장 붉은 깃발을 든 파리의 부랑자들 181

제7장 첩자들, 스카우트 단원들, 그리고 '자유프랑스'의 사관생도들 211

제8장 노란 별을 단 어린 왕자들 239

제 9장   콤소몰의 젊은 아마존들 271

제10장   에델바이스 해적단, 스윙키즈단, 백장미단 303

제11장   처칠클럽의 복면 쓴 바이킹들 341

제12장   로자와 아우슈비츠에서 저항한 자들 367

제13장   사진가와 바르샤바의 '애덕스카우트' 395

제14장   피콜리 파르티지아니 디틸리아 에 디 코르시카 423

제15장   안느 코르, 브르타뉴의 수수께끼 453

제16장   1944년 여름, 잃어버린 아이들의 부대 487

결론| 기 모케와 '자유의 아이들' 525

| 장미와 에델바이스 해제 |

10대의 트라우마, 그것은 지워지지 않는다.

우석훈

1.

마흔이 넘어가면서부터 가만히 내 인생을 되돌려서 생각해보는 일을 좋아하기 시작한 것 같다. 나는 오후 2시 이전에는 거의 일어나지 않는다. 그 대신 잠은 아침 해가 뜬 다음에나 자기 시작한다. 분명 40대 남자의 평범한 삶은 아닌 것 같다. 내가 주변의 친구들과 다르게 생각하고 달라질 수밖에 없던 계기가 특별히 존재했을까? 나는 평생을 조선일보를 읽으면서, 아버지는 한나라당만을, 어머니는 1번만을 찍은, 그런 진짜로 평범한 부모의 자식으로 자랐다. 썩 넉넉하지는 않지만, 세끼 밥 먹을 걱정은 하지 않아도 좋은, 그런 진짜 평범한 조건이었던 것 같다. 물론 거기에서도 특이점을 찾으려고 하면 찾을 수도 있겠지만, 집안에서 뭔가를 찾아봐야 더 신통한 것은 나오지 않는다. 어쨌든 나는 집안에서 처음으로 4년제 대학에 입학을 했고, 정부에 반대하는 집회에 나오는 첫 번째 '빨갱이'가 되었고, 처음으로 '나는 좌파다'라고 사회적으로 선언한 그런 사람이 되었다. 농담 삼아 말하지만, 같이 자랐던 두 명의 동생들과 나를 합쳐서

'우리 집에는 좌파 한 명, 우파 한 명, 그리고 극우파 한 명이 있다'라고 얘기를 한다. 때때로 나도 구조로 뭔가를 설명하려고 하지만, 정작 나를 둘러싼 협의의 가족 구조에는 나 같은 사람이 등장할만한 요소는 거의 없었다. 집집마다 있을 법한 4.19에 참가했던 삼촌 얘기, 그런 것도 없었다. 그렇다면 더 위로 올라가면, 가문의 영광스러운, 그저 '동일화'의 대상이 될 법한 그런 어른이 있었는가, 그런 것도 없었다. 그냥 서울의 새우 장사 하던 중인 집안, 그 정도가 내가 집안 내력에 대해서 알고 있는 거의 전부이다. 집안 분위기로 보면, 나는 완벽한 돌연변이인 셈이다. 그러나 모든 것에는 그 첫 계기가 있는 법, 내가 다른 사람과 다르다는 것을 처음 인식한 순간은 언제였을까?

그 기원으로 내려가면 아마 유신 시대의 '국민교육헌장'에서 출발하지 않을까 싶다. 초등학교 입학식이 끝나고 아마 한 주 정도 지났을 때의 일이라고 생각한다. 학교에서는 국민교육헌장을 외우도록 했고, 그걸 외우지 않으면 교실에 들어가지 못했다. 뜻도 알 수 없는 그 국민교육헌장을 외우라고? 나는 결국 한 줄 이상을 외우지 못했다. 그래서 전교생 중에서 마지막까지 교실에 들어가지 못했던, 그런 기억이 있다. 결국 더 이상 강요하는 것은 무리라고 선생님들이 생각했던 것인지, 그걸 외우지 않고도 교실에 들어갈 수 있었다. 유신시대 초등학교의 기억, 그건 지워지지 않는 기억인 것 같다. 아마 그 기억이 없었다면, 나는 그냥 명랑하고 해맑게 초등학교 시절을 보냈을 것 같은데, 유신은 나에게 그런 기회를 주지 않았다. 나한테 반항의 피가 흐르고 있는 것일까? 아니면 국민교육헌장이, 나에게는 반대의 의미로, 극복해야 할 아버지 같은 존재가 된 것일까?

나중에 나는 그것이 '유니포머티uniformity'라고 부르는 '획일성'의 문제라는 생각이 들었다. 박사학위를 받을 때까지 나를 사로잡고 있던 가장 큰 질문은 내 또래의 다른 친구들과는 달리 민주주의도 아니었고, 해방도 아니었고, 혁명도 아니었다. '어떻게 하면 한국의 획일성을 깰 것인가?' 그 질문은 지금까지도 나에게 가장 큰 질문이고, 결국 나는 생태학에서 유래한 '종 다양성'이라는 개념 속에서 마음의 평온을 찾을 수 있었다. 다양성, 그것은 나에게 일종의 구원이었던 셈이다. 중고등학교를 거치면서, 나는 학교에서 반항아로 찍혔고, 문제아로 관리 대상이 되었다. 수업도 거의 들어가지 않았다. 가끔 수업에 들어가면 그냥 자다가 터지기 일쑤인, '어디서 저런 똘아이가 나왔나' 하는 그런 관리대상이었다. 다른 건 모르겠고, 시험 보는 데에는 좀 운이 있는 편이었다. 그래, 순전히 운인지도 모르겠다. 나는 노래를 잘 부르고 싶었고, 악기를 잘 다루고 싶었다. 그러나 신은 내가 하고 싶은 일에 대해서는 아무런 재능을 나에게 부여하지 않았다. 할 수 없다, 생긴 대로 사는 수밖에. 그 대신 약간의 시험 운을 받은 것일까?

 전두환 시절의 교육은, 나에게 평생 지어지지 않을 상처를 남겨놓았다. 폭력과 관리. 그러나 나는 순종 대신 몰매를 선택했다. 친구들은 선생님 앞에서 그냥 좀 참으라고 말했지만, 나는 그걸 참으면 정말로 죽을 것 같았다. 마지막으로 내가 맞았던 것은 국어 시간에 관동별곡을 외우기를 거부했을 때였다.

 나는 그게 '사랑의 매'라는 사실을 지금도 인정하지 않고, 그들이 교육자였다는 사실도 인정하지 않는다. 그들은 군사정권에게 바칠 실적만이 필요했고, 그걸 사랑이라고 미화했지만, 나는 그런 사랑은 세상에 존재하지 않는다고 생각했고, 지금도 그렇게 생각한다. 그러나 독재자 전두환이 우리에게 해준 것이 아주 없지는 않다. 그는 우리에게 과외를 없애주었고, 머리를 기를 수 있게 해주었고, 교복을 치워주었다. 그것이 독재와 맞바꾼 자유일까?

 그렇게 '과외 없는 세상'을 누릴 수 있었던 나의 친구들이 '386'이라는 이름으로 불리며 부모가 되자 '매니징 맘'으로 돌변하면서 해외원정 출산, 영어 공부를 위한 자녀 혀 수술, 그리고 지금의 과외 열풍을 주도하는 것을 보았을 때, 내가 저들과 동시대의 인물인가, 그런 질문을 하지 않을 수 없었다. 맞았던 자식이 자라서 때리는 부모가 된다는 심리학의 지적에는 익숙하다. 그런데 그걸 뒤집어서, 과외하지 않았던 부모가 과외 열성 부모가 되는 지금의 현상을, 도대체 어떻게 설명할 것인가. 386? 아니 이제는 '486'이라고 불러야 하나? 저들은 자신들의 생활 속에서 독재자와 전혀 다르지 않은, 강압적 부모가 된 게 아닌가?

2.

나는 원래 10대 문제에 관심이 많았고, 지금도 가장 많은 시간을 들여서 연구하는 대상이 여전히 10대이다. 그런데 내가 관심을 가졌던 그런 초기의 10대들이 어느덧 대학생이 되고 20대가 되면서 전혀 다른 양상을 보이기 시작했다. 이게 나 혼자 대장정 시리즈라고 부르는 12권의 책들 가운데 맨 앞에 배치된 《88만원 세대》에 대한 질문을 하게 된 첫 모티프 중 하나라고 할 수 있다. 확실히 뭔가 바뀌었는데, '다르다'는 것은 알겠는데, 그 내용과 방향에 대해서는 여전히 오리무중이었다.

 20세기에 등장한 몇 개의 세대 현상에 대해 연구를 시작하면서 일본의 단카이 세대, 즉 '덩어리'라고 부른 세대에 대해서는 어느 정도 이해를 했지만, 본격적으로 특수하면서도 보편적인 사례가 없을까, 한참 고민을 하던 시절의 일이다. 결국 제작에는 실패했지만, 당시 교육방송에서 다큐

형식으로 준비하던 방송기획안을 볼 기회가 생겼다. '회의적 세대'라는 독일 사례였는데, 그들이 바로 나치즘 시대에 10대를 보낸, 소위 '유겐트'라고 불리던 사람들에 관한 이야기였다. 그 내용을 처음 보았을 때, 딱 이거다 싶은 느낌이 들었다.

그 시기에 속한 사람으로 대표적인 사람이 위르겐 하버마스Jurgen Habermas이다. 10대에 히틀러 밑에서 '독일 만세, 제3제국 만세!'를 외쳤던 사람들은 독일의 패망 이후 자신의 10대 시절이 집단적인 트라우마로 남게 되었다. 그리고 그들의 정체성은 다중적이 될 수밖에 없었다. 패전 독일의 전후 재건 과정에서 드디어 이 또래의 사람들이 정치적 주도권을 가질만할 때 기성세대와 아버지의 권위를 전면적으로 부정하는 68혁명이 벌어졌다. 그리고 사회의 주도권은 다시 대학생들과 20대에게……

사실 유겐트 세대가 선택한 건 없었다. 그들에겐 투표권도 없었고, 투표로 히틀러를 세웠던 사람들은 어른들이었기 때문에 사회적 결정권이 없는 유겐트들에게 '당신들은 파시스트야!'라고 하기에는 어폐가 있는 것 같다. 그러나 그들은 패전 독일에서 세계적으로 손가락질을 받는 대상이 되었다. 그리고 자신들이 겨우 40대가 되어서 사회의 주도권을 가지는가 싶었는데 새로운 10대와 20대들에게 '가부장제의 화신'이라느니, '구질서의 신봉자'라느니, 그런 비판을 받으면서 역사의 뒤안길로 물러나야 했다. 이런 억울한 일이 어디 있겠는가? 하지만 역사는 그렇게 흘러갔다. 세계사에 집단적으로 억울한 일이 벌어진 게 어디 한두 번이겠는가?

유겐트 시절의 사례를 찾는 나의 연구는 계속 이어졌는데, 그때 10대가 아닌 초등학생의 사례를 찾으면서 나는 '유레카!'를 외쳤다. 아마 21세기에도 언어학자인 노암 촘스키Noam Chomsky와 함께 최고의 권위를 누리고 있는 이탈리아 기호학자인 움베르트 에코Umberto Eco가 바로 무솔리니 치하에서 초등학교를 보냈던 것 아닌가. 그는 영민한 어린이답게 파시즘이라는 용어를 만든 바로 그 무솔리니에 대한 웅변대회에서 상을 받았다. 그는 《누구를 위하여 종을 울리는지 묻지 맙시다》라는 책에서 이날의 기억을 너무나 생생하게 재현했다.

"1942년 열 살의 나이에 저는 '청소년 강연'에서—이탈리아의 파시스트 젊은이들, 그러니까 이탈리아의 모든 청소년에게 강요된 일종의 자유 참가 경연대회에서—1등상을 탔습니다. 저는 수사학적 기교를 동원하여 '우리는 무솔리니의 영광과 이탈리아의 불멸의 운명을 위해 죽어야 하는가'라는 주제에 대해 정성을 들여 작문했죠. 저의 대답은 긍정적이었습니다. 저는 눈치 빠른 소년이었으니까요.

1943년 7월 27일 아침, 라디오에서 나온 정보를 통해 파시즘이 무너지고 무솔리니가 체포되었다는 말을 들었습니다. 어머니는 신문을 사오라고 저를 밖으로 내보냈죠. 저는 가장 가까운 가판대로 갔고, 신문들이 진열되어 있는 것을 보았습니다. 하지만 신문의 이름들이 각각 달랐습니다. 게다가 간략하게 제목들을 읽어본 저는 각 신문이 서로 다른 말을 하고 있다는 것을 발견했습니다. 저는 잡히는 대로 신문 하나를 샀고, 1면에 실린 메시지를 읽었습니다. […] 신문의 메시지는 독재의 종말과 자유의 회복을 찬양하고 있었습니다. 그것은 바로 낱말의 자유, 신문의 자유, 정치적 연합의 자유였습니다. '자유', '독재'와 같은 낱말들은—오, 세상에!—저는 생애 처음으로 읽었던 것입니다. 이 새로운 낱말들 덕택에 저는 서방의 자유로운 인간으로 다시 태어났습니다."

—움베르트 에코의 《누구를 위하여 종은 울리나 묻지 맙시다》중에서

에코쯤 되는 사람에게도 무솔리니 시절은 거대한 충격이었을 것이고, 지금은 시대의 석학이 된, 그리고 이탈리아 공산당을 대표하는 에코도 이

시기에는 무솔리니의 영광을 찬미하던 그저 그런 소년 중의 한 명이었을 뿐이다. 만약 그가 다섯 살이 더 많아서, 15세에 총을 들고 군사훈련을 받거나 아니면 직접 전투에 참가해야 하는 경험을 했다면 어땠을까?

1942년 1월 2일, 독일은 10살이 넘는 소년들을 무조건 히틀러 청년당에 가입하도록 했다. 12살이 되면 무기 다루는 법을 배우기 시작하고, 14살이 되면 실전을 방불케 하는 군사훈련을 받기 시작하게 된다. 전쟁 말기에는 그런 소년병들이 연합군과 맞선 전쟁에 실제로 투입되기도 했다. 그리고 지금 독자 여러분들에게 소개하는 바로 이 책에서, 그게 단순한 전쟁만이 아니라 지하 전투를 이끈, '늑대인간'이라는 별칭으로 불리던 부대였다는 것을 알게 되었다.

"연합군에게 저항하라!"

맙소사, 늑대인간이 히틀러가 사용했던 지하 소년병들의 이름이었다니!

3.

나는 유사한 사례를 조금 더 찾아보면서 1965년부터 10년간 중국을 뒤흔들었던 문화혁명의 증언자들을 살펴볼 기회가 생겼다. 요즘도 한국 언론에서 종종 쓰는 '홍위병'이라는 단어가 바로 이 '문혁'으로부터 나온 말이다. '완장질'을 하면서 어른들을 잡아 가거나 심지어는 몰매를 주기도 하는 이 대단한 권력을 가졌던 10대들은 후에 어떤 삶을 살게 되었을까? 내가 본 르포에서는 그들 대부분이 자신의 전력을 감추고 평범한 소시민으로서 삶을 이어가고 있었다. 전권을 휘두르던 자신들의 10대와 비교하면 남루한 삶을 이어가고 있는 것일 텐데, 그들 중 상당수는 정신적 고통을 호소했고, 자신들의 삶을 참회하는 마음으로 이어가고 있다고 대답했다.

집단심리학 같은 것으로 설명하면 깃발, 완장, 계급장, 그런 상징들이 나온다. 권력이라는 것은 상당히 화려한 속성을 가지고 있고, 사람들의 갈채와 박수, 그런 것들 앞에 노출된 개인들은 평소의 자신과는 상당히 다른 용기와 같은 것을 발휘하게 되는 것 같다. 이건 이성 혹은 합리성 같은 개념으로 설명할 수 있는 것이 아니라 집단심리, 광기, 열정, 이런 또 다른 종류의 개념으로 더 쉽게 설명할 수 있는 것이다. 사람 중에는 어떠한 이유로든 대인기피증 같은 것이 생겨서 무대에 올라가거나 마이크를 잡으면 덜덜 떨거나 눈앞이 하얗게 된다고 호소하는 사람들이 있다. 나도 카메라 앞에 서거나 대중들 앞에 서는 것을 선호하는 편은 아니다. 반면에 무대 위에만 올라가면 갑자기 총명해지거나 빛이 나는 사람들도 있다. 이게 언제나 이렇게 개인 내에서 구분되는가 하면, 인간이 돌변하는 순간도 있다. 막심 고리키의 《어머니》는 아들의 죽음 앞에서 홀연히 일어서는 어느 한 어머니의 변화를 마지막 모티프로 사용하고 있다. 변화, 그것 역시 가능하다.

유신정권은 10대들을 동원의 대상으로 삼았던 것 같다. 그것은 근본적으로 중국 공산당의 홍위병과 같은 구조이기는 하다. 아프리카의 어느 대통령이나 미국의 대통령이 입국하는 날 혹은 전두환이 외국에 나가거나 돌아오는 날, 나 역시 동원되었고, 나는 길가에서 태극기 아니면 이름도 모르는 낯선 나라의 국기를 흔들었다. 그 기억이 잊힐까? 지금도 생생하다. 내가 나가서 흔들었던 대통령이나 귀빈들의 이름 하나하나도 생각난다. 북한에서 귀순한 어느 조종사의 연설이 여의도에서 있던 날에도 나는 동원되었다. 그날은 시작하기 전부터 장맛비가 주룩주룩 내렸다. 그 빗속에서 전혀 원치 않는 한 시간 동안 꼼짝없이 서 있었다. 그 사건은 '땡전 뉴스'라고 불렸던 전두환 시절의 그 9시 뉴스에 '학생들의 열기가 장맛비를 이기다'라고 변해 있었다. 그리고 급기야 나는 충무공이라는 상징조작을 이어받은 전두환의 홍위병이 되어 서울에서 현충사까지, 군화를 신고 모의 소총까지 어깨에 메고 3일간 행군하는 그런 학도호군단 행군 대열에도 참여하게 되었다. 그게 내 10대 시절 기억의 클라이맥스에 해당한다. 내가 왜 이 짓을 해야 하는가? 나중에 소설가로 유명해진 김영하와 처음 만난 것이 우리가 학도호국단의 간부로 행군을 하던 시절이었다. 영하는 그 시절에 소대장이었고, 나는 그가 이끄는 소대의 평범한 일원이었다. 시간을 뛰어넘어 대학에서 그를 다시 만나 같이 스크럼을 짜기도 하고, 같이 단식을 하기도 했다. 나도 학교로 돌아가면 훈련대장 그리고 대대참모라는 무시무시한 직함을 달고 있었다. 동원을 넘어, 어느새 홍위병 대열의 한가운데에 10대였던 내 모습이 서 있는 셈이다. 학생회는 학도호국단으로 대치되어 있었고, 대개는 성적순으로 학도호군단의 자리가 채워졌다.

그 시절의 기억이 잊힐까? 잊히지 않는다.

학생들을 동원하는 역사는, 민주화와 함께 사라진 것이 아니라, 역설적으로 대학 입시의 강화와 함께 사라진 것이라고 할 수 있을 것이다. 88 올림픽의 화려한 매스게임은 군사정권의 클라이맥스를 보여준 마지막이라고 할 수 있을 것 같은데, 이후로는 고등학생들을 마음대로 정권이 동원했다가는 대학입시에 애가 닳은 학부모의 항의로 아마 학교 전화통에 불이 날 것이다. 그러나 이 우스꽝스러운 사태의 결론은 여전히 해피엔딩은 아니다.

동원은 사라졌지만 10대들에 대한 통제는 끝나지 않았다. 독재는 자본으로 대체되었다. 자본 중에서도 비교적 질 낮은 사교육 자본이 클라이맥스로 달하면서 트라우마는 계속되었다. 능동형 홍위병 현상이 군사 독재

시절의 10대 관리 프로그램이었다면, 이제 '수동용 학원 좀비'가 새로운 트라우마의 대상이 된 셈이다. 학원에 가지 않는다고 해서 통제가 사라지는 것은 아니다. 아침 7시부터 밤 10시까지 계속되는 공교육의 10대 관리 프로그램은 아마 자본주의가 생겨난 이후 최고비용의 좀비 프로그램일 것이다.

그렇게 10대를 보내고 나면 그 기억이 잊히고, 이제는 해방이 될까? 나는 한 번 마음속에 내려진 그 감옥은 정말 특별한 계기를 만나지 않으면 영원히 마음속에서 지워지지 않을 것 같다고 생각했다. 아마 몸이 쇠약해진 날이거나 정신적으로 심각한 스트레스를 받는 날, 그렇게 10대를 보낸 사람들은 꿈속에서 다시 학원 철창 안으로 들어가 대입 준비를 해야 하는 악몽에 시달릴 것 같다. 10대의 트라우마는 그렇게 잘 잊히는 게 아닌 것 같다. 무의식 깊은 곳에 자리 잡고 있는 마음속의 감옥, 그 철창문을 열고 자유롭고 편안한 세계로 스스로 걸어 나올 수 있을까?

내가 만난 많은 한국의 20대들은 여전히 그렇게 자기 안의 감옥에서 나오지 못하는 것 같았다. 졸저 《혁명은 이렇게 조용히》에서 '신자유주의의 자식들' 혹은 '육화된 신자유주의'라는 표현을 쓴 적이 있지만, 사실 그들은 여전히 자기 안의 감옥에서 고통 받고 있는 시대의 피해자에 가깝다는 생각을 지울 수가 없었다.

4.

《장미와 에델바이스》라는 책 작업에 참여하게 된 것은 나한테는 작은 행복이었다. 한때 연구대상으로 삼았던 나치와 파시스트 시대에 유럽 10대들이 어떻게 지냈을까, 그리고 그들의 실제 모습은 어땠을까, 이런 질문을 가지고 있던 나에게 나치에 반대하며 유럽 전역에서 일어났던 레지스탕스 운동은 생생했다. 그 정신이 어떻게 위기에 빠진 20세기를 다시 세웠는가, 이것을 생생하게 확인하는 시간이 되었다. 특히 유겐트라는 단어로 대표되는 소년들의 히틀러청년당, 소녀들의 독일소녀연맹, 이런 익숙했던 공간 사이에 또 다른 흐름이 있었다는 것은, 정말이지 나도 미처 생각하지 못했던 사실이다. 백장미단과 에델바이스 해적단, 이 이름조차 생소한 청년들의 모임이 독일에서 나치에 반대했던 레지스탕스의 이름이라니, 그야말로 끌끌, 나의 무지란!

과거 프랑스 대통령이었던 프랑수아 미테랑François Mitterrand은 사회당의 대표적 좌파 정치인이다. 그가 레지스탕스의 소년 연락병이었다는 사실은 유명하다. 그렇지만 정작 그의 시절에 청년 레지스탕스에 대한 얘기들이 묻혀 있고, 오히려 우파 대통령인 사르코지 시대에 이런 사실들이 다시 주목받기 시작한다는 것은 역사의 역설이기도 할 것이다. 프랑스의 현대는 런던에서 '자유 프랑스'라는 이름으로 해적방송을 보냈던 샤를 드골Charles de Gaulle 장군의 연설 방송 위에 서 있다고 해도 과언이 아니다. 물론 실제로 그는 방송만 했고, 또 실제로 프랑스에서 연설 방송 자체를 직접 들었던 사람도 그리 많지 않다고 한다. 그 빈 공간을 채운 것은 레지스탕스였고, 그래서 전후 귀국한 드골은 프랑스 국정을 장악하면서 중도 우파 정도의 정치 성향으로 '우파 프랑스'를 세웠다. 68혁명의 여파로 그가 물러날 때까지, 한 시대를 풍미했던 흐름이다. 그래서 오랫동안 레지스탕스는 프랑스 민족주의 전선의 대명사였고, 보수주의 입장에서는 이보다 좁게 해석되었다.

드골주의를 한국적 맥락에서 해석한다면 박정희주의 혹은 유신과 크게 다르지 않을 것이다. 실제로 경제계획이라는 사회주의 요소를 많이 도입한 것 등 전후 재건이라는 맥락에서 많이 달라 보이지는 않는다. 차이

점이 있다면, 드골이 독일에 맞선 레지스탕스를 대표하는 아이콘이었다면, 박정희는 아무리 좋게 해석한다고 해도 일본과 맞서서 무엇을 했던 흔적이 전혀 없다는 정도일 것이다. 나치가 프랑스에 세웠던 비시 정권을 괴뢰 정권이라고 부른 것, '콜라보'라는 이름의 부역자들 그리고 그들 앞에서 홀연히 일어섰던 레지스탕스, 이것은 아주 익숙한 프레임이다. 한국 버전으로 돌아온다면, 조선 총독부의 조선인 공무원을 포함한 일본인 순사와 같은 적극적 친일과, 나중에 친일로 전향한 소극적 친일. '당신이라면 그 시대에 어떻게 했겠느냐?'는 서정주 시인으로 대표되는 일련의 그룹들, 그리고 유관순으로 상징되는 독립운동의 흐름이나 만주의 독립군들, 이렇게 구분되는 것이 또 우리에게는 익숙한 프레임이다. 그리하여 프랑스는 부역분자들과 단절했지만, 한국은 이승만 대통령이 친일파들과 손을 잡고 북한에 대한 강력한 반공 정책을 쓰면서, 한국의 역사가 요 모양 요 꼴이 되었다. 천만번쯤 들어서 이력이 난 뻔한 스토리이다. 나 역시 《장미와 에델바이스》라는 책 작업에 참여하면서 이 책의 내용을 들여다보기 전까지는, 정말로 이렇게 생각했다.

그러나 '레지스탕스'라는 너무 익숙한 불어 표현이 사태의 진실을 잘못 전달하게 만드는 속성이 있었다는 것을, 이 시점에서 인정하지 않을 수가 없다. 물론 유럽 전역에 걸쳐서 광범위하게 펼쳐 있던 이러한 일종의 시민전선은 독일 파시즘에 반대했지만, 그것이 단순히 민족으로서 아리아 족이라 불리는 게르만에 대한 민족주의 전선은 아니었던 것 같다. 독일의 나치즘, 이탈리아의 파시즘은 모더니즘으로 새롭게 한 시대를 열었던 희망찬 20세기를 정신적으로 모독했고, 물리적으로 유린했다. 과학의 시대인 19세기를 거쳐 실용주의 정신으로 무장한 20세기가 등장한 지 불과 20년 만에 통제와 전쟁의 시대를 열었던 그 파시즘적인 전체주의를 과연 유럽 민중들이 받아들일 수 있었는가? 문제는 이게 민족주의 노선이 아니라, 파시즘과 반파시즘, 바로 그 전선이었다는 사실이다. 왜 우리는 21세기가 되어서야 이 질문을 다시 받아들일 수 있게 된 것인가? 저자의 목소리를 직접 들어보자.

나는 히틀러에 맞서 싸웠던 이 어린아이들과 젊은이들의 이야기를 들려주어야 할 시간이 온 것 같다고 생각했다. 이 이야기는 너무나 오랫동안 잊혀 있었고, 거의 대부분의 역사가들에 의해 은폐되어 있었다. 레지스탕스 조직의 책임자들은 이 이야기가 밖으로 새어나가지 못하도록 쉬쉬하다가 전쟁이 끝나자 자기들 멋대로 날조했고, 재향군인부에서 교육부에 이르는 행정기관들은 아예 이 이야기 자체를 부인하기도 했다. 그렇다면 이런 의문을 품어볼 수 있을 것이다. 도대체 왜 사람들은 이 가브로슈(빅토르 위고의 소설 《레 미제라블》에 나오는 등장인물. 흔히 빈정거리기 좋아하고 영악하고 상스럽고 반항적인 파리 소년을 상징한다. 작품 속에서는 1832년 파리코뮌 봉기 때 바리케이드에서 죽는다.—옮긴이)들의 저항을 언급하지 않았던 것일까? 이 젊은이들은 어린 나이에도 주저하지 않고 레지스탕스 운동에 뛰어들었고, 그들의 부모들 역시 전쟁에서 패하자 기가 꺾인 채 망설이다가도 결국 이 운동에 참여했다. 이것을 부끄럽게 느꼈던 것일까? 아니면 이 젊은이들이 레지스탕스 지도자들과는 달리 정치적인 저의나 계획을 갖고 있지 않아서였을까? 이 젊은이들을 통제하는 것이 이따금 불가능했기 때문에, 그리고 '그들이 젊었을 때의 잘못을 너그러이 용서 받고' 모범적인 생활로 돌아가야만 했기 때문이었을까? 그들이 그들 자신의 이야기를 알게 되면 무슨 위험한 일이 생기기 때문이었을까? 오늘날의 청소년들은 어떻게 어제의 청소년들이 엄청난 위험에 맞서 저항하고 레지스탕스 운동을 벌였는지를 알고 있을까? (서론 중에서)

유럽 전역에서 벌어졌던 이 나치즘에 반대한 레지스탕스 운동의 일련의 흐름은 두 번에 걸친 거대한 전쟁과 그 속에서 벌어진 인종 말살이라고 부를 수밖에 없던 유대인 학살 속에서 과연 그 시절의 10대들이 어떤 정신세계를 지향하고 어떤 문화를 만들고자 했는가, 그 역사의 잃어버린 고리들을 다시 생생하게 채우게 된다. 19세기는 귀족의 시대였지만, 20세기가 시작되면서 귀족들 대신에 일반 평민들을 대상으로 하는 예술이 열린다. 이는 모더니즘이라고 불린다. 20세기 초반에 태어난 10대들은 어떻게 보면 귀족의 권위가 완화되고, 진정하게 시민이라고 부를 수 있는 그런 새로운 주체가 역동적으로 등장하던 바로 그 시대에 살았다고 볼 수 있다. 그러나 시대는 잔혹했다.

모더니즘으로 자유를 노래하고, 예술을 찬미하고 싶어 했던, 이 새로 등장한 10대들에게 시대는 총을 들려주고, 민족의 영광을 노래하게 하고, 자신들의 부모와 이웃을 고발하게 만들었다. 축복으로 시작한 모더니즘 시대의 서막은 두 번에 걸친 전쟁으로 금방 아수라장이 되었고, 마티즈와 피카소가 등장하던 그 생동감은 이내 전쟁에 대한 혐오와 그에 열광한 인류에 대한 저주, 그리고 '영구 평화'에 대한 갈망 같은 것들로 변했다. 1차 세계대전의 충격으로 프로이트는 후기 프로이트로 전환하며 '죽음의 충동'이라는 개념과 함께 《문명의 불안》이라는 저작을 남겼고, 런던의 톨킨은 21세기의 시작을 꽃피우는 영화로 다시 태어날 《반지의 제왕》을 저술했다. 그렇게 보편성과 함께 문화 시대의 서장을 맛보았던 유럽의 10대들이 과연 음울하게 등장한 나치즘에 대해서 어떻게 반응했을까? 그들은 모두 유겐트라는 이름으로 나치에 동조하며 '민족에게 영광을, 유대인에게는 죽음을!'이라고 외친 '하일 히틀러'의 전사였을까?

어떻게 보면 우리는 너무 보편주의에 눈을 감고 있었고, '열정'이라는 것은 너무 쉽게 사람들을 집단 범죄에 대한 동조자로 만들 수 있다고 생각하고 있었던 것인지도 모른다. 나치의 심장인 베를린 한가운데에서도 백장미단이나 에델바이스 해적단 같은 단체가 있었고, 프랑스 전역은 물론, 나중에 스탈린 반대 운동을 하게 되는 러시아와 동구의 다양한 지역에까지 나치즘에 반대하는 소년과 청년들의 조직은 하나의 흐름이 되어 있었다. 다만, 우리는 그걸 모르고 있었고, 그 흐름에 대해서 무지했을 뿐이다. 이제야 비로소 2차 세계대전이 진행되던 그 흐름 속에서 기존의 사회 구성원이 이 사건을 어떻게 대하고 어떻게 대처했는지, 잃어버린 한 구석을 채운 것 같은 느낌이다.

하긴, 한국에 사는 우리가 2차 세계대전을 언제 유럽인 혹은 독일인과 같은 당사자의 눈으로 본 적이 있었던가? 이미지와 형상으로 전달된 2차 세계대전은 후에 할리우드가 승자의 기록으로 만들어낸 『머나먼 다리』 같은 영웅담 혹은 『전투』 같은 전쟁 드라마를 통해서가 아니었던가? 그나마 《서부 전선 이상 없다》와 같은 독일인의 눈으로 본 소설 역시 할리우드에서 제작되었다. '히틀러라는 악마가 등장했고, 미국은 그들을 구원하였다'는 것이 이 극동 지역에 사는 우리가 이 세계적 대사건을 바라보는 아주 좁은 시선이었을 뿐이다. 민족주의와 민족주의의 충돌이라는 좁은 시각으로만 이 사건을 보기에, 나치에 반대하였던 에델바이스 해적단의 존재는 신선하다 못해 짜릿하다. 형장의 이슬로 사라지는 것은 나치의 친위대 앞에서는 유대인이나 프랑스의 소년들이나 아리아 인의 젊은 소년이나, 아무런 차이가 없는 셈이다.

그래, 이것이 바로 제국이다!

그 제국이 10대들에게 노래하게 했던 책에 나오는 노래 가사 하나가 가슴을 때린다. 프랑스의 알자스 로렌 지역은 석탄이 풍부하기 때문에 프랑스와 독일이 서로 차지하기 위해서 번갈아가면서 점령되었던 지역이고, 우리에게는 알퐁스 도데의 《마지막 수업》으로 아주 유명해진 지역이다. 우리는 모두 이 짧은 단편 소설을 읽으면서 자기 말과 글을 빼앗길 때의 절절한 심정들을 한 번쯤 가져본 적이 있지 않던가?

> 우리는 알자스 땅을 걷네
> 우리는 아돌프 히틀러를 위해 싸우네
> 프랑스 전선은 돌파되었네
> 히틀러 청년당이 행군하네! 조심하자! 막힌 도로를 치우라!
> 아무리 많은 전우가 전사해도
> 우리는 프랑스인도, 유대인도 두려워하지 않는다네!

그래, 이런 무서운 노래를 부르게 하는 것, 그게 바로 제국이다.

5.

자, 이제 눈을 들어 우리의 상황을 보자. 지금 우리에게는 전쟁이 없고, 어느덧 우리는 전쟁지역이 아니라 조금씩 참전국의 위치로 바뀌고 있고, 경제적 이익을 위해서 파병을 기꺼이 선택하는 나라로 변해가고 있다. 지난 10년 이상, 정치에서 뭐라고 얘기하든 혹은 일부 언론에서 뭐라고 얘기하든, '절대 평화'는 이미 하나의 문화 현상으로 굳어지는 듯했다. 천안함 사건과 함께 전쟁이라는 것이 마치 평화가 하나의 제도인 것처럼, 전쟁 역시 제도인 것을 문득 환기하게 되는 순간, 그래서 전쟁기념관에서 천안함 사건의 조사 결과를 발표할 때 많은 10대와 20대가, 태어나서 처음으로 전쟁의 공포를 느꼈다는 얘기를 들은 적이 있다. 그러나 그들 중 누구도 도시와 상관없는, 그래서 우리의 일상과는 상관없는 곳에서 전투가 벌어질 것이지, 진짜로 매일매일 부딪히는 곳에서 전쟁이 벌어질 것이라고 상상하지는 않았던 것 같다. 전쟁은 이제 한반도라는 좁은 공간에서는 '본토'와는 무관한 것이라는 게 이제 하나의 문화가 된 셈이다. 어쩌면 휴전이라는 매우 특수한 상황에도 우리는 한반도 이후 거의 처음으로 절대 평화 같은 것을 누리고 있는 셈이다. 이게 민주 정부의 햇볕 정책 때문인지, 아니면 높아진 경제력과 함께 높아진 군사비 지출에 의한 '강력한 평화'인지에 대한 논란은 또 다른 논란이다. 이제 최소한 우리의 인식 속에서 '위험사회'라는 표현은 있지만, 대규모 전면전 혹은 핵전쟁 같은 전면적 전쟁에 대한 이미지는 이미 사라진 지 오래다.

그렇다면 한국에서 청춘은 해방되었고, 완벽한 자유 그리고 절대적인 풍요를 누리고 있는가? 그리하여 그들은 더 이상 10대의 시기를 '트라우마'라고 기억할만한 것이 없는, 그런 완벽한 존재로서의 행복을 누리고 있는가? 이 질문에 '그렇다'라고 답변할 10대는 아마 없을 것 같고, 그들의 부모나 구경꾼, 아니면 방조자든 누구도 감히 그렇게 답하지는 못하는 것 같다. 물론 각 시대나 각 상황에 자신들만의 문제가 있고, 어떻게 하기 어려운 그 시대만의 구조가 있다. 우리 시대는? 지금은 누구든 쉽게 동의할 수 있는 것이 '대입'이라는 단어로 형상화되는 교육 자체가 일종의 굴곡인 것 같다. 아, 모든 10대가 대입을 준비하면서 '대치동 권력'으로 상징되는 사교육체계에 붙잡혀 있는 것만은 아니다. 세계적으로 생각보다 많은 10대가 이미 자신의 경제활동을 시작했고, 10대 아르바이트 정도가 아니라 본격적으로 직장을 가지고 있는 10대들도 적지 않다. 가끔 교육부에서 청소년 인권을 위해 노래방, 술집, 유흥업소 등에서 일하는 10대들 현황에 대한 조사를 하는데, 생각보다 많은 10대들이 이런 곳에서 일을 하고 있다. 하지만 평균적으로 한국의 10대들을 묶어놓고 있는 것은 역시 학교와 학원으로 이어지는 교육체계일 것이다.

'싫어도 너 자신을 위해서 참아라!' 이 한 문장으로 요약할 수 있는 것이 우리가 10대를 보는 시대정신일 것이다. 정치적으로나 사회적으로 심지어 문화적으로도 한국에서 10대는 '지워진 존재', 아니 '지워야만 하는 존재'에 가깝다. 외국에는 없는 10대 문화 몇 가지를 찾아보자면, 지독할 정도로 강도 높은 사교육, 이미 초등학교 단계까지 내려가 버린 조기유학, 너무도 길고 보편적으로 이어지는 교육과정일 것이다. 사교육이야 한국 자본주의의 고유현상으로 너무 유명해진 것이니 굳이 얘기할 필요가 없을 것 같지만, 사교육에 동원되지 않는 학생들 역시 지금도 밤 10시나 11시까지 붙잡혀 있다는 사실에 대해서는 생각해봐야 한다. 지금의 한국 고등학교는 회사로 치자면 19세기 초반의 영국 자본주의가 제국으로 전환되던 시기에 생산 본부였던 스코틀랜드의 면직공장들보다 더욱 고강도의 노동을 쥐어짜는 곳이다. 군대로 비유하자면 이 정도로 비효율적인 단순 반복형 훈련을 이렇게 길게 강요하는 병영은 없을 것이다. '인권'이라는, 이명박 정부와 함께 아주 땅바닥에 처박힌 단어를 노동과 연결시키면, 8시간 이상 노동을 하지 않는다는 것이 기본적인 노동권이다. 성인들의 세계에서는 이 정도는 지키자는 것이 세계적으로 후기 자본주의가 어느 정도 합의한 사안이라고 할 때, 지금 노동권으로 본 한국 10대들의 인권은 2세기 전에 횡행했던 것만큼 흉측하고 흉악한 상황이다. 이런 것들은 결국 트라우마로 남는다. 10대의 어려움은 그것이라고 치더라도, '대학을 위해서' 참고 버텼던 '생존'만이 미덕인 시기에 생긴 트라우마는 그들이 어른이 된 후에도 지워지지 않는다.

그런 10대들의 인권을 스스로 외치는 작은 10대들의 목소리가 한국에서 전혀 없는 것은 아니다. 그들 스스로 만든 인권단체들이 하나둘씩 생겨나는 중이기는 하지만, 아직은 사회 전체에 반향을 줄 정도로 심각하거나 대규모인 것은 아니다. 다른 건 모르겠지만 최소한 10대 교육의 문제에 대해서 한국은 마치 19세기의 제국 혹은 파시즘의 군사 사회만큼이나 통제와 억압이라는 장치로 10대들을 꽁꽁 묶어놓고 있다.

6.

가끔 프랑스의 10대들이 길거리에 나오는 장면을 우리는 TV나 신문에서 보게 된다. 올해 사르코지 대통령이 60살의 정년을 2년 연장하여 62세에 은퇴하도록 하는 연금법 수정안을 제시했을 때, 우리는 도로를 다시 가득 메운 수십만의 프랑스 고등학생들을 볼 수 있었다. 자체적으로 1천2백 개의 고등학교에서 파업을 결정했고, 경찰이 봉쇄한 학교는 890여 곳에 이르렀다. 전국 고등학교 노조연합회에서 이러한 결정을 독려했다. 여기까지는 놀라운 일이 아니었다. 어쩌면 이곳이 프랑스 혁명의 본산지이고, 세계적으로 민주주의 1번지라고 할 수 있는 곳이기에 이런 고등학생들의 집회 참여는 자연스러운 것이라고 볼 수 있다. '순둥이'로 사육되는 10대들은 한국에나 있지, 다른 OECD 국가들이 한국 같지는 않다. 그러나 정말 놀란 것은 학부형 단체들이 이런 자기 자식들의 집회 참여에 대해서 지지성명을 냈던 일이다. 이 사건만큼은 한국에서는 절대로 벌어지지 않을 것이다.

부모들은 잘 모르겠지만 지금 10대들 내부에서도 불만은 많고, 사회에 대한 목소리를 내야한다는 에너지만큼은 1980년대 이후로 가장 팽배해 있다. 수능이나 인권 같은 문제를 자신들의 목소리를 통해서 분출하든지, 아니면 촛불집회 때처럼 사회적인 문제로 분출하든지 그 에너지만큼은 충분해 보인다. 자신들을 대변할 조직과 스스로 논의할 틀이 없어서 그렇지, 나는 한국의 10대들이 프랑스 10대들보다 더욱 보수적이거나 아니면 나약하다고 생각하지는 않는다. 내가 현장에서 만나본 10대들은 비록 스스로가 교육의 틀에 묶여 있지만, 이게 인생의 전부라고 생각하지는 않는 것 같았다. 그러나 결정적으로 부모들은 다른 것 같다. 만약 한국의 10대들, 혹은 고등학생들이 어떤 식으로든 자기들끼리 결의하고 동맹휴학이나 시험거부 혹은 가두집회 같은 것을 하는 일이 벌어진다고 상상해보자. 사실 이런 일은 사회의 변화에 따라 언제든지 가능하다. 그때 우리들의 학부형 조직이 과연 어떤 반응을 보일까? 몇 가지 극렬한 반응들을 예상할 수 있겠지만, 그들의 행동 패턴 리스트에 존재하지 않을 항목이 바로 지지성명 아닐까? 집단적으로 10대들이 목소리를 내는 경우, 우리들의 부모는 자기들의 자식을 지지할 수 있는 어떠한 정신적 준비도, 문화적 장치도 가지고 있지 않다.

졸저 《생태요괴전》에서 이 문제를 다룬 적이 있다. 지금 엄마와 자식 사이의 관계는 인형을 조종하면서 스스로 인형과 동일화되어 가고, 이제는 자신이 인형을 조종하는지, 아니면 인형이 거꾸로 자신을 조종하는지 구분하기 어려운 상태가 되기도 한다. 30, 40대, 전업주부든 아니면 성공한 '커리어 우먼'이든, 엄마들의 삶의 존재와 의미에 대해 급격한 산업화 속에서 한국 사회가 제대로 대응하지 못한 것은 사실이다. 성공한 커리어 우먼이라고 하더라도 고독한 것은 대체적으로 마찬가지이다. 남편과의 관계에서도 정서적 유대감을 잘 느끼지 못하고, 그렇다고 자신의 직장에서도 삶의 소속감을 느끼거나 혹은 사회적 활동에서 연대감을 느끼기 어렵다고 호소한다. 그런 여성들에게 자식들을 통해서 느낄 수 있는 성취감은 거의 절대적이라고 할 수 있다. 어쨌든 사교육을 동원하면 성적과 자본 투입은 최소한 중등교육까지 어느 정도 비례 관계를 나타낸다. 여기에서 '대치동 맘' 혹은 '매니징 맘'과 같은 특별한 상황이 등장할 사회경제적 조건이 드러난다. 정도의 차이만 있지, 이것은 중산층의 경우에도 대체적으로 마찬가지이다. 인형과 인형사의 관계로 얽혀 들어간 엄마들의 10대들의 삶에 대한 과도한 개입, 이것은 한편으로는 10대들의 삶을 종속적으로 만들면서 새로운 억압을 만들어낸다. 길게 보면 이것은 엄마와 자식 모두에게 불행한 통제 체계로 작동하는데, 이렇게 개인들의 내밀한 세계에서 발생하는 통제 장치에 대해서 정책이나 제도가 제대로 도와주거나 지원하기가 쉽지 않다.

자, 좀 더 넓은 눈으로 본다면 고등학생 수준의 학생들이 자신의 의사를 표명하거나 정치적 행위를 하는 것은 인류사를 통사로 보든, 공시적으로 보든 전혀 이상한 게 아니다. 우리의 역사를 본다고 하더라도 100년도 안 되는 시기에 만세 운동에서 어른들을 독려했던 이화여고의 유관순 등 일제 강점기의 수많은 고등학생들의 독립운동이 있다. 그리고 건국 후에도 4.19의 주역들은 바로 고등학생들이 아니었던가? 그리고 바로 현재를 보더라도 프랑스의 고등학생들은 레지스탕스의 역사를 뛰어넘어 지금 막 역사책에서 나온 것처럼 당당하게 자신들의 정치적 의사를 밝히고 있다.

이 차이점들 속에서 우리가 찾아낼 수 있는 것은 우리가 지난 수십년 동안 10대들에게 가했던, 어쩌면 점점 더 강력해지는 '통제의 감독' 아닌가? 아무리 양보를 한다고 하더라도, 지금의 우리에게는 자식들의 정치적 결정을 지지하여 성명서를 읽어줄 그런 학부모들도, 그런 학부모들의 목소리를 대변할 단체도 없다는 것은 너무 명확해 보인다. 나치 시절의 청소년들이 유겐트로 상징되는 이념의 감옥에 갇힐 수밖에 없었다면, 지금 우리의 청소년들은 자본 특히 교육자본의 감옥에 갇힌 셈이다. 부모 특히 엄마들의 욕망에 갇혀 있는 셈이다. 물론 나치즘과 파시즘의 감옥은 반대하거나 저항하면 바로 감옥에 가거나 처형을 당하지만, 지금 자본과 부모들의 욕망이 만들어놓은 감옥은 '좋은 대학'에 가지 못한다는 처벌을 당한다. 그 처벌의 강도를 비교할 수는 없지만, 개개인에게 공포와 당근의 통제술로 작용한다는 것은 마찬가지이다.

    나치즘과 교육 통제 사이에는 한 가지 같은 점이 있다. 두 가지 모두 지워지지 않을 삶의 트라우마, 10대의 트라우마로 영원히 남을 것이라는 점이다. 유겐트 시절을 지냈던 유럽의 당사자들을 '회의적 세대'라고 부른다면, 이 지독한 교육적 통제 시절을 보낸 한국의 10대들에게도 그만큼 삶에 대한 회의와 '멍해진 존재감'은 평생의 아픔으로 남을 것이다. 트라우마는 무의식 속에 깊게 남아, 완화될 수는 있어도 지워지지는 않는다.

7.

《장미와 에델바이스》라는 20세기 초중반에 벌어진 이야기가 한국의 10대들에게 환기시켜주고자 하는 사실은 역사 속에 등장했던 이 화려하면서도 생생한 얘기가 실화라는 점이다. 물론 나 역시도 비겁하게 결국 살아남은 사람 중의 한 명이기 때문에 여러분 모두에게 이런 '지사적인 삶'을 살라고 얘기할 마음도 없다. 마흔이 넘도록 내가 해본 것이라고는 경찰들에게 도망 다니는 것밖에 없었다. 많은 경우 나도 비겁했고, 거대한 힘 앞에서 옴짝달싹하지 못한 경험이 많다. 때로는 살아남는 것 자체가 미덕인 경우도 많았고, 나 역시 그렇게 '죽을 수는 없다'는 생각을 머릿속에서 지우지 못하고 살았던 것 같다. 가끔 나에게 물어보는데, 과연 내가 일제 치하에서 태어났다면 어떤 삶을 살았을까, 이 책의 주인공들처럼 히틀러의 파시즘 치하에서 살아가게 된다면 어떤 삶을 살았을까, 이런 질문에 대해 나도 제대로 대답하기 어렵다. 브레히트의 시 《살아남은 자의 슬픔》을 다시 한 번 생각해보지 않을 수 없다.

    그러나 이 책은, 만약 독자가 10대라면, 최소한 청소년들에게는 간접 경험을 통해 자신에게 주어지는 감시와 통제에서 약간의 '상상할 수 있는 공간'을 지켜내는 데 도움을 줄 것이다. 세상은 원래 이렇다고 생각하는 것과 불행히도 나만 이래, 아니면 이 시대의 우리만 이래, 이렇게 생각하는 것 사이에는 큰 차이가 있다. 물론 책은 행동하지 못하는 사람들의 변명에 불과할 수도 있지만, 그래도 세상이 늘 그렇지는 않았다는 것을, 혹은 언제나 우리의 어른들이나 부모들이 주장하는 것처럼 10대들이 늘 피동적이거나 나약하지만은 않았다는 사실이 여러분들에게 조금의 위안 혹은 생각 전환의 계기가 될 수는 있을 것이다.

언젠가는 한국의 10대도 해방이 되고, 그들에게 인권과 자유 같은 것들이 주어지는 날이 올지도 모른다. 그러나 불행히도 최소한 2~3년간 한국의 상황은 그렇지 못할 것이다. 하고 싶은 것과 할 수 없는 것 사이의 심리적 긴장은 분명히 한국의 많은 10대 각자의 가슴 속에 지워지지 않을 트라우마를 남길 고통의 시간이 될 것이다. 이 책은 그러한 트라우마로부터 스스로를 지키고, 그로부터 나오는 힘을 마음속으로 갈무리하는 데 작은 도움이 될 것이다.

행동하지 못하면, 상상이라도 하시라. 상상도 하지 못한다면, 10대라는 존재 자체가 지우개로 지우듯이 지워져버릴 것이다.

서론

LA ROSE ET L'EDELWEISS.

레지스탕스에 뛰어든 청소년들, 과연 이것은 금지된 주제인가?

'장미와 에델바이스'. 이것은 그들 조직의 이름이었다. 더 정확히 말하자면, 백장미단과 에델바이스 해적단이다. 그리고 그들은 자유의 의용병이라든가 슈루르프, 게으른 암고양이들, 복면 40, 검은손, 프랑스의 희망, 처칠 클럽, 불미슈단, 나바조, 반나치 부대, 재즈광, 붉은 선구자, 기모케 의용군, 애덕스카우트, 가브로슈 부대, 프랑스 저항파, 스윙 키드, 청년 경비대, 뱀 클럽, 07단, 조조 동맹, 마르소파 등으로도 불렸다.

그들에게 이름조차 없는 경우도 이따금 있었고, 망각 속에 묻혀버린 경우는 그보다 더 많았다. 이 책이 나오기 전까지만 해도 그들은 거의 대부분 이름도 없이 계속 잊혀 있었다.

그들은 유럽 전역에서 히틀러와 나치즘에 맞섰다. 이 '자유의 아이들'은 나이가 12살에서 20살 사이였으며, 대부분은 16살에서 18살 사이였다. 숫자는 얼마나 되었을까? 역사가들은 우리들에게 그걸 말해줄 수가 없다. 내가 작성한 목록을 근거로 판단해본다면, 적게는 수만 명, 많게는 수십만 명이었을 것으로 추정된다.

이 나이 어린 청소년들은 남녀를 불문하고 레지스탕스 운동에 참여했다. 많은 나라에서 이들의 활동은 어른들로 하여금 레지스탕스에 참여하지 않을 수 없게 만들었다. 이들의 투쟁은 프랑스와 이탈리아, 소련, 유고, 그리스, 혹은 폴란드의 무장항독유격대에서 결정적인 역할을 했다.

이외에 많은 젊은이들은 공식적으로 인정된, 보다 큰 단체들에 속해 있었고, 전쟁이 끝날 무렵에는 파르티잔과 항독유격대원들로 이루어진 군대에 소속되어 있었다. 하지만 레지스탕스 운동에 헌신했다는 사실을 인정조차 받지 못한 젊은이는 그보다 훨씬 더 많다.

그래서 이들의 이름은 레지스탕스 명부라든지 훈장수훈자 명단처럼 기록에 나와 있는 경우가 드물다. 더 심각한 건 그들의 이름이 역사책에도 없다는 사실이다. 피에르 브누아나 뷔퐁 고등학교 학생들, 토마 엘렉, '붉은 대자보' 조직의 젊은이들처럼 나치에 총살당했거나 강제 송환되어 죽어간 경우는 제외하고 말이다. 그리고 심지어 그들 중 상당수는 강제수용소의 철조망 뒤에서도, 감시탑의 그늘에서도 계속해서 저항하다가 이 지옥 같은 곳에서 살아 돌아왔지만 레지스탕으로 인정받지는 못했다.

《장미와 에델바이스》는 이탈리아와 독일, 오스트리아 등 나치 체제가 지배한 나라에서 파시즘과 나치즘에 저항했던 이 나이 어린 젊은이들의 투쟁을 그려낸 거대한 벽화다. 이들은 1930년대부터 벌써 그렇게 싸우기 시작했다. 우리는 2만 5천 명이나 되는 에델바이스 해적단 단원들이 비극적인 운명을 맞는 걸 보면서 그 사실을 알게 될 것이다. 그리고 한스와 소피 숄이 속해 있던 '백장미' 같은 레지스탕스 조직도 있었는데, 이런 조직들 역시 규모는 작지만 상당한 영향력을 발휘했다.

폴란드, 유고, 소련 등 독일에 점령된 동구권 국가들 안에서도 레지스탕스 조직을 결성한 젊은이들은 나치의 야만적인 행위뿐 아니라 스탈린의 탄압에도 저항해야 했다. 그런데 이것은 전 세계적으로 러시아 적군赤軍이 미군과 같이 자유의 상징이던 때의 일이다. 레지스탕스 조직은 서유럽의 스칸디나비아 제국에서도 결성되었다. 가장 먼저 덴마크에서 청소년 조직인 처칠클럽이 나치에 대한 저항을 시작했다. '그림자 군단' 은 벨기에와 네덜란드 같은 국가에서도 활동했다. 물론 프랑스에서 어린이들과 청소년들이 레지스탕스 운동에서 수행한 역할은 같은 기간 동안 다른 국가보다 더 과소평가되어 왔기 때문에 나는 이 나라에 더욱 많은 페이지를 할애했다.

그런데 도대체 왜 그들의 역할은 은폐되었던 것일까? 이 책을 끝내기도 전에 이 질문에 답한다는 것은 잘못일 수도 있다. 하지만 이 서론에서 약간의 설명은 할 수 있을 것이다. 이 설명에 따르자면, 우리 역사에서 이 부분이 완전히 등한시되었다고 해서 그것이 항상 어른들이나 레지스탕스 운동 지도자들의 과오는 아니다.

그것은 젊은이들이 선택했던 레지스탕스 운동의 형태가 매우 다양했다는 사실에 부분적으로 기인한다.

처음에는 무슨 놀이를 하는 것 같았다. 1940년에만 해도 교사가 등을 돌리고 있는 동안 그들은 흑판에 승리의 'V' 자나 샤를 드골 장군의 상징인 로렌십자가를 그렸다. 히틀러를 조롱하는 글귀가 쓰인 종이를 접어서 나눠주기도 했다. 길거리에서 독일군 병사를 떼밀기도 했다. 7월 14일 제헌절에는 마르세예즈를 불렀다. 일렬데모를 하다가 나중에는 샹젤리제 거리에서 대규모시위도 벌였다. 대단한 건 아니었지만 이 정도만 해도 대단했다고 볼 수 있다. 생각보다 아주 고무적이었다.

시간이 흐름에 따라 탄압은 더 심해졌다. 학생들은 자신의 유대인 교사를 보호했다. 어떤 학생들은 소규모 비밀조직을 결성했다. 지하신문도 펴냈다. 위조서류를 만들기도 했다. 레지스탕스 운동을 도운 작은 손들은 대부분 자신의 이름을 숨겼다. 하지만 그것은 또한 그들의 힘이기도 했다.

숲 속에서 사는 데 익숙해진 스카우트 출신 레지스탕들은 항독유격대원들을 도왔고, 연락원들은 자전거를 타고 프랑스를 누볐다. 어린 정보원들은 어디를 가나 눈을 크게 뜨고 귀를 쫑긋 세웠다. 이들은 해안의 방어시설 도면을 작성했고, 나중에는 자유프랑스 소속 사관생도 1만 1천 명이 반격을 준비하며 훈련을 받고 있는 런던으로 건너갔다. 어른들과 마찬가지로 이 '어둠의 어린 병사'들 중 일부는 안타깝게도 적에게 붙잡혀 감옥에 갇히고 고문도 당했지만 여기서도 똘똘 뭉쳤다. 그들의 탈출 시도는 성공을 거두기도 했다. 이 역시 레지스탕스 운동이었다.

그리고 유대인들이 노란 별을 달고 다녀야만 했을 때 고등학교의 같은 반 학생 모두가 연대의 표시로 이 별을 가슴에 붙이기도 했다. 유대인들 역시 흔히 얘기되는 것과는 반대로 아무 저항 없이 무기력하게 죽음의 수용소로 끌려가지는 않았다. 어린 시몽 그로노프스키는 아우슈비츠 수용소를 향해 달리는 열차에서 뛰어내렸고, 같은 수용소에 갇혔던 로자 로보타와 같은 젊은이들은 소각로를 파괴하는 등 치열하게 저항했다. 1943년 바르샤바의 유대인 게토에서는 유대인 청년들이 나치친위대에 맞서 저항했고, 거기서 살아남은 청년들은 이듬해 도시 전체가 봉기했을 때 다시 나와 폴란드 비밀군과 함께 목숨 바쳐 싸웠다.

젊은이들은 폭탄을 던지고, 열차를 탈선시키고, 지나가는 독일군 병사를 저격하는 등의 방식으로 무장투쟁에 참여했다. 그리하여 우리는 검은 손 조직에 소속된 알자스 젊은이들과 처칠클럽의 덴마크 젊은이들, 툴루즈의 '자유의 아이들', 헝가리 출신의 토마 엘렉과 같은 붉은 대자보 조직의 나이 어린 외국인들, 혹은 쾰른의 에델바이스 해적단 단원들이 사람을 죽여야만 했을 때, 억압에 맞서 싸워 자유를 얻기 위해서는 그 방법밖에 없었기 때문에 얼마나 망설였는지를, 그리고 자신의 행위를 얼마나 뼈저리게 뉘우쳤는지를 보게 될 것이다.

1944년에는 소련의 '콤소몰'과 이탈리아에서 일어난 젊은 파르티잔들의 '대규모 봉기', 프랑스의 항독유격대원들 및 FFI(Forces françaises de l'intérieur, 프랑스 국내군) 레지스탕들과 더불어 유럽 전역에서 불의 시련이 시작되었다. 흔히 무장항독유격대원들은 노르망디와 프로방스 지방에 상륙한 연합군의 도움을 받아 각 도시에 이어 나라 전체가 해방될 수 있도록 목숨을 바쳤다.

나는 독일의 에델바이스 해적단이라든가 덴마크의 처칠클럽 같이 어린이와 청소년들의 레지스탕스 운동에서 선도적인 역할을 했던 이 열정적인 저항운동에 대해서는 초보적인 지식밖에 갖고 있지 못했다. 이미 그들을 2004년도 쇠이유 출판사에서 출간된 내 소설 《아이들의 역사》의 주인공으로 등장시키기도 했다. 시간을 거슬러 올라가는 이 허구의 여행에서 나는 어린이와 관련된 진짜 일화들을 각 시대별로 이야기했고, 어떤 장은 제2차 세계대전 중에 전개시켰다. 이 책에서 낭트 출신인 주인공들은 젊은 기 모케를 만났고, 그가 사형선고를 받은 다음에 쓴 감동적인 편지를 읽었다.

2004년 여름, 연합군 상륙과 파리 해방 60주년 기념식이 거행되었다. 그러나 '아이들의 군대'가 단 한 번도 언급되지 않는 것을 보고 깊은 충격을 받은 나는 청소년들이 레지스탕스 운동에서 세운 몇 가지 무훈을 다룬 짧은 글을 한 편 썼다.

나는 히틀러에 맞서 싸웠던 이 어린아이들과 젊은이들의 이야기를 들려주어야 할 시간이 온 것 같다고 생각했다. 이 이야기는 너무나 오랫동안 잊혀 있었고, 거의 대부분의 역사가들에 의해 은폐되어 있었다. 레지스탕스 조직의 책임자들은 이 이야기가 밖으로 새어나가지 못하도록 쉬쉬하다가 전쟁이 끝나자 자기들 멋대로 날조했고, 재향군인부에서 교육부에 이르는 행정기관들은 아예 이 이야기 자체를 부인하기도 했다. 그렇다면 이런 의문을 품어볼 수 있을 것이다. 도대체 왜 사람들은 이 가브로슈(빅토르 위고의 소설 《레 미제라블》에 나오는 등장인물. 흔히 빈정거리기 좋아하고 영악하고 상스럽고 반항적인 파리 소년을 상징한다. 작품 속에서는 1832년 파리코뮌 봉기 때 바리케이드에서 죽는다.—옮긴이)들의 저항을 언급하지 않았던 것일까? 이 젊은이들은 어린 나이에도 주저하지 않고 레지스탕스 운동에 뛰어들었고, 그들의 부모들 역시 전쟁에서 패하자 기가 꺾인 채 망설이다가도 결국 이 운동에 참여했다. 이것을 부끄럽게 느꼈던 것일까? 아니면 이 젊은이들이 레지스탕스 지도자들과는 달리 정치적인 저의나 계획을 갖고 있지 않아서였을까? 이 젊은이들을 통제하는 것이 이따금 불가능했기 때문에, 그리고 '그들이 젊었을 때의 잘못을 너그러이 용서 받고' 모범적인 생활로 돌아가야만 했기 때문이었을까? 그들이 그들 자신의 이야기를 알게 되면 무슨 위험한 일이 생기기 때문이었을까? 오늘날의 청소년들은 어떻게 어제의 청소년들이 엄청난 위험에 맞서 저항하고 레지스탕스 운동을 벌였는지를 알고 있을까?

바로 이러한 의문들이 여러분이 지금 손에 들고 있는 이 책을 탄생시켰고, 또한 이 책의 핵심이기도 하다. 이 경이로운 서사시를 다시 써내기 위해 나는 온갖 종류의 기록들을—일기장, 사형선고를 받고 감옥에 간힌 사람들이 마지막으로 쓴 편지들, 행군일지, 유인물, 노래 등을—수집했고, 히틀러와 나치즘에 맞서 싸웠던 이 청소년들의 역정을 재구성하기 위해 시간을 거슬러 올라가 이 길고 파란만장한 이야기의 증인들과 주역들을 만났다.

마지막으로 이 책의 제목에 대해 한마디 해야겠다. 우리가 지금 알고 있는 청소년과 1930~1940년대의 청소년은 같은 범주에 속하지 않는다. 현재 레지스탕스 운동에 뛰어든 '아이들'을 다룬 책, 특히 이들을 그린 초상화와 회고록이 존재하지만, 당시 아이의 개념은 보다 광의적이었고 특히 21세를 넘어야 성인으로 인정받았다는 사실을 잊어서는 안 된다. 레지스탕스 활동을 한 젊은이들을 그린 다른 책들도 있는데, 여기서 '젊은이'란 버블 껌처럼 탄력적인 개념이며, 대부분의 경우 16세에서 30세까지의 레지스탕들을 포함한다. 그러나 당시 이 레지스탕 청소년들의 눈에는 25세의 젊은이도 '늙은이'처럼 보였다. 그래서 나는 영어로 '틴에이저 teenager'라고 불리는 수많은 아이와 청소년, 그리고 이제 막 사춘기에서 벗어난 젊은 성인을 함께 언급하기로 했다. 이건 생뚱맞은 게 아니다. 그들은 공통된 문화를 공유하고, 같은 책을 읽고, 같은 시를 배우고, 같은 영화를 보았다. 그리고 바라(1793년 12월 7일에 올빼미당 당원들에게 낫으로 찔려 죽어가면서 '공화국 만세!'라고 외쳤던 소년—옮긴이), 발미(프랑스 혁명이 있었던 1792년 9월 20일 이곳에서 프랑스와 프러시아가 포격전을 벌였다—옮긴이), 1789년 혁명, 빅토르 위고, 제1차 세계대전 등 일정한 요소들을 기준으로 삼고 있었다.

안느 코르 같은 젊은 레지스탕들의 초상을 그릴 때 어떤 부분에 관심이 생기고 무엇을 관찰하는가? 그녀는 15살이던 1940년에 처음으로 브르타뉴 지방을 점령한 독일군에 대해 적대감을 표출했다. 17살이 된 1942년에는 파리 지역에서 유대인 교사들을 도와주고 비밀조직에 들어갔으며, 19살이던 1944년에는 자신이 속한 비밀조직 책임자의 요구에 따라 직접행동에 나섬으로써 그녀의 운명과 관련된 수수께끼의 장막을 걷어냈다. 그녀에 대한 이야기는 여기까지만 하겠다. 하지만 그녀는 이 책에 등장하는 인물들의 연령대를 대표한다.

마찬가지로 1930년대의 독일에서 초기에 에델바이스 해적단에 합류했던 단원들이나 백장미 조직의 조직원들은 히틀러청년단에 들어가기를 거부했는데, 당시 이들은 아주 젊었다. 그리고 전쟁 발발 후 제3제국에서 이들이 나치당국과 정면으로 충돌할 때까지 변화하는 모습을 우리는 지켜볼 것이다. 몇몇 해적들은 1942년에 20살이 되자 나이가 더 어린 지원자들을 뽑아 반나치의 횃불을 넘겨주었다. 이와 더불어 내가 인터뷰한 서로 다른 그룹의 해적단 단원들이 나이 차가 5살까지 나는데도 어떻게 쾰른에서 함께 행동할 수 있었는지를 우리는 지켜볼 것이다.

따라서 이 책이 무엇보다 청소년기를 막 벗어난 젊은이와 청소년을 대상으로 하고 있다는 건 전혀 놀랄 일이 아니다. 왜냐하면 이 책은 바로 '그들의 이야기'이기 때문이다. 우리가 그들에게 감추고 밝히지 않았던 이야기, 그들과 그녀들이 드디어 발견하게 될 이야기 말이다. 이 책에서 여성들은 레지스탕으로 인정받는다. 레지스탕스 운동에 헌신한 젊은 여성들의 숫자가 다수는 아니어도 적지는 않았기 때문이다.

마지막으로 《장미와 에델바이스》는 청소년기를 보낸 모든 사람, 특히 부모들과 교사들을 대상으로 한다. 이들은 나이 어린 사람들이 이 책에 나오는 이야기를 읽는 것을 보며 만족스러워할 것이고, 그것에 관해 그들과 함께 얘기를 나누고 싶어할 것이다.

제1장

세 대의 열차, 그리고
이름 모를 해적에게 바쳐진 비석

LA ROSE ET L'EDELWEISS

'돌로 된 심장이 있을까? 그래서 거기에 사랑의 말을 새겨 넣을 수 있을까?' 간수가 육중한 철문을 닫고 나가자 젊은 죄수는 이렇게 생각했다. 어쨌든 마지막까지 마음속에 담아두고 있는 말을 희망의 벽에 새겨 넣을 수는 있으리라.

쾰른에 있는 게슈타포 사령부 건물 지하의 감방에 산 채로 매장된 거나 다름없는 아이들은 갈아서 날카롭게 만든 수저로 벽에 이상한 단어들을 새겨놓았다. 벽에서 공포와 습기가 배어나와 콘크리트 관처럼 느껴지는 이곳에는 무려 1천8백 개나 되는 유언이 새겨져 있었다.

이 프랑스 청년은 랭보의 시구를 새겨놓았다. 러시아 출신의 한 젊은이는 친구들이 나치친위대가 복도 끝에 설치해놓은 교수대에 목이 매달려 차례로 죽어가는 것을 보았다. 그는 그의 목숨을 연장시키는 또 하나의 날짜를 날마다 새겼다. 그리고 이름이 알려지지 않은 어느 독일 청년은 내가 이 죽음의 대기실에서 베낀 모든 유언 중에서 가장 미스터리하고 초현실적인 유언을 새겨놓았다. 그것은 여행과 도피에 대한 권유이며, 이 세상을 두루 돌아다니고, 삶을 사랑하고, 해적들이 숨겨놓은 보물을 찾아내겠다는 맹세였다.

Rio die Schanero

Abeu Kapalero

Edelweiβ Piraten sind treu

이 글자들은 마치 초등학교 학생이 공책에 또박또박 써놓은 것처럼 돋을새김으로 섬세하게, 일정한 간격으로 새겨져 있었다. 이 독일어 문장은 이렇게 번역된다. '리오 데 자네이로, 안녕 카발레로, 에델바이스의 해적들은 충성스러워.'

　히브리 신비철학의 글귀일까? 다다이즘 시일까? 천만에! 이것은 독일 국가사회주의당(나치당)에 저항했던 조직들 중에서 규모는 가장 크면서도 가장 덜 알려진 에델바이스 해적단에 소속된 젊은이들이 즐겨 부르던 노래의 후렴이다.

　이 에델바이스 해적단은 12세에서 20세에 이르는 수만 명의 남녀 청소년으로 이루어졌고 12년 동안, 즉 나치즘이 출현하여 종말을 맞을 때까지 아돌프 히틀러에게 맞섰던 강력한 레지스탕스 운동단체다. 그들에게 파시즘이라는 '흑사병'과의 전쟁은 1939년이 아니라 그보다 6년 전, 처음으로 강제수용소가 설치되어 반대자들을 — 대부분은 그들 자신의 부모들을 — 수용하면서 이미 시작되었다.

　나는 이 소년 소녀들을 직접 만나본 적은 없지만 그들의 존재에 대해서는 알고 있었기 때문에 2004년에 나온 내 소설 《아이들의 역사》에 주인공으로 등장시켰다. 그런데 바로 그 해에 그들은 레지스탕스 활동가들로 인정되었고, 그들을 기리는 음악 페스티벌이 쾰른에서 열렸다. 이후 해마다 콘서트가 열려 포크, 록, 랩 그룹들이 암울했던 시대의 멜로디를 자기 나름대로 현대화하여 우리 시대의 인종차별 희생자들에게 바치고 있다. 여기엔 그 시대의 생존자들도 와서 오늘의 젊은이들과 함께 노래한다. '에델바이스의 해적들은 충성스러워!'

　"저 같은 독일 아이들에게는 레지스탕스가 제2차 세계대전이 일어나기 훨씬 전에 시작되었습니다. 히틀러와 나치가 권력을 잡고 나서 2년이 지난 1935년이었지요. 그 당시 12살이었는데 '싫어!'라고 말했지요. BDM, 그러니까 나치소녀연맹의 대열에 합류하고 싶지 않았거든요. 금발 머리를 땋아 늘인 어린 소녀가 등장하고 '너 역시 총통의 것이다!'라고 쓰여 있는 포스터가 생각나는군요.

그렇게 해서 저는 저처럼 히틀러 청년단을 증오하는 젊은이들과 함께 해적단을 조직하게 되었습니다. 경이로운 모험과 극적인 사건들이 시작된 것이지요. 그렇지만 오랜 세월이 지난 지금 다시 생각해봐도 후회 같은 건 전혀 들지 않아요. 만약 같은 상황에 놓인다 해도……"

혹시나 같은 상황에 놓인다 하더라도 게르트루드 코크는 다시 그때처럼 할 것이다. 짙은 자주색 원피스를 입은 백발의 그녀는 이름 모를 그녀의 동지가 옛날에 그들이 부르던 노래의 후렴을 새겨놓은 바로 그 지하실에 와 있다. 이 건물은 옛날 주인이었던 레오폴드 다흐멘Leopold Dahmann의 머리글자를 따서 '엘데L-D의 집'이라는 이름이 붙여져 있으며, 1933년에서 1945년까지 게슈타포 사령부로 쓰였다. 퀼른을 폭격할 때 미군은 이 옛 상사 건물에는 폭탄을 떨어뜨리지 않았다. 그들의 사령부를 설치하기 위해서였다. 그러고 나서 라인 강변에 자리 잡은 퀼른 시에서는 이 건물을 나치즘 박물관과 문서보관소로 교체했다. 지금은 어쩌다 선량한 사람들이 어느 날 갑자기 나치당의 갈색 셔츠를 걸쳤는지 이해하기 위해 교사들과 함께 이곳을 찾은 초등학교 학생들을 만날 수 있다. 이처럼 이곳은 기억으로 충만한 장소다.

젊었을 때 '여자 해적'이었던 그녀는 얼굴에 미소를 가득 머금고 있다. 그리고 그녀보다 나이가 적은 남편은 정말 감탄스럽다는 표정으로 그녀의 말에 귀를 기울이고 있다. 지금까지 아내의 에델바이스 해적단 이야기를 수도 없이 들었지만 이 얘기를 들을 때마다 그는 몹시 즐거워한다.

게르트루드가 이 저주 받은 장소를 찾아온 게 처음은 아니다. 65년

전, 그녀는 심문을 받기 전에 지하 3층의 감방에 갇힌 적이 있었다. 악취가 풍기는 작은 감방마다 독일군 탈영자들과 강제노동을 하던 중에 도망치다 잡혀온 러시아인들, 강제 이송된 프랑스 레지스탕들, 숨어 살다가 붙잡혀온 폴란드 거주 유대인들이 갇혀 있었다. 해적들도 갇혀 있었다. 이들은 착한 아리아족 아이가 규율을 준수하는 순종적인 제3제국의 아이가 되는 대신 목에 끈을 채우지 않고 길을 잃고 떠돌아다니는 개처럼 아무 짝에도 쓸모없는 불량배와 좀도둑이 되었다는 이유로 더욱 멸시를 받았다. 요컨대 나치당의 언론들은 이 청소년들이 독일의 국가사회주의 체제를 안쪽부터 좀먹어 들어간다며 거친 단어들을 동원하여 격렬하게 비난했다. 아예 처음부터 이들을 '해적' 취급한 것은 바로 이 나치당 언론이었다. 그러자 이 해적들은 해적기를 게양하고 용감하게 도전에 나섰다.

그러나 바로 이곳에서 나치친위대들이 게르트루드 코크를 때렸다는 사실을 도대체 어떻게 잊을 수 있단 말인가? 버텼다. 그녀는 자기가 어떻게 맞았는지 보여주기 위해 머리 뒤를 후려쳤다. 진한 갈색으로 변한 수십 장의 옛 사진을 보고 나면 더욱 목가적인 장면을 꿈꾸기 시작한다. 이 날씬한 아가씨는 해적단 동지들과 함께 호수에서 멱을 감고 난 다음 풍성한 머리를 풀어헤친 채 푸른색으로 수를 놓은 크림색 농부복을 가다듬고 있다. 또 다른 사진에서는 환한 미소를 띠고 기타를 어깨에서 허리로 비스듬히 멘 채 모닥불 주위에서 그들이 만든 수많은 노래 중 하나인 〈에델바이스의 해적들은 충성스럽다네!〉를 연주할 준비를 하고 있는 그녀의 모습을 볼 수 있다.

그것은 나중에 '언더그라운드'라고 불리게 될 반문화였다. 에델바이스의 해적들에게는 그들만의 군가와 사랑의 연가, 격렬한 구호, 은어가 있었으며, 산에서 자라는 작은 꽃 에델바이스를 천으로 만들어 그것을 남자들은 상의 칼라 안쪽에, 여자들은 치마 아래 넣고 꿰맸다.

게르트루드 그녀를 혼란스럽게 만든 것은 자신이 게슈타포에게 얻어맞았다는 사실보다는 그들이 자신의 기타를 부숴버렸다는 사실이었다. 그런데 무슨 이유로 그녀를 체포한 것일까? 처음에는 홧김에 그랬다. 해적들은 쾰른을 비롯하여 라인 강 유역의 독일에서 점점 더 적극적으로 활동했다. 다른 곳에서는 '나바조' 같은 인디언 부족의 이름을 사용했다.

해적들은 적을 공격하기 위해 도처에서 적함에 올랐다. 레지스탕스 문학서와 패배주의적 관점에서 쓰인 유인물을 배포하고 벽에 '히틀러, 넌 끝장이야!'라고 써 갈겼다. '핌프페'(히틀러 청년단을 경멸스러운 의미로 이렇게 불렀다)와 난투를 벌였다. 이 싸움은 그들이 눈에 시퍼렇게 멍이 들고 팔이 부러진 채 '핌프페들과 전면전을 벌이자!'라고 소리치는 것으로 끝났다. 해적들은 엘데의 집에 갇혀 있는 외국인 죄수들을 석방시키거나 유대인들을 구하기 위해 조직을 가동시켰다. 전쟁이 막바지에 접어든 몇 년 동안 쾰른이 연합군의 폭격으로 폐허가 됐을 때 그들은 치열한 게릴라전을 펼쳤다. 그러자 게슈타포도 전력을 다했다. 이들은 여러 명의 해적을 체포하는 데 성공했고, 그중 한 명인 16세의 바르톨로마우스 쉰크는 1944년 11월 10일 다른 친구들과 함께 공공장소에서 교수형에 처했다. 사람들은 그들이 주동자들이라고 말했다. 그러나 해적들에게 주동자란 없었다. 그들에게는 신도 주인도 없었다. 가정도 거처도 없었다. 그들은 도덕도 법도 몰랐다.

1년 전 게슈타포가 그녀의 기타를 부순 그날, 게르트루드 코크는 평화주의 투쟁을 했다는 이유로 기소당한 상태였다. 1943년 이 평화주의 운동은 뮌헨에서 나치에 반대하여 투쟁한 백장미 학생조직과 소피 숄이 벌였던 운동과 비등했다. 쾰른에서 게르트루드는 도심의 비폭력 조직에 속해 있었다. 반면에 교외지대에는 수류탄 투척과 다이너마이트 폭파 전문가들인 다른 전투조직들이 있었다. 이 조직의 구성원들은 싸움을 잘하는 젊은 프롤레타리아였던 반면 우리 젊은 여성 기타리스트는 약사의 딸이었다.

그녀의 조직이 어떻게 행동했는가를 보자. 엘데의 집 근처에는 웅장한 쾰른 성당이 우뚝 솟아 있다. 중세 때인 1212년에는 여기서 '어린이들의 십자군운동'이 시작되어 유럽 전역으로 퍼지기도 했다. 성당 광장을 지나면 성당만큼이나 아름다운 중앙역이 나타난다.

게르트루드는 친구들과 함께 돔 꼭대기의 스테인드글라스 밑에 박을 매달겠다는 생각을 가지고 있었다. 이게 터지면 작은 종이에 '여러분은 러시아 국경으로 보내질 것입니다! 전쟁터에 나가지 마세요! 더 이상 히틀러를 따르지 마세요! 탈영하세요!' 라고 쓰인 유인물이 쏟아져 나와 빙글빙글 돌며 기차역 플랫폼으로 떨어져 내리게 되어 있었다.

당시 독일군은 스탈린그라드와 모스크바, 레닌그라드 전투에서 패배하여 수세에 몰려 있었다. 그러자 아돌프 히틀러Adolf Hitler는 게걸스러운 흡혈귀처럼 새로운 피를 필요로 했다. 그는 러시아의 적군과 맞서기 위해 항상 나이가 더 어린 새로운 병사들을 내보냈다. 그들은 게르트루드의 형제였고 사촌이었고 친구였다. 선전기관에 따르면 독일 군복을 입은 이들은 지금껏 살아온 지구상의 존재들 가운데 최고로 무시무시한 괴물인 잔인한 볼셰비키들과 싸울 생각에 무서워서 몸을 바들바들 떨었다. 덜 광신적인 병사들은 해적들이 뿌린 유인물을 몰래 읽었다. '전쟁터에 나가지 마십시오! 탈영하십시오!'

가죽 외투를 입은 게슈타포들은 게르트루드와 그녀의 여자 친구들이 악기 함에 소형기관총을 넣어 운반한다고 믿고 그들을 체포했다. 그들은 자기들이 잘못 생각했다는 것을 알고 더 역정을 내며 그들의 기타를 박살냈다.

"맹세컨대 난 그냥 자연의 친구일 뿐이에요! 배낭을 메고 숲과 산 속을 산책하며 노래를 부르는 거라고요. 우린 정치에는 아무 관심이 없다니까요!" 주먹질이 비 오듯 쏟아지자 게르트루드는 이렇게 소리쳤다.

"저는 17살이었어요. 당시에는 식량배급제한 조치 때문에 많이 먹지를 못해서 몸이 비쩍 마른 상태였지요. 그들은 저를 때렸지만 저는 통째로 부인했어요. '에델바이스 해적단이 아니라고 말했잖아요? 난 그냥 산책을 한 것뿐이라고요!' 그러니까 게슈타포가 다시 내 뺨을 갈기더군요."

이 지역 게슈타포 책임자인 조제프 호에겐은 그녀에게 정확한 질문을 던지지 않았다. 해적단에 침투해 있던 첩자 덕분에 알 건 대충 다 알고 있었다. 그렇지만 약사인 그녀의 어머니가 손을 써서 게르트루드 코크는 며칠 뒤에 풀려났다. 틀림없이 게슈타포 요원들은 그녀를 미행하다보면 그녀가 속해 있는 조직의 루트를 거슬러 올라갈 수 있을 것이고, 그렇게 해서 주동자가 누군지 알아낼 수 있을 거라고 믿었을 것이다. 하지만 그래봤자 아무 소용없었다. 도대체 어떻게 나치들이 위계 따위가 없는 평등한 세계를 상상할 수 있었겠는가?

이번에도 이 소녀는 최악의 상황에서 벗어났다. 그렇다고 저항을 포기하지는 않았다. 나중에 보겠지만, 이 저항 운동의 규모가 한층 더 커지고선 더욱 그랬다. 1943년에 쾰른을 지나는 라인 강 양쪽으로 스무 개의 조직이 생겨났고, 여기에는 달리는 열차에서 뛰어내린 소수의 독일군 탈영자들이 합류했다.

달리는 기차에서 뛰어내린다는 것, 그것만으로도 이미 저항을 하는 거라고 말할 수 있다. 시몽 그로노프스키는 이 말을 듣고 놀랐다. 나만 그렇게 생각하고 그에게 이렇게 말한 것은 아니다. 그가 잠시 회장직을 맡았던 벨기에 강제송환자협회의 동지들도 그에게 똑같이 말했다.

당시에 그는 그냥 자기가 목숨을 구했다고만 생각했다. 그는 극단적인 상황에서 살아났다. 그것은 아마 유럽 레지스탕스의 역사에서 일어난 가장 놀라운 사건 중 하나로 꼽힐 수 있을 것이다. 벨기에 영토에서 출발하여 아우슈비츠 수용소로 향하던 제20강제송환열차에서 유일하게 성공한 공격이었다. 1943년 4월 19일은 기념할만한 날이었다. 같은 순간, 바르샤바 게토의 젊은이들이 나치친위대에 맞서 싸우기 위해 무기를 손에 들고 봉기했다.

시몽은 이 모든 사실을 모르고 있었다. 이제 겨우 12살에 불과했다. 그는 아주 민감한 소년이었다. 가족들끼리 월트 디즈니의 만화영화 『백설공주』를 보러 갔을 때 사악한 계모가 마녀로 변신한 걸 보고는 너무 무서웠던 나머지 영화관을 뛰쳐나간 적도 있었다. 자신이 가장 좋아하는 소설인 엑토르 말로의 《가족 없이》를 읽을 때마다 이 책이 해피엔딩으로 끝나는데도 눈물을 뚝뚝 흘리며 울기도 했다. 그렇지만 시몽은 이 책의 주인공인 어린 레미의 이름이 붙은 광장에 언젠가 자신이 서게 되리라고는 생각하지 못했다.

시몽 그로노프스키는 자신에게 닥친 온갖 시련에도 인생을 사랑했고, 또 영원히 사랑할 것이다. 나는 TGV 탈리스를 타고 쾰른의 중앙역에 가서 에델바이스 해적단원들을 만나기 전에 브뤼셀에 잠깐 들렀다. 나중에 재즈 피아니스트 겸 벨기에 변호사가 된 이 폴란드 출신 유대인으로부터 그가 살아온 얘기를 듣기 위해서였다.

"1943년 3월 17일을 죽을 때까지 영영 잊을 수 없을 겁니다. 이타 누나와 어머니, 그리고 보비라는 이름의 강아지랑 같이 있었지요. 아버지는 편찮으셔서 입원해 계셨지만, 그때까지만 해도 우리 가족은 심적으로나 영적으로 번영의 시기에 있었다고 말할 수 있습니다.

우리 부모님들은 1920년대에 폴란드에서 넘어오셨어요. 아버지 레옹은 벨기에서 합법적으로 체류하셨습니다. 석탄광산에서 일하시다가 규폐증에 걸리셨지요. 1923년에 어머니 아니아와 결혼했습니다. 이듬해 이타 누나가 태어났고, 7년 뒤인 1931년 10월 21일에 제가 우클레라는 곳에서 태어났습니다. 아버지는 에테르베에크에 피혁공장을 열었는데 장사가 잘 됐어요. 서류가방을 만들었지요. 집도 한 채 있었고요. 전쟁이 일어나기 직전까지만 해도 우리는 행복하게 지내는 평범하고 정상적인 가족이었어요. 1940년 5월 10일 독일이 다시 벨기에를 침공할 때까지는 말입니다."

곧 유대인에 대한 조처들이 취해졌다. 레옹은 가족을 특별명부에 등록하고 가게 진열창에 '유대인 회사'라고 써 붙여야만 했다. 그 이후 몇 달 동안 그의 라디오와 타이프라이터, 그의 상품 중 일부가 징발되었고, 그에게 엄청난 액수의 벌금이 부과되었다. 유럽 전역에서 그랬던 것처럼 그의 가족은 노란 별을 달고 다녀야 했다. 하지만 당시 16살이었던 이타는 이러한 조처를 거부했다. 결국 이타는 1941년 말에 다니던 고등학교를 그만두어야 했고, 시몽은 1942년 여름에 초등학교 5학년을 '더러운 유대인 같으니!' 라는 식의 조롱을 받으며 겨우 끝낼 수 있었다. 벨기에 왕가, 특히 엘리자베스 여왕이 개입한 덕분에 웨젬베에크 오펨 탁아소에서 이루어진 일제 단속을 통해 적발된 유대인 아이들은 말린 수용소에서 풀려날 수 있었다. 그러나 1942년 말부터 유대인에 대한 일제단속과 강제송환이 다시 시작되었다.

"아까 말했다시피 1943년 3월 17일 수요일에 저는 아침식사를 하려고 식탁에 앉아 있었습니다. 커피가 다 데워졌고, 누나는 빵에 잼을 바르고 있었지요. 9시가 거의 다 되어가고 있을 때 누군가가 주먹으로 문을 쾅쾅 두드리는 소리가 들려왔습니다. '게슈타포다! 신분증을 제시하라!' 두 명의 독일 경찰 중 한 명이 말하더군요.

― 짐을 싸라! 지금 곧 출발할 것이다!

― 어디로 간다는 겁니까?

― 말린에 있는 도 군막사로 갈 거다.

― 그럼 아이는요?

― 물론 같이 가는 거지!

누나는 어머니를 도와 짐을 싸면서 제게 말했습니다. '보렴, 시몽, 오늘도 저렇게 태양이 떠올랐지만 저 태양은 우리를 위한 것이 아니구나!'"

시몽 그로노프스키는 '재즈광'(청소년들을 순종시키려는 어른들의 시도에 맞서기 위해 파리와 브뤼셀, 혹은 베를린에서 짙은 색깔의 원색 옷을 입고 스윙 춤을 추었던 청소년들) 문화의 영감을 받은 이 16살의 이타 누나에게 절로 감탄했다. 그녀는 듀크 엘링턴과 루이 암스트롱, 장고 라인하르트, 앤드류 시스터즈, 샤를 트르네에 대해 동생에게 알려주었다. 그녀는 그에게 음악의 바이러스를 옮겨주고, 피아노 기초를 가르쳐주기도 했다.

"이봐, 아가씨, 저 예쁜 옷도 챙겨." 이타가 열려 있는 옷장 앞에서 멍한 표정을 짓고 있자 게슈타포가 말했다.

시몽은 보비가 불안했다. 사람들은 유대인들은 체포하지만 개들은 체포하지 않는다고 그에게 말한 적이 있었다. 개는 층계참 창살에 매여 있었다. 누군가가 와서 개를 구해줄 것이다. 게슈타포가 다들 집합하라고 명령했지만 한 명이 보이지 않았다. 그의 아버지였다. 게슈타포 요원이 그의 행방을 묻자 그로노프스키 부인은 대담하게도 그 불쌍한 남자가 세상을 떠났다고 답했다. 이렇게 해서 그녀는 남편의 목숨을 구했다.

그날 밤 아니아와 아이들은 브뤼셀의 루이즈 거리에 있는 게슈타포 지하 감방에 갇혔다. 이튿날에는 다른 50명과 함께 덮개를 씌운 트럭에 실려 말린으로 끌려갔다. 시몽에게는 1234-20이라는 강제수용번호가, 그의 어머니에게는 1233-20이라는 번호가 매겨졌다. 이타는 경우가 달랐다.

16살인 그녀는 벨기에 국적을 선택할 수 있었다. 그녀에게 붙은 B274라는 등록번호가 증명하듯 그녀의 어머니나 남동생과는 처한 상황이 달랐다. 나치는 외국인 유대인들만을 강제 수용했다. 하지만 그렇다고 해서 그녀가 목숨을 구할 수 있었을까?

"한 달 동안 그 군 막사에 갇혀 있었어요. 그곳은 유대인들을 모아서 선별하는 곳이었습니다. 누군가 저한테 거기가 죽음의 대기실이라고 말했다 하더라도 저는 그 말을 믿지 않았을 겁니다. 어머니와 누나가 보호해주어서 불행하지 않았습니다. 무사태평하게 다른 아이들이랑 어울려 놀았지요. 그러다가 4월 18일 일요일에 대기하라는 명령이 떨어졌습니다. 우리 강제수용 번호에 나와 있는 것처럼 그 다음 날인 19일에 제20호 열차에 실려 강제 이송되기로 되어 있었던 것입니다."

16세 이하의 유대인이 262명 섞인 1631명의 유대인들이 아우슈비츠 강제수용소로 보내지기로 예정되어 있었다.

"왜 그렇게 많은 아이들을 강제 수용했을까요? 나치는 한 민족 전체를 아예 말살해버리려고 했던 것입니다. 그리고 그 목표를 달성하기 위해서는 우선 아이들을 죽여야 했던 것이지요. 어린애들이야말로 한 민족의 미래니까요!"

이 어린 소년이 당시에는 알 수 없었던 것, 그것은 그의 운명을 바꿔놓게 될, 얼핏 무모해 보이는 모험이 준비되고 있었다는 사실이다.

'그림자 군단', 이 얼마나 멋진 표현인가! 그것은 조세프 케셀이 레지스탕스 운동에 경의를 표하기 위해 1943년 런던에서 쓴 소설의 제목이다. 또한 그는 자신처럼 '자유프랑스' 조직에 소속되어 있던 안나 말리가 〈파르티잔의 노래〉를 쓰는 걸 도와줌으로써 레지스탕스 운동에 경의를 표하기도 했다. '친구여, 만일 네가 쓰러지면 또 다른 친구가 너 대신 어

둠 속에서 나오리라······.'

그림자 군단은 벨기에에 몇 명이나 있었을까? 제20호 열차의 공격에 참여한 사람들의 수는 적었다. 이 열차를 세워 강제송환자들을 최대한 많이 구해내기로 결정한 사람은 같은 대학 출신인 세 청년이었다. 벨기에 레지스탕스 운동단체의 규모가 작아서 그런 건 아니었다. 오히려 정반대였다. 레지스탕스 운동은 이 작은 왕국이 이미 독일인들에게 점령당했던 제1차 세계대전 당시의 그것만큼이나 활발하게 전개되었다. 물론 서로 다른 언어를 사용하는 발론 지방과 플랑드르 지방에서는 히틀러를 추종하는 흑회당黑會黨이 생겼다. 하지만 이 언어장벽의 양쪽에서는 믿겨지지 않을 만큼 놀라운 용기를 갖춘 레지스탕들이 더 많이 등장했다.

4월 18일 밤, 브뤼셀에서 이 세 청년이 계획을 마무리하는 동안 심각하게 분열된 벨기에 젊은이들의 생각은 다른 데 가 있는 듯했다. 한쪽에서는 장고 라인하르트의 콘서트가 개최되어 그가 태어난 이 벨기에의 재즈광 수천 명을 예술관으로 끌어들였다. 믿기 힘들 수 있겠지만, 나치는 이 떠돌이 집시 기타리스트가 연주를 하도록 내버려둔 채 그의 집시 형제들을 전멸시키기 위해 강제로 끌고 갔다. 그와 동시에 스포츠관에서는 흑회당의 의식이 성대하게 펼쳐지고 있었다. 처음에는 이 의식을 브뤼셀의 그랑드 플라스에서 거행하려고 했지만 적대적인 단체들이 나타나 모든 걸 망쳐버릴 지도 모른다는 우려가 있어 장소가 바뀌었다. 이게 무슨 의식인가 하면, 플랑드르 지방의 젊은 파시스트들이 전투친위대 군복을 입고 독일군이 얼마 전 스탈린그라드 전투에서 패배한 러시아로 싸우러 가는 것이었다.

이날 밤 유라 리브키츠와 로베르 메트리오, 장 프랑클몽은 그들과 긴밀한 관계를 유지하는 레지스탕스 조직들이 포기해서 더욱 특수해진 자신들의 작전 계획을 마지막으로 점검했다. 의과대학 학생인 우크라이나 출신의 유라 리브키츠는 유대인 보호조직의 미온적인 도움밖에 못 받았다. 코메디앵 루티에라는 길거리 극단 소속 배우에 머리가 적갈색이라서 '왕귤'이라는 별명을 갖고 있던 장은 공산주의자 동지들, 특히 무장 파르티잔의 책임자가 이 계획을 터무니없는 것으로 판단했다는 사실에 아쉬움을 느꼈다. 마지막으로 G 조직에 — 브뤼셀 자유대학 학생들과 교수들의 풍부한 상상력에서 태어나 가장 좋은 성과를 냈던 벨기에 레지스탕스 운동조직에 — 속해 있던 로베르는 겨우 6.35 리볼버권총과 총알 7발, 집게가 달린 펜치, 심한 바람에도 꺼지지 않는 램프만 손에 넣는 데 성공했다.

그들이 볼 때 유대인들을 구한다는 것은 곧 레지스탕스 운동의 명예를 살리는 것이었다. 비록 크게 실망하기는 했지만 그들은 친구들 덕분에 자신들의 계획에 관한 정보를 말린에 갇혀 있는 레지스탕들에게 전할 수 있었다. 그들은 또한 SNCB 철도원들의 도움도 받을 수 있게 되었다. 이 철도원들은 열차의 속도를 늦춰줄 수 있었다.

"열차가 출발하기 직전 어머니께서 저한테 100프랑짜리 지폐 한 장을 주셨고, 저는 그걸 양말 속에 집어넣었습니다. 그러고 나서 어머니는 이타 누나에게 편지를 건네주셨는데 그게 '레오틴'에게 보내는 — 실제로는 아버지에게 보내는 — 유서였지요. 물론 히브리어로 쓰여 있었고, 이런 내용이었습니다. '운명의 여신이 우리를 덮쳤어요. 그 어둡고 무시무시하고 비극적인 수요일, 신께서 한 줄기 환희의 빛을 보내셨답니다. 다행히도 당신은 그 자리에 없어서 목숨을 구한 거예요. 이제 저는 우리 심켈레크(시몽)와 함께 떠나요. 운명의 여신이 우리를 어디로 데려갈지는 모르겠어요. 하지만 제 심장은 세차게 뜁답니다. 희망과 용기로 가득 차 있으니까요. 저는 당신의 아들을 소중히 돌보겠어요. 제 눈의 눈동자만큼이나 말예요. 태양이 우리 유대인들을 위해 떠오르는 그날까지 내 사랑, 잘 지내요. 난 영원히 당신과 함께, 그리고 우리 아이들과 함께 있을 거예요.'"

열차는 브뤼셀에서 70킬로미터 떨어진 랭부르그 주의 베를링겐 보르굴른이라는 마을 근처에서 속도를 늦추었다. 유라, 로베르, 왕귤, 이 세 사람은 객차의 빗장을 부순 다음 강제 송환될 사람들을 내리게 하기 시작했다. 많은 사람이 망설였다. 혹시 함정이 아닐까? 첫 번째 총소리가 들렸을 때 그들 중 17명이 이미 열차 밖에 나와 있었다. 모두 261명이 여러 대의 열차에서 탈출했고, 그중 24명은 현장에서 사살당했다.

빗장이 부수어진 그 열차에 시몽과 아니아 그로노프스키는 없었다. 그러나 그들이 타고 있던 차량의 문이 급제동에 의한 진동과 충격 때문에 저절로 열렸다. "심켈레크! 일어나!" 여기서도 갇혀 있던 유대인들이 차량 밖으로 뛰어내리기 시작했다.

누군가가 "안에 그냥 있어! 너무 위험해!"라고 소리쳤다.

"우리 어머니께서는 저를 출구 쪽으로 밀어내셨지요. 하지만 제 어깨에 놓여 있던 그 분의 손은 저를 꽉 붙들고 있었습니다. 저는 열차 바닥에 앉은 채 발판 다리에 이어 빗장을 꼭 붙들었습니다. 두 다리는 허공에 내밀려 있었습니다. '속도가 너무 빨라!' 어머니께서 제 웃옷을 단단히 붙잡은 채 말씀하셨지요. 저는 발판에 몸을 기댔습니다. 열차가 속도를 늦추었습니다. 저는 지상에서 1.5미터 높이에 있었지요. 브뤼셀에서 살 때 저는 달리는 열차에서 뛰어내리는 기술에는 챔피언이었습니다. 그때랑 똑같이 했지요. 뛰어내렸습니다! 열차는 속도를 조금씩 늦추면서도 계속 달리고 있었습니다. 고개를 돌렸지요. 어머니께서는 열차에서 뛰어내리지 않으셨습니다. 열차가 멈춰 섰고 총 소리가 울렸습니다. 나치가 탈주자들을 추격하기 시작했죠. 개들이 짖는 소리가 들려왔습니다. 저는 앞으로 달려가 다시 열차에 올라타고 싶었습니다. 어머니께 가고 싶었던 것입니다. 하지만 그렇게 하는 대신 다시 열차에 올라타 제 쪽을 향해 총을 쏘아대는 독일경비대원들을 향해 곧장 달려갔지요. 그건 생존본능이었습니다. 흙을 쌓아 올려 만든 둑이 있는 왼쪽으로 달려가다가 뛰어내렸습니다. 8, 9미터 아래로 굴러 떨어졌죠. 독일군들이 제가 뛰어내린 차량까지 가 있더군요. 10초만 늦었더라도 붙잡혔을 겁니다. 저는 숲 속을 달리기 시작했죠."

시몽은 숲 속 깊숙이 들어갔지만 두렵지 않았다. 아마도 벨기에 보이스카우트에서 훈련을 받은 덕분인지도 몰랐다. 아니면 다시 열차에 실려 저 먼 곳을 달리고 있는 어머니가 비록 아우슈비츠 강제수용소에서 영영 돌아오지 못한다 해도 자신을 영원히 보호해줄 것이라는 확신이 들어서였는지도 몰랐다.

숲 속에서 시몽은 더 큰 용기를 얻기 위해 글렌 밀러의 〈인 더 무드〉라는 노래를 휘파람으로 불었다. 독일인들이 벨기에 국적의 유대인들 역시 강제 송환하기로 결정하는 바람에 결국 22호 수송열차에 실려가 다시는 돌아오지 않을 또 다른 수호천사, 그의 누나가 좋아했던 노래였다.

숲에서 나온 그는 엄청나게 넓은 농장을 조심스럽게 피해 갔다. '저 집 주인은 독일 놈들이랑 친구일지도 몰라. 그럼 꼼짝없이 붙잡히는 거지.' 어린 나이에도 이런 생각이 들었다. 그는 거기서 꽤 많이 떨어진 곳에 있는 집의 문을 두드렸다. 이 집 안주인은 온몸이 진흙투성이에 옷은 다 찢어진 이 야생아를 맞아들였다. 그는 미리 생각해둔 대로 이렇게 거짓말을 했다. "친구들이랑 놀다가 길을 잃었어요."

이 시골 여성은 그를 자신의 친구 집에 데려다 주었다. 시몽 그로노프스키는 그 집 남자가 돌아오는 걸 보고 하마터면 까무러칠 뻔했다. 경찰이었던 것이다!

그는 당황하지 않고 "놀다가 길을 잃었어요"라며 같은 얘기를 되풀이

했다.

일은 잘 풀렸다. 장 아에르츠라는 이름을 가진 이 경찰은 그가 부모를 찾을 수 있도록 도와주겠다고 말했다. 그리고 루즈 보르굴룬 마을에 갔다 오겠다며 자전거에 올라탔다. 그가 돌아왔을 때 시몽은 모든 게 다 끝났다고 생각했다. 하지만 경찰은 그를 안심시켰다.

"다 알고 있어! 너, 열차에서 도망친 유대인들이랑 같이 있었지?"

과연 그는 게슈타포에게 이 사실을 알릴까?

"두려워할 거 없다. 걱정 안 해도 돼. 우린 착한 벨기에 사람이니까!"

정말 운이 좋았다. 선한 벨기에인, 피로를 풀어주는 목욕, 맛있는 식사. 그 집 아이들 중 한 명이 입던 깨끗한 옷도 얻어 입었다. 이튿날 경찰은 그가 혼자 브뤼셀로 돌아가 아버지를 만날 수 있도록 그를 기차역에 데려다주었다.

"저는 양말 속에 들어 있던 지폐로 기차표를 샀어요. 제가 얼마나 기뻤을지 상상해보세요. 저를 베를랭겐 마을로 싣고 왔던 바로 그 기차 노선을 통해 집으로 다시 돌아가는 것이었으니까요. 브뤼셀에 도착한 저는 친구네 집으로 갔고, 그 친구는 제가 루브토 구역에서 아버지 찾는 걸 도와주었습니다. 스카우트 운동이란 단순히 자연 속에서 생존하는 법을 배우는 학교가 아니었습니다. 벨기에에서도, 그리고 유럽 전역에서도 그것은 레지스탕스 운동의 중심이었죠."

장 다니가 기차와 관련하여 겪은 사건 역시 아주 특별하다. 그렇지만 시몽의 경우와는 많이 다르다. 그의 이야기는 덜 비극적이다. 하지만 만일 그가 용기 외에 침착성과 탁월한 임기응변까지 갖추지 못했더라면 그의 경우 역시 비극으로 바뀔 수도 있었을 것이다.

그가 1940년에 살았던 도시 라웅은 프랑스 북부지방의 철도교통 요충

지였으며, 벨기에처럼 독일군의 침공을 받았다. 그러니 프랑스 국립철도청 SNCF가 이 지역의 주요한 고용주라고 해도 전혀 놀랄 게 없었다. 젊은 장은 철도원의 아들이었다. 아버지 빅토르는 SNCF의 기독교 노조 대표였으며, 점령당한 민족들이 흔히 그렇듯 장과 그의 나이 어린 동생은 투철한 애국심으로 무장한 가정에서 살고 있었다. "우리는 수차례 침략을 당했습니다. 우리 가문은 이미 오래 전부터 외침外侵에 시달려왔지요. 나폴레옹 1세 시대에도 징용령이 내려졌다고 하더군요." 공군장교 출신인 장 다니는 이렇게 말한다.

"1940년 당시 우리는 제1차 세계대전에 대한 기억 속에서 살고 있었습니다. 라옹은 1917년 4월의 그 끔찍한 전투가 벌어졌던 '귀부인들의 길'(스와송과 라옹을 잇는 능선을 따라 난 길로서, 루이 15세의 딸들이 라 보브 성에 가기 위해 이용하여 이렇게 불린다. 1917년 4월 니벨 장군이 독일군의 전선을 돌파하기 위해 무리하게 공격하는 바람에 단 며칠 만에 무려 27만 명의 프랑스군이 목숨을 잃었다.―옮긴이)에서 멀지 않은 곳에 위치해 있었고, 우리 가문은 ― 친가나 외가 모두 ― 독일 점령의 기억 속에서 살고 있었지요. 우리 삼촌 중 한 분은 아버지랑 같이 밤에 식료품을 사러 가다 독일군 보초의 총에 맞아 돌아가시기도 했답니다.

우리는 계속 그런 분위기 속에서 살고 있었어요. '독일인들'이라고 하지 않고 '독일 놈들'이라고 했지요. 우리는 애국심을 고취시키는 책들을 많이 읽었습니다. 제게는 《조국》이라는 총서가 있었는데 지금도 가지고 있답니다."

연합국을 찬양하고 제1차 세계대전을 회고하는 권당 50상팀짜리 소책자는 한 세대의 어린이들에게 깊은 영향을 미쳤다. 평화주의자 장 조레스의 친구인 쥘 루프가 펴낸 이 책들의 제목은 '그들의 조국을 정복하는 벨기에 사람들'이라든지 '늑대 사단', '터키 군의 패주', '난 처음으로 독일

놈을 죽였다', 혹은 '폭격 당하는 런던' 과 같이 호전적이었다. 프랑크 헨리가 쓴 《폭격 당하는 런던》은 잊힌 사실을 다시 그려내고 있다. 제1차 세계대전 당시 놀랍게도 독일 공군이 영국의 수도를 공격했던 것이다. 우리는 어린 장이 1940년 가을에 영국 전투가 벌어지는 동안 되풀이될 1916년 9월의 이 사건에 대해 알아가는 모습을 상상할 수 있을 것이다.

자정이 거의 다 되어가고 있었다.
해리는 집으로 가는 지하철을 타려고 지하철역으로 서둘러 걷고 있었다. 그는 즐거운 곡을 휘파람으로 불며 툴리 스트리트를 내려와 런던 브리지에 도착했다. 다리의 아치 밑을 흐르는 템스 강물의 찰랑거리는 소리만이 침묵을 깨트렸다. 보름달이 잠든 런던 구시가지를 환히 밝혀주고 있었다.
별안간 호각소리가 대기를 날카롭게 갈라놓더니 이어서 두 번째 호각소리가 가까이 들려왔다. 경찰 한 사람이 자전거를 타고 다리 위로 달려오면서 열심히 호각을 불어대고 있었다. 그의 가슴에 부착된 플래카드에는 '안전한 곳으로 대피하세요' 라고 쓰여 있었다.
바로 그 순간, 대포 소리가 그 아름다운 밤의 정적을 순식간에 깨트려놓았다. 경보였다. 영국의 수도가 공습의 위협을 받고 있었다.

이 공중 전투는 린드버그라든가 생텍쥐페리, 메르모즈 같은 민간비행사들의 전설적인 모험만큼이나 제1차 세계대전과 2차 세계대전 사이에 살았던 소년들을 열광시켰다. 장 메르모즈는 항공우편기의 영웅이다. 장 다니가 태어난 1925년에 대천사라는 별명을 가지고 있던 그는 바르셀로나와 말라가를 연결시켰다. 그러고 나서 남아메리카로 이어지는 새로운 항공노선을 개척했다. 그런데 메르모즈는 엔느 지방의 다니 부인과 같은 엔느 도에서 태어났고, 장 어머니의 어릴 적 친구였다. 이 비행사가 라 로크 대령과 함께 프랑스 사회당 대표 자격으로 크루아드푀 협회에 참여한 것에 대해서는 논란의 여지가 있을 수 있겠지만, 다니 가문에서 그는 무엇보다 이웃이었고, 친구였고, 감탄의 대상인 '하늘의 기사'였다. 만일 그가 1936년 남대서양 한가운데서 그의 '라 크루아뒤쉬드' 호와 함께 사라지지 않았다면 그는 자신을 숭배하는 젊은 장처럼 1940년 5월에 프랑스군이 너무나 굴욕적으로 패배했던 그 비참한 상황을 개탄했을 것이다. 이 참담한 결과를 보고 15살의 장은 레지스탕스 운동에 뛰어들기로 결심했다.

"프랑스군은 엔느 도에서 후퇴했습니다. 하지만 아버지가 SNCF의 철도검표원이었던 덕분에 우리는 금방 다시 올라갈 수 있었지요. 라옹에는 인적이 끊겨 있더군요. 모든 게 버려져 있었습니다. 엄청난 숫자의 프랑스군 포로들은 제외하고 말이죠. 독일인들은 꼭 철도를 다시 개통해야 했습니다. 일상이 서서히 다시 시작되고 있었지요.

수백 명 정도 되는 프랑스군 포로들은 수영장이 딸린 철도원 운동실 옆의 여러 건물에 분산 수용되어 있었고, 장교들은 옛 몽트뢰유 병원에 갇혀 있었습니다. 점령지역과 비점령지역 간의 경계선이 곧 설치되었지요. 이 경계선은 근처의 복사이옹 지방에 위치해 있었습니다. 아버지가 SNCF에서 일하고 있어서 우리는 통행증을 손에 넣게 되었지요."

빅토르 다니는 라옹-파리 구간을 맡아 피난민들을 도울 수 있었다. 바로 그때 그의 아들 장은 JOC(Jeunesse ouvrière chrétienne, 기독교노동청년단)에 소속되어 있는 친구 장 보닝게를 만났다. 그들은 함께 탈출을 했다가 붙잡혔지만 독일군이 아직 독일로 데려가지 않았던 터라 농가 여기저기에 분산되어 있는 포로들을 도와주었다. 그들 중 여러 명이 보닝게의 집에서 변장을 했고, 장 보닝게와 그의 동생 에밀리엔은 장 다니의 도움을 받아 그들에게 음식을 먹인 뒤 브뤼셀의 독일행정부가 통제하고 있는 프랑스 북부 점령지역 밖의 비점령지역으로 그들을 탈출시켰다.

1940년에 다시 한 번 장 다니와 장 보닝게는 드골 대령이 제4장갑사단을 이끌고 '이상한 전쟁'이라 불리는 제1차 세계대전에서 프랑스군으로는 유일하게 승리를 거두었던 그 유명한 몽코르네 전장까지 직접 가서 버려진 무기와 탄약을 회수하기도 했다.

이 두 친구는 온갖 위험을 무릅썼다. 그러나 한때 메르모즈를 숭배했던 장 다니는 이 정도로는 충분하지 않았다. 몽코르네의 드골 대령은 이제 장군이 되었고 사형선고를 받았으며, 폭격 당하는 런던에서 독일군에게 저항할 것을 촉구하였다. 《조국》 총서를 읽는 이 젊은이는 한 가지 결정을 했다. 드골 장군을 찾아가기로 했던 것이다. 당시 수많은 젊은이가 이런 생각을 품기는 했지만 그렇다고 해서 모두가 이 꿈을 이루지는 못했다. 그러나 그 후 많은 젊은이가 드골 장군과 손을 잡았다. 전쟁이 끝나고 나서 세어보니 모두 1만 1천 명의 '자유프랑스 사관학교 생도들'이 런던이나 프랑스 제국의 다른 곳에서 '6월 18일의 인물' 드골 장군과 힘을 모았다!

장의 계획은 이랬다. 경계선을 지나 비점령지역으로 넘어가서 마르세유로 내려간 다음 작은 돛배를 타고 북아프리카로 건너갔다가 다시 영국으로 간다는 것이었다. 말이야 쉽지만 직접 실행에 옮기기에는 어려운 일이었다.

"그때 친구 보닝게가 말했어요. '기다려. 폴 베르트라는 우리 매형 친구를 알고 있는데 이 사람이 중요한 일을 맡고 있거든.' 그렇게 해서 베르트를 만났는데, 그 사람은 우리 교구의 체조협회에서 활발하게 활동하고 있었습니다. 우리 가족은 각자 가톨릭 청소년선도회나 애덕회, 아니면 제가 속해 있던 JOC에서 활동하면서 가톨릭 사회에 깊이 뿌리를 내리고 있었지요. 폴 베르트는 저한테 이렇게 말하더군요. '넌 조직을 결성해봐.

난 정보수집 업무를 담당할게.' 이렇게 해서 저는 1942년 초부터 조직을 만들어 나가기 시작했습니다. 그때가 16살이었지요."

장 다니는 비행에 대한 자신의 열정을 유용한 쪽으로 발휘할 수 있었다. 이유는 두 가지였다. 우선 엔느는 영국 항공기들이 통과하는 장소였는데 그중 일부가 격추당했다. 그래서 적십자 조직과 연계된 조종사 탈출 조직과 관계를 맺어야 했다. 특히 JOC 덕분에 이 청소년은 15살에서 18살까지 비슷한 나이 또래인 수십 명의 동지들과 접촉할 수 있었다. 그중 대부분은 철도 쪽 아니면 비행장에서 일을 했다.

"이렇게 해서 정보 수집 팀을 조직할 수 있었지요. 그들은 제임스 본드는 아니었지만 크레피 쿠브롱이라든지 사무씨의 활주로, 그리고 샹베리의 그것 같은 임시비행장에서 일을 하고 있다는 유리한 조건을 갖추고 있었습니다. 항상 JOC 덕분에 적임자를 찾아내곤 했죠. 그렇게 해서 15명으로 이루어진 조직이 만들어졌어요. 그리고 얼마 뒤 우리 조직은 세분화되었습니다. 우리 조직은 런던과 직접 접촉해서 낙하산으로 투하되는 무기를 회수하는 임무를 수행했어요. 그렇게 해서 우리 조직은 자금과 물자, 무전기를 확보하게 되었지요."

장 다니는 자신이 이제 막 결성한 조직이 SR 에어, 즉 공군 비밀정보부와 연계되어 있었다는 사실을 전쟁이 끝나고 나서야 알았다. 그는 나치의 비행과 관련된 수많은 정보를 취합, 분석하면 독일 공군 전투비행중대의 이착륙이라든지 폭탄과 휘발유 저장고의 위치 등을 상세히 파악할 수 있었다. 영국 공군으로서는 그만큼 정확한 표적을 확보하게 된 것이었다. 민감한 장소를 관찰하는 눈과 귀를 통해 진짜 퍼즐 조각들을 주워 모으는 것이야말로 레지스탕스 첩보활동의 본래 의미였다. 이 경우에는 점령군이 경계하지 않는 어린이들과 청소년들이 그러한 눈과 귀의 역할을 해냈다. 어쨌든 초기에는 그랬다.

그러나 한 가지 중요한 문제가 남았다. 문서와 보고서, 종합 검토서를 라옹에서 170킬로미터 떨어진 파리까지 어떻게 무사히 보낼 것인가? 대답은 이 질문 속에 나와 있었다. 열차를 이용하면 되는 것이다!

눈에 안 띄고 파리를 왔다 갔다 할 수 있게 해줄 서류와 통행증, SNCF 완장을 장에게 제공해줄 사람은 열차 차장인 빅토르 다니로 정해졌다. 이렇게 해서 이 16살짜리 소년은 자신이 이끄는 조직에 아버지를 조직원으로 끌어들였다. 아버지 덕분에 '카미유'(장의 SR 에어 내에서의 암호명)는 2년 동안 중요한 비밀 임무를 수행했다. 그는 파리에 있는 조직의 최종책임자인 또 다른 '카미유'에게 피카르디 지방에서 수집한 소중한 정보를 가져다주었다.

이후 SNCF 철도원인 장 다니는 통행증을 갖고 어려움 없이 이동했다.

"SNCF 직원이기 때문에 완장과 통행증을 가지고 낮이든 밤이든 마음대로 돌아다닐 수 있었어요. 이보다 더 좋은 조건이 어디 있겠습니까? 언젠가는 이런 적도 있었어요. 열차가 움직이기에 저는 그 열차를 쫓아가서 완장을 차고 올라탔지요. 그래서 독일군들과 얼굴을 맞대고 있게 되었습니다. 다행스럽게도 나치친위대원들은 아니었고 군복을 입고 군사작전을 수행하러 용감한 젊은이들이더군요. 세 시간 뒤에 저는 파리 동역에 도착했습니다. 여행하는 데 아무 지장도 없었을 뿐 아니라 분위기도 좋았어요. 독일군 병사들이랑 같이 여행하는데 누가 의심을 했겠습니까? 이 세상에서 제일 좋은 구실이었죠. 식사도 함께 했어요. 저한테는 아주 맛있는 술도 한 병 있었습니다. 할아버지께서 아르덴 지방에서 농사를 지으면서 술을 직접 담그셨거든요. 독일군 병사들은 사람들 말과는 달리 자기 군화에 침을 뱉지는 않더군요. 그건 제가 해본 것 중에서 가장 재미있는 여행이었어요. 제가 SNCF 직원이라고 그들이 굳게 믿고 있었기 때문입니다."

프랑스가 해방될 때까지 어린 카미유는 자신에게 주어진 임무를 성공적으로 수행했다. 그로부터 60년 뒤, 그는 자신이 했던 일에 대해서는 별로 언급하지 않은 채 자신이 소속되어 있던 SR 에어의 진짜 역사를 재구성하려고 노력하면서 거기에 참여했지만 여전히 잊혀 있는 사람들을 찬양했다. 그는 우선 그에게 많은 도움을 주었던 JOC와 가톨릭 청소년선도회, SNCF의 친구들에게 경의를 표했다.

어린 나이에 레지스탕스 운동에 뛰어들어 활약했던 이 인물은 자신이 눈부신 활약을 펼친 청소년 정보조직을 결성한 것은 물론 아버지를 레지스탕스 운동에 끌어들였다고 자랑을 늘어놓을 수 있었다.

1940년부터 어른들에게 명예의 길을 열어준 이 어린이들과 청소년들의 수는 현재 일반적으로 추정되는 것보다 훨씬 더 많다. 나치즘이 자리 잡기 시작했을 때부터 저항을 시작한 게르트루드와 에델바이스 해적단, 제20호 아우슈비츠행 열차를 공격했던 시몽을 비롯한 젊은이들, 그리고 어른들이 전쟁에 패배하고 난 1940년 여름부터 레지스탕스 조직을 결성했던 장이 이 사실을 증명한다.

프랑스를 비롯한 유럽 전역에서 '어린 그림자 군단'이 고매한 영혼을 가진 사람들을 결집했다는 것은 결코 부인할 수 없는 사실이다. 우리는 수십 권의 책을 가득 메울 수 있을 일련의 이야기를 접하면서 그런 사람들을 수도 없이 발견하게 될 것이다.

제2장

11월 11일
: 고등학생들의 저항

아침 7시, 파리는 잠에서 깨어났다. 1940년 11월 11일 월요일, 세계에서 가장 아름다운 도로인 샹젤리제를 보슬비가 적시고 있었다. 파리 사람들은 치커리 커피의 향을 맡으며 기지개를 켰다. 노동자들은 직장을 향해 줄달음쳤고, 회사원들은 넥타이를 맸다. 그런데 도시 한가운데 어느 횃불 아래서 보는 사람을 어리둥절하게 만드는 장면이 벌어지고 있었다. 그것은 흡혈귀를 등장시키는 무르나우나 어린아이들을 죽이는 연쇄살인범을 등장시키는 프리츠 랑과 같은 독일 감독이 만든 공포영화에서나 일어날 법한 사건이었다. '멸시받는 자'가 이 빛의 도시에 자신의 불길한 그림자를 드리운 것이었다.

면도기로 콧수염을 네모지게 다듬은 회색 가죽점퍼 차림의 아돌프 히틀러가 개선문 아래에 있는 무명용사의 판석 위를 성큼성큼 걷고 있었다. 어떤 사람들은 그가 이 판석을 짓밟고 있는 거라고 말할 것이다. 4개월 전에 파리가 '비무장 도시'로 선포되고 독일군 병사들이 그랑 불바르로 밀려들었을 때 그가 그랬던 것처럼 말이다.

'만일 이 병사의 이름을 모른다면, 그가 독일 사람일 수도 있다는 얘기가 되잖아?' 총통은 제1차 세계대전 당시 전사한 이름 모를 병사의 무덤을 내려다보며 이런 생각을 하고 있는 것인지도 몰랐다.

그 순간 어디선가 날카로운 소리가 들려왔다. "다들 피해!" 이어서 요란한 사이렌소리가 파리 전역에 울렸다. 파리 사람들이 우르르 지하실로 몰려들었다. 곰팡이 냄새 같은 것이 콧구멍을 간질였다. 허겁지겁 걸쳐 입고 나온 외투 아래의 잠옷을 차가운 땀이 흥건하게 적셨다. 공습경보였다. 1942년 3월이 되자 되풀이되는 공습으로 인해 방공호 생활이 일상화되었다. 하지만 훈련은 파리에서 이미 여러 차례 이루어졌다.

그런데 아침부터 웬 공습이란 말인가? 그 이유는 아침인사만큼이나 간단했다. 즉 밤이나 낮이나 촉각을 곤두세우고 있는 영국정보부 요원이 콧수염 난 이 독재자가 전쟁에서 진 프랑스인들에게 굴욕감을 안겨주기 위해 베를린에서 은밀하게 행차한다는 정보를 입수했고, 결국 윈스턴 처칠Winston Churchill이 즉시 행동에 나서기로 결심했던 것이다. 르와르에쉐르 도에 있는 몽트와르라는 작은 기차역에서 필리프 페탱Philippe Pétain과 악수를 나눈 지 3주일이 지났는데도 히틀러는 프랑스인들이 모욕감을 아직 덜 느꼈다고 생각한 듯 파리를 찾아왔다. 그날 페탱은 떨리는 목소리로 라디오에서 이렇게 선언하지 않았던가. '저는 이제 협력의 길로 접어들었습니다.'

마르뵈프 거리에 있는 한 건물의 지하실로 내려가 보자. 사람들이 추위와 두려움으로 떨고 있는 지하실에서 영국공군기의 부르릉거리는 소리가 들려오는 듯했다. 분명히 영국공군기들은 일드프랑스 지역의 하늘을 누비고 있으리라. 이 하늘의 곡예사들은 2주일 전에 나타나서 파리의 하늘에 '신뢰'라는 단어를 새겨놓고 갔다. 이 곡예비행의 일인자들은 히틀러를 포함한 나치 대표단을 향해 급강하하여 기관총을 퍼붓고 그들을 몰살시키리라. 제3제국의 지배자에게 앙갚음하리라. 그렇고말고! 개선문은 너무나 잘 알려진 이 난폭한 독재자의 무덤이 되리라…….

우리, 어슴푸레한 빛 속에서 꿈이라도 한번 꾸어보자! 스핏파이어 비행기들이 불을 내뿜으며 촘촘한 대공경계망을 뚫고 표적을 명중시킨다!

경계경보는 정확히 8시 30분에 그쳤다. 사람들이 지하실에서 나오자마자 총통이 총탄이 빗발치고 화염에 휩싸인 불바다 속에서 목숨을 잃었다는 소식이 들려왔다. 갑자기 환한 곳으로 나오자 눈이 부셔 아무것도 보이지 않았다. 눈을 비비고 있던 사람들의 활짝 열린 귀에 '1940년 11월 11일 오늘 히틀러가 죽었다!' 라는 소문이 쏙 들어왔다.

게다가 더 반가운 소식까지 들려왔다. 믿을만한 소식통에 따르면 쿠데타가 일어나서 베를린이 엄청난 혼란에 빠졌다는 것이다! 나치최고훈장 수훈자이고 히틀러와 함께 《나의 투쟁》을 썼으며 그의 후계자라 인정받고 있는 루돌프 헤스Rudolf Hess가 히틀러에게 반대하는 장군들과 함께 쿠데타를 일으켰다는 것이다. 헤스가 권력을 잡았다는 것이다. 그렇다면 당연히 이런 의문이 생길 수밖에 없었다. 헤스가 영국인들과 공모한 것일까? 어떤 대답이 나오건, 그건 그다지 중요하지 않았다. 가신家臣 쿠데타가 일어났으니 이제 나치가 망하는 건 시간문제였다!

흐릿한 아침에 검은 독수리는 털이 다 뽑혀버렸다. 베를린에서는 아무 장식도 없는 거대한 대리석 동상이 받침대 위에서 흔들거리고 있다. 파리에서는 만자형 십자가가 그려진 조기가 내걸릴 것이다. 희망의 붉은 빛이 음울한 아침 대기를 비추었다.

이런 소문이 오후 1시가 될 때까지 파리 전역을 떠돌았다. 소문의 바다를 수천 개씩 떠다니는 물병 중 하나처럼. 이미 지난 9월에도 루돌프 헤스가 죽었다는 식의 뜬소문이 파리를 휩쓸고 지나간 적이 있었다.

그러니 혼수상태에서 벗어나라, 파리지앵들이여! 제3제국은 멸망의 징조를 눈곱만큼도 보여주지 않고 있으니까 말이다. 그러기는커녕 파리지앵들은 앞으로도 4년 동안 가혹하게 탄압받으며 무시무시한 전쟁을 치러야 하리라.

젊은 사람들 특유의 무사태평함일까? 이제 14살이 된 갈색머리 소녀 미슐린 부드는 객기를 부렸다. 같은 건물에 사는 사람들과 함께 지하실에 내려가지 않았던 것이다. 주위가 온통 어두운데다 모두들 단 1초라도 빨리 아래로 내려가려고 서두르는 바람에 아무도 그녀에게 신경 쓸 틈이 없었다. 이 사춘기 소녀는 그냥 집에 남아 식량 제한이 점점 더 심해지는 당시로서는 푸짐하다고밖에 볼 수 없는 아침식사를 했다. 브르타뉴 지방 출신인 유모가 자신의 고향인 브레스트에 갔다가 지난 7월 이후로는 구경조차 못했던 버터와 달걀 등을 집에 보냈기 때문이다. 미슐린은 버터 바른 빵을 맛있게 먹으면서 저번에 공습이 있을 때 넘어져 다친 라틴어 여선생을 생각하며 낄낄대고 웃었다. '날 힘들게 하더니 벌 받은 거지 뭐!'

하지만 군사적 패배와 2백만 명이 넘는 사람들의 피난으로 야기된 공황상태가 진정되자, 그녀는 지난 8월에 다시 문을 연 자신의 학교에 애정을 품었다. 학교에 지각을 한다는 건 생각할 수도 없는 일이었다. 중3이면 나름 진지한 학년이었다. 그리고 친구들끼리 나눠야 할 얘기도 산더미처럼 쌓여 있었다. 그러나 그녀는 책가방을 집어 들기 전에 에든버러에서 태어난 자신의 이복오빠이자 우상인 위베르를 떠올리자 목이 메었다. 스코틀랜드 고유의상을 입은 그의 모습을 찍은 사진이 응접실에 놓여 있었다. 온화한 미소를 띤 이 영웅은 영국공군에 입대했다. 오늘 미슐린은 오빠가 걱정되지 않았다. 그가 파리 상공에서 아돌프 히틀러를 쫓지 않아도 된다는 사실을 잘 알고 있었던 것이다.

그녀는 어린 동생 니콜을 데리고 지하실에서 올라오는 어머니에게 그 말을 했다. 어머니는 그녀가 함께 안 내려갔다며 그녀를 야단쳤다.

"엄마, 오늘 경보는 일부러 울린 거예요. 우리가 영국인과 영국공군을 싫어하게 만들려고 가짜로 울린 거라니까요!" 그녀는 하마터면 '그리고 우리가 시위에 참석 못하게 하려고 그런 거예요!'라는 말까지 할 뻔했다.

그랬더라면 어머니는 어린 소년 소녀들이 기관총 세례를 받을지도 모른다는 생각에 놀라 소리쳤으리라. '시위라고? 아니, 도대체 무슨 시위를 한다는 거냐?'

그러면 미슐린은 지지 않고 이렇게 대답했을 것이다.

'시위를 한다니까요, 글쎄! 제1차 세계대전 승리를 기념하기 위해 고등학생들이 계획한 시위예요! 어제 유인물을 나눠주었다고요! 교장선생님도 허락하셨어요. 물론 '독일군은 물러가라!'라든가 '영국과 드골 만세!', '라신 여학교 학생들은 영국 편이다!' 같은 구호는 외치지 말라고 하셨지만 말이죠!'

그러면 이 말을 들은 부드 부인은 즉시 미슐린의 방문을 꽁꽁 잠가버렸을 것이다. 그래서 미슐린은 이러한 시위 계획을 발설하지 않았다. 아니, 이 비밀을 오직 학교 친구들이랑만 나누었다. '오늘 오후 5시에 샹젤리제에서 모인다. 목숨을 잃을 각오를 해야 할 것이다. 그래야만 독일 놈들이 11월 11일을 기억할 테니까.'

유인물은 20세기 초에 페늘롱에 이어 개교한 라신 여자고등학교뿐 아니라 파리 전역의 모든 중고등학교와 대학교에도 뿌려졌다. 이 일을 할 사람은 얼마든지 있었다. 모두 밤새도록 등사기를 밀었다. 고무 활자로 인쇄를 하기도 했다. 로렌느 십자가 같은 상징들은 감자를 칼로 깎은 다음 잉크에 적셔 찍어야 했다. 펜으로 직접 쓰기도 했다. "내일 오후 5시에 한 사람도 빠짐없이 에투알 광장에 모이자!'라고 백 번씩 써와"라는 말을 들어도 아무도 싫은 기색을 하지 않았다.

마찬가지로 소르본 대학 주변의 건물 벽들도 '11'이라는 숫자나 로렌느 십자가로 뒤덮였다.

물론 젊은이들만 이 날을 기념하려던 것은 아니었다. 제1차 세계대전 참전용사들도 금지조처에 맞서 훈장을 차고 파리의 경우 샹젤리제 거리 위쪽의 개선문이나 아래쪽의 클레망소 동상 앞에서 묵념하려고 했다. 그러나 유감스럽게도 많은 용사들은 정부를 이끌고 비점령지역이라 불리는 프랑스 남부의 도시 비시로 피난을 간 옛 지휘관 필리프 페탱에게 복종했다. 그는 20년 전에 그들을 이끌고 전쟁을 승리로 이끌었다. '그는 능력 있는 인물이며, 우리는 그를 신뢰할 수 있다. 그는 독일인들을 웃음거리로 만들 수 있을 것이다.'

정부 당국은 독일군 군화에 목이 밟혀 진흙탕 속에 코가 처박힌 채 다음과 같이 발표했다. "11월 11일은 국경일이 아니므로 경찰이 모든 기념행사를 금지할 것입니다." 한술 더 떠서 대학당국들은 귀스타브 루시 교육감의 지시에 따라 일체의 불복종 증언을 금한다고 학생들에게 발표했다. 과거 젊은 병사들을 내보내 참호에서 죽어가도록 방치했던 교육부는 이제 더 이상 국민을 배려하지 않았다.

냄비가 뚜껑 아래서 부글부글 끓어오르고 있었다. 대공경계경보가 울리기 전인 새벽 5시, 벌써 파리의 한 유명 변호사가 다른 사람들과 함께 작은 트럭을 타고 와서 조르쥬 클레망소 동상 아래로 슬그머니 접근했다. 그들은 로렌 십자가가 그려진 광목이 둘러쳐져 있고 드골 장군의 이름이 쓰인 삼색 꽃다발을 동상 앞에 내려놓았다. 물론 경찰들이 점령군과의 사이에 문제가 생기는 걸 피하는 게 좋다고 여겨 광목을 벗겨버리기는 했지만 그 꽃다발은 하루 종일 그 향기를 지나가는 사람들의 마음속에 퍼트렸다. 꽃다발만 놓인 건 아니었다. 파리예술학교 학생이며 사회주의청년단체 회원인 17살의 샤를 포 역시 나중에 친구들과 함께 이곳을 찾아와 '승리의 아버지' 동상에 꽃을 바치면서 사망선고를 받은 공화국에 경의를 표했다.

거의 같은 순간 개선문 광장에서는 장송 드 사이 고등학교에 다니는 이고르 드 쇼탕과 클로드 뒤보가 돈을 갹출한 같은 반 친구들의 이름으로 무명용사 묘에 로렌 십자가 모양을 한 2미터 길이의 꽃다발을 바쳤다. 그런데 정오가 가까워질 무렵부터 프랑스 경찰과 행진을 시작한 어린 고등학생들 간에 충돌이 일어나기 시작했다.

11시 45분, 남학생과 여학생이 뒤섞인 백여 명의 고등학생이 10명씩 짝을 지어 삼색휘장을 등에 걸치고 샹젤리제 대로를 내려오기 시작했다. 여기서도 프랑스 경찰은 그들을 막무가내로 해산시켰다.

경찰들은 곤봉을 휘두르며 "그 휘장 내놔!"라고 소리쳤다.

1차 대전 당시 참호에서 싸우다가 한쪽 팔을 잃은 한 상이군인이 지나가다 "저 놈들, 다리에 털이 났군 그래?"라고 말했다. 이것은 아이들이 용기 있다는 걸 인정하는 어른들의 표현이었다. 하지만 그게 전부가 아니었다.

그들보다 나이가 많은 대학생들은 소문이 각 고등학교에 퍼지도록 그들을 도왔다. '코르포'라고 불리는 문과대학 동업조합협회 의장 프랑수아 레퀴르가 주동자 중 한 명이었다. 유명한 작가를 아버지로 둔 그는 점령지역에서 UNEF(Union nationale des étudiants de France, 프랑스 대학생 전국연맹)를 대표했다. 이 연맹 집행부의 나머지 대표들은 남부지역으로 넘어가 이미 페텡 체제를 지지하고 있었다. 프랑수아는 또한 1939년에 히틀러와 스탈린 사이에 체결된 조약 때문에 독일군에 대해 애매모호한 입장을 취한 공산당의 비밀당원이기도 했다. 전쟁 초기에 프랑스 정부가 활동을 금지한 공산당은 기관지 「위마니테」의 복간에 대해서만은 나치로부터 호의적인 반응을 이끌어내려고 애썼다.

그러나 당 지도부는 양다리를 걸치면서 미래에 대비하는 게 더 낫다고 생각했다. 그래서 간부들을 보호하기 위한 'OS'(Organisation spéciale, 특수조직)을 구성했다. 이것은 스탈린의 소련이 전쟁을 시작할 경우 미래에 시작될 레지스탕스 운동의 맹아가 될 것이다. 또한 공산당은 늦어도 11월 8일에는 몇몇 젊은 JC(Jeunes Communistes, 공산주의자 청년당) 당원들이 소규모 시위를 계획, 대학 측의 강압적인 지시와 대독협력정책에 동조하는 대학본부의 태도에 줄기차게 반대하고 나섰던 소르본 대학 교수 랑주뱅의 체포에 항의하도록 내버려두었다.

사흘 뒤, 여러 대학과 고등학교에 모습을 드러냈던 몇몇 젊은 공산당원들이 당의 지시를 받지 않은 상태에서 11일 시위에 참가했다. 공산당이 BBC 방송이 무명용사 묘나 클레망소 동상에 헌화할 것을 권유했기 때문에 시위를 더 주도할 수밖에 없게 되었다. 그런데 행진할 준비를 하고 있던 수천 명의 청소년들은 거의 대부분 아무 정당에도 소속되어 있지 않았다.

또 한 명의 대학생 주동자로서 법과대학 동업조합협회 부의장이었던 장 엡스탱은 자신이 악시옹 프랑세즈에 속해 있다고, 즉 4개월 전에 인민전선과 대립했던 왕정주의자 중 한 명이라고 주장했다. 그렇다면 더 이상 말할 필요가 없었다. 그런데 그 역시 이번 시위를 어떻게 시작할 것인가에 대해서는 매우 신중한 태도를 보였다. "독일인들이 탄압을 정당화하기 위해 도발적으로 나올까봐 그게 걱정이야"라고 그는 친구들에게 말했다.

결국 연장자인 대학생들은 고등학생들에게 정보를 제공하고 그들이 유인물을 인쇄하도록 도와주었다. 프랑수아 레퀴르는 게테너 등사기를 손에 넣는 데 성공했다. 이것은 스텐실로 글을 복사할 수 있는 아주 현대적인 기계였다. 그리고 나서 그는 브르타뉴 출신인 피에르 에르베와 함께 지도부가 시위 참여를 금지한 공산주의자 대학생들이 유인물을 나눠주도록 준비를 시켰다. 이 공산주의자 학생 중에 클로드 랄레와 봅 키르쉔, 피에르 데, 자크 당뒤랭, 피에르 카스트는 나중에 레지스탕스 운동사에 이름을 새겼다.

그러나 이따금 반대의 경우도 있었다. 고등학생들이 대학교에 다니는 형들을 선동하려고 했던 것이다. 루이 르 그랑 고등학교에 다니는 — 장차 1960년대에 『젊은이들의 연극』이라는 TV물을 제작하게 될 — 코르시카 출신의 클로드 샹텔리는 소르본 대학 화장실마다 '11월 11일 월요일 오후 5시에 모두들 에투알 광장에 모입시다'라고 쓰인 유인물을 뿌리고 다녔다. 그 순간 소르본 대학에서 문과대학 동업협동조합 부회장인 로제르 모레도 손으로 쓴 유인물을 도서관의 사전마다 끼워 넣고 있었다. 공부를 열심히 하는 사람일수록 디데이 디아워에 무슨 일이 벌어질 지에 대해 더 잘 알 수 있었다.

여러 종류의 간결한 유인물들이 사방에서 돌아다녔다. '강의가 끝나면 모두 무명용사 묘 앞에 모입시다!' 이 소식이 이미 널리 알려져 있다는 사실을 모르는 친구들이 나눠준 유인물이 그걸 나눠준 사람들에게 되돌아오는 경우가 많다는 것은 일이 잘 되어가고 있다는 증거였다. 하지만 그 어떤 유인물도 이날 강의를 빼먹으라고 충동질하지는 않았다. 고등학생들이 학교 수업을 빼먹는 것보다는 대학생들이 그러는 게 더 쉬웠다. 왜냐하면 고등학생들의 경우 부모들이 자기 자식의 결석 사실을 통보받을 게 뻔했기 때문이다.

수업이 끝난 오후 4시에 장송 드 사이 여자고등학교 앞에서 집결이 예정되어 있었다. 이곳에는 장송 여자고등학교 학생들뿐 아니라 뷔퐁과 카르노, 앙리 4세, 생 루이, 샵탈, 페늘롱, 그리고 다른 학교 학생들도 몰려들었다. 그중에서 고등학생의 수가 가장 많았다. 그러나 미셸 부드가 맨 앞에 선 나이 어린 라신 여자중학교 학생들처럼 중학생들도 눈에 띠었다.

이 어린 시위자들 중에서 가장 나이가 어린 사람은 아버지가 12구에서 고급가구를 세공하는 라자르 핏코비치였다. 이 '꼬마 루이'는 이제 겨우 12살이었다. 그는 시위에 나서도록 권유하는 내용의 유인물을 나눠주는 형과 누나를 도와준 뒤 친구들보다 훨씬 더 맹렬한 열의와 동기를 가지고 시위에 참가할 준비를 하고 있었다. 어쩌면 그는 앞으로 2년 동안 파리의 유대인들에게 불어 닥칠 일제단속의 올가미에 자신과 자신의 가족이 걸려들 것이라는 예감을 이미 하고 있었는지도 모른다.

오후 4시 30분. 장송 여자고등학교 앞에 집결했던 학생들이 움직이기 시작하더니 빅토르 위고 거리로 접어들었다. 학생들은 몽테뉴 전문가이자 라틴문학 연구의 대가인 에드몽 라블레니 선생과 함께 이 거리를 걸었다. 에드몽 라블레니는 자신의 제자들과 함께 처음부터 점령군에 맞선 극소수의 교사 중 한 명이었다. 앞선 해 클로드 베르나르 고등학교 재직 당시 그는 '청년 군단'이라는 새로운 개념을 창안했다. 이것은 프랑스대혁명 때처럼 15세에서 20세에 이르는 젊은이들이 대규모로 봉기하여 무능력한 정규군을 대신해 위험에 처한 조국을 해방시키자는 것이었다.

골수 공화주의자인 에드몽 라블레니는 10월에 클로드 베르나르와 장 드 라퐁텐, 장송 고등학교 학생들과 함께 「우리의 권리」라는 지하신문을 창간했다. 이것은 고등학교 저항언론의 진정한 효시라고 할 수 있었다. 가을에 창간된 이 신문은 1942년 10월자 12호까지 발행되었다. 이 신문은 책가방에서 책가방으로 전해지고 베레모나 치마 밑에 감추어지면서 11월 11일 봉기에 크게 기여했다.

라블레니만이 교사들의 명예를 구한 것은 아니었다. 뷔퐁 고등학교에서는 철학교사 레이몽 뷔르가르가 학생들과 함께 행진했다. 학생들의 주동자는 그의 제자인 피에르 브누아였다. 16살이던 이 학생은 학교 내 레지스탕스 운동의 중심인물로서 공산당에 가입돼 있었다.

뒤늦게 장송 여자고등학교 앞에 모인 학생들이 당의 지시를 어기고 이번 시위에 참가한 어린 공산주의자 이반 드니를 선두로 움직이기 시작했다. 이번 시위에 참가하지 말라는 공산당 지도부의 지시를 어긴 사람은 그뿐이 아니었다. 나이 들어 보이기 위해 일부러 파이프담배를 피우는 14살 카를로의 진짜 이름은 카를 쉰하아르 였는데, 롤랭 고등학교에 다니던 그는 더 위험했다. 그는 독일인일 뿐 아니라 히틀러가 집권하고 나서 1년 뒤인 1934년에 암살당한 독일공산당 지도자의 아들이기도 했다. 어머니 오데트와 함께 프랑스에 망명해서 살고 있었다. 만일 프랑스 경찰에게 체포되어 무시무시한 나치비밀경찰 게슈타포에 넘겨지면 어떻게 되겠는가?

그러나 이날, 그들 모두, 그녀들 모두는 용감했다. 그 누구도 자신의 안위는 생각하지 않았다. 그 누구도 이번 시위가 어떤 결과로 이어질지에 대해서는 생각하지 않았다. 예를 들어 나치는 바르샤바의 경우처럼 모든 시위자를 체포하고 학교를 폐쇄시킬 수도 있었다. 하지만 그게 무슨 대수인가? 비는 5시 전에 그쳤다. 좋은 징조였다. 수천 명의 청소년들은 이미 거리로 나섰다. 장송 여자고등학교에서 출발한 학생들은 삼색기를 흔들며 에투알 광장으로 들어섰다.

"개선문 광장이 학생들로 인산인해를 이루었어요!" 행렬의 맨 끝에 선 장송 여자고등학교 학생 장 미쇼가 자랑스러운 표정을 지으며 외쳤다. 다른 행렬도 에투알 광장과 워싱턴 거리 사이의 오른쪽 인도를 점거했다.

오후 5시, 귀청이 떨어져나갈 듯 어마어마한 함성이 오른쪽 인도의 조르주 5세 극장 쪽에서 터져 나왔다. "프랑스 만세!" "페탱, 물러가라!" "히틀러는 물러가라!" "독일군 물러가라!" "카투르(드골 장군과 손을 잡은 전前 인도차이나 지사) 만세!" "드골 만세!"

미슐린 부드는 결국 어머니를 설득하여 어린 여동생 니콜은 데리고 가지 않는다는 조건으로 시위에 참석해도 좋다는 허락을 받았다. 그녀는 라신 여자고등학교에 같이 다니는 친구 이베트와 모니크와 함께 에투알 광장에 5시경에 도착하여 다른 학교 학생들 사이에 끼었다. 그날 밤, 미슐린은 일기장에 이렇게 썼다. '우리는 개선문 아래를 지나갔다. 엄청난 수의 학생들이 묵념을 했다. 불길이, 영원히 꺼지지 않는 불길이 꽃으로 둘러싸여 있었다. 그 한가운데에는 프랑스의 리본이, 그리고 영국의 리본이 달린 거대한 화환이 놓여 있었다. 물론 개선문 아래에 독일군 놈들은 없었다!'

미슐린은 젊은 학생들이 삼색기와 유니온 잭을 모자에 자랑스럽게 꽂고 있는 모습을 보며 즐거워했다. 경찰들이 달려오더니 깃발을 빼라고 위협했다. 그러자 여학생들이 소리쳤다. "거 참 귀찮게 하시네!" 시위자의 수는 점점 더 늘어났다.

미슐린의 친구인 쉬잔 들라에는 어머니와 함께 거리를 거슬러 올라갔다. 그녀의 어머니 역시 다른 많은 어머니와 마찬가지로 자기 딸이 혼자 시위에 참가하는 걸 원하지 않았다. 그런데 그건 잘한 일이었다. 때마침 독일군이 나타났다. "지 코멘(그들이 나타났다)!" 독일군 트럭들이 르 비아리츠 극장 쪽에 도착했고, 거기서 병사들이 우르르 내렸다. 그들은 인도에 기관총을 장착하기 시작했다.

이 어린 소녀는 이렇게 기록했다. '저 아래쪽에서 대학생들이 시위를 하고 있었고, 우리는 독일군 놈들이 자동차를 몰고 그쪽을 향해 전속력으로 돌진하는 것을 보았다. 다행히도 대학생 중에 부상을 당한 사람은 없었다.'

길을 내려오던 미슐린은 여성악단과 이 악단이 연주하는 〈푸르고 아름다운 도나우 강〉으로 널리 알려진 카바레 음식점 '르 티롤'이 있는 144번지 앞에 시위대가 모여 있는 것을 보았다. 경찰들과 군인들이 바로 거기서 1백 명에서 150명가량 되는 젊은이들을 포위하고 있었다. 처음으로 난투가 벌어졌다. 커버를 씌운 독일군 트럭이 인도를 따라 여기저기 서 있었다. 크고 작은 사고가 이어졌다. 이 어린 소녀는 계속해서 기록했다. '독일군들은 난투를 벌이다가 부상자가 생기자 앰뷸런스를 불렀다. 프랑스 인들은 기뻐서 어쩔 줄 몰랐고, 독일 병사들은 침울한 표정을 짓고 있었다. 거기서 조금 더 갔더니 독일 장교 한 사람이 놀림감이 되어 있었다. 사람들은 이 장교에게 주먹을 한 방씩 날리며 욕설을 퍼부었다. 그는 금방이라도 울 것 같았다. 모니크는 마뵈프 거리에 있는 자기 집으로 돌아갔지만, 이베트와 나는 너무너무 즐거웠다.' 하지만 미슐린 부드는 지겨워졌다. 그녀 역시 집으로 돌아갔다.

시계를 조금만 뒤로 돌려 다른 시위자들을 따라가 보자. 볼테르 고등학교의 스카우트 대원들은 교목과 함께 샹젤리제 거리를 내려가기로 했다. 이 학교 학생인 폴 앙리 역시 다른 친구들과 함께 오후 5시에 지하철에서 내려 샹젤리제 거리의 원형교차로로 나왔다. 그는 비가 그치고 어둠이 내리기 시작했다고 마음속에 기록해두었다. 아버지가 얼마 전에 체포당했기 때문에 그는 독일인들을 더 증오하고 있었다. 근처 거리에서 쏟아져 나오는 학생들과 함께 샹젤리제 거리를 거슬러 올라가려고 했다. 학생들은 이미 긴 열을 이루어 개선문으로 향하고 있었다. 어쩌면 그는 자신이 잘 모르는 미슐린과 우연히 마주쳤을지도 모른다.

처음에 이 모든 것은 시위가 아니라 꼭 아이들이 요란하게 장난치는 것처럼 보였다. 어떤 고등학생들은 낚싯대를 가져와 휘둘러대며 즐거운 목소리로 "드골 만세!"라고 외쳐댔다.

샹젤리제 거리 반대쪽에서는 대학생들이 당나귀 한 마리를 끌고 갔다. 그것은 사실 '아돌프 히틀러'라고 쓰인 플래카드가 목에 걸려 있는 당나귀 인형이었다.

그러고 나서 시위는 미치광이들의 축제로 바뀌었다. 샹젤리제 거리 74번지 클레릿지 호텔이 있는 곳에서 느닷없이 누군가의 손이 폴 앙리의 팔뚝을 힘껏 움켜잡았다. 그를 체포하려는 경찰이나 독일군일까? 그러나 그를 노려보는 눈길은 폴 앙리의 죽음을 바라지 않았다. 그 눈길은 오히려 기쁨으로 반짝반짝 빛났다. 심장이 격하게 고동쳤다.

그의 어머니였다. 그날 아침 시위에 참가하지 말라고 금지령을 내렸지만 그가 그걸 지키지 않을 것이라고 생각했던 그녀는 직접 현장으로 가서 그를 감시하기로 하고 그의 뒤를 몰래 따라온 것이었다. "이왕 여기까지 왔으니까 그냥 계속하는 편이 낫겠다." 그녀는 자랑스러운 표정을 지으며 이렇게 말했다. 그리고 모자는 마치 연인처럼 팔짱을 낀 채 시위에 동참했다. 만일 상떼 교도소에 투옥당하지만 않았더라면 레제르 씨는 두 사람을 보며 무척 자랑스러워했으리라. 그의 아들은 이제 막 레지스탕스 운동에 뛰어들었다. 하지만 그랬던 그가 20년 뒤 어느 날 알제리 레지스탕스 활동가들을 고문하는 사람이 되어 있으리라고는 어느 누구도 상상하지 못했을 것이다.

클레릿지 호텔이 가까워졌다. 예전에 이 호화 호텔은 나치가 증오하는 최고의 여배우 마를렌 디트리히를 포함한 상류사회 인사들을 손님으로 맞이한 것을 자랑스러워했다. 지금 여기서는 회녹색 군복 차림의 독일군 장교들이 묵으며 흥청망청 먹고 마시고 떠들어댔다. 사치와 질 좋은 포도주, 카바레, 고급 패션의 파리에서 그것은 '여느 때와 똑같은 쇼 비즈니스' 일 뿐이었다. 그래도 신중을 기해야만 했다. 샹젤리제 거리 99번지에 있는 르 푸케 레스토랑은 진열창이 깨질까봐 서둘러 문을 닫고 셔터를 내렸다.

클레릿지 호텔 앞에서 다시 충돌이 벌어졌다. 이번에는 건장한 체격에 얼굴은 인형처럼 생긴 16살의 금발 피에르 앙드레 뒤프텔이 이끄는 콩도르세 고등학교 학생들이 어디선가 나타났다. 대담한 성격의 그는 호텔 앞에서 총을 빼앗기 위해 독일군 보초에게 덤벼들었다. 독일군 병사는 고슴도치 본능을 발휘하여 소총을 꼭 부둥켜안은 채 몸을 웅크리며 땅바닥에 굴렀다. 그러자 수십 개의 손이 그로부터 총을 빼앗으려고 달려들었다. 만일 총을 빼앗기면 그는 틀림없이 군법회의에 회부될 것이다. 소년들의 용기는 가히 격렬한 광기에 가까웠다.

며칠 전에 지하철 안이 혼잡한 틈을 이용하여 한 독일군 장교에게서 권총을 훔쳤던 대학생 알랭 그리오트레도 이번 시위에 참여했다.

사태가 험악해졌다. 병사들이 전우를 구하러 달려오자 집단 난투극이 벌어졌다. 샹젤리제 거리의 원형교차로에서도 이와 비슷한 난투가 벌어져 병사들과 대학생들의 주먹질과 발길질이 오갔다. "더러운 독일 놈들!" "더러운 프랑스 놈들 같으니!" 온갖 욕설이 난무했다. 프랑스 경찰들이 충실한 협력자로서 마땅히 해야 할 일을 하지 않는다고 판단한 독일 지휘관은 계속해서 병사들을 보냈다.

이 놀라운 구경거리는 다른 학생들이 샹젤리제 거리에 도착할 때까지 계속되었다. 수천 명의 젊은이들은 점령자에 대한 분노를 표출하고, 제1차 세계대전 당시 전장에서 목숨을 잃은 병사들의 기억을 기리고, 이제 다시 머리를 꼿꼿이 쳐들 때가 되었다는 것을 어른들에게 보여주는 것 외에는 정해진 목표도, 우두머리도, 확실한 계획도 없이 사방으로 돌아다녔다.

기관총이 불을 뿜었다. 그러자 독일군 병사들이 샹젤리제 거리를 지그재그로 움직이기 시작했다. 이에나 거리에서 한 소년이 장송 여자고등학교에 다니는 미쇼 옆에서 쓰러졌다. 미쇼는 다른 친구 한 명과 함께 그를 일으켜 한쪽으로 데려가려고 했다. 그때 사복 프랑스 경찰 두 명이 달려오더니 길을 막고 섰다. "어이, 차에 실어!" 그러면서 경찰들은 그를 부둥켜안고 이렇게 말했다. "걱정 마라. 이따가 풀어줄 테니까."

하지만 너무 늦었다! 독일군 소속 수륙양용 자동차가 나타나더니 그를 차 안으로 끌어올렸다. 그는 독일군 트럭들이 세워져 있는 조르주 5세 거리의 모퉁이에 내려졌다. 이곳에는 이미 붙잡혀온 학생들이 무장한 독일 군들에게 둘러싸인 채 크레디 은행 담벼락 앞에서 무릎을 꿇고 앉아 있었다. 미쇼도 함께 붙잡혀 왔다. 학생들은 10명씩 트럭에 태워졌다. 그는 같은 학교에 다니는 티봉과 함께 세르슈미디 감옥으로 끌려갔다. 그날 밤 이 감옥에 갇힌 학생들은 1백 명이 넘었다.

피에르 르프랑의 이야기 역시 주목할 만하다. 당시 그는 18살의 법과대학 학생이었다. 그는 일렬 데모(시험이 끝난 뒤 어깨를 잡고 일렬횡대로 거리를 누비는 학생들의 행렬―옮긴이)는 해본 적이 있었지만 시위에 참가한 건 이번이 처음이었다. 그는 얼마 전 코레즈 지방에서 돌아오는 길이었다. 말하자면 유배생활을 마치고 돌아온 것이었다. 파리는 고딕 글자로 쓰인 게시판들로 보기 흉하게 훼손되어 있었다. 에펠탑이나 마들렌느에서 바스티유에 이르는 큰 거리에서 바람에 나부끼는, 나치의 역逆만자형 십자가가 그려진 깃발들은 파리를 더럽히는 얼룩이나 마찬가지였다. 세계의 중심이랄 수 있는 파리는 시간을 베를린의 경선에 맞추었기 때문에 본래의 의미에서 독일의 시간을 살고 있었다.

이 반항적인 대학생은 교수들의 태도에 더더욱 혐오감이 치밀어 올랐다. 8월말에 개강을 했을 때부터 학교 친구들에게 이런 불평을 늘어놓곤 했다. "교수들은 우리가 전쟁에서 패한 걸 두고 당연히 받아야 할 벌을 받기라도 한 것처럼 말하고 있어. 우리가 독일에게 완전히 패배한 게 아니라고 생각하는 교수는 손으로 꼽을 정도라고."

만일 11월 11일의 시위가 성공했더라면 이 교수들은 입을 다물 수밖에 없었을 것이다. 그래서 피에르는 대학생들에게만 유인물을 배포하고 입소문을 내지는 않았다. 나이 어린 청소년들도 여기 참가해야 했다. 그는 파리 교외의 부자동네인 뇌이의 파스퇴르 고등학교에 다니는 사촌에게 전화했다.

"오후 5시 반에 약속이 잡혀 있으니까 친구들을 데리고 샹젤리제 거리의 원형교차로 지하철역으로 와. 그리고 그 친구들한테 다른 친구들에게 알려서 우리랑 합류하자고 해봐."

입소문은 순식간에 퍼져나갔고, 청소년들이 주도하는 이 운동은 규모가 점점 더 커졌다. 르프랑은 한층 더 안전을 기하기 위해 오후 3시쯤에 친구 몇 명만 데리고 집회 장소를 숙지하러 갔다. 그 시간, 처음으로 시위를 벌인 학생들과 백화점에 쇼핑을 하러 나오거나 카페테라스에서 맥주를 마시고 얼근히 취한 독일인들 사이에서 언쟁이 벌어졌다.

르프랑이 오후 5시 반에 다시 갔을 때 샹젤리제 거리는 이미 사람들로 발 디딜 틈이 없었고, 최초로 모습을 드러낸 독일군 병사들은 출동태세를 갖추고 있었다. 그가 샹젤리제 거리 28번지에 자리 잡은 「르 피가로」 신문사 앞을 걸어가고 있을 때부터 긴장이 고조되었다. 르프랑은 분노에 가득 찬 50명가량의 고등학생들과 합류했다. 이들은 청년전선과 프랑스 위병대 등에 소속되어 있는 젊은 프랑스 파시스트들과 주먹질을 하다가 이 극우단체의 사무실 건물을 쑥대밭으로 만들어놓기 시작했다. 타고날 때부터 반항적인 프랑스 젊은이들이 한 사람도 빠짐없이 독일에 저항해야겠다는 생각을 한 것은 아니었다. 이 점은 기꺼이 인정해야만 한다. 어떤 사람들에게 대독협력조직에 합류한다는 것은 기성질서에 반기를 든다는 것이기도 했다. 그래서 8월 20일에 청년전선의 하수인들은 전쟁에서 승리를 거둔 나치의 신조에 공감한다는 것을 보여주기 위해 샹젤리제에 있는 유대인 상점들을 약탈했다. 1970년대에 언론사주가 될 그들의 우두머리 로베르 에르쌍은 물건을 파는 어린 유대인 여성의 뺨을 때려 악명을 떨쳤다.

피에르 르프랑은 온통 난장판이 된 파시스트 단체 사무실에서 나오자마자 배꼽을 잡고 웃었다. 그가 서 있는 곳보다 약간 더 높은 곳에서 한 무리의 젊은이들이 선물보따리를 들고 있던 군인들을 공격하고, 휘파람을 불어 야유하고, 욕설을 퍼붓고, 떼밀고 있었던 것이다. 청소부 한 사람이 그 혼잡 속으로 뛰어들더니 자신의 작업도구로 회녹색 군복을 입은 독일군 중위를 후려쳤다.

그러고 나서 르프랑을 비롯한 청년들은 마르세예즈를 부르고 '드골 만세!'를 외치며 개선문 쪽을 향해 다시 걷기 시작했다. 독일군과의 싸움을 피하기 위해 반대방향으로 갔던 것이다. 가능하면 빨리 방향을 바꾸는 게 나을 것 같았다.

프레브르 거리 모퉁이에서는 병사들이 시위자들을 추격하고 있었다. 그들은 심지어 발포까지 했다. 공격용 유탄이 느닷없이 피에르 르프랑의 다리에서 터졌다. 그는 털썩 주저앉았다. 온몸에서 힘이 빠져나갔다. 다리에 부상을 입었다. 그는 상업은행 건물이 있는 샹젤리제 거리 103번지 쪽으로 끌려갔다. 이곳에는 체포된 시위자들이 두 손을 들어 올린 채 모여 있었다. 시위는 끝이 났다. 오후 7시경에 경찰은 르와얄 거리와 라탱 구역에서 마지막 난투가 벌어졌다고 전했다. 이튿날 라탱 구역의 카페들은 저항의 온상으로 찍혀 전쟁이 끝날 때까지 폐쇄되었다.

시위를 하다가 잡힌 젊은이들은 파리에 있는 여러 교도소에 분산 수감되어 그들로서는 상상도 못할 취급을 받았다. 예를 들어 뷔퐁 고등학교에 다니는 장 카누는 에두아르 7세 병원으로 끌려가 7시간 동안 강제로 차렷 자세를 취하고 있다가 다시 상떼 교도소로 이감되어 한 달간 외부와 일체 연락이 두절된 채 갇혀 있었다.

장송 고등학교 학생 장 미쇼는 주동자로 간주되었다. 그는 오페라 거리에서 붙잡혀 지역 사령부로 끌려갔다. 발길질이 쏟아졌다. 게슈타포 수사관의 질문은 오직 하나였다.

"누가 시위를 주도했나?"

여기에 미쇼는 다른 친구들과 다를 바 없이 "시위를 한다는 소문이 공공연하게 돌아서 알게 됐어요"라고 대답했다.

이들은 세르슈 미디 교도소로 끌려가 몽둥이찜질을 당하며 비인간적인 취급을 받았다. 하마터면 목숨을 잃을 뻔했다. 독일군은 미쇼를 비롯한 몇 명을 안마당으로 끌고 갔다. 그들은 기관총 앞에 일렬로 세워졌다. 진짜 총살하려는 것일까, 아니면 그냥 겁만 한번 주려는 것일까?

다행스럽게도 어린 자식들이 있는 게 틀림없는 장군 한 사람이 개입하여 부하들에게 세련된 프랑스 어로 말했다. "아니, 이건 애들이잖아!" 그는 짜증을 내며 이 무시무시한 연극을 멈추게 했다. 정말 다행이었다. 미쇼는 학교친구 두 명과 함께 감방에 갇혀 있었다. 그리고 얼마 후 다른 친구들이 이 감방에 또 갇혔다.

1940년 말, 독일군 프랑스 사령부는 이때까지만 해도 레지스탕스 운동을 그렇게 가혹하게 탄압하지 않았다. 그래서 12월 4일, 이 반항적인 고등학생은 학교친구들 대부분과 함께 석방되었다. 체포된 90명의 고등학생은 교도소에 갇힌 14명의 대학생들보다 빨리 석방되었다.

1941년 1월 초, 미쇼는 장송 고등학교로 돌아갔지만 학교에서는 그를 받아들이려고 하지 않았다. 우여곡절 끝에 그는 학교 공부를 마칠 수 있었지만 교장과 대부분의 교사들은 그가 학교의 명예를 손상시켰다며 별로 반가워하지 않았다. 교사 몇 명만 몰래 찾아와 어깨를 두드리며 격려해주었다. "잘 했다, 장!"

그러면 우리 불행한 르프랑은 어떻게 되었을까? 그는 150명의 시위자들과 함께 처음에는 카스티그리온느 거리에 있는 콘티넨탈 호텔로 끌려갔다. 한곳에 모인 그들은 '대독협력은 유럽의 미래다'라는 요지의 연설을 프랑스 어로 장황하게 이어나가는 한 독일군 고급장교의 일장연설에 얌전히 귀를 기울이고 있어야 했다.

부상을 입은 르프랑은 이 연설을 듣고 있다가 호주머니 속에 아직 유인물이 들어 있다는 사실을 깨달았다. 고등학생들은 그를 둘러싼 채 이 유인물을 찢고 씹어 삼켰다. 하마터면 큰일 날 뻔했다. 소화불량으로 고생하는 한이 있더라도 그렇게 하는 편이 훨씬 나았다. 곧 트럭에 실려 클레베르 거리에 있는 독일경찰 본부로 이송되어 심문을 받고 정식으로 조서를 작성해야 했기 때문이다.

결국 르프랑은 볼테르 고등학교의 장 콜송과 마찬가지로 심한 부상을 입은 상태에서 상떼 교도소로 보내졌다. 대독협력을 호소하는 페탱의 목소리가 간수실의 라디오에서 흘러나왔다. 여기에 갇혀 있던 폴 앙리 레제르의 아버지는 승마용 채찍으로 얻어맞는 고등학생들의 고함과 울부짖음이 그날 밤 어떻게 감옥에 울려 퍼졌는지를 나중에 이토록 고된 시련에서 벗어난 아들에게 말한다.

피에르 르프랑은 한 간수가 그에게 이렇게 노골적으로 말하는 걸 듣고 젊은이들이 파리 14구에 있는 이 교도소에서 어떤 취급을 받는지 짐작할 수 있었다.

"자, 바보들은 이렇게 다뤄야 해. 너희들은 전부 다 총살될 거다. 꼴좋게 됐다, 그래! 마지막 밤이 될 테니 잘 지내라, 이 코흘리개들아……."

새벽에 총살당할 거라고 생각한 이 청소년은 차갑고 끔찍한 밤을 보냈다. 그러나 이 감방에서 저 감방으로 이어진 인원점호 덕분에 '저항운동이 반향을 불러일으켰다'는 사실을 깨닫는 순간 다시 열의에 불타올랐다.

11월 12일 새벽, 사형집행반은 피에르 르프랑을 기다리고 있지 않았다. 그의 학교친구들도 마찬가지였다. 그는 따귀를 맞아가며 심문을 받았다. 그리고 다리에 격렬한 통증을 호소하자 프렌느 교도소 의무실로 옮겨졌다. 3주 뒤 석방장이 발부되었다. 이 법대 학생은 공기처럼 자유로워졌다. 그러나 그의 저항정신은 그 어느 때보다 더 강했다. 이후 그의 목표는 오직 한 가지, 프랑스를 떠나 런던에 가서 드골 장군과 합류하는 것이었다.

이 시위에서 발생한 사망자와 부상자 수는 얼마나 되었을까? 시위가 끝나자 시위를 하던 고등학생 6명이 사망했다는 내용의 유인물이 뿌려졌다. 영국의 BBC 방송은 사망자가 11명에 달한다고 보도했다. 역사가들은 이 시위와 관련된 기록을 발견하지 못했다. 오슈 고등학교 재학생인 레이몽 졸트의 경우만 예외였다. 이 학생은 얼굴이 으깨진 채 살해당해 강물에 집어던져졌다가 세브르 강 밑 다리에서 발견되었는데, 경찰은 11월 11일 그를 취조하고 몇 시간 뒤에 석방했다고 주장했다.

대체로 언론은 이 시위에 대한 공식성명이 발표된 11월 16일까지 완전한 침묵을 지켰다.

11월 11일, 모든 시위가 공식적으로 금지된 상황에서도 학생이 중심이 된 군중이 거리에서 소란스런 시위를 벌였다. 그리하여 점령군 당국의 경비 업무 부서는 이 시위에 개입하지 않을 수 없었다. 이번 시위가 독일군의 권위에 도전함에 따라 프랑스군 사령관은 파리에 있는 모든 대학기관에 폐쇄를 명령했다.

결국 파리의 대학들은 12월 20일까지 문을 닫았고, 루씨 교육감은 대학생들의 시위를 금지시켰는데도 해임되었다.

독일인들은 걱정하지 않을 수 없었다. 저항의 열기가 파리에서만 뜨겁게 달아오른 게 아니었기 때문에 더 그랬다. 프랑스 정보당국과 게슈타포는 점령지역에서 벌어진 시위 현황을 작성했다. 루앙, 낭트, 디종, 콩피에뉴에서 시위가 벌어졌다. 생브리윅에서는 아나톨 르 브라즈 고등학교 학생들이 앞으로 3년 동안 계속될 무력 항쟁을 시작했다. 리모주의 교활한 독일인들은 시위를 아예 사전 방지하기 위해 선수를 쳤다. 프랑스 인이건 독일인이건 제1차 세계대전 때 전사한 모든 병사를 기리는 충혼탑에 화환을 갖다 바쳤던 것이다. 그러나 이 화환은 즉시 치워지고 거기엔 삼색 꽃다발이 놓였다.

루앙에서는 고등학생들이 시위를 벌였다. 하지만 그들은 베르됭의 승리자인 페탱 장군이야말로 히틀러에 저항할 수 있는 가장 튼튼한 보루라고 믿었다. 장차 저널리스트가 될 루앙 사립중학교의 자크 노베쿠르는 시위가 벌어진 틈을 이용하여 친구들과 함께 삼색 꽃다발을 바쳤다. 낭트에서는 등산을 하는 대학생들이 대성당의 탑에 기어 올라가 삼색기를 걸었다가 체포되어 몇 주간 감옥신세를 졌다. 보르도에서는 '인간존재의 탁월한 위엄'에 관한 앙리 베르그송 철학으로 무장한 18살의 의과대학 신입생 클로드 베나제가 같은 기숙사에 있는 친구들과 함께 각적을 불며 사륜마차를 타고 행진했다. 그러자 독일인들이 달려와 이 행진에 참여한 학생 모두를 르하 성채의 감방에 가둬버렸다.

그는 당시를 이렇게 회상했다. "몇 주일 뒤, 저는 주임교수이신 프와노 박사의 연락을 받고 '의학 전선'이라는 단체에 들어가 보르도의 조제프 코헨 대제사장를 구하는 데 참여하게 됐어요."

브레스트에서는 장차 레지스탕스 활동을 벌이게 될 안느 코르와 그녀의 사촌 마들렌을 포함한 여자고등학교 학생들이 꽃을 사기 위해 기부금을 모았다. 마들렌은 당시의 일을 지금도 기억한다. "우리는 흰색, 파란색, 빨간색 꽃다발을 만들었어요. 그것으로 브레스트 시내에 있는 충혼탑과 케르파우트라스 묘지에 있는 1차 대전 영국 병사의 무덤을 장식했죠. 그건 어찌 보면 무모한 행동이었습니다. 게다가 며칠 동안 통행금지가 실시되었거든요. 그걸 레지스탕스 활동이라고 부를 수 있을지는 잘 모르겠어요. 그때까지만 해도 아직 조직적이지는 않았으니까요."

사실 이 영국 병사는 그냥 1920년대에 사망한 영국인에 불과했다. 하지만 고등학생들에 이어 수천 명의 브레스트 사람들이 영국인들을 지지한다는 뜻으로 케르파우트라스에 있는 그의 묘지에 꽃을 바쳤다. 영국 공군이 이미 이 도시를 폭격했는데도 말이다.

프랑스 전역에서 벌어진 학생들의 이러한 모든 시위는 언론에 거의 언급되지 않았다. 그러나 독일군 사령부는 깜짝 놀랐다. 독일군 사령부는 며칠이 지나고 난 뒤에야 11월 11일 시위의 실체를 인정하고 이러한 행위가 되풀이되면 강력 대응하겠다고 위협했다. 그러나 이런 식의 반응을 보인다는 것은 곧 초기에 제대로 대처하지 못했다는 것을 의미했다.

사실 이면을 들여다보면 나치는 그다지 자랑스러워할 수가 없었다. 한 달 뒤인 1941년 12월 11일에 SD(파리 비밀경찰) 우두머리인 헬무트 크노센은 히틀러에게 위급함을 알리는 보고서를 보냈다. '드골주의의 상징인 로렌 십자가가 등장했으며, 파리 시민의 80퍼센트가 이 운동에 호의적입니다!'

사실상 레지스탕스 운동은 헬무트 크노센의 말과는 달리 규모가 크지도 않았고 단결되어 있지도 않았다. 여전히 소수의 행동에 불과했다. 그러나 정보기관들은 정치적 지배자들로부터 두터운 신임을 얻어내기 위해 그들이 맞서는 적수에 대해 과장을 하곤 했다. 크노센의 이 보고서는 드골 장군 지지자들이 이 운동의 핵심을 이룬다는 사실은 제대로 파악했다. 그럼에도 봅 키르쉔이나 클로드 랄레처럼 시위를 도운 공산주의자 대학생 지도자 몇 명은 체포당했다. 클로드 랄레는 보름 전에 써서 등사한 저항의 시를 교도소에 갇힌 사람들에게 팔려고 호주머니 속에 넣어가지고 다니다가 파리 동역에서 체포되는 바람에 11월 11일 시위에 참가할 수 없었던 한 친구를 만났다. 파리 17구의 JC 책임자인 16살의 기 모케였다. 그러나 한 달이 채 안 되어 랄레와 모케는 똑같이 비극적인 운명을 맞이하게 된다. 그것도 함께.

공산당 언론은 이번 시위를 그다지 비중 있게 다루지 않았다. 공산당 지도부가 이번 시위가 벌어지는 것을 원치 않았던 것이다. 그렇지만 '프랑스 공산주의자 고교·대학생연맹 조직'이라는 제목의 12월 15일자 유인물은 비밀리에 배포되었다. 이 유인물의 서문은 이해하기가 다소 힘들었다. 랑즈뱅 교수의 체포에 반발하며 일어난 학생운동을 억압하려는 의도에서 조직적으로 이루어진 도발의 결과가 바로 11월 11일의 시위라는 것이었다.

> 대학생들과 고등학생들의 놀라운 저항과 독립 정신은 우리를 일시적으로 지배하는 자들을 이미 오래 전부터 불안하게 만들었다. 그들은 랑즈뱅 교수의 체포로 인해 분노가 폭발하자 당황했다. 그리고 11월 11일, 젊은 학생들의 애국심을 이용한 교묘한 도발이 구실을 제공했다. 총알이 획획 날아다니고, 감옥 문이 열리고, 대학이 문을 닫았다.

양면에 인쇄되어 있는 이 유인물을 읽은 사람들은 공산당이 지금 고등학생들이 괜히 나서는 바람에 대학생들의 시위가 실패로 끝났다는 식으로 설명하는 게 아닌지 의아했다. 다행스럽게도 '1940년 라탱 가'라는 제목이 붙은 두 번째 글을 쓴 익명의 인물은 고등학생들과 대학생들의 애국 정신에 경의를 표했다.

> 도대체 어떤 목적에서 학생들을 수백 명이나, 아니, 수천 명이나 체포했단 말인가? 도대체 어떤 공포정치체제를 도입하려 하는 것인가? 지적인 청

년들에 대해 어떤 특별재판권을 행사하려는 것인가? 파리의 모든 경찰이 오직 대학생과 고등학생들에 대해서만 동원되는 것을 앞으로도 계속해서 보아야만 하는가? 가증스러운 동시에 우스꽝스러운, 위협하고 간청하고 침묵을 해결책으로 강요하는 이 회람장을 고등학교마다 돌려서 도대체 뭘 어쩌자는 것인가? 조국에 반역하는 자들이여, 명예와 진보, 자유에 반역하는 자들이여, 그대들의 정체는 폭로되었다. 그대들이 두려움과 증오를 느끼기 때문이다. 대학생들은 쫓기면서도 뭉칠 줄 안다. 에투알 광장에서 죽어간 학생들과 그대들의 감옥에 갇혀 있는 수십 명의 우리 친구들은 우리가 과연 어떤 길을 가야할지를 보여주었다. 비열한 짓을 하는 경찰과 교육감들은 언제 어느 때 잘못된 길로 접어들지 모른다. 하지만 우리는 이 길을 끝까지 따라갈 것이다. 그것이 바로 프랑스의 길이기 때문이다.

같은 조직 내에서 너무나 상반된 이러한 입장들에 대한 설명을 우리는 11월 17일에 열일곱 번째 생일을 맞은 마루씨아 나이첸코의 증언에서 발견할 수 있다. 응용미술을 전공한 대학생으로서 JC 멤버였던 그녀는 모스크바와 베를린 간의 평화협정에 격렬하게 반대하면서 그것이 곧 폐기되기를 바라고 있었다. 그녀 역시 '비정치적인 애국자들이 조직한 시위'가 무명용사의 묘지에서 벌어졌다는 말을 들었다. "JC 지도부는 거기에 참여하는 것을 금지시키지는 않았지만, 그렇다고 해서 권유하지도 않았어요. 학생들 사이에 침투한 경찰들은 가장 먼저 약속장소에 나타날 위험이 있었죠." 그녀는 알마 다리에서 샹젤리제까지 갔다. "에투알 광장에 다가가면 갈수록 영화 포스터를 쳐다보면서 산보를 하는 젊은이들이 점점 더 많이 눈에 띄었어요. 아는 얼굴은 없었습니다만, 끼어드는 사람들이 점점 많아지면서 행인들의 움직임은 조금씩 느려졌지요."

개선문에 있는 젊은이들이 내지르는 아우성, 충돌, 난투, 경찰들의 개입. 마루씨아는 이 모든 것을 보았으나 신중을 기하는 뜻에서 멀찌감치 물러서 있기로 했다.

"알마 광장으로 이어지는 좁은 길을 천천히 걸었어요. 아무 어려움 없이 다리를 건넜지만, 그 용기 있는 젊은이들과 합류하지 않는 제 자신이 그다지 자랑스럽지는 않았습니다. 저는 그들을 멀리서 바라만 볼 뿐 위험을 무릅쓰지는 않았죠."

그럼에도 1940년 11월 11일의 시위가 단지 어린아이들과 청소년들, 중학생들, 고등학생들, 대학생들의 항거만은 아니었다. 그것은 1940년 패배 이후 처음으로 나치가 프랑스에서 저지른 만행에 항거하여 이루어진 최초의 집단적 '레지스탕스' 활동이었다.

이 뜻깊은 날 저녁에 미슐린 부드는 자부심이 느껴지는 의기양양한 문체로 일기장에 이 사건을 상세하게 기록한 후 자신 있게 이러한 결론을 내렸다. '오, 나의 아이들이여! 이제 얼마나 심한 탄압을 받을 것인가? 그러나 나는 말할 수 있다. '나는 그곳에 있었다!''

제3장

무릎을 펴고 당당하게 걷는 아이들

"내 색연필 가져와!"

온통 검은 옷에 윗옷은 해골 모양의 부적으로 장식된 금발머리 장교 한 사람이 쿵 소리가 나게 군화 뒤축을 붙이고 나더니 고개를 숙인 채 총통의 거실로 달려갔다. 얇고 가벼운 옷을 걸친 에바 브라운이 지겹다는 표정을 하면서 커다란 나무 상자를 내밀었다. 아까 그 나치친위대원이 마치 황소처럼 거친 숨을 내쉬며 이번에는 반대방향으로 달려왔다. 그는 겨우 힘을 내어 "하일 히틀러!"라고 소리쳤다. 그때 이렇게 외치는 소리가 그의 귀에 들려왔다.

"내 붓은? 붓을 안 가져왔잖아!"

이 장면은 상상이다. 1940년과 1941년, 아돌프 히틀러는 영국 전투와 소련 침략 계획을 짜기 위한 회의가 끝날 때마다 색연필 통을 열고 붓 끝을 다듬어 고무수채화를 그렸다. 작은 난쟁이들을 그려 서투르게 색칠했다.

아무 난쟁이나 그리는 게 아니라 백설공주의 친구 난쟁이들만 그렸다. 왕년에 오스트리아에서 화가였던 히틀러는 나무로 만든 인형이었다가 어린 소년이 되어 벌이는 파란만장한 모험으로 이탈리아 젊은이들과 전 세계 어린아이들을 매혹시킨 피노키오의 초상도 그렸다. 그가 그린 인물들의 모습이 당시 만화영화에 등장한 인물들과 흡사하다는 것은 결코 우연이 아니다. 이 제3제국의 지배자는 월트 디즈니와 그가 이끄는 팀이 만들어낸 등장인물들을 베꼈다.

이러한 사실은 노르웨이 전쟁박물관 관장이며 제2차 세계대전 전문가인 윌리엄 하크바아그가 2008년 2월에 밝혀낸 것이다. 그가 볼 때는 의심의 여지가 없다. 즉 그가 어느 고물상에게서 산, 작가 이름이 'A. H.'라고 된 컬러 '만화'는 틀림없이 유럽을 폐허로 만들고 유대인들을 몰살시키는 '최종 해결책'을 마련한, 그리고 전쟁을 일으켜 1921년에서 1925년 사이에 태어난 젊은 독일인의 3분의 1을 죽게 만든 바로 그 인물이 그렸으리라는 것이었다.

이것이 깜짝 놀랄만한 사실일까? 꼭 그렇지는 않다. 히틀러는 영화 『백설 공주와 일곱 난쟁이』(이하『백설 공주』)를 몹시 좋아했고, 전쟁을 일으켜 최후의 날을 맞을 때까지 이 영화를 보았다. 그의 부하들도 이 영화를 좋아했다. 비르케나우 강제수용소에서 나치친위대원들은 죽음을 기다리고 있는 유대 어린아이들에게 『백설 공주』에 등장하는 인물들의 그림을 그리도록 했다. 자기 자식들의 방에 붙여두기 위해서였다.

나치의 고위관리들만 천진난만한 백설 공주와 그녀의 일곱 친구가 벌이는 모험에 매혹된 건 아니었다. 1939년 선전포고가 있었을 때 이미 이 멋진 만화영화는 2천만 명의 관객을 끌어 모았고, 디즈니에게 4천백 만 달러의 수익을 가져다주었다. 한마디로 세계적인 성공을 거두었던 것이다. 1937년 크리스마스에 나온 이 영화는 이듬해 봄부터 파리 샹젤리제 거리에 있는 영화관 '마리냔'에서 상영되기 시작해 전 세계의 극장가를 휩쓸었다. 계모가 꾸민 음모에서 벗어나 숲 속에 버려진 후 일곱 난쟁이들의 보살핌을 받는 공주의 모험은 어린이건 어른이건 가릴 것 없이 모든 사람을 매료시켰다. 이 영화는 오랫동안 극장에 걸려 있었다.

당시 월트 디즈니는 '모든 어른은 한때는 어린이였다. 그래서 우리는 어떤 영화를 준비할 때 그것을 아동영화나 성인영화로 구분하지 않는다. 그냥 우리들 각자의 마음 속 깊은 곳에 머물러 있는 어린이 특유의 풋풋함과 순진무구함에 호소하는 것이다'라며 자신의 영화가 국제적인 성공을 거둔 이유를 설명했다.

  그래서 나치 고위층은 다른 할리우드 감독과는 달리 이 『백설 공주』의 감독은 높이 평가했다(월트 디즈니는 할리우드가 '유대인들의 소굴'에 불과하다고 뻔뻔하게 주장했다). 미키의 창조자는 그가 미국 나치당에 가깝고 미국이 전쟁에 개입하는 것에 적극 반대했기 때문에 더더욱 히틀러 추종자들의 공감을 얻었다.

  이 영화의 배급을 보장하기 위해 일부러 독일에 온 그의 형 로이 디즈니의 사주를 받은 나치선전국 우두머리 파울 괴벨스Paul Goebbels가 이 만화영화를 오베르잘즈베르그에 있는 히틀러의 개인영화관에서 처음으로 상영했다. 괴벨스는 원래 『킹콩』이 가장 좋은 영화라고 생각하다가 관 속에서 잠을 자는 공주의 파란만장한 이야기를 본 다음에는 그러한 생각을 버렸다. 헤세 출신인 야콥과 빌헬름 그림의 동화를 원작으로 하여 스크린에 옮겨진 『백설 공주』야말로 독일문학에서 비롯된, 북구와 아리아족이 갖춘 아름다움의 원형이 아닐까? 그리고 매부리코를 가진 마녀는 악령의 상징, 그러므로 유대인의 상징이 아닐까?

  히틀러가 죽음을 불러오는 자신의 이데올로기 속에 백설 공주를 흡수했다고 치자. 그렇다면 그가 일요일에 그린 그림의 모델이었던 피노키오는 어땠을까? 거짓말을 하면 길게 늘어나는 코를 가진 이 나무 인형은 히틀러의 동맹자이자 파시스트 체제 이탈리아의 독재자인 베니토 무솔리니Benito Mussolini가 특히 좋아했다. 파시스트 선전기관이 '수상은 우리 가운데 가장 젊다!'라고 주장할 정도였다.

  월트 디즈니는 뚱보 베니토가 만든 영화도시 시네치타가 어떻게 움직이는지 보러 왔다가 무솔리니를 만났다. 첫눈에 반했다. 그들이 화기애애한 시간을 보냈을 때 무솔리니가 직접 사인해준 그의 초상화가 부에나비스타 스튜디오에 있는 넓은 디즈니사 사무실에 20년 동안이나 떡 하니 붙어 있었다는 게 그 증거다. 두 사람은 서로를 찬양했다. 이미 그 전부터 이탈리아의 지도자는 미키 마우스를 워낙 좋아했다. 1931년에 이탈리아에서 검열 당하지 않고 출판된 잡지로는 「미키 저널」이 유일했다(이 잡지는 '토폴리노Topolino' 즉 '생쥐 새끼'라는 제목을 달고 나왔다).

더더구나 두 사람은 뜻이 너무나 잘 맞았다. 이 독재자의 아들이 미국에 영화제작사를 차리기 위해 디즈니와 합자를 했을 정도였다. 게다가 이 미국 영화감독은 베니스 영화제에서 『백설 공주』로 무솔리니 트로피를 받았을지도 모른다. 마지막에 이탈리아인들이 베를린 올림픽경기에 관한 영화 『스타디움의 신들』을 만든 히틀러의 여성 조언자 레니 리펜슈탈Leni Riefenstahl에게 작품상을 주지 않으면 안 된다고 느끼지 않았더라면 말이다. 어쨌거나 『백설 공주』는 이탈리아에서 큰 성공을 거두었다. 월트 디즈니는 레니가 자신의 영화를 소개하러 미국에 왔을 때 보이콧하지 않은 유일한 미국 영화인이었다. 끼리끼리 모인다는 말도 있지 않은가.

"『피터 팬』과 『신데렐라』는 중단시켜! 대신 『피노키오』를 각색하라고!"

이탈리아에서 돌아온 월트 디즈니는 시나리오 작가와 그래픽 디자이너들에게 이처럼 놀랄만한 지시를 내렸다. 새로 사귄 친구 무솔리니가 그에게 아이디어를 귀띔해준 것이었다. 무솔리니는 이미 오래 전부터 피노키오를 좋아하고 있었다. 로마뉴라는 시골마을의 초등학교 교사였던 그의 어머니가 빅토르 위고의 《레 미제라블》과 함께 읽으라고 그에게 이 책을 주기도 했다.

토스카나 출신의 위대한 애국자인 카를로 콜로디가 발휘한 상상력의 산물인 피노키오는 《레 미제라블》에 등장하는 가브로슈 같은 어린이의 본보기가 아닐까? 피노키오의 친구인 귀뚜라미(그의 양심을 뜻하는 작은 곤충)가 그에게 교훈을 전해주면서 시작되는 대화가 그 증거다.

'자기 부모들에게 반항하고 변덕을 부려 집을 나가는 어린이들에게는 불행이 있으리라!'

피노키오는 의심스러운 표정을 지으며 대꾸한다.

'귀뚜라미야, 넌 네가 부르고 싶은 대로 노래를 부를 수가 있어. 난 내일 아침 일찍 여기를 떠날 거야. 여기 남아 있으면 다른 모든 어린이에게 일어나는 일이 나한테도 일어날 테니까 말이야. 난 학교에 보내질 것이고, 그러면 좋든 싫든 공부를 해야 할 거야. 근데 우리끼리니까 하는 말인데, 난 공부 같은 거 하고 싶은 생각, 눈곱만큼도 없어. 나비를 잡으러 다니거나, 아니면 나무에 올라가 새끼 새를 찾아내는 게 훨씬 더 재미있거든.'

1920년대에 파시즘이 자리 잡았을 때 이탈리아 교육자들은 이 책의 표현을 완화하였다. 그들에 따르면 콜로디는 이 책을 교육적인 작품으로 만들고 싶어 했다고 한다. 피노키오는 뼈와 살을 가진 아이로 변신하면서 '예의가 바른 착한 소년'이 되기 때문이었다. 이후 그는 권위를 존중함으로써 불행한 모험을 피하게 된다.

무솔리니로서는 아주 다행스러운 일이었다. 어렸을 때 그는 자기처럼 제멋대로이고 반항적인 피노키오를 상당히 좋아했다. 하지만 파시스트 국가의 아버지가 된 이후로 그에게는 말 잘 듣는 아이들이 필요했다. 콜로디의 조카인 파올로 로렌지니는 삼촌이 쓴 피노키오의 새로운 황금빛 전설을 전파하는 데 기여했다. 「미키 저널」을 발행한 사람은 바로 아동문학 전문가인 그였다.

하지만 무솔리니는 디즈니에게 이 소설을 각색해보라고 권유하면서 자기가 썩 잘했다는 생각은 하지 않았다. 노동조합에 가입되어 있었고 좌파에 가까웠던 삽화가와 시나리오 작가들은 로마에 세워진 무솔리니의 초대형 동상을 웃음거리로 만드는 등 나치즘을 희화화하는 전혀 새로운 그림들을 그렸다. 『코끼리 덤보』처럼 『피노키오』에서도 무솔리니의 그로테스크한 얼굴을 가진 두 명의 악인이 등장했다. 애초에 월트 디즈니도 모르는 사이에 만들어진 이 풍자적인 작품은 그를 큰 곤경에 빠트렸다. 그리고 1941년에 미국이 참전하자 그는 정치적 견해를 바꾸었다. 그 전에는 주축국을 찬양했으나 이제는 파시즘 반대자가 되어 미군들에게 보여줄 선전영화를 제작했다. 이후 히틀러와 무솔리니는 사나운 늑대의 모습을 하게 되었다.

반대로 인간적인 동물인 코끼리는 파시즘 반대자다. 1931년, 제2차 세계대전 이전의 삽화문학에서 코뿔소들의 독재에 맞서 싸운 것은 장 드 브루노프의 『코끼리 바바르』였다. 드 브루노프의 아이들은 칼 마르크스 만큼이나 바바르에게도 영감을 받았다. 그의 조카딸인 마리 클로드 바이앙 쿠튀리에는 공산주의 청소년단의 후신인 프랑스 소녀연맹을 이끌고 있었고, 그의 젊은 아들 마티유 드 브루노프는 독일 점령이 끝날 무렵 파리 서부 지역의 비밀 JC를 통솔했다.

책 이후에는 영화가 등장했다. 『코끼리 덤보』는 인종차별주의에 반대하는 영화임이 드러났다. 디즈니가 상상해낸 이 푸른 눈과 노란 모자의 아기코끼리는 귀가 너무 크다는 이유로 사람들에게 놀림 받는다. 어릿광대와 얼굴 없는 줄타기 곡예사 등 서커스단 사람들 모두가 기이하고 괴상하게 생긴 이 어린 코끼리를 적대시한다. 덤보의 엄마를 가두었던 나쁜 서커스단 단장은 무솔리니와 거의 똑같이 생겼다. 디즈니의 『피노키오』에서 어린이들을 납치하여 당나귀로 둔갑시키는 스트롬볼리라는 등장인물처럼 말이다.

'어린아이들을 당나귀로 둔갑시키다.' 이것이야말로 무솔리니의 파시즘 체제가 원하는 바였다. 즉 이탈리아 젊은이들을 조직하고 싶었던 것이다. 그리고 이러한 목표를 달성하기 위해 무솔리니는 피노키오만큼이나 신화적이고 반항적인 또 한 명의 어린이를 찾아냈다. 그 인물은 바로 18세기에 살았던 이탈리아 판 가브로슈 바릴라다. 진짜 이름은 지암바티스타 페라쏘인 이 12살짜리 영웅은 1746년 제노바에서 오스트리아 침략자들에게 돌을 던짐으로써 대중봉기를 촉발했다.

무솔리니는 이 자존심 강한 소년의 별명을 딴 청년운동을 일으켜야겠다고 생각했다. 1928년, 그로부터 4년 전에 권력을 장악한 파시스트들은 다른 청년조직들을 해체시켰다. 가톨릭 단체들은 예외였지만 활동의 폭을 줄여야 했다. 제1차 세계대전 때 싸우다가 제대한 카레라 출신의 파시스트 레나토 리치가 '바릴라 국민행동'이라고 이름 붙여진 단체의 우두머리가 되었다. 이 대규모 단체에는 파시스트 제복을 입고 나무로 만든 모조 무기를 휘두르는 8살에서 14살까지의 소년들이 가입했다. 말 그대로 나이 어린 남자들이었다. 그들은 특히 무솔리니가 꿈꾸는 아프리카 제국 정복을 위해 전투 훈련을 받았다. 튀니지와 아비시니아가 ─ 오늘날의 에티오피아가 ─ 그의 목표였다.

이 난폭한 어린 병사들 가운데는 위고 프라트가 있었다. 1927년 리미니에서 태어난 그는 어머니가 정착한 베니스의 유대인 게토에서 살다가 파시스트들이 이제 막 정복한 아비시니아로 가족들과 이주했다. 그곳은 이탈리아나 다름없었다. 그의 어머니는 유대인 출신이었지만, 그의 아버지는 파시스트 식민지 경찰 간부였다. 이 나라, 그가 어린 시절을 보낸 에티오피아는 후에 그가 가장 좋아하는 곳이 될 것이며, 여기서 그의 분신이, 즉 그가 나중에 어른이 되어 창조하게 될 만화 주인공 코르토 말테즈가 살게 될 것이다.

모험으로 가득 찬 삶이었다. 코르토와 마찬가지로 위고도 아비시니아 반란을 꾀한 무리 중 한 사람이 이탈리아 인들에게서 잘라낸 눈과 귀, 불알을 허리띠에 자랑스럽게 매단 채 집에 쳐들어왔지만 가까스로 죽음을 면했다.

위고는 1940년 6월에 13살이 되었다. 그의 아버지는 그를 식민지 부대의 보조 근무자로 징집시켰다. 그는 '나는 무솔리니의 최연소 병사였다!'라고 말하게 될 것이다.

1941년, 영국의 공격 후 앗디스 아베바가 해방된 수도로 돌아온 하일레 셀라시에 황제를 열광적으로 맞이하는 동안 위고는 어머니와 함께 감금당했다. 위고 자신이 그의 만화 중 한 편에서 그 부분을 묘사할 것이므로 우리는 그 뒤에 무슨 일이 있었는지를 다른 장에서 볼 것이다. 이 장에서 우리는 이 청소년이 독일 나치친위대군에 소속된 늑대부대에 이어 장화처럼 생긴 이탈리아 반도를 해방시킬 미군에 편성되는 것을 보도록 한다.[1]

엄청난 숫자의 어린이들이 군대조직에 편성되었다. 그렇다고 그들이 거기서 탈퇴할 수 없었던 것은 아니었기에 전쟁이 시작되기 전부터 온갖 종류의 저항운동이 벌어졌다. 파시즘에 반대하는 많은 이탈리아 인이 외국으로 피신하여 청년조직을 결성했는데, 우리는 이들을 프랑스 레지스탕스 운동에서 다시 만나게 된다. 한 가지 예를 들어보자. 1933년, 파시스트들에게 살해당한 어느 사회주의자 지도자의 이름을 따라 '마테오티'라는 어린이조직이 결성되었다. 붉은 매, 즉 프랑스 사회주의자 청년단의

---

1 제14장을 볼 것.

권유에 따라 파리 지역에 있는 도시 드라베이유에 자리 잡은 '어린이들의 공화국'은 위대한 화가 모딜리아니의 동생이 이끌어가는 이 조직을 받아들였다.

그러나 로마에서는 파시스트 청년운동이 젊은이들의 마음을 끌도록 온갖 수단방법을 동원했다. 발릴라는 멋진 인물이 되었다. 그러자 피아트 회사는 그에게 검은 와이셔츠와 짧은 바지를 입히고 방울술이 달린 터키 모자를 눈가까지 덮어 씌워 광고판에 등장시켰다. 이 광고는 '발릴라'라는 이름이 붙은 새로운 자동차 피아트 508의 장점을 선전했다. 이 차는 '이탈리아 젊은이들처럼 고귀하고 규율을 준수하고 끈기 있고 빠르다는' 것이었다. 라디오와 사진기, 트랙터, 심지어는 치즈까지, 수십 가지의 일용품들이 파시스트 젊은이들을 격찬하기 위해 발릴라라는 이름으로 쏟아져 나왔다.

이 운동은 여러 분야로 나뉘었다. 4살에서 8살까지의 '밤비니'와 암늑대가 테베레 강의 늪지대에서 발견하여 키운 로마의 창시자들 레무스와 로물루스를 기념하는 '암늑대의 아들들(피글리 델라 루파)'이 이 운동에 속했다. 소년들로부터 분리된 '어린 이탈리아 소녀단(피콜라 이탈리아나)'에는 6살에서 12살까지의 소녀들이 가입했다. 그보다 나이가 많은 14살에서 18살까지의 소년 소녀들은 '전위대(아반구아르스티)'와 '젊은 이탈리아 여성들(지오반니 이탈리아네)'에 들어갔다. 어린 발릴라가 어린 시절에는 말을 잘 안 듣다가 청소년기가 되면 국가를 위해 봉사하는 인물을 상징한 반면 브레시아에 있는 안드리아노 다찌의 벌거벗은 청년상은 파시즘을 위해 봉사하는 로마 신화를 널리 알렸다.

왜냐하면 선전기관은 이탈리아 젊은이들의 아름다움을 계속해서 찬양하며 그들의 몸이 스포츠와 노동, 전쟁을 통해 과시된다고 선전했던 것이다.

젊은이여, 젊은이여,
아름다움과 생명의
봄, 그대는 도취,
그대의 노래가 널리 울려 퍼진다.

　1939년 여름, 파시스트 청년단에 가입한 어린아이들과 청소년들의 숫자는 6백만 명을 넘어섰지만, 나치 동맹자들과는 달리 무솔리니는 이탈리아 청년들의 50퍼센트 이상을 조직화하는 데 성공하지 못했다. 같은 해에 히틀러 청년단은 제3제국의 10세에서 18세 사이의 청년들 중 85퍼센트에 해당하는 870만 명을 규합시켰다. 히틀러 청년단은 파시스트 청년당보다 규율을 더욱 강조하는 군대식 체제를 갖추었고 한층 더 냉혹하고 비인간적인 방식으로 젊은이들을 훈련시켰다. 아르노 브렉커가 만든 근육질의 거대한 나체상들을 보라!
　요컨대 쾌활한 낙천가인 이탈리아 인들은 근엄한 독일인들에게 뒤쳐져 있었다. 마찬가지로 그들은 프랑스의 패배가 확실해지자 1940년 6월 10일 프랑스에 선전포고를 했다. 사브와 지방과 니스 백작령을 통합하는 ― 혹은 되찾는 ― 것은 그동안 꿈꾸어오던 일이었다. 그러나 이탈리아 군은 망통도 겨우 점령했다.
　이 항구에서는 파시스트 청년들이 어떤 식으로 행동했는지를 잘 보여주는 한 가지 사건이 있었다. 이탈리아 민간인들에게 금지된 망통은 군대와 파시스트 청년경비대에게는 개방되어 있었다. 자신들이 거둔 승리가 자랑스러웠던 청년경비대는 약탈에 관한 한 탁월한 실력을 발휘하는 독재자 친구 프랑코의 나라 스페인의 팔랑헤 청년단을 초대하기까지 했다.
　젊은 이탈로 칼비노가 이 이야기의 주역이다. 장차 작가가 될 이 17살 청년은 전위대 제복을 입었다. 그러나 검은색 셔츠 아래의 맨살에서는 파시즘 교육도 억누를 수 없는 휴머니즘이 싹트고 있었다.

다른 친구들과 함께 트럭을 타고 이 기묘한 여행을 하면서 이탈로는 스스로에게 이런저런 질문을 던졌다. 프랑스의 위대함, 그것은 이제 도저히 회복될 수 없는 것일까? 그러나 이탈리아는 그 깃발을 영광의 꼭대기에 꽂지 못했고, 이탈리아군은 니스조차 점령하지 못했다.

6월 17일, 프랑스와 독일 간에 휴전협정이 체결되었고, 이탈리아군은 이튿날 '알프스 전투'에서 참패했다. 이탈리아군 77개 사단이 소수의 프랑스군에게 격퇴되었다. 점령된 도시는 오직 망통뿐이었다. 젊은 파시스트들은 승리의 표시로 주민들이 다 빠져나간 이 작은 도시를 자기들 마음대로 약탈할 수 있었다.

국경을 지나기 전에 이탈로의 친구 비앙코네가 탁 트인 평원에 정지해 있는 멋진 장갑열차를 보라며 친구들을 불렀다. 그것은 히틀러가 무솔리니에게 선물한 이동사령부였다. 로마가 베를린에게 복종한다는 것을 상징하는 이 실물 크기의 멋진 장난감은 이탈리아 인들이 얼마나 가소로운 전쟁을 치르고 있는지를 한눈에 잘 보여주었다. 무솔리니는 1942년 말이 되어서야 프랑스 자유지역을 침공한 독일군 덕분에 사브와 지방과 코르시카 섬, 니스 백작령을 겨우 병합할 수 있었다.

비록 니스가 점령당하지는 않았지만 그렇다고 해서 이 도시 주민들이 손을 놓고 있었던 것은 아니었다. 이탈리아 인들이 이 천사의 만에서 물러나자 일부 주민들은 미래에 대비했다. 1940년 여름, 니스의 고등학생들은 레지스탕스의 시초가 될 조직들을 결성했다. 마세나 고등학교의 '조조' 조직이 활동을 시작했다. 생랑베르 학교 학생들도 '로렝' 비밀조직의 토대를 건설했다(14살의 자크 앙투안이 우두머리였다). 자크가 1941년 6월에 체포될 때까지 이 조직은 나치에 반대하는 슬로건들로 니스의 벽을 가득 채웠다. 여자들이라고 해서 예외는 아니었다. 장차 장관을 지낼 시몬 베이의 언니 드니즈 베르네이는 당시 16살이었다. 프랑스군이 패하자마자 그녀는 마텔렘 여자고등학교 친구들과 함께 유인물을 만들었다. 너그러운 교사들이 지켜보는 가운데 그녀는 매일같이 BBC에서 청취한 정보들을 교실 흑판에 백묵으로 베껴 썼다. 결국 그녀는 '미아르카'라는 가명으로 프랑스 유대인 총연맹(UGIF)에 봉사하면서 유대인들을 숨겨주다가 항독유격대(FT) 연락책이 되었다. 이렇게 활동하던 시몬과 드니즈 야곱(이 두 자매의 처녀 적 이름), 그리고 다른 가족들은 결국 강제수용소로 끌려갔다.

다시 니스에서 5백 킬로미터 떨어진 망통으로 돌아가 보자. '전위대' 대원들을 태운 트럭들이 이 도시에 도착했다. 이 특별한 하루의 분위기는 음산했다. 대원들은 검은색 상의를 입고 으스대며 이 유령의 도시 길거리를 누비고 다녔다. 그들이 걸어 다니는 모습은 서글픈 축제를, 차마 두 눈 뜨고는 봐주기 힘든 카니발을 연상시켰다.

이탈로는 외떨어진 집들을 약탈하지 말라고 친구들을 설득했지만 그들은 말을 안 들었다. 그래서 이탈로는 모나코의 왕들이 건설한 생미셸 대성당과 성곽들을 구경하며 산책을 하기로 했다. 공상에 잠겨 있던 그는 1860년 합병을 기념하며 주민투표를 통해 '프랑스 부인'에게 바쳐진 '어린 소녀 망통'의 동상 앞에 문득 멈추어 섰다.

파시스트 청년들은 트럭에 샹들리에와 그림, 은그릇을 잔뜩 쌓아놓은 파시스트 우두머리들의 부추김을 받아 닥치는 대로 약탈하기 시작했다. 비앙코네는 담배 갑과 그 당시 『첫눈에 반하다』라는 영화를 찍고 있던 여배우 다니엘 다리유의 사진, 그리고 인민전선 총리였던 레옹 블룸이 쓴 책 한 권을 배낭 속에 집어넣었다.

이탈로는 약탈을 하지 않았다. 아무 말도 하지 않았다. 그가 훔친 거라고는 '파시즘관館'이라고 다시 이름이 붙은 영국협회 사무실의 열쇠뿐이었다. 왜 열쇠를 훔쳤을까? 친구들이 그곳에 들어가 쑥대밭으로 만들어놓지 못하도록 하기 위해서였다. 그가 이처럼 소심한 불복종의 동작을 취한 걸 우두머리들이 알게 되면 미친 듯이 화를 내며 길길이 날뛸 것이었다.

훗날 이 젊은 전위대 대원은 '파시즘, 전쟁, 내 친구들의 저속한 행동, 지금 이 순간 나는 이 모든 것을 거부한다'라고 글을 적었다. 그날 밤, 파시스트 이탈로는 죽고 작가 칼비노가 태어나 전쟁이 끝난 뒤 이탈리아 판 가브로슈를 창조했고, 이 아이는 그의 《거미집으로 가는 오솔길》이라는 소설에서 나치와 싸우는 게릴라를 지지했다.

그는 혼자가 아니었다. 얼마 후, 수만 명의 발릴라와 젊은 파시스트들이 자신이 입고 있던 검은 셔츠를 벗어던졌다. 피노키오가 벌이는 모험에 등장하는 고약한 스트롬볼리가 모든 아이들을 당나귀로 둔갑시키는 데 성공하지는 못했던 것이다!

1940년대 이탈리아 어 표현은 이탈리아 젊은이들의 이러한 변화에 대해 다음과 같이 말한다. '발릴라, 의심을 품는 발릴라, 생각에 잠긴 발릴라, 화가 난 발릴라, 그리고 마지막으로 파르티잔 발릴라!' 달리 말하자면, 시간이 지나면 지날수록 발릴라 운동이 마치 상어가죽처럼 줄어든다는 것이었다. 그러고 나서 1943년 9월에는 오직 청소년 팔랑헤당만이 모험을 좋아하는 어린 위고 프라트처럼 독일인들의 통제를 받았을 뿐, 거의 대부분의 아이들은 파르티잔들과 합류하여 나중에 보게 되듯 전쟁에 져서 도망치던 파시스트들과 이탈리아 반도 북부를 장악한 나치들에 맞서 특별한 역할을 해냈다. 심지어는 파시즘에 반대하는 브리가타 발릴라 조직까지 결성되었는데, 이 조직의 조직원 중에서 가장 널리 알려진 젊은 투사 쥬세페 리바네라는 1945년 4월 제네바 해방 당시 전사했다.

바로 이런 이유 때문에 히틀러는 무솔리니를 그다지 신뢰하지 않았다.

물론 유사한 점이 있기는 했지만, 그래도 히틀러 청년단을 만들 때 이탈리아의 파시스트 청년단을 모방하지는 않았다. 마찬가지로 이 국가사회주의의 우두머리는 1933년 권력을 잡기 전에 이미 무릎을 굽히지 않고 의기양양한 자세로 뻣뻣하게 걷는 어린아이들의 조직을 결성했다.

무솔리니가 고대 로마에서 영감을 얻은 반면 히틀러는 그리스에서 영감을 얻었다. 1922년부터 고대 스파르타의 어린 병사들에게서 영감을 얻은 청년운동을 일으켰다. 음산한 전설의 나라 스파르타. 지쳐서 나가떨어질 때까지 무기 다루는 훈련을 받는 어린이들. 트랙을 달리는 남녀 경기자들의 팽창된 근육과 벌거벗은 몸을 향한 열광. 아테네 민주주의와 전투를 벌일 때 완벽한 연대감을 보장해주는 동성애적 전우애. 끔찍한 '늑대 인간의 밤'에 어린이들이 숲 속에서 노예 어린이를 쫓아가 목을 베어야 하는 입문의식.

하지만 히틀러 청년단이 탄생한 것은 삶 자체를 행복하게 생각하는 낙천적이고 평화로운 젊은이들의 대규모 운동조직인 청년연합의 분열에서 비롯된 면이 크다. 이 청년연합은 1914년 전쟁 이전에 만들어진 자연 애호가나 시 애호가들, 청년 단체들, 자연회귀주의자 단체들로 이루어져 있었고, 그중에서 가장 널리 알려진 것은 '반데르푀겔', 즉 '철새들'이라는 이름을 가진 단체였다. '황새의 아들들'이라고도 불리는 이 이상한 새들은 남녀를 가리지 않고 배낭을 짊어진 채 독일의 도로를 누비고 다녔다. 산을 기어오르고, 호수에서 알몸으로 헤엄치고, 밤이 되면 고딕 양식으로 지어진 성에 모닥불을 피워놓고 그 주변에서 노래를 불렀다. 그들은 부모들의 산업사회와 학교, 부르주아지 생활에 반기를 들었다. 이러한 자연과의 교감은 또한 산과 태양을 숭배하는 오랜 전통이나 게르만 혹은 켈트 신화와 흡사했고, 괴테라든지 특히 반항적인 젊은이들의 컬트소설인 헤르만 헤세의 《황야의 이리》를 읽는 데서 비롯되기도 했다.

네가 옳아, 황야의 이리. 네가 전적으로 옳아. 하지만 넌 죽어야 해. 넌 이 현대적이고 단순하고 편리하고 아주 작은 것에 만족하는 이 세계에 요구하는 게 지나치게 많고 갈망하는 게 너무나 많아. 이 세계는 널 혐오해. 넌 이 세계에 비해 지나치게 차원이 넓어. 우리 시대에 살고 싶어 하고 자신의 삶을 즐기고 싶어 하는 사람은 너나 나 같은 인간이 되어서는 안 돼. 소음 대신 음악을, 쾌락 대신 즐거움을, 돈 대신 영혼을, 생산 대신 노동을, 심심풀이 대신 열정을 원하는 사람의 조국은 이 작고 보잘 것 없는 세계가 아니라고.

반데르푀겔의 이 평화롭고 자유로운 이상에 가장 충실한 사람들을 우리는 이미 알고 있다. 에델바이스 해적단이나 나바조 같은 수많은 소규모 조직에 영감을 불어넣은 이들은 대부분 쾰른과 에센, 도르트문트, 두이스부르크에 정착하여 나치 이데올로기를 거부하고 독재에 저항했다.

다른 많은 '철새들'은 제1차 세계대전 중 참호 속에서 목숨을 잃었다. 참호에서 살아남은 사람들은 루르 지방을 점령하고 전후의 바이마르 정부에 엄청난 액수의 보상을 요구하는 프랑스인들에게 복수하자고 외치는 민족주의자들의 목소리에 귀를 기울였다. 좌익 정당들의 파벌싸움에서 비롯된 1929년의 경제위기는 이 젊은이들을 나치의 품으로 밀어넣었다.

나치즘으로 개종한 옛 반데르푀겔 중에 가장 유명한 사람의 이름은 루돌프 헤스였다. 히틀러, 나치친위대 우두머리인 하인리히 히믈러, '최후의 해결책'을 만들어낸 아돌프 아이히만, 아우슈비츠 강제수용소 소장인 루돌프 히스, 발두르 폰 쉬라크와 함께 그는 《나의 투쟁》의 공동편집인이었다.

'젊은이를 인도해야 하는 것은 젊은이다'라는 반데르푀겔의 슬로건을 선동적 방식으로 왜곡하여 히틀러 청년단을 지도하라는 임무를 맡은 사람은 발두르 폰 쉬라크였다. 이 나치청년운동 가입자는 1932년에 2만 명에 불과했지만 폰 쉬라크는 이념적으로 가까운 117개 청년조직으로 이루어진 베를린 연맹을 장악하는 데 성공했다. 나치가 권력을 잡았을 때 히틀러 청년단의 단원은 10만 8천 명으로 늘어났다. 7년 뒤, 제2차 세계대전 전야에 '핌프페'(히틀러 청년단의 젊은이) — 들의 숫자는 8백만 명이었다. 72만 명의 간부들이 총통에 대한 맹목적인 복종의 원칙과 '인종학'에 대한 지식을 그들에게 주입시켜 그들을 광신도로 만들었다. 이것은 인간들과 인종들 간의 불평등, 유대인이라든가 집시들, 동성애자들, 장애자들, 자폐증 어린아이 등 소위 열등인간들에 대한 증오를 부추기는 학문이었다. 다음은 수학교사들이 1936년에 수만 명의 초등학교 학생들에게 낸 문제의 유형이다.

독일의 유대인들은 외국 인종이다. 1933년에 독일 제국의 인구는 6천6백6만 명이었다. 그들 가운데 종교상의 실천 의무를 지키는 유대인은 49만 9682명이었다. 그 비율은 몇 퍼센트인가?

어린이들을 광신도로 만들기 위해서라면 거칠 것이 없었다. 권력을 잡은 나치는 사회주의자들로 이루어진 붉은 매라든지 공산주의자 기독교도 청년단, 스카우트 운동처럼 히틀러 청년단과 경쟁관계에 있는 모든 단체의 활동을 금지시켰다. 대부분의 부모들은 아이들로 하여금 보조를 맞추어 걷게 하는 이 역만자형의 새로운 스카우트 단체를 반겼다. 하지만 그들은 아이들이 부모를 고발하는 법을 배우고 있다는 사실을 아직 모르고 있었다. 아이들은 그들의 교사를 — 유대인 교사는 특히 — 증오했고, 심지어는 퇴폐적이라고 생각되는 청소년문학서들을 불에 태워버리기까지 했다.

널리 알려진 청소년문학가 에른스트 케스트너는 군복을 입은 핌프페들이 괴벨스의 사주를 받아 산더미처럼 쌓인 자신의 소설 《에밀과 탐정들》을 불태우는 것을 보았다. 이 핌프페들은 1933년에 나온 선전영화 『히틀러를 닮은 소년 켁스』에 등장하는 소년을 닮도록 강요받았는데, 이 소년은 프랑스 인들에게 영웅적으로 저항하다가 결국은 그들의 손에 죽는다.

자유주의적인 저널리스트 다니엘 게렝이 쓴 '광기에 휩싸인 젊음'이라는 제목의 탐방기사를 읽어보면 '갈색 페스트'의 침입에 대해 확실히 알 수가 있다.

에센 유스호스텔, 어느 일요일 오후. 에센은 음울하고 우중충한 회색빛의 노동자 도시다. 그 전해(1932년) 같았으면 당신은 이 유스호스텔에서 저녁식사를 준비하느라 여념이 없는 점잖은 투숙객들을 만났을 것이다. 그러나 지금 공동실은 젊은 방랑자들이 아니라 에센의 소년 소녀들로 발 디딜 틈이 없다. 덥기는 또 얼마나 더운지! 이 젊은 노동자들이 거의 대부분 군화를 신고 요대를 차고 있기 때문에 곰팡내와 가죽냄새까지 진동한다. 카키색 셔츠에 맨 '히틀러 청년대' 넥타이는 검은색 반점처럼 보인다. 여자들은 마치 남자 군인들의 그것을 연상시키는 작은 갈색 상의를 입고 있고, 단추 구멍에는 나치의 역만자형 배지가 붙어 있다. 〔…〕

청소년 군대라고 말할 수 있는 이 젊은 존재들의 집단에는 음악가들이, 기타 연주자들이 있다. 나는 작년에 들었던 너무나 감미롭고 너무나 '보헤미안적'이어서 매혹적이었던 행진곡을 생각한다. 그들은 자신이 들고 있는 악기의 줄을 억센 손가락으로 퉁기며 그날의 찬가를 목이 터져라 한 목소리로 부른다. '공격부대가 전진하네 …… 히틀러의 깃발이 싸우라고 우리를 부르네……'

이 증언은 밥 포시가 만든 영화 『카바레』의 한 장면을 참고한 것이다. 여기서 한 젊은 금발머리 핌프페는 '미래는 우리의 것'이라고 노래해 이 시골 유스호스텔에 있는 사람들 모두를 열광시킨다.

3년 뒤인 1936년 12월 1일부터 모든 어린이는 히틀러 청년단에 가입해야 했다. 게링이 옳았다. 여자아이들 역시 독일소녀연맹에 편성되었다. 나치소녀연맹에 소속된 이 소녀들의 미래는 《나의 투쟁》에 의해 대리석에 새겨졌는데, 그들은 결혼 선물로 나치의 이 필독서를 받았다. 즉 총통이 세계를 정복할 수 있도록 도와줄 어린 아리아족의 군대를 탄생시키는 것이었다. 그들의 역할은 유명한 3K(Kirche교회, Küche요리, Kinder어린아이)라는 널리 알려진 표현에 잘 나타나 있다. 소년 소녀들이 히틀러 청년단의 여러 지역 분야에서 저항했지만 금세 진압되고 은폐되었다. 그리고 나치 언론은 나치소녀연맹의 소녀들이 히틀러에게 쓴 사랑의 편지를 실었다.

전쟁이 일어나기 전에 편성되었으나 제2차 세계대전이 확전될 즈음에는 나치즘에 반기를 들게 될 이 핌프페들 중 일부가 걸어간 길을 따라가 보자. 뮌헨의 두 아이가 좋은 예다. 1933년에 나치가 권력을 잡았을 때 한스 숄은 14살, 그의 여동생 쇼피는 12살이었다. 히틀러 청년단에 의무적으로 편성되기는 했지만 그들은 별다른 문제를 느끼지 않았다. 처음에는 이 청년단을 스카우트운동과 유사한 시도나 더 잘 조직된 청년연맹의 한 형태로 간주했다. 하지만 기독교인으로서 확신을 가진 그들의 아버지는 이렇게 자주 말하곤 했다. "그들을 믿지 마라. 나치는 믿음도 없고 법도 없는 불한당들이란다. 비열한 방법으로 독일 민족을 속이고 있는 거야."

몇 년 후 친구들이 러시아 전선으로 떠나고 나서야 한스와 쇼피 숄은 아버지 말이 옳았다는 것을 깨닫고 나치즘에 반대하는 소규모 저항조직

'백장미'를 만들었다. 하지만 그들도 얼마 동안은 모든 핌프페처럼 횃불이 등장하는 거창한 퍼레이드와 숲 속 산책, 한밤의 캠프파이어, 4월 20일 총통 생일을 기념하는 대규모 집회를 좋아했다. 1936년 이전에는 많은 아이가 부모들의 반대를 무릅쓰고 몰래 히틀러 청년단에 가입했던 게 사실이다. 히틀러 청년단에 가입하는 게 꼭 보물찾기처럼 느껴졌던 것이다. 예를 들어 멜리타 마슈만은 남몰래 나치소녀연맹에 가입했는데, 회고록에서 이 일을 다음과 같이 설명한다. '소년 소녀들의 활기와 행동하고자 하는 욕구, 창의력은 잘 준비된 조직 활동에서 만족을 느꼈다.' 그리하여 멜리타 양은 이 운동의 언론 담당관이 된다. 나치즘을 맹신하는 다른 청소년들은 심지어 히틀러 청년단 특수경찰이나 정치경찰에 '자격이 없는 자신의 부모'를 고발하기까지 했다. 그중에서도 가장 널리 알려진 월터 헤스는 아버지를 게슈타포에 고발했다. 공산주의자였으며 사적인 자리에서 히틀러를 '피에 굶주린 편집광'이라고 불렀던 그의 아버지는 바로 그날 밤 체포되어 다샤우 강제수용소로 끌려가 죽었고, 그동안 그의 아들은 히틀러 청년단에서 출세를 거듭했다.

그것은 어쩌면 필연적일 수도 있었다. 1940년, 프랑스가 전쟁에서 패하여 사분오열되자 점령지역이나 페탱 원수에게 복종하는 비점령지역에서 대독협력을 지지하는 사람들은 젊은이들을 다시 순종시키려고 했다. 이탈리아와 독일을 모델로 삼자고 주장하는 사람들도 있었다. 일부 지식인들은 히틀러 청년단의 짧은 가죽 바지를 벗고 독일군의 회녹색 군복을 걸친 남성적인 독일 젊은이들에 대한 매혹을 숨기지 않았다. 작가인 필리프 에를랑제르는 '어떤 사람들은 초록색 가죽 외투를 입고 있는 건장한 금발 남자들을 보면 감미로운 전율을 느낀다'라고 썼다.

'엘리트들을 게르만화해야 한다!' 점령지역과 비점령지역을 가르는 경계선 양쪽의 프랑스 우두머리들은 이렇게 소리쳤다. 독일과 이탈리아의 청년운동조직을 모방함으로써 프랑스 젊은이들을 경쟁시키고 낙오하는 자들은 정기적으로 도태시켜야 한다는 것이었다. 전쟁이 자신들의 운명을 스스로 결정해야 하는 수백만 명의 어린이들과 청소년들을 잘못된 길로 몰아넣었다는 사실을 이해해야 한다. 앞으로 어떻게 그들이 자신들을 이렇게 파멸시킨 부모들과 어른들을 믿을 수 있단 말인가?

이미 두 차례의 전쟁이 부모의 권위를 약화시켰다. 두 번의 전쟁으로 가족이라는 제도에 균열이 생겼다. 여기 저기 구멍이 뚫렸고, 여성들과 아이들이 그 속으로 빨려 들어갔다. 제1차 세계대전 때 수많은 가장이 전장에서 죽었는데, 이번에도 남자들이 전쟁에서 패하여 피난길에 나섰고 포로수용소에서 굴욕을 겪었다. 제1차 세계대전에서 패한 프랑스의 인구는 4천1백만 명에 불과했던 반면 독일 인구는 8천만 명에 달했다. 그런데 프랑스 인구의 거의 절반인 2천1백만 명은 여자였다. 많은 남성이 부상당하고, 팔다리가 잘리고, 독가스에 중독되고, 불구가 되고, 눈이 멀고, 무능해졌기 때문에 여성들은 더욱 주도권을 발휘했다. 그들은 평시에 집에서 짧은 바지를 입었고, 전시에는 공장에서 노동자의 작업복을 입었다.

1940년 프랑스가 전쟁에서 패한 후 가족은 한층 더 해체되었다. 피난길에서 9만 명의 어린이들이 부모들과 생이별을 해야 했다. 전후를 다룬 르네 클레망 감독의 명화 『금지된 장난』에서처럼 정말 많은 어린이가 고아가 되었다. 이 기이한 자유와 혼란 상태를 이용, 남편이 전쟁에 나가 혼자 지내야만 하는 유부녀들과 은밀하고 덧없는 관계를 맺은 고아들도 있었다. 이것은 질 페로가 쓴 흥미로운 소설 《회색 눈을 가진 소년》[2]의 주제

---

[2] 이 작품은 2003년에 앙드레 테시네 감독에 의해 『스트레이드』라는 제목으로 영화화되었는데, 여자 주인공은 엠마뉴엘 베아르가 맡았다.

인데, 이 작품은 어떻게 보면 1925년에 어린 소년과 전선으로 떠난 한 병사 아내와의 사랑을 다루어 일대 스캔들을 일으킨 레이몽 라디게의 베스트셀러 《육체의 악마》를 연상시킨다. 이삭이 피지 않은 밀(풋내기의 비유적인 표현—옮긴이)이 포연 속에서 자라나고 있었던 것이다.

또 다른 두 개의 숫자는 왜 나이 어린 사람들이 대독협력에 반대하고 이제 태동단계에 있던 레지스탕스 운동에 뛰어들었는지 그 이유를 설명한다. 즉 160만 명의 병사가 포로로 잡혔는데, 그중에서 60만 명이 가장이었던 것이다.

나치가 프랑스 젊은이들을 다루는 방법은 이들이 나치가 직접 통제하는 점령지역, 주로 북부 지방, 해안 지방에 사느냐, 아니면 비시 행정부가 다스리는 비점령지역, 주로 남부 지역에 사느냐에 따라 달라졌다.

점령지역의 경우 독일인들은 프랑스 젊은이들을 극도로 경계했다. 독일군이 수많은 중학교와 고등학교를 점유하여 그중 일부에 사령부와 감옥을 설치했다는 것이 그 증거다. 그리고 파리와 다른 곳에서 저항의 깃발을 처음으로 흔들어댄 것이 바로 이 1940년 11월 11일의 고등학생들이었다.

나치는 스카우트를 비롯한 청년단체의 활동을 금지시켰고, 제3제국의 한 지방으로 병합된 알자스에서는 어린이들이 1942년부터 의무적으로 히틀러 청년단 제복을 입어야 했다.

비점령지역의 경우, 비시 정부의 전략가들은 잘 조직된 대규모 청년운동을 일으킬 수 있을 것이라고 판단했다. 하지만 그들의 판단은 빗나갔다. 지지해줄 것이라고 기대했던 교회가 오히려 반대시위를 벌였다. 다른 한편으로 그들은 비시 정부 측이 이 청년운동을 가장하여 비밀리에 병력을 재편성하려 한다고 의심하는 독일인들에게 압력을 받았다. 어쨌든 1940년 9월 6일에 비시는 교육부 산하에 SGJ(Secrétariat général de la jeunesse, 청년담당사무국)을 신설했다. 이 사무국은 '국가 혁신'이라는 페탱 원수의 목표를 뒷받침하게 될 어린이들과 청소년들을 편성하여 조직화하겠다는 확실한 목적을 갖고 있었다. 또한 여가활동센터에서 범죄추방기관에 이르기까지 청년문제를 다루는 조직들을 통제하는 것 역시 이 사무국의 목표였다.

이렇게 해서 1940년 7월에 '프랑스의 장인들'이라는 단체가 교회와 프랑스 정부의 축복을 받으며 설립되었고, '청년작업장'이라는 또 다른 단체도 그와 동시에 설립되었다. 중세시대의 길드라든지 프랑스 순례 직인조합과 유사한 이 단체를 이끌어간 인물은 '직공장'으로서 비시 정부와 나치가 동시에 경계하는 프랑스 스카우트단 임원 출신인 앙리 드아베르나였다. 이 단체의 목표는 독일군에게 점령된 북부 지방에서 피난을 가다가 부모를 잃어버려 뿌리를 뽑힌 어린이들과 젊은 실업자들을 지도하는 것이었다. '가족이 없는' 어린이들의 3분의 1에 해당하는 3만 명의 젊은이들이 이 조직에 참여했다. 푸른색 셔츠를 입은 이 젊은이들은 공공의 이익에 부합하는 일에 몰두했는데, 전쟁에 패배하여 분열되고 파괴된 프랑스에 이런 일은 얼마든지 널려 있었다. 많은 젊은이가 수습준비훈련센터에서 교육을 마쳤다. 기뻐해야 마땅한 일이었다. 그러나 얼마 안 있어서 비시 정부 사람들이 격렬한 비난을 퍼붓기 시작했다. '프랑스의 장인들'에 소속된 젊은이들이 불평불만을 일삼으며 반항한다는 것이었다. 사방에서 불만이 쏟아졌다. 이들이 좀도둑질을 하는가하면 여자들에게도 치근댄다는 것이었다. 그리고 반체제분자들, 다시 말해 공산주의자들과 '드골 지지자들'의 선전선동에 넘어갔다는 것이었다.

페탱 식 혁신의 슬로건인 '노동, 가정, 조국'이 어울리지 않게 사용된 것은 분명했다. 어떤 노동? 독일이 전쟁에서 승리하도록 도와주는 공업과 농업 분야의 노동이었다(STO(Service du travail obligatoire), 즉 대독협력강제노동국이 설립되기 이전부터 이미 그랬다). 어떤 가정? 가정은 분해되고 파열되었으며, 가족들은 죽거나 독일에 포로로 잡혀 있거나 영국과 아프리카에서 레지스탕스 활동을 하고 있었다. 형제들과 자매들, 사촌들은 점령지역과 비점령지역에 떨어져 살았다. 남자들과 여자들은 강제 송환 중에 죽거나 실종되었다. 나이가 많은 형들은 청년작업장이나 이제 곧 STO에 배치될 것이며, 아내들은 전우의 정부가 되었을 뿐 아니라 심지어는 점령군의 정부가 되기도 했다. 그리고 아이들은 이러한 상황을 이용하여 제멋대로 행동했다.

그리고 조국은? 조국은 독일의 전략에 따라 점령지역으로 분리되고 분할되었으며, 7월 14일이나 11월 11일을 경축하는 것도 금지되었다.

페탱이 바랐던 가정 숭배는 여성들과 어머니들이 포로들 대신 일을 해야 했기 때문에 실현이 더 불가능했다. 그럼에도 1940년 10월 11일, 여성 노동시간의 축소를 골자로 하는 법이 제정되었다. 그리고 1941년 5월 25일, 가정주부를 신성시하려는 목적에서 어머니날이 제정되었다. 낙태를 하는 여성에 대한 가차 없는 단죄(1942년부터 반국가범죄가 되었다)는 1943년 8월 수차례 낙태를 한 죄로 고발당한 마리 루이즈 지로가 파리의 라 로케트 감옥에서 단두대형을 당하면서 엄청난 파장을 불러일으켰다.

학교에 다니는 아이들은 마지못해 '페탱 원수여, 우리가 여기 있습니다!' 라고 노래했다. 하지만 그들은 가장 먼저 그로부터 멀어져 저항에 나섰다.

아이들을 조직에 편성한 비시 정부는 거기에 대한 보완책으로 청소년 범죄에 대한 단속을 시작했다. 이것은 프랑스의 오랜 전통이었다. 자크 프레베르가 벨 일 앙 메르에서 탈출했다가 아이들의 목에 내걸린 현상금에 눈이 먼 섬사람들에게 다시 붙잡힌 어린 도형수들을 기리며 쓴 시에서 말하는 것처럼 '어린이 사냥'이 시작되었던 것이다.

강도! 불한당! 도둑놈! 못된 놈!
저 무시무시한 아우성이 들리는가!
강도! 불한당! 도둑놈! 못된 놈!
신사들이 무리를 지어
어린아이를 사냥하네

청소년 범죄와 관련된 수천 건의 기록을 살펴보면 쇠를 빼돌린 어린 넝마주이와 자전거를 훔친 개구쟁이들, 독일인의 지갑을 훔친 소매치기들, 어린 성범죄자들과 1940년의 반유대인법을 위반한 젊은이들, '통행증'을 소지하고 있지 않은 '떠돌이 집시들', 영국 국기를 만들거나 학교 담에 승리의 V자나 로렌 십자가를 그려 넣은 학생들이 구분 없이 뒤섞여 있다. 즉 단순범죄와 레지스탕스 활동이 죄다 청소년 범죄로 취급했던 것이다.

그리하여 미성년자 관찰센터는 유대인 사회와 완전히 자율적인 초기의 레지스탕스 운동, 경제적 차원의 범죄를 단속하는 보조기관으로 변했다. 물론 이론상으로는 J-3(13살에서 21살까지의 청소년)들이 이러한 식량부족과 배급의 시대에 어른들이나 아주 어린아이들(J-1), 혹은 6살에서 13살까지의 아이들(J-2)보다 양이 더 많은 배급카드를 가질 권리를 갖고 있기는 했지만 말이다.

1941년 3월, 교정당국은 파리 19구 크리메 거리에 청소년범죄자 관찰분류센터를 세웠다. 이곳은 옛날에 그랑 오리앙과 그랑 로주 드 프랑스라는 프리메이슨단 지부에 소속된 세계시민주의 단체인 프리메이슨 고아원이 있던 자리였다. 그리고 수백 명의 소년들이 이 센터를 거쳐 갔는데, 그냥 초기단계에서 은폐되었기 때문에 결코 공식적으로 인정되지 않은 소규모 레지스탕스 조직의 조직원들부터 이곳에 붙잡혀 들어갔다.

우선 16살인 모리스 블레즈가 있다. 모리스는 '1939년 6월 24일 법령을 위반' 했다는 이유로 센터에 보내졌다. 이 법령은 전쟁 전에 외국 선전 활동, 다시 말해 독일의 선전활동에 영향을 받은 전단, 회보, 삐라 등을 배포하는 것을 제재하고 있었다. 그러나 그가 1941년 8월에 체포되었을 때, 이 '불온한 타국' 은 예전과 같지 않았다. 이번엔 윈스턴 처칠의 영국과 그의 '대리인' 인 샤를 드골이 있었다. 재무부청사 직원의 아들이자 아버지 없이 자란 어린 모리스는 관찰분류센터가 (자백을 얻어낼 때 으레 그렇듯) 자신에게 작성을 요구한 문서를 통해 '청년 사무국의 연락병' 으로 일자리를 얻었다고 설명했다.

체포 사유?

내가 확실한 드골 지지자라는 사실을 알게 된 내 친구가 프랑스를 위해 봉사하겠다고 약속하는 서약서에 서명하라고 제의했다. 나는 그가 하라는 대로 했는데, 내가 서명한 이 문서가 발견되는 바람에 8월 7일에 체포되었다.

자크 브레토는 '드골주의를 선전했다' 는 이유로 체포당했다. 1925년 4월 26일에 태어난 그는 블레즈처럼 1941년 8월 14일에 집단소송자료를 다루는 오즈라 판사의 판결에 따라 센터로 이감되었다. 이 젊은이 역시 자술서를 써야 했는데, 자기 친구처럼 '내 인생 이야기' 라고 제목을 붙였다. 이 글에 따르면 그의 아버지는 '봉 마르쉐' 의 회계원이었다. 젊은 자크는 7살 때 파리 19구의 아르망 카렐 거리에 있는 공립초등학교에 다니다가 다시 부레 거리에 있는 자유학교로 옮겨 초등학교 졸업장을 받았다. 프랑스가 1940년 독일에게 패했을 당시 그는 스뤼리에 거리에 있는 한 무기 공장에서 일하고 있었다.

1940년 6월, 동맹군이 전쟁에서 패해 후퇴하고 파리 시민들이 피난을 떠나기 시작했을 때 일자리를 잃었다. 하지만 얼마 지나지 않아 다시 취직했다. 1940년 12월 14일, 청년 담당 사무국의 연락원으로 취직이 된 것이었다. 1941년 8월 7일에 체포될 때까지 이 행정부서에서 일했다.

1941년 8월 7일 드골 장군에게 호의적인 선전을 했다는 혐의로 체포당했다. 수사관들에게 체포되어 경찰청으로 끌려간 나는 심문을 받은 다음 유치장과 상떼 교도소, 프렌느에 이어 마지막으로 크리메 거리에 있는 19세 미만 미성년자를 대상으로 한 관찰센터로 이송되었다.

결국 특수수사대는 '자유프랑스' 조직을 위한 선전활동에 몰두한 청년사무국의 미성년자 직원 두 명을 체포했다. 그러나 그게 전부는 아니었다. 드골 장군을 지지하는 모리스 블레즈의 이 소규모 조직에 소속된 다른 조직원들 역시 같은 날 센터로 이송되었다. 1923년 8월 20일생이어서 나이가 조금 더 많은 로제르 조프루아는 불로뉴 쉬르 메르에서 태어나 그곳에서 8살 때까지 살다가 아버지가 앰뷸런스 운전사로 일하게 된 레쟁발리드로 이사했다. 로제르는 바뇰 드 로른느에서 부모들과 함께 1년 동안 살며 1차 세계대전의 상이군인들이 피난을 가도록 도와주다가 파리로 이사했다. 그는 농림부 산하기관인 밀 관리국에 채용되었다. '나는 여기서 일하다가 드골주의를 선전했다는 혐의로 체포되었다. 다시 자유의 몸이 된다면 나는 무엇보다 부모님 집으로 돌아가고 싶다.'

앙드레 가베는 1923년 12월 9일에 태어났으며 친구들과 마찬가지로 '공공연한 가톨릭 신자'였다. 그의 형은 전쟁 중에 실종되었다. 그는 스카우트 운동을 하며 쌓은 친분 덕분에 국방부 산하의 '전투계' 기록보관소에 취직되었다. 앙드레의 자술서를 읽어보자.

6월에 앙리 젤베가 직장으로 찾아와 드골주의를 선전해볼 의향이 없느냐고 물었다. 나는 생각할 시간을 달라고 했고, 그가 다시 찾아오자 그렇게 하겠다고 말했다. 그러고 나서 어느 날 그는 종이 한 장을 내게 내밀었고, 나는 그게 어떤 결과로 이어질지 깨닫지 못한 채 종이의 아래 부분에 서명했다. 그러고 나서 젤베가 체포되었고, 그의 집에서 탄약과 유인물, 내가 서명한 종이가 발견되었다. 8월 6일 수요일 12시 15분, 나는 점심식사를 하려다 경찰 두 사람에게 체포당했다. 그들로부터 심문을 받는 순간 나는 내가 얼마나 어리석은 행동을 했는지 깨달았다. 나는 경찰청의 특수수사대로 끌려갔다. 드골주의를 선전했다는 게 이유였다. 이튿날, 지금 나랑 같이 있는 친구들도 체포되었다.

클로리 롱은 이 소규모 조직의 다섯 번째 조직원이다. 그는 1924년 3월 4일 세 아이 중의 막내로 태어났고 가톨릭신자였다. 로크루아 생레옹 중학교를 나와 마시옹 고등학교에 다니던 그는 트뤼덴느 거리에 있는 롤랭 고등학교로 옮겨 1941년 6월 27일과 28일에 치러진 대입자격시험에 합격했다.

나는 프랑스 스카우트단의 일원으로서 파리 지역의 어린이들을 피난시킨 후 1939년 6월 다섯 명의 친구들과 함께 길을 나섰다. 우리는 보르도에서 긴 여행을 끝냈다. 대입자격시험에 붙은 다음 라탱 구역에 자주 가곤 했는데, 내가 체포된 이유는 이랬다. 그곳에 사는 사람들은 아주 열정적인 정신을 가지고 있었고, 나의 정신 역시 그렇게 되고 싶어 했다는 것. 8월 7일 목요일 나는 특수수사대의 수사관에게 체포되었다. 드골주의를 선전했다는 게 이유였다. 경찰청으로 끌려간 나는 거기서 지금 나랑 같이 있는 친구들을 만났다.

문서가 증명하는 것처럼 이 청소년들은 1941년 10월 28일에서 11월 10일 사이에 '독일 당국'에 넘겨져 모두 세르슈 미디 교도소에 수감되었다. 클로드 롱은 12월 22일에 석방되었는데, 아마도 그의 두 형이 직업군인이고, 아버지는 예비역 소령이며, '부모님들의 전적인 신망을 얻고 있어서' 그랬던 걸로 추정된다. 그의 다른 친구들도 다들 전쟁에서 살아남았다. 그러나 점령자와 맞서 싸우는 진짜 도시게릴라전이 시작된 1941년에 활동했던 젊은 레지스탕 모두가 블레즈 조직의 행운을 누리지는 못했다. 이 시대에 레지스탕스 운동에 뛰어든 청소년 중에 가장 덜 알려진 검은손의 '특공대원들'부터 그랬는데, 이들은 최초로 독일 장교들에 대한 테러를 감행했다.

제4장

'검은손'의 심판자들

LA
ROSE
ET
L'EDELWEISS

"1918년, 독일은 전쟁에서 졌다." 알자스 지방에 있는 탄느 중학교 2학년에 다니는 한 학생이 큰 소리로 이렇게 말했다. 그녀는 머리를 만지작거리며 고개를 들어 흑판 위에 걸려 있는 히틀러의 초상화를 감히 올려다보았다. 정말 당돌한 소녀였다.

"그건 틀렸어!" 역사 교사가 알자스어와 비슷한 바데 지방 방언으로 소리쳤다. 1940년 11월 이후에 나치는 알자스 지방을 바데 부르템베르그 지방에 합병했다. 그리하여 라인 강 건너편에서 온 바데 지방의 교사들은 학교에서 '해로운 영향을 끼치는 알자스 출신' 교사들의 자리를 차지했다. 이들은 학생들을 방학이 끝나기 보름 전에 출석시켜 보조에 맞추어 걷고 히틀러 식으로 인사하는 법을 가르쳤다.

"그건 틀렸다고!" 바데 지방에서 온 교사가 다시 한 번 소리쳤다. "독일은 1918년 전쟁에서 진 게 아냐. 프랑스가 전쟁이 지겹다며 끝내고 싶어 해서 어쩔 수 없이 서명한 거라고."

"선생님, 근데 무슨 이유로 서명한 거예요?"

"만일 우리가 서명을 하지 않았더라면 동맹군이 우리나라에 돌아와서 닥치는 대로 약탈했을 거야. 어쨌든 동맹군은 우리가 지난 5월에 프랑스에 진격했던 것만큼 빠르게 진격하지는 못할 거다!"

어린 여학생이 웃음을 터뜨렸다. 그녀는 조금도 기죽지 않았고, 다른 학생들이 그녀의 말에 동의하여 숙덕거리는 가운데 이렇게 대꾸했다.

"그건 놀랄 일이 아녜요. 우리 쪽에 배신자들이 있었거든요!"

화가 머리끝까지 치밀어 오른 교사가 "이제 됐으니 입 닥쳐!"라고 소리치면서 대화는 끝이 났다.

런던의 자유프랑스 신문에 실린 이 장면은 알자스에 사는 어린이들이 독일의 강요에 복종하기를 거부했다는 사실을 상기한다. 이 여학생은 무엇이 진실인가를 훤히 알고 있었다. 그녀의 알자스는 1870년 전쟁이 끝난 후 프랑스에서 떨어져나가 프로이센에 합병되었다. 제1차 세계대전의 용사들은 〈그대들은 알자스와 로렌을 갖지 못하리〉라는 노래를 부르며 1918년에 알자스를 첨두모를 쓴 독일군으로부터 빼앗아왔다. 특히 1933년 이후 히틀러의 비밀정보부는 스트라스부르 시장 출신인 공산주의자 샤를르 위베르와 시의회 의원인 카를 루스 같은 자치주의자들을 매수했다. 그들이 '범게르만주의'를, 즉 친나치 선동을 일으키도록 하기 위해서였다. 알자스 자치주의자들의 우두머리인 루스는 '기묘한 전쟁'이 치열하게 벌어지던 1940년 2월 7일 간첩행위를 했다는 혐의를 받고 프랑스인들에게 총살당했다. 나치는 그를 영웅으로 만들었다. 그들은 이런 종류의 상징을 좋아했다. 그래서 알자스 학생들을 이 매국노의 무덤 앞에 데려가 무릎 꿇렸다.

알자스 사람들은 정말 대단했다. 그들은 온갖 방법으로 침략자들을 조롱했다. 술집에 들어오는 독일군 병사들을 향해 맥주잔을 들어 올린 다음 의기양양하게 '아인 리테르(1천cc 한 잔)!'라고 외쳤다. 의무적으로 해야 하는 인사 '하일 히틀러!'를 조롱하기 위해서였다.

아무리 사소한 저항의 몸짓에도 나름대로 의미가 있었다. 단 한 번의 유머러스한 표현이 — '아인 리테르!'가 — 수천 번의 연설보다 효과가 있었다. 이 일화를 이야기하는 것은 키가 몹시 작은 토미 웅제르다. 장차 만화가 겸 소설가가 될 이 소년은 벌써부터 재능을 발휘, 우스꽝스럽고 잔인한 독일인들을 공책에 만화로 그렸다. 콜마르의 바르톨디 중학교 학생 토미는 안씨라는 만화가가 삽화를 그린, 애국심을 고취시키는 친프랑스적인 책들을 읽으며 자랐다. 그런데 이제 같은 나이(10살) 또래의 모든 알자스 어린이들처럼 히틀러 청년단 제복을 입고, 게다가 집집마다 돌아다니며 프랑스어로 된 책들을 수거해야 했다. 목적은? 거대한 화형대에 책을 쌓아놓고 불태우려는 것이었다.

히틀러주의자들은 원래 게르만 민족 출신인 알자스 사람들이 박수갈채를 보내며 독일군을 환영할 것이라고 생각했다. 알자스 사람들이 한 명도 빠짐없이 모두 나치당에 가입하고 소년 소녀들이 청년운동조직의 등록사무실로 밀려들 거라고 기대했다. 그러나 그들의 기대는 처참하게 무너졌다. 자진해서 나치당에 가입한 알자스 사람은 겨우 열손가락으로 꼽을 수 있을 정도였다.

나치는 얼마 지나지 않아 작전을 바꾸었다. 1942년 1월 2일부터 10살이 넘은 소년들은 무조건 히틀러 청년단에 가입해야 했다. 그러고 나서 12살이 되면 무기 다루는 법을 배워야 했고, 14살이 되면 실전을 방불케 하는 군사훈련을 받았다. 독일소녀연맹에 가입한 소녀들도 젊은 아리아족 여성을 한 가정의 훌륭한 어머니로 만드는 교육을 받아야 했다. 아이가 이 두 단체 중 한 곳에도 가입되어 있지 않은 부모는 150라이히마르크를 벌금으로 내야 했다. 그리하여 학교는 철저한 나치화 장소가 되었다. 어린 토미는 이렇게 기록했다.

학생들이 의자에 앉아 있다. 교사가 들어오면 학생들은 일어나 차렷 자세를 취하고 팔을 들어올린다. 교사가 말한다. "총통을 위하여 승리의 경례를 세 번 붙인다!" 학생들이 세 번에 걸쳐 "경례!"라고 답한다. 그러고 나면 교사가 "반장, 앞으로 나와!"라고 말한다. 그러면 반장이 자리에서 일어나 자기소개를 한 다음 학생들을 마주보고 선다. 교사가 말한다. "노래!" 그리고 노래를 고른다. 학생들은 〈조국의 아이들〉이라는 노래를 부른다. 그러고 나면 교사는 학생들의 손과 귀, 이빨을 검사한다. 총통이 더러운 걸 좋아하지 않기 때문이다.

교육은 매일 같이 조직적으로 이루어졌다. 재즈와 현대예술, 만화는 타락한 자들을 위한 것이라고 가르쳤다. 나는 피에 니켈레, 장난꾸러기 릴리, 미키 하우스 같은 만화주인공들이 강제로 끌려가는 장면을 상상했다.

말하자면 알자스 사람들은 독일인들과 똑같이 명령에 복종해야 했다. 이들은 나치가 지배하는 알자스를 찬양하는 노래를 부르며 박자에 맞추어 행진해야 했다.

> 우리는 알자스 땅을 걷네
> 우리는 아돌프 히틀러를 위해 싸우네
> 프랑스 전선은 돌파되었네
> 히틀러 청년단이 행군하네! 조심하라! 막힌 도로를 치우라!
> 아무리 많은 전우가 전사해도
> 우리는 프랑스 인도, 유대인도 두려워하지 않는다네!

1940년 11월에 독일 땅에 합병된 이후로 많은 청소년이 이러한 체제를 견뎌내지 못했다. 이런 상황에서 뭘 어떻게 해야 하는가? 마르셀 바이눔은 한 가지 생각을 떠올렸다. 그런데 이 16살짜리 소년은 누구인가? 곧은 이마 위의 무성한 머리카락, 둥근 코, 두꺼운 입술, 쇠테를 두른 안경의 둥근 안경알 때문에 더 커 보이는 장난기 가득한 눈을 가진 그는 마치 공증인 사무소에서 일하는 어린 서기처럼 넥타이를 매고 있었고 아주 영리해 보였다. 심지어 그의 철천지원수인 바데와 알자스 지방의 바그너 지사도 그의 존재는 인정해야 할 것이다.

1924년 2월 5일 스트라스부르 북쪽의 브뤼마트에서 태어난 마르셀은 6살 때부터 미사에서 시중을 들다가 14살 때 어린이 성가대원들을 양성하는 스트라스부르 성당학교에 들어갔다. 이것은 곧 그가 독실한 신앙을 갖고 있었다는 걸 의미한다. 그는 붉은색 법의와 흰색 상제의를 입은 어린이 성가대원들이야말로 알자스 지방을 나치의 속박에서 해방시키기 위해 싸울 비밀조직의 조직원들이 될 수 있을 것이라고 생각했다.

이러한 생각은 1939년에 피난을 갔을 때 그의 머릿속에 떠올랐다. 당시 전쟁이 선포되자 그의 가족들은 도르도뉴 지방으로 피난을 갔다. 거기서 자주 만나곤 했던 어느 나이든 퇴역장성이 그의 애국심을 자극했다. 1940년에 휴전이 이루어졌다. 그는 다시 스트라스부르로 가서 산업디자이너로 채용되었다. 직장생활은 금방 끝났다. 그가 나치당에 들어가는 걸 거부하자 사장이 그를 내쫓은 것이었다.

어떻게 보면 이 일로 그는 자신의 작은 회사를 차릴 수 있는 시간을 가질 수 있었다. 그리고 그는 성당 성가대원 양성소 친구들과 접촉했고, 이들은 그의 젖형제로서 유일한 성인인 샤를 르볼드와 함께 그의 조직에 들어갔다. 1940년 11월 11일 파리에서는 고등학생과 대학생들이 시위를 벌였지만, 그는 빵집 견습공과 기계공, 일용잡화상인, 철도원, 전기공 등 노동자계급의 젊은이들을 모집했다. 나중에 그는 화이트칼라라고는 자기 한 사람뿐이었다고 말한다.

"결정됐어. 우리 조직의 이름은 '검은손'이야!"

이들은 곧 엄청난 파장을 불러일으킨다. 이 조직은 세르비아-보스니아 테러 단체의 이름을 따랐다. 본 테러 단체의 청년 운동가 가브릴로 프린시프는 1914년 6월에 오스트리아-헝가리 제국의 후계자인 대공과 그의 부인을 암살했고, 결국 이 살인 사건은 제1차 세계대전을 촉발한 원인이 된 바 있다. 그들과 똑같은 이름을 쓴 이 조직은 세상을 바꿀 것이 틀림없다! 마르셀이 바라는 만큼, 그것이 우리의 주 '그리스도 왕'에게는 실례가 되겠지만 말이다.

비록 나이는 어렸지만 마르셀 바이눔은 어른들의 영향을 일체 받지 않은 채 진짜 프로처럼 자신의 조직을 결성했다. 서너 명의 조직원으로 이루어진 자율적인 소규모 조직을 만들었다. 조직원들은 모두 가명으로 불렸다. 암호도 있었다. 총과 다이너마이트 등은 마지노 전선에서 싸우던 프랑스군이 전쟁에서 지자 참호 속에 버려두고 간 것을 회수했다. 테러를 감행하는 실행부서도 두었다. 마르셀의 동갑내기 소년들은 모두 로베르 샤를 뒤마와 피에르 노르, 피에르 브누아가 쓴 모험소설을 읽었다. 저 유명한 프랑스군 정보부대 제2국과 SR(Service de renseignement, 정보부)의 프로들도 이보다 더 잘하지는 못했으리라!

검은손 조직은 곧 행동을 개시할 수 있었다. 탁월한 능력을 갖춘 적극적 행동주의자 한 사람이 가담했기 때문에 조직은 한층 더 활기를 띠었다. 세슬라프 시에라츠키라는 이름을 가진 폴란드 출신의 빵집 견습공이었다. 세슬라프의 부모는 그가 바르에서 태어나기 한 해 전인 1924년 알자스 지방에 정착했다. 그러나 그는 7살 때인 1932년에 어머니가 세상을 떠나자 세 형제자매와 함께 고아원에 들어가야 했다. 시므농의 소설에서 방금 걸어 나온 것 같은 이 슬라브 억양의 어린 프롤레타리아는 냉혹해졌다. 뉴스에서 폴란드 창기병들이 나치 장갑차를 향해 돌격하는 모습을 본 그는 레지스탕이 되기로 완전히 마음을 굳혔다. 알자스에서 싸운다는 것, 그것은 폴란드를 해방시키는 것과 어느 정도 비슷했다.

"런던과 접촉해야 해!"

이렇게 말한 사람은 마르셀 바이눔이었다. 1940년 가을에 황새들이 떠날 때 그는 이 폴란드 청년을 스위스로 보냈다. 바젤에 있는 영국 영사관에서 정보기관과 접촉, 테러를 감행하는 데 필요한 물자를 지원받는 것이 세슬라프의 임무였다. 기발한 생각이었다. 그렇다고 해서 터무니없지는 않았다. 몇 달 뒤 영국 정보부가 정확히 그대로 할 것이었기 때문이다. 어른들이 운용하는 비밀조직들과는 합의를 보았다. 어른들은 독일에게 점령당한 유럽 전역에서 이 젊은이들이 파괴 활동을 벌이도록 도와줄 것이다.

"유럽에 불을 질러!" 처칠은 여송연으로 허공에 'S·O·E'라는 세 글자를 쓰면서 SOE(Special Operations Executive, 특수작전사령부)요원들에게 이렇게 말했다. 놀랍게도 런던에서 이 부서를 교육시키고 있던 프랭크 넬슨 경은 불과 몇 주일 전만 해도 바젤 주재 영국 영사로 근무하고 있었다. 그것은 곧 그가 스위스에서 정보 수집과 관련하여 중요 직책에 있었다는 것을 의미했다.

"저희들은 '검은손'이라는 조직에 소속되어 있습니다. 저희 조직이 작전을 수행하려면 자금이 필요합니다." 결국 부영사를 만나는 데 성공한 세슬라프 시에르츠키는 이렇게 말하며 마르셀 바이눔의 소개장을 건넸다. "저희가 어떤 파괴 활동을 벌여야 하는지, 어떤 정보가 필요하신지 말해주십시오." 영국인들은 정보를 몹시 좋아하는데, 그것은 그들의 본성이다. 그러나 어느 날 느닷없이 하늘에서 떨어진 이 다소 반항적으로 보이는 폴란드 출신 청년을 어떻게 믿는단 말인가? 그리고 만일 그가 SD, 즉 독일 비밀정보부의 사주를 받고 이러는 거라면?

"미안하네! 유감이지만 난 자네들의 무장 투쟁을 도와줄만한 능력이 없네." 암호명이 '레오'인 이 첩자이자 외교관은 이렇게 거절했다. "그렇지만 활동은 계속하게. 자네는 정보 분야, 특히 군사 분야에서 우리를 위해 일할 수 있을 거야."

레오는 몇 분 만에 목표를 적은 리스트를 — 이 분야에서 쇼핑 리스트라 불리는 것을 — 작성하더니, 그것을 20스위스프랑과 함께 세슬라프에게 내밀었다.

　세슬라프는 활기찬 모습으로 독일로 되돌아갔다. 그런데 앗, 이럴 수가! 그는 국경에서 체포되어 뮐루즈에 수감되었고, 1940년 12월부터는 스트라스부르에 있는 생트마르그리트 교도소 지하 감옥에 갇히기까지 했다. 그러나 안심해도 된다. 그는 검은손 조직에 관해서는 단 한 마디도 발설하지 않았다. 입을 꿰매버렸던 것이다. 경찰들은 이 폴란드 출신의 젊은이가 스위스에 갔다온 것과 이 비밀조직의 활동 간에 어떤 관계가 있는지를 알아내지 못했다. 이 비밀조직은 활동을 중단하지 않았다. 아니, 유명해져 가고 있었다.

　마르셀은 세슬라프가 돌아오기만을 기다리며 가만히 있지는 않았다. 1940년 10월부터 이 조직은 숙련된 기술을 갖춘 조직원들을 모집했다. 새로운 조직원들의 이름은 장 쿤츠와 앙드레 마티스, 에메 마르탱이었다. 특히 장 자크 바스티앙은 무기와 폭약 조달을 책임졌다. 루시앵 엔츠만을 비롯하여 상제의를 입은 성가대 젊은이들도 호출을 받자 알았다고 대답했다.

　작전 수행. 황새들이 날아가고 난 10월에 토미 웅제르와 그의 핌프페 친구들은 스트라스부르의 건물 벽에 애국심을 고취시키는 표어와 로렌 십자가를 그려 넣는 한편 소각당할 위험에 처해 있는 프랑스어 책들을 지켜냈다. 그리고 11월에 첫눈이 내리자 철도와 독일군 통신케이블부터 시작하여 교통통신수단을 공격했다. 그리고 공격의 수위를 높여 여러 개의 소규모 조직들은 독일군 자동차를 약탈했고, 서류와 휘발유, 무기를 훔쳤으며, 타이어를 펑크 냈다. 12월 성 니콜라스 축일 때 검은손 조직은 진열창에 히틀러 초상화를 내붙인 상점들을 수류탄으로 공격했다(당시 기온은 영하 20도까지 내려갔다). 이후로 상인들은 차라리 벌금을 내는 게 낫겠다는 생각으로 재난을 초래하는 히틀러 초상화를 떼어냈다.

이처럼 여러 가지 임무를 수행하고 난 검은손 조직은 손가락이 곱은 채 동면에 들어갔다.

마르셀 바이늄은 이 틈을 이용, 한 작은 연구소의 빈 방을 빌려 이곳에서 공격을 강화하고, 유인물을 배포하며, 나치 문장이 그려진 깃발을 훔치는 등 새로운 작전을 준비했다. 특히 검은손 조직은 프랑스에서 전례가 없는 두 건의 테러를 계획했다.

1941년 4월, 시에르즈키는 석방되어 이 소규모 조직과 합류할 수 있었다. 폭약을 회수한 바이늄은 친구 알베르 울리히와 함께 히틀러 청년단을 찬양하는 대규모 페스티벌이 열리기로 예정되어 있던 축제관을 공격하기로 했다. 그러나 이 시도는 검은손에 소속된 레지스탕들에 대한 기소장에 나와 있듯이 기술적인 이유로 실패하고 말았다.

1941년 3월에 히틀러 청년단이 축제관에서 행사를 갖고 여기에 아제만 단장이 참석한다는 사실이 알려지자 바이늄은 다이너마이트 공격을 준비했다. 아제만이 연설을 시작하기 직전에 도화선에 불을 붙여 다이너마이트가 폭발하게 하는 것이었다. 그는 이렇게 해서 이 건물의 한쪽 벽이 무너지면 참석자들이 엄청난 혼란에 사로잡힐 것이라고 예상했다. 그러나 뇌관이 작동했음에도 소리만 살짝 났을 뿐 기대했던 폭발은 일어나지 않았다.

그러자 바이늄과 울리히는 수뇌부 공격을 고려했다. 이들은 바그너 지사가 클레베르 광장에 — 프랑스인들이 총살한 자치주의자의 이름을 따서 카를 루스 광장이라고 다시 이름이 붙은 곳에 — 자동차를 세워놓고 근처의 고급 맥주홀 아델쇼펜에 가서 저녁식사를 하곤 한다는 사실을 알아냈다. 믿기지 않는 일이었다. 독일인들은 자기들이 알자스 지방에 확고히 자리 잡았다고 굳게 믿고 있었기 때문에 자동차를 밀착경호하지 않았다. 1941년 5월 8일, 검은손은 공산당보다 4개월 먼저 스트라스부르 중심부를 공격했다(공산당은 자기들이 프랑스에서 가장 먼저 테러를 벌였다고 주장한 바 있다).

순전한 우연에 의해 이 날짜는 상징적인 것으로 드러났다. 이날 바그너 지사가 8월 16일부터 알자스 지방에 사는 17세에서 25세까지의 남녀는 노동의 의무를 져야 한다는 내용의 법령을 공포했다. 알자스산 백포도주가 아델쇼펜에 철철 넘쳐흐를 예정이었다. 자유의 유령들인 마르셀과 알베르는 짙은 어둠을 헤치고 나치 만장이 그려진 자동차로 다가갔다. 알베르는 수류탄 여섯 개를 타월에 싸서 들고 갔다. 나중에 알베르 울리히는 "우리는 주변을 배회하면서 아무도 자동차를 지키고 있지 않다는 사실을 확인했지요."라고 말한다.

"수류탄을 몇 개 던져서 그 자동차를 박살내 버리기로 결정했지요. 저는 타월에서 수류탄 두 개를 꺼냈습니다. 근처에 행인이 아무도 없다는 걸 확인한 우리 둘은 수류탄의 안전핀을 뽑은 다음 내려져 있는 자동차 앞 유리창으로 던져 넣었습니다. 대성당 시계가 밤 10시를 알리는 종을 치기 시작하더군요. 나중에 알게 된 사실이지만, 첫 번째 수류탄은 운전석에, 다른 수류탄은 뒷좌석에 떨어졌습니다. 자동차는 완전히 파괴되었고, 근처에 있던 자동차들의 유리창도 깨졌지요."

그러자 큰 소란이 일어났고 독일 병사들이 달려왔다. "멈춰! 거기 서지 못해?!" 총이 불을 뿜었지만 그들을 명중시키지는 못했다. 이번에도 검은손의 심판자들은 간신히 목숨을 구했다.

바그너는 자동차 안에 타고 있지 않았고, 두 젊은 레지스탕들 역시 그러리라 짐작하고 있었다. 사실대로 말하자면, 이 두 사람은 알자스 지방에서 지위가 가장 높은 나치 고위관리를 공격함으로써 여론을 환기시키고자 했다. 나치도 그 점을 알고 있었기 때문에 이번 테러에 대해 일체 언급을 하지 않았다. 몇 개월 뒤 검은손의 압박이 지나치게 심해지자 언론은 '바그너 지사를 암살하려고 했던 자들'을 비난하고 나섰다.

비극이 다가오고 있었다. 비극은 그 다음 달에 일어났다. 5월 19일, 바이눔과 그의 폴란드 친구는 정보국 요원인 '레오'에게 비행장 지도를 전달하려다 국경에서 체포되었다. 뮐루즈에 따로 수감된 두 친구는 지도를 파기하고 심문을 견뎌냈다. 그러나 순진한 세슬라프가 게슈타포의 끄나풀로 밝혀진 같은 감방의 죄수에게 사실대로 털어놓는 바람에 검은손 조직원들의 신원이 대부분 밝혀지고 조직도 와해되었다. 그러나 조직원들이 스트라스부르 교도소로 이송되던 중에 반전이 일어났다. 마르셀 바이눔이 창밖으로 뛰어내려 나치친위대 비밀정보부의 마수에서 벗어났던 것이다. 그는 쉴티게임에 있는 고모 집에 숨었다. 그러나 그의 은신처가 알려졌고, 그는 다시 체포당했다.

12월 21일, 불행한 세슬라프는 쉬르메크 수용소로 끌려갔고, 여기서 그의 동료들은 그의 서글픈 죽음을 증언한다.

함께 감옥에 갇혀 있던 장 자크 바스티앙은 이렇게 말한다. "카포(동료 죄수들을 감시하는 자)들이 곤봉으로 무장하고 그를 쫓아다녔지요. 머리를 박박 깎인 그는 자갈밭에서 무기력하게 어쩔 줄 몰라 했습니다. 하지만 그의 훌쭉한 실루엣은 다시 몸을 일으켜 두 팔을 활짝 벌리고 여러 차례 소리쳤지요. '프랑스 만세!'"

나치들은 레지스탕스 활동을 벌인 죄로 그를 총살했다고 발표했다. 독일이 알자스에서 레지스탕스 활동이라는 단어를 사용한 것은 이때가 처음이었다. 1941년 겨울의 강제수용소는 전해 겨울만큼이나 끔찍했다.

황새들이 돌아왔다. 1942년 3월 27일, 스트라스부르 특별법정에서는 마르셀 바이눔을 포함한 검은손의 주동자 10명에 대한 재판이 비공개로 진행되었다.

심문하는 위베르 재판장의 목소리에서는 이 젊은 산업디자이너의 재능에 대한 경외감까지 느껴졌다.

"피고가 길을 잘못 들어서서 이처럼 비열하고 비난받을만한 행동을 저지른 것은 매우 유감스러운 일이다. 만일 피고가 반대로 제3제국의 지시를 따랐더라면 우리는 피고를 우리 제국에 매우 유용한 인물로 만들 수 있었을 텐데……."

재판 기록에 따르면, 검은손 조직의 우두머리는 이렇게 대꾸했다고 한다.

"제가 그런 행동을 한 것은 나의 조국 프랑스를 사랑해서였습니다. 저는 프랑스 인이며 앞으로도 영원히 프랑스 인으로 남아 있을 것입니다!"

그러자 잠시 후에 재판장이 "그런데 피고의 폭력행위는 피고의 기독교적 확신과 어떻게 양립할 수 있는가?"라고 물었다.

그러자 바이눔은 "조국이 도움을 요청할 때는 그런 행위가 허용됩니다."라고 대답했다.

바그너 지사의 목숨을 해치려고 했다는 것이 나치에게는 가장 큰 범죄였다. 마르셀 바이눔은 여기에도 반박했다.

"재판장님, 우리가 그날 밤 지사를 처단하려고 했다면 그건 식은 죽 먹기보다 쉬운 일이었을 겁니다. 짙은 어둠이 우리를 보호해주었지요. 모든 상황이 우리에게 너무나 호의적이었기 때문에 실패한다는 건 사실상 있을 수 없는 일이었습니다. 그리고 우리는 순식간에 도망칠 수도 있었습니다. 그러나 다시 한 번 말씀드리건대, 우리는 바그너 지사를 죽이려고 하지 않았습니다. 단지 경고하는 의미에서 그의 자동차에 수류탄을 던졌을 뿐입니다."

3월 31일 사형선고를 받고 슈투트가르트로 이감된 이 성가대 소년, 검은손의 지도자는 여기서 사면청원을 기다렸다. 이때 그는 가족들에게 계속해서 편지를 보냈는데, 이 편지들은 하나같이 감동적이다. 샤토브리앙의 기 모케와 브장송의 앙리 페르테, 뷔폴 고등학교의 피에르 브누아, 다울라의 안느 코르 등 청소년들이 나치에게 붙잡히고 나서 쓴 수백 통의 편지는 모두 상상을 초월하는 용기를 보여준다. 하나님을 믿건 안 믿건, 애국자건 아니건, 남자건 여자건, 학교를 다녔건 안 다녔건, 그들의 편지에서는 체념을 넘어 이제 저 세상으로 떠날 준비를 하는 영혼의 고결함이 느껴진다.

사랑하는 부모님께,

〔…〕 절 나무라지 마세요. 제 마음은 순수하답니다. 저의 행동은 제가 사랑하는 조국 프랑스를 위한 것이었습니다. 너무 걱정하지 마세요. 저는 금방 석방되지는 않을 거예요. 왜냐하면 저는 공적이니까요. 기다려야 합니다. 영국과 미국이 나섰으니까요. 저를 생각하시면서 용기를 갖고 견뎌내세요.

그리고 1942년 4월 13일에 마르셀은 위로의 말로 가득 찬 마지막 편지를 보냈다.

사랑하는 부모님과 마리에트에게,

조금 전, 제가 내일 아침 6시에 처형될 것이라는 슬픈 소식을 들었습니다. 사랑하는 부모님, 저에게 이건 하나의 불행에 불과합니다. 왜냐하면 이제 저의 새로운 삶이, 진정한 삶이 시작될 테니까요. 그러나 불행하게도 두 분께는 아주 슬픈 소식이 되겠지요. 특히 절 항상 깊이 사랑해주셨던 엄마, 엄마는 이 고통스러운 운명과 맞서야만 할 것 같네요. 〔…〕

사랑하는 부모님, 그동안 두 분을 너무나 힘들게 해드렸던 데 대해 다시

한 번 용서를 빌고 싶습니다. 하지만 신께서 그걸 원하셨다고 생각하시길 바라요. 우리 모두는 지상에서의 속죄를 위해 자주 기도했고, 신께서는 저를 영원히 구원해 주셨습니다. 우리의 뜻이 아닌 그분의 뜻이 이루어지기를. 신의 영광과 우리 영혼의 구원을 위하여. 두 분께서는 그 분께 바치기 위해 저를 기르셨습니다. 슬퍼하시지 마시고 견뎌주세요. 천국에서 다시 뵙겠습니다. 하나님 만세.

마르셀 바이눔

4월 14일 아침 6시 15분, 검은손의 우두머리는 사형에 처했다. 사형 장면을 목격한 독일인 보좌신부 도모갈라는 그의 부모들에게 편지를 썼다. '그의 감방에 들어간 저는 그가 너무나 침착한 것을 보고 놀랐습니다. 내가 두렵냐고 묻자 그는 이렇게 대답하더군요. '이 순간을 준비할 수 있을 만큼 오래 살았기 때문에 조금도 두렵지 않습니다.''

이 비밀조직의 다른 조직원 14명은 죽음을 피했다. 그들은 독일군에 강제 징집되어 동부전선에 파견되었다. 17살인 르네 메에르는 여기서 목숨을 잃었다. 장 자크 바스티앙도 중죄를 범한 군인들을 따로 모은 징벌 연대에 소속되어 러시아와 우크라이나, 그리고 친구 세슬라프의 조국인 폴란드에서 싸웠다. 이 영원한 반항아는 여기서 어느 독일인 하사관에게 한쪽 눈을 잃었다. 르네 클라인만은 폴란드에 있는 알자스 출신 병사들의 훈련소에서 시위를 선동했다. 독일인들은 역시 검은손 조직원인 그의 동생 앙드레와 그를 감시해야 하는 아주 특별한 이유를 가지고 있었다. 이 두 사람의 형이 비밀 정보조직의 전문가 루이 클라인만이었기 때문이다. 그리고 1941년 여름에 그들은 루이가 또 다른 청소년 레지스탕스 조직을 조종했으며, 이 조직이 알자스 지방 옆의 로렌 지방에서 검은손의 심판자들처럼 독일 당국을 애먹이고 있다는 사실을 알게 되었다.

알자스 지방의 형제라고 할 수 있는 로렌 지방에서는 검은손 조직처럼 무장투쟁을 선택하지 않은 이 조직이 아주 일찍부터 결성되었다. 그렇다고 이 조직이 덜 활동적이었던 건 아니었다. 모든 것은 15살에서 20살까지의 젊은 수습생들과 대학생들의 소모임이 자율적으로 구성된 1940년 7월에 시작되었다. 그들이 뿌리를 내린 지역은 우선 6월 18일부터 독일에게 점령된 도시 메츠였다. 주도자는 로베르 그랑틸이었다. 이 대학생은 메츠에 있는 직업학교 급우들과, 유럽 전역의 적십자에서 벌써부터 피난민들과 전쟁포로들을 매우 적극적으로 도와온 그의 스카우트단 친구들 중에서 조직원을 모집했다. 제1차 세계대전의 기억 속에서 자라난 이들은 전쟁포로들이 긴 행렬을 이루어 끌려가는 광경을 보고 깊은 충격을 받았다. 전투에서 패해 쇠약해지고 프랑스군 사령부가 와해되었다는 확신으로 낙담한 전쟁포로들은 사실 그들의 아버지일 수도 있었고, 삼촌일 수도 있었으며, 아니면 형일 수도 있었다. 굴욕을 당한 이들의 머리와 수염은 텁수룩했다.

그랑틸은 세 명의 고등학생으로부터 도움을 받았다. 알프레드 델링게르(15세)와 로베르 가틀레(15세), 알프레드 아르테르(19세), 이 셋은 모젤 지방이 합병되는 것을 거부하고 알자스 지방과 로렌 지방 사람들에게 희망을 잃지 말라는 내용의 유인물을 배포한 이 조직의 주동인물들이었다(조직의 이름은 '프랑스의 희망'이었다).

게슈타포의 보고서에는 다음과 같이 쓰여 있다. '그들은 두 가지 크기로 120부 가량을 인쇄하여 주택과 집과 담벼락에 50장을 붙이고 나머지는 집 현관에 놓아두거나 우체통에 집어넣었다.'

1940년 말에 전쟁포로들의 탈출을 돕는 것은 물론 그보다 더 위험하게 무기를 보관하고 소규모 파괴 활동을 벌임에 따라 이들의 투쟁은 더욱 치열해졌다.

'프랑스의 희망'은 델렝게르와 가틀레, 루시앵 비옹을 중심으로 조직되었고, 이 세 사람 밑에는 각각 여섯 명의 지역 책임자들이 있었다. 이 조직의 주동자인 알프레드 아르테르는 정보 수집의 임무를 모든 책임자에게 부여하고 수집된 정보를 취합하였다. 각 조직원에게는 분담금을 5프랑씩 내야 하는 새 가입자를 7명씩 모집할 의무가 있었다. 스카우트단의 맹세에서 영감을 얻은 듯, 이들은 비밀을 지킨다는 조건으로 충성을 맹세했다.

나는 '프랑스의 희망' 조직의 비밀을 일체 누설하지 않고 이 조직의 모든 명령에 따를 것을 나의 명예를 걸고 맹세하는 동시에 약속한다. 나는 우리의 대의大義가 승리하도록 나의 모든 힘과 두뇌를 바칠 것을 약속한다. 만일 내가 하는 선서가 거짓이라면 나는 정직한 사람들과 프랑스 인들의 사회로부터 제외되고, 또한 명예를 실추시키는 자로 간주된다는 데 동의한다.

바로 그때, 그러니까 9월에 첩보소설에서 방금 걸어 나온 것 같은 인물 'K 대위'가 나타났다. 루이 클라인만은 과연 오래 전부터 비밀요원으로 군수사연구소에서 활발하게 활동해왔다. 말하자면 메츠 정보부의 모델이라고 할 수 있었다. 우리가 이미 보았듯이 그는 검은손의 주인공들인 앙드레와 르네 클라이만의 형이었다. 또 그는 '카이저'라는 암호명으로 롱위에 이어 롱스 르 소니에의 비밀정보부 책임자이기도 했다. 그는 이미 20세의 젊은 사관생도 장마리 브레상 드 브장송을 포함한 많은 요원을 지휘했다.

2008년, 브레상은 나에게 이렇게 말했다.

"우리는 빅토르 위고와 생장 고등학교 출신으로서 독일인들에게 복종하기를 거부하고 행동에 나섰습니다. 저는 어린 나이였는데도 카지노 영화관 지배인으로 채용되어 '복종을 거부하는 소수의 청년들'을 보다 쉽게 만날 수 있었는데, 브장송 공원 한가운데 위치한 이 극장 안에는 테라스가 붙어 있는 식당 '그랑 도텔 데 뱅'과 근처의 소금광산에서 흘러나오는 짠물이 공급되는 온천도 있었지요. 너무나 아름다웠습니다. 독일인들은 이 전체를 다 징발했어요. 저는 그중 하나인 영화관의 카지노 군인영화관 지배인이 된 덕분에 밤늦게 돌아다닐 수 있는 것은 물론 점령지역과 비점령지역을 통과할 수 있는 통행증을 갖게 되었지요."

'카지노'의 핵심이 된 젊은 장마리 브레상은 클라인만 대위에게 많은 정보를 제공했다. 그중에서 그가 자랑스럽게 생각한 공훈은 독일군 비밀정보부 책임자 카나리스 장군이 이 도시에 비밀리에 도착할 것이라는 정보를 알아냈던 것이었다. 활발한 활동을 벌이던 이 레지스탕은 결국 체포되어 콩피에뉴 교도소에 갇혔다가 1943년에 이곳에서 탈출했다.

1940년 말로 돌아가 보자. 클라이만은 공식적으로는 비시 정부의 통제를 받는 비시군 내부에서 비밀리에 활동하는 비밀정보부에 소속되어 있었다. 9월에 낭시로 여행을 한 그는 그랑틸과 접촉, 그가 이끄는 조직의 문제에 대해 이야기했다. "젊은 조직원들을 배제해야 해요. 그들은 미친개나 다름없어요. 당신의 조직은 질서가 잡혀 있지 않아요. 내가 당신이 무엇을 하는지를 전혀 아무런 어려움 없이 알아내고 당신과 접촉할 수 있다는 것, 그것이 바로 그 증거입니다!"

아마도 이 두 레지스탕은 뮐루즈 기술고등학교의 핵심을 이루는 학생들을 중심으로 결성된, 더 나이가 어린 또 다른 소규모 조직의 운명에 대해 들었을지도 모른다. 15세의 페르낭 드몽주가 이끄는 이 조직은 '레지옹 카쿨 40'이라는 수수께끼 같은 조직명을 선택했다. 1940년에 전사한 병사들의 뒤를 이을 각오가 되어 있던 이 청소년들은 버려진 총과 탄약을 회수했다. 그런데 과연 누가 1940년 10월에 학교가 개학했을 때 그들을 밀고했을까? 그걸 알아내는 건 쉬운 일이 아니다. 어쨌든 그들 중 8명은 하이델베르그 근처의 신샤임에 있는 갱생원으로 보내졌다. 이곳에는 '행실이 불량한' 히틀러 청년단 단원들도 들어와 있었다.

이 뮐루즈의 비극은 비밀조직원들에게 최대한 신중하게 행동해야 한다는 교훈을 남겼다. 그러나 이미 결정되어 있었다. '제라르'라는 암호명이 다시 붙여진 프랑스의 희망 조직은 프랑스 동부에서 활동하고 있었고, '우라누스 클레베르'라는 비밀명칭을 가진 훨씬 더 거대한 비밀조직망에 곧 통합되었다.

제라르는 사실 이 조직의 우체통 역할을 하는 메츠 주재 유고슬라비아 영사관 운전수의 암호명이었다. '제라르에게 이 편지를 가져다주어야 한다'는 '편지를 영사관 우체통에 넣어두면 운전사가 책임지고 K 대위에게 전해줄 것이다'를 의미했다.

메츠로 돌아간 그랑틸은 비밀공작의 의미를 델렝게르에게 자랑스럽게 설명했다. "앞으로 우리는 비밀정보부와 일하게 될 거야. 모젤 지방 전역에서 독일인들에 관한 정보를 최대한 많이 수집해야 해. 하지만 우리 조직원들에 대해서는 일체 발설하면 안 돼."

델렝게르는 이 비밀에 대해 놀라워하기보다는 자기네 조직이 중요시된다는 사실에 기뻐하며 일을 시작했다. 레지스탕스 운동은 이미 메츠 우체국에 뿌리를 깊이 내리고 있었다. 우편물 분류 부서에 모두 배치된 레지스탕들은 편지를 몰래 빼돌려 뜯어보았다. 프레디 아르테르는 이렇게 개봉된 우편물을 분석한 다음 다시 원래의 수취인에게 보냈다. 메츠 사블롱에 있는 프랑스철도청 분류센터에서도 똑같은 일이 벌어졌고, 아르테르는 독일군 수송에 관한 소중한 정보들을 수집하여 확인할 수 있었다.

게다가 같은 시기에 장 다니가 이끈 JOC가 활동하고 있던 라옹에서와 마찬가지로, 탈출한 전쟁포로들은 철도원들의 도움 덕에 무사히 피난길에 오를 수 있었다. 다른 조직은 가짜 서류를 꾸며 수백 명이 비점령지역으로 넘어갈 수 있도록 힘을 모았다.

정보 분야 역시 아무리 사소한 것이라도 소홀히 해서는 안 되었다. 그래서 이 조직의 사환 역할을 하는 샤를 비트메르는 몽티니 레 메츠에 주둔해 있는 나치친위대 전차사단의 취사병들과 사귀었다. 이들 덕분에 샤를은 이 전차사단이 곧 유고슬라비아로 떠날 것이라는 사실을 알게 되었다. 이 사단은 1941년 4월에 공격을 감행할 예정이었다. 이 정보 덕분에 영국 공군은 나치친위부대가 유고슬라비아로 들어가자마자 이들을 궤멸시켰다.

이 두 사건은 프랑스의 희망에 소속된 젊은이들의 상황을 바꿔놓았다. 우선 그랑틸은 클라이만 덕분에 조직을 떠나 늘 꿈꾸어오던 대로 아프리카군에 소속되어 싸우러 갈 수 있게 되었다. 그리하여 K 대위가 다시 이 조직을 장악했다. 두 번째 변화 역시 점령당한 유고슬라비아 영사관이 문을 닫아야만 했다는 사실에서 비롯되었다. 조직의 우편물을 배달했던 운전사 '제라르'를 누가 대신할 것인가? 그 이후로 K 대위가 신뢰하는 인물인 브리카 의사가 인화된 사진과 엽서, 군부대의 이동에 관한 보고서 등을 전달하게 되었다. 유감스럽게도, 얼마 후인 1941년 5월 13일, 어쩌면 의사라는 직업이 자신을 보호해준다고 믿었을지도 모르는 브리카는 낭시에서 체포되었다. 그에게서 많은 문서가 발견되었는데, 그중에는 나치친위대에 자원한 어느 로렌 지방 출신의 청년이 알프레드 델렝게르의 누이동생에게 자신이 이탈리아 인들과 함께 북아프리카로 떠난다고 알리는 편지도 있었다.

이후 델렝게르와 그의 친구 가틀레는 자신들이 감시당하고 있다는 사실을 알았지만 활동은 계속했다. 용감하기는 하지만 신중하지는 못한 행동이었다. 체포가 이어졌다. 아르테르는 6월 21일, 델렝게르와 가틀레는

23일에 붙잡혔다. 사흘 뒤, 게슈타포 사무실에서 심문에 미처 대비하지 못한 그들 중 한 명이 자백을 하고 말았다. 그리하여 15일에는 샤를 비트메르가 그의 정육점 손님들 앞에서 체포당했다.

프랑스의 희망은 완전히 와해되었다. 이 메츠 조직의 구성원 21명은 사르부뤼크 교도소로 끌려가 1942년 9월에 열릴 재판을 기다렸다. 낭시 조직 역시 와해되었다.

메츠 조직원들에 대한 공소장에서는 그들의 나이가 15살에서 18살로 아직 어리다는 사실과 그들에게 전과가 없다는 사실이 참작되었다. '피고인들 모두 이전에 유죄판결을 받은 적이 없으며 정치적이거나 다른 차원에서 악영향을 끼친 적이 없다. 그들의 부모들이 부분적으로 독일을 좋아함에도 피고 전원은 학교에서 받은 교육과 기타 영향으로 인해 프랑스에 호의를 가지고 있다(그들의 아버지들은 대부분 독일군에서 복무했는데, 이것은 1871년에서 1918년까지 모젤 지방이 독일 영토였기 때문에 어찌 보면 당연한 일이었다).'

또 다른 영향이란 북아프리카로 떠나면서 게슈타포의 마수에서 벗어난, 당시 20세의 '우두머리' 로베르 그랑틸이 기소장에 강조되어 있는 것처럼 '반데르푀겔이나 보이 스카우트 같은 종류의 청년조직을 이끌어나갔고', 비옹이라는 이름의 젊은이 말고도 피고 델렝게르와 가틀레도 이 단체에 속해 있었다는 사실에 있었다. 에델바이스 해적단에 영감을 준 것은 물론 당시 나치 체제와 맞서 싸웠던 반데르푀겔이 여기에 언급되어 있다는 것은 의미심장하다.

게슈타포의 심문을 토대로 작성된 공소장에는 프랑스의 희망 조직이 벌인 활동의 실제적 동기들이 언급되어 있다.

정보는 독일군이 점령하고 있는, 따라서 전쟁지역에 속해 있는 로렌 지방에서 수집되어 비밀우편이나 유고슬라비아 외교관의 우편물, 혹은 암호를 이용하여 프랑스의 비점령 지역으로 전달되었다고 추정된다. 전달된 보고서는 거의 대부분은 중요하지 않은 사실을 다루고 있으나, 일부는 의미 있는 군사적 사실과 연관되어 있다. 군사전문가의 견해에 따르면 이 보고서는 적이(비시 정부이건, 아니면 드골 장군이 이끄는 군대이건 간에) 독일의 주요한 군사적 조치들을 토대로 중요한 결론을 이끌어낼 수 있도록 작성되었다고 한다. 그러므로 간첩행위를 저질렀다는 명백한 혐의가 성립하는 것이다.

알프레드 아르테르와 장 가이거에게는 간첩행위와 국가반역죄 혐의로 사형이 선고되었다. 델렝게르는 10년 징역형, 가틀레는 8년 징역형을 받았고, 함께 기소된 다른 젊은이들은 3년 징역형에서 도형徒刑까지 구형받았다. 우편배달부인 로제르 부르와 석공 앙드레 바리니, 델렝게르, 가틀레는 1923년생인 다른 두 친구들과 함께 1923년 2월 16일에 선포된 미성년자에게 적용되는 형법의 혜택을 받았다

독일인들의 입장은 다음과 같았다. '피고 델렝게르는 높은 지능을 갖고 있다. 그는 현재는 물론 예전에 범죄를 저지를 당시에도 같은 나이의 친구들뿐 아니라 나이가 많은 공범들보다 지적으로 훨씬 앞서 있었다. 그의 성격 역시 조숙하게 발달되어 있었다. 범죄가 생겼을 당시 이미 존재하고 있었으며 메츠에서 프랑스의 희망이라는 조직을 이끌어나갈 수 있는 자격을 그에게 부여한 주동자로서의 자질이 그에게서 발견된다. 그러나 이러한 지적 조숙함에도 의학전문가의 보고서를 고려해볼 때, 독일 법정은 델렝게르가 범죄를 저질렀을 당시 그의 정신적 발달을 보아 18세 이상 되는 사람과 견줄만할 수 있었는지 확신할 수 없었다. 사건이 일어났을 당시 그의 행동은 그의 청년으로의 발달이 감정과 의지의 영역에서 아

직 완성되지 않았음을 보여주었다. 그는 나이가 더 많은 주범 그랑틸의 영향 하에 있는 것으로 보인다. 그가 행동에 나선 것은 단지 젊었을 때의 애국적 충동에서 비롯된 것으로 보인다.'

나치는 1942년 9월에 프랑스의 희망의 프레드 델렝게르나 그보다 6개월 전 검은손의 마르셀 바이눔 같은 젊은 저항자들을 대하자 당황함을 감추지 못했다. 경찰과 판사들도 1년 뒤 백장미에 소속된 젊은 독일 여성 소피 숄이나 에델바이스 해적단에 속한 게르투르드 코크에게 같은 태도를 취하게 된다.

나이가 더 많은 젊은이들에게로, 즉 열쇠공인 장 가이거와 그의 친구인 사무직원 프레디 아르테르에게로 넘어가보자. 이들은 1921년생이었으므로 행위가 이루어졌을 당시 미성년자들이었다. 여기까지는 아무 문제가 없었다. 그러나 그들이 가이거가 일하는 프랑스 철도청 작업장의 파괴 활동을 준비했기 때문에 가중처벌 받아야 한다는 결론이 내려졌다. 장 가이거는 '나는 근무지에서 체포되어 사흘 동안 게슈타포에게 심문당했다. 나는 부인했지만, 그들은 내가 쓴 보고서까지 갖고 있었다'라고 설명한다.

이제 겨우 스무 살밖에 안 된 가이거의 아버지는 즉시 독일 병역수첩을 들고 로렌 지사를 찾아가 자신이 제1차 세계대전 당시 독일군으로서 열심히 싸웠다는 사실을 상기시키고 아들을 사면해줄 것을 부탁했다. 그러나 '간첩죄'에 대해서는 오직 아돌프 히틀러만이 사면을 결정할 수 있었다.

'나는 친구 프레디와 함께 기요틴이 있는 슈투트가르트 교도소로 이감되었다. 당시에는 하루에도 여러 명이 처형되었으므로 간수들은 1주 내지 2주가 지나도 우리가 멀쩡한 것을 보고 놀라워했다.' 그는 이 죽음의 복도에서 13개월을 지내게 된다.

1943년 10월 7일, 총통은 사형선고를 울름에서의 10년 징역형으로 감형시켰다. 장 가이거는 프랑스 철도청에서 교육을 받은 덕분에 여기서 조립공으로 일할 수 있었다. 의지가 강했던 그는 탈옥할 수 있는 기회를 호시탐탐 노렸다. 미 공군이 투하하는 폭탄이 울름 교도소의 문을 날려 버렸다. 그는 혼란한 틈을 이용해 도망치다가 붙잡혔다. 감방으로 돌아가야 했다. 다음의 탈옥은 성공했다. 그는 오스트리아 출신의 감방 동료와 함께 스위스로 향했다. 두 사람은 다뉴브 강을 건너다가 붙잡혔다. 이번에는 강제수용소로 끌려갔고, 1945년 4월 25일 미국인들에 의해 자유의 몸이 되었다. 많은 강제수용자와 마찬가지로 치료를 받고 회복기를 거친 다음 프랑스 철도청에서 다시 평범한 생활을 시작했다. 그리고 지금도 그는 너무나 오랫동안 망각 속에 묻혀 있던 프랑스의 희망 조직이 사람들의 기억 속에서 되살아나기를 바라고 있다.

나이가 더 많은 이 조직의 낭시 지부 조직원들은 이 젊은이들의 행운을 누리지 못했다. 로제르 노엘과 폴 시맹게르, 그리고 브리카 의사는 1943년 7월 30일 나치에게 쾰른 교도소에서 처형당했다. 그들에게 불리한 증언을 하도록 하기 위해 나치는 델렝게르와 가틀레, 바리니를 비틀리히 감옥의 감방에서 빼냈다. 그리고 나서 그들은 다시 자신들의 감방으로 돌아가 2백 미터에 달하는 갈대를 엮어 꼬았다. 매일같이 의무적으로 해야 하는 이 일은 사형이 집행되는 것을 보고 받은 충격 속에서도 계속되었다. 그날 다른 죄수들이 전기기요틴으로 처형당했던 것이다.

이 저항조직의 역사를 체계적으로 연구한 것은 물론 친절하게도 자신이 가지고 있던 희귀한 문서들을 나에게 보여준 특수정보부 출신의 장 클로드 페테르만은 다음과 같은 의문을 품고 있었다. '이 사건에서 클라이만이 젊은이들을 이용했다는 점은 분명히 인정되어야 한다. 이 장교의 행동은 애매모호했다. 왜 그는, 예를 들어 1946년에 이루어진 레지스탕들의 증언에서 비트메르를 언급하지 않았을까? 그리고 왜 그는 자기가 감독하는 청년조직에 결코 관심을 갖지 않았을까?' 만일 그가 정보부와 관련되지 않았더라도 그들의 조직이 와해되었을까? 그리고 이 조직은 1942년 말에 비점령지역이 침략 당하자 비시 정보사령부 요원 대부분이 그랬듯이 알제로 후퇴한 이 장교에 의해 버려진 게 아닐까?

그들에게는 과연 무슨 일이 일어났던 것일까? 프랑스의 희망의 생존자들은 전쟁이 끝나자마자 이 질문을 던질 것이다. 1944년 12월 11일 로켄베르그 강제수용소에서 사망한 불행한 로베르 가틀레의 이름은 레지스탕스 활동을 벌인 비밀요원들을 기리는 의미에서 설립자 폴 파이롤 대령의 주도하에 특수정보부출신회가 세운 라마튀엘 기념비에 새겨졌다. 지금 장 가이거나 샤를 비트메르 같은 생존자들은 자신들이 혹시 '희생양이 된 게' 아닌가 하는 의문을 아주 구체적으로 품고 있다.

이 장을 덜 암울한 어조로 결론짓고 싶다. 그러기 위해서는 합병된 알자스와 로렌 지방뿐 아니라 북부의 해안지역이나 체류가 금지된 지역을 떠나 점령되지 않은 남부지역으로 내려가야 한다.

1940년 말과 1941년 초까지만 해도 이 자유지역에서는 청년조직에 대한 탄압이 그렇게 가혹하게 이루어지지는 않았다. 니스 쪽에서는 이미 1940년 여름부터 여러 청년운동조직이 — '조조'나 '로랭' 같은 조직이 — 결성되었다. 그러나 영원한 저항의 도시 툴루즈에는 내전을 피해 도망쳐온 스페인의 공화주의자들(모두가 강제수용소에 감금되지는 않았다)이 몸을 숨기고 있었다.

이 장밋빛 도시에서는 일부 젊은 시위자들이 파리에서처럼 애국의 격정을 표출하기 위해 1940년 11월 11일까지 기다리지 않았다. 11월 1일, 필리프 페탱이 이 도시를 방문하고 있을 때 네 명의 젊은이들(코싸, 들라

쿠르, 클루에, 베르트랑)은 이 비시정부의 우두머리를 환영 나온 행렬을 향해 유인물을 뿌렸다. 대부분은 얼마 전 반유대인 법안에 서명한 마르셀 페이루통 내무장관의 자동차 안에 떨어졌다. 이 사건을 자신의 소설《자유의 아이들》에 다시 등장시킨 마르크 레비에 따르면, 그중 몇 장은 늙은 원수元帥의 모자 챙 위로 떨어졌다고 한다!

그게 전부가 아니었다. 도시 전역에서 페탱의 방문을 알리는 벽보가 갈기갈기 찢겨지거나, 로렌 십자가가 그 위에 급히 페인트로 그려져 있었다. 이 국가원수 모독죄는 'GIF(Groupe insurrectionnel français)', 즉 '프랑스 저항조직'이 저지른 것으로 주장되었다.

이 수수께끼 같은 이름 뒤에는 남자고등학교와 호텔학교 학생들이 숨어 있었고, 프랑스 스카우트단 단원인 프랑시스 나브와 브뤼노 트랑탱, 그리고 필리프 비귀에르가 이 단체를 이끌어나갔다. 7월에 이 고등학생들은 이미 자유연맹이라는 최초의 조직을 결성한 상태였다. 조직원들은 다수의 교사들이 지지하는 친페탱파 학생들과 거침없이 싸움을 벌였다.

부전자진. 이 세 쾌남들을 낳은 부모들도 매우 현실 참여적이었다. 그리하여 브뤼노의 아버지 실비오 트랑탱은 말타슈 거리 3번지에 있는 실비오 트랑탱 서점 지하실에서 '비밀' 집회를 열었다. 실비오는 파시즘에 반대하여 망명했고, 기우스지아 에 리베르타라는 조직을 주도했다. 그는 무솔리니가 고용한 자객들을 피해 달아났다. 그의 서점에는 자유로운 정신을 가진 툴루즈 사람들이 모두 모였는데, 그중에는 누구보다도 젊은 대학생으로서 진정한 의미의 지식인으로 성장할 미래의 사회학자 에드가 모랭이 있었다. 프랑시스의 아버지 레이몽 나브 교수는 레지스탕스 운동에 뛰어들었다가 결국 아우슈비츠 강제수용소로 끌려가 전쟁이 끝날 무렵 세상을 떠났다. 사실 그는 프랑스가 해방되면 툴루즈 시장이 될 것으로 예상되었던 인물이었다. 마지막으로 비귀에르의 아버지 으젠느는 '투쟁하는 프랑스'라는 사회당의 무장조직을 이끌어나갔다.

프랑스 저항조직, 즉 GIF는 그 이름에 이미 모든 게 다 나와 있다. 즉 저항하여 봉기하라(insurrection)고 촉구하는 것이다. 그리고 이건 양심으로만 저항하라는 것이 아니었다. 어느 날 브뤼노는 친구들을 집으로 초대하여 기발한 계획을 내놓았다.

"카름므 시장에 바리케이드를 치는 거야! 마치 쇠로 만들어진 성채처럼 우리를 보호해주게 말야. 그럼 우리는 경찰의 공격에 저항할 수 있을 거야!"

그러나 미국의 서부영화처럼 시장을 알라모 요새로 바꿔놓을 이 자살행위에 가까운 투쟁방법보다는 유인물을 뿌리고 대독협력자들을 함정에 빠트리자는 제안이 채택되었다.

"「르 프랑시스트 신문」 사세요!" 푸른색 와이셔츠를 입은 남자가 이렇게 소리쳤다. 이름에서 알 수 있는 것처럼 그것은 이탈리아 파시즘에서 영감을 얻은 단체가 만들어내는 신문으로 '키 큰 마르셀'이라는 별명을 가진 마르셀 뷔카르가 1930년대부터 무솔리니로부터 지원을 받아 만든 것이다.

일요일 아침이 되면 이 프랑시스트 당의 젊은 당원들은 툴루즈 라르덴 구역의 시장에서 이 3류 신문을 팔았다. 젊은 GIF 조직원들은 그들에게 달려들어 주먹을 날렸다. '푸른 와이셔츠'를 입은 뷔카르의 부하들이 마치 토끼들처럼 도망쳤다. 공격자들은 페탱의 '국가혁명'이 너무 완만하게 이루어지고 있다고 비난하는 이 신문을 들고 즐거운 함성을 내질렀다.

'메트로폴리탱Métropolitain!' 당시 고등학생들은 쉬는 시간이 되면 단어의 문자를 바꾸어 새로운 단어를 만들어내는 언어유희로 정권을 비웃으며 즐거워했다. '메트로폴리탱'은 '페탱은 너무 물러!Pétain mollit trop!'로 바뀌었다.

그러나 그건 지나치게 성급한 단정이었다. 1942년 11월 독일인들이 비점령지역을 침공하자 페탱 정권은 활기를 되찾았다. 이때부터 우리 GIF의 고등학생들은 때로 소중한 학업까지도 희생시켜가면서 투쟁을 계속했지만, 대독협력자들은 어딜 가나 늘 있었다. 그러다보니 비시 경찰이 그들의 신원을 파악하게 되었다. 나치가 툴루즈에 들어오자 경찰은 한층 더 기고만장하게 굴었다.

1942년 12월 10일 밤, 자정이 되기 직전 한 소규모 조직이 승리의 V자와 로렌 십자가를 그리는 데 몰두하고 있을 때 경찰들이 그들을 덮쳤다. 학생들은 체포되어 랑파르 생테티엔 거리에 있는 경찰서로 끌려갔다. GIF의 고등학생들은 신중하지 못하게도 조직원들의 리스트를 간직하고 있었다.

그들 중 8명이 12월 3일에서 21일까지 소년법원에 출두했다. 이들이 기소된 이유는 '프랑스의 안전에 위해를 끼쳤다'는 것이었다. 피고석에는 브뤼노 트랑텡과 프랑시스 나브, 필리프 비귀에르 외에도 장 브롱, 장 폴 니콜라, 마르크 테르, 장 탕기, 그리고 그의 형이 앉아 있었다.

그러나 반전이 일어났다. '분별력이 없는 상태에서 행동한 것이기 때문에' 무죄라며 재판장이 그들을 석방했던 것이다. 그래서 그들은 집으로 돌아갈 수 있었다. 검사가 형량 부족에 대해 항소하여 1943년 1월 15일 항소법원 경범죄항소부는 '국민들의 사기를 저해하는 내용을 공표하고 반정부 시위와 행동을 했다'는 이유로 그들에게 4일에서 8일까지의 징역형과 높은 벌금형을 선고했다. 경찰 보고서에 따르면, '유인물은 공산주의의 관점에 따라 쓰이고, 게시문은 드골주의의 관점에 따라 작성되는 등 이 모든 무절제한 행동이 외국에서 방송되는 라디오의 부절적한 충고에 따라 이루어졌다.' 참 여기저기서 잘도 갖다 붙였다. 그리고 1939년에 모리스 슈발리에가 노래했던 것처럼 '이 모든 것이 훌륭한 프랑스 인

들을 만들어냈다.'

 비록 모두가 도형수들처럼 머리를 짧게 깎이기는 했지만 이 고등학생들은 가슴을 자랑스럽게 앞으로 내밀고 학업에 복귀하기로 결심했다. 그러나 학생들이 체포당했다는 소식을 듣자마자 피나르 교장은 서둘러 그들을 퇴학시켜 버렸다. 당시만 해도 탁월한 용기를 발휘하는 교장과 교육감들은 드물었다. 1년 뒤 몽토방의 앵그르 고등학교에 복학하려 했던 프랑시스 나브가 푸시에르 교장에게 다시 쫓겨난 게 그 증거다. 사실 푸시에르는 강한 확신을 가진 비시 정부 지지자였다. 그러나 그의 입장에서 볼 때 썩 좋은 결과가 초래된 건 아니었다. 상급반 학생들이 수업을 거부한 채 거리로 뛰쳐나와 나브를 목마 태우고 기차역까지 행진을 벌였던 것이다. 그리고 이 몽토방 고등학교가 또 다른 레지스탕스 청소년 조직으로 인해 이미 한바탕 소동이 벌어졌다는 사실을 밝혀야 할 것 같다. 루이 사바티에가 이끄는 반나치 조직이었다. 장차 게릴라전을 벌이게 될 이 인물에 대해서는 나중에 다시 이야기하게 될 것이다. GIF의 설립자 중 한 명도 게릴라전을 벌일 것이다. 우리에게 놀라움을 안겨준 이 브뤼노 트랑텡은 1943년 젊은 무장 파르티잔들을 이끌고 롬바르디아 지방으로 싸우러 가 파시즘의 지배를 받던 이탈리아를 아버지 실비오와 함께 해방시킬 것이다.

제5장

빛의 도시 속 '그림자 군단'

어둠보다 더 어두운 것이 있을까? 달이 없는 칠흑 같은 어둠? 아니면 가구도 없고 창문 틈은 모조리 다 막힌 촛불 하나 안 켜놓은 방? 폴은 입문의식이 치러지는 프리메이슨단의 방에 들어가는 것처럼 이 방 안으로 들여보내졌다. 몸을 부르르 떨었다. 짧은 바지를 입힌 다리를 방의 냉기가 콕콕 찌르는 것 같은 닭살이 돋아나는 것일까? 아니면 공포가 스며들어 영혼을 엄지발가락에서 귀까지 훑고 지나가는 것일까?

듣는 사람을 안심시키는 빠른 어조의 다정한 목소리가 이 작은 어둠의 사원에 울려퍼졌다. 방금 이곳에 들어온 폴보다 약간 더 나이가 든 소년의 목소리 같았다. 16살이나 17살? 그걸 알아내는 건 쉽지 않았다. 그 굵은 목소리는 이것저것 진지한 질문을 던졌다.

심지어는 게슈타포도 목소리의 구조와 열기, 목소리의 가락과 강도 등 목소리의 목록은 아직 만들지 못했다. 그는 이 목소리에서 일말의 불안감을 느꼈을까? 이 목소리는 진실하게 느껴졌을까? 이 목소리에는 자부심이 담겨 있었을까? 이 목소리는 감정을 드러냈을까?

'배신하다.' 레지스탕스 조직이 결성되는 그 순간부터 혹시 듣게 될까 봐 두려워하는 단어다. 그게 무슨 흑사병이라도 되는 것처럼 말이다. 어둠의 지배자가 남녀 고등학생들의 발랄하고, 왁자지껄하고, 관대하고, 예측불가능하고, 대담한 세계에서 조직원을 뽑는 이곳 파리 한가운데서처럼 말이다. 이 지배자는 '그림자 군단'의 골격을 만드는 데 몰두해 있다.

1941년 그 봄, 어둠의 지배자 자크는 지원자들에게 질문을 던진 다음 그들이 어떻게 대답을 하는지, 그들이 망설이지는 않는지, 그들의 목소리가 어떤 음색을 갖고 있는지, 그들이 자가당착에 빠지지는 않는지를 봐가며 그들을 분류했다. 항상 이런 식이었다. 그는 단 한 가지도 우연에 맡기지 않았다. 처음 10분 동안 그는 목소리를 분석하고 거짓말과 허풍을 가려냈다. 그런 다음 만일 지원자가 아무 문제없이 테스트를 통과하면 본론으로 들어갔다.

"왜 레지스탕스 운동에 합류하려는 거지? 왜 우리 '자유의 의용병(Volontaires de la liberté, VL)'에 들어오려는 거지?"

여기서 자크는 자크 뤼세이랑을 말한다. 그는 17살 때인 1941년 3월에 그와 마찬가지로 루이 르 그랑 고등학교 철학계열 학생이던 자크 우뎅, 그리고 피에르 코쉐리와 장 루이 브뤼크가 이끄는 앙리 4세 고등학교 학생들과 함께 자유의 의용병 조직을 결성했다. 뤼세이랑은 특이한 상황에서 파리에 도착했다. 독일군이 빛의 도시를 침공했을 때 자크는 나브와 트랑텡을 비롯한 다른 고등학교 학생들이 GIP 조직을 결성했던 툴루즈에 살고 있었다. 파리 시민 대부분이 피난길에 나섰을 때 뤼세이랑의 가족은 정반대로 파리를 향해 떠났다. 그리고 수도로 올라가서 라탱 구역의 포르 루아얄 거리에 정착했다.

새 친구들과 달리 뤼세이랑은 11월 11일의 시위에 참여하지 않았다. 젊은 비밀조직 책임자 특유의 신중함을 발휘해서였을까? 꼭 그뿐만은 아니었다. 자크가 깊은 물속을, 심연의 어둠 속을 헤엄친 데에는 근본적인 이유가 있었다. 8살 때 사고를 당해서 앞을 보지 못했던 것이다.

그는 나중에 이렇게 말한다. "시력을 잃는 순간, 저의 깊은 곳에서 온전한 빛을 되찾았습니다. 빛이 눈을 대신했다는 기억은 없어요. 이전에는 빛에 대한 기억이 없었죠. 빛은 그냥 거기, 제 정신과 신체에 깃들어 있었습니다. 빛 전체가 거기에 새겨져 있었죠. 거기서 빛은 온갖 가시적인 형태, 색깔, 윤곽과 함께 있었습니다. 빛이 눈에 보이는 세계에서 가질 수 있는 힘을 갖고 있었죠. 커지고 작아지고 이동하는 힘 말이에요."

1932년, 자크는 점자로 읽는 법과 쓰는 법을 6주 만에 깨쳤다. 1940년, 파리에 도착한 그는 맹인을 위한 적성시험을 통과하여 몽테뉴 고등학교에 이어 루이 르 그랑 고등학교에서 공부했다. 그는 뛰어난 성적을 냈지만, 독일군에게 점령되어 군홧발 소리가 쉴 새 없이 들려오고 식량 제한과 물자 부족, 두려움에 시달리는 파리가 그의 뇌리에서 사라지지 않았다.

자크가 사는 아파트의 긴 복도 끝에는 방이 두 개 있었다. 그는 시각장애인용 점자책이 전통적인 활판으로 인쇄된 책보다 더 많이 쌓여 있는 이곳에서 공부에 열중했다. 그가 친구들이 엄격히 선발한 미래의 '의용병'들을 면담한 장소가 바로 이곳이었다. 자크는 독특한 카리스마를 가지고 있었다. 그가 아침에 학교에 도착하면 반 친구들은 모두 그를 따라다니며 보호했다. 그렇게 하면서 그들이 오히려 그의 보호를 받는 것인지도 몰랐다.

"아! 뤼세이랑 퍼레이드가 시작되었군!" 학교수위는 학생들이 지나가는 걸 보면 꼭 이렇게 한 마디 하곤 했다. 철학과 역사에 특별한 관심을 보이던 자크는 현실 문제를 탁월한 논리로 해석해 교사들에게 큰 즐거움을 주었다. 그러나 게슈타포가 그의 유대인 후견자인 바이스베르그 교사를 찾으러 기숙사로 오면서 현실은 비극적인 방식으로 구체화되었다.

그동안 VL은 파리와 파리 교외에 있는 다른 고등학교에서도 조직원을 뽑아 규모가 커졌다. 3월에 52명이었던 조직원은 6월에는 150명으로 늘어났고, 이듬해인 1942년에는 다시 4백 명으로 크게 증가했다. 엄청난 수였다. 그래서 위험할 수도 있었다. '집행위원회'가 결성되어 뤼세이랑과 우뎅, 브뤼크, 코쉐리 등 4총사와 장클로드 코메르, 장프랑수아 센느리에르, 장 베르니에 등 다른 몇 명이 집행위원으로 임명되었다. 1941년 6월, 이들은 그들 조직의 명칭과 이름이 똑같은 「자유의 의용병」 신문을 발행하기 시작했다. 1년 뒤에 제호를 '호랑이'(1918년에 프랑스를 승리로 이끈 조르주 클레망소를 기리는 뜻)로 바꾸었을 때도 이 신문은 여전히 드골주의를 표방했다. 이 신문은 생탄느 병원에서 비밀리에 3천 부씩 등사기로 인쇄되었다.

게슈타포뿐 아니라 성인조직들도 이 청년조직에 주목했다. 조직들은 VL을 꼭 자기 조직에 흡수하고 싶어 했다. 특히 비밀자유언론 조직망을 확대할 계획을 가지고 있었다. 1941년 7월 14일부터 같은 제호를 가진 신문을 펴내온 '프랑스 방위'라는 조직이 바로 그러한 경우였다. 이 신문의 책임자인 필리프 비아네이는 전쟁이 끝난 뒤 저널리스트 양성학교를 설립하게 된다.

1943년 1월말, 필리프 비아네이는 뤼세이랑과 우뎅을 소개받았다. 프랑스 방어사를 전공하는 여성 역사학자 마리 그라네는 다음과 같이 얘기한다. "1943년, 이 조직의 조직원은 수백 명에 달했는데, 여러 대학과 그랑제꼴 출신으로 힘들고 까다로운 임무를 적극적으로 수행할 준비가 되어 있었지요. 당시 이 조직은 둘로 분열되어 있었습니다. 한편에는 단지 글을 써서 선전활동을 계속하려는 조직원들이 있었고, 또 한편에는 더 대담하고 적극적으로 싸우려는 조직원들이 있었습니다. 필리프 비아네이로부터 연락을 받고 그를 돕기로 한 것은 후자였죠."

자크 뤼세이랑과 자크 우뎅은 3개월 전 나치가 완전히 점령함으로써 그 이후로는 '통합' 국가가 된 프랑스 전역에 「프랑스 방어」 신문을 배포하는 일을 꼭 하고 싶어 했다. 그렇다고 해서 그들 자신의 신문인 「호랑이」 신문의 발행을 중단하겠다는 것은 아니었다.

엄청난 일이었다. 그들은 독일군과 대독협력자들에 대한 응징을 주장하는 것으로 만족하지 않고 진짜 정보를 제공하는, 예를 들어 고문이나 강제수용소에 대한 정보를 때로는 사진을 곁들여서 제공하는 신문을 5만에서 7만 5천부까지 배포하기로 약속했다. 익명의 편집자 중에는 명망 높은 인물도 끼어 있었는데, 드골 장군의 조카딸인 쥬느비에브 드골도 그중 한 사람이었다. 잘 조직된 지방조직망 덕분에 실제 배포부수는 이 숫자를 훨씬 넘어섰다. 1944년에 45만부가 배포된 이 신문은 연말에 '프랑스 스와르'로 이름이 바뀌었다. 일부 레지스탕들은 우표를 사서 이것을 지인들에게 우편물로 부쳤다.

그러나 자크 뤼세이랑은 자신이 이루어낸 이 엄청난 성공을 보지 못했다. 고등학생과 대학생들로 이루어진 이 조직이 이만큼이나 오랫동안 버텼다는 것도 이미 기적에 가까운 일이었다. 1943년 7월 20일, 게슈타포는 결국 포르 르와얄 거리에 있는 아파트에 그가 살고 있다는 사실을 알아냈다. 나치는 자크의 방에 들어가 점자 문서들을 압수하고 흰 지팡이를 짚고 다니는 이 젊은이가 조직에 깊숙이 관여하고 있다는 사실을 확인했다. 프렌느 감옥으로 압송된 그는 누군가가 배신했다고 확신했다. 곧 이어 그의 친구 수십 명이 체포되었다. 루이 르 그랑 고등학교 교장이 독일인들을 찾아갔다. 헛수고였다. 자크는 1944년 1월 22일 수인번호 41978을 달고 부센발트 강제수용소로 이송되었다. 장애인동에 수감된 그는 영어 통역으로 일한 덕분에 살아남을 수 있었다.[3]

수십 명의 VL 조직원들은 체포되어 두드려 맞고 고문당한 다음 강제송환되었다. 자크 우뎅은 1944년 1월 31일 체포될 때까지 6개월 동안 혼자 신문 배달을 책임지다가 결국 고문을 당한 뒤 세상을 떠났다.

그 역시 다른 친구들처럼 3년 동안 한 맹인 고등학생을 자신의 지도자로 삼았다. 그는 자신들이 이렇게 싸우다보면 언젠가는 독일군의 군홧발 소리가 사라지리라는 걸 알고 있었다. 폴 엘뤼아르는 이렇게 노래하지 않았던가.

---

[3] 전쟁이 끝난 뒤 미국에서 교수 생활을 했던 자크 뤼세이랑은 1971년 7월 자동차 사고를 당해 아내와 함께 세상을 떠났다.

땅의 어둠에 눈 감은 채
나는 눈을 뜨고 죽으리

각 학교마다 레지스탕스 조직이 하나씩만 있었을 거라고 믿는 건 잘못이다. 거의 대부분의 학교에는 서로의 존재에 대해 잘 모르는 조직이 여러 개씩 공존하고 있었다. 그 이유는 조직된 세분화 때문이기도 했고, 연령 분류와 선택적 친근성에 의한 본의 아닌 분류 때문이기도 했다. 예를 들어 르 아브르 출신인 16세의 루이 르 그랑 고등학교 학생 피에르 갸로는 역시 르 아브르 출신인 자크 아몽과 함께 '작전개시시간'이라는 이름의 소규모 조직을 결성했다. 이들은 격추된 영국군 조종사와 STO의 징병 기피자들을 위해 가짜 서류를 만들어 이름을 떨쳤다.

앙리 4세 고등학교도 상황은 마찬가지였다. 피에르 코쉐리는 이 학교에서 30여 명의 동급생들을 모집, '어둠의 지원병'이라는 단체를 만들어 루이 르 그랑 고등학교에 다니는 뤼세이랑의 동급생들을 도왔다. 그들은 우선 BBC에서 흘러나오는 정보를 서로에게 제공하고, 화장실 벽에 로렌 십자가, 혹은 조직 명칭의 약자일 뿐 아니라 그들이 팡테옹 광장에 있는 자기네 고등학교에 유포시킨 신문의 제호이기도 한 'VL'이라는 글자를 그려 넣었다. 저학년 학생들은 그들의 이러한 행동에 영향을 받을 수밖에 없었다.

그리하여 앙리 4세 고등학교에서는 비공식적이고 명칭도 없었지만 그렇다고 해서 덜 과감하지는 않은 소규모 조직이 VL과는 아무 관련 없이 결성되었다. 이 조직은 브레스트로 피난을 갔다가 다시 파리로 돌아온 14세의 미셸 에뤼벨이 주도했다. 수플로 거리에 사는 그는 오데옹 광장의 하숙집에서 살고 있는 상스 출신 대학생 장 페르메를 만났다. 이 두 사람은 짝을 이루었다. 이 '불미슈 조직'은 처음에는 잃어버린 시인들의 서클과 다소 비슷했다. 이들은 앙리 4세 고등학교에 다니는 급우들을 만나 정보와 새로 나온 책, 유인물, 혹은 저항시, 영화, 교사들의 강의를 논평했다. 그러던 어느 날 이들은 그때그때 상황을 봐가며 투쟁을 하기로 했다. 그런데 이렇게 결정한 학생들은 그것을 그냥 소란을 조금 떤 정도로 간주한 반면 일호의 가치도 없는 점령자들은 레지스탕스 활동으로 분류했다.

1941년 11월 21일, 팡테옹 광장에 있는 학교로 가던 학생들은 생미셸 거리에서 이 거리와 소르본 광장이 만나는 곳에 있는 '좌안' 서점이 밤새 아스팔트 조각과 소이탄의 공격을 받았다는 사실을 확인했다. 그들은 진열창에 놓여 있는 히틀러의 《나의 투쟁》뿐 아니라 친나치 작가들이 쓴 작품들이 진열되어 있는 이 독일 서점을 누가 파괴했는지 알지 못했다. 이 서점은 적극적인 대독협력자로 널리 알려진 뤼시앵 르바테가 《잔해》라는 작품을 헌정하면서 지난 4월에 문을 열었던 곳이었다. 그런데 공산주의자 청년단이 밤에 공격을 하고 지나간 뒤에 서점에 무엇이 남았나 보니 과연 잔해가 있었다. 바로 그날 밤, 불미슈 조직은 잔뜩 흥분한 채로 모였다.

"다른 조직이 해놓은 걸 구경만 하고 있어야 하다니, 이건 말도 안 돼!" 미셸은 친구들과 함께 서점 앞을 지나가면서 이렇게 소리쳤다. 그러자 페늘롱 여자고등학교에 다니는 오딜이 한술 더 떴다(그녀는 알자스 지방 출신의 유대인으로 위조된 신분증명서를 가지고 살고 있었다). "맞아. 이렇게 팔짱만 끼고 있을 수는 없어!"

말이 나오자마자 바로 결정이 내려졌다. 나중에 에뤼벨은 이렇게 기록을 남긴다. '바로 그날 밤, 우리는 이런저런 조언을 들어본 다음 계획을 세워 그 다음 주에 실행에 옮기기로 했다. 우리는 생제르맹 거리에 있는 이탈리아 서점 진열창에 아스팔트 조각을 던졌지만, 그 효과는 독일 서점에 던진 것보다 훨씬 미미했다.' 하지만 소문은 널리 퍼져 그 순간 첫 번째 파괴 활동을 벌였던 공산주의자 청년단은 이번에는 리볼리 거리에 있는 독일군사서점을 공격했다.

불미슈 조직에서는 다들 이 '작전'에 환호했다. 단 한 사람, 예외가 있었는데, 전쟁 및 적군에 관한 정보 분석가라고 할 수 있는 프티 루이였다. 그런데 이탈리아 서점은 리볼리 거리의 서점도 마찬가지로 그의 알리바바 동굴이나 마찬가지인 곳이었다. 이 서점에는 자료가 엄청 많았다. 그런데 이 두 곳의 서점이 파괴되자 경찰은 바리케이드를 쳐놓고 감시했다. 이후 이곳에 접근하려면 확실한 신분증이 있어야 했다.

적에 관한 정보 수집은 이 조직의 전문분야가 되었다. 특히 공산당 당수였다가 파시스트가 된 '키 큰 자크'라는 별명의 자크 도리오가 이끄는 프랑스대중당(Parti populaire français, PPF)이라든가 마르셀 데아의 전국대중연합(Rassemblement national populaire, RNP), '키 큰 마르셀'이라는 별명을 가진 마르셀 뷔카르의 프랑키스트당 등 대독협력단체에 대한 정보가 주로 수집되었다.

불미슈 조직은 심지어 그의 측근들에게 접근, PPF의 책임자들 중 한 사람을 납치하려는 계획까지 세웠다. 그러나 이 사람이 수많은 경호원들의 보호를 받는 바람에 이 계획은 무산되었다. 대신 조직원들은 각자 대독협력 청년단체에 잠입하여 수집한 정보를 최고의 분석가인 프티 루이에게 가져다주었다.

미셸은 이렇게 이야기한다. "8일 뒤, 조직원들은 각 당의 청년 분과에 가입했지요. 성인들의 조직에 합류하려면 만 18세가 되어야 했거든요. 하지만 세 친구는 청년조직에 가입해도 활동에는 아무 문제없을 거라고 말하더군요. 루이는 파리 제5구의 JPF(PPF 청년단) 분과에 가입했습니다. 세르쥬는 14구의 JNP(RNP) 분과에, 피에르는 다른 두 당보다 인원이 적기 때문에 각 구 별로 분과를 하나씩 둘만한 여유가 없어서 여러 구를 관장하는 청년 프랑시스트당 분과에 가입했지요. 이렇게 해서 우리는 월말을 맞이하면서 이미 이 세 당에 관한 중요한 자료를 손에 넣을 수 있었습니다."

그 동안 오딜과 또 다른 친구 장폴은 '대외비'로 분류된, 독일 공군 조종사 교육용으로 쓰이는 독일어 교범을 번역했다. 에뤼벨은 이렇게 말한다. "그들은 독일 공군기가 영국이나 아일랜드 상공에서 격추되어 조종사가 낙하산을 타고 탈출할 경우의 지시사항들을 번역해야 했습니다. 프랑스에 주둔한 독일 공군의 교범도 두 권 번역해야 했고요."

이후 몇 달 동안 불미슈 조직뿐 아니라 이제 막 결성된 소규모 조직들에게는 정보를 어떻게 런던에 전달할 것인가, 더 간단히 말하자면 필연적으로 어른들이 이끌어나갈 수밖에 없게 되어 있는, 더 조직적인 레지스탕스 단체들에게 어떻게 정보를 전달한 것인가 하는 의문이 제기되었다. 그런데 나치 비밀정보기관들이 개입하려고 호시탐탐 노리는 것은 거의 대부분 이때였다.

정보 전달의 임무를 맡은 사람은 오딜이었다. 비밀조직의 여성 조언자이며, 얼마 있지 않아 미셸의 여자 친구가 될 그녀는 페늘롱 여자고등학교 학생이었다가 1943년 부모들이 체포되자 게슈타포의 마수를 피하기 위해 레지스탕스 운동에 뛰어들었다.

여학생들 역시 레지스탕스 운동에서 매우 적극적으로 활동했다. 아직 나이가 어린 그들은 과거보다 훨씬 더 중요한 역할을 해냈다. 여성다움은 레지스탕스 운동을 성공시키는 한 가지 수단이었다. 자전거를 탄 젊은 여성이 눈을 치켜뜨고 머리카락을 바람에 흩날리며 회녹색 군복을 입은 독일 병사들이 음탕한 눈길로 바라보는 가운데 검문소를 통과하는 장면이 얼마나 많이 등장했는가. 과연 이 병사들은 그녀가 치마 속이나 바구니 속에 총이나 유인물, 혹은 소형라디오를 숨겨가지고 간다는 생각을 했을까?

시간이 흐르고 테러가 증가하면서 이 소녀 병사들이 맞선 위험도 점점 더 커졌다. 그러나 이 아가씨들은 용기를 발휘하고 체험을 활용하는 법을 배워갔다. 그들은 여성 특유의 감을 발휘, 이 '어둠의 전쟁'에서 정보 전달의 역할 외에도 기술과 물자보급의 역할까지 해냈다.

'프랑스 방어' 조직에서 샤를로트 나델(훗날 필리프 비아네이의 아내)과 엘렌 모르크도비치에게는 위조서류를 만드는 것은 물론 나중에 자크 뤼세이랑과 자유의 의용병이 배포하게 될 지하신문을 인쇄하는 기본 임무가 주어졌다.

샤를로트는 인쇄시설을 자신이 공부하는 소르본 대학 지리학 실험실에 설치했다. 그녀는 이 실험실 열쇠를 가지고 있다가 밤이 되면 도서관 지하에 미로처럼 뻗어 있는 복도를 지나 그곳으로 갔다. 거기까지 등에 짊어지고 온 인쇄용지가 책 상자 아래 숨겨졌다(당시 파리에는 운송수단이 부족해서 보통 이렇게 직접 짐을 옮겼다). 아직 마르지 않은 잉크를 퇴색한 독피지와 혼합하면 열정적인 단어와 성난 구호, 원대한 약속을 드러낼 수 있을 것이다. 샤를로트는 자유로운 사고를 하는 사람들이 배회하는, 한때 반항적인 고등학생이었던 프랑수아 비용의 유령이 장난을 치는 이곳 소르본 대학에 일주일에 두 번씩 와서 유인물을 인쇄했다.

1943년에는 레지스탕스 소설들도 출판되어 외투 속에 숨겨가지고 다니며 배포했다. 그중에서 가장 유명한 두 작품은 점령자에게 '아니오'라고 말하는 여성의 이미지를 나름대로의 방식으로 보여준다. 첫 번째 여성은 새로 생긴 지하출판사(미뉘 출판사)가 펴낸 베르코르의 《밤의 침묵》에 등장한 무명의 젊은 여주인공이다. 이 소설에서 프랑스를 좋아하는 독일 장교 베르네르 폰 에브레나흐는 주민(화자)과 그의 젊은 조카딸이 사는 집에 머무른다. 이 장교는 전쟁의 부조리함을 고발하면서 이 프랑스인들의, 특히 그가 연정을 품고 있는 젊은 여성의 환심을 사려 애쓴다. 그러나 이 처녀는 점령자에 대한 저항의 표시로 영원한 침묵을 지킨다. 그러다가 장교가 6개월 만에 떠나자 이렇게 말한다. '아듀.' 베르코르의 소설에 등장하는 젊은 여성의 수동적인 레지스탕스와는 반대로 조세프 케셀은 런던에서 쓴 작품 《그림자 군단》에서 비밀조직의 우두머리인 여성 등장인물 '마틸드'를 찬양한다. 그녀는 주저하지 않고 독일군을 공격하며 결국 자신의 조직을 배신하느니 차라리 자신을 희생하는 쪽을 택한다.[4]

때때로 이 두 얼굴은 뒤섞인다. 레지스탕스 활동을 하는 — 처음에는 자기들이 레지스탕스 활동을 벌인다고 주장하지도 않던 — 우리 여자고등학생들은 준準비밀 행동부터 시작했는데, 이런 행동은 모든 학생의 지지를 받지는 않았지만 그래도 명백한 영향력을 발휘했다. 나중에서야 이들은 때로 매우 공격적인 비밀활동을 벌이면서 '그림자 군단'에 들어갔다.

친구들이 '아니크'라는 브르타뉴 식 애칭으로 다정하게 불렀던 안느 코르가 바로 그런 경우다. 그녀는 브레스트 출신이었다(1941년 독일인들은 그녀가 다니던 고등학교를 폐쇄했다). 1940년 11월 11일, 그녀는 학우들이 샹젤리제 거리를 행진하는 동안 여사촌 마들렌과 함께 포낭 항구에 가서 위령탑과 무명의 영국인 무덤에 헌화했다. 그 다음달에는 아버지가 자동차 정비공장을 운영하는 도시 다울라의 친구들과 함께 네 명의 영국 조종사들이 묻혀 있는 무덤에 가서 그들에게 꽃을 바쳤다(이 조종사들은 12월 7일 '보퍼트' 폭격기를 몰고 브리스톨에서 출격, 브레스트 정박지를 폭격하

---

[4] 장 피에르 멜빌이 연출한 영화(1969)에서는 시몬느 시뇨레가 레지스탕이었던 뤼시 오브락에게서 영감을 얻은 이 '마틸드'라는 등장인물을 연기했고, 리노 벤추라는 그녀가 탈출시키게 될 레지스탕스 조직 우두머리 게르비에 역을 맡았다.

러 왔다가 독일 DCA에 격추당했다. 그녀의 누이동생이 내게 준 12월 12일자 사진이 이 사건에 대해 증언해준다). 15살의 이 소녀는 자신의 생각을 감추지 않았다. 조금 위험한 행동이었다. 다행스럽게도 그녀는 혼자가 아니었다. 10월에 학교가 개학하여 교사들이 페탱을 주제로 논술시험을 보자 모든 학생이 백지답안을 냈다.

1941년 10월, 안느 코르는 여사촌 마들렌을 다시 만났다. 그녀의 어머니는 이미 그녀를 빅토르 뒤뤼 고등학교 기숙사에 등록시켜 놓았다. 코르의 가족은 유복해서 페미니스트인 시몬 드 보부아르라든가, 내전 중인 스페인으로 떠난 철학자 시몬 베유가 다니는 이 명문학교에 딸을 입학시킬 수 있었다.

마들렌은 이렇게 이야기한다. "저는 빅토르 뒤뤼 고등학교에서 기숙생으로 공부를 했지요. 그래서 안느도 저처럼 기숙생으로 같은 학교에 다닐 수 있다고 자기 어머니를 설득했습니다. 저는 3학년에 다니면서 그랑제꼴을 준비하고 있었어요. 안느는 대입자격시험을 준비하고 있었고요. 사실 그녀는 삶 그 자체를 사랑하는 스타일이었습니다. 그래서 웃음이 많았지요. 사실 공부를 그렇게까지 열심히 하지는 않았습니다. 그래서 대입자격시험에 떨어졌어요."

젊은 두 여성은 이미 아주 적극적으로 활동하고 있었다. 예를 들어 그들은 생드니 교도소에 수감된 영국인 죄수를 면회할 권리를 얻어 그들과 접촉하는 데 성공했다. 그리고 특히 1년 전부터 학생들을 가르치는 게 금지된 유대인 교사들을 지지했다. 빅토르 뒤리 고등학교의 일부 여교사 역시 레지스탕스 활동가들이었다. 20세기 초에 프랑스 대랍비였던 인물의 손녀인 르네 레비는 엑토르 레지스탕스 조직의 조직원이었다. 빅토르 뒤리에 이어 빅토르 위고 고등학교의 라틴어와 그리스어 교사였던 그녀는 1941년 10월 체포되었다. 그리고 2년 뒤 쾰른 감옥에서 처형당했다.

바로 이 1941년도에 빅토르 뒤리 고등학교에서 임시교사로 근무했던 또 다른 레지스탕 마들렌 미슐리는 문학을 담당한 것은 물론 사회주의자 단체인 리베 노르의 조직원으로 활약했다. 그녀는 아미앵 여자고등학교로 전근되었다가 게슈타포에 체포되어 1944년 2월 심문을 받던 중에 교살당했다.

마들렌은 덧붙인다. "안느는 친구들과 함께 빅토르 뒤뤼 고등학교에서, 저는 페늘롱 고등학교에서 활동했지요. 우리는 일을 할 수가 없게 된 유대인 교사들을 위해 돈을 모금했습니다. 그렇게 해서 우리는 주느비에브 드골을 알게 되었고, 그녀와 함께 활동했지요."

내 앞에는 안느 코르가 바둑판무늬 공책에 정성들여 또박또박 쓴 글이 놓여 있다. 일곱 페이지에 걸쳐 쓴 이 풍자적인 글은 제목이 '피점령자에 대한 조언'으로서, 점령자에 대해 어떤 태도를 취해야 할 것인지에 대해 말하고 있다. 다음은 이 글에서 일부를 발췌한 것이다. 그녀는 이 글을 지루하게만 느껴지는 수업시간에 썼을까? 아니면 저녁에 기숙사에서 썼을까?

― 그들은 정복자들이다. 그들에게 정중하게 대하되 미리 알아서 기지는 말라. 서두르지 말라. 그런다고 해서 그들이 당신에게 고마워하지는 않는다.

― 당신은 그들의 언어를 모르거나, 아니면 잊어버렸다. 그들 중 한 명이 독일어로 말을 하면 못 알아듣겠다는 몸짓을 하고 아무 일 없었다는 듯 가던 길을 계속 가라(사실 안느 코르는 이 괴테의 언어를 공부해서 유창하게 구사했기 때문에 레지스탕스 운동가로 활동할 때 이 언어를 유익하게 사용했다).

― 만일 그들이 우리의 공공장소에서 음악회를 개최함으로써 우리 국민

의 마음속에 패배주의를 심어주려고 하더라도 당신에게는 그걸 관람할 의무가 없다. 그냥 집에 있든지, 아니면 시골에 가서 새소리에 귀를 기울이라.

— 멜빵을 파는 사람이 자기 가게 진열창에 '독일어를 할 줄 아는 사람 있습니다'라고 써 붙였을 경우 그 가게에는 가지 말라. 이웃 가게 주인이 독일어를 못하는 것처럼 보여도 그 가게로 가라.

— 점령자를 정중하게 대한다고 알려진 여성들 중 한 명이 멋을 부려가며 말을 할 경우, 그녀가 라인 강 너머에서는 공공장소에서 회초리를 맞을 것이라는 사실을 상기하라.

— 우리 조국에서 프랑스어를 정확히 구사하는 법을 배우려고 하는 자들에게 신문을 읽어주는 건 권할 만한 일이 아니다.

— 완전한 무관심을 표하되 분노는 마음속 깊은 곳에 간직하라. 당신은 나중에 그 분노를 표출할 수 있을 것이다.

— 당신은 그들 때문에 밤 11시 전에 집에 돌아가야만 한다며 투덜거린다. 하지만 순진한 당신은 그 덕분에 당신이 영국 라디오방송을 들을 수 있게 되었다는 사실은 깨닫지 못했다.

— 그들은 당신이 숨 쉬는 공기를 탁하게 만들고, 당신이 목을 축일 수 있다고 여전히 믿고 있는 우물을 오염시키고, 당신이 사용할 수 있다고 아직도 주장하는 단어들의 의미를 변질시키는 데 성공했다. 당신은 이 같은 사실을 깨닫지 못했는가?

— 드디어 진짜 수동적 방어의 순간이 도래했다. 그들의 라디오와 신문을 막아줄 당신의 댐을 잘 관리하라. 쉽사리 체념하고 두려움에 빠지는 것을 막아줄 당신의 방탄벽을 잘 관리하라.

그러나 빅토르 뒤뤼 고등학교에 다니는 이 여학생은 유명한 사회주의자 투사로서 언젠가는 그녀의 고향인 브르타뉴 지방에서 '해방'이라는 조직에 참여하게 될 장 텍스시에가 '익명으로 쓴' 이 글이 1940년 7월에 쓰여 1941년 1월부터 배포됐다는 사실을 짐작할 수 있었을까? 어쨌든 이 '작은 위엄의 교과서'는 각 고등학교에 유포되었고, 교사들의 사물함뿐 아니라 교장들의 우체통에도 들어갔다.

이 사춘기 소녀들이 쓴 일기장을 보면 알 수 있듯이 여론 환기를 목적으로 한 이 운동에는 많은 여학생이 참여했다. 우리는 1940년 11월 11일 시위에 참가한 것은 물론 신랄한 유머를 발휘해가며 상세히 일기를 쓴 미슐린 부드를 기억한다. 재미있는 사실은 그녀가 파리에서 브르타뉴 지방의 브레스트에 도착해 유모 집에서 며칠 지냈고, 그동안 안느 코르는 파리가 독일군에게 점령당했는데도 아랑곳하지 않고 이 도시로 올라왔다는 것이다.

이 두 사람을 비롯한 다른 많은 사람의 활동을 지켜보다보면 우리는 1941년 봄부터 마치 수액이 자연을 재생시키듯이 독일에 대한 저항을 싹 틔웠을 뿐만 아니라 나아가서는 잎을 맺기까지 했다는 사실을 잘 알게 된다(물론 이 저항운동은 평화적이며 거의 대부분은 풍자적인 방식으로 전개되기는 했다). 런던 라디오 방송국의 〈프랑스인들이 프랑스인들에게 말한다〉라는 프로그램에서 들었던 풍자만화가 피에르 닥의 영향이 결실을 맺었던 셈이다.

1941년 3월 22일 일요일, 미슐린 부드는 일기장의 두 번째 권인 '분홍수첩'에 라신 고등학교에서 행해지는 말장난놀이를 기록했다. 종이를 세로 방향으로 반으로 접으면 영국인에 적대적이고 히틀러를 찬양하는 글 대신에 그 반대의 뜻을 가진 글이 나타났다.

| 사랑하고 찬미합시다 | 히틀러 총통은(을) |
| 영원한 영국을(은) | 살아 있을 가치가 없다 |

저주하고 처부수자	바다 건너편의 민족만이(을)
이 지구상에서 나치를(만)	살아남으리라
그러므로 우리 모두 지지하자	독일 총통으로부터(을)
이 항해자들을(은)	(혹은) 저주받은 민족(인)
오직 그들의 것	이 정당한 징벌은
승자의 월계관은	진정한 공적에 어울리네

오해하지 말자. 이 아이들의 장난은 진지하다. 그것은 고등학생들과 대학생들이 훨씬 더 강력한 투쟁을 벌이는 데 필요한 조건들을 만들어냈고, 이 학생들은 그들의 이름을 레지스탕스의 역사에 — 그러나 유감스럽게 순교자의 명부에 — 불의 글씨로 새기게 될 것이다.

가장 유명한 경우는 파스퇴르 거리와 보지르 거리, 그리고 스타엘 거리에 둘러싸여 있었던, 학교 건물에 여덟 개의 탑이 서 있는 유명한 파리 제15구의 뷔퐁 고등학교 학생들의 그것임이 분명하다. 당시 여학생들은 이 학교에 입학할 권리가 없었다. 30년 뒤인 1968년 5월 이후가 되어야 이 학교 교정에서 교사들의 치마가 아닌 학생들의 치마를 볼 수 있게 된다.

어찌 잊을 수 있겠는가? 우리는 1940년 11월 11일의 시위에 참여하기 위해 달려간 고등학생들 가운데 많은 뷔퐁 고등학교 학생이 독일군이 총을 쏘고 곤봉으로 후려치는 데도 아랑곳하지 않고 질주하는 것을 보았다. 독일군의 점령과 그들의 부모들이 영웅으로 생각하는 나이든 페탱에 의한 대독협력에 분노한 학생들 중에는 한마음 한뜻으로 뭉친 다섯 사람이 있었다. 전날 밤에 이들은 친구들을 동원하기 위해, 그리고 여자고등학교에 다니는 동지들의 여자 친구들까지 동원하기 위해 격렬한 구호로 가득 찬 유인물을 등사기로 인쇄해 배포했다. 자크 보드리와 장 아르튀스, 그리고 아버지는 경찰이었고 어머니는 유치원 원장이었던 피에르 브누아는 모두 15살이었다. 그리고 뤼시앵 르그로는 16살, 그리고 나이가 가장 많은 피에르 그를로는 17살이었다. 학생들의 시위 참여에 부정적인 다른 고등학교들과는 반대로 뷔퐁 고등학교에서는 이 시위 참여자들을 자랑스럽게 여겼다.

일례로 또 다른 시위참여자인 로베르 카누는 이렇게 말한다. "뷔퐁 고등학교로 돌아가자 저는 어린 영웅으로 환영받았죠. 교장 선생님이 직접 오셔서 저를 격려해주셨고, 학우들은 저랑 같이 체포당한 같은 반의 다른 친구와 저한테 갈채를 보냈습니다. 또 선생님들은 우리들에게 보충수업을 해주겠다고 제안하셨죠. 교도소에서 잃어버린 시간을 만회할 수 있도록 무료로 가르쳐 주시겠다는 것이었습니다."

다시 말하면 뷔퐁 고등학교는 레지스탕스 활동가들의 양성소라고 할 수 있었다.

이 교사들의 맨 앞에는 레이몽 뷔르가르가 있었다. 11월 11일 시위에 학생들과 함께 참여했던 그는 1792년에 프랑스 혁명이 연합군에게 큰 승리를 거둔 것을 참고하여 지하신문 「발미」를 창간했고, 같은 이름의 조직을 다른 사람과 함께 결성했다.

이 역사 교사가 학생들에게 미친 영향은 엄청났다. 그러나 뷔르가르는 1942년 4월 2일에 체포되었다. 앞서 말한 다섯 명의 고등학생과 카누는 4월 16일에 자신들의 교사를 지지하는 시위를 조직했다. 다른 고등학교에 다니는 남녀 고등학생들이 학교 밖으로 뛰쳐나와 길거리의 시위자들과 합류하면서 이 투쟁은 더욱 큰 반향을 불러일으켰다. 그러자 경찰은 시위를 강경하게 진압했다.

다섯 사람은 정보부 특수반과 게슈타포의 요주의 인물이 되었다. 학생감에게 밀고당한 피에르 브누아와 루시앵 르그로는 시골로 가서 무장 레지스탕스 운동에 뛰어들기로 결정했지만, 다섯 명은 계속해서 함께 행동했다.

"뷔퐁 고등학교의 다섯 젊은이(아르튀스, 르그로, 브누아, 보드리, 그를로)는 청년전투대에 들어왔고, 수십 명의 다른 고등학생과 대학생도 이들과 함께했습니다." 공산당의 요청에 따라 이 청년전투대를 지휘했고, 전쟁이 끝난 뒤에는 이 부대의 역사를 다루는 역사학자가 된 알베르 우줄리아는 이렇게 설명했다. 그러나 그들이 어떻게 이 부대에 들어갔는지는 여전히 베일에 싸여 있다.

어쨌든 이 다섯 명은 1942년 봄에 아르모리크 거리에서 한 독일군 병사를 공격했고, 이어서 말라케 강변도로에서는 독일공군 고급장교를 대낮에 살해했다. 또 이들은 잔다르크 축제 때 보지라르 거리에서 군사우편국 장교를 습격했고, 이어서 라 콩페랑스 부두에 정박한 소함정을 공격했다. 항독 조직의 조직원이었다가 게슈타포 앞잡이로 변절한 한 헝가리 출신 청년은 며칠 뒤에 이들에게 죽을 뻔했다가 겨우 목숨을 건졌다.

점령군이 이처럼 계속되는 테러행위에 신경을 곤두세우고 있는 동안 나치친위대장 라인하르트 헤이드리히가 게슈타포와 비시 경찰 간의 관계를 공고히 하기 위해 5월 5일 파리를 방문했다. 뷔퐁 조직의 테러가 일어나리라는 걸 의심하는 사람은 아무도 없었다.

5월 28일, 이 고등학생들은 한층 더 대담하게 프랑스 주둔 독일해군 사령관을 표적으로 삼았다. 이 고위급 장성이 주최한 리셉션이 도쿄 부두에 정박 중인 '베가' 소함정에서 열리고 있을 때 둑에서 초대객들을 향해 수류탄이 던져졌다. 우줄리아스는 이 부분을 자세하게 말해준다. "부두의 벽을 따라 길게 매달려 있던 수류탄들이 위에서 가는 끈을 통해 작동되면서 나치 장교들을 태우고 있던 선박에 떨어졌고, 거기서 여러 명이 사망했습니다." 5월 29일, 이 학생들은 다시 메종 알포르 시청을 공격, 식량배급표를 탈취하여 레지스탕들에게 나눠주었다.

이후 그들은 두 명의 프랑스 경찰을 공격했다. 이번에는 게슈타포가 뷔퐁 고등학교에 다니는 적극적 행동주의자들의 신원을 파악했다. 네 명이 체포되었다. 하지만 피에르 브누아는 도망쳐 퐁텐블로 숲 속으로 몸을 피했다. 그는 모레 쉬르 르왱에서 의용유격대(FTP, 남자 열 명, 여자 세 명)와 합류했는데, 이 조직은 파리 지역 최초의 무장 항독유격대였다. 이 '수난의 기지' 조직을 이끌어가는 것은 '노엘'이라는 암호명을 가진 드라베이 출신의 모리스 르 베르(19세)였다. 그는 초기에 청년전투대에 들어간 대원들 중 한 명이었다. 그는 장차 파비앵 대령이 될 친구 피에르와 함께 불미슈 조직의 독일 서점 공격 등 수많은 테러행위에 참여했다. 이 무장 항독유격대는 파리 지역에서 이름을 날렸다. 그리하여 레지스탕스 활동은 FTP를 감독하는 공산당의 후원을 받으며 계속되었다. 뷔퐁 고등학교 친구들과 떨어져 혼자가 된 이 소년은 이 조직이 내리는 임무수행지시를 그대로 받아들일 수밖에 없었다.

이즈음 시행된 일부 작전은 정상적인 것이라고 보기 힘들었다. 과연 레지스탕스 조직을 배신한 자를 처단하는 것과 공산당에 반대한 자를 처단하는 것은 같은 일인가? 레지스탕스 조직에서 그 차이를 가려내는 건 쉽지 않았고, 전쟁이 일어나기 전 정치생활에 참여해본 적이 없는 이 나이 어린 소년에게는 더욱 어려웠다. 이렇게 해서 피에르 브누아에게는 1935년부터 메종 알포르 시의 시장 직을 맡고 있는 알베르 바사르를 암살하는 데 가담하라는 지시가 떨어졌다. 제3인터내셔널을 이끈 적이 있는 바사르는 아주 단순한 이유로 배신자로 간주되었다. 즉 1939년에 다른 공산당 우두머리들과는 달리 히틀러와 스탈린이 체결한 독일과 소련의 정전협정을 공개적으로 비난했던 것이다. 그는 경찰이나 재판관들 앞에서 자신이 인정하지 않는 공산당과 결별하지 않았다는 이유로 징역 5

년에 처해졌다. 그러나 그가 1941년 9월에 석방되자 공산당 특수조직은 그를 처단하기로 결정했다.

바사르가 다시 시장 직을 맡는다는 것은 이론상으로는 그가 점령군과 협조한다는 것을 의미했지만, 사실 그는 사회당과 연결된 리베 노르 및 미국 특수정보기관인 전략부문사무소와 접촉하는 노르 노르망디 브르타뉴 조직에서 레지스탕스 운동을 벌이고 있었다. 달리 말하면, 공산당은 정적을 죽이기 위해 브누아를 포함한 젊은 파르티잔 조직을 이용했던 것이다.

공산당은 독일 정보기관을 위해 일한다고 추정되는 앞잡이들과 정치적 반대자들의 블랙리스트를 작성했다. 이 살생부에는 이렇게 쓰여 있었다. '바사르 알베르, 전 메종 알포르 시장, 라 페름 거리 10번지, 키가 크고 허리가 약간 굽었음, 대머리, 눈이 푹 들어갔음, 갈색 콧수염, 독일 여성과 결혼, 게슈타포의 앞잡이, 경찰.' 문제의 독일 여성인 실리는 사실 공산당 활동가였으며 게슈타포와는 전혀 관련이 없었다. 그러나 나치 점령 시대에 바사르 부부의 평판을 떨어뜨리려면 살생부에 넣는 것이 나았다.

1942년 6월 26일, 알베르 바사르가 슈브뢰이으 거리와 라 페름므 거리가 만나는 지점에 있는 집에서 나왔을 때, 암살단 단원 한 사람이 자전거를 타고 나타나 총을 여러 발 쐈지만 그를 명중시키지 못했다. 실패로 끝난 이 테러에 가담했던 사람들 중 한 명이 현장에서 자전거 번호판을 잃어버렸다. 그래서 그의 친구들을 체포했던 특수수사반의 수사는 급물살을 탔다. 경찰에 따르면 피에르 브누아는 체포되자 자기가 총을 쏘았다는 사실을 인정했다고 한다. 당연하게도 뷔퐁 고등학생들의 평판을 손상시킬 수도 있을 이 이야기는 전쟁이 끝나고 나서는 일체 거론되지 않았다.

어쨌든 40여 건에 달하는 테러를 저지른 피에르 브누아는 이후로 우리가 이제 곧 이야기하게 될 MOI(Main-d'œuvre immigrée), 즉 '이민노동자' 조직의 젊은 공산주의자 파르티잔들과 함께 파리 지역에서 가장 위험한 '테러리스트들' 중의 한 명으로 수배된다. 특수정보국의 정보카드에는 이렇게 기록되어 있다.

발신 : 경찰청 특수정보국
수신 : 경찰청 산하 모든 부서

-0-0-

아래 인물을 적극적으로 수사하여 체포할 것.
성명 : 브누아 피에르
생년월일 : 1925년 3월 7일
주소 : 파리 제16구 데누에트 거리 6번지
인상착의 : 신장 172센티미터에서 175센티미터, 밤색 머리, 얼굴 통통함, 콧수염을 달고 옅게 채색된 안경을 쓸 가능성이 있음.
    발견 시 절대 신중을 기할 것. 매우 위험한 테러조직의 우두머리로서 항상 무기를 소지하고 있으며, 자기가 수배되어 있다는 사실을 알고 있음. 그를 보호할 임무를 부여받은 무장 테러리스트들이 그의 주변에 있을 지도 모른다는 사실을 잊지 말 것. 알려지지 않은 이름으로 되어 있는 위조 신분증을 가지고 있을 수도 있음.
발견 시에는 경찰청 특수수사반으로 즉시 연락할 것.

―경찰청장 L. H. 로테

오랜 추격전이 시작되었다. 경찰이 추정한 것과는 달리 피에르 브누아는 혼자였다. 작전 중 총에 맞아 부상을 입은 이 '대학생'(FTP 조직 내에서 그의 호칭)은 결국 1942년 8월 28일 생라자르 기차역 근처에서 의사에게 진찰을 받으러 가다가 프랑스 경찰에게 체포당했다. 브누아는 고문을 당한 뒤 독일인들에게 넘겨졌다. 그러고 나서 그는 상떼 교도소에서 친구들과 재회했다. 결국 다섯 명의 고등학생들은 1942년 10월 15일에 독일군 군법재판소에 회부되어 사형선고를 받았다.

브누아는 재판 중에 이렇게 말했다. "우리 친구 중 여러 명이 총살당했습니다. 그래서 저는 프랑스 인이라는 이름에 어울리는 프랑스 인에게 요구되는 단 하나의 선택을 했던 것입니다. 저는 우리를 이 악몽에서 벗어나게 해줄 투쟁을 계속하고 있는 애국자들과 의용유격대에 합류했습니다. 저는 이것이 최선책이라고는 생각하지 않습니다. 우리의 투쟁은 힘들 것입니다. 무척 힘들 것입니다. 그러나 이 투쟁을 통해 우리는 승리와 자유를 얻을 것입니다. 저는 설사 제가 죽는다 하더라도 다른 사람들이 제 뒤를 이을 것임을 알고 있습니다."

이 고등학생들은 자신들의 행동을 후회하지 않았지만, 페르낭 드 브리농 독일 주재 프랑스 대사는 '이렇게 나이가 어린 죄수들이 사형에 처해질 경우 프랑스의 여론이 극도로 악화될 것' 이라며 사형을 무기징역으로 감형하는 것이 좋겠다는 의견을 제시했다. 그러나 1943년에 프랑스에 진주한 독일군 총사령부는 깐깐하게 굴었다. 그리하여 사형선고가 확정되었다.

관례에 따라 처형 직전에 피에르 브누아는 가족들에게 편지를 썼는데, 히틀러의 군대가 얼마 전인 연초에 큰 타격을 받았다는 사실을 비유로 표현했다.

1943년 2월 8일

사랑하는 부모님, 사랑하는 친구들,
　드디어 끝입니다. 그들이 총살형을 시키려 우리를 데리러 왔습니다. 어쩔 수 없지요 뭐.

완전한 승리를 거두고 죽는 것이 아니라서 자존심이 좀 상하지만, 그거야 중요한 건 아닙니다.

마노, 형을 기억해주렴. 형은 죽을 때까지 정직하고 용감했으며, 심지어는 죽음 앞에서도 떨지 않는단다.

안녕히 계세요, 사랑하는 엄마. 그동안 걱정만 끼쳐드린 저를 용서해주세요. 저는 더 나은 삶을 위해 싸웠답니다. 언젠가는 저를 이해하실 수 있을 거예요.

안녕히 계세요, 사랑하는 아빠. 늘 다정하게 대해주셔서 감사해요. 당신의 아들에 대해 좋은 추억만 간직해주세요.

이모, 이모부, 안녕히 계세요. 전 부모님만큼이나 두 분을 사랑했답니다.

마노, 착한 아들이 되렴. 부모님께 남은 유일한 아들이니까. 신중하지 못한 행동을 해서는 안 돼.

안녕히 계세요. 내가 사랑했던 모든 사람들이여. 나를 사랑했던 모든 사람들이여.

이제 얼마 있지 않으면 삶이 아름다워질 것입니다. 우리는 노래를 부르며 떠납니다. 우리는 용기를 잃지 않았어요. 감옥에 6개월 동안 갇혀 있었지만 그럭저럭 견딜만하군요.

여러분 모두에게 저의 마지막 입맞춤을 보냅니다.

당신들의 피에르.

자크 보드리는 간단하게 적었다.

사랑하는 부모님께,

그들은 두 분이 제게 주셨던, 그리고 제가 그렇게 집착했던 생명을 제게서 빼앗아가려 합니다.

두 분께도, 우리에게도, 그건 정말 힘든 일입니다. 저는 다행히도 두 분이 용감했다는 사실을 죽기 전에 알게 되었습니다. 용기를 잃지 마세요. 특히 엄마에게 저의 진심을 다하여 입맞춤을 보내드릴게요.

당신들의 자크

장 아르튀스는 아버지에게 편지를 썼다.

사랑하는 아빠께,

아빠는 절 다시 볼 수 있을 것이라고 기대하셨나요? 전 그렇게 기대했는데…….

우리는 오늘 아침에 모든 게 다 끝났다는 것을 알게 되었답니다. 자, 그러니 안녕히 계세요.

전 아빠가 큰 충격을 받으시리라는 걸 알고 있어요. 하지만 저는 아빠가 아주 강하신 분이므로 여전히 미래에 대한 자신감을 잃지 않으면서 계속 살아가시리라 믿어요. 일하세요. 저를 위해 그렇게 하세요. 쓰려고 하셨던 책, 계속 쓰시고, 제가 프랑스 인으로서 조국을 위해 죽었다고 생각하세요.

아빠, 사랑해요.

안녕히 계세요.

장

마지막으로 뤼시엥 그로의 편지를 읽어보면 다른 네 친구들과 똑같은 용기를 보여준다.

사랑하는 부모님, 사랑하는 나의 동생,

저는 친구들과 같이 오전 11시에 총살당할 겁니다. 우리는 입가에 미소를 띠운 채 죽어갈 거예요. 가장 고귀한 이상을 실천하고 죽는 거니까요. 지금 이 순간, 제가 완전한 삶을 산 것 같은 느낌이 듭니다.

부모님들 덕분에 저는 유복한 청소년기를 보냈습니다. 저는 프랑스를 위해 죽는 것이며, 그렇기 때문에 조금도 후회하지 않습니다.

목요일에 소포로 보내주신 먹을 거 잘 받았어요. 덕분에 정말 왕처럼 잘 먹었답니다. 지난 넉 달 동안 깊이 생각해봤어요. 전 양심에 어긋나지 않게 행동했고, 그래서 만족스러워요.

뤼시앵

1943년 2월 8일, 이 다섯 명의 뷔퐁 고등학교 학생은 파리 근처의 이씨 레 물리노 사격장에서 11시 5분에서 22분 사이에 총탄을 맞고 쓰러졌다. 이들을 파묻기 위해 이브리 공동묘지에 무덤이 파였다. 독일인들은 그들의 부모들에게 무덤 번호를 알려주려고 하지 않았다. 부모들은 인질로 체포되어 하마터면 총상당할 뻔했다.

다섯 명 중에서 가장 나이가 적은 뤼시앵 가족의 친구 중에는 시인 폴 엘뤼아르가 있었다. 엘뤼아르는 뤼시앵을 기리는 〈고통의 무기〉라는 시를 썼다.

그가 죽기 전날 밤은
그의 생에서 가장 짧았네
자기가 아직 존재한다는 생각에
그의 손목에서 부글부글 피가 끓었네
자기 몸의 무게 때문에 그는 구역질을 일으키고
자신의 힘 때문에 그는 신음하네

이 두려움의 저 밑바닥에서

그는 미소 짓기 시작했네

한 친구가 아닌 수백만의

수백만의 친구가 자신의 복수를 할 것임을

그는 알고 있었네 그리고 태양이

그를 위해 뜰 것이네

결국 부모들은 전쟁이 끝나고 나서 자식의 무덤 번호를 확인할 수 있었다. 총살을 당한 이 젊은이들에게 레지옹도뇌르 5등 훈장과 레지스탕스 메달, 종려나무 잎이 그려진 무공훈장이 추서되었다. 1946년 공산당은 《총살당한 젊은이들이 보낸 편지》라는 책을 펴냈다. 이 책에는 이 젊은이들이 공산당의 영향을 받아 조국을 위해 순교한 것으로 나와 있고, 온몸을 다해 레지스탕스 활동을 벌이다가 나치에게 목숨을 잃은 기 모케 등 다른 청소년들의 이름도 실려 있다. 그리고 다음 장에 등장하는 '붉은 깃발을 든 파리의 부랑아들' 역시 이 책에 언급되어 있다.

1948년 교육부장관은 뷔퐁 고등학교에 다니던 이 다섯 명의 레지스탕들이 쓴 편지를 학생들에게 읽어줄 것을 프랑스의 모든 교육기관에 요청했다. 11년 뒤, 드골 장군이 권력을 되찾자 '뷔퐁 고등학교의 다섯 순교자들'을 기리는 15프랑짜리 기념우표가 발행되었다. 총살형을 당한 청년의 편지를 학교에서 낭독시키고, 수집 대상이 될 만한 우표를 발행하는 일……. 격식을 차려 경의를 표하는 이러한 아이디어는 후에 결실을 맺는다.

제6장

붉은 깃발을 든 파리의 부랑자들

그녀는 늘 그렇게 했다. 환한 미소를 지으며 건물관리인에게 인사했다. 그러고 나서 이 건물의 꼭대기에 있는 하녀들과 대학생들의 방까지 올라갔다. 그리고 고무창을 댄 구두를 벗은 다음 아주 빠른 속도로 층계참마다 유인물을 올려놓기 시작했다. 그녀는 한 층씩 내려가면서 어떤 까다로운 사람이 '도둑이야! 도둑이야, 도둑! 도둑 잡아라!'라고 소리치며 쫓아오지 않도록 소리가 안 나게 유인물을 신바닥 흙털개 위에 올려놓거나 문 밑으로 집어넣었다.

잘못했다가는 그런 깐깐한 사람이 4층 창문을 통해 길거리를 지나가는 경찰들에게 알릴 수도 있었다. 그러면 경찰이 옆 거리에 주둔해 있는 회녹색 군복의 독일군들을 큰 소리로 부를 위험이 있었다.

17살의 마루시아 나이첸코는 이런 기술을 오랫동안 갈고닦았다. 이 젊은 여성은 1930년 11월 11일 샹젤리제 거리의 시위에 다가가다가 중간에 포기하고 발길을 돌렸던, 우리가 목격했던 바로 그 마루시아다. 그날 그녀는 '이번 시위가 도발이 될 수도 있으니 참가하지 말라'라는 공산주의자 청년단, 즉 JC의 행동규칙에 따랐다. 그러나 이 조직의 여성 조직원 중 일부는 그들이 다니는 고등학교의 교장뿐 아니라 공산당 책임자에게도 비난받을 위험을 무릅쓰고 시위 장소로 나갔다.

나중에 이 힘의 과시가 성공적인 것으로 드러나자 공산주의자들은 자신들이 이 시위를 일으켰다고 주장했는가하면 심지어는 그로부터 며칠 전인 11월 8일에 있었던 폴 랑즈뱅 교수의 석방을 위한 소규모 시위가 11월 11일을 위한 총 예행연습이었다고 넌지시 암시하기까지 했다. 그러나 마루시아 나이첸코는 이 비열한 행동에 가담하지 않았다. 역사를 다시 쓸 수는 없는 법이다. 그녀가 60년 뒤에 쓰게 될 감동적인 회고록이 증명하듯 그녀는 무엇보다 진실을 사랑했다.

부유한 프랑스 여자 귀족과 우크라이나 농민 사이에서 태어난 이 아름다운 소녀는 1935년 어머니의 권유에 따라 파리 7구의 JC에 가입 신청을 했다. 당시 그녀의 나이는 12살이었다. 처음에 담당자는 "너무 어려서 안 돼요!"라고 거절했다. 그러자 이 어린 소녀는 언니 타니아가 16살(사실은 16살이 안 되었는데 속인 것이었다)이라며 가입시키겠다고 약속했다. 책임자는 위대하고 화려하고 용맹한 소비에트 연맹의 분위기를 풍기는 타니아와 마루시아라는 이름에 매혹되어 고집을 꺾었다.

5년 만에 마루시아는 유인물 만드는 법을 배웠는데, 특히 스페인 전쟁 당시 프랑코 군에게 공격당하는 공화국에 호의적인 여론을 조성해야 했을 때 많이 배웠다. 그리고 이 과정에서 1940년 10월에 체포되어 브르타뉴 지방의 샤토브리앙 수용소에 인질로 감금되어 있던 또 다른 가브로슈 기 모케를 알게 되었다.

체포될 당시 공산당의 지시를 문자 그대로 따른 것이 기 모케 한 사람만은 아니었다. 그러나 만일 그가 철창 안에 있지 않고 예를 들어 1940년 11월 10일에 석방되었다면 과연 그가 무슨 행동을 했을지 도대체 누가 말할 수 있겠는가? 그는 마루시아 동지처럼 시위에 참석하는 걸 포기했을까, 아니면 장송 드 사이으 고등학교 JC 책임자인 이방 드니처럼 애국심을 고양시키는 이 시위에 참여했을까?

사실 1941년 여름이 되기 전에 공산주의 청년단에는 까다로운 지시가 하달되었다. 공산당이 모스크바와 독소 평화협정을 지지한다는 것을 설명하는 내용의 유인물을 배포해야 했다. 프랑스와 영국의 자본주의자들, 즉 무시무시한 '금권정치가들'의 잘못으로 어쩔 수 없이 협정을 맺어야 했다는 것이었다. 만일 이 자본가들이 스탈린과의 평화협정에 서명하는 걸 거부하지 않았더라면 이 '인민의 아버지'는 히틀러와의 평화협정을 체결하지 않았어도 됐으리라는 것. 지하공산당 우두머리인 자크 뒤클로는 오토 아베츠 독일대사에게 이러한 요지로 설명하면서 제1차 세계대전 당시 패배주의를 퍼트렸다는 이유로 달라디에 정부가 1939년 8월 27일에 발행을 금지시킨 「위마니테」지를 다시 발행하도록 허가해달라고 요청했다.

어떤 정치 노선을 따라야 하는지 설명해주자 공산당 내부의 많은 성인들이 비통해하며 머리를 쥐어뜯는 판에 14살이나 15살짜리 소년소녀들이 이러한 상황을 이해한다는 건 정말 힘든 일이었다.

그러나 1941년 6월 22일 이후로 모든 게 바뀌었다. 모든 게 반짝거렸다. 붉은 깃발은 이제 더 이상 반기半旗 상태로 꽂혀 있지 않았다. 바람에 펄럭였다. '바르바로사' 작전이 개시되었다. 독일군 장갑차들이 러시아의 평원을 향해 진격했다. 히틀러가 소련을 침공하여 레닌그라드와 모스크바, 스탈린그라드를 점령하기로 결정했다. 프랑스를 이긴 장군들이 지휘하는 독일군 150개 사단이 3백 킬로미터에 달하는 전선에 분산 배치되었다.

언뜻 보기에는 모순적이었지만 공산주의 투사들은 일종의 안도감을 느꼈다. 이제 명령을 내리는 모스크바의 눈치를 안 보고 레지스탕스 운동에 필사적으로 뛰어들 수 있었기 때문이다. 그리고 분명히 러시아 적군은 순식간에 나치군을 박살낼 것이다! 어쨌든 그렇게 되기를 바랐다. 공산주의자들만 그렇게 원한 게 아니었다.

전쟁이 동부 전선에서 발발한 주말에 마루시아는 친구들과 함께 샹로제 쪽에 있는 센 강변에서 야영을 하고 있었다. 그런데 야영자 중 한 명이 이 믿기 힘든 정보를 광석 TSF 라디오 수신기로 청취하고 있었다.

그녀는 이렇게 적는다. '모든 동지는 몇 년 전부터 이 결전이 이루어지기를 기다리고 있었다. 사실 독소 평화협정은 이해하기가 너무 어려웠지만 그래도 당의 명령에 따라야 한다는 의무 때문에, 그리고 이 두 적대국이 반드시 전쟁을 일으킬 것이라는 확신이 있었기 때문에 받아들였다. 그들은 독일이 적군에게 궤멸당하는 걸 보고 싶다는 바람으로 가슴을 조이며 이 전쟁을 기다리고 있었다. 그런데 바로 이 전쟁이 터졌던 것이다! 이 전쟁이 엄청난 인명피해 등 온갖 종류의 참화를 불러오리라는 걸 너무나 잘 알고 있었기 때문에 노골적으로 좋아할 수는 없었다. 하지만 마음속 깊은 곳에서는 파시즘이 멸망하고 프랑스가 해방될 것이라는 희망이 솟아났다.'

이후 이 젊은 여성은 파시즘을 무찌르고 프랑스를 해방시키자는 내용의 유인물을 배포할 수 있었다. 붉은 깃발과 삼색기가 교차되었고, 인터내셔널가가 마르세예즈가의 분위기를 띠었다.

첫 번째 기회는 3주일 뒤에 1941년 7월 14일 국경일 축제를 준비하면서 찾아왔다. 이날은 우선 JC에서 나이가 가장 어린 조직원들에게 푸른색과 흰색, 붉은색 휘장을 행인들에게 나눠주고, 길거리를 전속력으로 달려가면서 유인물을 허공에 뿌리게 했다. 마루시아 역시 '페트뤼스'의 권유에 따라 몽파르나스 쪽에서 휘장을 나눠주었는데, 진짜 이름이 피에르 투레트인 이 인물은 후에 레지스탕스 운동에서 중요한 역할을 했다. 결국 그녀는 수수께끼에 싸인 특수조직인 OS에 들어갔다. 마루시아는 한 경찰에게 저지당했지만 이 경찰은 야단만 치고 그녀를 놓아주었다.

그녀는 포르트 생 드니에서 JC 조직원들과 합류했다. 이 JC 지도부는 놀라운 경력을 가진 젊은 여성들로 이루어져 있었다. 예를 들어 17살인 오딜 아리기가 있었다. 그녀는 종잡기 힘든 프랑스 공산당의 정책에 희생당하기는 했지만 그래도 잘 훈련된 강건한 투사였다. 활동이 금지되어 있던 공산당을 위해 유인물을 나눠주었다는 이유로 6개월 전 두 명의 동지 드니즈, 르네와 함께 프렌느에 투옥되어 복역하던 그녀는 6월 16일에 독일인들이 느닷없이 감옥으로 들이닥치는 것을 보았다. 확실했다. 총살형을 집행하려는 것이었다.

그녀는 친구들과 함께 장교 앞으로 끌려갔고, 장교는 이렇게 말했다. "당신들은 젊어. 국가사회주의가 공산주의와 별로 다르지 않다는 걸 이해하게 될 거야. 지금까지 공산주의를 위해 봉사했으니 이제부터는 국가사회주의를 위해 봉사하도록 해! 당신들은 자유야!"

놀라운 일이었다. 그러나 1년이 지난 1941년 여름, 그녀는 그럴 기분이 아니었다. 만약 이 검은 눈과 밝은 미소를 가진 어린 소녀가 가장 좋은 위치에 있다면, 그것은 '전쟁 포로 2백만 명 가운데 레지스탕스 운동을 가장 먼저 벌일 사람들이 바로 여성들과 어린이들'이기 때문일 것이다. 그럼에도 내가 레지스탕스 활동에 참여한 청소년들에 대해 책을 쓰려 한다고 그녀에게 이야기를 했을 때, 그녀는 나를 서둘러 다잡아 주었다. "아, 그런데 내가 저항을 하고 그러다가 라벤스부뤼크로 강제송환 되었던 이유는 내가 반항아여서가 아니라 완전히 다른 데 있었어요. 그게 항상 정치적 활동이어서 그랬죠."

하지만 이 활동에는 '청년단'의 어떠한 취지가 분명히 있었다. 저널리스트이자 작가인 알랭 게렝이 백과사전적으로 집필한 《레지스탕스 연대기》에서 그녀는 이것을 완벽하게 묘사했다.

1940년과 1941년 여름에 우리는 친구들끼리 무리를 이루었다. 10명에서 12명씩 한 방에서 잠을 자는 건 드문 일이 아니었다. 돈도 한 푼 없었고, 식량배급표도 없었고, 가야 할 곳도 없었다. 우리는 레 알 시장에 가서 과일과 채소를 훔치거나, 아니면 '뒤퐁 바스티유' 카페에 가서 커피를 몇 잔 시켜 마시고 케이크도 남김없이 다 먹어치운 다음에 줄행랑을 치곤 했다. 가짜 배급표를 갖고 빵집에 들어갔다가 다음에는 좀 더 정교하게 위조해 오는 게 좋겠다는 소리를 하고 쫓겨났던 기억도 있다. 당시에는 무기를 모으기도 했다. 무기를 책가방에 넣어가지고 나르던 일이 생각난다. 당시 나는 OS를 위해 일하는 징집하사관이랑 약간 비슷했다. 페르낭 잘니코프와 릴리안 레비, 미셸 다이코프스키, 니콜라 베르제르 등 탁월한 능력을 가진 조직원들을 뽑았다. 그들은 모두 17살에서 20살 사이였다.

실제로 OS 내의 공산주의 청년단원 중에서 10퍼센트를 선발, 돌격대를 결성하라는 지시가 위에서 떨어졌다.

얼마 후 오딜은 선전활동도 벌였다. 그건 우선 혁명력 2년, 즉 1793년 12월 7일에 올빼미당 당원들에게 낫으로 찔려 죽어가면서 '공화국 만세!'라고 외쳤던 조제프 바라의 이름을 딴 「어린 바라」라는 신문을 배포하는 일이었다. 20세기 초에 프랑스의 모든 어린이는 그들의 선생으로부터 바라의 용기를 본받으라고 충고를 받았다.

'루이제트'나 '자키'라는 암호명을 썼던 오딜 아리기는 하수도 청소부들이 수거해서 그녀의 조직에 갖다준 권총을 다루는 법도 배웠다. 이 청소부들은 쥐들만큼이나 파리의 지하에 대해 훤히 잘 알고 있었기 때문에 큰 도움이 되었다. 그래서 그들은 파리 사람들이 하수구에 집어던졌던 무기들을 주워 모았다. 요컨대 한편으로 그녀는 선전기관에서 활동하고, 다른 한편으로는 OS 비밀작전에 이미 뛰어들었던 것이다. 그리고 얼마 후 OS 조직에서만 활동할 수 있었다. 나치가 공산주의자들에게 강경하게 굴기 시작했기 때문이다. 7월 14일의 투쟁은 하수구에서 멀리 떨어진 야외에서 벌어졌다. 이날은 해가 나기도 했다가 살짝 소나기가 내리기도 했다. 포르트 생드니에서 출발하여 리슐리외 드루오의 고급 주택가까지 이어지는 새로운 시위가 준비되어 있었다. 일부가 라탱 가의 소르본 대학 앞에서 독일군을 상대로 교란작전을 펴는 동안 다른 시위자들은 일단 흩어졌다가 스트라스부르그 생드니를 행진하는 시위자들과 합류했다. 그들 중 한 명인 젊은 피에르 닥스는 비옷을 붙잡고 늘어진 한 프랑스 경찰에게 붙잡혔다. 오딜은 이 경찰에게 달려들어 공산주의자 대학생 조직의 이 젊은 지도자가 비옷을 벗어버리고 이러한 곤경에서 벗어나도록 도와주었다. 당시 닥스는 1940년 11월 민족주의자들의 시위에 참가한 친구 랄레와 한통속이 되어 일한다며 비난하는 프랑스 공산당의 나이 든 선임들과 껄끄러운 관계에 있었다.

그들은 11월 11일의 시위 때문에 나를 '민족주의자'로 취급했다. 그래서 나는 자아비판을 한 뒤 내가 '민족주의자'가 되었다고 인정하지 않을 수 없었다. 그들이 그런 반응을 보이는 걸 이해 못하는 건 아니었다. 하지만 그들은 '선임'이었다. 내 나이 또래의 대학생들과 마찬가지로 나 역시 참전하지도 않은 전쟁에서 패한 것에 대해 우리가 책임을 져야 한다고 생각하지는 않았다. 반대로 나는 이 패전이 미래를 우리로부터 앗아가 버렸다는 사실을 알고 있었다.

JC가 다수를 차지했던 시위자들은 삼삼오오 무리를 지었다. 여성들은 삼색 블라우스를 입고 걸었다. 마루시아가 몽파르나스에서 나누어주었던 삼색휘장을 흔들기도 했다. 파리 11구의 JC들 말고 젊은 드골주의자들도 시위에 참여했다고 오딜은 말한다. 프랑스 공산당이 나치와의 평화적 공존을 더 이상 주장하지 않자 드디어 화해가 가능해진 것일까?

오딜과 마루시아를 비롯한 사람들은 7월 14일의 이런 모습을 보고 마음이 훈훈해졌다. 수백 명의 애국자 젊은이들은 춤을 추고 노래를 부르는 대신 거리를 행진했다. 오딜은 행진을 벌이는 여러 단체의 조직원 중에 10구의 조르쥬 게르트만과 사무엘 티젤만('티티'), 13구의 프랑스여성연맹에 소속된 여자 친구들을 알아보았다. 얼마 후 레지스탕스 운동이 시작되면서 모든 것이 바뀌었지만, 이때까지만 해도 JC에서는 남녀공학이 허용되지 않고 있던 당시 학교처럼 남성과 여성이 분리되어 있었다.

"그리고 르네 로이가 이끄는 19구의 청년조직도 있었지요. 정시가 되자 바로 행진을 시작했습니다." 60년 뒤에 오딜 아라기는 이렇게 기억한다. 그녀가 변함없는 열정을 가지고 학교에 가서 오늘날의 어린이들에게 레지스탕스가 무엇이었는지를 이야기해줄 때 그녀의 기억 속에는 이 모습이 여전히 새겨져 있었다.

"됐어! 아메리크 동네에 사는 소년 모리스 데크가 국기를 펼치며 뛰쳐나갔습니다. 그 애가 들고 있는 국기는 그의 키보다 더 커 보였지요. 겨우 16살이었는데 몇 달 후에 총살당했습니다. 다른 사람들도 뛰쳐나갔습니다. 그리고 그들이 목청껏 부르는 마르세예즈가 울려 퍼졌지요. 마르세예즈는 우리의 투쟁과 희망의 노래였고, 점령자들의 우두머리를 향해 부르는 애국의 노래였으며, 적과 협력하는 자들에 맞서는 우리의 저항의 노래였습니다. 승리를 확신하는 노래였죠. 우리 젊은이들은 학교에서 1789년의 프랑스 혁명에 대해 배웠습니다. 바라와 호슈, 마르소는 우리의 '우상'이었죠! 우리는 1792년에 우리 병사들이 맨발로 유럽동맹군과 싸워 승리를 거둔 발미 전투의 이름을 우리 조직과 신문에 붙였습니다. 그리고 파리 남부 지역 애국청년단에서 발행하는 우리 신문의 이름은 「어린 바라」였답니다."

리슐리외 드루오에 경계선을 친 경찰들과 독일인들이 나타나자 '점령자를 타도하자!'라든가 '프랑스 만세!', '소련 만세!' 같은 구호가 멈췄다. 시위자들이 사방으로 흩어졌다. 찌르레기들이 허수아비를 보자 갑작

스레 날아오르는 형국이었다. 길바닥에는 삼색 종이로 만든 전단들이 흩뿌려져 있었고, 나무들은 마치 크리스마스트리처럼 길쭉한 삼각기로 장식되어 있었다.

하지만 이제 되었다. 이날은 역사에 기록될 것이다. 젊은 공산주의자들이 레지스탕스 운동에 뛰어들었던 것이다. 그리고 8월부터는 독일군 장교들에 대한 OS의 테러가 시작되었다.

그러나 투쟁인 동시에 축제였던 이 시위는 불행한 결말을 맞고 말았다. 점령군의 지시에 따른 언론에 의하면, '프랑스의 색깔들을 함부로 휘두르고 다닌 25명가량의 외국인들'이 체포되었다. 그리고 특히 7월 24일에는 검은색 가두리를 붙였으며 독일어와 프랑스어로 쓴 적자색 벽보가 파리의 담벼락에 붙었다. 그리고 거기에는 이렇게 침울한 소식이 적혀 있었다. '앙드레 마세롱이 7월 14일에 마르세예즈를 불렀다는 이유로 총살당했다.' 사형당한 사람을 언급하는 내용의 붉은색 벽보가 붙은 건 이때가 처음이었다. 8월 13일, 새로운 시위가 생라자르 기차역에서 일어났고, 여기서 체포당한 두 명의 젊은 투사들, 앙리 고틀로와 '티티'라는 별명을 가진 사무엘 티젤만이 19일에 총살당했다.

나중에는 프랑스와 브르타뉴, 코르시카, 알자스, 혹은 외국(공산주의 운동은 국제적으로 이루어졌다)의 이름들이 적힌 벽보가 파리의 담벼락을 장식하게 된다. 그리고 나서는 유대인들의 이름도 이런 이름들만큼이나 자주 등장하게 된다. 지나칠 정도로 많이. 유대인들이 주요 표적이 되었기 때문이다.

그러나 그림자 군단에서는 색깔들이 점점 옅어졌고, 더 이상 차이도 나지 않았다. 예를 들면 마루시아의 친구들을 그 증거로 들 수 있을 것이다. 어른 아이 가릴 것 없이 모든 사람을 즐겁게 해주는 만화 《니켈도금

된 발들》을 그린 루이 포르통이 창조해낸 프랑스식 탱탱의 이름을 따라 레지스탕스 운동의 '비비 프리코탱'이라고 불렸던 봅과 앙드레 키르센 형제가 대표적이다.

"저는 봅 형 때문에 비비 프리코탱 만화를 덮고 마르크스와 엥겔스의 《공산당 선언》을 펼쳐들게 되었습니다." 언젠가 앙드레 키센은 작가인 질 페로가 그들에 관한 책 《열다섯 살에 죽다》를 준비하면서 던진 질문에 대해 이렇게 대답했다.

그의 놀라운 인생 역정을 따라가 보자. 그때까지만 해도 '앙크'라는 암호명을 가진 앙드레 키센은 운이 좋은 사람이었다. 우선 그는 부카레스트에서 살다가 파리로 와서 정착한 꽤 부유한 유대인 가문에서 태어났다. 명석한 두뇌를 가진 그는 장송 드 사이으 고등학교에 들어갔다가 클로드 베르나르 고등학교에 이어 결국 파스퇴르 고등학교로 옮겼다. 이 유명한 학교들에서 그의 성적은 들쑥날쑥했다. 그는 수학이나 물리를 열심히 공부하기보다는 책 읽는 걸 더 좋아했다. 그리고 그의 외가 쪽에는 그의 마음을 풍요하게 해주는 인물이 있었다. 한번은 이런 일이 있었다.

어느 날 앙크는 아버지와 함께 극장에 갔는데 상영시간에 늦었다. 이 소년은 실망했다. 만화영화는 이제 막 끝나고 '본 영화'가 시작되려 하고 있었던 것이다.

"만화영화를 다시 상영하게!" 극장 주인이 영사과 직원에게 지시했다.

관객들은 깜짝 놀랐다. 무슨 문제가 생긴 것일까? 필름이 거꾸로 돌아간 것일까? 어린 앙크는 상당히 거북했다. 왜냐하면 이러한 특별대우에는 그럴만한 이유가 있었던 것이다. 극장 주인의 이름은 베르나르 나탕이었고, 이 사람은 그의 외삼촌이었다. 베르나르 나탕은 샤를 파테 영화사의 공동대표로서, 자기 자신의 회사에서 쫓겨날 때까지 모리스 투르뇌르라든지 장 그레미용, 사샤 귀트리 등이 전쟁 전에 연출한 영화들을 만들었다. 나탕은 극우파 언론에 의해 프랑스가 맞이한 모든 불행에 책임이 있는 상징적 유대인으로 선전되어 반유대주의자들의 격렬한 공격대상이 되었다. 가증스러운 뤼시앵 르바테는 '베르나르 나탕은 자칼의 주둥이를 가진 보잘 것 없는 유대인'이라고 썼다. 결국 이 영화제작자는 아우슈비츠 강제수용소로 끌려가 1942년에 사망했다.

어쨌든 전쟁 전, 브르타뉴 지방에 성을 가지고 있었고 미키 마우스를 두 번이나 보여준 이 삼촌을 가족 모두가 몹시 좋아했다. 어린 타니아 나이첸코와 봅 키르센은 아르모리칸 반도의 생미셸 앙 그레브로 바캉스를 지내러 왔다가 서로 알게 되었다. 봅은 소르본 대학에 다니다가 타니아를 다시 만났다. 그래서 키르센 부인은 타니아와 마루시아 자매가 1940년에 집에 와서 자기 아이들이랑 몇 시간씩 토론을 벌이는 걸 보고도 놀라지 않았다. 놀랄 일은 다른 데 있었다. 네 아이 모두 공산주의자가 되었던 것이다.

여름이 시작될 무렵 봅은 레지스탕스 조직이 존재한다고 앙드레에게 말했다. 앙드레는 좋아서 펄쩍 뛰었다. 그는 낡은 장난감 상자에서 작은 어린이용 인쇄기를 꺼냈다. 고무로 된 이 글자들 덕분에 그들은 공산주의 고등학생들과 대학생들의 잡지인 「라 를레브」의 창간호를 찍어낼 수 있었다.

1940년 11월 8일, 앙드레는 대학생들(그중에는 그의 형인 봅과 피에르 닥스가 있었다)과 함께 폴 랑즈벵 소르본 대학 교수의 체포에 항의하는 시위를 벌이기로 했다. 그 수는 많지 않았다. 3일 뒤, 그는 자신이 다니는 고등학교의 친구들과 함께 샹젤리제에 가기로 했다가 마루시아처럼 공산당의 지시를 따랐다. 시위 다음 날, 우리가 이미 알고 있는 것처럼 공산주의에 대한 탄압이 시작되었다. 이번 시위를 조종했다는 잘못된 이유에서였다. 봅 키르센이 11월 27일 체포되었다. 앙드레는 어쩔 줄 몰라 했다.

그날 밤 학교에서 돌아온 그는 형이 함정에 빠져 체포되었다는 사실을 한참 뒤에 알았다. 그는 나이가 너무 적어 명단에서 빠졌다.

봅 키르셴은 우리가 이미 언급한 적이 있는 대학생 책임자 클로드 랄레와 함께 재판을 받았다. 봅 키르셴은 8개월 징역형을, 클로드 랄레는 10개월 징역형을 받았다. 차이는 극적인 결과에 있었다. 8월과 9월에 파리와 낭트, 보르도에서 독일군 장교들에 대한 OS의 테러가 이어지면서 봅은 석방되었다. 그러나 클로드는 수많은 인질 속에 섞여 기 모케와 함께 샤토브리앙에서 총살형을 당하고 말았다.

1941년 7월 14일. 봅은 여전히 감옥에 갇혀 있었다. 앙드레는 부정과 점령자들에게 저항할 충분한 이유를 가지고 있었다. 그래서 그는 고등학교 친구들과 함께 생미셸 광장에 갔다. 그는 8월 13일의 시위에도 참석했다. 시위가 끝나자 '페트뤼스' 동지에게 말했다.

"OS에 들어가고 싶은데요."

"몇 살이야? 어려 보이는데……."

"16살입니다!"

페트뤼스는 거절했다. 이 루마니아 출신 소년이 조직에 도움을 주기에는 너무 어려 보였던 것이다. 하지만 전혀 가망이 없는 것은 아니었다. 그는 루이 16세 광장에서 만나자고 약속을 정했다. 앙드레 키르셴은 기뻐서 어쩔 줄 몰랐다. 그는 나이를 속였다. 실제로는 15살이었다. 같은 해 8월 OS는 독일군에 대한 최초의 테러를 행하기 위해 돌격대를 조직했다. 1941년 8월 2일, 공산당 지도부는 얼마 전 독일의 사병 포로수용소에서 탈출한 알베르 우줄리아를 지명, JC 조직을 확대 개편하여 돌격대를 결성한 뒤 테러를 감행하도록 그에게 지시했다. 이 돌격대의 이름은 '청년전투대'였다. OS는 이 조직에서 주도적 역할을 했다. 게릴라전 전문가로서 스페인 내전에 처음으로 참전했던 '프레도'라는 별명의 피에르 조르주가 우줄리아와 합류했다. 그가 '파비앵 대령'이라는 전설적인 이름으로 역사에 알려져 있으므로 우리는 그를 이렇게 부를 것이다. 이 전투조직은 대담한 조직원들을 필요로 했다. 그래서 앙드레는 결국 조직에 받아들여졌다.

파비앵은 라르디 숲 속에서 조직원들에게 파괴활동과 게릴라전에 필요한 기술을 가르쳤다. 그러나 파리에서 처음으로 독일인을 살해해야 했을 때 이 젊은이들은 그렇게 배운 기술을 발휘하지 못했다. 그들은 망설였다. 독일군 병사 역시 군복을 입은 노동자 아닌가? 결국은 파비앵이 시범을 보이기 위해 1941년 8월 22일 바르베스 로슈슈아르 지하철역에서 독일 해군 소위 후보생인 모제르를 살해했다.

"티티의 원수를 갚았어!" 그는 이틀 뒤에 이렇게 외쳤다. '티티'는 처형당한 그들의 친구 사무엘 티스젤만의 암호명이었다. 이것은 공산주의 무장투쟁의 시작을 알리는 신호탄이었다. 고등학교에 다니는 젊은 파르티잔으로서 항상 책을 겨드랑이에 끼고 다니는 앙드레 키르센에게는 그러고 싶은 생각이 없었다. 특히 그는 여럿이 하나의 목표를 공격하려고 할 때 의견 충돌이 빈번히 일어난다는 사실을 알아차렸다. 그래서 그는 혼자, 아니면 오직 한 명의 파트너와 테러를 준비하기로 했다.

결국 파리코뮌을 이끈 장군을 기리는 뜻에서 '로셀'이라는 암호명을 가진 앙드레 키르센은 1941년 9월 10일 포르트 도핀느 지하철역에서 6.35 구경 권총으로 어느 독일 군인을 사살했다.

그의 방법 때문에 앙크는 무장 파르티잔을 쫓는 정보국 특수반을 애먹였다. 감옥에서 나온 형 봅처럼 그도 경찰이 전쟁 전에 작성한 요주의 인물 리스트에 들어 있지 않았다. 그는 부르주아 가문 출신이었으며, 그의 부모들은 자식들이 정치를 하는 걸 원하지 않았다. OS는 납득하기 어려운 이유로 1년 동안 그와의 접촉을 중단했다. 그리하여 그는 마루시아 나이첸코처럼 고립되었다. 그들이 너무 나이가 어리고, 너무 제멋대로 행동한다고 생각했던 것일까? 어쨌든 그는 파비앵이 지휘한 독일 서점 불미슈 공격에 참여하라는 지시를 받지 못했다. 이 작전은 격렬한 논쟁을 불러일으켰다. 비록 그게 나치를 찬양하는 책이라 할지라도 나치들이 분서했던 것처럼 책을 파괴하는 것이 과연 합당한 행동인가? 책을 사랑했고, 전쟁이 끝나고 나서 출판사까지 차린 앙드레 키르셴은 이 철학적 논쟁에서 나름 할 말이 많았다.

부르주아 가문 출신인 앙드레는 다른 조직들보다 조금 더 잘 세분화된 조직에 속해 있었던 것으로 보인다. 서민 출신들로 이루어진 다른 조직들이 더 쉽게 와해되었을 때도 그는 형 같은 대학생들과 어울렸다. 그러면서도 그는 노동세계와 가까이 지냈다. 그의 파트너가 바로 '페트뤼스'라는 암호명으로 불린 젊은 빵집 주인 피에르 투레트였다.

1942년 1월, OS와 다시 접촉이 이루어졌다. 젊은 앙크는 1942년 3월 8일까지 여러 작전에 참여했는데, 이 날은 파리의 와그람 전시실에서 열린 반공산주의 전시회를 공격했다.

1942년 3월 9일, 앙드레 키르셴은 약속장소인 알베르 1세 동상 앞에 나갔다가 체포됐다. 그는 경찰청으로 끌려가 심문을 받은 다음 결국 독일 경찰에 넘겨졌다. 상떼 감옥에 갇힌 그는 준비되고 있는 재판이 신속하게 진행되면 결국 총살당할 것으로 예상되었다. 독일인들이 그로 하여금 권총을 손에 든 채 테러행위를 재연하도록 시켜 선전영화를 제작했기 때문에 더 그랬다.

1942년 4월 7일, 화학관에서 앙드레를 포함한 27명의 레지스탕스 투사들에 대한 재판이 열렸다. 청년전투대 대원들이 재판을 받은 것이었다. 그는 1940년 11월 11일 파리에서 일어난 시위에 참여했던 17세의 젊은 독일인 망명자 카를 쉰하아르와 친구 피에르 투레트처럼 사형선고를 받을 것으로 예상되었다.

그러나 4월 13일 재판이 모두 끝났다. 독일 형법은 16세 미만에게는 사형선고를 내리지 않았기 때문에 10년 징역형에 처한다는 판결을 받자 그는 깜짝 놀랐다. 운 좋게도 그는 1942년 4월에 15살 8개월이었던 것이다. 여자 피고 마리 테레즈 르페브르와 시몬 슐로스 역시 형을 감면받았다. 시몬 슐로스는 16세, 카탈루냐 출신인 FTP-MOI(이민노동자 출신의 의용유격대원)의 우두머리 콘라도 미레 뮈스트(심문을 받다가 총에 맞아 사망했다)의 연락원이었다. 마리 테레즈와 시몬은 독일로 강제 송환되었다. 아무도 예상하지 못한 가운데 그녀는 1943년 여름 쾰른 감옥에서 참수형 당했다.

그 사이에 대독협력 신문인 「라 제르브」는 1942년 4월 23일자에서 25명이 사형선고를 받았다고 보도하면서 '키르셴(10년 징역형을 받음)은 와그람 거리의 반공산주의 전시회장에 폭탄을 설치한 세 명의 테러리스트 중 한 명'이며 포르트 도팽에서 독일 해군 한 사람을 공격하기도 했다고 덧붙였다. 기사는 이렇게 이어진다. '그러나 이 강경파는 이제 겨우 청소년기에 들어섰다. 즉 공산주의자 청년단이 가맹시킨 청소년의 전형인 것이다. 전쟁위원회는 그가 분별력 없이 행동한 것으로 간주했다.'

앙크는 1942년 5월 4일에 강제 송환되어 3년 동안 독방에 완전히 고립되어 있었다. "그는 독일에 있는 감옥에 갇혀 있었어요. 다른 죄수들이 하는 말을 단 한 마디도 알아듣지 못했죠. 그래서 침묵을 지켰습니다. 전쟁이 끝나고 돌아왔을 때 그는 말을 거의 못했어요." 이 레지스탕스 운동가가 2008년 초에 사망했을 때 내가 '거리89'라는 정보사이트에 글을 쓰기 위해 만난 질 페로는 이러한 같은 일화를 내게 말해주었다. 그 어떤 언론도, 심지어는 「위마니테」 신문(그는 프랑스는 물론 이 공산당 신문을 위해서도 싸웠다)조차도 그를 언급하는 게 유용하다고 판단하지 않았기 때문에, 이 글의 제목은 '앙드레 키센, 레지스탕스 운동을 벌였으나 잊혀 버린 아이'로 정했다.

감옥에서 앙드레는 깊이 생각할 시간을 가졌다. 여러 가지 문제가 그의 뇌리를 떠나지 않았다. 첫 번째는 형 봅이 1942년 5월 발레리앵 산에서 총살당했다는 것이었다. 왜 형은 죽었는데 나는 아직 살아 있는 것일까? 그리고 유대인들에 대한 일제단속에 걸린 그의 어머니도 강제 수용되어 사망했다. 그리고 베르나르 나탕 외삼촌(그는 외삼촌이 아우슈비츠에서 죽었다는 사실을 모르고 있었다)은 어떤 운명을 맞이했을까? 마지막으로 그는 자기가 공격한 독일해군 소속 장교가 어떻게 되었을지 궁금했다. 그리고 깜짝 놀랐다. 테러를 하고 나서 수십 년이 지난 후에 앙드레 키르센은 해당 장교였던 르네 덴네케가 가벼운 부상만 입었을 뿐 죽지는 않았다는 사실을 어느 기록을 통해 알게 되었던 것이다. 그러자 그는 안도의 한숨을 내쉬었다.

2년 전인 1940년, 모두가 함께 즐겁고 활기차게 살 때 키르센 형제와 나이첸코 자매, 그리고 다른 친구들은 몽타뉴 생트주느비에브에 있는 엘렉 부인의 식당으로 점심이나 저녁을 먹으러 가곤 했다.

이 젊은 공산주의 투사들의 세계는 우리가 알다시피 마치 대가족 같았다. 마루시아와 타니아 나이첸코는 브르타뉴 지방으로 바캉스를 가서 처음으로 키르센 형제를 알게 되었다. 마르트와 토마, 벨라 등 엘렉 집안의 아이들도 브르타뉴 지방의 디나르라는 곳에 있는 페리 삼촌 집에서 여름을 보냈다. 엘렉 집안은 막내아들 벨라가 태어난 1930년에 프랑스에 정착한 헝가리 출신 유대인들이었다. 4년 후 어머니 엘렌은 식당을 차렸고, 저널리스트로 일했던 그녀의 남편 상도르는 식당 2층에서 과거 — 오스트리아헝가리제국, 벨라 쿤의 공산주의 혁명 — 속에 틀어박힌 채 책에 파묻혀 살았다.

　방금 우리는 부모들 몰래 투쟁했던 최초의 공산주의자 청소년 가운데 매우 비정치적인 루마니아 출신 가족을 확인했다. 반대로 부모들이 참여하는 것에 대한 반발심으로 공산주의자들로 이루어진 비밀조직에 들어가려고 애쓰지는 않은 젊은 가브로슈의 경우도 있다. 레지스탕스 운동에 참여한 어린아이들과 청소년들에 관한 이 파란만장한 이야기에서는 전형적인 예들이 모두 발견되는 것이다. 바로 이러한 사실이 레지스탕스 운동을 풍요롭게 만들어주었다. 그리고 역시 이러한 사실 때문에 비시와 나치의 공안당국은 레지스탕스 운동에 뛰어든 가브로슈들을 잡는 데 어려움을 느꼈다.

　엘렌 엘렉은 '유대인 식당'이라는 그 무시무시한 단어가 쓰인 게시문을 식당 앞에 붙이라는 명령을 받았다. 그러면 많은 동지들이 독일군의 함정에 빠질까봐 두려워 이 식당으로 식사를 하러 올 수가 없을 것이라고 생각했다. 하지만 사람들은 그에 아랑곳하지 않고 계속 엘렉 부인의 식당을 찾아왔다. 특히 식당 분위기가 화기애애한 덕분에 키르셴 형제와 나이첸코 자매, 독일역사가 전공인 젊은 교사 질베르 바디아, 조제프 보크조프 등 모두가 이곳으로 돌아왔다. 조제프 보크조프는 1905년 헝가리령 트랜스알바니아에서 태어난 '선참'이었다. 화학기술자이자 탁월한 실력을 갖춘 폭탄 제조가인 보크조프는 스페인 내란 중에 게릴라전 기술을 익혔다. 또 한 명의 레지스탕 조제프 클리스키는 이따금 엘렉 식당에 무기를 맡기곤 했다. 믿기 힘들지만 사실이었다.

　'자니'라는 별명을 가진 어느 헝가리 청년도 엘렉 식당을 찾아왔다. 그는 공산주의자들과는 상관없는 대학생 레지스탕스 조직에서 토마를 훈련시키고 싶어 했다. 결국 엘렌은 체포가 이어지고 아들 토마가 생사를 건 모험에 뛰어들어야 하는 위험을 감수하느니 차라리 식당 문을 닫아야 했다. 하지만 지금 당장은 아니었다.

어느 날 밤, 토마는 고등학교에서 돌아와 식당 유리창에 '유대인 식당'이라고 써 붙여져 있는 걸 보고는 망연자실했다. 크고 푸른 눈, 곱슬머리, 툭 튀어나온 이마 아래에 온화해 보이는 눈, 이 사랑스러운 사춘기 소년은 별로 유대인 같아 보이지 않았다. 사람들은 웃으며 그를 '아기 카둠'이라는 별명으로 불렀다. 이는 한 금발 소년이 얼굴 가득 미소를 띠운 채 피부를 부드럽게 만들어주는 비누를 선전하는 광고를 빗댄 것이었다. 토마가 부다페스트에서 태어난 해인 1924년 정말로 가장 예쁜 '아기 카둠'이 처음으로 선발되기도 했다.

농업기사는 정말 좋은 직업이었다. 그것은 루이 르 그랑 고등학교에 다니는 토마 엘렉이 꿈꾸는 직업이었다. 이미 우리가 본 것처럼 이 학교에는 '공격개시시간'이라든지 앞을 못 보는 자크 뤼세이랑이 우두머리였던 자유의 의용병들 같은 지하 레지스탕스 조직들이 여러 개 존재하고 있었다.

그러나 각 고등학교에는 비시정부를 맹목적으로 지지하는 소수의 고등학생들도 있었다. 그리고 훨씬 더 심각했던 것은 그중 일부가 유대인을 배척하는 조처들을 인정했다는 사실이다. 토마는 자기가 유대인이라는 사실을 감추지 않았다. 자기가 유대인이라는 사실을 자랑스러워했다. 그의 어머니 엘렌은 조심하라고 아들에게 말했다. 1941년 1월 어느 날, 한 소년이 그에게 소리쳤다.

"외국인에 유대인이면 입 꼭 다물고 있어야 하는 거야!"

토마는 이 악의적인 소년에게 덤벼들어 하마터면 목을 조를 뻔했다. 두 명의 감독교사가 그들을 떼어놓은 다음 '아기 카둠'을 교장실로 데려갔고, 교장은 그를 학교에서 퇴학시키는 대신 교칙에 따라 2주 동안 계속 일요일에 학교에 남아야 한다는 벌을 내렸다.

친절한 교장은 "네가 화를 낸 건 이해한다. 하지만 그렇다고 해서 친구를 죽이려 들면 안 되지."라고 말했다.

"그 놈은 제 친구가 아닙니다. 선처해주신 점 감사드려요, 교장선생님. 하지만 어쨌든 저는 레지스탕스 운동에 뛰어들 겁니다!"

토마 엘렉은 이런 인물이었다. 일요일에 학교에 남아 있으라고 하면 레지스탕스 운동을 하겠다고 대답했다. 그러나 시간이 지나면서 한층 더 신중해졌다. 헝가리 출신의 조니 덕분에 소르본 대학 학생들과 접촉하여 이들과 함께 작은 전단을 붙이고 유인물을 나눠주었기 때문에 더욱 그랬다. 이들은 특히 뷔퐁 고등학교 교사인 레이몽 뷔르가르가 속해 있는 조직 '인류박물관' 소속이었다. 토마는 또 다른 헝가리 출신 청년을 제외하고는 가장 나이가 어렸다. 대학생 중에 가장 먼저 총살당한 것으로 추정되는 랄루라는 청년이 프랑스 인인 이들을 통솔했다. 그것은 그의 사후에 전해지는 것과는 반대로 그 전에는 일체의 정치조직에 속한 적이 없었던 아기 카둠이 감행한 최초의 레지스탕스 활동이었다. 심지어 그의 어머니인 엘렌조차 식당의 뒷방에서 토마의 조직이 담벼락에 구호를 그리는 데 쓴 붉은색 페인트 통을 발견했을 뿐 그가 불완전한 형태로나마 레지스탕스 운동을 벌인다는 건 알지 못했다.

접촉이 끊기고 조직이 와해되자 토마는 다른 레지스탕스 조직에 들어가려고 했다. 토마는 보크조프를 통해 이번에는 FTP-MOI에 합류하려고 했다. 그러나 책임자인 반나치 독일인 페테르 모드는 단호했다. "너무 어려!" 앙드레 키르센이 전투조직에 들어가려고 했을 때도 같은 반응이 나왔다. 그러나 토마는 자기 차례가 되기를 기다리며 발을 동동 구르는 스타일이 아니었다.

자, 그래서 다시 시작되었다! 두 번도 했는데 세 번이라고 못 하겠는가? 불미슈의 독일 서점 '좌안'이 다시 주목의 대상이 되었다. 이 서점은 처음에는 한 대학생의 공격을 받았고(이 학생은 진열창을 향해 아스팔트 조각을 던졌다), 1941년 11월에 또 다시 파비앵이 지휘하는 청년전투대의 공격을 받았다. 파리에서는 드물게 밤에는 물론 낮에도 환히 불이 켜져 있는 것은 물론 유대인을 배척하는 괴벨스 취향의 팸플릿과 독일에 협력하자는 내용의 책들이 항상 눈에 잘 띄게 놓여 있는 이 서점의 벽을 칠하고 선반을 다시 조립하고 진열창을 다시 수리한다는 건 굉장히 힘든 일이었다. 시간이 흐르면서 경찰의 감시도 허술해졌다. 프랑스 경찰은 유대인들을 일제 검거하는 등 다른 할 일이 많았다.

그리하여 1942년 10월 15일, 그들 중 한 명이 느린 걸음걸이로 서점에 다가갔다. 얼굴이 아기 카둠을 닮은 그는 상당히 점잖아 보였고, 그의 동생은 멀리 자전거 위에서 그를 지켜보고 있었다. 이 소년은 벨라 엘렉이었다. 12살이었다. 그는 교수형에 처해질 수도 있을 이 공격을 형 토마와 함께 처음부터 끝까지 준비했다. 소이탄을 제조하는 일만 빼고 말이다. 그건 나이가 많은 사람들이 할 일이었다.

10월 초에 토마는 이런저런 책을 참고하며 열심히 공부했고 보크조프 덕분에 몇 가지 정보를 얻어 콜로디온 폭탄을 만들었다. 혼합하고 용량을 결정하는 것이 복잡했다. 그러고 나서 아버지 서재에서 두꺼운 책 한 권을 빼들고 나왔다. 독일어로 된 마르크스와 엥겔스의 《자본론》이었다. 그는 아버지의 면도기로 이 책의 속을 도려냈다. 아버지는 그 자리에 없었지만 나머지 가족들은 그가 그러는 걸 지켜보고 있었다. 아이들의 눈이 반짝였다. 엘렌은 불안했지만, 토마는 자기가 무슨 일을 하는지를 그녀에게 알려주었다. 괜히 유대인 엄마가 아니었다. 그녀는 이야기한다.

"지켜보았습니다. 아버지의 독일어판 《자본론》을 파서 한가운데 커다란 구멍을 만들더군요. 그러고 나서 저한테 얘기했지요. 그 책을 겨드랑이에 끼고 생미셸 거리에 있는 독일 서점에 들어갈 거라고. 이런저런 책을 살펴보는 척 하면서 《자본론》을 선반에 올려놓는다는 거였어요. 그러고 나서 책값을 치른 다음 서점에서 나오겠다고 하더군요. 단 1분이라도 허비하지 않기 위해 모든 계획을 꼼꼼하게 세웠죠. 그러면 그가 뤽상부르 그궁까지 가기도 전에 서점이 폭발한다는 것이었습니다. 벨라랑 만나기로 했다더군요. 토마가 벨라에게 말했답니다. '넌 거기로 가. 이제 폭발했으니까 두 번은 폭발하지 않을 거야. 넌 사람들이 뭐라고 하는지 들어보고, 무슨 일이 일어나는지 지켜보도록 해.' 그러자 벨라는 고함소리와 말소리, 울음소리, 불에 탄 책 등등 보고서를 작성해서 토마에게 넘겨주었지요."

1942년 말, FTP-MOI 제4지대支隊는 공식 성명을 발표했다. '1942년 10월 15일. 좌안에 위치한 한 독일 서점이 한 기가 막힌 발명품에 의해 전소되었다. 책 속에 구멍을 뚫고 그 안에 소이탄을 집어넣은 다음 그것을 다른 책들 사이에 끼워놓은 것이었다. 몇 분 뒤, 서점은 불길에 휩싸였다. 우리 비밀 조직원들은 무사히 현장에서 벗어났다.'

우리 조직원들? 토마와 벨라였다. FTP-MOI은 뻔뻔스러웠다! 토마 엘렉이 들어오겠다고 할 때는 받아들일 수 없다고 거절하더니 이제 와서는 그가 자기 조직의 조직원이라고 주장하고 나섰던 것이다. 그보다 더 가관이었던 것은 벨라가 말년에 폭로한 것처럼, 이 조직의 헝가리 출신 책임자가 화가 난 나머지 엘렉이 제멋대로 행동하고 스탈린을 비판했으니 죽여 없애자고 제안했다는 사실이다.

그럼에도 그동안 '토미'(그 뒤로 토마는 이렇게 불릴 것이다)는 이러한 성공을 거둔 덕분에 조직에 들어갈 수 있었다. 1943년, FTP-MOI는 활동을 강화했다. 이들은 전해에 와해되었던 청년전투대의 뒤를 이어 도시게릴라 활동을 시작했다. 소련에서 적군이 공세로 전환하자 공산주의자들은 프랑스 인이건 외국인이건 누구나 매우 기뻐했다. 그해 초반, 스탈린그라드 전투가 치러지고 연합군이 북아프리카와 이탈리아에서 진군하면서 2차 세계대전에 일대전환이 이루어졌다.

1943년 3월 29일, 독일군 장교들이 파티를 벌이는 한 식당에서 수류탄 공격이 일어났다. 수류탄을 던진 것은 '폴'이라는 가명으로 불리는 체코 출신 청년 파벨 시모였다. 토미는 망을 보며 그를 보호했다. 그러나 수류탄을 던지고 나서 도망치려던 폴은 길을 가로막고 나선 행인들 때문에 꼼짝할 수 없었다. 엘렉은 권총을 가지고 있었지만 그가 체포되는 것을 막을 수는 없었다. 폴은 게슈타포에게 넘겨졌지만 친구에 대해서는 일체 입을 열지 않았다. 1943년 5월 22일 그는 18세의 나이로 발라르 사격대에서 총살당했다.

친구를 잃자 토미의 결의가 더 확고해졌다는 얘기를 굳이 할 필요가 있을까? 사람들은 이런 상황에서 항상 비슷한 말을 한다. 다음 상황은 그러한 관례적인 표현이 이 헝가리 출신의 젊은 단원과 관련된 경우에서도 그렇게 극단적이지 않음을 증명한다.

3월 31일, 뤽상부르그 공원에 주둔한 방공사령부에 배속된 분견대가 오데옹 지하철역에서 공격을 받았다. 토미는 라텡 구역을 손바닥 보듯 훤히 꿰고 있었다. 그는 이 구역의 카르디날 르므완 거리 69번지에서 '피에르 데샹'이라는 가명으로 거주하기도 했다(이 이름은 그의 위조된 신분증명서에도 나온다).

토미 외에 1925년 폴란드에서 태어난 볼프 와즈브로드라는 더 어린 유대인도 있었다. 이 청년은 가족 모두가 1942년 7월 16일 강제 송환되고 난 후에 레지스탕스 운동에 뛰어들었다. 그로서는 더 이상 잃을 게 없었다. FTP-MOI 지도부는 뭐든지 할 각오가 되어 있는 이 젊은 미친개들을 꺼려할 수도 있었을 것이다. 그러나 수많은 조직이 와해되는 판에 어떻게 신입 조직원들을 가려 뽑을 수 있겠는가? 시간이 지나면서 붉은 깃발을 든 이 가브로슈들은 능숙한 기술자가 되었다. 이것은 조직을 이끄는 마르셀 라즈망(19세)의 경우도 마찬가지였다. 6월 1일, 장 조레스 지하철역을 공격하는 과정에서 토마는 70명의 병사들로 이루어진 독일군 부대를 향해 수류탄 두 발을 던졌다.

'토마 엘렉, 여덟 차례의 탈선.' 이것은 나치가 MOI의 외국인 조직원 23명을 체포하고 난 뒤 토마 엘렉에 대해 작성한 조서에 나오는 문구다. 혹시 나치는 무의식중에 그에게 경의를 표한 게 아닐까? 과연 토마 엘렉은 이후 파리 지역 FTP-MOI 제4지대인 기술부서('열차를 탈선시키는 자들의 부대'라고 불렸으며 그의 친구인 조제프 보크조프가 지휘관이었다)로 배속되었다. 그의 조직원 번호는 10306번이었다. 누가 무얼 해서 승리를 거두었는지에 대해 공식성명을 발표할 때 FTP-MOI는 단순히 조직원 번호만 밝혔다.

독일인들과 특수수사반 소속 경찰들을 난처하게 만드는 작전들이 연이어 수행되었다. 7월 28일, 샤토 티에리 근처에서 6백 명의 독일 병사들과 장교들을 실은 호송 열차가 파괴되었다. 직접 쓴 보고서에서 토마는 이렇게 자랑스럽게 말한다. '사람들은 나를 아기 카둠이라고 불렀다. 그 아기가 6백 명의 나치를 지옥으로 보냈다.'

1943년 8월 3일 밤, 파리와 랭스 사이를 달리던 열차가 탈선되었다. 또 8월 26일 밤에는 파리와 트루아 사이를 달리던 열차가 뒤집어졌다. 파리와 몽타르지 간 열차는 9월 20일 밤에……

이 탈선 작전은 독일 열차나 병력 수송열차, 혹은 프랑스 농업과 공업을 수탈하여 축적한 전쟁 물자를 나르는 열차를 목표로 했다. 또한 레지스탕스 활동은 경제와 연관되어 있었다. 10월 8일 밤, 병력과 물자를 동부전선으로 실어 나르는 파리와 트루아 간 열차가 다시 전복되었다.

1943년 10월 25일 밤에는 이 노선에서 마지막으로 열차가 탈선했다. 그리고 우려하던 일이 벌어졌다. 세 명의 유격대원이 돌아가지 못했다. 사실 그로부터 얼마 전에 특수수사반에서 열차를 탈선시키는 레지스탕들의 신원을 파악했다. 1943년 10월 21일 밤, 특수수사반은 엘렉의 조직을 미행한 끝에 그들이 기차를 탈선시킬 지점을 찾고 있는 현장을 목격할 수 있었다.

가스통 바라생이 지휘하는 제2특수수사대가 행한 미행에 관한 보고서는 당시 FTP-MOI의 활동에 관해 쓰인 많은 보고서들이 그렇듯 아주 생생하다.

> 10월 21일. 오전 11시 20분. [⋯] 바로 그 순간, 보크조프가 우리 눈에 들어왔고, 이어서 골베르그와 마르티니우크, 펭게르크바이그, 엘렉이 연이어 나타났다. 골드베르그는 무거운 뭔가가 들어 있는 것처럼 보이는 야영용 배낭을 메고 있었다. 펭게르크바이그 역시 상당히 무거워 보이는 마대를 짊어지고 있었다. 엘렉도 야영용 배낭을 짊어졌다. 우리는 무언가가 잔뜩 들어 있는 마대를 등에 지고 대합실 안을 돌아다니는 와즈브로트도 보았다.
> 골드베르그와 펭게르크바이그, 마르티니우크, 엘렉은 두 명씩 짝을 지어 트루아 행 11시 45분 열차를 탔다. 보크조프는 이 작전을 지휘하는 것 같았다. 와즈브로트와 산사니는 11시 45분 발 열차를 타지 않았다.
> 트루아에는 오후 2시 45분에 도착했다. 모두 기차에서 내리더니 두 명씩 짝을 지어 역 밖으로 나갔다. 마르티니우크와 골드베르그, 엘렉은 '벨포르의 사자들'이라는 술집 앞에서 다시 만나 안으로 들어갔다. [⋯] 오후 6시 15분, 우리는 댐 근처의 나무다리를 지난 다음 생쥘리앵 레 빌라 출구의 2번지라고 되어 있는 빌라가 있는 곳에서 그들을 시야에서 놓쳤다. [⋯] 7시 30분에 골드베르그와 그의 친구들이 다시 기차를 타고 10시에 파리에 도착했다.

그들은 동역 앞에 다시 모여 포부르 생마르탱과 샤토 도 거리가 만나는 모퉁이의 담배 가게 안에서 음료수를 마셨다. 10시 30분, 엘렉은 동료들과 헤어져 11시 40분에 집으로 돌아갔다.

이렇게 토마 엘렉은 특별 미행을 당했다. 왜 경찰은 토마와 그의 동료들을 현장에서 체포하지 않았던 것일까? 역사학자 스테판 쿠르트와와 드니 페샨스키는 《외국인의 피, 레지스탕스 운동에 뛰어든 MOI의 이민자들》에서, 그리고 아담 레이스키와 아네트 위에비오르카는 《그들은 유대인이자 레지스탕이자 공산주의자였다》에서 경찰들이 이 비밀조직의 최고책임자가 누구인지 밝혀내기 위해 그랬던 것이라고 주장한다. 아마도 그들은 결국 FTP-MOI의 정치 책임자인 루이 그로노프스키나, 아니면 그가 직접 접촉하는 공산당 레지스탕스 책임자 자크 뒤클로까지도 체포할 수 있지 않았을까? 어쨌든 그들은 레지스탕스 조직원들의 여러 약속장소와 주거지를 확실히 파악했다. 또한 그들은 10월 26일 파리 지역 FTP-MOI 정치 책임자인 조제프 다위도비츠('알베르')를 심문했다. 경찰의 회유를 받고 변절하여 정보원이 된 알베르는 경찰이 아르메니아 출신 미싹 마누시안(토마 엘렉은 이 작전 책임자와 함께 여러 번 작전을 수행했다)이 이끄는 조직을 와해시키도록 도와주었다.

같은 달 26일에 파리와 트루아 간 열차가 모르망 근처에서 탈선했는데, 경찰은 레지스탕들이 의심을 하지 않도록 그냥 내버려두었다. 세 명의 조직원들만 저지했을 뿐 토마 엘렉은 그냥 보내줬던 것이다. 그러자 이상한 일이 일어났다. 조직 지도부가 그와의 접촉을 일체 끊어버렸던 것이다.

그는 버려진 것일까? 그가 이 얘기를 어머니에게 하자 그녀는 이렇게 대꾸했다. "이제 도망쳐야 한다. 다시 접촉해오기를 기다리다가는 붙잡힐 거다. 틀림없어!"

그녀의 말이 옳았다. 그는 1943년 11월 21일에 체포되었다. 소식통에 의하면 경찰은 그를 고문하든지 아니면 아예 제쳐놓았을 거라고 한다. 왜냐하면 그에 대해 알아야 할 모든 것을 이미 다 알고 있었기 때문이다. 어쨌든 그가 독일인들에게 넘겨지고 나서 투옥된 프렌느에서 친구들은 그가 이렇게 잠꼬대하는 것 들었다고 한다. "절대 말하면 안 돼. 무슨 일이 있어도 입을 꼭 다물고 있어야 해." 과연 그는 일체 입을 열지 않았다.

'23인 재판'은 1944년 2월 19일에 열렸다. '범죄 집단'이라는 제목이 붙은 유명한 게시문이 이 '거칠고 위협적인' 외국인들의 얼굴과 함께 인쇄되었다. 마누시앙이 이들의 우두머리로 나와 있었다. 그리고 이 젊은 헝가리 출신 청년의 사진에는 이런 설명이 붙어 있었다. '토마 엘렉, 열차를 여덟 차례 탈선시킴.' 독일인들은 그가 불미슈 서점에 불을 질렀다는 사실을 결코 알지 못했다. 1944년 2월 21일, 아기 카둠은 발레리앵 산에서 다른 동료들과 함께 총살형을 당했다.

우연은 이상하게 이루어졌다. 나는 1977년 봄에 처음으로 프랑스와 마스페르 출판사에서 《아일랜드의 레지스탕스 운동》이라는 책을 펴냈다. 엘렌 엘렉 역시 같은 출판사에서 《엘렌의 추억》을 출판했다. 출판사가 같았기 때문에 우리는 어느 날 함께 우리의 책에 헌사를 쓰게 되었다. 나는 이 '용기 있는 어머니'에 대해 강렬하고 감동적인 기억을 간직하고 있다. 내가 강한 인상을 받은 게 한 가지 있는데, 틀림없이 총살당한 젊은 레지스탕들의 마지막 순간과 관련된 불건전한 전통 때문에 그랬을 것이다. 즉 토마 엘렉은 물론 뷔퐁 고등학교의 피에르 브누아, 마누쉬앙, 검은손 조직의 마르셀 바이눔, 기 모케 등은 가족들에게 최후의 편지를 쓰지 않았다. 엘렌이 적십자를 통해 받은 유일한 편지는 아들이 프렌느 감옥에 있을 당시 담배 종이에 쓴 것뿐이었다. 그는 공부를 하고 싶다며 어머니에게 불영사전과 불독사전을 보내주십사 부탁했다.

그러나 사형을 당하는 순간에는 편지를 쓰지 않았다. 어느 날, 토마와 함께 감옥에 갇혀 있었던 미셸이라는 이름의 아르메니아 출신 청년이 엘렌 엘렉을 만나러 와서 그녀의 아들이 이렇게 전해줄 것을 부탁했다고 말했다.

"엘렉 부인, 제가 부인을 만나 뵈러 온 것은 토마가 이렇게 부탁했기 때문입니다. '만일 살아 돌아가거든 우리 어머니를 찾아뵙고 내가 용감하게 행동했었다고 말씀드려줘. 그리고 내가 항상 어머니를 생각했다는 말씀도 해드리고.'"

엘렌 엘렉은 그녀의 책에서 이렇게 말한다.

그래서 나는 그 청년에게 말했다. "제발 부탁이니 그만해요. 아무 말 하지 말라고요. 아무 것도 알고 싶지 않아요. 그 아이가 무슨 생각을 했는지, 무슨 말을 했는지, 난 다 알고 있어요. 오직 나 혼자만 알고 있다고요."

나는 그 아이를 너무나 잘 알고 있었다. 나는 내 아이들을 너무나 잘 알고 있었다. 그렇다. 나는 알고 있었다. 나는 그 아이가 무엇 때문에 고통스러워했는지를 알고 있고, 그 아이와 함께 모든 걸 보았다. 젊었을 때의 짧은 삶, 2, 3년의 레지스탕스 활동, 그리고 총살형. 견뎌내야 한다.

어느 날, 그는 아버지와 함께 베토벤 음악회에 갔다. 그가 아버지에게 물었다. "아빠, 제가 왜 음악회에 가는지 아세요? 제가 아직 인간인지 알려고 가는 거예요. 왜냐하면 우리는 더 이상 인간이 아니거든요."

미셸이라는 청년은 엘렌에게 다른 말도 전했다. 토마는 친구들에게 이렇게 말했다고 한다. "우리 어머니는 강하셔. 하지만 아빠는 견디지 못하실까봐 걱정돼."

어쩌면 그는 아버지가 슬픔에 빠져 헤어나지 못할까봐 편지를 안 쓴 것인지도 모른다. 또 다른 이유도 있었다. 토마 엘렉은 강박관념을 갖고 있었다. 말을 하지 말아야 한다는 것이었다. 친구들에 대한 정보를 주지 않아야 한다는 것, 동생 벨라에 관한 정보를 제공하지 않아야 한다는 것, 작전과 관련된 정보를 제공하지 않아야 한다는 것, 그 어느 것 하나도 적에게 넘겨주지 말아야 했다. 아무 것도, 아무 것도.

나치가 선전을 위해 찍은 사진에서 큼지막한 영국제 열쇠를 들고 있는 토마 엘렉은 단 한 가지도 넘겨주지 않았다. 그의 침묵에 대한 대가조차도.

공산당은 오랫동안 프랑스를 해방시키는 데 도움을 주었던 '이 외국인들'에 대해 말하기를 거부하면서 침묵을 연장시켰다. 1954년 스탈린이 죽고 아라공이 결국 '붉은 대자보' 조직을 기리는 한 편의 아름다운 시를 쓸 때까지 말이다.

> 살아남을 사람들 모두에게 가득한 행복을
> 난 독일 민족에 대한 미움 없이 죽네
> 고통이여 안녕, 그리고 장미꽃이여 안녕

제7장

첩자들, 스카우트 단원들,
그리고 '자유프랑스'의 사관생도들

그런데 왜 항상 '자유프랑스'라고는 말하면서 '자유영국'이라고는 말하지 않는 것일까? 젊은 페테르 하살은 이 같은 질문을 던질 수도 있었을 것이다. 그건 우리도 마찬가지다. 이 14세 소년은 지독히 안 좋은 상황에 놓여 있었는데, 이 특이한 상황은 섬 밖의 사람들에게는 거의 알려지지 않고 있었다. 영국 외무성이 프랑스가 전쟁에 패한 6월 10일 이후로 저지와 건지, 사크, 오리니, 그리고 영국령 노르망디 섬들이 '비무장화되었다'는 사실을 독일에 알리는 걸 소홀히 했고, 그 바람에 이 섬들은 영국에서는 유일하게도 1940년 6월 28일의 인명을 앗아간 독일공군의 폭격 이후로 '제리즈'(영어로 '독일놈들')에게 점령되었던 것이다.

7월 1일, 한 젊은 독일공군 장교가 저지 섬 상공을 비행하다가 섬 주민들이 항복 표시로 흰 깃발을 흔드는 광경을 보았다. 오후에 독일군 병사들은 항로를 이용해 섬에 상륙, 이 섬의 지배자인 영주와 그의 수행원들로부터 환대를 받았다. 수도인 생엘리에르에는 꽃이 활짝 피어 있었다. 영국에서 독립한 생말로와 코탕텡 소반도 연안의 이 작은 섬들은 늘 이렇게 날씨가 좋았다.

괴벨스는 나치가 우월하기 때문에 이 섬을 정복했다는 식으로 선전하려고 했다. 독일 언론은 사진을 한 장 실었다. 널리 알려진 이 사진에는 어느 '바비'(두꺼운 종이를 삶아 굳혀 만든 헬멧에 펠트 모자를 쓴 영국 순경)가 독일군 병사와 악수를 나누고 있었다. 이것이야말로 제3제국이 대영제국을 정복하기 시작했다는 걸 보여주는 증거라는 것이었다.

'하우 두 유 두? How do you do?'

'비 게흐트 에스 이넨? Wie geht es Ihnen?'

섬사람들은 모두 이 기념비적인 장면을 영원히 후세에 전하고 싶어 했다. 플래시를 터트려 사진을 마구 찍어대는 것이 슈메이세르 기관총을 난사하는 것보다 더 평화적이었다. 누가 사진을 현상할 것인가? 아주 간단했다. 피터 하셀의 아버지 테드가 전쟁이 일어나기 전 세인트 헬리어 광장에 사진관을 열었다. 나치 문양이 그려진 깃발이 바람에 펄럭이던 바로 그날부터 이곳에 주둔한 모든 독일 병사들이 자신의 사진을 찍어 고향에 있는 금발머리 여인에게 보내고 싶어 했기에 사진관은 한층 더 번창했다. 테드는 만족스러워했다. 피터와 그의 형 버나드, 그리고 그의 나이 어린 — 1939년에 막 태어난 — 여동생 앤의 어머니이자 이탈리아 출신의 엠마는 사진관이 앞으로도 계속 잘될 거라고 생각했다. 그녀는 하셀 사진관이 독일군 공식 사진관이 되도록 하는 데 성공했다. 그래서 진열창에 'Willkommen, welcome, bienvenue' 라고 써 붙였다. 어린 피터에게는 독일어 수업을 받도록 했다. 그래서 피터는 짧은 시간에 독일어를 배워 사진관에서 회녹색 군복을 입은 독일 병사들을 괴테의 언어로 맞이할 수 있었다.

남편 테드는 있어도 그만, 없어도 그만이었지만, 그와 반대로 엠마는 독일군 사령부에 근무하는 나리들의 인기를 한 몸에 끌었다. 그녀는 암시장 덕분에 사진 말고도 술, 담배, 차, 초콜릿 등을 병사들의 숙소에 공급할 수 있었다. 밀거래가 집중적으로 이루어지는 곳은 '황금감자 호텔'에 자리 잡은 독일해군 사령부였다. 결국 히틀러를 이길 영국 공군과 독일 공군 간의 치열한 영국전투가 하늘에서 벌어지는 동안 이 꽃섬에서는 새로운 생활이 시작되었다.

눈에 띄게 번창하는 가정에서 정말 자부심을 느낄 수 있을까? 아니, 그 반대였다. 집이 돈을 더 많이 벌면 벌수록 어린 피터는 점점 더 부끄러워졌다. 앵글로노르만 섬들이 별로 쓸모없는 거대한 성을 짓기 위해 이곳으로 강제 이주된 유대인과 러시아인, 스페인인 죄수들에게 지옥 같은 곳이 되어갔기 때문에 더 그랬다. 도망친 죄수들을 숨겨준 몇몇 용기 있는 사람들을 제외한 대부분의 섬사람들은 모든 것에 무관심했다.

1941년 10월에 피터가 데니스 바이버트라는 한 청년이 런던으로 가는 데 성공했다는 사실을 알게 되면서 모든 것은 시작되었다. 멀지않은 건지 섬에서 16세의 두 소녀가 간첩 혐의로 독일군에 체포되었다. 이 사건은 다행히 무혐의로 처리되었다. 이미 같은 섬에서는 그보다 조금 전에 젊은 이들이 BBC 방송의 요청에 따라 세인트 마틴의 벽마다 승리의 V자를 그려놓았다. 그러자 독일인들은 TSF 라디오수신기를 압수해 가버렸다. 저지 섬에서도 한 의붓자매가 독일군에 대해 항복하라고 요구하는 내용의 유인물 여러 부를 타이프로 쳐서 사람들에게 나눠주었다. 독일 경찰에게 체포된 이 두 사람은 재판에 회부되었다. BBC 방송을 청취한 것에 대해서는 10년 징역형이, 유인물을 나눠준 것에 대해서는 사형선고가 내려졌다. 언니가 일어나더니 물었다.

"두 가지 판결 중에서 뭐가 먼저 집행되는 거죠?"

그러자 군법회의 재판관이 "물론 사형선고가 먼저 집행될 것이다!"라고 대답했다.

다행스럽게도 섬의 영주가 사면을 요청했고, 두 저지 섬 소녀들에게 내려진 사형선고는 감형되었다.

이러한 상황에서 피터 하살은 행동에 나서기로 결심했다. "우리도 떠나서 영국인들이 히틀러와 싸우도록 도와줘야 해!" 그는 16살짜리 친구 데니스 아우드레인에게 이렇게 말했다. 하지만 런던으로 간다는 건 결코 쉬운 일이 아니었다. 이들이 섬에서 탈출할 계획을 짜는 동안 세 번째 삼총사의 도움이 절실히 필요해졌다. 그들은 모리스 굴드(17세)를 생각했다. 결정이 내려졌다!

이 세 사람이 대탈출을 준비하고, 소형보트를 구하고, 조수와 바람, 독일군 경계병의 근무시간, 야간통행금지를 피하는 방법 등을 연구하는 데는 6개월이 필요했다. 나치체제 하에서도 5월 1일 노동절 축제는 거행되었다. 점령자들은 5월 2일 토요일에 떠들썩하게 축제를 벌이기로 했다. 물리도록 먹고 마실 예정이었다. 1942년 5월 3일 우리 젊은 모험가들은 넓은 바다에 나가 있을 것이다.

소설처럼 그들은 분명히 그들에게 의혹의 눈길을 보낼 영국 정보부에 줄 '선물'을 들고 갔다. 피터가 직접 찍거나 사진관에서 한 장 더 현상한 인물사진, 특히 독일군 건축물과 대포, 벙커, 지하병원, 독일군 사령부의 조직편성표와 부대정원 등 문서를 찍은 사진이 수백 장이나 되었다. 이 어린 소년이 사진기를 들고 있는 걸 보고 화를 내는 사람은 아무도 없었다. 그것은 점령군의 공식사진사가 하는 일의 일부였기 때문이었다. 과연 그 누가 '스파이 피터'의 진짜 역할을 짐작이라도 할 수 있었겠는가?

나이 든 상선 선장과 순경 한 사람만 비밀을 알고 있었는데, 이들은 모두 열렬한 애국자였다. 이 노련한 뱃사람은 영국으로 갈 수 있는 여러 가지 항로를 지도에 표시해주었다. 또 순경은 가스오일을 구해다주는 등 그들을 도와주었다. 5월 3일 일요일 아침, 이 세 청년은 모터보트를 숨겨놓은 섬 남쪽의 그린 아일랜드로 갔다. 피터는 속옷과 가족 앨범에 잘 정리해둔 사진이 든 가방을 하나 들고 왔다. "낚시 갔다가 밤에 돌아올 게요!" 이 세 사람은 부모들에게 이렇게 말했다.

역풍으로 인해 여러 차례의 시도가 실패로 끝난 뒤, 결국 이 소형보트는 10시 45분경에 닻줄을 풀었다. 그러나 진짜 폭풍이 휘몰아쳤다. 그리고 엔진을 가동시키기도 전에 파도가 밀려들어 보트가 뒤집혔다. 모리스는 멀리 떠내려간 듯했다. 피터는 수영을 할 줄 모르는 데니스를 향해 달려갔다. 데니스는 구명조끼를 입었지만 물을 너무 마셔 익사하고 말았다. 피터는 겨우겨우 뭍으로 돌아오는데 성공했다. 친구 모리스는 이미 뭍으로 나와 있었다. 어떻게 할 것인가? 세인트 헬리어로 돌아갈 것인가? 온몸이 추위로 얼어붙고 친구를 잃은 슬픔으로 인해 낙심한 이들은 모래사장 근처에서 밤을 새우기로 결정했다. 자정이 지나고 얼마 후 총소리가 들려오자 그들은 소스라치게 놀랐다. 독일 해양경찰의 발터 린데 중사가 두 사람에게 총을 겨누고 헌병대로 끌고갔다. 피터는 린데를 잘 알고 있었다. 그는 엠마와 가장 가까운 공모자였던 것이다. 암시장의 술책과 안방의 비밀…….

글루스터 스트리트 감옥으로 이송된 그들은 가혹한 심문을 받은 다음 히틀러가 1941년 12월에 제정한 나흐트 운트 네벨Nacht und Nebel('밤과 안개') 법령에 따라 앵글로노르만 섬 최초의 죄수들이 되었다. 이 법령은 레지스탕들을 독일로 이송하고, 그들이 특별법정에서 열리는 비공개 재판에서 그들을 처형할 것인지 아니면 강제 수용할 것인지를 결정하도록 정하고 있었다. 같은 시기에 마르셀 바이눔과 알자스 지방에서 활동했던 '검은손'의 심판자들, 그리고 다른 많은 젊은이들도 바로 이 'NN' 법령에 의거해 재판을 받았다.

5월 중순에 모리스와 피터는 파리 지역의 프렌느 감옥으로 이송되어 소쎄 거리에 있는 게슈타포 건물에서 다시 심문을 받았다.

"어느 비밀조직에 속해 있지? 누가 제3제국에 대한 간첩활동을 하라는 지시를 내렸지?" 바로 이런 질문들이 끊임없이 던져졌지만 그들로서는 대답하려야 할 수가 없었다. 나치 방첩당국은 청소년들이 그들 스스로 모든 걸 조직했으리라는 생각은 아예 못했던 것이다.

1942년 6월 12일, 저지 섬 출신의 두 청년은 50명의 다른 프랑스 죄수들과 함께 트레브 감옥으로 이감되었다. 그리고 나서 그들은 미성년자라는 이유로 비트리히 강제수용소의 갈대바구니를 짜는 공장으로 보내졌다. 그들은 로렌 지방 출신의 데흐렝제르와 프랑스의 희망 조직에 소속된 그의 친구들과 마주쳤을까? 사실 이 구금수용소에는 젊은 레지스탕들이 많이 갇혀 있었다.

모리스 굴드는 이 철조망의 그늘 속에서 결핵에 걸렸고, 구타와 추위, 궁핍, 배고픔까지 덧붙여져 몸을 제대로 가눌 수가 없을 정도로 심신이 약해졌다. 1943년 10월 1일 세상을 떠나기 얼마 전, 그는 언젠가는 자신을 저지 섬에 송환하도록 해주겠다는 약속을 피터에게 하도록 했다. 피터는 불길한 운명을 두려워했고, 그의 생각은 옳았다. 친구가 죽고 나서 6개월이 지난 1944년 6월 1일, 이 저지 섬 출신의 청년은 브레슬라우 특별법정에서 재판을 받는다.

'전시 간첩행위'는 가장 엄중한 처벌을 받았다. 다행스럽게도 많은 문서가 배가 난파했을 때 파도에 휩쓸려가 버렸다. 그중에는 요새의 지도도 있었다. 그러나 사진앨범이 명백한 증거로 남아 있었다.

피터 하살은 세 명의 재판관에게 맞서 자신을 정직한 사람으로 변호하면서 자신은 나이가 어려 죽은 두 사람이 하자는 대로 했을 뿐이라고 주장했다. 그것이야말로 최선의 변호였다. 그리고 그것은 나름대로 성과를 거두었다. 판결이 났다. '모든 추소追訴 사항으로 보아서는 사형을 언도해야 마땅하나, 나이가 아직 어린 점을 참작하여 형의 선고를 정지하고 4년 징역형에 처한다.'

우여곡절 끝에 피터는 폴란드의 슈바이드니츠에 있는 공장에서 일을 하다가 히르수베르그 감옥으로 이감되었다. 그리고 1945년 5월 8일, 이 곳에서 간수가 감방 문을 열더니 빵 한 조각과 5라이크마르크씩을 나눠주었다. 자유의 몸이 된 것이었다! 그렇다고 해서 피터가 가야 할 고난의 길이 끝난 건 아니었다. 적군이 나치 수용소였던 건물에 죄수로 억류했던 그는 탈출을 했다가 다시 미국 정보부 요원들에게 붙잡혀 브뤼셀로 끌려갔고, 여기서는 영국의 방첩당국이 그를 심문했다.

"솔직히 말해보게. 자넨 독일 간첩인가, 아니면 러시아 간첩인가?" 스파이 피터는 눈을 내리깔았다. 히틀러에 저항하여 죽음을 각오하고 레지스탕스 운동을 벌였는데, 이런 식의 취급을 받다니, 젠장! 다행스럽게도 옆에 있는 사무실에서 아버지 친구가 불쑥 나타나더니 그의 보증인이 되어주었다. 이제 정말로 집에 돌아갈 수 있었다. 피터 하살은 세인트 헬리어를 향해 항해하면서 더 나은 세상을 꿈꾸었다. 그러나 섬에 도착하는 순간, 그 같은 환상은 깨져버렸다. 저지 섬과 건지 섬에서는 1945년 5월 9일에야 전쟁이 끝났다. 다시 말해 연합군이 1년 전에 코탕탱 반도에 상륙하여 프랑스를 해방시켰음에도 앵글로노르만 섬들은 잊어버리는 바람에 이 섬들은 계속해서 독일의 시간을 살고 있었던 것이다.

그 누구라도 절망하지 않을 수 없을 사건이 두 번째로 그를 기다리고 있었다. 어머니 엠마가 어디론가 사라져 버렸던 것이다. 실제로 영국 공군이 도착하기 전에 그녀는 저지 섬의 나치 요새를 짓는 공사장에서 일하던 어느 스페인 남자의 품에 안겨 유럽대륙으로 떠나 버렸다. 그리고 더 끔찍한 소식이 그를 기다리고 있었다. 피터는 1942년 3월 3일에 친구이자 독일인인 린데에게 위급상황을 알리고 소년들을 감시하고 체포하여 독일경찰에게 알리라고 요구한 사람이 바로 어머니였다는 사실을 알았던 것이다.

그의 아버지는 완전한 침묵을 지키고 있었기 때문에 동생이 설명했다. "어머니는 형이 도망쳐서 제리즈와의 장사가 망할까봐 걱정했어. 그리고 어머니는 형의 잘못 때문에 자기가 친구 사이인 독일인들을 대상으로 레지스탕스 활동을 벌인 공범으로 취급받게 될까봐 겁을 냈지."

그러나 피터 하샬의 고난은 종전과 더불어, 그리고 이처럼 서글픈 현실의 발견과 더불어 끝났던 게 아니었다. 거의 반세기 동안 스파이 피터는 지하병원 박물관 관장의 도움을 받아 런던과 저지 섬 당국에 압력을 계속 가했다. 친구인 모리스 굴드에게 약속했던 것처럼 그의 유해가 그들의 섬으로 돌아올 수 있도록 하기 위해서였다.

1997년 5월 3일, 결국 그 약속은 이루어졌다. 그들의 불행한 모험이 실패로 돌아가고 55년이 지나서야 피터는 약속을 지키게 된 것이었다. 세인트 헬리어에 있는 세인트 뤼크 교회에서 감동적인 의식이 치러졌을 때 그는 이렇게 말했다.

"저는 하루도 빠짐없이 모리스를 생각했습니다. 그가 저한테 마지막으로 했던 말 중 한 가지는 자기를 독일에 남겨두지 말라는 것이었죠. 저는 그렇게 하겠다고 약속했습니다. 수도 없이 절망했죠. 그의 사체를 발굴해도 좋다는 허락을 받아야 하는데 모리스가 자기 가족에 대해 말한 적이 없었기 때문에 어디 가서 그들을 만나야 할지 알 수가 없었거든요. 이제 그가 이곳으로 돌아와 영원한 안식을 취하게 되니, 저로서는 정말 안심이 됩니다."

1940년 가을, 영국전투에서 패배한 독일인들은 앵글로노르만 군도 너머의 영국 섬들을 정복할 수 없었다. 하지만 그들은 성공할 때에 대비하여 모든 경우를 예상해두었다. 히틀러는 '바다의 사자'라는 이름이 붙은 작전을 벌여 25만 병력을 영국의 켄트 주와 서섹스 주에 상륙시키려고 했다. 승리가 확실해지고 런던이 '열린 도시'로 선포되면 그들은 요인들을 체포하여 승리자들의 법정에서 재판할 계획을 세웠다.

키가 작고 통통하며 머리가 벗겨지고 귀가 박쥐 날개 모양인 프란츠 알프레드 식스 박사가 영국에서 게슈타포를 지휘하기로 되어 있었다. 나치비밀경찰의 사령부는 런던 외에도 버밍엄과 브리스톨, 리버풀, 맨체스터, 그리고 스코틀랜드의 에든버러와 글래스고에 세워지기로 예정되어 있었다.

1909년 만하임에서 태어난 식스는 1930년에 나치당의 당원이 되었고, 4년 뒤 나치친위대 비밀부서에 이어 라인하르트 헤이드리히가 이끄는 RHSA(나치중앙안전사무소)에 들어갔다. 증언에 따르면 이후 그가 소련에서 전투조직의 우두머리로서 조너선 리텔의 《호의적인 사람들》이라는 소설에 등장하는 반영웅들처럼 인간백정 노릇을 했다는 사실로 판단해볼 때, 그는 틀림없이 런던의 게슈타포에서 온갖 악행을 저질렀을 것이다.

그러나 이에 앞서 영국 섬의 정복이라는 관점에서만 본다면 식스는 정상적인 관료였다. 그는 부하들에게 두 가지 중요한 문서를 작성하라고 지시했다. 하나는 영국점령군 병사들이 보게 될 입문서였고, 또 하나는 디데이에 체포해야 할 인물들의 리스트였다. 이 리스트에는 정치인들과 프리메이슨단 단원들, 종교인들, 정보부의 간부직원(당시의 제임스 본드) 등 첩보활동이라는 어둠의 왕국에서 활약하는 그의 적수들이 포함되어 있었다.

1940년 가을에 완성된 이 리스트에는 불굴의 의지로 제3제국에 저항하는 적으로서 다우닝 가 10번지에 살고 있는 윈스턴 처칠 수상이라든지 유대인이자 정신분석학의 아버지로서 어린아이의 성에 관한 추잡한 책을 씀으로써 젊은이들을 타락시킨 지그문트 프로이트Sigmund Freud 박사 같은 명망 높은 인물들이 들어 있었다. 체제를 전복시키려 하는 두 명의 장군도 이 리스트에 끼여 있었다. '런던으로 망명한 전 프랑스 장군' 드골과, '보이스카우트 운동의 창시자' 로버트 베이든 파월Robert Baden-Powell 경이었다.

로버트 베이든 파월은 무슨 이유로 제3제국 최악의 적들 중 한 명으로 꼽혔던 것일까? 프란츠 알프레드 식스는 보이스카우트 운동이 '국가선전기관'으로서 대영제국 국가들로 확산되어 갔기 때문에 독일에서는 금지되었다고 설명한다. '마틴이라는 이름을 가진 스카우트들의 지도자는 '반半 유대인'으로서 윌슨이라는 이름의 간첩으로부터 도움을 받고 있으며, 각 나라의 경제적, 정치적, 문화적 상황에 대해 전 세계의 스카우트 운동 조직에서 런던에 있는 본부로 보내오는 보고서를 받는다. 〔…〕 영국의 보이스카우트 조직은 영국의 문화를 선전하고 영국 비밀정보부에 정보를 제공하는 위장단체다. 그리고 그들은 좋은 학교에서 교육을 받았다. 베이든 파월은 제1차 세계대전이 일어나기 전에 독일에서 간첩활동을 했다.'

나치가 해석한 그대로의 이 이야기에는 사실인 부분이 있다. 그러나 스카우트 국제위원이었다가 명예총재가 된 유명한 허버트 마틴은 1938년에 사망했다. 반대로 그의 뒤를 이어받은 존 윌슨 대령은 실제로는 특수정보부 요원이었으며, 전쟁 중에는, 특히 기상천외한 중수重水 전투 당시에는 노르웨이의 레지스탕을 지원했다.

물론 스카우트 운동은 무엇보다도 스카우트 법의 준수와 놀이의 실천, 순찰 시스템, 자연 속에서의 생활을 토대로 한 시민교육의 한 가지 방법으로 정의된다. 그러나 그 뿌리는 대영제국 정보부의 역사에서 찾을 수 있다.

'B. P.'(베이든 파월은 이렇게 불렸다)는 자신이 제1차 세계대전이 일어나기 전에 갔던 독일에서만 폭넓은 첩보활동 경험을 쌓은 건 아니었다. 이 경기병 장교 출신은 그보다 훨씬 전인 1876년 인도의 우타르 프라데쉬주에서 럭나우 반란이 일어나자 영국에 반대하는 인도의 반체제 인사들을 감시하기 위한 목적으로 소년첩보조직을 만들었다.

나중에 그는 남아프리카에서 '보어들Boers'이라고 불리는 네덜란드 출신의 아프리카 식민자들과 영국인들 간에 일어난 충돌에 관여했다. 1899년에서 1902년까지 아프리카 대륙의 남쪽에 있는 이 원뿔 모양의 나라를 불타오르게 했던 이 잔혹한 분쟁은 어린이들의 전쟁이기도 했다. 10세에서 18세까지의 남아프리카 젊은이들이 보어족 특공대에서 연락원이나 척후병으로 참가했던 것이다. 그들은 펜콥, 즉 '뾰족한 머리'로 불렸다.

1900년 베이든 파월은 9개월 동안 보어군에 포위되어 공격받은 마페이킹 항구의 방어를 총지휘했다. 그가 성공을 거둔 비밀은 스카우트라고 불리는 어린 척후병 부대를 결성한 것이었다. 아홉 살 먹은 이 흑인들과 백인들은 전선을 통과하고, 보어인들의 동정을 살피고, 가방 속에 소중한 비밀정보를 담아 자전거나 당나귀를 타고 이 지역을 돌아다녔다. 1900년 5월, 승리가 선포되었다. 마페이킹이 스카우트들의 안내를 받은 영국군에 의해 해방된 것이었다. 빅토리아 여왕은 B. P.에게 훈장을 수여하고 그를 장군으로 임명했다.

전쟁이 끝나자 베이든 파월은 영국으로 돌아가 공직에서 은퇴하고 평화적인 어린이 스카우트 운동을 창시하였다. 《피터 팬》(스코틀랜드 출신의 제임스 배리가 쓴 '성장하고 싶어 하지 않는 아이'의 소설)에 열광했던 이 장군은 1907년 여름에 영국 남부의 브라운시 섬에 최초로 스카우트 야영지를 세웠다.

1907년 7월 31일, 20명가량 되는 아이들과 청소년들이 최초의 보이스카우트 '사냥개단'(11~18세)과 '새끼 늑대단'(8~11세)을 결성, B. P.가 꿈꾸던 운동을 이끌어나갔다. 짧은 바지와 플란넬 셔츠를 입고 테두리가 넓은 모자를 썼으며, 특히 붉은색 스카프를 두른 이 소년들은 모닥불을 가운데 놓고 줄루족의 노래를 불렀다. 그들은 원탁의 기사들이라든지 B.

P.의 절친한 친구 루디야드 키플링이 쓴 《정글북》에 나오는 모글리 등 신화의 주인공들이 영감을 준 생활과 생존 규칙을 배웠다. 스카우트들은 야외생활에 익숙해져 있었다. 불을 피우고 매듭을 만드는 기술이라든지 낯선 지형에서 자신이 어디 있는지를 알아내기, 동물의 흔적을 확인하는 방법, 통나무집과 오두막집을 짓고 야영을 하는 기술 등을 배웠다.

1년 후, 베이든 파월은 《소년들을 위한 정찰 생활》이라는 안내서를 펴냈고, 이 책은 '정찰병'이라는 제목을 달고 프랑스어로 번역되었다. '스카우트 법칙'의 십계명 가운데는 나치즘과 싸울 때 유용한 교훈들이 있었다. '척후병은 왕과 그의 장교들, 그의 부모들, 그의 고용자들과 피고용자들에 대해 충성심을 발휘해야 한다. […] 다른 사람들에게 필요한 사람이 되고 그들을 도와주는 것이 의무다. […] 정찰병은 모든 사람의 친구이며, 계급에 상관없이 모든 정찰병의 형제이다. […] 정찰병은 그의 부모와 그가 속한 정찰대의 우두머리, 혹은 그를 가르치는 교사의 지시에 반문하지 않고 따른다. […] 정찰병은 어려움과 마주해도 미소를 지으며 휘파람을 분다.'

그러나 영국에서는 보이스카우트들이 지나치게 군사화 되었다고 생각한 일부가 분리를 감행했다. 1925년 KKK(옛 영어 표현으로 Kindred of Kibbo Kift), 즉 '큰 힘의 증거'라는 이름을 가진 스카우트 단체가 결성되었다. 자연회귀주의를 표방하는 KKK 스카우트는 독일의 반데르푀겔 조직을 생각나게 한다. 이 운동단체는 '흰 여우'라는 별명을 가진 존 하그레이브에 의해 창설되었는데, 그는 남녀가 구분 없이 스카우트 단체에 함께 가입해야 된다는 주장에 호의적, 평화주의적인 확신을 가지고 있다는 이유로 베이든 파월의 운동단체에서 축출됐다. KKK의 후원회에는 여성 참정권을 주장하는 많은 여성과 성의학자인 헤이블록 엘리스, 평화주의자 시인인 라빈드라나드 타고르, 작가인 H. G. 웰스와 D. H. 로렌스 등

이 참여했다. 그의 라이벌들은 로렌스가 큰 파문을 일으킨 소설 《채털리 부인의 사랑》을 쓴 작가기 때문에 이 운동이 더더욱 퇴폐적이라고 판단했다. 자유로운 육체와 자연을 찬양하는 이 작품에서 콘스탄스 채털리의 연인인 멜로어즈는 KKK의 옹호자로 그려진다. 빗속에서 벌거벗은 채 달리고 춤추며, 부식토와 젖은 나뭇잎사귀들 위에서 사랑을 나누는 것은 베이든 파월의 취향이 아니었다.

아메리카 인디언들의 풍습과 북유럽 사람들의 의식儀式에서 동시에 영감을 받은 이 운동은 비교秘敎로 변화해가면서 더욱 정치적인 단체들로 다시 분해됐다. 그 책임자 중 한 명인 노동당원 레슬리 파울은 더 대중적인 운동을 창시하기로 결심했다. 우드크래프트 포크('숲에서 가족처럼 사는 사람들')라고 불리는 이 운동은 장 자크 루소의 교육소설 《에밀》에서 영감을 얻었고, 남녀 청소년들과 노동자들로 이루어져 있었다. 우드크래프트 포크는 체코슬로바키아, 오스트리아, 독일의 청소년 연맹, 특히 '반데르푀겔' 조직 출신의 젊은 자연주의자들 및 에델바이스 해적단 같은 반나치 운동의 창시자들과 관계를 맺었다.

숫자가 더 많은(영국의 경우 50만 명) 보이스카우트들은 평화주의 운동을 일으켜 모든 나라의 청소년들과 관계를 맺기도 했다. 그러나 더 잘 훈련되고 군사화된 그들의 존재는 나치에게 큰 위협이 되었다.

어떤 관점에서 보자면 이 보이스카우트들은 잘못을 하지 않았다. 독일인들이 영국을 침공하려 한다는 사실을 안 영국특수정보부는 '영국저항운동'이라고 이름이 붙은 비밀군대를 양성했다. 게릴라전 전문가인 스코틀랜드 출신 콜린 거빈스 대령이 이 단체의 책임자가 되었다. 그와 동시에 윈스턴 처칠은 SOE(Special Operations Executive, 특수작전수행부대) 내에서 작전과 훈련을 도와주라는 책임을 그에게 부여했고, 이 SOE는 독일군에게 점령된 유럽에서 펼쳐지는 레지스탕스 운동을 지원했다. 이렇게 해서 유럽 대륙에서의 레지스탕스 운동과 외국에서의 첩보전쟁을 직접 연결하는 가교가 놓였다. 조금 뒤에 우리는 거빈스 대령이 SOE를 폴란드 및 프랑스의 비공산주의 레지스탕스 운동단체들과 연결시키는 것을 보게 될 것이다.

우리 시대에는 여전히 알려져 있지 않은 영국 레지스탕스 운동조직의 결성은 한마디로 큰 놀라움을 불러일으킨다. 거빈스는 군대의 비정규 보조근무자 부대와 예비역 장교들, 은퇴한 군 간부들, 그리고 고향 스코틀랜드와 웨일즈 지방, 북아일랜드 등에 있는 수많은 민간방위단체들을 묶어 연합했다. 그리고 특히 독일군이 침공할 경우 영국 유격대원들이 숨을 수천 곳의 은신처를 짓는 한편 그들이 생존하고 TSF 라디오로 통신하는 데 필요한 물자를 확보하는 일을 감독했다. 그가 그의 아일랜드에 대한 지식으로부터도 영감을 받았다는 건 역사의 아이러니다. 아일랜드의 켈트 스카우트 단원인 피안나 에이레안은 아일랜드 공화군을 편성하여 1916년에서 1921년 사이에 영국군을 무찔렀다.

만일 히틀러가 조지 6세가 다스리는 왕국을 침공하는 데 성공했더라면 베이든 파월의 스카우트들은 그와 유사하게 중요한 역할을 했을 것이다. 즉 연락원과 정찰요원, 정보원으로서 영국의 레지스탕스 운동을 도왔을 것이다.

하지만 전쟁의 운명은 그것을 다른 식으로 원했다. 전쟁이 점점 더 치열해짐에 따라 나이가 많은 스카우트들은 영국군과 합류하여 유럽과 아프리카, 아시아 등지에서 작전을 벌인 반면, 나이가 적은 스카우트들은 조국의 방어에 적극적으로 참여했다. 독일 공군의 폭격기와 지금의 대륙간 탄도미사일의 원조라고 할 수 있는, 많은 인명을 앗아간 V1 로켓에 맞서는 것 역시 레지스탕스 활동의 한 형태였다.

그들은 상부상조와 의료 지원, 그리고 특히 큰 피해를 야기하는 독일

공군의 공습 중에 시민을 보호하는 방공조처에 참여했다. 또한 석탄가루로 된 벽돌과 위장망을 만들었을 뿐 아니라 무일푼인 피난민들을 위해 바자회를 개최하고 이동식당을 운영하기도 했다. 많은 경우에 그들은 전사하거나 전선으로 떠난 어른들의 자리를 대신했다. 그리하여 1940년 보이스카우트들은 도시나 시골에서 집배원 노릇을 하면서 우편업무의 상당 부분을 수행했다. 그들은 지금 같으면 쓰레기 '선별분류작업'이라고 부를 일을 영국 전역에서 해냈다. 이 일의 이점 중 한 가지는 전쟁을 하는 데 유용하게 쓰이는 쇳조각을 회수할 수 있다는 것이었다. 마찬가지로 그들은 재활용을 위해 마분지와 종이를 회수했고, 추수를 도왔으며, 때로는 소방관들을 도와 화재를 진압하기도 했다.

오늘날 우리는 런던의 제국전쟁 박물관에서 열리는 상설전시회 〈어린이들의 전쟁〉에서 톰 머피가 동으로 조각한 작고 멋진 동상을 하나 볼 수 있다. 이것은 손끝으로 비행기 모형을 날리는 짧은 바지 차림의 어린 소년이다. 이 동상은 1940년 가을 리버풀과 부틀에 대해 이루어졌던 대규모 폭격을 상징하고 소년들의 레지스탕스 활동에 경의를 표한다.

예를 들면 부틀 시에서는 16세의 제임스 암스트롱이라는 이름을 가진 스카우트 단원이 널리 알려졌다. 그는 폭격이 이루어지는 동안 용기 있게 자신의 임무를 수행하여 조지용맹메달을 받았다. 그는 마치 만화에 등장하는 주인공 같다. 그가 전갈을 전하기 위해 자전거 페달을 밟고 있을 때 폭탄이 떨어지기 시작했다. 그렇지만 그는 가던 길을 계속 갔다. 그렇게 해서 그는 자신에게 맡겨진 임무를 수행했다. 방공보호센터로 돌아오던 그는 한 집이 화염에 휩싸여 있는 것을 보았다. 그러자 소이탄이 비 오듯 쏟아지는데도 아랑곳하지 않고 창끝처럼 생긴 소방용 호스의 끝부분을 잡고 불길을 잡기 위해 긴 사다리를 기어 올라갔다. 숨을 헐떡거리며 방공보호센터로 돌아온 그는 책임자에게 겨우 이렇게 소리쳤다. "전 항상 준비가 되어 있습니다!" 마침 할 일이 또 생겼다. 시한폭탄을 제거할 책임을 맡은 방공보호센터 기술자들이 먹을 게 없어 굶고 있다는 사실이 알려졌던 것이다. 그러자 그는 시한폭탄 제거반원들이 식사를 할 수 있도록 산더미처럼 많은 샌드위치를 들고 허리에는 차가 가득 담긴 수통들이 달린 혁대를 찬 채 다시 자전거 페달을 밟았다. 지미 암스트롱을 향한 만세 삼창을 하는 게 어떨까. 만세! 만세! 만세!

B. P.의 전기를 쓴 힐러리 세인트 조지 사운더스는 2차 세계대전 당시 스카우트들의 활약상을 다룬 책을 1949년에 펴냈다. 여기서 그는 그들이 베이든 파월이 만든 조직에 속해 있건, 아니면 다른 조직에 속해 있건 관계없이 어떻게 동원되어 활동했는지를 단순하면서도 주목할 만한 예들을 인용하여 설명한다. 쉐필드의 유대인 스카우트들은 마치 난쟁이 군대처럼 출발하는 병사들의 짐을 한 기차역에서 다른 기차역으로 짊어지고 갔다. '에든버러의 새끼사자들'은 종이와 병, 동물원에서 나오는 쓰레기를 수집했고, 필요할 경우에는 한 의무실에서 다른 의무실로 전갈과 의약품을 전달하기도 했다. 또한 웨일즈 스카우트들은 의약품이나 독극물을 만들 수 있도록 웨일즈 칼리지 유니버시티 식물학과에 보낼 붉은색 해초를 모으기도 했다. 마지막으로 스텝네이의 스카우트들은 옥스퍼드대학 동물연구소를 도와 전시에는 더더구나 소중한 수확물에 큰 피해를 주는 회색다람쥐의 움직임을 감시하기도 했다.

어린 회색다람쥐는 귀엽지 않은가? 프란츠 알베르트 식스와 그의 나치 비밀경찰들이 보기에는 그렇지 않았다. 그들은 전 세계의 스카우트 운동조직이 어린 정보원들의 온상이라고 보았다.

1939년 6월, 스카우트 대원들의 공식숫자는 330만 5149명으로서 전 세계 49개국에 퍼져 있었다. 1940년 말, 이 스카우트 운동은 독일과 이탈리아, 소련에서 이미 그랬던 것처럼 유럽 대륙에서 활동이 금지된 뒤 권력을 잡은 유일 정당의 청년조직으로 바뀌었다. 프랑스와 벨기에, 룩셈부르크, 네덜란드, 그리스, 유고슬라비아, 노르웨이, 발트해 연안 국가들, 그리고 심지어는 일본에서도 그랬다.

프랑스에서는 상황이 복잡했다. 나치는 점령지역에서 이 운동을 금했다. 반대로 비점령 지역에서는 비시가 스카우트들을 명령에 복종시켜 더 광범위한 청년운동에 통합시키려고 했다. 전쟁 전에 프랑스 스카우트 총재였던 조제프 라퐁 장군은 회원이 15만 명으로 늘어난 새로운 '프랑스 스카우트 운동'을 이끌어 프랑스 유대척후병 조직을 통합하는 데 성공하기도 했다. 그러나 이 조직은 1941년 11월에 해체되었다.

1940년 여름 툴루즈에서는 젊은 레지스탕들이 '프랑스 척후병' 조직의 후원 아래 '프랑스 저항조직'을 결성했다. 북부 지역에서는 점령이 시작되자마자 샤마랑드 스카우트 교육센터가 일부러 독일에서 온 히틀러청년단 대표들에 의해 파괴되었고, 레지스탕스 스카우트 본부는 리옹으로 피난을 갔다. 유럽 도처에 있던 국가 조직들은 오로지 자신만 믿어야 했다. 제국 본부와의 연락이 두절되었기 때문이었다.

로버트 베이든 파월이 1941년 1월 9일 런던이 아닌 케냐의 나이로비에서 83세의 나이로 세상을 떠나자 많은 이들은 그가 창시한 이 스카우트 운동이 그와 함께 사라질 것이라고 생각했다. 식스와 그의 나치친위대는 안도의 한숨을 내쉬었다. 그러나 그것은 큰 잘못이었다. 스카우트대원들은 '항상 준비되어' 있었기 때문이다.

'피터 팬의 아이들'은 수천 명씩 레지스탕스 운동에 뛰어들었다. 그리고 숲 속에서 야영을 하고, 자연이 제공하는 것으로 생존해 나갔다. 정찰과 특공행군의 임무를 수행하는 것이 숲 속에서 치르는 새로운 형태의 전투에 잘 들어맞았기 때문에 1943년부터 이들은 자신이 맡은 역할을 더 효과적으로 수행했다. 숲과 산악지역, 도시에서 게릴라전을 벌였던 것이

다. 우리는 그들 중 상당수를 다음에 다시 만나게 될 것이다.[5]

프랑스 주재 나치 비밀정보부에서 근무했던 장교 한스 보글레르의 보고서를 읽어보기만 하면 그들이 얼마나 중요한 존재였는지 짐작할 수 있다. 1944년 7월 10일에 작성된 이 보고서는 스카우트 운동조직의 여러 부서를 소개하고 이 부서들의 중요성과 이 부서들이 1940년 이후 점령군에 저항하여 레지스탕스 운동을 벌이기 시작했다는 사실 등을 알린다.

이 나치 분석가는 프랑스 스카우트조직이 B. P.의 사주에 의해 1909년 결성되었다고 쓴 다음 프랑스 스카우트 가톨릭 연맹(1939년 당시 7만 5천 명)과 프랑스 보이스카우트(종교와 무관. 2만 5천 명), 개신교 보이스카우트(1만 5천 명), 프랑스 안내자들(가톨릭 여성단체. 1만 8천 명), 여성스카우트 프랑스 연맹(종교와 무관. 1만 5천 명), 유대인 스카우트(2천 명) 등을 소개한다. 1940년 11월 18일 독일군 최고사령부가 활동 금지령을 내렸을 때 프랑스 스카우트조직의 회원은 총 15만 명이었다. 보글레르는 이 조직들의 기능뿐 아니라 그들이 점령군에 반대하여 어떻게 정치활동을 벌이는지까지 상세히 기술한다.

그들의 말에 따르면, 프랑스 스카우트조직은 젊은이들에 대한 육체적, 정신적 교육을 계속해 나가고 있다. 그들은 정치적 활동은 일체 하지 않는다고 주장한다. 그러나 우리가 입수한 정보에 따르면, 남부 지역 스카우트조직들이 분명히 독일을 혐오한다는 데에는 의심의 여지가 없다. 1942년 10월에 입수된 정보에 따르면, 1942년 9월 2일 프랑스 스카우트 조직들은 만일 대독협력 단체들을 지지할 경우 이 운동으로부터 배제될 것이라는 통보를 남부 지역 주교들로부터 받았다.

---

5 제14장 '1994년 여름, 잃어버린 아이들의 전투부대'를 볼 것.

동료인 식스처럼 보글레르도 베이든 파월의 스카우트가 어떻게 '영국 심취'를 장려하고 독일 혐오를 조장하면서 세계적인 영향력을 가진 거대한 조직으로 성장했는지 설명한다. 보고서의 결론에서 그는 '활동 금지 조처 이후로 이 스카우트 운동조직이 어떤 레지스탕스 조직이나 정보조직에 속해 있다는 정보는 아직 입수되지 않고 있다. 그러나 프랑스 프리메이슨단이나 전국작업단의 사례로 볼 때 실제로 그럴 가능성이 농후하다'며 주의를 환기시킨다. 따라서 모든 정황으로 볼 때, 스카우트 요원들은 아주 은밀하게 파괴공작을 벌이다가 1944년 여름(이 보고서가 작성된 시점)이 되자 대규모로 항독지하운동에 나서 최후의 저항을 벌였음을 알 수 있다. 그러나 이전에 그들 중 일부는 1940년 6월부터 자유프랑스로 가려고 시도했다. 자유프랑스, 즉 영국 말이다!

그들의 모험담은 흔히 특별한 운명으로 널리 알려졌다. 제라르 드 카르빌은 16세가 되던 해 6월 드골 장군과 합류하기 위해 브레스트 항구를 떠났다. 얼마 후 그는 자유프랑스의 특수공군부대에 들어가 누벨 칼레도니아를 위협하는 일본인들과 싸웠다. 지구 정반대쪽에서 돌아와 SAS 낙하산부대 중위로 진급한 그는 1944년 6월 코트 뒤 노르 지방의 칼락 근처에 낙하산을 타고 뛰어내렸다가 8월 7일 로스포르덴 전투에서 전사했다. 그의 나이 20세였다. 이와 마찬가지로 그의 사촌들인 들 라 빌글레 피에르와 아이마르는 반느에 있는 생프랑수아 크사비에르 중학교 출신으로서 각각 17세와 16세였는데, 스카우트단원으로서 6월 18일에 영불해협을 통과했다. 런던에 도착한 이들은 7월 1일 자유프랑스에 전투원으로 정식 등록했다. 장 벨렉과 그의 부대도 같은 과정을 거쳤다. 6월 19일, 독일인들이 켐페르에 도착하기 전에 이 부대장은 두아르네네즈에서 배를 타고 생 섬을 경유하여 영국으로 향했다. 질베르 모리스와 자크 형제(15세와

16세), 귀스타브 레스파뇰(16세) 등 브레스트의 젊은 스카우트 단원들도 그와 함께했다.

《브르타뉴 보이스카우트와 걸스카우트》라는 책의 저자인 역사가 크리스토프 카리숑은 이렇게 썼다. '바다와 피레네 산맥, 혹은 직접 북아프리카를 통해 가장 먼저 떠난 것은 바로 그들이었다. 그들의 선택은 이미 1940년부터 이루어졌다. 대부분의 지휘관들과 베테랑들은 이미 현역 또는 예비역 하사관이나 장교였으며, 이들은 대부분 영국으로 건너갔다가 모든 전선에서 싸우게 될 것이다. 장 되브 식민군을 지원하는 브레스트 출신의 한 지휘관은 런던에 도착하자마자 그가 벌인 스카우트 활동에 대해 영국군 장교들로부터 꼼꼼하게 심문을 받았다. "당신은 스카우트 대원이었나요? 계급과 전문분야는 무엇이었나요? 스카우트 단체에서 어떤 책임을 맡고 있었습니까?" 베이든 파월의 후계자들은 옛날에 군인들에게 사용했던 이러한 방법을 진지하게 생각했다. 나중에 영국 장교들은 그 자신이 심문관이 된 이 프랑스인에게 이렇게 털어놓을 것이다. "게릴라 조직을 지휘할만한 능력을 갖춘 사람이 두 명 있어서 누구를 뽑을지 망설여지면 우리는 스카우트 대원이었던 사람을 선택합니다!"'

당연하게도 영국으로 가는 배를 탄 사람은 주로 부대장이나 '베테랑'(17세 이상의 스카우트), 즉 나이가 많은 사람들이었지만, 형들이 자유프랑스로 떠나자 동생들 역시 영향을 받아 그중 다수가 영국으로 떠나거나 현지에서 레지스탕스 운동에 뛰어들었다는 것 역시 분명한 사실이다.

이들은 현지에 머물기도 했지만 영국에 머물기도 했다. 초기에 자유프랑스에 참여한 아이들과 청소년들은 드골 장군과 합류하기 위해 영불해협이나 대서양을 횡단할 필요가 없었다. 이들은 이미 방학을 맞아 영국에 가 있거나 전쟁 초기에 친구나 사촌이 있는 집에 보내졌다. 사춘기 여성들도 자유프랑스 해군에서 근무하게 되었다.

다른 사람들은 여행을 했다. 그리하여 어머니 이본느로부터 평화적 사회주의와 반파시즘 교육을 받은, 젊고 잘 생긴 한 20세 청년이 1940년 6월 25일 런던에 도착했다. 조엘 르 탁은 '몽마르트의 브르타뉴 사람'이라고 불렸다. 그는 새로 생긴 BCRA(Bureau central de renseignement et d'action gaulliste, 드골주의 행동중앙정보부)가 자신에게 임무를 부여해주기를 기다리고 있었다. 바로 그때 그가 프랑스를 떠날 때 함께 움직였던 동지 한 사람이 '함께 행동하자고 제의'했다. 즉 '프랑스 청년의용군부대'를 창설하도록 도와달라는 것이었다. 2백 명의 청소년이 런던에서 출발, 7월 21일 웨일즈 지방에서 텐트 아래 모였다.

"그 사람은 자유프랑스 조직에 소속된 13~16세 야영지의 대장 스카우트였어요. 저한테 여기에 관심이 있느냐고 물었죠. 저는 무슨 일이든 하고 싶어서 그렇다고 대답했습니다." 50년 후 르 탁은 그의 전기를 쓰게 될 프랑크 르노에게 이렇게 말한다.

"저는 웨일즈 지방의 브라임바크로 달려갔어요. 당시 중사였던 저는 경치가 너무나 아름다운 이 지방에 자리 잡은 야영지에서 자유프랑스 조직의 '새싹'들을 돌보았습니다. 나이 어린 스카우트 단원 중 상당수는 섕 섬에서 왔지요. 브르타뉴 지방의 흙을 한줌씩 가져왔더군요. 7월에 드골 장군이 야영장을 방문하여 정렬해 있는 짧은 바지 차림의 어린 병사들을 열병했습니다."

감동을 불러일으키는 사진이 한 장 존재한다. 이 사진에서 야영장 책임자인 프레데릭 레퀴르 대위와 머리에 베레모를 쓴 조엘 르 탁은 14세에서 18세까지의 스카우트대원들로 이루어져 있고, 그중 일부는 에르부 시릴과 미셸 형제(각각 17세와 14세)처럼 가족이 모두 들어온 이 사관학교를 보며 드골 장군만큼이나 감격스러워하고 있다. 이들은 천사들이 아니었으며 속아 넘어가지도 않았다. 정치적 이유로 레퀴르와 냉랭한 관계를 유지하고 있던 칼튼 가든즈의 드골 사령부가 그를 교체하기로 결정하자 흰 텐트들이 서 있는 야영장에서 폭동이 일어났다. 14~18세의 스카우트 대원들은 차고와 헛간에 박혀 혁명가를 불렀고, 야영지 벽에 복수의 구호를 그려놓았다. 그러나 '반역죄'로 사형선고를 받은 장군이 지시를 내린다고 해서 자유프랑스 조직 내에서 자유로운 정신을 가진 반항적인 젊은이들이 사라질 수 있을까?

프랑스 공동체 내에서 드골 장군의 정치경찰 노릇을 하는 BCRA의 책임자인 파씨 대령이 '반항하는 젊은이들'을 진정시키기 위해 직접 나섰다. 하지만 경치가 멋진 웨일즈 지방의 황야를 행군하라고 시키기만 하면 그들이 진정할까? 그리고 여섯 아이를 둔 아버지인 레퀴르를 제거하기 위해 그를 BCRA의 이름으로 프랑스 점령지구에 낙하산으로 투입시켜 나치에게 붙잡히게 하면 그들이 진정할까?

물론 모두가 스카우트도 아니고 훈련된 것도 아니었지만, 13~16세의 스카우트 대원들(이들에게는 대입자격시험을 치르게 했다)은 기초군사교육을 받고 장교와 하사관이 되어 수많은 '자유프랑스 조직의 어린 싹들'과 '장차 레지스탕이 될 아이들'을 받아들였다.

1941년에 레이크 매너 성에서는 자유프랑스 13~16세 학교와 장교 교육반이 설립되어 함께 훈련을 받았다. 그것은 사실상 영국프랑스협회와 국제난민지원위원회의 재정 지원을 받는 서레이 지방의 생시르(프랑스 육군사관학교) 축소판이었다.

대위로 임명되어 이 작은 학교의 새 학교장이 된 앙드레 보드웽이 '드골 장군이 1월 1일에 학교를 방문하실 것이다'라고 발표하자 사관생도들은 잔뜩 흥분했다.

자유프랑스 조직의 우두머리가 상황을 장악하려 한다는 데에는 의심의 여지가 없었다. 그를 이미 1년 전에 받아들였던 브라임바크의 고참들은 샤를 트르네의 노래를 부르며 재미있는 오락회를 열어 분위기를 부드럽게 만들자고 제안했다. 디데이인 1941년 12월 31일, 드골 장군은 몹시 만족스러워했다. 처음으로 입학한 47명의 사관후보생들이 그에게 소개되었다. 그러나 이 사관생도들이 행진을 하자 드골과 함께 런던에서 온 한 하사관은 그들 대부분이 '아직 소년(14세)에 불과하기 때문'에 과연 참전하여 제몫을 해낼 수 있을지 모르겠다며 회의적인 반응을 보였다.

그러자 장군이 냉랭하게 대답했다. "저들은 최고 중에서 최고일세!"

간단히 말해 전 세계 곳곳에서 온 사관생도들이 뒷문으로 입학한 건 아니라는 얘기였다. 1943년에 자유프랑스군 병력의 20퍼센트는 18세 이하였다. 즉 5만2천 명의 자유프랑스인들 중에서 1만 1천 명이 젊은이들이었던 것이다.

런던으로 가고 싶어 했지만 그러지 못 한 사람들도 있었다. 그래서 낭트 출신인 17세의 폴 모제르는 걸어서 스페인을 통해 영국으로 가려고 했다. 프랑코 정부는 주축국이나 예전에 마드리드에서 대사관 무관을 지낸 페탱 원수의 친구들에 대해 우호적 중립을 지켰다. 자유프랑스 사람들은 그로 인해 피해를 입었다. 민병대에게 체포된 모제르는 마드리드의 푸에르타 델 솔 감옥에 갇혔는데, 함께 간 동갑내기가 감방에서 죽어나갈 정도로 이곳의 상황은 끔찍했다. 나중에 이 청소년은 스페인에서 추방되었다. 어머니 덕분에 그는 BCRA의 노트르담 평신도회 조직의 우두머리인 레미 대령을 만나 점령프랑스에서 그의 연락원으로 활동했다.

스페인을 통과한 또 한 명의 자유프랑스 조직원은 그보다 운이 좋았다. 그는 '피임약 룰루'라고 불렸다. 이 16세 소년은 '지노민'을 발견하여 자유프랑스 사관학교 학생들과 그의 친구들을 기쁘게 해주었다. 그는 이 기포성 정제를 만들어 영국의 화장품가게에 공급했다.

다들 눈치 챘겠지만, '룰루'는 뤼시앵 뇌비르트를 말한다. 그곳에서 그는 자신을 유명하게 만들어 줄 '군마 한 필'을 발견했다. 이 피임약으로 그는 수백만의 여성의 삶을, 더 나아가 수많은 부부와 가족의 삶을 변화시켰다. 그리고 1967년 12월 드골 장군을 설득하여 피임약 사용의 합법화를 이루었던 건 '피임약 룰루'가 드골 장군의 호소를 가장 먼저 듣고 그와 합류했기 때문이었다. 당시 16살이었던 뇌비르트는 드골 장군이 BBC에서 이야기하는 것을 실제로 들었다. 6월 19일도 아니고, 20일도 아닌 18일에 말이다. 당시 저항하라는 그 전설적인 호소를 직접 들은 사람은 거의 없었다.

자, 어떻게 해서 그렇게 되었을까? 1940년 6월 17일, 그는 방학을 맞아 가 있던 오트 르와르 지방에서 페탱 원수가 정전(停戰)을 발표하는 라디오 방송을 들었다. 그는 반세기 뒤에 이렇게 설명한다.

이튿날인 6월 18일, 지금은 고물상에나 가야 볼 수 있을 라디오를 수리했다. 그것은 호두나무로 만들어진 라디오였다. 다이얼을 이리저리 돌리다가 우연히 런던 방송국이 잡혔다. 처음 들어보는 목소리가 프랑스어로 말하고 있었다. 그는 전투를 계속해야 한다고 역설했다. 물론 그는 드골이었다. 나는 그에 대해 한 번도 들어본 적이 없었지만 그의 연설은 구구절절 내 마음에 와 닿았다. 나는 공립초등학교 출신으로서 프랑스는 결코 태양이 지지 않는 나라라고 교사들에게 배웠다. 내 또래의 소년들처럼 나도 생각했다. '프랑스가 이렇게 사라진다는 건 있을 수 없는 일이야!'

결정되었다. 영국으로 가고 말겠다고 맘먹은 것이었다. 그는 생테티엔에서 희망이라는 이름의 고등학교 레지스탕스 조직을 결성했다. 그의 여자 친구인 미용사가 그에게 아그네스 카이오라는 이름을 가진 고객의 주소를 주었다. 믿기 힘들지만 사실이었다. 그녀는 드골 장군의 누이동생이었다. 그녀 덕분에 뇌비르트는 그의 새로운 우상을 찍은 사진을 얻을 수 있었다. 그는 이 사진을 수천 장 인쇄해서 그 지역 전역에 뿌렸다. 그 바람에 그는 얼마 후 경찰에 체포되었지만 곧 풀려났다.

런던으로 갈 시간이 되었다. 1942년에는 그게 가능해보였다. 다른 젊은이 7명, 그리고 목사 한 명과 함께 프랑스와 스페인 국경을 통과했다. 독일 군견은 아무 냄새도 맡지 못했다. 룰루와 그의 친구들이 후추로 구두 굽을 문질렀던 것이다. 그러나 민병대의 세관원들은 더 교활했다. 그들은 이 젊은 레지스탕을 체포하여 미란다 엘 에브로 강제수용소에 감금했다. 다행히 룰루는 미국 영사 덕분에 석방된 다음 지브랄타를 거쳐 드디어 영국으로 갈 수 있었다. 자유프랑스 만세! 영국 처녀들은 다 우리 것이다!

포탄이 난무하는 런던에서 뤼시앵은 곧 자신이 이미 전투 조종사가 되는 꿈을 꾸면서 느꼈던 환희를 실제로 만끽하는 시간을 갖는다.

"제가 영국에 도착하니까 운명적으로, 곧 상륙이 시작되었죠." 나중에 그는 웃으면서 이렇게 말했다. 당시 그는 영국 공군에 지원하길 원했다.

"병무 상담 장교가 깔깔대면서 이랬어요.

— 너 제일 먼저 도착하고 싶구나!

— 최선을 다하겠습니다!

— 그러면 낙하산 부대대원으로 지원해. 그러면 네가 제일 먼저 도착할 거야!"

뤼시앵 뇌비르트는 자유프랑스의 특수공군부서에 지원했다.

그것은 또 다른 일련의 모험을 알리는 시작이었으며, 이 모험은 1945년 네덜란드에서 끝이 난다. SAS들과 함께 낙하산을 타고 투하한 그는 나치친위대에 생포되어 총살형에 처했지만 부상조차 입지 않았다. "하지만 이건 다른 문제죠"라고 말한 사람은 베이든 파월 경의 친우인 루디야드 키플링이었다.

제8장

노란 별을 단 어린 왕자들

LA ROSE ET L'EDELWEISS

에스테르는 페탱 원수의 초상이 그려진 1프랑 50상팀짜리 흑갈색 우표를 봉투에 붙였다. 그녀는 자유프랑스 조직과 영국비밀정보부가 저항의 표시로서 로렌 십자가를 투명무늬로 인쇄한 이 우표를 유통시킨다는 사실을 몰랐다. 그러나 에스테르에게 중요한 것은 이른 아침이라 아직 문을 열지 않은 우체국까지 가지 않고 최대한 빨리 편지를 보내는 것이었다. 이 소녀는 건물 1층까지 갈 것이고, 거기서 10여 미터만 더 가면 우체통이 걸려 있는 가로등에 도착할 수 있을 것이다. 그러니 옷을 갈아입을 필요가 없었다. 긴 잠옷과 실내복 차림으로 충분했다. 겨우 몇 분이면 충분할 테니 말이다. 오직 건물관리인만이 수위실에서 하품을 하다가 그녀가 어린 유령처럼 지나가는 걸 볼 수 있을지 모르겠다. 그러고 나면 이 소녀는 후다닥 다시 방으로 올라와 발코니에서 커피 대용품을 마시며 일출을 바라볼 것이다. 어쩌면 이날 떠오르는 태양은 그 전날 파리를 비추던 태양보다 덜 어두울지도 모른다.

상황이 다른 식으로 전개되지만 않았다면 말이다. 에스테르는 경찰의 불심검문을 받았다. 점령지역에 사는 6세 이상의 유대인은 1942년 6월 7일부터 의무적으로 길거리에서 노란 별을 달게 되어 있었는데, 그렇게 하지 않았다는 이유에서였다. 그런데 6세 이하의 어린이가 노란 별을 다는 것 역시 범법행위에 해당될 수 있었다.

이 이야기를 해준 사람은 알리스 쿠루블이었다. 알리스는 유대인이 아니었지만 같은 날 체포되었다. 즉 노란 별을 달면 안 되는데 달았다는 것이었다. 그녀는 자기가 '유대인들의 친구'(그녀는 전쟁이 끝난 1946년에 이

것을 제목으로 한 책을 내게 된다)라는 것을 보여주기 위해 일부러 노란 별을 만들어 자랑스럽게 달고 다녔다. 불쌍한 에스테르가 투렐 군 막사에서 옆 감방에 갇혀 있을 때 알리스는 이렇게 물었다. '과연 누가 안에 입는 옷에 별을 달 생각을 할 수 있을까?'

그리고 나서 그녀는 인접한 감방에 누가 갇혀 있는지를 알게 되었다.

"다른 사람들도 나처럼 노란 별을 달고 다녔다는 이유로 체포된 '아리아족'들이었어요. 릴리안은 재미있는 얘기를 저한테 많이 해주었습니다. 신비학에 열렬한 관심을 가진 공상적인 아이였죠. 잔 다르크를 진정으로 숭배했고, 자기 한 몸 희생시켜 프랑스를 구하겠다고 말하곤 했어요. 잔 다르크의 초상이 그려진 브로치가 꽂힌 노란색 장식 리본을 달고 다녔답니다.

18세의 한 청년도 노란색 장식 손수건을 꽂고 다녔다는 이유로 체포됐어요. 조제프는 한술 더 떴죠. 가슴에 노란 별을 꿰매고 다닌 건 물론 두꺼운 종이로 만든 노란 별이 여덟 개 달린 혁대를 만들었거든요. 별마다 '승리'라는 단어가 쓰여 있었어요.

우체국 직원인 폴레트도 저처럼 노란 별을 달고 유대인 친구랑 길거리를 돌아다녔죠."

알리스가 모르는 다른 많은 경우에 대해서도 역시 우리는 경의를 표해야 한다. 예를 들면 17세의 조 카르뎅이 있다. 세비네 중학교 학생인 그녀는 스코틀랜드의 킬트를 입고 다녔다(이것이야말로 영국에 대한 호의의 표시가 아닐까?). 특히 작은 노란 별과 함께 승리의 V자를 눈에 잘 띠도록 혁대에 꿰매어 다녔다. 그리하여 그녀는 드랑시 강제수용소에 3개월 동안 갇혀 있었다. 아우슈비츠행 열차가 출발하는 이곳에서는 6월 22일에 다음 열차가 출발할 예정이었다. 그녀는 유대인들의 친구라는 이유로 수감된 프랑스 인 중 한 명이었다. 강제 수용된 아이들의 운명은 그녀의 마음을 뒤흔들었고, 그녀의 확신을 한층 더 확고하게 만들어주었다. 다시 풀려난 그녀는 어머니가 유대인 아이들을 감춰주는 걸 도와주었고, 역사학자 조르주 웰레르스가 결성한 레지스탕스 조직에 가입했다.[6]

조와 같은 나이인 알자스 고등학교 학생 솔랑주 드 립코프스키 역시 6월 7일에 두꺼운 종이를 오려 만든 노란 별을 달고 거기에 각각 프랑스어와 독일어로 '불교신자'라고 쓰고 다녔다는 이유로 체포되었다.

또 다른 고등학생인 16세의 토니 바쎄는 코미디언처럼 행동했다. 노란 별에 '줄루족'이라고 써넣었던 것이다. 파리에 있는 여러 학교에서는 반전체가 유대인 친구들을 안심시키기 위해 두꺼운 종이를 오려 노란 별을 만들어 달고 다니기도 했다. 교사로부터 언질을 받거나 자발적으로 그렇게 했다.

젊은 견습공들과 노동자들이라고 해서 이러한 형태의 저항에 동참하지 않은 건 아니었다. 이튿날인 6월 8일, 18세의 빵집 종업원 롤랑 보리방이 노란 별을 안 달아도 되는데 달았다는 이유로 체포되었고, 6월 10일에는 젊은 노동자인 니콜라 르보라와 라자르 빌뵈느가 같은 이유로 체포되었다.

이러한 사실을 알게 된 유대인들은 마음이 훈훈해졌다. 그러면서도 왜 레지스탕스 운동조직이 프랑스에서 자신들을 지켜주지 않는지 궁금해 했다. 그래서 보통 '뭘 어떻게 해야 할 것인가' 하는 질문을 스스로에게 던질 수밖에 없었다. 체포될 위험을 무릅쓰고 노란 별을 감추어야 할 것인가? 아니면 이스라엘의 아들이나 딸로서 자랑스럽게 별을 달고 다닐 것인가?

---

[6] 강제수용소(아우슈비츠와 부센발트)에서 돌아온 조르주 웰레르스는 1961년 예루살렘에서 열린 아돌프 아이히만의 재판에서 증언을 해주도록 요청받은 유일한 프랑스인이었다. 1991년 세상을 떠날 때까지 그는 역사학자로서 대량학살 강제 수용소에 가스실이 존재하지 않았다고 주장하는 이론에 반대하여 싸웠다.

소르본 대학에서 영어 교사 자격시험을 준비하고 있던 엘렌 베르는 21살이었다. 그녀는 3개월 전에 성인이 되었다. 그녀가 6월 4일 일기장에 쓴 글에는 그녀를 비롯한 많은 사람을 괴롭혔던 위와 같은 의구심이 잘 드러나 있다. 그녀는 바이올린 선생 집에서 다른 젊은이들과 이 다윗의 노란 별이라는 상징에 대해 토론했다.

그때 나는 그걸 달고 다니지 않기로 결심한 상태였다. 그것이 불명예이며, 독일 법에 복종한다는 것을 보여주는 하나의 증거라고 생각했기 때문이다.
그날 밤 모든 게 다시 바뀌었다. 노란 별을 달고 다니지 않는 것은 곧 그렇게 하도록 강요하는 자들에 대한 비굴한 태도라는 생각이 들었던 것이다. 다만 노란 별을 달고 다닌다면 항상 의연하고 품위 있게 달고 다니고 싶었다. 사람들이 그게 무엇인지 볼 수 있도록 말이다. 난 항상 뭔가 용기 있는 일을 하고 싶었다. 그날 밤, 나는 노란 별을 달고 다니는 것이야말로 최고로 용기 있는 행동이라고 믿었다. 단, 그렇게 하면 과연 내 운명은 어떻게 될지 궁금했다.

6월 8일 밤, 엘렌은 가슴에 처음으로 노란 별을 달고 다닌 이날에 대해 말한다.

세상에, 그게 그렇게 힘든 일이 될 거라고는 짐작조차 못했다. 하루 종일 정말 큰 용기를 발휘했다. 내가 머리를 꼿꼿하게 들고 앞에 있는 사람들을 당당하게 쳐다보자 다들 눈을 돌렸다. 하지만 너무 힘들었다.
그런데 대부분의 사람들은 쳐다보지 않았다. 가장 고통스러운 것은 역시 노란 별을 달고 있는 사람들을 만나는 것이었다. 오늘 아침, 나는 엄마랑 같이 외출을 했다. 길거리에서 두 소년이 우리를 손가락으로 가리키며 말했다.

"응? 너 봤냐? 유대인이야." 그러나 그것 말고는 별일 없었다.

오후에 소르본 대학 도서관에서 그녀는 가장 친하게 지내는 남자친구 장 모라비에키를 만났다.

사람들이 모두 도서관에서 나가자 나는 상의를 꺼내 그에게 노란 별을 보여주었다. 그러나 나는 그를 똑바로 쳐다볼 수 없었다. 노란 별을 떼어냈다. 삼색 꽃봉오리를 옷 단춧구멍에 끼웠다. 다시 눈을 든 나는 그가 큰 충격을 받았다는 사실을 알아챘다. 그는 아무 짐작도 못한 게 분명했다. 우리의 우정이 이 일로 인해 갑자기 깨지지 않을까 두려웠다. 하지만 이후 우리는 세브르 바빌론 지하철역까지 함께 걸었고, 그는 아주 친절하게 굴었다. 그가 무슨 생각을 하고 있을지 궁금했다.

우리는 이 '회색 눈을 가진 청년'(엘렌 베르는 그를 이렇게 불렀다)이 무슨 생각을 했는지 모른다. 노란 별을 보자 행동으로 옮겨야겠다는 결심을 굳히고 몇 달 뒤에 북아프리카의 자유프랑스군에 입대했다는 가정은 할 수 있다.

일부 유대인들은 어중간한 방법을 택했다. 당시 14살이었던 자클린 카미에니아르즈가 중언하듯 여러 가지 수단을 동원하여 노란 별을 최대한 감추었다. 자클린은 밤에는 오빠와 함께 카바레에서 일했다. 춤도 추고 노래도 불렀다. 하지만 노란 별을 달고 다녀야만 하는 상황이 되자 그들은 삶의 즐거움뿐 아니라 생계수단까지 잃었다.

"사람들이 제가 달고 있는 노란 별을 보지 못하도록 책으로 가리고 학교에 가던 일이 기억납니다. 왜 그랬을까요? 먼저 사람들이 저를 페스트 환자 취급해서 피할까봐 두려웠고, 다음으로 노란 별을 달고 다니면 프랑스 인들이 우리에게 온갖 고약한 짓을 했기 때문입니다. 밤에 카바레에 나가서 사람들이 저랑 제 동생에게 신상명세서 양식을 주며 작성하라고 요구할 때 종교 칸에 '유대교'라고 써넣으면 그들은 우리에게 '당장 나가!'라고 소리쳤습니다. 그래서 우리는 일을 그만둬야 했지요."

하지만 파리에 있던 RSHA(안전총사무소) 책임자 헬무트 크노센은 6월 16일에 '노란 별의 착용'에 관한 보고서를 쓸 당시 이 조치의 결과에 대해 전적으로 만족스러워하는 것 같지는 않았다.

전체적으로 볼 때 1942년 6월 7일 프랑스 점령지역에 유대인임을 알리는 노란 별을 착용하도록 한 조치는 별 문제없이 시행되었다. 유대인을 지지하는 동조시위나 대규모 행진은 예방조처가 취해졌기 때문에 일체 일어나지 않았다.

유대인을 구별하는 노란 별의 착용에 대해 프랑스 국민들은 다양한 반응을 보였다. '불쌍한 유대인들', 특히 어린아이들은 계속해서 동정 받고 있다. 유대인 문제가 인종 문제가 아닌 종교 문제로 받아들여지고 있는 것이다.

지금까지 40가지 사례에서 대부분 미성년자인 비유대인들이 유대인들에 대해 공감을 표하기 위해 '스윙'이라든가 '스윙 135퍼센트', '사수', '승리', '가톨릭' 등의 글자가 쓰인 노란 별을 달고 다녔는데, 이것은 바로 그런 기회를 이용하여 영국에 대해 우호적인 견해를 표명하기 위함이다. 프랑스 교사들은 비유대인 학생들에게 유대인 학우들에 대해 경의를 표할 것을 지시했다.

1940년 10월부터 유대인 교사들을 제외시킨 교원단 구성원들의 반응은 우리가 일반적으로 믿는 것보다 훨씬 더 호의적이었다. 교육청 대독협력파의 지시와 학생들의 연대의식 뿐 아니라 학부모의 밀고행위에 관한 일화를 보도하는 「라펠」 신문의 1941년 4월 10일자 기사와 같은 언론의 사주에도 불구하고 그러한 반응이 일어났던 것이다. '볼테르 고등학교에 다니는 한 유대인 학생은 수업이 시작되기 전 흑판에 로렌 십자가를 그렸다. 그러자 그걸 본 교사가 누가 그랬느냐고 물었다. 하지만 아무도 대답을 하지 않았다. 밀고자가 되지 않기 위해서였다. 그 유대인 역시 대답하지 않았다. 그래서 반 학생 모두가 벌을 받았다. 과연 교장은 언제 이 유대인 학생을 퇴학시킬 것인가?'

크노센은 규정대로 그의 보고서를 베를린에 있는 RSHA 중앙본부에 보냈을 뿐 아니라 정보 제공의 의미에서 브뤼셀과 헤이그에 있는 본부에도 보냈다. 동일한 반유대인 조처가 취해진 바 있는 이 세 나라에서는 유대인들을, 특히 어린아이들을 지키기 위한 조직들이 만들어졌다. 크노센이 지적하듯이 이러한 지지는 대부분 종교나 언어, 민족에 상관없이 결국 자신들 역시 아이들이라는 사실에 충격을 받은 청소년들로부터 나타났다. 유대인으로서 역시 구출된 바 있는 세르주 클라르스펠드 변호사가 산출한 통계에 따르면, 프랑스에서는 상당수의 유대인 아이들이 구출되었다. 1940년 당시 프랑스에 살고 있던 유대인의 숫자는 32만 명이었고, 그중 약 7만 명(23퍼센트)이 어린이였으며, 여기서 11퍼센트인 9천 명이 강제송환되었다. 이름이 조금 이상한 전학생들이 자기 학급과 자기 가족, 자기 마을에 온 것을 본 수만 명의 소년들과 청소년들이 적극적으로 나서지 않았더라면 유대인 아이들을 구출한다는 건 생각조차 할 수 없는 일이었다.

브르타뉴 지방 출신의 레지스탕 안느 코르의 여사촌인 마들렌 다스니는 이렇게 회상한다. "빅토르 뒤리이와 페늘롱 고등학교에서 우리는 구교와 신교 교목 선생님들이 반 친구들이 가슴에 달고 다니는 노란 별에 축복을 내리는 의식에 참여했지요. 이 의식은 두 집단을 결속하여 유대인들을 돕도록 만드는 효과를 발휘했습니다. 사실 우리는 이미 몇 달 전부터 여러 유대인 선생님들을 돕고 있었답니다. 학생들을 가르치는 게 금지된 루이 수학선생님 같은 분을 말이죠."

당연하게도 크노센은 유대인인데도 노란 별을 달려고 하지 않는 젊은이들과 유대인이 아닌데도 주저 없이 연대의식을 발휘하는 젊은이들을 지탄했다. 노란 별을 달고 다니라는 그의 지시를 비웃은 젊은이들의 예를 더 많이 인용할 수도 있을 것이다. 이 소년 소녀들은 이미 우리가 본 것처럼 노란 별에 '유대인' 이라고 쓰는 대신 '스윙 42' 나 '재즈광' 뿐 아니라 '고이' (히브리어로 비유대인을 의미)라든지 '오베르뉴 사람', '불교도', '파푸', '줄루' 라고도 썼다.

독일에는 스윙 키드들이 있었다. 우리는 머지않아 에델바이스 해적단의 해적들과 함께 이들을 다시 만날 것이다. 이탈리아에는 지금 식으로 얘기하자면 라디오 방송의 '톱 텐' 에서 선두 자리를 차지했던 세 명의 스윙 시스터즈인 트리오 레스카노의 팬들이 있었다. 이들은 간첩 혐의를 받고 무솔리니의 경찰에 체포되었다. 벨기에라고 해서 예외는 아니었다. 아우슈비츠로 향하던 20호 열차에서 탈출한 오빠 시몽 그로노프스키가 '재즈광' 으로 취급한 젊은 이타가 있다. 그녀는 '명예 재즈광' 이라고 불렸던 헤스와 샤를 트르네, 장고 라인하르트에 열광하는 많은 벨기에 젊은이들처럼 스윙 운동에서 두각을 나타냈다. '노래하는 미치광이' 라는 별명을 가진 샤를 트르네는 브뤼셀에서 〈재즈광 암탉〉이라는 노래를 만들어 장고 라인하르트와 핫 클럽 재즈 5인조와 함께 녹음했다.

파리에서 이 15살에서 18살 사이의 재즈광들은 원색 옷을 입었고, 그들만의 식별표지와 언어를 가지고 있었으며, 야간 통행금지 조처 때문에 밤새도록 계속할 수밖에 없었던 깜짝 파티에서 스윙 춤을 추었다. 꼭 스윙 춤을 춰야 했다.

처음에 그들은 '어린 스윙쟁이들'이라고 불렸다. 그 시작은 프랑스 핫 클럽 회장인 샤를 들로네이로 거슬러 올라간다. 1940년 12월 19일 그는 초만원을 이룬 홀에서 재즈 페스티벌을 열었다. 젊은 청중들은 유행하는 재즈악단들의 연주를 들을 수 있었다. 장래의 재즈광 중에는 장고 라인하르트와 함께 밤 공연을 하게 될 에디 바클레도 있었다. 전쟁 후 그는 장고 라인하르트를 자기 음반회사의 확실한 스타 중 한 명으로 만든다.

그리하여 이 재즈 음악가들은 스타가 되었다. 그러자 이 스윙 페스티벌이 끝나고 난 1941년 가을부터 대독협력 언론들은 이 운동을 비난하기 시작했다. 자크 도리오의 프랑스 인민청년단 신문인 「죄네스」가 포문을 열었다.

울트라스윙 41의 전형은 다음과 같다. 목까지 내려오는 어수선한 머리, 클라크 케이블 식의 짧은 콧수염, 뜨개질을 해서 짠 깃 없는 상의, 줄무늬 바지, 창이 무척 두꺼운 구두, 강한 리듬에 맞추어 걷는 걸음.

음악이 연주되는 동안 그들은 몸을 흔들고, 자리에서 일어나고, 춤을 춘다. 종이비행기를 날린다. 수족의 인디언들처럼 괴성을 내지른다.

이때까지만 해도 비판은 그다지 악의적이지 않았다. 그러나 이 혼잡스런 음악의 근원지인 미국이 일본으로부터 진주만 공격을 받은 후 1941년 12월에 전쟁에 참여하자 재즈는 금지되었다. 대독협력자들과 게슈타포는 스윙 운동이 앵글로색슨의 '제5열'일 것이라고 생각했다.

의식의 제왕인 들로네이가 프랑스 재즈클럽을 함께 만들었던 자크 뷔로와 '카르트'라는 레지스탕스 조직에 뛰어들었다는 사실을 그들이 알지 못했던 건 그나마 다행이었다. 영국의 특수작전수행부대(SOE)로부터 독립한, 반드골주의, 반독일주의, 반공산주의 성향의 이 카르트 조직은 앙드레 지라르에 의해 결성되었다. 이 화가의 딸로서 16세의 젊은 레지스탕이었던 다니엘 들로름므는 배우로서 영화계에 첫 발을 내디뎠으며, 미래의 남편인 다니엘 겔렝과 함께 재즈광들이 드나드는 재즈계에 공공연히 모습을 드러냈다.

'어린 스윙쟁이'들은 '재즈광'이 되었다. 이 '재즈광'이라는 단어는 30년 뒤에 나온 '히피'라는 단어처럼 1940년대엔 경멸적인 의미로 쓰였다. 이 두 운동은 미국에서 비롯되었으며, 그 의상과 반항적인 특징은 '꼰대사회' 및 권위를 상징하는 모든 것과 어울리지 않았다.

'자즈 주흐 자즈Zaz zuh zaz!'라는 표현은 뉴올리언스 재즈 음악가들의 은어에서, 그리고 캡 캘러웨이의 노래에서 비롯되었다. 그 기원이야 어떻든 스윙 춤은 모든 것을 휩쓸었다.

이러한 획기적인 발전은 1942년초 조니 헤스의 〈나는 스윙이다〉라는 노래가 큰 성공을 거두면서 더 확대되었다.

나는 오직 스윙만을 꿈꾸네
스윙만을, 스윙만을
내 다리는 플란넬 천으로 되어 있네
이 후렴을 들을 때
나는 오직 스윙만을 꿈꾸네
오직 스윙만을, 오직 스윙만을

특히 헤스가 모리스 마틀리에와 함께 만든 노래가 있었다.

곱슬곱슬한 머리칼,
18피트는 될 것

오, 그들은 재즈광들!
그렇게 손가락을 허공에 내밀고
윗도리는 땅에 끌리고
오, 그들은 재즈광들!

재즈광 운동은 고급주택가에서 시작되어 남부 지역에 뿌리를 내렸고, 더 대중적인 서클로 확산되었다. 결국 이 도발적인 젊은이들은 나치와 비시를 조롱하는 다양한 방법을 찾아냈다. 물론 유머감각이 없지 않은 어느 독일군 장교는 보고서에 이렇게 썼지만 말이다. '재즈광들은 우리들에게 저항한다. 그러나 그것은 모순적이다. 만일 영국인들이 프랑스를 침략하면 이들은 독일을 지지할 것이다.' 그러나 그들은 오데옹 광장에서 시위를 하며 아벨 보나르 교육부 장관을 붙잡아놓고 '빌어먹을 놈의 게슈타포 새끼들!'이라고 소리치며 비시와 그의 '도덕적 질서'에 반대했다.

따라서 독일에 협력하는 언론이 그들에게 비난을 퍼부은 것은 그들이 '흑인음악'에 열광했기 때문만은 아니다. 곱슬곱슬하게 지져서 끝을 올린 옥스퍼드 풍의 긴 머리, 너무 긴 상의, 중산모자, 얼룩덜룩한 색깔의 신발 등 그들의 괴상한 옷차림도 그들에게 짜증을 불러일으켰다. 그리고 그들은 태양이 눈부시게 빛날 때도 항상 '챔버린 우산'을 쓰고 다녔다. 그것은 히틀러와 전쟁을 하는 대신 1938년 뮌헨에서 '그의 우산을 펴주었던' 전임 영국수상을 조롱하기 위한 것이었다. 젊은 재즈광 여성들은 화장을 진하게 하고, 검은 안경을 쓰고, 머리를 길게 땋아 늘어뜨리고, 스코틀랜드 치마를 입었다. 이들은 또한 더 여성적이고 어깨가 둥근 윗도리를 입은 젊은 재즈광 남성들과 반대로 어깨가 각진 윗도리를 입었다.

비록 그들이 좋아하는 카페들이 — '카풀라드네 카페', '키 큰 클뤼니', '키 작은 클뤼니', '뒤퐁 라탱'이 — 독일서점 '좌안'에 대한 테러 이

후에 문을 닫긴 했지만 그래도 소년 소녀들은 샹젤리제와 라탱 가에 모였다. 소이탄을 든 FTP-MOI의 토마 엘렉이 지나가다 재즈광들과 마주쳤을 수도 있었으리라. 이해심이 많은 '붉은 대자보' 조직의 '아기 카둠'은 틀림없이 그들이 던지는 농담을 듣고 웃었겠지만, 대체로 어른들이 중심이 된 레지스탕스 운동조직은 그들에게 별로 호의적이지 않았다.

반대로 '좌안' 서점의 후견인인 뤼시앵 르바테 같은 대독협력자는 1942년 2월에 「나는 어디에나 있다」에 게재한 글처럼 그들을 비난하고 나섰다. ''완전한 스윙'의 생리학은 드골주의와 친유대주의를 드러낼 것이다. 그것은 우리가 루즈벨트라든지 여러 명의 캔터베리 주교들과 함께 있다고 말하는 하나의 방식이다.'

친나치적인 '좌안'을 받쳐주는 또 하나의 지주로서 '곱슬머리들'보다는 히틀러청년단의 잘 생긴 청년들을 더 좋아했던 로베르 브라실라크는 5월 23일자 「나는 어디에나 있다」(재즈광들은 이 제호를 '나는 어디서나 오줌을 싼다'로 바꾸었다)에서 다음과 같은 대화를 지어냈다.

— 믿을 수가 없어. 젊은 스윙족들의 집이라니?
— 그래, 맞아. 거기서는 젊은 남녀가 오후에 모여 춤을 추지. 영국 담배를 피우면서 말야. 말하자면 암시장 비슷한 분위기를 풍겨. 쿠키를 조금씩 갉아먹지. 스윙 춤을 미친 듯이 좋아하는 젊은이들에게는 무엇보다 파시스트 정신이 결여되어 있어.

5월 25일, 진짜 파시스트들인 프랑스 인민청년당 당원들은 라탱 가로 몰려가 재즈광들의 얼굴을 망가뜨려놓았다. 새로운 질서의 유지자인 경찰이 웬일인지 이번에는 파시스트들을 가로막고 나섰고, 그리하여 비시를 지지하는 경찰들과 도리오를 지지하는 민병대가 난투를 벌였다. 민병대 책임자인 로제르 보크렝 데 이브토까지 흠씬 두들겨 맞았을 정도였다.

1942년 6월 중순, 재즈광들은 노란 별의 착용을 비롯한 반유대인 조처에 항의하고 나섰다. 예를 들면, 독일인들의 사주를 받은 파리 경찰청은 지하철을 타고 다닐 때 반드시 2등 칸만 이용할 것을 유대인들에게 강요했다. 그러자 재즈광들은 다른 청소년들처럼 '노란 별을 단 어린 왕자들'과 함께 열차 맨 끝에 있는 유대인 칸에 올라탔다. 그들 중 일부는 노란 별에 '재즈광'이라고 쓰거나 아니면 '난 유대인을 좋아해'라는 구호를 써넣었다.

1942년 6월에 나치가 노란 별을 달고 다닐 것을 강요했을 때 '재즈광들을 없애버려야 한다'는 운동이 벌어졌다. 6월 25일, 「라 제르브」는 '그렇기 때문에 우리는 미국추종주의의 독을 제거해야 할 너무나 당연한 이유를 가지고 있다. 그 독은 우리의 풍속과 문명에 스며들었다. 우리의 잘못된 취향과 올바르지 못한 품행은 ─ 비판의식의 후퇴, 미국화, 가족의식의 수직추락, 흑인 재즈에 이은 스윙 춤을 향한 광적인 집착, 우리 젊은이들의 칵테일파티 선호 등은 ─ 모두 이 독 때문이다'라는 내용의 사설을 실었다. 1960년대에 프랑스 텔레비전에서 큰 활약을 펼치게 될 역사학자 앙드레 카스텔로는 여전히 「라 제르브」에서 한 가지 해결책을 제시한다. '공공장소에서 그들의 볼기를 때려야 한다!'

남자들은 머리를 박박 깎고, 여자들은 볼기를 때려야 한다! 이것은 JPF의 새로운 전투전략이었다. 이번에는 경찰들을 믿을 수 있었다. 경찰은 재즈광들이 좋아하는 '팜팜' 카페와 '콜리제' 카페, 그리고 샹젤리제 거리에 있는 재즈광들을 일제히 단속했다. 경찰들은 파란 와이셔츠를 입고 이발기를 든 JPF 조직원들의 지원을 받았다. 얼마 전부터 JPF 덕분에 알려진 곡의 '재즈광들의 머리를 깎으시오, 재즈광들의 머리를 깎으시오, 깎으시오' 부분은 그들이 발행하는 신문인 「청년」의 표제로 등장하기도 했다. 거의 대부분은 난투로 이어지고 때로는 린치로 끝나기도 하는 재즈광들의 머리가죽 사냥은 이 운동의 운명을 결정했다. 재즈광들은 폭력적이지 않았다. 그들의 운동은 위축되었고 완전히 사라졌지만, 극장에서는 『스윙 양孃』이라는 영화가, 공연장에서는 트르네와 헤스의 노래가 큰 인기를 끌었다. 구금된 재즈광들은 '노동을 하라며 시골로' 보내졌고 일부는 강제 수용되기도 했다. 카페를 여전히 더 은밀하게 드나드는 재즈광들도 있었다. 또 일부는 1944년 파리에서 해방 전투가 벌어졌을 때 레지스탕들과 함께 싸우기도 했다.

1942년 여름에 새로운 멜빵과 유니폼을 손에 넣은 JPF의 100인 부대는 더 이상 재즈광들에게 신경을 쓰지 않았다. 7월 중순이 되자 더 나은 일거리가 생겼기 때문이다. 1942년 7월 16일과 17일에 그들은 대규모 유대인 검거작전을 펼치는 9천 명의 프랑스 경찰을 보조하게 되었다('봄바람 작전'이라고 이름 붙여진 이 작전에서 그들은 파리에 사는 1만 2천 명의 유대인을 체포, 벨디브 경륜장에 모아놓았다).

벨디브 경륜장에서 도망치는 데 성공한 유대인은 손가락으로 셀 수 있을 정도(대여섯 명)였다. 숨어 있던 많은 유대인들은 버스에 실려 이 경륜장으로 끌려가기 전에 도망칠 수 있었다. 때마침 많은 가족이 레지스탕스 조직이나 상호부조 조직, 그리고 간혹 레지스탕스 조직에 속해 동료들이 체포 작전을 시작하기 전에 집집마다 찾아다닌 경찰들로부터 미리 연락을 받았기 때문이다. 그래서 2만 2천 명의 외국인 유대인을 검문할 계획을 세웠던 경찰청은 겨우 1만 2천 명을 체포하는 데 그쳤다.

그러나 일단 벨디브라는 함정에 빠지고 난 뒤에는 겨우 몇 명을 제외하고는 아무도 거기서 빠져나올 수가 없었다. 그나마 리슈텡 부인은 어린 딸을 데리고 살그머니 도망칠 수 있었고, 이다 누스바움 부인은 기동헌병대원들이 교대하는 틈을 이용해 네 살짜리 아들과 함께 도망쳤다. 16세의 나트 리넨은 운동장에 갇히기 직전에 도망쳤다.

라자르 피트코비츠(14세)는 이미 2년 전인 1940년 11월 11일 샹젤리제 거리에서 고등학생들과 함께 시위를 벌인 경험이 있었다. 그의 부모들은 폴란드의 유대인 박해를 피해 20년 전에 프랑스로 이민을 왔다. 아버지 모리스는 1924년 파리의 로지에르 거리에 있는 한 호텔에 자리를 잡았다. 그러고 나서 부인 페를라가 로진과 베르나르, 파니를 데리고 그와 합류했다. 4년 뒤에 라자르가 로트차일드 병원에서 태어났다. 그는 재치와 영악함 능수능란함, 그리고 유대와 바르샤바, 파리의 세 문화가 결합된 소년들의 저항정신이 놀랍도록 잘 결합된 진짜 가브로슈였다.

마담 거리에 있는 초등학교에서 어린 라자르는 장 오라는 이름을 가진 어린 반 친구와 영원토록 변치 않을 우정을 쌓았다. 그건 단지 그가 그들의 목요일을 즐겁게 만들어주는 전기열차를 가지고 있기 때문만은 아니었다. 아버지 모리스 피트코비츠는 생캥 벼룩시장에서 고물상을 열어 열심히 일한 덕분에 돈을 조금씩 모을 수 있었다. 그 덕분에 피트코비츠 가족은 전쟁이 일어나기 직전에 클리냥쿠르 거리에 수도, 전기, 가스 등 현대적인 설비가 갖추어진 아파트에 자리 잡았다.

그러나 한 가지 서글픈 현실이 전쟁에서 패하고 조국으로 돌아온 모리스를 기다리고 있었다. 유대인이 직업을 갖는 것을 금지하는 조처가 내려져 그의 고물상이 철거되었던 것이다. 프랑스가 전쟁에서 진 게 전쟁터에 나가 싸운 그의 잘못이란 말인가? 모든 유대인 가정이 악순환에 빠져들고 말았다. 아이들은 학교에서 모욕받고, 경찰 정보파일에 등록되고, 노란 별을 달고 다녀야만 했다. 1940년 가을, 이러한 변화에 불안감을 느낀 두 청년, 로진과 베르나르는 공산주의자 청년단에 가입하여 다른 청년들처럼 이스라엘 스카우트단의 일원이 되었다. 11월 11일, 이 두 젊은이도

라자르처럼 에투알 광장에 나가 있었다. 이들 역시 젊은 조직원들이 이 시위에 참가하는 것을 금지시킨 공산주의자 청년단 지도부의 지시에 아랑곳하지 않았다. 이들은 점점 더 대담하게 행동하기 시작했다.

그러던 그들은 결국 2년 뒤 레지스탕스 조직에 참여했다는 죄목으로 체포되어 강제노동 2년형을 선고받았고, 그들의 우두머리인 전기기술자 앙리 다코스키는 1942년 발레리앵 산에서 총살형을 당했다.

대량 검거의 선풍이 몰아닥친 7월 16일 밤, 모리스는 집에 있지 말았어야 했다. 음모가 꾸며지고 있다는 소식을 미리 전해 들은 그는 매일 밤 클리냥쿠르 거리에서 조금 떨어진 곳으로 잠을 자러 가곤 했다. 다른 가족들 걱정은 전혀 하지 않았다. 체포될 경우 오직 성인 남자들만 강제송환 열차에 실릴 것이라는 소문이 끈질기게 나돌았다. 하지만 경찰들이 자기 집 아파트 건물로 들어갔다는 얘기를 건물 관리인으로부터 들은 그는 그러한 생각이 잘못되었다는 사실을 깨달았다. 그는 가족들만 따로 내버려두기보다는 그들과 함께하는 쪽을 택했다. 결국 라자르와 그의 부모(모리스와 페를라), 그리고 18살이던 그의 누나 파니는 벨디브로 끌려갔다.

"우리는 넬라통 거리를 통해 벨디브 경륜장 입구에 도착했어요." 그는 자신의 아버지가 이곳에서 총살당한 마리 카드라에게 이렇게 말할 것이다. 마리 카드라는 반세기 뒤에 《고난 속의 어린아이들》이라는 책을 쓰기 위해 그를 인터뷰했다.

"경찰들은 아주 비좁은 이 거리를 봉쇄해놓고 유대인들을 태운 버스만 통과시켰지요. 여기서 저는 유대인 청소년들이 버스를 타고 도착한 일부 유대인들이 — 나이든 사람들과 어린이들, 그리고 아이를 안고 있는 여자들이 — 차에서 내려 짐을 찾는 걸 도와주고 있는 모습을 보았습니다. 그리고 자기들도 체포되었으면서 다른 사람들을 도와주겠다고 나선 그 젊은이들의 모습은 제 머릿속에 곧바로 확실하게 각인되었지요. 저는 그들이야말로 진정한 인간애를 발휘하고 있다고 생각했습니다."

수많은 가족들이 숨조차 제대로 쉬기 힘들 만큼 좁아터진 곳에 발 디딜 틈 없이 빽빽하게 모여 있는 광경이야말로 지옥을 방불케 했다. 거대한 유리창으로 덮인 벨디브는 끔찍하게 더웠다. 그렇지만 철없는 아이들은 신이 나서 '6일 연속 자동차경주'를 치르기 위해 설치해놓은 경사진 경주로에서 미끄럼을 타느라 정신이 없었고, 그걸 본 공무원들은 스피커에 대고 "아이들을 좀 말려주세요! 아이들을 좀 말려달라니까요!"라고 고래고래 소리를 질러댔다.

라자르는 도저히 말로 표현할 수 없을 만큼 혼란스러운 이 광경을 보면서 이런 상황이라면 도망쳐도 들키지 않을 거라고 생각했다. 그러나 우선 부모님들의 동의를 얻어야 했다. 여기서 도망치면 정치범인 형과 누나에게 계속해서 꾸러미를 가져다줄 수 있을 것이라는 생각이 들었다(이때만 해도 그는 이 두 사람 역시 강제 송환될 것이라고는 상상조차 하지 못했다). 하지만 막내아들과 떨어져 있어야 한다는 생각에 겁이 난 어머니는 그를 말렸다. 반면에 지금 얼마나 끔찍한 비극이 준비되고 있는가를 눈치 챈 아버지는 "도망칠 수 있으면 도망쳐라!"라고 말했다.

혼란이 극에 달했다. 아기를 품에 안은 젊은 엄마들이 서로 밀쳐대면서 넬라통 거리에서 장사를 하는 한 유제품 판매인을 향해 소리쳤다. 판자 울타리가 반쯤 열렸다. 기동경비대가 이 격노한 엄마들을 막기에는 역부족이었다. 라자르는 자신의 운을 시험해보기로 했다. 그는 노란 별을 떼어내 버린 다음 판자 울타리의 틈을 슬쩍 빠져나가 미친 듯이 내달렸다. 목표는 오직 하나, 상원 근처의 투르농 거리에 사는 단짝친구 장 오를 찾아가는 것이었다.

열차들은 이미 유대인들을 네 곳의 수용소로 ― 드랑시, 콩피에뉴, 피티비에르, 본 라 롤랑드로 — 실어 나르고 있었다. 그들은 여기서 다시 독일과 폴란드로 강제송환될 예정이었다. 나치 우두머리들이 1942년 1월 20일 반제에서 열린 회의에서 그렇게 결정했다. 유대인들에 대한 '최종해결책'이 시행되기 시작했던 것이다. 가슴에 노란 별을 다는 것은 유대인들의 명단을 작성하고, 그들을 배척하고, 그들로 하여금 자기들이 다른 민족들과는 다르므로 이 세상에서 사라져야 마땅하다는 생각을 하도록 만들기 위한 하나의 과정에 불과했다. 유대인 성인남자들은 이미 오래 전부터 강제송환되었지만 이번에는 여성들과 아이들까지도 그 대상이 되었다는 게 크게 달라진 부분이었다. 1942년 8월말 당시 프랑스에 살고 있던 유대인 2만 6천 명이 강제수용되었고, RSHA의 동의에 따라 — 프랑스 정부 당국의 요청에 따라 — 아이들도 부모들과 분리되지 않았다.[7] 세르주 클라르스펠트가 인용한 수치에 따르면, 전쟁이 끝난 당시 프랑스의 유대인 7만 6천 명이 강제수용되었고, 그중에서 어린이는 1만 4천 명이었다 (1940년 당시 프랑스에 살고 있던 18세 이하의 유대인은 모두 7만 명이었다).

물론 11세의 조제프 바이스만과 그보다 나이가 조금 더 많은 조지프 코간이 본 라 롤랑드 수용소에서 탈출한 것 같은 이야기를 하면서 위안을 받을 수도 있으리라. 그러나 조지프의 머릿속에서도, 라자르의 머릿속에서도 가장 중요한 사실 한 가지는 잊히지 않았다. 그들의 부모들이 강제수용소에서 영영 돌아오지 않았던 것이다.

라자르 피트코비츠의 이야기는 아직 끝나지 않았다. 친구인 오의 가족이 도와준 덕분에 자유지역으로 넘어간 그는 레지스탕스 조직과 접촉하여 이름까지 바꿀 수 있었다. 이후 그는 '루이 피코'라고 불렸다. 리옹에서 '꼬마 루이'라는 별명을 얻은 그는 MUR(Mouvements unis de

---

[7] 1943년 7월, 나치는 1927년 이후에 프랑스 인이 된 유대인들을, 바꿔 말하자면 청소년들과 어린이들의 '국적'을 박탈할 것을 비시 정부에 요구했다.

Résistance, 레지스탕스 통합운동)의 연락원이 되었다. 이 15세 소년은 무기와 돈, 전갈 등 뭐든지 다 전달할 수 있었다.

그러나 독일군은 1942년 말에 자유지역을 침략하고 리옹에 있는 레지스탕스 조직망을 추적하기 시작했다. 1943년 6월 21일, 게슈타포 책임자인 클라우스 바르비는 칼뤼르에서 드골 장군이 국내 레지스탕스 조직을 통합하라는 임무를 주면서 파견한 장 물랭을 체포했다. 7월 3일, 루이 피코는 라 귀요티에르 다리에서 바르비의 부관에게 체포되었다. 레지스탕스 활동가 중에 가장 나이가 어렸던 그는 레지스탕스 운동의 최고책임자와 함께 감옥에 갇혔다. 아마도 이것 덕분에 목숨을 구했는지도 모른다. 리옹의 집들 사이로 난 길을 떠돌아다니는 가브로슈가 된 파리 출신의 한 소년이 제3제국에 위험한 존재가 되리라고 누가 상상이나 했겠는가? 그런데 '꼬마 루이'는 고문이 시작되기도 전에 굴복했다. 코르들리에 광장의 약속장소로 가서 레지스탕들을 함정에 빠트리라는 요구를 받아들였다. 그러나 미끼 노릇을 하기로 되어 있던 이 소년은 여기 저기 옮겨 다니다가 레지스탕들이 눈치 챌까 봐 멀찌감치 떨어져 있던 게슈타포 경찰들을 따돌리는 데 성공했다. 물론 그는 모든 걸 꾸며냈고, 진짜 레지스탕은 단 한 명도 코르들리에 광장에 나타나지 않기를 하나님께 간절히 바랐다. 게다가 명령에도 아랑곳하지 않고 이렇게 외쳤다.

"아, 꼬마 루이, 어떻게 지내? 우리가 널 못 따라잡았을 거 같아?"

그가 속한 비밀조직의 지도부는 이 어린 루이 피코가 탁월한 능력을 갖춘 조직원이라는 사실을 깨달았다. 루이 피코는 MUR의 새 이름인 전국해방운동 유격대의 연락원으로 임명되었다. 이번에는 파리에서 주어진 임무를 계속 수행했다. 벨리브에서 탈출했던 이 소년은 비밀 메시지를 전달하기 위해 쉴 새 없이 자전거 페달을 밟았다. 그러다가 1944년 1월 27일 포트 도레에서 민병대원에게 붙잡히고 말았다. 이번에는 상황이 좋지 않았다. 그는 파리와 리옹, 비시, 물랭 등 이 도시 저 도시의 감옥으로 이감된 끝에 결국 독일인들에게 넘겨졌다. 7월 14일은 축제일이 아니었다. 연합군이 노르망디 지역에 상륙한 지 5주가 지났지만 나치는 물랭의 죄수들을 포함한 죄수들을 계속 강제송환하기로 결정했다. 물랭의 죄수들은 강제송환되기 위해 파리를 통과해야 했다. 그는 리옹 기차역이 감옥에서 풀려났거나 그러지 못한 여행자들의 인파로 혼잡한 틈을 이용해 다시 한 번 탈출을 감행했다. 결국 그는 자유의 몸이 되었다. 그리고 파리가 해방되었다. 그는 파리가 해방되는 데 큰 기여를 했다.

1945년 5월, 히틀러가 죽었다. 연합군은 강제수용소를 해방시켰다. 살아남은 강제송환자들이 돌아왔을 때 라자르는 친구 오의 집에서 멀지 않은 루테티아 호텔에서 형 베르나르를 다시 만나는 기쁨을 누렸다. 그러나 이 두 소년은 다른 가족이 모두 세상을 떠났다는 사실을 알게 되었다. 하지만 그들이 클리냥쿠르 거리에 있는 옛날 집에 다시 정착하고 난 어느 날, 죽었다던 로진이 문을 두드렸다.

그 어떤 찬사도, 그 어떤 훈장도 모리스와 페를라, 파니를 다시 데려오지는 못할 것이다. 그러나 1945년 12월 17일, 군 대표단이 당시 17세인 라자르가 다니고 있던 상업학교를 방문했다.

"라자르 피트코비츠, 제군은 프랑스 해방훈장 보유자로 선정되었음을 알려드립니다."

드골 장군으로부터 이 프랑스 최고의 훈장을 수여받은 레지스탕은 많지 않다. '바리오즈'라는 가명으로 비밀스럽게 활동했던 마르튀랭 앙리 오를 제외하면 이 훈장을 받은 사람 중에 라자르가 가장 어렸다. 드골 장군을 지지한 BCRA의 조직원이었던 마르튀랭은 1944년 7월 14일 모르비앙에서 14살의 나이로 살해당했다. 그들에게 프랑스 해방훈장이 추서된 정확한 이유는 보안상의 이유로 공개되지 않았다.

1945년 4월과 5월의 강제수용소 해방에 대해 언급하노라면 4월 20일에 찍은 사진 한 장이 머릿속에 떠오른다. 이 사진에는 8살짜리 어린 소년이 나온다. 머리는 빗으로 빗고 귀는 약간 앞으로 나와 있으며, 굵은 줄무늬가 옆으로 그려진 스웨터와 짧은 반바지를 입고, 짧은 양말을 발에 딱 맞는 구두 위까지 내려 신은 이 소년은 양쪽에 시체들이 즐비하게 놓여 있는 길을 걷고 있다. 길이 커브를 이루는 바로 그 지점은 부조화를 이루기 때문에 더욱 눈에 거슬리는 시신들이 눈에 띈다. 맨 앞에는 허리까지만 발가벗겨진 여성의 시신이 놓여 있는데, 꼭 점잖지 못해 보일까 봐 옷으로 얼굴을 덮어놓은 것처럼 보인다. 그 뒤쪽의 시신들은 담요로 덮여 있다. 아마도 닷새 전 수용소가 해방되었을 때 영국 병사가 그렇게 해놓았을 것이다. 뒤쪽에는 키 작은 나무들이 서 있다. 그중 꽃이 한 그루에만 피어 있어 이 장면은 더 혐오스러워 보인다. 하지만 시간이 멈추지 않아 화려한 자연도 자신의 권리를 되찾았다.

아이는 그 음산한 장면에서 살짝 고개를 돌리고 있다. 어쩌면 그는 이미 너무 많은 걸 보았는지도 모른다. 그러고 나면 그가 사진에는 안 나오지만 정면에 있는 비탈길의 다른 시신들을 바라보고 있을지도 모른다는 생각이 든다. 그는 마치 학교에서 돌아올 때처럼 단호한 걸음으로 사진사를 향해 걸어온다. 쾌활한 표정을 짓고 있거나 정면으로 비치는 태양 때문에 얼굴을 찡그리고 있는 것 같다. '이젠 살았어.' 이렇게 말하는 것 같다.

소년은 독일 북부의 하노브레에서 60킬로미터 떨어져 있는, 뇌엔감 수용소와 더불어 네덜란드에서 가장 가까운 베르겐 벨센 대량학살 강제수용소를 지나고 있다. 이 소년의 이름은 지에그 마안다그, 암스테르담 출신 유대인이다. 그는 1945년 3월 한 달 동안에만 2만 8천 명의 강제송환자들이, 특히 여성들이 추위와 티푸스로 죽어간 이 베르겐 벨센 수용소에

서 살아남았다.[8]

 3월말, 그 여성들 중에는 어머니 에디트와 함께 1944년 7월 4일에 체포된 16살의 안네 프랑크와 19살의 언니 마르고도 끼어 있었다. 이들은 네덜란드의 베스테르보르크 수용소에 갇혀 있다가 폴란드의 아유슈비츠로 이송되었고, 여기서 에디트는 숨을 거두었다. 10월에 이 두 자매는 베르겐 벨센으로 이송되어 티푸스로 사망했다. 아버지 오토 프랑크만 살아남았다. 그가 암스테르담으로 돌아오자 그의 친구인 벱 보스쿠이즐과 미엡 기에스는 그의 가족들이 체포되고 나서 한 달이 지난 1944년 8월 4일에 안네의 일기장을 발견했다고 그에게 알려주었다. 그것을 읽어본 오토는 가족과 관련된 미묘한 부분을 몇 군데 삭제한 다음 그것을 출판했다. 《안네의 일기》는 전 세계의 여러 언어로 번역되어 유럽의 유대인들이 전쟁 중에 처한 상황과 관련하여 가장 널리 알려진 책이 되었다.

 《안네의 일기》는 독일에 살던 프랑크 유대인 가족이 어떻게 나치의 박해를 피해 네덜란드로 이민을 가기로 결심했는지에 대해 이야기한다. '우리는 100퍼센트 유대인이었기 때문에 아버지는 1933년에 네덜란드로 와서 잼을 만드는 오펙타라는 네덜란드 회사의 사장으로 임명되었다.'

 그녀는 나치의 정책이 어떻게 자신들의 삶을 계속 무겁게 짓눌렀는지를 이야기한다.

 우리의 생활은 긴장의 연속이었다. 독일에 사는 가족들이 히틀러가 만든 반유대인 법안의 적용 대상에서 예외가 되지 않았기 때문이다. 1938년에 우리의 두 삼촌들은 도망쳐서 북아메리카에 무사히 정착했고, 당시 73세였던 할머니께서는 우리 집으로 오셨다.

---

8 전쟁이 끝나고 난 뒤 지에그 마안다그는 네덜란드에서 유명한 화가가 되었다.

독일군이 네덜란드를 침공하면서 상황은 더 악화되었다. '좋은 시절은 다 가고 1940년 5월부터 전쟁과 항복, 독일군의 진주가 이어지면서 우리 모든 유대인들에게 불행이 시작되었다.'

프랑스에서 그랬던 것처럼 네덜란드에서도 강제 조치가 강화되어 몬테소리 학교를 다니던 안네 프랑크는 친구들과 헤어져 마르고와 함께 유대인 학교에 들어가야 했다.

반유대인 법안들이 계속해서 쏟아져 나왔다. 우리의 이동의 자유는 점점 더 제약을 받았다. 유대인들은 노란 별을 달고 다녀야 했다. 자전거는 반환해야 했다. 전차를 탈 권리도 없었다. 오직 유대인이 하는 미장원에만 갈 수 있었다. 밤 8시에서 다음 날 아침 6시까지는 길거리에 나올 권리가 없었다.

안네 프랑크는 '유대인의 이동의 자유는 점점 더 제한받았다'라고 썼지만, 상황은 그보다 더 나빴다. 오토 프랑크는 자기 회사의 사장 자리를 네덜란드 친구에게 넘겨주어야 했을 뿐 아니라 회사 이름도 '기에스 앤 컴퍼니'(그들의 여자친구 남편 이름)라고 붙여야만 했다. 게다가 회사 건물 별관에 은닉 장소를 만들어 그곳에서 2년 동안 지내야 했다. '별관은 이상적인 은닉 장소였다. 습기가 차고 좁기는 했지만 암스테르담은 물론 네덜란드 전역을 뒤져도 여기보다 더 편안하고 잘 꾸며진 데는 없었을 것이다.'

이 사춘기 소녀는 우편엽서와 영화 사진이 벽에 빼곡하게 붙어 있는 방에서 일기를 썼다. 이 일기 역시 지적 저항의 한 형태였기 때문에 장차 다른 청소년들도 투쟁을 벌이면서 더 잘 견디기 위해 일기를 쓰게 된다.

더더구나 안네 프랑크는 비길 데 없을 만큼 참신하고 솔직하게 일기를 썼다.

내가 정말 사랑하는 친구들은 목숨을 잃거나 실의에 빠져 있는데 나만 이렇게 따뜻한 침대에 누워 있다니, 난 참 나쁜 아이인 것 같다. 항상 나와 친분이 아주 두텁다고 느꼈는데 지금 이 순간에는 가장 잔혹한 학대자들의 손아귀에 놓여 있는 사람들을 생각하면 겁이 난다. 그런데 이 모든 것은 그들이 유대인이라는 오직 한 가지 이유 때문이다.

안네 프랑크는 마리안느 브라운이 누린 행운을 누리지 못했다. 마리안느 브라운은 최악의 상황에서는 벗어났다. 그러나 1942년 7월 브라운 가족은 프랑크 가족과 비교될만한 상황에 처했다. 이 두 가족 모두 암스테르담에서 살고 있었는데, 안네 프랑크의 가족은 독일에서 온 반면 마리안느 브라운(19세)과 그녀의 동생인 레오(16세)의 가족은 1938년 히틀러가 병합한 오스트리아에서 도망쳐 나왔다. 당시 마리안느의 나이는 15살이었다. 그녀의 가족은 보기 드문 선택을 했다. 신교로 개종한 것이었다.

마리안느는 나중에 이렇게 말한다. "1942년 5월, 우리는 노란 별을 달고 다녀야만 했지요. 이상한 일이었습니다. 일요일이 되면 그걸 달고 교회에 나갔으니까요. 다른 신자들은 안됐다며 우리를 동정했지요. 바로 그때 저랑 제 동생 레오는 소환되었습니다. 독일로 일을 하러 가야 한다더군요."

유대인들은 그게 무얼 의미하는지 알고 있었다. 7월 초 프랑크 가족 중에서도 마르고가 경찰로부터 소환당한 것이 그 증거였다. 당시 안네 프랑크는 언니에 대해 이렇게 일기장에 써놓았다. '너무 두렵다. 소환이 무얼 의미하는지 모르는 사람은 아무도 없다. 강제수용소와 독방의 유령이 벌써부터 눈앞에 떠오른다.'

바로 그때 막연히 알고 있던 두 네덜란드인 형제 자압과 제라르드 무쉬가 브라운 가족의 젊은이들에게 연락을 했다.

"떠날 거야? 어떻게 하기로 했어?"

그러자 마리안느가 되물었다.

"달리 어쩔 도리가 없잖아?"

"어쩌면 우리가 너네 숨어 있을만한 곳을 찾을 수도 있을 것 같은데……."

마리안느와 레오가 집에 돌아가서 이 얘기를 하자 아버지는 질겁하며 반대하고 나섰다.

"그 계획이 성공할 리가 없어! 너희들을 숨겨줄 수 있을지는 몰라. 하지만 그게 얼마나 가겠니? 독일군은 결국 너희들을 찾아내고 말 거야."

다음날 자압과 제라르드가 만족스러운 표정을 지으며 나타났다.

"네 동생과 네가 숨어 있을만한 곳을 찾아냈어!"

마리안느와 레오는 머리가 혼란스러워졌다. 어떻게 하지? 강제수용소로 끌려갈 것인가, 아니면 부모님들만 내버려두고 숨을 것인가? 해결책이 없지는 않았다. 두 네덜란드 청년이 다른 장소를 찾고 있으니 그곳 주소를 부모님들에게 알려줄 수 있을 것이다. 그러나 서둘러야 했다. 얼마 안 있으면 또 다시 소환당할 것이었기 때문이다.

그들은 결정을 내렸다. 그날 밤은 무쉬 형제네 집에서 자기로 했다. 그런 다음 날이 밝으면 프리제 지방으로 가서 전쟁이 끝날 때까지 마리안느는 교사의 집에, 레오는 농가에 숨어 있기로 했다.

그들이 목숨을 구한 게 전적으로 우연에 의한 것이라고 볼 수는 없다. 자압과 제라르드 무쉬는 사실 나치 점령 하에 놓인 수백 명에 달하는 어린이와 청소년들을 구하게 될 거대한 조직의 책임자였다. 1940년에 이미 수천 명의 독일 출신 유대인 아이들이 네덜란드 땅에 혼자 와 있었다. 네덜란드가 주축이 된 킨데르트란스포르트('어린아이 수송')라는 조직 덕분에 그들 중 1만 명이 페리를 타고 영불해협을 건너 영국으로 피신, 목숨을 구했다.

우리가 이미 본 것처럼 1942년에 네덜란드에 사는 유대인들은 '주드'(네덜란드어로 '유대인')라고 쓰인 다윗의 별을 달고 다녀야 했을 뿐 아니라 독일군의 강요에 따라 살던 집을 떠나 암스테르담에 다시 집결해야 했다. 나치는 이들을 이 '북유럽의 베니스'에서 출발시킨 다음 베스테르보르크 강제수용소를 거쳐 독일이나 폴란드로 끌고 가려는 계획을 세웠다.

무쉬 형제는 고등학교와 대학교 때 친구들을 모아 비밀조직을 결성했다. 네덜란드 인들은 겸손하고 실용적이다. 이들은 레지스탕스 조직에 거창한 이름을 붙이는 대신 어떤 경우에도 들어맞는 'NV'(*Naamloze Vennotschap*, '주식회사')라는 이름을 고른다. 그래서 이 NV에 대해 언급할 때는 경제적인 목적을 가진 기업에 대해 말하는 것처럼 할 수가 있다. 아주 엄격한 안전조치가 하나 더 있다. NV에 소속된 이 젊은이들이 자신들이 숨길 유대인 아이들의 진짜 이름을 명부에 기록하지 않은 것이다. 그래서 나치즘이 패하여 전쟁이 끝난 후 아이들의 신원을 확인하는 일은 더 힘들어졌다.

이러한 결정은 이따금 예상치 못한 문제를 야기하기도 했다. 1943년 1월, 이 조직의 구성원인 테드 메이네스는 반 브뢰겔 씨 집에 아다라는 이름을 가진 한 소녀를 데리고 갔다. 반 브뢰겔 씨 가족은 브라반트 노르드 지방에 속한 레에르담의 신교도들이었다. 그런데 NV 조직 사람들이 반 브뢰겔 씨 가족에게 이미 또 다른 아다 한 명을 데려다 놓은 상태였다. 사실 4살에서 6살 사이의 아이에게 자기 이름이 아닌 다른 이름을 숙지시킨다는 건 불가능하다. 밀고 후 독일인들은 소득 없는 심문을 진행했다. 두 여자아이 가운데 나이가 많은 쪽에 속했던 6살의 아다 윈스턴은 이튿날까지 자신을 숨길 수 있었다. 이후에는 결국 다른 수용 가족이 그 아이를 보호했다.

　1942년과 1943년에 NV의 젊은 레지스탕들은 네덜란드의 대규모 레지스탕스 조직에 물질적, 재정적 지원을 요청하지 않고 익명으로 활동했다. 어쨌든 네덜란드를 비롯한 여러 점령국에서 레지스탕스 조직들은 자율적으로 활동하든, 아니면 모스크바나 런던에 편입되어 있든 유대인 지원을 국가를 해방시키기 위한 애국행위로 간주하지 않는 경향이 있었다. 그러나 이 조직들은 이 청소년들과 그들의 연장자들, 조직원들, 수용 가정들이 나치즘과 잘 싸웠다는 사실은 최소한 인정할 수 있었을 것이다. 어쨌든 NV는 용기 있게 활동을 계속했다.

　18살의 연락원인 레베카 반 델프트는 유대인 아이들을 비밀탁아소에서 데리고 나와 네덜란드 전역을 누비며 여기 저기 떨어져 있는 최종 목적지까지 데려다주었다. 그녀는 친구인 주스케 코펜 데 네베의 도움을 받아 암스테르담 중고등학교 때 같은 반이었던 마리안느 브라운이 제공한 정보를 토대로 유대인 가정과 접촉했다. 이 두 네덜란드 소녀를 NV 조직에 끌어들이라고 무쉬 형제에게 조언한 사람이 바로 마리안느 브라운이었다. 숨어 지내는 젊은 유대인들이 NV 조직이 자리를 잡고 확대되도록 하기 위해 자기들 나름대로 적극적인 활동을 펼치는 것이야말로 이 조직의 장점이었다. 그리하여 유대인 사회의 구성원들과 NV 간에는 신뢰감이 조성되었다.

　결국 NV는 규모가 더 큰 다른 두 유대인 보호 조직보다 — 프랑스에서 활동한 'OSE(Organisation de secours aux enfants, 아동구조조직)'와 폴란드의 '제고타(Zegota, 유대인지원위원회)'보다 — 훨씬 덜 조직적으로 활동하면서 250명이나 되는 유대인 아이들을 구하는 데 성공했다. 그러나 신중을 기했음에도 무쉬 형제는 1944년 5월과 9월, 4개월 간격으로 체포되었다. 제라르드는 오라니엔부르그 강제수용소에서 살아남았지만, 자압은 고문을 받고도 입을 열지 않다가 결국 옴멘 강제수용소에서 숨을 거두었다.

다른 젊은이들도 나이 어린 동생뻘인 유대인 아이들에게 특별히 친밀감을 느껴 독립된 조직을 결성한 뒤 그들을 돌보았다. 1942년 당시 스무 살이던 피에트 메에르부르그가 그런 경우였다. 그가 속해 있던 조직은 암스테르담 대학생들을 조직원으로 규합하여 3백에서 4백 명이나 되는 유대인 아이들을 구했다. 위트레흐트 대학교 학생들이 설립한 소규모 출판사 '데 베지게 비즈(De bezign Bij, 부지런한 꿀벌)'의 경우도 마찬가지였다. 1942년도에 그들은 '헤트 코미테에(Het Comitee, 위원회)'라는 이름의 유대인 아이 구출 조직을 결성하여 일제단속을 피한 아이들을 주민들의 집에 숨겨주는 일을 했다. 그러나 그 규모가 점점 더 커지다보니 아이들을 데려가 먹이고 입히는 데 드는 자금이 부족해졌다. 아이들을 받아들이는 주민들 모두가 부자는 아니었다. 그래서 이 소규모 조직은 꿀벌 출판사를 설립했다. 이들은 1941년 3월 13일에 총살당한 네덜란드 레지스탕들을 기리는 뜻에서 얀 캄페르트(유대인들을 도왔다는 이유로 체포되어 1943년 초에 뇌엔감 강제수용소에서 사망한 저널리스트)가 쓴 〈18명의 죽은 자들〉이라는 제목의 시를 인쇄했다. 이 시에서 발췌한 다음의 짧은 행은 많은 것을 말해준다.

나는 내가 시작했던 임무를 알고 있었네
나는 무거운 짐을 짊어지리
허나 내 타오르는 가슴은 그 어떤 위험도 아랑곳하지 않으리

비밀리에 판매된 이 시집이 놀라운 성공을 거둔 덕분에 자금이 조성되어 출판 활동은 계속되었다. 《바다의 침묵》이라는 소설을 쓴 베르코르와

제롬 랭동이 1942년 프랑스에서 비밀리에 설립한 미뉘 출판사의 경우도 이와 흡사하다.

선한 행동에는 반드시 보상이 따르는 법. 전쟁 후, 이 '의로운 자들' 중 한 명인 게에르트 루베르후이젠의 후원 하에 협동조합의 형태로 바뀐 데 베지게 비즈 출판사는 지금도 네덜란드에서 규모가 가장 크다.

그러나 1942년 봄에 이 평지국가들의 — 네덜란드와 벨기에의 — 모든 출판사가 유대인들을 보호하기 위하여 그렇게 헌신했던 것은 아니다. 파렴치하게도 일부 출판사들은 청소년 문학의 영역에서까지 '최후의 해결책'을 부르짖는 나치의 선전선동에 장단을 맞추었다. 벨기에의 경우가 그랬다. 1940년 당시 이 나라에서는 모두 7만 명의 유대인이 살고 있었지만, 1942년 7월부터 시작된 일제단속으로 인해 3만 2천 명이 처형되었다.

1942년 봄에 「르 스와르」 신문(벨기에 사람들은 '도둑맞은 르 스와르'라고 불렀다. 1940년부터 친독일 편집진이 이 신문을 만들기 시작했던 것이다)의 '청년' 특별판에 실린 만화를 살펴보자. 첫 번째 칸에서는 예언자가 여기저기 돌아다니며 세상에 종말이 왔다고 소리친다. 두 명의 유태인 상인이 대화를 나누며 양손을 맞비비고 있다.

— 이삭, 그거 들었어? 종말이 온대! 그게 정말이면 어쩌지!
— 야! 야! 솔로몬, 별 일 아닐 거야!
— 내 납품업자들한테 5만 프랑 줘야하는데……, 그러면 난 네가 지불하게 만들진 않을 거야.

조금 뒤에 가면 독자는 세상에 종말이 올 것이라는 예언이 거짓임을 알게 된다. 왜냐하면 지구를 위협하는 운석이 바다 속에서 산산조각 났기 때문이다. 매부리코, 두꺼운 아랫입술, 그리고 시가를 입에 물고 있는 블

루멘스타인은 뉴욕에 사는 유대인 은행가의 본보기로서 탐욕스럽고 게걸스럽고 걸신들린 인물이다. 물속에 떨어진 이 운석이 섬으로 변했다는 사실을 알자마자 그는 그것을 자기 것으로 만든 다음 거기 묻혀 있는 희귀한 금속들을 팔아 돈을 벌려는 목적으로 미국 연구팀을 파견한다. 다행스럽게도 로마와 베를린에서 파견한 탐험단이 유대인들이 주도하는 이 국제 금권정치의 앞잡이들을 앞서기 위해 달려간다. 이번 탐험을 널리 선전하기 위해 독일인 탐험단장이 노련한 저널리스트 한 사람을 부른다. 머리에 작은 타래가 있는 이 젊은 모험가는 작은 폭스테리어 한 마리를 데리고 가는데 아주 유명하다. 그의 이름은 텡텡이고, 그가 데려가는 개의 이름은 밀루다. 그리고 작가는 이 만화에 '수수께끼의 별'이라는 제대로 어울리는 제목을 붙였다.

에르제는 벨기에의 파시스트들로부터 느껴지는, 특히 독일인들의 요청을 받고 벨기에 인으로 구성된 젊은 지원병 부대를 러시아 전선으로 보내 적군과 싸우도록 한 친구 퓌러 레온 드그렐에 대해 느껴지는 호의를 감추지 않았다. 두 사람이 대단히 가까운 사이였기 때문에 드그렐이 텡텡이라는 인물의 모델로 쓰였다고 주장하는 사람들도 있다.

'수수께끼의 별' (이 이야기의 모든 에피소드는 나중에 컬러판 만화책으로 묶여 나왔다)이 「르 스와르」 신문에 마지막으로 실리고 1주 후부터 벨기에의 유대인들은 한가운데 'J' (프랑스어로 'Juif', 플랑드르어로 'Jood'의 첫 문자)라고 쓰인 노란 별을 달고 다녀야 했다. 이때부터 벌써 2개 국어 병용이 고려되었던 셈이다.

제9장

콤소몰의 젊은 아마존들

LA
ROSE
ET
L'EDELWEISS

1941년 6월 24일, 열차들이 전속력으로 서쪽을 향해 달려가고 있었다. 열차에는 수만 명의 레닌그라드 아이들이 타고 있었다. 그 전날 새벽 3시 반을 기하여 독일군이 소련 정복에 나섰다. 이 지역 러시아 적군 사령부는 최고사령부의 지침을 받지 못하자 전에는 상트페테르부르크라고 불렸던 이 도시에 사는 아이들의 절반에 해당하는 13만 명의 어린이들을 피신시키기로 결정했다. 루가와 토말체포, 가트치나 쪽에 임시로 지어놓은 여름학교 건물로 아이들을 데려갈 계획이었다. 전쟁에서 곧 승리를 거두면 이 아이들은 피에르 대제의 옛 수도로 돌아갈 수 있을 것이다.

　바실리 모로초프 장군은 영국 전투 당시 받아들여졌던 것과 유사한 시나리오를 근거로 결정을 내렸다. 말하자면 히틀러가 런던을 전격적으로 공격했던 것처럼 이번에도 공습을 해올 것이라고 판단했다. 그리하여 그는 딸 리다를 포함하여 아이들을 피난시키기로 결정했다. 자신의 예상대로 상황이 전개될 것이라고 믿었던 것이다.

　그러나 예상은 빗나갔다. 히틀러가 입안하여 전선을 핀란드 만에서 흑해까지, 레닌그라드에서 세바스토폴까지 확대시키기로 한 '바르바로사' 작전의 일환에 따라 독일군 전차들이 동부 전선을 향해 몰려들었다. '남부군'은 키예프를, '중부군'은 모스크바를 향해 진격했다. 그리고 이 삼지창의 세 번째 창끝인 '북부군'은 레닌그라드를 겨누었다. 이 부대는 30개 사단, 50만 명의 병력으로 이루어져 있었다.

　초기에 레닌그라드 동쪽에 집결해 있던 어린이들은 독일군의 진격에 직면했다. 독일군과 러시아 적군 사이에 낀 '샌드위치 신세'가 되었다.

곧 히틀러의 군대는 그들에게 폭탄을 쏟아 붓기 시작했다. 무슨 일이 있어도 그들은 반대 방향으로 피해야 했다. 아이들은 레닌그라드 방향으로 가는 열차에 다시 올라탔다. 그러나 에드로포와 리크코보에서 비극이 발생했다. 독일군 탱크들이 돌아가는 호송열차에 포탄을 비오 듯 퍼부어댄 것이었다. 2천 명이 넘는 어린이들이 사망했다. 하지만 모로조프의 딸 리다는 무사했다.

다른 쪽으로 뚫고 나가려고 시도했지만 당장은 시내를 방어하는 것이 더 중요했다. 백만 명의 시민들이 참호를 팠고, 전략목표와 공장, 박물관 등에 위장망을 씌웠다. 어린이들과 청소년들도 적극적으로 참여했다. 그 중 상당수가 공산주의 청년단인 '콤소몰' 단원이었다. 콤소몰 단원의 숫자는 소비에트 전역을 통틀어 5백만에 달했다. 이 콤소몰이라는 명칭은 '콤모우니스티케스키 소이우즈 몰로디오지KOMmounisticheski SOiouz MOLodioji(공산주의 청년연맹)'의 앞 글자를 딴 것이다. 이 연맹 조직원들의 신조는 디오클레티에누스 황제 때 로마에서 박해당한 초기 기독교인들의 그것을 연상시킨다. 청년단원들의 스탈린 동지에 대한 헌신은 자기희생으로 이어졌다. 파시스트 체제가 콤소몰로부터 힌트를 얻어 청년운동단체를 설립한 것은 역사의 아이러니가 아닐 수 없다. 나이가 가장 어린 단원들은 1917년 10월 혁명을 기리는 뜻에서 '10월 단원'이라고 불렸다. 10살짜리들은 '붉은 선구자단(소비에트 스카우트)'에 들어갔고, 16살부터는 엄밀한 의미의 콤소몰이 되었다. 그리고 이 콤소몰 중에서도 나이가 많은 젊은이들은 군의 한 축이 되어 모스크바와 스탈린그라드에서 도시를 방어했다.

그런데 시간이 촉박했다. 독일군이 레닌그라드를 향해 맹렬한 기세로 돌진하고 있었다. 히틀러는 레닌그라드만 무너뜨리면 모스크바는 쉽게 점령할 수 있을 것이라고 확신했다. 수도 모스크바에서는 스탈린이 잠시 모습을 감추었다. 우울증이 도져서 어딘가에 틀어박혀 있다는 소문이 떠돌았다. 하지만 시간을 두고 반격 작전계획을 짜고 있다는 소문이 더 신빙성 있었다. 보로칠로프 원수와 협력하여 레닌그라드 방어를 담당하게 될 스탈린의 보좌관 안드레이 야다노프가 휴가지에서 허겁지겁 달려왔다.

가장 중요한 임무 중 하나는 NKVD, 즉 비밀정보부 요원들이 에르미타주 박물관에 소장되어 있던 티치아노와 루벤스, 라파엘(그의 〈아기 예수를 안고 있는 성모〉를 포함하여) 등의 명화를 포장하도록 돕는 일이었다. 7월 20일경에 특별열차가 이 그림들을 싣고 떠났다. 아이들을 구하려고 했을 때보다 더 큰 성공을 거두었다.

아이들, 그들이 다시 왔다! 그로부터 나흘 뒤인 7월 24일, 시민들이 참호 작업을 멈추어야 할 정도로 맹렬하던 포격이 잠시 멈춘 틈을 이용하여 혼잡하게 뒤얽힌 승용차와 버스가 작은 배낭을 등에 멘 아이들을 가득 싣고 네프스키 대로를 출발, 레닌그라드를 떠났다. 한 달 뒤인 8월 30일에는 20만 명에 달하는 레닌그라드의 여성들과 아이들을 피난시킬 수 있었다. 일부는 배를 타고, 또 일부는 안전해 보이는 우랄 지방과 남쪽으로 차를 타고 떠났다. 그러나 많은 부모는 아이들을 떠나보내지 않았다. 아이들이 떨어지려고 하지 않았던 것이다. 공격받는다고 해서 반드시 더 인간적으로 변하지는 않는다는 사실을 보여주는 기괴한 상황이 벌어졌다. 바로 이 8월 30일에 NKVD의 잔인한 우두머리 베리아가 레닌그라드 지역에서 살고 있는 독일과 핀란드 출신 시민 13만 2천 명(여성과 어린이 포함)을 강제노동수용소로 보낼 것을 요구하고 나섰던 것이다. 이중에서 1만 1천 명만 끌려갔다. NKVD로서는 충분한 수송수단이 없었던 데다가 전황이 점점 더 악화되어가고 있었기 때문이다.

때가 되었다. 독일과 핀란드 연합군은 탈린과 비보르그 등 에스토니아와 핀란드의 도시를 함락시키고 나서 레닌그라드를 물샐틈없이 포위했다. 봉쇄가 시작되었다. 이때부터 시민들은 궁핍한 생활에 시달렸다. 9월에는 어린이 한 명에게 하루 150그램의 빵이 배급되었지만 그 다음 달에는 100그램, 그리고 일을 하는 성인들에게는 200그램씩 배급되었다.

레닌그라드에 대한 포격은 9월 4일에 개시되었다. 이 포격으로 레닌그라드에 식량을 공급하던 주요 건물들이 파괴되었다. 7일에는 전체 시민이 먹을 밀가루와 설탕, 돼지비계, 버터, 고기 등을 저장해놓은 바다에프 창고가 잿더미로 변했다. '지금이라도 가면 캐러멜 몇 개는 건질 수 있을 거야!' 아직 유머감각을 잃지 않은 시민들이 이렇게 비꼬았다. 11일, 산업용 유제품 판매점 '붉은 별'이 불에 타 그 안에 있던 수 톤의 버터가 흔적도 없이 녹아버렸다.

혁명 기념일이 끼어 있는 11월 초, 배고픈 것만 해도 정말 견디기 힘들 지경인데 이번에는 그에 뒤지지 않을 만큼 치명적인 또 하나의 적, 추위까지 밀어닥쳤다. 1941년 여름 날씨는 기가 막히게 좋았지만 같은 해 겨울은 그 어느 해보다 훨씬 더 혹독했다. 그래도 레닌그라드 시민들이 만족해할 이유가 딱 한 가지 있기는 했다. 나폴레옹 시대에 그랬던 것처럼 이번에도 '동장군'이 히틀러 군대의 진격을 막을 수 있을지 모른다는 것이었다.

"도시가 폭격당하는 바람에 식량이 모두 불에 타 버리면서 동시에 그 이전 생활의 흔적도 말끔히 사라져 버렸어요." 봉쇄 초기에 10살이었던 루드밀라 안노포바는 이렇게 말한다. "기근이 레닌그라드를 덮쳤지요. 인간이 기억하는 것 중에 최악의 추위가 시작되었습니다. 물도 끊겼지요. 네바 강은 겨우 5백 미터밖에 떨어져 있지 않았습니다. 하지만 도대체 어떻게 거기에 접근한단 말입니까? 우리는 건물 5층에서 썰매와 프라이팬, 우유통을 아래로 내려 보냈지요. 그러다가 눈이 내리자 네바 강 쪽으로 길을 내어 빙판에 구멍을 뚫고 얼음물을 퍼냈답니다. 창문은 판자로 막았습니다. 사방이 어두컴컴했지요. 유일하게 온기가 느껴지는 것은 주철로 만들어진 부엌 난로와 테이블에 놓인 아주 작은 심지 램프뿐이었습니다. 말이 심지 램프지, 사실은 천 조각을 기름에 담가놓은 것에 불과했죠. 저는 하루 종일 배가 고팠습니다. 배급표가 있어야 식량을 살 수가 있었어요. 설사 배급표가 있다 하더라도 키로프스키 거리에 있는 상점 앞에서 한없이 줄을 서야 했습니다. 여섯 식구 앞으로 나온 배급표를 주면 조 약간과 말라비틀어진 양파 몇 개, 그리고 가끔 냉동육 한 조각을 살 수 있었지요. 몸을 일으킬 힘조차 없었습니다. 아침에는 옷을 입을 필요조차 없었답니다. 외투를 입고 잠을 자니까요."

　출처가 수상쩍은 얇은 고기 조각은 엔진오일이나 비버 기름에 튀겼다. 여자들은 입술에 바르는 연지에 넣고 튀긴 밀가루로 국수 비슷한 것을 만들었다. 의사들이 톱밥(처음에는 자루에 쌓인 동상이나 기념물을 보호하는 데 그걸 썼다)을 재활용해도 괜찮다는 의견을 내자 사람들은 그것으로도 역시 먹을 수 있는 면 종류를 만들어냈다. 또 책으로 난로를 피우기 전에 표지를 붙이는 접착제를 떼어내어 죽을 쑤어 먹었다. 기술자들은 심지어 책이나 장작을 집어넣으면 열을 더 잘 퍼트리는 난로를 만들어내기까지 했다. 책들은 순식간에 불에 타 잿더미로 변해버렸다. 《소비에트연맹 공산당사》처럼 오랫동안 불에 타는 난해한 책들은 불태웠지만 반대로 대부분 겨우 몇 페이지밖에 안되는 아이들 책은 그냥 보관했다. 러시아에서는 아동 문학과 시가 비길 데 없는 감동의 여운을 남긴다. 이처럼 춥고 배고플 때는 단어와 입맞춤으로 자신의 몸을 덥힌다. 꿈을 꾸면 시장기는 잊히는 법이다. 위대한 시인 오시프 만델스탐의 시구에도 그렇게 나와 있지 않은가.

오직 아이들의 생각만을 귀히 여기라,
오직 아이들의 책만 읽으라.

그 점을 잘 알고 있던 스탈린은 전쟁이 일어나기 직전에 정치적 선동선전과 문학, 연극, 라디오, 영화를 통해 어린이와 청소년의 활동을 장려할 것을 지시했다. 그러나 아동문학은 대부분 덜 이념적이었다. 독일군이 침략한 6월 22일에도 레닌그라드 라디오에서는 여배우 마리아 페트로바가 그림과 안데르센의 동화뿐 아니라, 널리 알려진 찰스 디킨스와 마크 트웨인의 번역본을 남기고 아이들을 위해 《악어》처럼 산문으로 된 글들을 쓴 위대한 동화작가이자 유머작가 코르네이유 추코프스키의 이야기를 낭독하고 있었다. 그녀는 아동작가로서 1922년에 일어난 내전 당시 적군 1개 연대를 이끌고 백군과 싸웠던 아르카디 가이다르의 글을 읽기도 했다.

이 소설가는 1940년에 《티무르와 그가 이끄는 부대》라는 소설을 발표했다. 이 작품은 50년 뒤 소비에트 연맹이 해체되기까지 각 학교의 필독도서 목록에 들어가 있었다. 이 소설은 한 마을 주변을 돌아다니며 남몰래 선행을 베푸는 소년들의 이야기다. 그들은 미망인과 고아, 여성, 그리고 가장이 적군의 병사로 싸우는 가족의 아이들을 보호한다. 요컨대 이 책은 '레닌그라드의 가난한 사람들을 돕는 콤소몰들뿐 아니라 소비에트 연맹에서 이뤄지는 탄압이 독일에서보다 더 가혹하지 않은가' 라는 질문을 이따금 자신에게 던지는 젊은이들이 '착한 아이' 로 행동하게끔 부추기는 책이라고 말할 수도 있었다.

가이다르의 인기가 워낙 높았던지라 히틀러가 '종주국' 을 침략했을 때, 그는 이 '티무르의 맹세' 를 주제로 한 영화 시나리오를 보름 안에 써보라는 제의를 받았다. 가이다르는 이것이 시간을 다투는 일이라는 걸 명심하고 밤낮없이 애를 쓴 끝에 단 12일 만에 글을 끝냈다. 그러고 나서 그는 젊었을 때 했던 맹세를 지키기 위해 단순한 병사로 전선에 나가 싸우도록 해달라고 기관에 요청했다. 그러나 총사령부에서는 그의 요청을 받아들이지 않았다. 하지만 이 작가는 일간지인 「콤소몰스카이아 프라우다(콤소몰의 진실)」의 종군기자 자격으로 전선에 나갈 수 있었다. 1941년 10월 우크라이나에서 그와 함께 있던 분견대가 포위당했다. 공식발표에 따르면, 그는 기관총을 움켜잡더니 전우들의 복수를 하겠다며 적군을 향해 미친 듯이 마지막 탄창까지 총탄을 퍼붓고 나서 장렬히 전사했다고 한다. 적나라한 진실은 훨씬 나중에야 알려졌다. 그는 탈영해서 어느 마을로 도망쳤던 것이다. 그러나 '젊은이들의 친구'로 알려진 가이다르의 이와 같은 — 프롤레타리아 윤리의 관점에서 도저히 용납할 수 없는 — 행동을 많은 사람에게 널리 드러내어 알린다는 것은 도저히 있을 수 없는 일이었다.

마찬가지로 러시아에서 널리 사랑받는 청소년문학 작가들을 강제노동수용소에 보낸다는 사실을 공개한다는 것 역시 생각조차 할 수 없는 일이었다. 니콜라이 자보로츠키가 전쟁이 일어나기 전에 이런 경우를 당했다. 자보로츠키는 아동문학 작가로 데뷔했고, 라블레의 《팡타그뤼엘》과 《장난꾸러기 틸》을 러시아 어로 번역했다. 그러나 그는 특히 청소년문학을 가장하여 스탈린에게 맞서는 작가 동아리에 속해 있었다. 그의 풍자적인 작품 《농업의 승리》는 혁명 사상과 도덕을 동물들에게 퍼트릴 것을 제안한다. 조지 오웰의 《동물농장》을 생각나게 하는 이 작품은 체제를 조롱하면서 웃음을 불러일으킨다. 1938년 자보로츠키는 극동지방에 있는 강제노동수용소로 끌려갔다. 또 다른 예는, 아나톨리 리바코프다. 《아라바트의 아이들》이라는 작품에서 1934년에 공산당이 꾸민 음모에 희생된 콤소몰, 사샤의 이야기를 하게 될 그 역시 공부를 하던 중에 3년 동안 강제노동수용소로 보내졌다.

자볼로츠키와 리바코프는 틀림없이 강제노동수용소에서 반항했거나 아니면 부랑아 생활을 하거나 비행을 저질렀다는 이유로 강제 송환된 어린아이들과 마주쳤을 것이다. 또한 NKVD는 콤소몰이나 '무당자(공산당이 아닌 사람)'들 가운데서 '반혁명 조직'을 결성한 반동분자들을 색출했다. 그리하여 독일 침략자에 맞서는 거대한 저항의 물결이 일었던 것처럼 1941년부터는 스탈린의 지배에 반대하는 또 다른 형태의 저항운동이 젊은이들 사이에서 일어났다. 1934년부터 1941년까지 레닌그라드에서는 체제에 적대적인 학생들과 젊은 노동자들로 이루어진 조직들이 와해되었다. 실제로는 테러를 저지르지 않았는데도 흔히 '테러리스트'로 지칭된 이들은 극우파로 분류된 러시아 부흥연맹이나 위대한 핀란드공화국 집단만큼이나 상이한 운동조직에 속해 있었다. 소련의 나머지 지역처럼 레닌그라드에서도 많은 고등학생이 체포되어 트로츠키의 주장이나 다른 반대파의 사상을 전파했다는 이유로 강제노동수용소에 끌려갔다. 대부분은 비극과 희극이 공존했다. 레닌그라드에 사는 한 공산주의자의 아들인 12살의 알렉세이 두드킨은 다른 친구들과 함께 벽이란 벽에 온통 만자를 그리며 시간을 보냈다. 그것은 어른들이 강요하는 체제에 저항하는 하나의 방법이었다. 또 그는 친구들이랑 역할놀이를 하면서 스탈린에게 반대하는 반체제인사 지노비에프의 역할을 맡았다. 그 결과 두드킨은 '트로츠키-지노비에프에게 동조하는 반혁명'을 기도하는 조직의 우두머리로 체포되었다. 이 부자는 다행히 강제노동수용소로 끌려가지는 않았지만 심한 질책을 받았다.

1935년부터는 12세부터 강제노동수용소에 갈 수 있었다. 프랑스 인으로서 러시아의 강제노동수용소에 끌려갔었던 자크 로시는 거기서 그보다 나이가 훨씬 더 적은 아이들을 본 적이 있다고 말한다.

"미성년 범죄자들은 어린이들을 위한 여름학교를 진짜 지옥 같은 곳으로 바꿔놓았습니다. 그들 중 일부는 12살도 채 되지 않았지요. 현행범으로 붙잡힌 아이들은 자기 이름과 집 주소를 말하려 하지 않았으니까요. 그를 체포한 경찰은 더 이상 캐묻지 않고 조서에 그냥 이렇게만 써넣고 말지요. '12세의 미성년자로서 자기 이름이 사샤라고 주장함.' 이렇게 하면 이 아이를 강제수용소로 보냄으로써 미래의 불량배를 한 명 처치해버릴 수 있는 것이었거든요. 저자(로시)는 강제노동수용소에서 8살에서 10살밖에 되어 보이지 않는 수많은 소년 소녀들을 만났어요."

얼음이 꽁꽁 언 레닌그라드로 돌아가 보자. 놀이는 일체 금지되었다. 이제 썰매는 더 이상 놀이에 쓰이는 것이 아니라 시체를 나르는 데 쓰였다. 누군가가 시체가 얼 때까지 기다리지 않고 옷을 벗겨가는 경우도 종종 있었다.

독일군에게 포위당한 레닌그라드 시민들은 체중이 평균 3분의 1 이상 줄었다. 그리고 이질과 기관지폐렴, 결핵, 티푸스 등 치명적인 질병들이 유행했다. 250만 명의 시민 가운데 63만 명에서 백만 명 가량이 사망한 것으로 추산된다. 레닌그라드가 포위 공격을 받는 동안 여자들보다는 남자들이 더 많이 죽었다. 여성들은 지방도 더 많고 심장혈관계도 더 튼튼했기 때문이다. 반대로 성인 여성들은 더 이상 생리를 못했고, 이제 막 사춘기에 이른 소녀들의 경우에는 아예 생리가 시작되지도 않았다.

엄청난 추위(영하 30도!)가 1941년 12월에 이미 5만 명이 사망한 이 도시 주민들의 일부를 결국 구했다. 라도가 호수가 얼어붙자 이 호수를 가로지르는 길('생명의 길')이 생겨 레닌그라드에 식량 공급이 가능했던 것이다. 1941년 12월 25일, 주민 중 일부는 다시 배를 채울 수 있었다. 크리스마스 축제는 스탈린이 1929년에 금지시켰기 때문에 벌어지지 않았다. 그렇다고 해서 축제 생각이 없었던 건 아니었다. 일제사격 소리가 멀리서

들려왔다. 민병대가 인쇄소에서 배급표를 위조하던 여자들을 체포한 것이었다. 그러나 바로 이 '생명의 길' 덕분에 일일배급량은 늘어났다.

이 끔찍한 석 달 동안 붉은 선구자단 단원들과 콤소몰들은 수업시간 외에도 지하실이나 지하철역에서 대부분 예정에 없는 노동을 하곤 했다. 일요일이라고 해서 예외는 아니었다. 그들은 일부 건물에 설치된 '중앙난방시설'을 수리·유지하고, 도서관이라든지 지하철역 내의 예술품전시장, 연극공연장을 청소하는 일을 도왔다. 특히 주로 젊은 여성들로 구성된 순회봉사단은 헐벗고 굶주린 사람들을 집집마다 찾아다니며 그들이 이 힘든 시련을 견디고 살아남도록 도와주는 일을 했다. 이들은 아직 나무가 남아 있는 곳을 찾아가 그것을 잘라냈다. 가족들이 배가 고파 죽거나 폭격으로 건물 잔해에 깔려 죽는 바람에 외톨이가 된 사람들을 다른 곳으로 옮겼다. 또 가족을 모두 잃고 외톨이가 된 아이들을 고아원에 집어넣기도 했다. 콤소몰 순회봉사단은 프리모르스키 한 구區에서 두 달 만에 1만 8천 명을 방문했다.

어떤 콤소몰들은 영웅적인 행동으로 모범을 보였다. 1941년 겨울 레닌그라드의 십자가를 독일군으로부터 지켜낸 바냐가 그런 경우다. 마찬가지로 이리나 쿠르야에바는 자신이 아동무료진료소에서 배가 고파 죽어가고 있을 때 역시 옆에서 죽어가고 있던 한 젊은 여성으로부터 그녀가 배급받은 빵을 받았다고 증언한다.

"그녀가 저한테 말하더군요. '제발, 내 빵 먹어. (양이 얼마나 됐을까? 1인당 하루에 125그램이 주어졌다.) 난 내일 아침까지 못 살 거야. 그 전에 죽을 테니까.' 그녀는 바로 제 옆에 누워 있었어요. 침대는 최대한 많이 들여 놓아야 했기 때문에 서로 바짝 붙어 있었습니다.

그리고 밤새도록 잠을 이루지 못했던 기억도 납니다. '저 빵을 먹어야 되나, 말아야 되나?' 하면서 갈등하느라 그랬죠. '그녀가 더 이상 아무 것도 먹을 수 없다는 걸 모르는 사람은 없어. 하지만 만일 내가 그 빵 조각을 먹으면 사람들은 내가 그걸 훔쳤다고 생각할 거야. 하지만 정말 너무 먹고 싶어.' 그건 제 자신과의 싸움이었습니다. '빵은 내 것이 아냐!' 그래서 먹지 않았습니다. 지금 누군가가 배고픈 인간은 도둑질을 비롯해서 무슨 짓이든지 다 할 수 있다고 말하면 저는 물론 누가 그걸 저한테 주기는 했지만 그게 제 것이 아니기 때문에 가질 수 없었던 어릴 때의 감정을 떠올린답니다. 그리고 그 젊은 여성은 정말 세상을 떠났지만 그 빵 조각은 그녀의 베개 아래 놓여 있었습니다."

당연하게도 1942년 봄이 찾아오고 얼음이 녹으면서 라도가 호수에 났던 길이 사라지는 바람에 레닌그라드 시민들은 다시 배고픔에 시달려야 했다. 1942년 초가 되면서 레닌그라드에 더 이상 살아 있는 동물이 남아 있지 않았기 때문에 더욱 그랬다. 9월에 독일군이 나타나자 까마귀들이 모두 사라져 버렸다. 다음에는 갈매기와 비둘기가 사라졌다. 모두 냄비 속으로 들어갔다. 마지막으로 목숨을 잃은 것은 찌르레기와 참새들이었다. 어느 날, 아이들은 새들이 날갯짓을 하는 소리도, 노랫소리도 더 이상은 들을 수가 없었다.

이번에는 쥐와 생쥐, 개, 고양이가 자취를 감추었다. 오직 마리나 챠케바라는 어린 소녀만이 고양이를 레닌그라드 봉쇄가 끝날 때까지 데리고 있는 데 성공했다. 물론 그녀의 부모들은 그걸로 스튜요리를 만들어 먹고 싶어 했다. 그리고 만일 아직도 새나 들쥐가 있는 줄 알고 밖으로 사냥을 하러 나왔더라면 이 고양이는 틀림없이 이웃사람들에게 잡혀 먹히고 말았을 것이다. 그리하여 이 고양이는 역시 봉쇄가 끝날 때까지 목숨을 부지한 작가연맹의 앵무새와 함께 저항의 상징이 되었다.

그러나 그보다 더 안 좋은 일이 일어났다. 식인행위가 일어나고, 인육을 먹은 사람들이 민병대에게 총살당했던 것이다. 경찰조사에 의하면, 행방불명된 아이들이 희생을 당했다. 임시로 방치된 젊은 사람들의 시신에서 팔다리가 없어지기도 했다. 하지만 식인을 서슴지 않는 사람들에게 레닌그라드에서 가까스로 살아남아 생명이 위태로운 사람들을 갖다 바치는 역할을 어린이 무리들이 간혹 했다는 것 역시 문제다.

4월이 되자 포격이 멈춘 틈을 이용하여 아이들이 공원으로 나무뿌리를 캐러 갔다. 솔잎도 따왔다. 그걸로 차를 끓여 마시면 칼로리를 얻을 수 있다고 의사들이 확인해주었던 것이다.

1942년 5월 22일, 바질리에프스키 섬의 제2열 13호 가옥에서 타니아 사비체바라는 이름의 11살짜리 여중생이 살아남았다. 나중에 그녀는 레닌그라드 봉쇄공격을 상징하는 아이가 된다. 그녀는 전쟁이 일어나기 전에 식구가 많은 가정에서 태어나 예술아카데미 근처의 집에서 살았다. 아버지(빵집 주인)가 일찍 세상을 떠나 재봉사인 어머니가 할머니와 삼촌 두 명, 오빠 알렉스와 미샤, 언니 제니아와 니나로 구성된 대가족을 이끌었다. 게릴라전을 이끄는 파르티잔(우리는 이제 곧 이들에 대해 이야기하게 될 것이다)과 합류한 미샤만 빼고 아이들은 모두 공장에 나가 일을 했다. 마리아는 병사들이 입는 군복과 벙어리장갑을 만드는 일을 했다.

막내 타니아의 일기장에는 당시 무슨 일이 일어났는지 기록되어 있다.

> 할머니는 1942년 1월 25일 오후 3시에 돌아가셨다.
> 바시아 삼촌은 1942년 4월 13일 새벽 2시에 돌아가셨다.
> 알리오카 삼촌도 1942년 5월 10일 오후 4시에 돌아가셨다.
> 제니아 언니는 1941년 12월 28일 낮 12시 30분에 죽었다.
> 알렉스 오빠도 1942년 3월 17일 새벽 5시에 죽었다.
> 엄마는 1942년 5월 13일 아침 7시 30분에 돌아가셨다.

사비치 가족은 죽었다.

사비치 가족은 모두 다 죽었다.

남은 건 타니아 뿐이다.

발견될 당시 타니아는 팔다리를 바들바들 떨고 있었다. 심한 두통과 이질을 앓고 있었다. 지체부자유라는 진단을 받은 타니아는 고르키 구역 48번지에 있는 탁아소로 보내져 1944년까지 살다가 결국은 영양실조로 세상을 떠났다. 그러나 사비치 가족이 전부 다 세상을 떠난 것은 아니었다. 두 명의 생존자(타니아의 언니 니나는 레닌그라드를 떠났고, 오빠 미샤는 파르티잔이었다)가 타니아의 일기장을 발견했다. 이 일기장은 레닌그라드 저항의 상징이 되어 '생명을 위한 길' 가장자리에 '타니아 사비체바의 일기장을 돌로 만든' 기념탑이 세워졌다.

이처럼 고립으로 일어난 수많은 비극은 아이들이 어린 타니아처럼 잊히거나, 떼를 지어 이 유령의 도시를 몰려다니며 행인들을 공격, 벙어리 장갑이나 장화, 귀 덮개, 얼마 안 되는 식량을 빼앗기지 않도록 한데 모아 놓으려고 했던 시도들과 대조를 이룬다.

그리하여 사람들은 티코미로프 교장이 1942년부터 학생들을 데려다가 전쟁이 끝날 때까지 제대로 교육시킨 덕분에 단 한 명의 사망자도 없었던 탐보프 학교에 대해 찬사를 보냈다. 마찬가지로 엄청난 병력을 잃었던 군대 역시 붉은 선구자단 출신 젊은이들을 교육시키는 것을 잊지 않았다. 레닌그라드에서 선원을 양성하는 나크히모스코이에 학교에서는 8세에서 15세 사이의 수많은 전사戰死 장교 자제들이 아버지의 뒤를 이어 독일군과 싸울 준비를 했다. 나폴레옹 1세를 무찌른 장군의 이름을 따서 설립된 유명한 수보로프스카이아 학교에서도 어린 보병들이 양성되었다. 그들이 장교 지망생이 될 수 있는 나이가 되기 전에 전쟁이 끝나버렸지만, 잘 훈련된 이 사관생도단은 레닌그라드 저항운동에서 나름대로 한 몫을 해냈다.

당시 11살이었던 스베틀라나 마가예바는 소아과와 의학의 측면에서 '어린이집'이 맡았던 중요한 역할을 기억한다. 당시 어린이집들은 건강을 살피는 곳과 생존수단을 확보한 곳으로 양분되어 있었다.

"1941년에서 1942년 겨울에 레닌그라드에 있는 어린이집 덕분에 수천 명에 달하는 어린이들이 생명을 구할 수 있었어요. 이 도시에 식량이 거의 다 떨어져서 절망적이던 시기에도 어린이집 아이들은 식사를 제공받았습니다. 빵은 하루에 세 번, 애벌 찧은 귀리는 하루에 두 번 먹었지요. 어떤 날은 설탕 조각이나 작게 자른 버터를 먹기도 했답니다."

1943년 1월 중순, 적군 특수부대가 공격을 개시, 수 킬로미터에 달하는 '죽음의 회랑지대'를 돌파하고 길을 내어 450만 톤의 식량을 보급하는 데 성공하자 레닌그라드 시민들은 안도의 한숨을 내쉬었다. 상황이 완화되었다. 그러나 먹을 걱정은 덜었어도 아직 1년은 더 버텨야 했다. 1944년 1월 27일, 9백 일 동안 남녀와 어린아이들을 포함하여 모두 50만 명의 목숨을 앗아간 레닌그라드 포위공격이 막을 내렸다.

1943년 초에 독일군이 레닌그라드를 앞에 두고 패주함으로써 전쟁은 전환점을 맞이했다. 2월 6일, 폰 파울루스 원수는 제6군 병력 8만 9천 명과 함께 항복했다. 말하자면 독일군 병력이 3분의 1로 줄었던 것이다. 그리고 여기서 병력이라 함은 주로 히틀러청년단에서 이제 막 보충된 청소년들을 말한다.

그러나 좀처럼 실수를 저지르지 않는 스탈린도 독일군이 패했다고 믿는 잘못을 저지르고 말았다. 사실 전쟁의 끝은 여전히 멀었다. 끔찍한 전투를 2년 이상 더 치르고 나서야 1945년 4월 30일 소련군 병사들은 베를린을 함락시키고 라이히스타그 꼭대기에 붉은 깃발을 매달게 된다.

그 사이에 벌어진 스탈린그라드 전투와 모스크바 방어, 레닌그라드 방어에서 붉은 선구자단 단원들과 콤소몰들은 중요한 역할을 했다. 그래서 파르티잔 전쟁이라고 부르지 않는가.

1941년 7월 3일, 스탈린은 침묵을 깨고 이 전쟁의 규칙을 정했다. 이 '인민의 아버지'는 '조국을 구하기 위한 소비에트 연합의 위대한 전쟁'에 관해 연설하면서 지체 없이 독일군을 집요하게 공격해야 하는 이 게릴라전을 어떻게 펴야 하는지 밝힌다.

"적군에게 점령된 지역에서는 말이나 발을 이용하는 파르티잔분견대와 파괴부대를 편성하여 교량과 도로를 폭파하고, 전화와 전신통신을 중단시키고, 숲과 창고, 수송수단에 불을 지르는 등 게릴라전을 벌여야 합니다. 침략당한 지역에서는 적군과 그 보조원들이 치를 떨 정도의 상황을 만들어내고, 그들이 한 발자국 움직일 때마다 따라다니며 죽여 없애고, 그들이 취하는 모든 조처를 무산시켜야 합니다."

파르티잔 조직의 총책임은 독일 전선 후방에서 게릴라전을 펼치는 데 더없이 중요한 전략적 위치를 점유하고 있던(왜냐하면 리투아니아와 레토니아, 폴란드, 우크라이나, 러시아와 접하고 있기 때문이었다) 소비에트 연합 내 벨라루스 공화국의 공산당 책임자였던 판텔레이몬 포노마렌코 장군에게 맡겨졌다. 6월 22일, 독일군은 숲이 영토의 3분의 1을 차지하고 있는 이 나라를 침략하여 전체 인구의 4분의 1을 전멸시켰다(이 나라에 살고 있는 소수민족들 중에서 다수를 차지하고 있던 유대인들 중 상당수가 사망했다). 그럼에도 공산주의에 적대적인 벨로루시 사람들은 나치에게 협력하여 심지어는 제30나치친위대 척탄병 부대를 조직하기까지 했다. 우리는 젊은 파르티잔들의 활동이 이 어둠과 숲의 전쟁에서 얼마나 결정적인 역할을 해냈는지를 볼 것이다.

이 청소년들은 무장항독지하단체를 구성하여 연락과 정찰, 방해공작, 침투 등 군사 임무를 수행했다. 이 단체들의 규모가 커지자 나이가 더 많은 파르티잔들도 참여했다. 전쟁이 끝날 무렵의 사진들을 보면 수염이 덥수룩하게 난 마을 어른들이 자기 키 만큼 큰 나팔기통을 들고 있는 개구쟁이들과 함께 서 있는 것으로 이 사실을 알 수 있다.

그러나 이런 임무는 특히 젊은이들에게 잘 맞았다. 그것은 건강과 용기, 기술지식, 그리고 굳건한 동지애를 요구한다. 이러한 이유 때문에 스탈린 동지는 젊은이들 중에서도 엘리트들에게, 즉 공산주의자 청년단 단원들에게 도움을 청했던 것이다.

이 콤소몰들은 이미 군의 전통을 보유하고 있었다. 적군이 1918~1920년 전쟁 당시 외국군과 차르연대의 동맹에 맞서 이 콤소몰 부대를 이용했다. 당시 국방부 장관이던 미하일 프로운제는 "군대와 콤소몰 간의 관계는 무기를 손에 들고 혁명을 확실하게 승리로 이끌었던 수많은 젊은 노동자와 농민들의 피로 견고해졌다"라고 말했다.

1930년대와 1940년대에 소비에트 연맹 공산당은 선전 활동을 통해 1973년 공화국을 지키다 목숨을 잃은 어린 조제프 바라라든지 아그리콜 비알라(13세), 혹은 1871년 파리코뮌 당시 시인 베를렌이 예찬한 미아(迷兒) 전투부대가 등장하는 프랑스 혁명을 찬양했다. 소련 학생들, 특히 콤소몰들은 프랑스 인들로부터 큰 영향을 받았다. 이들은 이 일화들뿐 아니라 가브로슈의 모험과 빅토르 위고의 작품에 대해서도 속속들이 알고 있었다. 소련인들에게도 역시 그들만의 바라가 있었는데, 파블릭 모로초프라는 이름을 가진 이 젊은 콤소몰은 1932년 9월 6일 '국가의 적'들에게 살해되었다. 경찰들은 그를 젊은 소련인들의 우상으로, 이어서 동부유럽 전역에 사는 젊은 공산주의자들의 우상으로 추켜세웠으나, 1990년대 들어 그 내막이 백일하에 드러났다. 이 일의 진상은 추잡했다. 이 12살짜리 어린아이는 아버지가 곡식을 공유화의 일환으로 나라에 바치지 않고 숨겼다며 고발했다가 동생과 함께 살해당했던 것이다. 이 사건은 피고가 50명이나 되는 재판으로 이어져 할머니 할아버지와 삼촌이 사형선고를 받았다. 이 사건이 날조된 시대에 붉은색의 세모꼴 숄을 두른 소년 파블릭 모로초프는 소비에트 체제가 필요로 하는 하나의 신화로 만들어졌다. 즉 그는 체제를 구하기 위해서라면 부모까지도 고발하는 젊은 공산주의자의 모델이 되었던 것이다. 그는 스탈린을 위해서라면 그 어느 것도, 자기 부모는 물론 필요할 경우 자기 목숨까지도 희생시킬 각오가 되어 있는 충성스런 콤소몰이었다.

콤소몰들을 전쟁에 내보내려고 하는 순간, 이 타이가 출신 소년은 스탈린이 지은 만신전에 안치되어 있었다. 그러나 전쟁은 핏빛 글자로 된 다른 이름들을 이 만신전에 새겨 넣었다. 그리하여 1941년부터 총사령부는 육해군 부대에 배속된 — 때로는 자살로 이어지기도 하는 — 젊은 파르티잔들의 활동을 찬양하기 시작했다. 「소비에트 군사지」에 실린 기사는 이렇게 증언한다.

이것은 경비대에 근무하는 병사 유리 스미르노프와 수병 에브게니 니코노프의 영원히 잊지 않을 수훈으로서, 이들은 고문이 가해지자 적에게 군사비밀을 넘겨주기보다는 차라리 죽음을 택했다. 또 소형기관총수 알렉산드르 마트로소프는 적군 참호의 포안을 자기 몸으로 막았다. 이러한 수훈은 전쟁 중에 70명 이상의 콤소몰에 의해 되풀이되었다. 콤소몰이 절반 이상을 차지하는 약 5백 명의 비행사들이 자살공격을 감행했다.

다시 말해 비행기를 몰고 태평양의 미국 함대를 향해 돌진했던 일본군의 가미가제와 비슷한 작전이다.

전쟁이 끝나자 동유럽의 신문과 책, 영화는 이 어린이와 청소년 레지스탕들을 찬양했다. 예를 들어「오콜나이아의 프라우다(참호의 진실)」의 기사를 쓴 발레리 볼코프(13세)는 세바스톨 방어에 참여했다가 죽음을 맞았다. 우크라이나 지방의 전설적인 '몰로다이아 그바르디아(청년경비단)'는 89명의 젊은 파르티잔들로 이루어졌는데, 그들의 모험은 알렉산드르 파데이에프가 소설로 써서 많은 언어로 번역되었고 1947년에는 세르게이 구에라시모프가 영화화했다. 승리를 거둔 뒤 선전활동을 통해 찬양받은 이런 영웅들은 상당히 많다.

마리야 멜니카이테의 경우는 더 이상 설명이 필요 없다. 이 17살의 젊은 여성은 리투아니아가 소비에트 연방에 합병된 1940년에 콤소몰의 비서가 되었다. 적군 제16리투아니아 사단에 배속된 그녀는 '파시스트들'의 전선 후방으로 잠입했지만 이그날리나라는 도시 근처에서 체포되어 고문을 받고 1943년 7월 13일에 총살당했다. 그녀는 '소비에트 연맹 영웅'의 지위에 올랐고, 소련의 보호 아래 있어야 하는 리투아니아의 이미지를 굳히기 위해 그녀의 초상이 실린 우표가 발행되었다.

그러나 모든 콤소몰 전투원들과 젊은 파르티잔들의 모델이 될 사람은 전쟁이 일어난 첫 해에 고난의 길을 걷다가 희생된 또 한 명의 젊은 '파르티잔카' 조이아 코스모데미안스카이아다.

눈에 덮여 있는 한 처녀의 시신. 옷이 엉덩이까지 벗겨져 있다. 얼음처럼 차가운 젖가슴. 턱은 거부의 표시로 하늘을 향해 내밀어져 있고, 교수형을 당한 그녀의 목에는 밧줄이 여전히 감겨 있다. 검은 머리는 헝클어져 있다. 희생당한 처녀, 감긴 눈, 얇은 입술. 이것은 한 독일군 병사의 시신에서 발견된 사진이다. 이 병사는 마굿간에 불을 질렀다는 이유로 1941년 11월 29일에 교수형을 당한 젊은 조이아 코스모데미안스카(18세)의 처형 장면을 찍었던 것이다.

조너선 리텔은 이 사진 이야기에서 영감을 얻어 《호의적인 사람들》이라는 작품을 썼다고 한다. 또 다른 사진을 보면 조이아가 처형당하기 전에 페트리크체보라는 마을에서 목에 '방화범'이라고 러시아어와 독일어로 쓰인 긴 띠를 매단 채 제197사단 소속 독일 병사들에게 둘러싸여 있다.

1942년, 그녀가 매장되고 나서 몇 주 뒤에 이 마을에 온 「콤소몰스카이아 프라우다」 신문의 한 기자가 교수형을 당한 이 여자 파르티잔의 사진을 발견하여 1월 27일자에 '우리는 그대를 영원히 잊지 않을 것이다, 타니아!'(타니아는 그녀의 암호명이었다)라는 제목과 함께 실었다.

이후 몇 달 동안 소비에트 언론은 소련의 젊은이가 치른 희생을 일반 대중들에게 알려주고 젊은이들을 열광시키기 위해 그녀가 당한 시련을 보여주는 다른 사진들을 게재하는가 하면 이 이야기를 연속극으로 만들고 탐방 기사로도 실었다. 이 사진들, 특히 그녀가 처형당하고 난 뒤에 찍힌 사진들 덕분에 널리 전파된 이미지는 하나의 아이콘이, 러시아 종교예술에서 발견할 수 있는 순교자상이 되었다. 어떻게 그녀를 동방정교회 교회력에서 12월 18일에 찬양하는 조에 성녀와 비교하지 않을 수 있으랴? 고대 로마시대에 간수의 아내였던 그녀는 기독교를 믿는다는 이유로 감옥에 갇힌 황제수비대 대장인 세바스티아누스 성인에게 감화를 받아 개종했다. 그리스도 신앙을 전파하려고 했던 조에는 체포되어 머리와 목이 밧줄에 묶여 교수형 당했다. 그녀는 '주님의 이름을 부르며' 숨을 거두었고, 그녀의 시신은 테베레 강에 던져졌다.

1941년에 반종교적이었던 스탈린은 침략자들을 성스러운 땅 밖으로 몰아내자고 공산당과 동방정교회 성聖연합에 호소했다. 조이아가 죽고 나서 얼마 뒤에 영화 『크토 오나(그녀는 누구인가)?』가 만들어졌다. 그러고 나서 조이아의 어머니인 리오우보프 코스모데미안니스카(리오우보프는 '사랑'을 의미한다)의 이름으로 《조이아와 초우아라》라는 제목의 책이

나왔다. 이 책은 순교한 딸과 역시 전쟁에 희생당한 그녀의 나이 어린 남동생의 삶에 관해 이야기한다. 그녀는 이 책에서 어린 딸이 모스크바 지역 콤소몰 조직에 가입할 때까지, 그리고 이어서 적군이 점령한 국토 한가운데의 숲 속에서 싸우던 파르티잔 조직에 들어갈 때까지의 과정을 공산당 소속 작가들의 도움을 얻어 세세히 묘사한다. 그리고 자신이 속해 있는 조직이 그다지 적극적으로 활동하지 않는다고 생각한 딸이 어떻게 페트리크체보 마을로 혼자 임무를 수행하러 갔는지를 이야기한다.

그녀의 어머니는 설명한다. '딸은 독일군들이 살고 있는 통나무집과 그들이 사용하는 마구간에 불을 질렀다. 이틀 후, 딸은 2백 마리 이상의 말을 기르고 있는 또 다른 마구간으로 슬그머니 숨어 들어갔다. 마대에서 석유 병을 꺼낸 딸이 마룻바닥에 석유를 뿌린 다음 허리를 숙이고 성냥을 그으려고 하는데 보초가 딸의 허리를 뒤에서 부둥켜안았다. 딸은 병사를 뿌리치고 권총을 꺼냈으나 미처 쏠 틈이 없었다. 독일군 병사는 딸의 손에서 권총을 빼앗고 비상을 걸었다.'

잠시 후 그녀는 감옥에 갇혔다. 나치가 징발한 통나무집 안에서 제197사단 제332보병연대 연대장인 뤼데레르 대령이 그녀를 신문했다.

— 넌 누구냐?

— 말하지 않겠다.

— 네가 마굿간에 불을 질렀나?

— 그렇다. 내가 그랬다.

— 무슨 목적으로 그런 거지?

— 당신들을 전멸시키기 위해서였다!

이 이야기에는 이 젊은 여성이 '혁대로 2백 번이나 맞는' 등 가혹한 취급을 받으면서도 동료들에 관한 정보를 넘겨주지 않았다고 쓰여 있다. 또한 이 이야기는 나중에 조이아에게 고문을 가하는 것을 직접 목격한 카를 바우에를라인 하사(러시아군의 포로)가 이처럼 진술했다고 주장한다. '당신들 민족의 영웅인 이 젊은 여성은 계속해서 입을 다물고 있었다. 그녀는 배신을 한다는 게 무엇인지를 모르고 있었다. 추위로 인해 입술이 파래지고 상처마다 피가 흘렀지만 그녀는 아무 말도 하지 않았다.'

조이아가 맞이한 최후의 순간은 라이카 카메라 렌즈에 의해 영원히 고정되었다. 교수대로 향하는 그녀의 걸음은 비극적이면서도 웅장했다. 이 여성 파르티잔은 자신이 처형당하는 것을 보려고 모인 집단농장 주민들에게 말했다.

"난 죽는 게 두렵지 않아요, 동지들! 자기 민족을 위해 죽는 것이야말로 행복한 일이니까요!"

이렇게 말한 후 그녀는 연대장과 독일 병사들을 향해 고개를 돌렸다.

"당신들은 날 교수형 시키겠지만 난 혼자가 아니에요. 우리는 2억 명이나 되고, 당신들이 우리 모두를 교수형 시키지는 못할 거예요. 그들이 나의 복수를 대신해줄 거라 믿어요. 병사들이여, 아직 늦지 않았으니 항복하세요. 어쨌든 우리는 승리할 테니까요."

형리가 밧줄을 내밀었고, 밧줄의 매듭이 조이아의 목을 졸랐다. 그러나 그녀는 밧줄을 두 손으로 벌리더니 발뒤꿈치를 들고 몸을 일으킨 다음 있는 힘을 다해 소리쳤다.

"안녕히 계세요, 동지들이여. 두려워하지 말고 싸우세요! 스탈린이 우리와 함께 있답니다! 스탈린이 올 거예요!"

그녀의 어머니는 이렇게 결론지었다. '형리가 편자를 박은 구두로 보호 기계장치를 누르자 기계장치가 다져져 미끄러운 눈 위에서 삐걱거리는 소리를 냈다. 위쪽의 기계장치가 좌우로 움직이더니 육중한 소리와 함께 아래로 떨어졌다. 소리를 들은 예민한 군중들이 웅성거렸다. 사람들의 입에서 억눌린 신음소리가 올라오더니 숲 가장자리에서 메아리쳤다.'

당연하게도 젊은 파르티잔들의 놀라운 용기는 문제시되지 않았다. 비록 공산당이 조이아의 삶과 죽음을 도구화하기는 했지만 죽음을 앞에 둔 그들의 결의 역시 문제시되지 않았다.

콤소몰들의 여장부가 옳았다. 다른 젊은 여성 파르티잔들이 조이아의 뒤를 이었다. 그녀처럼 젊은 많은 파르티잔이 자신의 목숨을 바칠 것이다. 6만 명의 파르티잔들이 전쟁이 승리로 끝난 1945년까지 죽음을 맞이할 것이며, 다른 5천 명은 독일이나 폴란드에 있는 나치 강제수용소에서 영영 돌아오지 않을 것이다.

조이아의 전설은, 젊은 파르티잔들, 특히 여성 파르티잔들에게 활기를 불어넣는 한편 엄연히 실제로 존재하는 권태와 젊은 파르티잔들이 부딪치는 문제들을 은폐하려는 목적을 가지고 있었다. 오랜 시간이 지난 뒤에야 이 청소년들에 관한 주요 문서에 접근할 수 있었다. 한편에는 검열을 통해 표현이 많이 완화된 그들의 일기장이 있고, 또 한편에는 이 젊은 여성 파르티잔들을 대표하는 30명가량의 젊은 여성들이 '스페트소트디엘(콤소몰 정보부)'의 주선으로 1944년 1월에 무장 항독유격대에서 부딪치는 문제들을 얘기한 것을 기록한 보고서가 있다.

처음 두 해까지만 해도 2만 8천5백 명의 여성 파르티잔 중에서 10퍼센트가 채 안 되는 숫자만 독일군을 집요하게 괴롭혔다. 1942년 여름부터는 '적군의 전선 후방에서 벌이는 작전'의 횟수가 증가했다. 특히 여성들이 이 작전에 많이 투입되었다.

그건 간단한 일이 아니었다. 콤소몰의 규칙에 따르면 원칙적으로 여성 파르티잔들은 남성 파르티잔들과 동등한 존재였다. 그러나 파르티잔 조직은 남성 위주 사회였다. 특히 남자 파르티잔은 10여 명인데 여자는 한

두 명밖에 되지 않을 때 그러했다.

그것은 모순되는 상황이라고까지 할 수 있었다. 만일 남성들처럼 싸우겠다고 나서지 않을 경우 여성 파르티잔들에게는 옷을 수선하고, 요리를 하고, 부상자를 보살피고, 사우나처럼 작은 통나무집에 설치된 목욕탕인 '바니아'를 준비하는 등 가사 일이 맡겨졌다.

그러나 손에 무기와 수류탄, 경기관총, 혹은 단도를 들고 싸울 때 그들은 남성과 동등해졌다. 그들은 존경받았지만 더 이상 여성으로 간주되지 않았고, 그래서 사랑을 나누든 섹스를 하든 애정관계는 허용되지 않았다. 게다가 서로 다른 두 개의 지위는 질투와 말다툼, 적대관계로 이어져 때로는 숲 속 깊은 곳에 숙영하고 있는 이 폐쇄된 세계 내에서 비극이 벌어지기도 했다. 그 결과 많은 경우에 여성들은 남성들로부터 인정을 받기 위해 그들보다 더 많은 일을 해야만 했다.

여성 파르티잔인 베라 마카로바는 이렇게 설명한다. "우리 숙영지는 소련 영토 안에 있었어요. 가끔은 전선 후방으로 작전을 수행하러 나가곤 했죠. 그러려면 군사장비 뿐만 아니라 식량도 짊어지고 가야만 했습니다. 스키를 타고 전진했죠. 작전은 대부분 두 달 넘게 계속되었습니다. 우리는 등에 50킬로그램씩 짊어졌고요. 남자들과 여자들은 똑같은 무게의 짐을 지고 지독하게 피곤한 상태에서 행군을 해야만 했죠. 여자들은 온갖 어려움을 무릅쓰고 자신의 임무를 수행했습니다."

이 말은 명백한 사실이었다. 일부 유격대의 경우 남자들의 체력이 떨어졌을 때 여자들이 가장 무거운 짐을 지기도 했다. 여자 파르티잔들은 거기서 자부심을 느꼈고, 때로는 그들의 도움을 받은 남자들로부터 애정 어린 눈길을 받기도 했다.

타티아나 키셀레바는 부대장들에게 이렇게 말함으로써 오직 남성들로만 구성된 유격대를 지휘하게 되었다. "만일 여자 파르티잔들에게 충분한 무기를 주기만 하면 남자들처럼 싸울 겁니다!"

이 젊은이들은 리투아니아와 벨로루시, 우크라이나, 레닌그라드와 모스크바 지방의 숲 속 깊숙한 곳에 설치한 작은 비밀 숙영지에서 밤낮으로 긴장을 늦추지 않고 살았다. 전쟁이 점점 더 치열해지면서 이 공동체는 나치나 그들의 협력자들이 가하는 탄압을 피해 도망친 마을 사람들을 받아들였다. 많은 사람에게 숲 속 생활은 평화 시에 부모나 공산당 간부들의 통제 하에 있을 때보다 더 가슴을 설레게 만들었다. 전투지역에서 멀리 떨어진 숲 속의 생활환경은 적군에게 들볶이는 마을이나 폭격 당하고 굶주리는 대도시보다 더 행복했다. 콤소몰 문화에서 이어받은 동지애는 밤새 부르는 노래와 브랜디를 마시며 벌이는 놀이를 통해 표현된다.

파르티잔 인인 이나 콘스탄티노바는 부모들에게 보낸 편지에서 이렇게 말한다. '우리는 늘 즐겁게 지내고 있어요. 저녁에 우리 여덟 명이 숙영지로 돌아올 때는 특히 그렇답니다. 모두 뭐라고 계속 수다를 떨어대지요. 그러면서 재미있게 놀다가 밤늦은 시간에 잠을 자러 간답니다.'

또 다른 편지에서 이나는 어떻게 해서 남자들에게 자신도 어쩔 수 없이 끌렸는지를 솔직하게 얘기한다. '그들이 돌아오면 저는 그들과 함께 지금까지 단 한 번도 경험해보지 못했던 즐거운 시간을 보낸답니다.'

애정관계는 다양하게 이루어졌다. 물론 전쟁이 끝난 후 선전기관은 이 청년 항독유격대 내부에 존재했던 이러한 측면을 은폐했지만 말이다. 파르티잔 지도부는 적군에 대한 공격이 효율적으로 이루어지는 동안은 남녀 파르티잔들의 애정관계를 모른 척 했다.

지도부는 비도덕적인 행위가 심심찮게 저질러지는데도 처벌하지 않았다. 각 단위 부대의 지휘관들은 거의 항상 젊은 여성 동지들 가운데서 '아내'를 골랐다. 여자 파르티잔들이 싫다는데 아랑곳하지 않고 그렇게 할 때도 이따금 있었다. NKVD 보고서에 따르면 지휘관들은 자기가 무슨 왕이나 되는 것처럼 굴며 젊은 여성 파르티잔들을 강제로 욕보였다.

"결혼했어, 안 했어?" 타티아나 키셀레바가 숲 속으로 항독유격대를 찾아간 첫 날, 유격대장이 그녀에게 대뜸 이렇게 물었다.

"설마 여기까지 와서 계속 처녀로 남아 있으려는 건 아니겠지?" 또 다른 숙영지에서는 잠자리를 며칠 동안 계속 거부하는 조이아 이아쿠니나 여성 동지에게 지휘관이 이렇게 물었다.

젊은 여성 파르티잔 소니아는 포푸체노 지휘관에게 시달림 받다가 서글픈 운명을 맞았다. 상급부대 지휘관을 찾아가 호소하자 그는 포푸체노가 탁월한 지휘관이어서 제재를 가하기 힘들다고 설명했다. "소니아, 파르티잔 생활이란 게 원래 다 이런 거야."

숙영지로 돌아온 그녀는 어이없게도 독일군 첩자라며 고발당했다.

"자, 모든 건 내 손에 달려 있어. 내가 원하면 널 죽일 수도 있다고. 내겐 그럴 권리가 있으니까. 자, 다 잊고 나랑 같이 사는 게 어때?"

소니아가 거부하자 포푸체노 동지는 그녀에게 달려들더니 옷을 찢고 강제로 욕보였다. 소니아의 이야기는 비열함으로 얼룩져 있다. 이 불쌍한 여성은 임신을 했다. 그러자 그들의 관계는 한층 더 악화되었다. 그녀는 낙태를 거부했다. 소비에트 러시아에서는 그럴 권리가 있었다. 하지만 숲 속의 숙영지에서는 생명을 잃을지도 모르는 위험을 무릅써야 했다. 수십 명의 젊은 여자 파르티잔들이 낙태 수술을 잘못 받고 사망했다는 사실이 알려져 있었다. 그러나 어쨌든 소니아는 아이를 낳고 싶어 했다. 1943년 여름, 포푸체노는 매복 공격에 걸려 사망했다. 그렇다고 해서 소니아의 삶이 나아진 것은 아니었다. 그녀는 이 부대 저 부대로 옮겨 다녀야만 했다. 아이를 낳고 나서 그녀는 이틀이나 의식을 잃고 누워 있었다. 정신을 차린 그녀는 유격대장의 명령으로 갓 낳은 아이가 살해되었다는 이야기를 의사에게 들었다.

물론 모두가 이처럼 비극적인 체험을 했던 것은 아니다. 여성들이 싸우려고 했던 동기는 다양하다. 그들 중 일부는 그들의 콤소몰 정보부의 동의하에 정치적 신조를 실천하기 위해, 그리고 또 다른 일부는 러시아 문학의 위대한 고전들이 영감을 불어넣은 낭만적인 경향의 영향을 받아 파르티잔들과 합류했다.

니나 코스테리나는 독일군이 소련을 침략한 다음 날 일기장에 이렇게 썼다. '니나 코스테리나, 너 그동안 뭔가 획기적인 모험을 하고 싶어서 얼마나 안달을 부렸니? 자, 됐어. 이제 전쟁이 일어난 거야. 난 행동하고 싶어! 전선으로 가고 싶단 말야!'

1년 뒤, 또 다른 여자 파르티잔 인인 이나 콘스탄티노프나는 전선에서 싸우다 죽은 남자친구의 죽음을 애도하고 나서 이렇게 쓴다. '난 얼마나 운이 좋은가! 너무나 행복하다. 이렇게 좋았던 적은 처음이다. 오늘 난 적군의 전선 후방에서 싸울 수 있게 되었다. 아! 너무너무 좋다! (1942년 4월 8일)'

가까운 사람이 적군에게 살해당한 후 느끼는 복수심은 파르티잔의 대열에 합류하고 싶도록 만드는 강력한 요인이다. 그러나 그게 유일한 이유는 아니다. 그녀의 고향 마을이 침략당했을 때 16살이었던 이나는 아버지가 정보 책임자로서 칼리니네 파르티잔 부대를 지휘하기 위해 떠나는 것을 보았다. 여자들이 비밀정보원의 임무를 남자들보다 훨씬 더 잘 수행하고, 쥐도 새도 모르게 독일군에 침투하기까지 한다는 사실을 항독유격대 책임자들이 알아차렸기 때문에 경쟁심이 더 크게 작용했음에 틀림없다.

이따금 그들은 부여받은 임무 때문에 어쩔 수 없이 독일인들과 관계를 맺어야 했고, 그로 인해 당연히 여러 가지 문제가 야기되었다. 이것은 '독일 아가씨'라는 별명이 붙어 '파시스트들에게 봉사하는 창녀' 취급을 받았던 마르샤 포리바에바의 경우다. 하지만 그녀는 사실 콤소몰에서 최고로 숙련된 첩자였다. 다른 지역에서는 젊은 여자 파르티잔 세 명이 술 파티를 벌이던 중에 독일군 고급장교에게 접근하여 성관계를 갖자고 유인, 납치하기도 했다. 물론 선전당국은 프롤레타리아 윤리에 위반되는 이러한 행위가 저질러졌다는 사실을 결코 인정하려 하지 않았다.

이보다 더 놀라운 상황도 있었다. '파시스트'들에게 협조한 여성 수백 명이 전향되었던 것이다. 파르티잔들은 여자 친구나 정부로 독일인들과 함께 사는 젊은 여성들이 그들을 버리고 항독유격대에 합류하도록 하기 위해 이들을 대상으로 선전활동을 펼쳤다. 이 불행한 청춘기 여성들은 선택에 의한 '수평적인 협력자'들이 아니었다. 그들 대부분은 적군이 후퇴한 후 노인들이나 어린아이들과 함께 혼자 마을에 남았고, 처형당하거나 강제송환되거나 독일군 위안부로 보내지느니 차라리 독일 병사나 장교와 동거하는 쪽을 택했다.

'개는 개처럼 죽어야 한다. 독일놈 곁을 떠나 숲 속의 파르티잔들에게 오라.' 이러한 위협적인 전단은 여성들이 독일군과 헤어지도록 하기 위해 비행기로 많은 마을에 뿌려졌다. 그러나 이 여성들은 숲 속의 파르티잔들을 어떻게 찾아가야 하는지 알아야 했다. 이번에도 역시 콤소몰의 여성 파르티잔들이 나서서 남성들보다 쉽게 그들의 신뢰를 얻는 데 성공, 어떻게 항독유격대에 합류할 수 있는지 설명했다. 대담하기 짝이 없는 여자 파르티잔 안나 칼라크니코바는 이렇게 해서 스몰렌스크의 독일 경찰을 위해 일하던 58명의 여성을 변절시키는 데 성공했다.

그렇다고 해서 그들이 걸어왔던 고난의 길이 끝났던 것은 아니다. 비밀정보부 NKVD는 불온분자와 혁명에 반대하는 자, 그리고 독일인들과 함께 일하다가 파르티잔 조직에 침투하기 위해 보내졌을지도 모르는 자들을 가려내는 일을 담당하는 특별 부서를 발족시켰다. 'Smiert chpionam(첩자 처단)'의 앞글자만 따서 스메르시SMERCh로 불린 이 부서는 반역자로 간주된 자들을 처단했다. 그리하여 스탈린 경찰이 항독유격대가 지나칠 정도로 독립적이고 절도 없는 생활을 하는 걸로 판단하여 이 틈을 이용해 장악하려고 하는 것이 아닌가 우려한 파르티잔 책임자들과 스메르시 요원들 간의 관계는 악화되거나 심지어는 심각한 갈등을 빚기도 했다.

나치가 독일에서 강제노동을 시키기 위해 젊은이들을 송환하기 시작한 1942년 말부터 많은 여성이 파르티잔 부대에 합류했다. 이런 여성들의 수가 늘면서 해방지역에 있던 어떤 부대는 진짜 마을과 흡사한 조직이 만들어지기도 했다. 예를 들어 벨로루시의 어느 부대는 '붉은 선구자단' — 말하자면 어린이들의 — 조직과 학교까지 갖추었다.

젊은 타티아나 로구노바의 경험은 걱정과는 달리 전쟁의 참혹함이 이 젊은이들의 인간성을 말살시키지 않았다는 사실을 보여준다. 여성들은 항독투쟁이 어떤 도덕적 문제를 자신들에게 던지는가에 대해 남성들보다 더 자주 생각해본 것 같다(물론 그 사실을 확인하기에는 그들이 남긴 일기장이나 편지가 너무 적다). 타티아나는 지식인 집안 출신이 아닌 가난한 농부 집안 출신이다. 그녀의 사회적 지위가 향상된 것은 1935년부터 콤소몰에 소속된 데 이어 이듬해 스몰렌스크 페딘스티투트(에콜 노르말)에 들어간 덕분이었다.

한 러시아 장교가 처형당하는 것을 목격한 타티아나는 여러 명의 동지를 밀고해 체포당하도록 만든 젊은 여성에게 복수를 하기로 결심했다. 그녀는 몇 달 전까지만 해도 생각할 엄두조차 못 냈을 이 임무를 수행하는 동안 겪었던 감정을 일기장에 써놓았다.

'비드리나가 어디 사는지 알아냈다. 부르그하르트라는 이름의 독일군 장교랑 같이 살고 있다. 그녀가 물을 길러 나온 걸 보았다. 그녀에게 물었다.

"왜 이렇게 혼자서 물을 길러 나온 거야?" 그녀가 대답했다. "밤이 되면 호수 근처가 조용해서 좋아. 너무 아름다워!" 내 가슴은 분노로 맥박 쳤다. 호주머니에서 권총을 꺼냈다. "그럼 네가 밀고한 우리 병사들은 호수를 안 좋아했다는 거야? 일몰을 안 좋아했다는 거냐고? 외투랑 스카프 벗어!" 그녀는 시키는 대로 했다. 그녀의 얼굴은 생각나지 않는다. 내 머리 속에 떠오른 유일한 생각은 내가 그녀를 죽였다는 것뿐이다. 러시아 이름을 가지고 러시아 땅에서 자란 반역자를 내가 처단한 것은 이때가 처음이었다. 내 심장은 격하게 고동쳤지만, 더 이상 아무 생각도 나지 않았다. 나는 비드리나의 외투를 입고 스카프를 걸쳤다. 그리고 거기서 돌아왔다.'

그때 타티아나는 바싸 비드리나가 살던 집에 가보기로 결심했다. 독일군 보초는 그녀가 자기 상관의 애인이 아니라는 사실을 알아차리지 못한 채 그녀를 들여보내주었다.

'심장이 터져나가지 않도록 애쓰며 방으로 들어갔다. 엄청나게 큰 침대가 놓여 있었다. 옷을 안 벗고 그 위에 누웠다. 내게는 새로운 계획이 있었다. 저녁 내내 꼼짝 않고 있었던 것 같다. 베개를 베었다. 베개도 엄청나게 컸다. 그때 부르그하르트가 도착했다. 그는 문을 열면서 중얼거렸다. "바시스카! 바시스카!" 나는 아무 말 하지 않았다. 그가 또 뭐라고 중얼댔다. 베개를 집어 든 나는 누워 있는 그의 얼굴을 있는 힘을 다해 눌렀다. 그 히틀러의 부하가 두 발을 버둥거렸다. 베게로 얼굴을 누르고 있는 내 두 팔이 바들바들 떨렸다. 붉은색과 푸른색 동그라미들이 눈앞에서 어른거렸다. 교수대가 머릿속에 떠올랐다. 축 늘어진 젊은 장교의 몸뚱이가 보였다. 더 힘껏 눌렀다. 내 몸에 깔린 그 파시스트의 손발이 더 이상 움직이지 않았다.'

타티아나 로구노바는 그곳을 떠나 고개를 숙인 채 숨을 헐떡거리며 숲속을 달렸다. 목이 메었다. 나무 한 그루를 있는 힘껏 부둥켜안았다. 날카로운 소리를 지르고, 목청껏 울부짖고 싶었다. '고래고래 소리를 지르고 싶은 그 욕구를 침묵으로 바꾸어놓기 위해 이를 악물었다. 하지만 그 뒤로는 그처럼 격렬한 감정을 느끼지 않고도 그와 비슷한 작전들을 아무 문제없이 수행할 수 있었다.'

제10장

에델바이스 해적단, 스윙키즈단, 백장미단

돌로 만들어진 화살이 그 그림자를 라인 강에 드리우고 있는 장엄한 대성당에서 멀지 않은 아펠호프플라츠의 '엘데의 집', 음산한 쾰른 게슈타포 감옥으로 다시 돌아가 보자. 1945년 초, 지하실에서는 18년 전 모스크바 지방에서 태어난 러시아 청년 아스콜트 쿠로프가 신음하고 있었다. 나치는 1942년 10월 폭격을 당한 쾰른에서 토목공사를 하기 위해 강제로 그를 끌고 왔다. 당시 독일에서는 479만 5천 명의 외국인이 강제노동을 하고 있었다. 나치가 그들에게 입혀준 다 떨어진 노예복은 폴란드와 러시아에서 끌려온 수많은 '열등인간'들을 절망에 빠트렸다. 하지만 그는 아니었다. 그것은 '대담한 자 아스콜트'를 잘 모르기 때문에 하는 말이었다.

그는 같은 나라 출신의 블라디미르라는 이름을 가진 친구와 함께 처음 탈출했다. 그러나 경찰에게 붙잡혀 쾰른 메스 강제수용소에 갇혔다가 다시 그곳에서 도망치는 데 성공했다. 그러고 나서 그는 권총을 들고 날치기와 소매치기를 하며 살아남았다. 라인 강변에 있는 이 대도시는 '기적의 마당'(옛날 파리의 거지와 부랑배들이 모여 살던 곳)이 되었고, 이 러시아 청년은 포탄을 맞아 부서진 건물 중 한 곳에 살았다. 그는 가명을 사용하여 우즈베키스탄 출신의 젊은 도망자 베라 세르게이(22세)와 결혼도 했다. 제3제국의 폐허에서 열렬한 사랑을 나눴던 것이다. 그러나 누군가가 고발을 하는 바람에 이 젊은 신랑은 성탄절 이브에 친구 블라디미르와 함께 게슈타포의 마수에 걸리고 말았다. 그리하여 60년 뒤 그곳을 찾아간 나는 그가 갇혀 있던 작은 감방의 벽에서 감동적인 글귀를 읽었다.

메세 수용소의 두 친구
쿠로프 아스콜트와 가르다이 블라디미르가
이곳, 게슈타포에
1944년 12월 24일부터 갇혀 있다
오늘은 1945년 2월 3일
40명이 교수형당했다

나치친위대는 시간을 아끼기 위해 감옥 지하의 큰 방에 교수대를 설치했다. 아스콜트는 불운한 동료들이 매일같이 감방을 떠나 교수대 쪽으로 가는 발소리를 들었다. 울음소리와 비인간적인 고함소리, 그리고 허공 속에서 몸을 허우적거리는 소리가 들려왔다. 하지만 살아 있는 그 역시 이미 지옥의 불 속에 던져져 있었다. 그는 일종의 감방 일지를 쓰면서 이 견디기 힘든 기다림을 증언하는 단어들을 새겨 넣었다. 시간을 보내야 했다.

우리가 여기 붙잡혀온 지 43일이 지났다. 심문은 끝났다. 이제 우리가 교수형당할 차례다. 우리 역시 이 고문의 방에서 죽어갔다는 것을 친구들에게 말해달라고 나를 아는 사람에게 기원해본다.

그리고 나서 이 러시아 청년은 자신을 최후의 날로 데려가는 하루하루의 날짜를 새기면서 죽음의 카운트다운을 시작했다(그러나 그 마지막 날이 언제가 될지는 알지 못했다). '오늘은 1945년 2월 4일이다. 오늘은 1945년 2월 5일이다. 오늘은 1945년 2월 6일이다. 오늘은 1945년 2월 7일이다. 오늘은 1945년 2월 8일이다. 오늘은 1945년 2월 9일이다. 오늘은 1945년 2월 10일이다.'

그리고 더 이상 아무 것도 없다. 소름끼치는 침묵. 그걸로 보아 그 역시 처형당했다고 생각할 수도 있다. 하지만 믿기 힘든 일이 벌어졌다. 아스콜트 쿠로프가 또 다시 탈출했던 것이다. 1945년 2월 11일, 죄수들의 수가 너무 많아지자 그중 일부가 다른 곳으로 이감되어야 했다. 재치 있는 아스콜트는 게슈타포 간수가 전화를 받느라 감시가 소홀해진 틈을 이용, 다른 죄수들이 트럭에 올라타는 동안 한쪽 모퉁이에 숨었다. 그러고 나서 작은 빛들이 창으로 빠져나갔다. 그리고 잠시 후 사랑하는 베라와 재회하는 기쁨을 누렸다. 그들은 함께 쾰른 주변의 언덕으로 기어 올라갔다. 행복이 절정에 달했고, 불길에 싸인 도시가 환히 내려다보였다.[9]

아스콜트 한 사람만 엘데의 집에 갇혀 있던 건 아니었다. 그곳에는 프랑스 레지스탕들과 탈출한 전쟁포로들, 도망치다 붙잡힌 노동자들, 외국 국적의 유대인들이 뒤섞여 있었다. 그리고 몇 년 전부터 당국에 맞서온 젊은 독일 레지스탕들도 있었다. 그런데 우리는 이미 그들을 얼핏 본 적이 있다. 그들은 에델바이스의 해적들이다. 그들 중 한 명은 아스콜트의 감방에서 가까운 감방에 '에델바이스의 해적들은 충성스럽다' 라고 새겨 넣었다.

그들은 너무나 '충성스러웠기' 때문에 대탈출을 감행하기 위해 엘데의 집을 공격할 계획까지 세웠다.

"그보다 조금 전인 1944년 가을이었습니다. 우리는 감옥을 공격해서 거기 갇혀 있는 사람들을 구출하기 위해 특공대를 조직했지요! 대체로 우리 해적들은 히틀러청년단 단원들(그들은 핌프페라고 불렸다)과 나치운동단체에 속해 있는 어른들을 공격했습니다. 우리들 말고도 러시아 망명

---

[9] 아스콜트 쿠로프는 1946년 조국으로 돌아갈 수 있었다. 1995년에 그는 쾰론에서 열린 한 세미나에 참석하여 자신의 파란만장한 삶을 이야기했다. 2000년에 사망했다.

자들과 젊은 독일군 탈영자들도 있었지요. 당시 게슈타포는 쾰른의 해적들을 쫓기 위해 특수조직을 만들었습니다. 저는 13살 때 체포되었지요."

나지막한 목소리로 이렇게 말하는 사람의 이름은 당시 탈출자들 중 한 명인 요안 윌리히다. 1929년 4월 쾰른에서 태어난 그는 영미 공군이 폭격으로 완전히 파괴한 에렌펠트라는 달동네의 해적단에 속해 있었다. 나는 1936년부터 쾰른과 엑스 라 샤펠 지역을 담당한 게슈타포 본부가 있던 건물에서 그와 그의 친구 게르투르드 코크를 만났다. 민사당이 기록관과 박물관으로 바꾼 이 건물에서 요안은 자신이 어른들의 광기에 맞서 어떻게 저항할 수 있었는지를 학생들에게 설명할 수 있었다. 그리고 자신이 어떻게 해서 해적들의 언더그라운드 문화 덕분에 악사와 작곡가, 가수, 공연과 카니발 기획자, 그리고 전쟁이 끝난 후에는 카바레 주인이 될 수 있었는지도 그들에게 설명해주었다.

"우리 아버지는 활동이 금지된 공산당의 당원이었습니다. 그 분은 1933년 체포되어 집단수용소에 갇혔지요. 저는 어머니, 그리고 두 여자 형제와 함께 살았습니다. 어떻게 보면 예닐곱 살 때부터 이미 비밀조직에 몸담았다고 할 수 있습니다. 다른 사람들처럼 — 예를 들면 쾰른 중심가에서 에델바이스 해적단을 이끌어갔지만 나이는 저보다 더 많았던 게르투르드 코크처럼 — 저 역시 나치에 의해 공식적으로 와해된 청년동맹에 소속되어 있었지요. 이후 몇 년 동안 제가 좋아한 것은 기타를 연주하고 노래를 작곡하는 것이었습니다. 우리는 반데르린덴 성처럼 폐허로 변한 고성들을 찾아다녔습니다. 여자들도 있었지요. 아버지와는 달리 저는 편향적인 의미에서의 정치는 하지 않았습니다. 모든 게 참 낭만적이었지요. 우리는 히틀러청년단 제복을 입고 싶지 않았습니다. 나치는 자유를 즐기는 청년들을 맘에 들어 할 수 없었지요. 우리는 히틀러에 반대하는 투쟁에 뛰어들었습니다. 나중에 저와 함께 게슈타포 감옥에 갇히게 될 학교 친구 페르디난트 스타인가스 덕분에 저는 친구인 하인츠 분데르리히와 윌리 콜링이랑 같이 해적단에 들어갔지요."

나치가 강요하는 군국주의와 인종차별 이데올로기, 집단화를 거부하는 태도는 제1차 세계대전이 일어나기 전에 사회와 거리를 유지하고자 하는 지속적인 욕구에 고무되어 자신의 날개로 날며 최초의 대규모 청년운동을 일으켰던 '반데르푀겔(철새)'들로부터 직접 계승되었다. 우리는 이 반데르푀겔들을 이미 만난 적이 있다. 하지만 그들의 영향력이 너무나 컸기 때문에 우리는 그들이 어떻게 변했는지 다시 한 번 살펴볼 필요가 있다. 제1차 세계대전이 일어나기 전부터 그들의 슬로건은 열정적이었다. '각 개인은 자기 마음에 드는 제도와 규칙만 받아들인다.' '나이 든 사람들에 대한 젊은 사람들의 투쟁.' '종교가 없는, 욕망의 표출.' '어른 아이들을 원시인으로 변화시켜야 하며, 반데르푀겔은 모든 원시인들 중에서 가장 원시적이다.'

의복 측면에서 보면 이 원시인들은 시대를 앞서간 재즈광들이다. 그들은 온갖 색깔의 모자를 자랑스럽게 쓰고 다녔다. 이 반항적인 젊은이들의 피부는 화려한 불꽃 모양의 문신으로 장식되어 있었다. 남자들은 굵은 줄무늬가 있는 타이츠나 그물처럼 생긴 스타킹을 신고 그 위에 짧은 가죽 바지를 입었다. '황새의 아들들'(그들의 깃발에는 긴 목과 긴 부리를 가진 이 철새가 그려져 있었다)이라고 불리기도 했던 반데르푀겔들은 수만 명씩 모여 배낭을 메고 독일과 오스트리아, 스위스의 도로를 누비고 다녔다. 산을 오르고 숲 속을 떠돌아다녔다. 벌거벗은 채 호수에서 수영을 하고 태양의 은혜를 찬양했다. 밤이 되면 폐허가 된 고딕 양식의 성에서 모닥불을 피워놓고 기타 반주에 맞추어 노래를 불렀다.

나, 한갓 음유시인은
멀고 먼 땅을 한가로이 지나네
그리고 말과 음악을 통해
자연의 신께 감사하네

올빼미들이 운다. 불꽃이 어둠을 가르며 반데르푀겔의 얼굴을 환히 밝힌다. 영웅담이 그들의 영혼을 고양시킨다. 그들은 작가인 칼 메이로부터 영감을 얻은 아메리카 인디언들의 모험이나 북유럽의 전설을 서로 얘기해준다. 이 운동의 컬트북이라고 할 수 있는 헤르만 헤세의 《황야의 이리》와 로베르트 무질의 《학생 퇴를레스의 정신적 혼란》을 읽는다.

킨드리드 오프 키보(영국의 형제 누디스트 운동)를 후원한 것으로 알려진 영국 소설가 D. H. 로렌스는 《채털리 부인의 사랑》에서 반데르푀겔에 관해 이야기한다. 이 소설의 여주인공 콘스탄스와 그녀의 누이동생 힐다가 드레스덴에서 이 젊은이들과 만나는 장면이 있다.

그리고 두 자매는 여기서 무척 재미있어 했다. 그들은 남학생들과 어울려 자유롭게 살며 철학과 사회학, 예술에 대해 토론했다. 그들은 남자들에게 뒤지지 않는 능력을 갖고 있었다. 여자들이기 때문에 남자들보다 더 능력이 있었다. 그들은 기타를 든 건장한 젊은 남자들과 함께 숲 속으로 산책을 하러 갔다. 반데르푀겔의 노래를 불렀다. 그들은 자유로웠다! 자유로웠다! 아름다운 목소리를 가진 활기찬 젊은이들과 함께 자유롭게 세상을 뛰어다니고, 아침 숲을 여기저기 돌아다니고, 원하는 대로 행동하고, 특히 하고 싶은 말을 자유롭게 알 수 있다니, 자유야말로 정말 환상적인 단어가 아닌가. 가장 중요한 것은 열심히 주고받는 대화였다! 사랑이란 결국 함께한다는 것과 같았다.

반데르푀겔의 사상은 또한 어린 시절과 사춘기의 푸르른 낙원에서 멀리 떨어져 현대화되어 가고 있는 도시에도 다다랐다. 도시에 있는 반데르푀겔 조직은 소비 위주의 산업사회를 비판했다. 그들은 여성들의 코르셋 착용과 유해한 먹을거리에 반대하고 누드체조에 찬성하는 선전 활동을 벌이면서 안락한 삶을 장려했다.

1913년 당시 2만 5천 명의 젊은이가 참여했던 것으로 추산되는 이 운동단체는 결국 둘로 갈라졌다. 반데르푀겔은 국수주의적이며 군국주의적인 단체로 진로를 바꾸었고, '청년단'이라고 불리던 융반데르푀겔은 이론가인 구스타프 위네켄을 중심으로 반권위주의적이고, 더 나아가 절대 자유주의적인 입장을 그 어느 때보다 적극적으로 옹호했다. 그들의 반대자들은 그들이 자신들의 조직 내에서 동성애를 공식적으로 허용한다며 비난하고 나섰다. 그러나 융반데르푀겔들은 1913년 10월에 옛 운동단체들을 모은 새로운 대규모 단체(멤버 수 4만 명) 독일자유청년단과 연합하는 데 성공했다. 그들은 메이스네르 산에서 민족 간의 평화를 기원하며 선서했다. 그러나 검은색 까마귀들이 날아오르자 하늘이 어두워졌다. 이 까마귀들은 시체안치소 문이 열리기를 기다리고 있었다. 배불리 먹기 위해서였다. 그리고 '철새'들은 가장 먼저 희생되었다.

결국 이 운동은 제1차 세계대전의 유탄을 맞고 거의 완전히 와해되었다. 남자들이 끝이 뾰족한 철모를 쓰고 참호 전투를 치르러 가자 여자들이 나이 어린 남동생들을 이끌며 이 운동을 장악했다. 전쟁에서 패하자 수많은 반데르푀겔 출신들이 나치가 되어 베르사유 조약과 프랑스 인들의 루르 지역 점령이 불을 붙인 민족주의의 열기를 이용, 붕괴된 이 운동의 잔해를 재활용했다.

이 변절자들 중에서 가장 주목할 만한 인물은 1933년 말에 350만 명의 젊은이들이 가입하게 될 히틀러청년단의 단장 발두어 폰 쉬라흐이다.

폰 시라흐는 유명한 히틀러의 '나는 폭력적이고 오만하고 대담하고 잔인한 젊은이들을 원한다! 허약하고 온화한 젊은이는 원치 않는다!' 라는 저주에 격노하여 '국가사회주의의 관점에서 볼 때 젊은이들은 항상 옳다!' 라고 대답했다.

나치 체제는 어린이와 청소년들을 정치적인 도구로 간주했다. 당이 부모들을 대체하고, 그들의 광신에 기대어 당이 나치친위대를 통해 군대와 독일 사회의 모든 계층을 확실히 장악할 수 있도록 하기 위해서였다.

1930년대에 신세대에 속하는 많은 청소년들은 제1차 세계대전을 치른 연장자들의 '전쟁 체험'을 되풀이하고 싶어 하지도, 집단화되고 싶어 하지도 않았다. 그중 일부는 히틀러청년단에 강제로 등록된 후 이 단체의 일방적인 강요를 거부하여 재교육 수용소에 갇혔다. 게슈타포는 거의 모든 저항행위를 고발했는데, 히틀러청년단 단장 베르기에스가 1935년 성탄절 이브에 로르크 쉬르 르 헨(프랑크푸르트 근처)에서 누군가의 칼에 찔려 의문을 죽음을 당한 것도 그 때문인 것으로 추정된다. 다른 청소년들은 참신해 보이는 이 운동에 참여하여 잠시 열성적으로 활동했다가 곧 환상을 버리고 있는 힘을 다해 나치즘과 맞서게 된다. 뮌헨에서 '백장미'라는 조직을 결성한 젊은이들이 바로 그런 경우다.

마지막으로 젊은이들은 히틀러청년단의 운명을 바꾸기 위해 이 조직에 침투했다. 이러한 시도를 한 것은 로베르트와 카를 윌베르만 쌍둥이가 설립한 네로테르 반데르푀겔(NWV)의 '붉은 기사단'이다. 어떤 비밀 의식을 행하는 종교의 그것을 연상시키는 이 명칭은 라인강 연안의 에이펠 지방에 있는 네로테르라는 마을에서 따온 것이다. 바로 이곳에서 이 청소년들이 기사단을 설립했다. 오직 독일에서만 행군했던 전통적인 반데르푀겔들과 달리 네로테르들은 이 세상을 발견하기 위해 전 세계 곳곳을 찾아갔다. 그리하여 60여 명에 달하는 네로테르 기사들은 안데스 산맥을 찾아간 반면, 다른 기사들은 새로 친구가 된 평화주의자 시인 라빈드라나드 타고르가 설명해주는 대로 독립을 갈구하는 인도 제국을 탐험하러 갔다.

그들의 개방적인 정신, 외국의 민족들을 발견하고 그들과 유대를 맺고 싶어 하는 욕구는 나치의 인종차별주의 이념과 정반대였다. 물론 1차 세계대전에 나가 싸웠던 윌베르만 형제가 나치가 소중하게 생각하는 '퓌러프린집', 즉 '지도자의 원칙'에 끌렸던 건 사실이다. 그러나 그것은 원탁의 기사들이 나선 성배 찾기에 어울리는, 더 낭만적인 관점에서 그랬던 것이다.

1923년 그들은 뒤셀도르프에서 히틀러청년단과 팔짱을 끼고 루르 지방에서 프랑스 점령군에게 총살당한 민족주의자 알베르트 레오 슈라게터의 추모 행진을 했다. 이 두 단체는 프랑스 경찰에 대한 반격에 나섰다. 슈라게터를 경찰에 넘겨준 밀고자가 두 명의 나치 행동주의자, 즉 반데르푀겔이었다가 나중에 아우슈비츠 강제수용소 소장이 된 루돌프 회스와 히틀러의 후계자가 될 마르틴 보르만에게 살해당했다.

테러 행위가 격화되었다. 네로테르의 특공대가 코블렌츠에서 프랑스인들이 지지하는 분리주의자들의 인쇄소를 폭파했다. 그러나 네로테르들과 히틀러청년단이 통합한다는 것은 불가능했다. 두 조직은 필연적으로 대치될 수밖에 없었다. 그들의 관계는 10년 사이에 악화되었다. 나치가 모든 청년운동조직을 폰 쉴가크의 권한 밑에 두려고 하면서부터 이 두 조직 간의 경쟁은 한층 더 치열해졌다. 나치가 권력을 잡자 히틀러청년단은 경쟁관계에 있던 조직들을 공격하고 나섰다. 주된 공격대상은 로베르트 윌베르만이었다. '붉은 기사단'의 설립자로서 카를 피셔와 다시 손을 잡은 그는 나치가 '철새'들의 자유에 대한 이상을 무참히 짓밟았다며 공개적으로 비난하고 나섰다.

낭만적인 성격을 가진 이 네로테르들의 우두머리는 '젊은이들을 위한 성'을 지어 기사들을 받아들일 수 있기를 늘 꿈꾸었다. 자금이 없었던 네로테르들은 몽환적인 분위기를 풍기는 검은 숲지대 북쪽의 폐허가 된 발데 성에서 잼버리대회를 열었다. 1933년 6월 17일 밤, 건장한 체격의 나치당 공격부대(SA) 부대원들과 히틀러청년단의 금발머리 소년들이 '붉은 기사'들을 공격했다. 지략이 뛰어난 윌베르만은 나치당 공격부대와 경쟁관계인 나치친위부대에 도움을 요청했다. 이 정예부대의 지역 책임자가 젊은 기사들 중 한 명의 아버지였다. 검은 셔츠를 입은 자들이 붉은색 상제의를 입은 자들을 위해 갈색 셔츠를 입은 자들과 싸우는 것이었다. 나치들끼리 뒤엉켜 싸우는 바람에 네로테르들은 곤경에서 벗어날 수 있었다. 이 싸움은 히틀러의 지시에 따라 나치친위대가 나치당 공격부대를 죽이게 될 1년 뒤의 '장검長劍의 밤'을 예고한 셈이 되었다. 에른스트 룀의 나치당 공격부대 학살을 정당화하기 위해 그들의 적이자 형제인 나치친위부대는 나치당 공격부대가 술을 진탕 마시고 동성애 파티를 벌였다며 비난하고 나섰다. 주로 소년들로 구성되어 있는 붉은 기사단이 동성연애자들이라고 비난했던 것처럼 말이다.

그럼에도 붉은 기사단 단원들은 독일 전역에서 히틀러청년단에게 남자답게 주먹으로 맞섰다. 상황이 악화되는 것을 본 윌베르만은 자신의 조직을 해체하기로 결심하고 히틀러청년단에 합병할 것을 시사했다. 결과는 뜻밖이었다. 조직의 일부는 나치 조직의 교묘한 술책에 넘어갔고, 다른 소대들은 비밀리에 체제에 대한 저항에 나서 종종 에델바이스 해적단과 공산주의 조직들과 함께 발을 맞췄다. 붉은 기사단에서 저항에 나선 사람 중에는 볼프 카이제르가 다름슈타트로, 파울 레제르가 프랑크푸르트로 통솔한 '방랑자회'가 있었다. 유대인 인류학자인 파울은 1936년 덴마크에 이어 나중에 스웨덴으로 도망친다.

그러나 모두 탄압을 피할 수 있었던 것은 아니다. 1936년 초에 로베르트 욀베르만은 게슈타포가 쳐놓은 올가미에 걸려들어 '국가의 적'으로 낙인찍혔다. 그는 1941년 다샤우 강제수용소에서 숨을 거두었고, 쌍둥이 동생 카를은 남아프리카로 망명, 붉은 기사단을 잿더미 속에서 끄집어내 일종의 스카우트 환경보호 조직으로 환생시켰다(이 단체는 지금도 활동 중이다).

다른 청년조직들은 어쩔 수 없이 지하로 숨어들었다. 예를 들어 첩자들의 온상으로 간주되었던 베이든 파월의 스카우트 운동단체가 대표적인 '좌익청년단체'가 있다. 이 조직들 중에 지하활동을 위해 가장 잘 조직된 단체는 소비에트의 콤소몰을 모델로 만들어졌던, 때로는 '청년위병대'로 이름을 바꾸기도 한 KJVD, 즉 독일공산주의청년단이다. 이와 더불어 1938년에 히틀러가 오스트리아를 병합하자마자 1911년 프라구오이스 한스 마우츠카가 설립했던 오스트리아반데르푀겔운동 역시 해체되고 오직 히틀러청년단만이 히틀러가 청년시절을 보낸 이 나라에서 허용되었다. 중립국이었던 스위스의 반데르푀겔들은 오늘날까지 계속해서 높은 고지에 있는 여름목장까지 성큼성큼 기어 올라간다.

그러고 나서 나치는 체제를 전복시킬 우려가 있다는 이유로 자연회귀주의와 나체주의 운동도 금지시켰다. 반데르푀겔 운동을 이어받아 '자유로운 신체의 문화'라는 이름의 단체가 설립되었고, 또한 '신체 수련 주간'이 만들어져 농촌이나 숲을 걸으며 놀이나 운동을 했다. 제1차 세계대전의 공백을 거친 뒤 이 자연회귀주의 운동은 독일 북부의 바다와 모텐제, 베를린 남부에서 다시 부흥했다. 그리하여 이론가인 하인리히 푸도르와 아돌프 코크가 '나체 문화'라고 이름을 붙인 이 운동은 청년연맹의 한계를 벗어나 점점 더 공업화되는 무미건조한 도시의 노동자들을 대상으로 삼았다. 나체 문화 운동은 바이마르 공화국 때 크게 발전했다.

나치는 이 운동이 '완전히 벌거벗은 좌파'라고 평가했다. 나치는 좌파 교사인 아돌프 코크가 부모라든지 교회, 미디어, 법유지 단체 등 프롤레타리아들로 하여금 그들의 지배자들에 대해 계속 경의를 표하게 만드는 '권위'로부터 해방시키고자 하는 '사회적 나체 상태'의 이론을 내놓은 뒤 이 운동을 금지시켜야 한다고 주장했다. 독일의 자연회귀주의자 10만 명 가운데 7만 명이 코크의 '신체 학교'에 참여했다.

그리하여 헤르만 괴링은 결국 나치친위대 대원들 중 일부가 유감을 표하는 가운데 1933년 3월 3일자 법령에 의해 이 운동을 공식적으로 금지시켰다. 그러나 얼마 후 자연회귀주의의 한 형태가 '즐거움을 통한 힘'이라는 이름을 가진 나치운동조직을 통해 허용되었다. 아리아족 스포츠를 할 때는 레니 리펜슈탈이 1936년 올림픽에 관한 영화에서 이상으로 내세웠던, 근육이 잘 발달한 아름다운 신체를 드러내도 좋다는 것이었다.

이러한 활동금지조처와 반체제인사들에 대한 체포, 유대인 박해, 전체주의 국가의 형성에도 1933년에 처음으로 해적운동조직이 결성되었다. 뒤셀도르프에서 히틀러청년단에 반대하는 키텔스바흐 해적단이 가장 먼저 조직되었고, 네로테르 반데르푀겔 같은 청년연맹에서 활동했던 젊은 이들이 여기에 가담했다.

"1935년에는 활동이 허용된 국제 청년단연맹 회의가 열리기도 했습니다. 그렇지만 그 다음 해가 되자마자 다들 히틀러청년단으로 들어가야 했지요. 거기서 저는······" 당시 11살이었던 게르트뤼드 코크는 이렇게 설명한다. "발덱 성에는 프랑스와 오스트리아, 스위스, 영국, 스칸디나비아 제국, 네덜란드에서 온 젊은이들이 모였던 것으로 기억합니다. 이 젊은이들의 축제에서는 음악 공연이 밤새도록 벌어졌죠.

공식적으로 참석자들은 무엇보다 자연의 친구들이었습니다. 주말이 되면 라인 강이 훤히 내려다보이는 일곱 산언덕에 올라갔지요. 뒤셀도르프와 위페르탈, 솔링겐, 쾰른에서 온 250명의 젊은이들이 이곳에 모였습니다. 물론 이때까지만 해도 그들은 정치 얘기는 안 했어요. 그렇지만 그 다음 해부터는 밤이 되면 여기 저기 몇 명씩 짝을 지어 발랄라이카나 밴조 같은 현악기의 음악에 맞추어 에스파냐 공화국의 노래를 부르기 시작했지요."

열쇠공인 게르트뤼드의 아버지는 공산당 후원단체인 '붉은 전선 투사 연맹'의 책임자였다. 그는 게슈타포에게 체포되어 에스테르베겐 강제수용소로 끌려갔다가 총살당했다. 그녀는 약사인 어머니와 단 둘이 남게 되었다.

그녀는 어렸을 때 아버지의 권유에 따라 붉은 선구자단에서 잠시 활동한 적이 있었다. 하지만 그녀는 정치를 하지 않기로 결심했다. 이것은 나치소녀연맹에 들어가기를 거부한다는 것을 의미하기도 했다. 결성 중인 최초의 에델바이스 해적단 단원들과 마찬가지로 그녀에게도 그것은 이미 반파시즘의 한 형태를 이루었다. 그녀의 고향인 쾰른이 나치즘 지지에 선봉에 나선 도시로서 널리 알려졌기 때문에 더더구나 그것은 칭송받아 마땅한 행위였다. 1933년 히틀러청년단은 이 도시의 클라우디우스트라세에서 처음으로 성냥을 그어 책을 불살라 없애버렸고, 쾰른 대학의 고위층은 독일 전역의 대학에서 그렇게 요구받기도 전에 총통에 대한 충성을 서약했다.

긴 도보여행을 떠나면 당국의 감시에서 벗어날 수 있을 뿐 아니라 도보여행을 하는 히틀러청년단을 공격할 수도 있었다.

'히틀러청년단과 영원토록 전쟁을! 핌프페들을 처단하자!' 이것은 에델바이스 해적단의 슬로건이었다. 히틀러청년단이 1935년 집결했을 때

외쳤던 '유대인 적들과 영원토록 전쟁을!' 이라는 구호에 응수한 것이었다. 시내에서는 히틀러청년단 단원들이 근처에 있다는 소식을 들은 소년들이 곤봉과 단검으로 무장하고 맥주홀과 영화관, 당구장에서 쏟아져 나왔다. 모두 가죽 반바지와 줄무늬 셔츠에 얼룩덜룩한 색깔의 스카프를 두르고 금속으로 만든 에델바이스는 옷깃에, 천으로 된 에델바이스는 양말에 자랑스럽게 달고 있었다. 소녀들은 산에서 따온 꽃을 치마 밑에 감추어두었다. 12살에서 18살 사이였던 그들은 나치와 싸우는 데 이골이 나 있었다.

몇몇 도시의 해적단은 히틀러청년단에 계속 남아 있으면서 정보를 캐오라는 임무를 단원들에게 부여하기도 했다. 때로는 캠프파이어나 시골과 바다, 숲으로 가는 도보여행을 계획하여 일부 히틀러청년단 단원(이웃에 사는 젊은이, 학교 친구)들을 초대하기도 했다. 이렇게 초빙된 젊은이들은 해적단 단원들이 나치의 독재 치하에서도 믿을 수 없을 만큼 자유롭게 생활하는 것을 보고 생각을 바꾸었다.

일부 젊은 해적단원들은 가족을 떠났고, 그 외의 다른 단원들은 학교를 그만두고 공장에서 일하게 해달라고 부모들에게 요구하기도 했다(히틀러 추종자들은 학교에서 아이들을 더 쉽게 조직으로 편성할 수 있었다).

이들은 낮에는 일을 하고 밤에는 열두서너 명씩 짝을 지어 공원이나 카페에서 다시 만났다. 해적단원들은 통금에도 아랑곳하지 않은 채 쾰른 시내 중심가인 알텐베르그스트라세를 돌아다니며 건물 벽에 '히틀러를 죽이자!' 라든가 '나치의 폭력 종식!' 이라는 구호를 써 넣었다.

장 윌리히는 이렇게 말한다. "어느 날, 우리는 히틀러청년단에 소속된 어떤 나이 많은 청년을 공격하기로 결정했어요. 그 사람은 신문가판대를 운영하며 다른 데서는 살 수 없는 아동도서와 만화책을 팔았기 때문에 젊은이들에게 아주 인기가 높았습니다. 그러면서도 그 구역의 정보를 경찰에게 알려주는 끄나풀 노릇도 하고 있었지요. 그래서 우리는 복수를 하기로 결정했습니다. 11시에 통금이 시작되자 굵은 쇠사슬로 그의 가판대를 꽁꽁 묶은 다음 정차해 있는 전차에 연결시켰어요. 아침 일찍 나온 전차 운전수가 가판대를 보지 못하고 전차를 출발시키니까 가판대가 박살나버렸지요. 신문팔이는 그 안에 없었습니다. 그를 죽일 생각은 없었고요. 다만 그가 자신의 잘못을 느끼게 하고 싶었을 뿐이지요. 우리는 또 이와 비슷한 방법을 사용해 군인들이 타고 있는 열차를 전복시키자고 생각했습니다. 손으로 만든 투석기로 우리가 직접 만든 소이탄을 발사해 군수공장이나 군 막사를 공격하기도 했습니다."

해적단은 화물열차를 빈번하게 공격하여 로빈 후드처럼 가난한 사람들에게 나눠주고 버터와 담배는 나중에 현금으로 바꾸기 위해 보관했다. 또한 그들은 동부전선으로 탄약을 싣고 가는 열차를 탈선시켰다. 전쟁이 일어나기 전에 해적단 단원들은 유대인들과 반체제인사들이 프랑스와 네덜란드, 스위스로 건너갈 수 있도록 국경까지 안내해주었다. 그들은 독일군에게 격추당한 연합군 조종사들을 숨겨주기도 했다.

해적단은 부족문화를 유지했다. 그들이 부르는 노래의 일부는 암호화되어 있었다. 여행을 회상하고, 쾰른과 함부르크에 있는 우호적인 저항조직 '나바조'를 찬양하고 있었다.

> 사이렌들이 함부르크에서 격렬하게 소리치면
> 나바조들은 바다로 떠나야 한다
> 카바레에서 어린 여왕과의
> 결별은 즐겁지 않아
> 리오 데 자네이로
> 안녕, 카발레로

에델바이스의 해적들은 충성한다

나치를 공개적으로 조롱하고 봉기할 것을 촉구하는 노래들도 있었다.

> 히틀러의 권력은 우리를 억누르고
> 우리를 계속 묶어 놓을 수 있어
> 그러나 언젠가 우리는 이 사슬을 깨부수리라
> 다시 자유의 몸이 되리라
> 우리에겐 싸울 수 있는 주먹이 있어
> 언젠가는 꺼내들 칼이 있어
> 우리는 자유를 원해, 안 그런가, 청년들이여

이 운동에 합류하는 젊은이들의 수는 점점 더 늘었다. 바로 이런 이유 때문에 이 아리아족 출신의 젊은 재즈광들이 무분별한 행동을 저지르는 것을 팔짱을 끼고 보고만 있던 나치 당국은 해적단 단원들에 대한 대량 검거에 나서 그들의 머리를 박박 깎고 그들을 마구 때린 다음 재활원과 정신병원, 감옥에 보내다가 나중에는 강제수용소로 끌고 갔다. 히틀러 청년단 지도부는 나이가 더 많은 조직원들로 이루어진 일종의 돌격대라고 할 수 있는 스트라이펜디엔스트 히틀러청년단을 발족시켜 경찰을 도왔다.

이들은 카페와 공공장소를 감시했다. '매국노'로 간주된 이 독일 젊은이들을 심문하는 것은 물론 구금까지 시킬 수 있는 권한을 가지고 있었다. 군의 운명이 점점 더 히틀러에게 불리해져 일체의 저항운동이 전선에서 싸우는 병사들의 등에 칼을 꽂는 행위로 간주되었기 때문에 더더욱 그러했다.

요한 윌리히와 게르트루드 코크, 그리고 그들의 친구들이 작곡한 노래들은, 가사를 보면 저항적이지만 멜로디를 들어보면 매우 관습적이었다. 반대로 덜 전통적인 또 하나의 음악이 그 흔적을 남겼는데, 그것이 바로 재즈다. 그 주변에 덜 순응적인 또 다른 흐름이 형성되었다. 이 역시 얼마 지나지 않아 검은 가죽 외투를 입은 게슈타포에게 의해 반체제로 낙인찍히게 된다. 우리는 프랑스와 벨기에에서 유대인들이 노란 별을 달고 다녀야 했을 때 대독협력체제의 도덕적 질서와 나치 점령에 대한 저항의 형태로서 재즈광과 스윙 키드들이 등장하는 것을 보았다. 독일에서도 스윙 키드들이 얼굴을 내밀었다. 선험적으로 라인 강 서안에 사는 그들의 사촌들보다 더 정치적이지 않은 이들은 재즈에 미친 듯이 열광하면서 클럽에 드나들었다. 여기서는 루이 암스트롱과 장고 라인하르트, 듀크 엘링턴, 캡 켈러웨이의 음악이나 음반을 듣거나 춤을 추거나 연애를 할 수 있었다. 처음에 나치는 영미 음악을 금지시키지 않았다. 그러나 '흑인 문화'에서 자신의 존재를 인식한 젊은이들은 《나의 투쟁》에 나타나는 인종차별주의 정책을 인정하지 않는다는 의심을 받을 수밖에 없었다. 게슈타포는 서로 인사를 나누며 나치를 조롱하는 ― '지크 하일!' 대신에 '스윙 하일!'이라고 외치는 ― 프랑크푸르트의 '할렘 클럽' 같은 장소들을 감시했다.

'로테른'이나 '로터 보이즈(악동들)'는 서로 스윙 키드라고 부르며 함부르크, 프랑크푸르트, 베를린, 키엘, 슈투트가르트, 브레슬라우 등지에서 활발한 활동을 벌인다. 외국인처럼 비엔나의 '슐루르프(게으름뱅이)'나 프라하의 '포타프키(바다 속 항해자들)', 그리고 암스테르담이나 코펜하겐의 다른 키드들을 발견할 수 있다. 결국 스윙 키드와 재즈광들은 진정한 유럽 차원의 운동인 것이다.

장발을 하고 다니는 독일과 오스트리아 스윙 키드들의 복장은 파리나

브뤼셀의 재즈광들처럼 상당히 영국적이었다. 플란넬 운동복 상의, 앤터니 에덴 식 모자, 두꺼운 고무창이 달린 구두, 요란한 색깔의 양말에 비가 오건 해가 떴건 그들은 체임벌린 우산을 들고 다닌다. 한편 히틀러청년단의 여성 판이라고 할 수 있는 분트 도이쳐 마델의 금발머리 여성들은 여자 스윙키드들의 옅은 자색 립스틱과 화장, 얼룩덜룩한 색깔의 치마, 플란넬 운동복 상의 등을 보며 질투로 몸을 떨었다. 하지만 이들은 더 이상 불만스러워할 필요가 없었다. 지급받은 검은색 실크셔츠와 속옷을 입고 수만 명씩 한데 모여 총통이 천년 제국을 위한 주술을 부리는 것을 들으면 온몸이 바들바들 떨릴 뿐만 아니라 닭살까지 돋았던 것이다.

더욱 '프롤레타리아' 다운 '스윙 하이니스(스윙하는 남자들)'들과 오스트리아의 슐루르프들에게는 반짝거리는 의상을 살만한 돈이 없었다. 그래서 여자 친구들이 암시장에서 산 천 자투리를 암시장에서 사거나 기워진 낡은 옷가지들을 부모님의 옷장에서 찾아 직접 바느질해 기괴하게 치장하기를 좋아하는 이 집단을 위한 옷을 만들어주었다. 프라하에서는 믿기 어려운 일이 일어났다. 물자가 부족해지자 크리스틴키(포타프키들의 여자친구)들이 미니스커트를 만들어 입었는데, 다리가 한층 더 길어 보이도록 만들어주는 실크 스타킹 위에 그것을 입은 다음 뾰족굽이 달린 하이힐을 신었던 것이다.

사실 이후 점령된 모든 나라를 감시하게 될 독일정치경찰의 수사관들은 이 스윙 키드들과 슐루르프들의 삶의 즐거움이 쉽게 전파되어 심지어는 나치운동조직에 소속된 젊은이들의 마음을 끌 정도라고 지적하는 내용의 보고서를 작성했다. 그럼에도 히틀러청년단과는 치열한 싸움을 벌였다. 이 싸움은 에델바이스 해적단이 벌이는 그것에 버금갈 정도였다. 비엔나에서는 슐루르프들과 그들의 여자친구인 '슐루르프카트첸(게으른 암코양이)'들이 자신들이 좋아하는 재즈곡 〈검은 표범〉에 열광하며 히틀러청년단 순찰대를 정기적으로 공격했다. 결국 50명의 슐루프들이 비엔나 히틀러청년단 본부를 공격했는데, 이 도시 총독은 다름 아닌 히틀러청년단 단장이었던 발라두르 폰 쉬라크였다.

스윙 키드들의 혼성과 잡거생활, 에델바이스 해적단의 것 같은 성 풍습은 나치당의 첫 번째 관심사였다. 나치는 이런 것들을 보며 바이마르 공화국의 카바레를 비롯한 퇴폐적인 장소들을 떠올렸다.

게슈타포는 스윙파티가 벌어질 때마다 스트라이펜디엔스트 히틀러청년단원들을 정기적으로 보내 거기서 무슨 일이 있었는지 알아오도록 했다. 또한 나치는 스윙 키드들이 자신들이 좋아하는 음악을 듣는다는 핑계로 BBC 방송에서 전쟁에 관한 영어(그리고 독일어) 정보가 제공되는 재즈곡을 듣는다며 비난했다.

1940년 함부르크에서 스윙과 관련된 공개집회가 열려 5백 명 이상의 청소년들이 모이자 나치는 이러한 모임을 공식적으로 금지시켰다. 2월에 게슈타포는 알토나 호텔에서 벌어진 깜짝 파티에 관한 보고서를 작성했다.

그것은 최악의 스윙이었다. 이따금 두 소년이 한 소녀와 춤을 추었다. 때로는 여러 커플이 한 그룹을 이루어 서로 팔짱을 낀 채 뛰어오르기도 하고, 손뼉을 치기도 하고, 서로 머리 뒤쪽을 문질러주기도 했다. 그러고 나서 등을 굽히고 긴 머리가 얼굴을 덮어버릴 정도로 몸을 빠르게 움직이며 상체를 낮추더니 무릎을 꿇은 채 앞으로 나가면서 서로 끌어당겼다.

악단이 점점 더 빠른 속도로 음악을 연주했다. 악사들은 더 이상 앉아 있지 않았다. 꼭 야만인들처럼 무대 위에서 몸을 비트는 것이었다. 소년들이 담배를 두 개비씩 입에 물고 함께 춤을 추었다. 스윙 춤은 격렬하게 이어졌다. 우리 병사들이 영국 전투를 개시했는데 여기서는 가사가 영어로 된 영국 음악을 연주했다!

이날 밤 11시경에 게슈타포는 호텔에 난입하여 거기 있던 사람 모두를 체포했다. 예상대로 이곳에는 오직 미성년자(21세 이하)들뿐이었다. 이들은 조서를 작성하고 경고를 받은 다음 풀려났다.

'함부르크 전투'는 규모가 더욱 커졌다. 일부 스윙 키드들은 더 이상 단순한 음악파티로 만족하지 않았다. 그들 중 한 명인 토미 슈에엘은 친구들과 함께 에델바이스 해적단처럼 나치 선전선동에 반대하는 계획을 꾸몄다. 예를 들자면 나치 지도자들이 영화를 시작하기 전 뉴스시간에 등장하면 휘파람을 불었다. 체포된 슈에엘은 죽도록 얻어맞은 다음 수용소로 보내졌다. 반항적인 다른 청소년들은 러시아 전선으로 보내졌다.

1941년, 미국인들이 참전한 이후로 핫 재즈가 금지되었다. 이 운동은 지하로 숨어들었지만 1942년 1월에 하인리히 히믈러가 라인하르트 헤이드리히(RSHA의 우두머리)에게 더 강력한 조처를 취하라고 급히 요구한 이후 게슈타포에 의해 거의 와해되었다. '적의 관점을 신봉하는 모든 미성년자들과 스윙을 하는 젊은이들을 격려하는 교사들은 강제수용소로 보내져야 한다. 거기서 젊은이들은 흠씬 두들겨 맞고, 평보로 행진해야 하며, 노동을 해야 한다.'

군대 갈 나이가 된 스윙 키드들은 처음에는 뇌엔가메와 우데르마르크, 모링겐 강제수용소나 러시아 전선으로 보내졌다. 재즈광들이 프랑스에서 박해받고 그에 비교될만한 운명을 맞이하자 독일과 오스트리아, 혹은 체코슬로바키아에 사는 그들의 '사촌들'도 원래 생활로 돌아가야 했다. 그러나 게슈타포 보고서가 증언하는 것처럼 그들의 영향력은 그 후로도 오랫동안 젊은이들 사이에서 느껴진다. 그리고 때로는 이 모험에서 탈출한 젊은이들이 에델바이스 해적단이나 이와 흡사한, 결성 단계에 있는 조직에 합류하게 된다. 그런데 함부르크에 있는 주요 스윙클럽 중 하나의 이름이 알스터 해적클럽이었다. 이것은 과연 우연이었을까?

최근 몇 년 동안 이 운동에 관한 증언들이 수집되고 저서들로 나오면서 21세기를 사는 독일의 젊은 세대들에게 펴졌다. 그럼에도 나치즘에 저항한 이 조직들에 관한 이야기는 아직 완전하게 알려져 있지 않다.

쾰른에는 에델바이스 해적단과 나바조 조직이 있었던 것으로 알려져 있다. "게슈타포는 해적단 조직원의 숫자를 3천 명으로 파악했지만, 사실은 그보다 훨씬 더 많았지요." 함부르크 운동에도 참여했던 게르트뤼드 코크는 이렇게 주장한다. 두이스부르그처럼 도르트문트에서도 또 다른 에델바이스 해적단이 결성되었는데, 조직원 중 한 명인 쿠르트 피엘(1928년 생)은 자신들의 모험에 대해 이야기하면서 자기들이 '부랑자들'이라고도 불렸으며, 자기들만의 은어로 의사소통을 했다고 말했다. 뒤셀도르프에는 '샴베코' 조직이 있었고, 알베르그에는 '뱀 클럽'이 있었다. 뮌헨에는 '07 그룹'이, 에센에는 '방랑하는 게으름뱅이들'이 있었다. 라이프치히의 '무리' 조직은 좌익의 정치적 전통에 뿌리를 두고 있었다. 1942년에 뒤셀도르프와 도르트문트 같은 여러 도시에서 해적단은 지하에서 활동하는 공산주의자들과 손을 잡고 전단을 만들었다.

베를린에서는 유대인인 젊은 공산주의자 헤르베르트 바움이 저항 조직을 결성했다. 1942년 5월 18일, 그는 조직원들이 체포되어 고문당하고 처형되자 '소련의 천국'이라는 이름이 붙은 반공산주의 전시회에 불을 질렀다. 이후 독일 전역에서는 '불량배들'과 '패거리들', '거친 무리'들이 큰 도시의 황폐화된 구역을 누비고 다녔다.

1942년 10월, 독일 젊은이들의 5퍼센트가 가입되어 있는 것으로 추산된 이 운동조직들의 활동에 대응하기 위해 히믈러는 모든 경찰의 우두머리들에게 '청년 업무 강화'라는 제목의 공문을 보냈다. 그리하여 16세에서 21세까지의 미성년자들을 한층 더 엄격하게 교화시키기 위해 나치친위대가 감독하는 특별 수용소가 극비리에 설치되었다.

히믈러의 지시가 내려지고 나서 1주일이 지난 1942년 10월 27일, 함부르크에 내붙은 게시문을 통해 16살의 헬무트 휘베너가 플로텐제 감옥에서 처형된다는 소식이 알려졌다. 그는 친구인 루디 보베와 카를 하인츠 슈니베, 게르하르트 두베르와 함께 BBC 방송에서 제공하는 정보를 받아 적은 후 발췌한 것을 인쇄, 전단으로 만들어 뿌렸다. 다른 '불량배들'과 달리 휘베너는 종교적 원칙으로부터 영감을 얻었다. 그의 조직원들은 두베르만 빼놓고 모두 예수그리스도 교에 속해 있었다. 자신의 신앙과 불가분의 관계에 있는 진실에 대해 강박관념을 갖고 있던 그는 나치즘의 진정한 본질을 분석하고 이 체제의 선동선전에 대해 혐오감을 느끼지 않을 수 없었다. 그랬기 때문에 휘베너는 조직원들과 함께 일종의 소규모 통신사를 차려 당국이 제공하는 정보가 얼마나 거짓투성이인가를 고발했다. 그는 국가에서 자꾸 거짓말을 해대면 결국은 쓸데없이 전쟁만 더 길어질 것이라고 생각했다. 그러던 10월 27일에 헬무트는 사형에 처해졌고, 그의 친구들은 장기 징역형을 선고받아 히믈러가 바랬던 대로 강제수용소에서 형을 치러야 했다.

6개월 뒤에 체포된 해적단원 발터 마에르는 뒤셀도로프에서 이 새로 생긴 제도의 적용을 받았다. 1927년생인 그는 아주 어렸을 때부터 나치의 반유대주의에 큰 충격을 받았다. 아버지는 그가 '아돌프 히틀러 학교'에 들어가는 것은 원하지 않았으나 그가 히틀러청년단에 가입하는 것은 그냥 내버려두어야 했다. 대부분의 아이들은 자진하여 친구들과 함께 이 전국적 규모의 행사에 참여하여 야외 활동을 벌이고 놀이를 즐기고 싶어 했다(그러나 그들은 아직 어렸기 때문에 이러한 활동과 놀이가 노리는 최종목표가 무엇인지 아직 깨닫지 못했다).

주로 음침한 곳에서 만났던 쾰른의 해적단원들과 달리 뒤셀도르프의 해적단원들은 이 도시의 가장 아름다운 간선도로인 쾨니히스트라세에 있는 카페를 약속장소로 정했다. 이들은 담배 연기 자욱한 카페 안쪽의 작은 홀에서 당구를 치며 나치 행정당국이나 히틀러청년단에 대한 공격 계획을 세웠다. 체포된 마에르는 1943년 4월 12일 강탈 혐의로 재판에 회부되었다.

검사가 논고를 했다. "평시 같으면 저는 이것을 가중절도죄라고 부를 것입니다. 그러나 이 범죄가 에델바이스의 해적단 우두머리에 의해 저질러진 바, 우리는 이 조직이 국가의 적이며, 적과 한통속이 되어 음모를 꾸미고 있고, 국가의 재산을 파괴했다는 사실을 알고 있습니다. 그러므로 저는 피고를 선처하지 말아주시기를 요청하는 바입니다."

그러나 재판장은 그가 아직 17세로 나이가 어린 점을 참작, 4년 형을 선고하여 강제수용소에서 형을 치르도록 했다.

그동안 쾰른에서는 무슨 일이 있었을까? 영미연합군은 이 라인강 연안의 도시를 끊임없이 폭격했다. 하지만 자신들이 나중에 다시 가동시키게 될 공장들과 미군 총사령부로 쓸 엘데의 집, 웅장한 외관을 통해 연합군이 얼마나 문명화되었는지를 증언할 대성당 등 일부 건물은 남겨두었다. 같은 이유로 2년 뒤 일본의 사원도시인 교토에도 폭탄이 떨어지지 않았다.

"1943년 초에 독일군이 스탈린그라드에서 패하면서 우리는 정말 열의에 불타올랐습니다. 종전이 가까워지고 있다고 생각했지요." 요한 윌리히와 게르트뤼드 코크는 이 점에서 의견이 일치했다. 키텔스바흐 해적단이 에델바이스 해적단에 합류했기 때문에 더 그랬다. 반대로 그들은 어떤 방법을 쓸 것인가에 대해서는 의견을 달리했다. '무키'라는 암호명으로 알려진 게르트뤼드는 비록 종이가 부족하기는 했지만 전단을 뿌리고 벽에 구호를 써서 널리 알려야 한다고 주장했다. 그녀는 윌리히와 에렌펠트 해적단이 폭력을 쓰는 것에 반대했다. 그러나 함께 저항해야 한다는 사실은 기꺼이 인정했다.

"우리 조직보다 더 급진적인 조직들이 교외에 있었습니다. 에렌펠트 조직은 나치들의 다리에 총을 쏘고, 나치 공무원들의 자동차 연료탱크에 설탕을 부어넣고, 열차를 전복시켰지요. 시내에 있는 우리 조직은 러시아 전선으로 떠나는 병사들에게 몰두했습니다. 작은 전단을 인쇄해서 배포했지요. 배낭에 넣어가지고 사방으로 돌아다니면서 뿌렸습니다. '파시스트들을 끝장내자! 우리는 이 불행 속에서 멸망할 것이다! 이 세상은 더 이상 우리 것이 아니다!'"

이러한 활동은 1943년에 최고조에 달한 뮌헨 '백장미' 조직 학생들의 선전활동과 흡사하다. 젊은 독일군 병사들에게 러시아 전선으로 가느니 차라리 탈영하라고 촉구하기 위해 그들이 쾰른 기차역에서 전단을 뿌렸던 사건을 상기해보자. 이 사건으로 결국 게르트뤼드와 그녀의 동지들은 심문을 당했다.

그녀는 이렇게 말한다. "체포를 당했음에도 우리 조직의 활동은 쾰른과 도르트문트, 뒤셀도르프 너머로 확산되었어요. 쾰른의 경우 모든 서민 동네에 20개 정도의 조직이 있었답니다. 심지어는 베를린에도 조직이 있었지요. 그러다가 독일민주공화국이 1949년에 설립되기 전에 소련 지역에서 사라져 버렸지만 말이죠."

과연 해적들은 에델바이스 씨앗을 계속해서 뿌렸다. 게르트뤼드는 운 좋게도 마지막 전투가 벌어지는 혼란을 틈타 풀려날 수 있었다.

"결국 1945년에 프랑스군 전차가 도착하는 것을 보고 창문을 통해 소리쳤지요. '프랑스 만세!' 어머니는 그다지 좋아하지 않으셨지만, 저는 어머니의 조상님 한 분이 리옹 쪽에서 사셨으니 반역은 아니라고 상기시켜드렸죠. 이웃들이 어떻게 생각하든 해방된 것이었습니다."

요한 윌리히 역시 프랑스군 병사들이 도착하는 것을 보고 좋아서 몰리에르의 언어로 그들에게 이렇게 설명했다. "난 게슈타포에게 붙잡혀 있었어요!" 이름을 바꾼 에렌펠트 조직은 그 사이에 많은 시련을 겪었다. 이 조직에는 '스타인브뤼크'라는 새 이름이 붙었다. 1921년생으로 능숙한 폭탄 제조 기술 덕분에 '폭탄 한스'라고도 불렸던 젊은 탈영병 한스 스타인브뤼크의 이름에서 따온 것이었다. 1943년 7월, 이 청년은 러시아 출신의 아스콜트 쿠로프와 함께 쾰른 메세 강제수용소에서 탈출했다. 폭탄 한스가 모델로 삼은 인물은 1939년도에 존 포드 감독의 『환상의 기마여행』뿐 아니라 프랭크 스트레이어 감독의 『바다의 해적들』로도 성공을 거둔 배우 존 웨인이었다. 그의 주변에는 에렌펠트 동네에서 나치즘에 저항하는 청년들이 백여 명 모여 있었다. 이들은 24퀸탈의 버터를 훔쳐 암시장에서 되파는 등 주로 '몰수' 작업을 펼쳤지만, 동시에 다리를 파괴하거나 열차를 탈선시키는 등 독일군에 충격을 줄 수 있는 군사 작전을 펼치기도 했다.

그의 조직은 요한 윌리히 같은 에델바이스 해적단원이나 망명자, 독일군 탈영병, 러시아군 포로, 폴란드 인, 심지어는 강제수용소에서 도망쳐 나온 유대인 등으로 이루어져 있었다. 여자들은 직접 나서서 싸우는 대신 정보 수집과 지원 활동의 임무를 수행했다. 윌리히는 설명한다. "마지막 해 파괴된 쾰른에 있던 주민의 수는 겨우 10만에서 15만 명이었는데, 여자들과 노인들, 13살에서 16, 17살까지의 청소년들뿐이었습니다. 게슈타포는 보고서에서 우리가 남자 여자 다 합쳐서 3천 명에 불과할 것이라고 추산했지만, 실제로는 최소한 그 두 배가 넘었지요. 그래서 게슈타포는 폭탄 한스의 조직을 공격하기 위해 퀴터 특공대를 조직했습니다."

과연 그 직후부터 조직원들이 더 많이 체포되었다. 폭탄 한스와 해적단 단원들이 그곳에 갇힌 사람들을 구출해내기 위해 엘데의 집을 공격하려고 했던 시기였다. 하지만 그와 그의 동료들은 성과를 거두기는커녕 오히려 체포되었다.

1944년 10월 25일, 히믈러는 해적단에 결정적인 타격을 주기 위한 작전개시를 명령했다. 1944년 11월 10일, 나치는 '바르텔'이라는 암호명으로 불린 바르톨로마우스 쉰크(16세), 요한 뮐러와 귄터 슈바르츠(모두 15세), 그리고 독일군 탈영병들을 포함한 다른 10명으로 이루어진 해적단 단원들을 에렌펠트 광장에서 체포했고, 이들은 5건의 살인사건에 관여하고 엘데의 집을 공격하려고 모의한 혐의를 받았다. 그리고 특히 게슈타포의 골칫거리인 폭탄 한스는……

너무나 오래 동안 망각 속에 묻혀 있던 에델바이스 해적단의 경우와 달리 백장미단의 길고 파란만장한 이야기는 활동과 거의 동시에 널리 알려졌다. 이 두 조직 모두 히틀러에게 맞서면서 서로를 보완하기는 했지만 겉보기에는 무척 다르다. 에델바이스 해적단은 주로 프롤레타리아들로 이뤄져 있는 반면 백장미단은 대부분 젊은 지식인들로 이루어져 있다. 그리고 한스 숄과 소피 숄의 살아남은 여동생 잉게가 나중에 설명하는 것처럼, 특히 바바리아 지방에서 활동한 백장미단은 국가사회주의에 매혹되었다. 히틀러가 독일 국민들에게 '영화와 복지'를, '독립과 자유, 행복'을 가져다주겠다고 약속하고 권력을 잡았을 때 한스와 소피는 각각 15살과 12살이었다.

"어떤 신비로운 힘을 가진 것처럼 보이는 무언가가 우리를 매혹시켰어요. 젊은이들이 깃발을 바람에 휘날리며 둥둥거리는 북소리와 노랫소리에 발을 맞추어 밀집 대형으로 행진했는데, 뭔가 불굴의 기운이 느껴졌죠. 그러니 한스와 소피, 그리고 우리 모두가 얼마 지나지 않아 히틀러청년단에 가입했던 것도 별로 놀랄 일이 아니에요."

그러자 그들의 아버지는 히틀러를 젊은이들에게 마법을 걸어 죽음으로 몰고 간 하멜린의 피리 부는 남자에 비유하며 그들에게 이렇게 경고했다. "그 사람들을 믿으면 안 된다. 그들은 믿음도 없고 법도 안 지키는 강도들이야. 지금 독일 민족은 속고 있는 거라고."

뉘른베르크에서 열린 전당대회에서 히틀러청년단 깃발을 드는 기수가 되었을 때 한스 숄의 열정은 최고조에 달했다. 그러나 얼마 후 그가 속한 히틀러청년단 단장이 슈테판 츠바이크가 '타락한 유대인'이라며 이 작가의 작품을 읽는 걸 금지시키자 그는 환상에서 깨어났다. 감정이 혼란스러워졌다. 히틀러청년단에서 나이가 가장 어린 단원이 들고 있는 깃발 이야기 때문에 모욕당한 어느 우두머리, 강제수용소로 보내졌다가 사망한 어느 교수에 관한 소문, 자유가 조금씩 훼손되어가고 있다는 생각. 한스는 방향을 바꾸었다. 동생 베르너와 함께 청년연합(분디쉐 유겐트)과 반데르푀겔의 후신이라고 할 수 있는 한 청년조직에 들어갔다. 잉게 숄은 다시 이렇게 쓴다. '무척이나 자유로운 그들은 숲 속에서 사냥을 했다. 동이 트자마자 얼음처럼 차가운 강물 속에 뛰어들었고, 배를 깔고 누운 채 몇 시간씩 야생동물과 새들을 관찰했다. 다 함께 음악회와 영화관, 연극공연장에 가기도 했다. 또한 박물관에 진열된 보물들을 진지한 태도로 감상하기도 했다.'

이 이야기가 이후에 어떻게 전개되는지는 잘 알려져 있다. 여러 편의 영화로도 만들어졌다. 21살이 되자마자 소피는 공부를 하기 위해 뮌헨으로 가서 오빠 한스와 크리스토프 프롭스트나 윌리 그라프 같은 그의 친구들을 만났다. 이들은 함께 모여 철학과 신학, 문학뿐 아니라 앞으로 전쟁이 어떻게 될 것인지에 대해서도 얘기했다. 남자들이 러시아 전선으로 떠나야 했기 때문이다.

그들은 체제와 전쟁에 관한 진실을 이야기하는 그들의 비밀조직, 백장미단(디 바이세 로제)에서 만든 전단을 처음으로 뿌렸다. 1943년 초에 한스 숄과 그의 친구들이 동부전쟁에서 무사히 돌아오자 백장미단은 뮌헨에서 더 열심히 활동했다. 어느 날 밤, 한스와 그의 두 친구인 알렉산더 슈모렐과 윌리 그라프는 뤼드비그스트라세의 벽에는 '히틀러를 타도하자!', 그들이 다니는 대학의 정문에는 '자유!'라고 큼지막하게 썼다.

1월에 소피는 이렇게 쓰인 전단을 배포했다. '독재자 일당의 비열한 독재정치에 저항도 하지 않은 채 끌려가는 것보다 문명화된 민족에게 안 어울리는 일은 없다. 정직한 독일인들은 자신들의 정부가 수치스럽게 느껴지지 않는단 말인가? […] 최근 몇 년 동안 저질러진 참화가 우리들의 눈을 뜨게 만들었다. 이제는 이 꼭두각시들을 끝장낼 때가 되었다. 선전포고가 이루어질 때까지 우리 중 상당수는 여전히 속고 있었다. 나치는 그들의 진짜 얼굴을 감추고 있었다. 이제 그들은 가면을 벗어던졌고, 독일인들에게는 이 야만적인 자들을 처단해야 할 의무가 있다.'

이후 2월에 폰 파울루스 원수는 스탈린그라드에서 러시아 적군에게 항복했다. 백장미단은 1943년 2월 18일에 다시 새로운 전단을 만들어 뿌렸다.

학생 여러분!
우리 민족은 우리 군대가 스탈린그라드에서 패했다는 소식을 듣고 경악을 금치 못했습니다. 통수권자로 진급한 이 이등병의 천재적인 전술이 30만 독일군 병사의 생명을 앗아간 것입니다. 총통이시여, 당신에게 감사드립니다!

독일 민족은 불안합니다. 우리는 우리 군대의 운명을 계속해서 한 명의 딜레탕트의 손에 맡겨야 하는 것일까요? 더 이상은 절대 안 됩니다! 우리 민족이 한 번도 겪어보지 못했던 이 최악의 독재를 끝장낼 시간이 왔습니다. 우리는 아돌프 히틀러의 국가가 개인들에게 자유를 되돌려줄 것을 독일 청년들의 이름으로 요구합니다. 우리는 우리의 소유인 것을 다시 소유하고자 합니다. […]

우리가 우리의 정치적 사상을 표현하는 것을 일절 금하는 이 나치당의 대열에서 떠납시다! 나치친위대의 사령관들과 부사령관들, 아첨꾼들, 출세 제일주의자들이 으스대는 이 계단식강의실을 떠납시다! 우리는 위선적이지 않은 학문과 진정한 정신의 자유를 요구합니다! 그 어떤 위협도 우리를 두렵게 하지 않으며, 물론 우리 상급학교를 폐쇄시키는 것도 안 됩니다. 우리들 각자가 투쟁하는 목표는 우리의 자유이며, 자신의 사회적 책임을 의식하는 우리 시민의 명예입니다.[…]

학생들이여! 독일 민족이 우리를 주시하고 있습니다! 독일 민족은 1813년에 나폴레옹을 전복시켰듯이 1943년에는 나치의 공포정치를 전복시킬 것을 우리에게 기대하고 있습니다. […] 우리, 국가사회주의가 유럽을 종속시키는 것에 반대하여 궐기합시다. 우리의 자유와 명예를 다시 한 번 되찾읍시다.

그러나 2월 18일, 대학의 수위가 전단을 나눠주고 있는 한스와 소피를 게슈타포에 고발했다. 이 조직의 조직원들은 모조리 체포되어 사형선고를 받았다. 크리스토프 프롭스트와 한스, 소피는 지체 없이 2월 24일에 처형되었다. 이어서 7월 13일에는 친구인 알렉산더 슈모렐과 철학교수 쿠르트 후베르가, 10월 12일에는 윌리 그라프가 처형당했다. 한스와 소피 숄이 교수형을 당하고 나서 4개월이 지난 뒤 망명 중인 독일 작가 토마스 만은 BBC 방송에서 백장미단의 존재를 알렸다. 괴테의 언어로 방송되는 BBC 방송을 듣는 사람이 점점 더 많아지기는 했지만, 런던이 이 젊은 레지스탕들의 조직을 언급하는 것을 모든 독일인이 들었던 것은 아니다. 이후 영국 공군은 한스 숄과 소피 숄, 그리고 그들의 친구들이 쓴 글을 복사한 전단을 백만 장이나 복사하여 살포했다. 이것은 백장미단뿐 아니라 에델바이스 해적단과 나바조단, 뫼텐단, 스윙 키드들, 슐루르프 등 모든 레지스탕스 조직에 바쳐진 경의라고 할 수 있을 것이다.

놀라운 반전을 선보이게 될 전쟁의 결말을 예상해보자. 연합군이 진격해오자 히틀러청년단의 우두머리들은 혼돈을 일으키기로 결심했다. 제3제국이 바그너풍의 종말을 맞이할 때, 아주 어린 청소년들이 새로운 점령자들에 맞서 '나치의 저항에' 참여할 것이다. 어린이와 청소년들로 이루어진, 점점 더 어려지는 최후의 군대들이 독일로 몰려드는 4개 강대국(미국, 영국, 프랑스, 소련) 연합군에 맞서 파병되는 것을 신들의 황혼은 바라본다.

마그다 괴벨스가 1945년 봄에 베를린의 벙커에서 아이들을 모두 독살시킨 다음 남편과 자살하기 직전에 히틀러가 마지막으로 찍은 사진들 중 한 장에는 그가 4월 20일에 12살의 핌프페들과 히틀러청년단의 키 작은 어린 소년들을 열병하는 장면이 찍혀 있다. 로켓 발사기로 무장한 수천 명의 히틀러청년단 단원들이 소련과 미국의 장갑차를 막기 위해 민병대에 징집되었다.

그러나 나치친위대가 청소년부대를 발족시킨 것은 1945년 4월 30일 히틀러가 죽은 후에도 전쟁을 계속 하고, 더 나아가 패전과는 상관없이 제국의 ― 아마도 제4제국의 ― 부활에 대비하기 위해서였다.

'베르뵐페(늑대인간)'들은 소련의 콤소몰 파르티잔들처럼 이러한 저항을 계속하게 된다. 이상하게도 이 부대들은 한편으로는 1870년 전쟁 때 프러시아 인들과 싸웠던 프랑스 의용병들로부터, 또 한편으로는 1920년대에 루르 지방에서 프랑스 인들에게 맞서 싸웠던 민족주의자들의 게릴라 조직들로부터 영감을 받았다. 1944년 9월, 우크라이나와 크로아티아의 반게릴라전 전문가인 한스 아돌프 프뤼츠만은 연합군의 침략에 대비, 나치친위대 특수부대원과 군사정보부대 출신들, 독일군, 특히 히틀러청년단원들 중에서 인원을 뽑아 이 늑대인간 조직을 결성하라는 임무를 부여받았다. 이들의 활약을 격려하기 위해 늑대인간 방송국이 설립되기도 했다.

1945년 4월말에 바바리아 지방의 알프스 산맥에서 이 극비부대에 합류한 소녀연맹 책임자 멜리타 마슈만은 광신화된 이 청소년들의 정신 상태에 대해 이렇게 말했다. '나는 그 정치적 목적이 무엇이 될지 전혀 몰랐지만 새로운 지하저항의 시대가 시작되리라는 생각에서 배출구를 찾으려고 애썼다. 그러나 우리는 전투를 계속해야 한다는 생각에 적응되어 있었다. 우리가 전쟁에서 졌다는 사실을 일부러 과소평가했다.'

5천 명의 늑대인간들은 고참들과 단파라디오로부터 게릴라전 기술을 속성으로 배웠다. 히틀러청년단 단장이었던 아르투르 악스만은 단원들을 늑대인간으로 변신시키기 위해 보좌관 중 한 명인 클루스를 파견했다. 독일 영토를 방어할 뿐 아니라 전쟁에서 이기고 있는 나라들에서 파괴활동 임무를 준비해야 했다. 1945년 4월 22일, 하이델베르크에서 미군에게 붙잡힌 이 어린 첩자 중 네 명은 자기들이 파리의 비밀 학교에서 교육받았다고 말했다. 일부 늑대인간들은 질 것을 알면서도 1948년까지 계속해서 싸웠다. 그리고 나치의 복수를 준비하는 '비활동요원'들은 1950년 초에 프랑스에서 다시 정체가 폭로되었다.

벨기에에서도 늑대인간들에 대한 전투가 치열하게 벌어졌다.

"이 늑대 소년들은 소름이 끼칠 정도로 광신화되어 있어서 그들이 숨어 있는 숲 속에서 일대일 대결을 펼칠 때는 독일군의 어른 병사들보다 맞서기가 더 두려웠습니다." '프레디 대장'이라는 별명으로 불렸고 자신이 속한 미군 제5사단 CIC(Counterintelligence Corps, 방첩부대) 요원들과 함께 1944년 말에서 1945년 초까지 벨기에의 아르덴 지방에 '은둔한' 늑대인간 세포들을 적발하는 임무를 맡았던 벨기에의 레지스탕 앙드레 므와앵은 나에게 이렇게 설명했다.

"어느 날 16살짜리 소년과 일대일로 맞서게 되었는데, 결국은 서부영화에서처럼 연속사격으로 그를 쓰러트려야만 했습니다. 그 아니면 저, 둘 중 하나는 죽어야 했죠. 그것은 제가 이 전쟁에 대해 간직하고 있는 가장 슬픈 기억입니다. 독일의 폰 룬트스테트 반격이 있고 나서 저는 엑스 라 샤펠과 쾰른 탈환에 참여했지요. 쾰른 탈환 당시 파괴된 마지막 미군 탱크가 대성당 아래에서 화염에 휩싸여 있더군요. 3월 12일 밤에 미군 포병대는 라인 강에서 배 한 척을 침몰시켰습니다. 승객들을 구조해냈지요. 놀라운 일이 벌어졌습니다. 그들 가운데 21살 먹은 오베르 출신의 젊은 여성 엘렌 보가에르츠가 브뤼셀 게슈타포에서 처음에는 통역으로 일하다가 보좌관으로 승진했고, 독일정보부가 후퇴한 후에는 늑대인간들과 함께 활동해왔던 것입니다. 우리나라의 모든 젊은이가 레지스탕스 운동에 몸담았던 건 아니었지요."

실제로 '게슈타포의 진주'라고 불렸던 엘렌 보가에르츠는 1945년 1월부터 엘데의 집에서 쾰른 늑대인간부대를 창설하는 책임을 맡았던 독일군 장교 베르너 오토 클레머의 비서가 되었다. 그리고 늑대인간 방송이 연합군에게 저항하라고 시민들에게 호소하는 동안 프랑스 출신의 늑대인간 4명으로 이루어진 세포가 이 조직에 침투한 CIC에 의해 와해되었다. 보에가르츠는 자신의 목숨을 구하기 위해 미국인들을 도와 자신의 상관을 함정에 빠트리려 했지만, 클레머는 루르 지방으로 도망치는 데 성공,

이곳에서 히틀러청년단과 다른 젊은 프랑스인들과 함께 또 다른 늑대인간 조직 세포를 조직했다. 정말 질긴 인간이었다.

늑대인간들이 많은 경우에 혼란을 야기하여 연합군에 저항하는 작전을 펴기 위해 에델바이스 해적단에 접근하거나 침투한다는 사실을 이 미군 방첩부대가 알게 된 것 역시 놀라운 사실이다. 1945년 말에 작성된 CIC 정보보고서는 '때로는 무장을 하고 떠돌아다니는 조직원들의 존재'를 증명한다. '어떤 지역에서는 광신적인 조직들이 늑대인간과 히틀러청년단의 모델에 따라 만들어졌지만, 그들은 '에델바이스의 해적'이나 '급진민족주의자들' 같은 이름으로 위장했다.' 또 다른 보고서는 늑대인간 조직을 직접 계승한 에델바이스의 해적단이 뮌헨에 있다며 주의를 환기시킨다. 해적단 단원들이 영국군이나 미국군과 긴밀한 관계를 유지하고 있는 독일인들을 공격할지도 모른다는 사실도 지적되어 있다. 1946년 가을, 이런 조직들이 호프가이슨마르에 주둔한 미군들에 대해 스나이퍼 공격을 하기도 했다. 그리고 1948년 봄에는 자르부르그를 점령한 프랑스 병사들에 대해서도 이와 유사한 공격이 이루어졌다.

미군 측은 수백 명의 늑대인간들을 체포하여 그들을 사지死地로 끌고 간 자들과 함께 포로수용소에 가두었다. 권위적인 공산주의 체제가 자리 잡게 될 독일 동부지역의 경우, 러시아 적군은 닥치는 대로 붙잡아다가 처형했다. 적군은 '반사회적인 젊은 분자들'을 강제수용소로 끌고 가 총살시켰다. 이들은 때로는 진짜 늑대인간일 수도 있었지만 또 때로는 전쟁에 희생된 반항적인 청소년일 수도 있었다.

게릴라전을 벌이기 위해 조직된 늑대인간들이 '에델바이스의 해적'이라는 명칭을 함부로 사용하여 동부와 우크라이나, 폴란드전선 후방에서 전투를 계속 벌였다는 사실이 확인되기도 한다. 설명해보자. 1945년 4월 29일에 히틀러의 후계자인 되니츠 대장은 서부 연합군에 대한 공격을 중단하라는 명령을 늑대인간들에게 내렸다. 반대로 반공산주의 작전은 계속해야 했다. 오직 한 명만이 최종 중단 명령을 내릴 수가 있었는데, 그 사람은 나치친위대 대장인 프뤼츠만이었다. 그는 덴마크에서 저항을 계속하며 영국인들과 협상을 시도할 수 있었지만, 여기에 실패하고 포로가 되자 자살했다.

공산주의자들의 방첩활동에 관한 전문가인 저널리스트 알랭 게렝에 따르면, 폴란드 인들은 1948년에 조직원이 2, 3백 명에 이르는 오폴레 지역의 에델바이스 해적단을 둘이나 와해시켰다. '늑대인간 청년단의 엘리트'로 소개된 이들은 폴란드의 와르타에 있는 게릴라학교에서 교육을 받았다. 이들 역시 나치와 싸운 진짜 해적단 단원들과는 아무 상관이 없는 사기꾼들이었다. 아니, 에델바이스 해적단 단원들과는 정반대였다.

1947년 냉전이 시작되자 모두가 만족스러워했다. 소련인들은 자신들이 통치하는 지역의 젊은이들이 조직을 결성하는 것도, '스틸리아구리(스타일을 추구하는 자들)'라고 불리는 그들 자신의 재즈광들도 용서하지 않았으며, 서부유럽 국가들의 정보조직이 설립한 '백색항독유격대'의 주동자들과 에델바이스 해적단 단원들을 한통속으로 취급했다. 반대진영에서는 서독의 신임 정보부장 라인하르트 겔렌이 늑대인간 출신들을 '냉전의 특공대원'들로 재활용했다. 나치 장군 출신인 그는 에델바이스 해적단 단원들을 자유의 아이들이 아닌 매국노와 야생아들로 취급했다.

"나치즘은 몬테소리 학교 교사가 되고 싶어 했던 내 꿈을 무산시키는 대신 괴링 장군의 미망인에게는 전쟁이 끝나자마자 연금을 지불했지요. 그러니 더 이상 말해서 뭐하겠어요?" 게르트뤼드 코크는 씁쓸한 표정을 지으며 친구인 요한 윌리히의 말에 이렇게 대답했다. "우리들과 달리 게슈타포 요원들은 아무 문제없이 동독에서 다시 일자리를 얻었지요!" 하지만 이 두 사람은 아직도 요한의 기타 반주에 맞추어 옛날에 부르던 노래를 다시 부르고, 쾰른에서 해마다 열리는 해적단 페스티벌에서 만난 오늘날의 젊은이들에게 결코 꿈을 포기하지 말라고 격려한다.

제11장

처칠클럽의 복면 쓴 바이킹들

'옛날, 아주 오래 전에…….' 《황제의 새 옷》, 《어린 사이렌》, 《성냥팔이 소녀》, 《못생긴 오리 새끼》, 《야생 백조》 등의 작품으로 덴마크의 오덴세라는 도시를 전 세계에 널리 알린 한스 크리스티안 안데르센의 동화는 이렇게 시작된다. 그러나 오덴세라는 도시 이름이 보여주는 것처럼 핀 섬의 주도州都인 이 도시는 무엇보다 사나운 전쟁의 신이자 바이킹이 숭배하는 모든 신들의 아버지인 오딘의 도시다. 나치는 이 오딘 신을 무척 좋아해서 독일 신화의 높은 지위에 모셨다. 그들의 해석에 따르면 이 신은 전투를 치르다 죽은 모든 아리아 족 병사를 양아들로 삼겠다고 약속했다. '세계 한가운데의 성스러운 도시'라고 불리는 아스가르드에서는 아리아 족 병사들이 죽은 병사들의 천국인 발알라에 들어가고, 빈골프에서는 아마존 여신들의 성소에 들어갈 것이다. 오딘의 초대를 받은 사람들의 거대한 식탁에는 맥주가 철철 넘쳐흐르고, 꼬치에 꿴 사냥감고기의 넓적다리들이 지글거리는 소리를 내며 구워지며, 금보다 더 진한 황금색을 띤 머리와 눈보다 더 흰 젖가슴을 가진 멋진 여성들이 다시 태어나 그들에게 입혀진 수의를 벗어던진 이 영웅들의 시중을 들 것이다. 이 여성들은 발키리라고 불리며, 그들의 임무는 전쟁터에서 죽어 발할라에서 그들과 합류할 병사들을 선택하는 것이다.

만자가 그려진 '초인들'의 얼토당토않은 이데올로기는 이 신화를 만족스럽게 받아들인다. 이 이데올로기를 신봉하는 나치는 바이킹과 게르만 인들이 아리아 족의 피를 이어받은 형제라고 확신했다. 그래서 1940년 4월 9일 이후 덴마크를 점령한 나치는 이 나라를 관대하게 다루어야 한다는 결론을 내렸다. 크리스티안 10세 왕의 요구에 따라 덴마크의 유대인들에게는 손을 대지 않았고, 처음에는 사회주의적이었던 이 나라 정부와 의회가 자율적으로 움직이도록 내버려두었다. 덴마크 군대와 경찰은 계속해서 특권을 누렸다. 하지만 독일의 호의에 대해서는 어느 정도 복종이라는 대가를 치러야 했다. 이 안데르센의 나라는 13명의 덴마크 병사들이 독일군에 맞서다 죽음을 맞은 주트란드에서의 소규모 교전 말고는 저항다운 저항을 하지 않았고, 독일의 지배를 별다른 반감 없이 받아들여 일종의 '중립상태'를 유지하는 듯했다.

비록 덴마크인들이 한두 달이 지나면서 점점 더 부담을 안겨주는 독일군의 존재에 적응하기는 했지만, 노르웨이에 사는 '형제'들의 집요한 저항을 보며 영감을 얻은 젊은이들은 그렇지 않았다. 4월 9일에 침략을 받은 이 또 다른 바이킹과 피오르드, 빙하의 나라는 덴마크처럼 점령하기가 쉽지 않았다. 그 외에도 덴마크의 왕자였다가 노르웨이의 왕이 된 하아콘 7세는 복수를 준비하기 위해 용감하게 런던으로 건너갔고, '중립국' 스웨덴은 국경을 따라 레지스탕들의 비밀 숙영지를 설치하겠다고 노르웨이인들에게 약속했다. 최초의 파괴활동이 시작되었다. 오늘은 독일 선박을 침몰시키고, 내일은 원자탄을 제조하는 데 필요한 중수를 만드는 공장을 다이너마이트로 폭파할 것이다. 결국 비밀조직들이 결성되었다. 일례로 존 하글레 대위와 20세의 젊은 여대생 안느 소피 외스트베트가 만든 XU라는 정보조직이 있었다. 외스트베트는 친구들과 함께 오슬로에서 지하신문도 발행했다.

1년 뒤인 1941년 봄, 오덴세는 신기한 모험의 무대가 되었다. 24세의 장교 토마스 스네움이 친구인 크젤트 페테르센, 크리스티안 미카엘과 함께 2인승 관광용 비행기의 버려진 잔해를 산데룸이라는 마을의 변두리에 있는 한 고립된 농가에 숨기는 데 성공했다.

토마스가 설명했다. "이걸 타고 런던으로 가야 해."

그러자 크리스티안 미카엘이 아쉬운 표정을 지으며 대답했다. "그런데 자리가 두 개밖에 없어. 사람은 세 명인데 말이야……. 우리들 중 한 명은 스웨덴을 거쳐 바다로 런던에 가야 해."

어쨌든 내일 당장 떠날 건 아니었다. 비행기엔 엔진이 없었지만 이게 심각한 일은 아니었다. 우리 재능 있는 기술자들이 낡은 자동차 엔진과 뒤죽박죽된 피스톤, 그리고 다른 부속들을 회수해서 쥘 베른느의 소설에나 나올 법한 나는 기계를 만들어냈다. 그리고 이들은 비행기에 '엘제민데'라고 이름을 붙였다.

깜짝 놀랄 일이었다. 1941년 6월 2일 어둠이 내릴 무렵, 토마스와 크젤트는 이 소형비행기를 창고에서 꺼낸 다음 프로펠러를 돌리고 이륙하여 서쪽을 향해 똑바로 날아갔다. 그들은 북해를 통과하여 오랜 시간을 비행한 끝에 영국 땅에 착륙했다. 비행은 쉬운 일이 아니었다. 토마스가 동체 위를 엉금엉금 기어 연료탱크로 접근해 이 복엽기가 요동칠 때마다 손에서 미끄러지곤 하는 끈적끈적한 통 속의 휘발유를 이곳에 채워 넣어야 했을 때는 더했다. 그들은 아직 조직을 제대로 갖추지 못한 자유덴마크위원회에 합류하게 된 것을 자랑스럽게 생각했다(당시만 해도 이 위원회는 런던에서 덴마크 왕국을 대표하지 못했다). 그렇다고 그들의 고난이 끝난 건 아니었다. 대영제국의 방첩대는 이 두 젊은이에 대해 의혹의 눈길을 늦추지 않고 있었다. 혹시 이들이 게슈타포 책임자고, 얼마 있지 않아 히틀러를 대신하여 덴마크에서 무소불위의 권력을 행사하게 될 그 무시무시한 베르너 베스트가 파견한 첩자들이 아닐까? 이 두 사람은 이중간첩일지도 모르는 수상쩍은 사람들이 어슬렁거리는 가건물에 갇혀 온갖 악의적인 질문들이 이어지는 심문을 당해야 했다. 그러나 결국 이들은 혐의를 벗고 낙하산으로 조국에 투하되어 레지스탕스 조직을 결성했다.

나치가 점령한 모든 나라에서 정보와 파괴활동 조직을 뒷받침한다고 주장하는 SOE, 즉 특수작전부서가 덴마크에는 아예 존재하지 않았기 때문에 이처럼 난처한 상황은 더 유감스럽게 느껴졌다. 베이든 파월 스카우트단 단장을 지냈으며 이후 SOE의 노르웨이와 덴마크 파트를 책임진 존 윌슨 대령은 최초의 밀사를 곧 파견했다. 1941년 12월 28일, 런던에 자유 덴마크위원회를 설립한 젊은 의사 칼 요한 브륀은 이 최초의 접촉을 위해 라디오 기술자 한 사람과 함께 덴마크 땅에 낙하산을 타고 내렸다. 그러나 최악의 사태가 발생했다. 낙하산이 완전히 펴지지를 않는 바람에 이 덴마크의 '장 물랭'이 땅바닥에 부딪쳐 즉사했던 것이었다. 그의 시체를 발견한 농부는 시간이 조금 지난 뒤에야 그 지역을 담당하는 경찰에게 신고했다. 이 경찰은 굳이 서둘러가며 보고서를 본서에 제출할 필요는 없겠다고 판단했다. 그 덕분에 기술자는 멀쩡한 라디오를 들고 몸을 숨길 수 있었다. 다행스러운 일이었다. 모든 덴마크인의 마음속에 홀게르 단스케(덴마크 인 홀게르)가 자리 잡고 있는 듯했다. 홀게르 단스케는 전설에 등장하는 바이킹이다. 마술의 검을 든 이 바이킹의 동상은 위험에 처한 나라를 용맹하게 지켜내기 위해 살아 움직인다고 한다.

아무튼 브륀 의사가 비통한 운명을 맞는 바람에 SOE의 개입은 1943년 봄까지 늦추어졌다. 여기에 덴마크 출신 레지스탕스 지도자를 보내려고 해도 마땅한 인물을 찾을 수가 없었다. 나치가 좋아한 것이 꼭 이 때문만은 아니었다. 그들은 1941년 6월 21일에 엘제민데 호가 날아오르는 것을 막지는 못했지만, 그날 밤 발키리들은 미친 듯이 사라반드 춤을 추었다. 소련을 침략하는 바르바로사 작전이 개시되었고, 덴마크 '중립' 정부는 베를린의 요구에 따라 주로 독일과 이탈리아, 일본이 동맹하여 모스크바와 공산주의에 맞서 싸운다는 내용의 반코민테른 조약에 서명해야 했다. 그 결과 덴마크 공산당은 와해되고 간부들은 신속하게 구금되었다. 악셀

라르센이 이끄는 덴마크 공산당이 프랑스와 벨기에 공산당의 동지들처럼 이 나라에 레지스탕스 조직을 조직한다는 것은 요원한 일이었다. 독일 입장에서 보면 금상첨화랄 수 있는 일이 또 한 가지 있었다. 독일군과 힘을 합쳐 적군에 맞서 싸우게 될 덴마크 의용군부대를 창설하라는 독일의 요구를 코펜하겐 정부가 받아들인 것이었다.

오덴세에 가면 모든 사람의 이름이 하나같이 안데르센이라고 믿을 수도 있다. 엘제민데 호가 날아오르던 시절 중고등학교 학생들은 하늘을 날아 탈출하고 싶어 했다. 14살 한스 외르겐 안데르센은 나치를 괴롭히기 위해 친구 10명을 모아 조직을 결성했다. 조직의 이름은 얼마 전에 영국전투에서 승리를 거둔 영국 비행사들에 대해 경의를 표하는 의미에서 라프 클럽이라고 붙였다. 조직원들은 밤이 되면 스프레이로 벽에 구호를 그렸고, 이 지역에서 최초로 점령자들을 비난하는 내용의 전단을 인쇄했다. 이미 수도 없이 본 것처럼 레지스탕스 활동은 항상 이런 식으로 시작된다.

이후 이 젊은 안데르센은 자기 조직과 비교될 수 있지만 이 조직이 처음으로 벌인 파괴활동으로 판단해볼 때 규모는 더 큰 또 하나의 조직이 있다는 사실을 알게 되었다. 1941년 8월 그는 유틀란트 반도 북부에 본부가 있는 처칠클럽 대표자와 접촉하여 연합을 제안했다. "클럽에 온 걸 환영해!" 가면을 쓴 이 젊은 바이킹들은 서로에게 축하인사를 건넸다.

'티퍼레리로 가는 길은 멀고멀어! 티퍼레리로 가는 길은 멀고멀어!' 이것은 처칠클럽 조직원들이 집합할 때 부르는 노래이기도 하고 제1차 세계대전 당시 아일랜드 연대의 찬가이기도 했다.

처음에는 '7인 클럽'이었다. 주민 5만 명의 알보르그라는 작고 평온한 도시에 있는 대성당학교를 다니며 함께 라틴어 수업을 듣는 14살에서 15

살까지의 학생 7명이었다. 이 소년들은 억압받는 나라에 희망의 메시지를 보내는 BBC 방송을 청취하다가 1940년 6월 4일 처칠의 연설을 듣게 되었다.

"우리는 끝까지 싸울 것입니다. 프랑스에서 싸울 것입니다. 바다에서도 싸울 것입니다. 점점 더 커지는 자신감과 힘을 발휘하여 하늘에서도 싸울 것입니다. 그 어떤 대가를 치르는 한이 있더라도 우리의 섬을 지켜낼 것입니다. 바닷가에서도 싸울 것입니다. 상륙지에서도 싸울 것입니다. 들판에서도 싸우고, 길거리에서도 싸우고, 언덕에서도 싸울 것입니다. 우리는 결코 항복하지 않을 것입니다!"

"우리는 결코 항복하지 않을 것입니다!" 독일 군대가 바이킹의 땅을 짓밟도록 내버려두고 있는 덴마크 정부의 태도와는 달라도 너무나 다른 태도였다! 처칠클럽 젊은이들은 노르웨이의 레지스탕 12명이 총살당했다는 사실도 이 방송을 통해 알게 되었다. 그러자 그들 중 한 명인 엔스가 제안했다.

"조직을 갖춰야 해. 엔지니어 학교에 다니는 우리 형 크누드에게 도와달라고 부탁해보는 게 어떨까?"

크누드 페데르센은 이마가 툭 튀어나오고 머리숱이 많은 17세의 잘생기고 건장한 청년이었다. 이 젊은이들이 그를 신뢰한 것은 결과적으로 올바른 판단이었다. 독일군을 덴마크 땅에서 몰아내는 것이 유일한 목표인 처칠클럽의 주동자가 될 것이었기 때문이다.

페데르센은 스무 명가량의 젊은 레지스탕들을 어느 오래된 수도원의 지하 예배당에 모아놓고 그들에게 처칠클럽의 조직을 여러 부서로 나누자고 제안했다.

"클럽을 선전, 기술, 정보, 파괴활동, 이렇게 네 부서로 나누는 거야."

'선전 부서'는 즉시 활동을 개시했다. 학교의 등사기를 몰래 이용하여 전단을 제작했다. 이렇게 해서 〈덴마크의 자유를 위한 노래〉가 알려지게 되었는데, 특히 이 노래의 후렴이 널리 유행했다.

> 일치단결하여 저항하라, 덴마크인들이여,
> 우리의 덴마크가 자유를 되찾도록

이들은 또 돼지 네 마리가 전단에 그려져 있는 '돼지새끼들'이라는 놀이를 우체통에 집어넣었다. 이 전단을 여섯 개로 접으면 다섯 번째 돼지의 얼굴이 나타나는데, 그것은 바로 아돌프 히틀러였다! 이걸 보면 다들 죽어라고 웃어댔다. 반대로 독일인들을 위해 일하는 한 기업가는 대독협력을 일체 중단하라고 요구하는 경고장을 받자 억지웃음을 지었다. 알보르그의 벽마다 독일 점령에 반대하는 구호가 난무했다. 게슈타포의 감독을 받는 경찰은 불가피하게 이 사건에 관심을 쏟을 수밖에 없었다.

그 사이에 정보부서 소속의 젊은이들은 계획을 세우고, 독일 병사들과 이야기를 나누고, 파괴활동 부서가 행동을 개시할 수 있도록 하는 정보를 수집했다. 물론 기술부서는 화학 교사의 수업 내용을 활용하여 화염병을 만들어야 했다.

이 덴마크 청년들은 역시 유럽 인들이었다. 이들은 시가의 담배연기로 볼이 부풀어 오른 영국의 늙은 사자를 모델로 선정했다. 그러나 구호는 1793년 프랑스 혁명가들의 '무장하라, 시민들이여!'라는 구호를 채택했다. 무기는 얼마든지 있었다. 독일군 주둔부대의 보급계 하사관 몰래 빼돌렸던 것이다. 무기고로 쓰이는 수도원 창고는 소총과 슈마이허 소형기관총(탄약 포함), 뤼거 권총, 만자가 새겨진 장교용 단검, 수류탄, 어깨 끈, 총검, 시가 등 그들이 훔쳐낸 물자로 가득했다. 자신의 팬클럽이 이 전리품을 보내줄 수도 있다는 사실을 알면 윈스턴 경은 얼마나 좋아할까?

"우리는 평화주의자들인데 이 물자를 다 어떻게 하지?"라며 짧은 바지를 입은 레지스탕들 중 한 명이 물었다.

그러자 누군가가 빈정거리는 어조로 이렇게 대꾸했다. "어른들한테 주자! 장담하는데, 언젠가는 몇 사람이라도 레지스탕스 활동을 할 테니까 말이야!"

그들은 평화주의자였지만 그렇다고 해서 손을 놓고 가만있기만 했던 건 아니었다. 1942년 3월과 4월, 부상당한 병사는 없었지만 연이어 벌어진 이 주목할 만한 실력행사는 독일군의 간담을 서늘하게 만들어놓았다. 독일군들이 수많은 자동차를 주차시켜놓는 알보르그 교회 맞은편의 부돌피 광장에서 소형트럭들이 불길에 휩싸였다. 경찰이 수사에 나섰다. 그 사이에 알보르그에서 남쪽으로 40킬로미터 떨어진 빈더룹이라는 곳에서는 독일군 차고가 화염에 휩싸였다. 경찰은 매번 너무 늦게 도착했다. 처칠클럽의 파괴자들은 자전거를 타고 다니며 그들의 허를 찔렀다. 그들은 서쪽으로 30킬로미터 떨어진 림피오르드 하구에 도착, 이번에는 대공포를 파괴하는 데서 기쁨을 느꼈다. 대포를 훔쳐볼까하는 생각을 순간적으로 했을 정도였다.

"하지만 너무 무겁고 거추장스러웠어. 그러니 부숴버리는 게 더 나았던 거지." 임무를 마치고 돌아온 단원 한 사람이 이렇게 변명했다.

1942년 3월 유틀란트 반도에서 다시 화재가 발생했다. 이번에는 처칠클럽이 불을 지른 게 아니라 열심히 수사를 하고 있던 경찰들은 골머리를 썩이지 않을 수 없었다. 화재는 빌룬트라는 마을에서 일어났는데, 목수인 올레 키르크 크리스티안슨은 1934년 이곳에 사다리와 나무 장난감을 만드는 기업을 세웠다. 12살짜리 아들 고드프레드에게서 영감을 얻은 크리스티안슨은 레고라는 이름의 조립놀이를 발명했다. 네덜란드 말로 'LEg GOdt'는 '잘 놀다'를 의미한다. 그러나 레고는 또한 라틴어로 '나는 연결시킨다', 혹은 '나는 조립한다'는 뜻도 가지고 있다. 이 새로운 놀이가 엄청난 성공을 거두기 시작할 무렵 공장이 불에 타 소실되어 버렸다. 크리스티안슨 부자와 40명에 달하는 노동자들은 처음부터 다시 시작해야 했다. 언젠가 전쟁이 끝나면 새로운 소재(플라스틱!)로 조립놀이를 만들어 전 세계를 정복하게 되리라는 건 전혀 모른 채 말이다.

그해 1942년 봄, 또 다른 비극이 발생했다. 이번에는 유틀란트가 아니라 곱슬거리는 머리와 물고기 꼬리를 가진 사이렌과 요정들의 시절은 이미 지나가버린 오덴세였다. 알보르그에 사는 친구들의 혁혁한 성공에 고무된 라프클럽의 조직원들 역시 독일군 차고에 불을 질렀다. 그러나 그들은 현장에 단서를 남겨놓았고, 1942년 4월에 경찰은 10명의 젊은 레지스탕을 체포하여 즉시 수감했다. 나무로 만든 레고를 조립할 때 하나를 빼내면 전체가 다 무너져버리는 법. 이로 인해 조직 전체가 와해될 위험에 처했다.

4월 중순, 사전검열을 받아야 하는 언론은 이 사건을 일체 보도하지 않았다. 나치는 이 사건이 널리 알려져 다른 청소년들뿐 아니라 어른들까지 레지스탕스 조직을 결성하는 것을 원하지 않았다. 사실 여러 단체가 이미 그럴 생각을 하고 있었다. '왕자들'이라고 이름 붙여진 덴마크의 군인조직이 런던 측과 접촉했고, 호르세뢰드 강제수용소로 끌려가는 것을 면한 덴마크의 공산주의자 세포들이 전투조직으로 재편성되었다.

처칠클럽은 코펜하겐에서 영향력 있는 지지자를 찾아냈다. 그것은 스톡홀름의 영국 대사관에 전달할 수 있을 것이라는 희망으로 덴마크 전역의 정보를 수집하는 학생조직이었다. 스톡홀름에서 영국대사관 정보부는 가능한 모든 방법을 동원했고, 최고의 여배우 그레타 가르보 같은 탁월한 비밀요원들을 활용했다.

이 조직의 이름은 '학생정보부'였다. 이 조직을 만든 18세 청년 아르네 세즈르는 1940년 4월에 덴마크가 독일에게 점령되었을 때 저항하고 나선 최초의 덴마크 사람들 중 한 명이었다. 그는 '덴마크 사람들의 십계명'이라는 글을 썼다. 이 글은 브르타뉴 지방 출신의 레지스탕 안느 코르가 파리에서 썼던 '피점령자들에 대한 조언'이라는 글을 연상케 한다. 작은 도시 주민들이 독일 병사들을 친절하게 맞아들일까봐 걱정한 세르즈는 다음과 같이 할 것을 그들에게 요구했다.

1. 독일이나 노르웨이로 일을 하러 가면 안 됩니다.
2. 독일인들을 위해서 하는 일은 뭐든 열심히 해서는 안 됩니다.
3. 독일인들을 위해 하는 일은 천천히 해야 합니다.
4. 기계와 중요한 연장은 파괴해야 합니다.
5. 독일인들이 거기서 이익을 얻어낼 수 있는 것은 뭐든 파괴해야 합니다.
6. 모든 운송은 지체시켜야 합니다.
7. 독일과 이탈리아 영화는 보지 말아야 합니다.
8. 나치의 상점에서는 아무 것도 사지 말아야 합니다.
9. 매국노는 매국노로 취급해야 합니다.
10. 독일인들에게 쫓기는 사람은 누구든 보호해야 합니다.

※ 덴마크의 해방을 위해 투쟁에 합류합시다!

혼자서 레지스탕스 운동을 시작한다는 건 쉬운 일이 아니었다. 그렇지만 아르네 세즈르는 타이프라이터로 이 짧은 선언문을 25부 쳐냈다. 그런 다음 자신의 행동을 이해해줄 만한 사람들의 편지함 속에 몰래 집어넣었다. 소문이 입에서 입으로 퍼져나갔다. 처음에 그의 조직은 작았지만 다른 학생들이 합류하면서 커졌다. 한편으로는 코펜하겐 대학신문을 발간하는 척하면서 지하신문을 발행했고, 또 한편으로는 군사정보를 전문적으로 수집했다. 그의 정보부는 유틀란트에 주둔한 독일군 부대의 배치와 관련하여 크누드 페데르센과 처칠클럽이 제공해줄 수 있는 정보에 자연히 관심을 가지게 되었다.

알보르그 중심가에서 검은 연기가 하늘 높이 치솟아 올랐다. 조차장에서 화재가 발생했다. 기차에 올라탈 준비를 하고 있던 여행객들은 회녹색 군복을 입은 병사들과 해골 모양의 배지가 달린 검은색 군복 차림의 장교들로부터 꼼꼼하게 몸수색을 당했다. 레인코트를 입은 사복경찰들이 기록을 맡았다. 파괴활동가들은 독일 공군이 타게 될 비행기 부품이 실린 화물열차에 불을 질렀다. 그러나 이번에는 경찰로부터 수사업무를 인계받은 게슈타포가 파괴활동가 중 일부의 신원을 파악해냈다. 세인트 페터 중학교 학생들이었다.

1942년 5월 7일 밤, 크누드 페데르센과 젊은 동지 9명이 뇌레순드비에 있는 독일 해군 기지 감방에 수감되었다. 이 조직의 조직원들 중 절반은 체포를 면한 듯했다. 그러나 며칠 전 토르발드 스타우닝 덴마크 총리가 사망하여 한층 더 힘들어진 상황에서 독일인들과 정부 간에 이면협상이 벌어졌다. 그리고 아돌프 히틀러의 격노로 코펜하겐과 베를린 간의 우호적이었던 관계는 단숨에 악화되었다. 도대체 어떻게 이 '가면 쓴 바이킹들'이, 아이에 불과한 자들이 이렇게 나의 제국과 군대에 도전할 수 있단 말인가? 그는 일벌백계하라고 요구했다.

게슈타포로부터 심문을 받은 이 10명의 처칠클럽 파괴활동가들은 코펜하겐으로 이송되어 비공개 재판을 받았다. 오직 피고들의 부모들과 수많은 독일군 장교들만이 덴마크 검사와 판사의 말에 귀를 기울이도록 허용되었다. 이미 결정된 일이었다. 7명의 학생과 이들을 도와준 3명의 성인들은 알보르그와 브뢴데르스레브 지역에서 무기 절도와 독일군에 대한 파괴 행위를 저질렀으며 또한 라프클럽이 오덴세에서 그와 유사한 행위를 하도록 협조했다는 것이었다.

피고들은 자신들의 행위를 부정하지 않았다. 왜 자신들을 변호하겠는가? 자신들의 행동을 자랑스럽게 생각하고 있는데 말이다. 결국 모두 징역형을 선고받았고, 형량은 나이에 따라 달랐다. 처칠클럽의 파괴활동가들에 대한 선고는 나치가 유럽 전역에 불러일으킨 공포에 비추어볼 때 상대적으로 관대한 편이었다. 희생자가 없었고 피고들의 나이가 어리다는 점이 유리하게 작용했다. 주동자인 크누드와 엔스 부에 페데르센은 모두 3년 징역형을 선고받았다. 에이길 아스트룹 프레데릭센은 2년 형을 선고받았고, 모겐스 프젤레르룹 역시 같은 형량을 선고받았다. 모겐스 미카엘 톰슨은 1년 6개월 형, 알프 호울베르그는 4년 6개월 형, 한스 우페 다르케트는 2년 6개월 형, 카즈 호울베르그와 크누드 안데르센 호른보도 각각 5년 형을 선고받았고, 헬게 밀로는 6개월 형을 선고받았다.

"할 말 있나?" 방금 형을 선고한 재판장이 물었다.

학생들 중 한 명이 일어섰다. 그는 부모들을 향해 몸을 돌리며 소리쳤다.

"당신들, 어른들이 아무 것도 하지 않기 때문에 우리가 이렇게 할 수밖에 없는 겁니다!"

이 말은 덴마크가 아닌 다른 나라에도 적용될 수 있을 것이다. 파리의 1940년 11월 11일을 벌써 잊었단 말인가? 검은손 조직의 조직원들이 스트라스부르에서 벌인 투쟁을 벌써 잊었단 말인가? 벨기에에서 아우슈비츠행 제20호 호송열차를 공격했던 레지스탕들을 벌써 잊었단 말인가? 에델바이스 해적단 단원들은? 뮌헨의 백장미단 단원들은?

그들의 부모들, 그 부모들의 친구들, 그들의 교사들, 그리고 다른 모든 어른들이 포기했을 때 흔히 아이들의 자주적 행동이 상황을 바꾸어놓곤 했다. 어른들은 책임을 회피하기 위해서, 아니면 두려워서, 그것도 아니면 일단 상황을 두고 보자는 생각에서 행동을 포기했다. 어른들이 '우리는 몰랐다'라고 말한다는 건 불가능하다. 이 사건은 1면에 '여섯 명의 학생, 독일군에 대해 파괴공작을 벌인 혐의로 징역형을 선고받다'라는 제목을 달고 덴마크 언론에 공식적으로 보도되었다.

그리하여 처칠클럽 재판에 이어 새로운 저항조직들이 결성되거나, 이미 존재했지만 아직 초기단계에 있었던 조직들이 발전하여 투쟁을 시작했다. 그리고 다시 청소년들이 앞장섰다. 코펜하겐의 부촌인 외스테르브로에서 가족들과 함께 살았던 외르겐 에스페르센은 이에 대해 다음과 같이 증언한다.

"독일이 1940년 4월 9일 덴마크를 점령했을 때 저는 14살이었습니다. 점령은 제게 깊은 인상을 남겼고, 저는 덴마크가 싸움다운 싸움 한 번 안 해보고 항복했다는 사실에 엄청난 충격을 받았지요. 저는 부르주아 집안에서 자랐고, 아버지는 왕과 자신의 나라에 굉장히 충성스러웠습니다. 우리는 이미 몇 년 전에 나치즘에 대해 알았지요. 제게는 오스트리아 출신의 유대인 여성과 결혼한 사촌이 한 명 있었는데, 두 사람은 비엔나에 정착했습니다. 1938년에 옷가지만 들고 그곳에서 도망쳐 덴마크로 왔지요."

외르겐은 덴마크인들이 대체로 독일인들에게 그다지 우호적이진 않지만, 그렇다고 해서 레지스탕스 운동에 뛰어들 생각도 하지 않는다는 것을 알아챘다. 그들은 전격전을 벌인 독일군의 막강한 화력과 효율적인 전술을 보았던 것이다. 그걸 보며 감탄하는 사람들도 있을 정도였다. 또 어떤 사람들은 그걸 보며 이런 강대국에 저항해봤자 괜히 안 받아도 될 탄압만 받을 뿐이라는 결론을 내리기도 했다. 이러한 상황에서 그들 마음속에 잠들어 있는 홀게르 단스케를 어떻게 깨울 수 있단 말인가?

1942년 봄, 이 젊은이는 전학을 온 테글레르스라는 청년과 이에 대해 얘기를 나누었다. 큰 키와 쉰 목소리를 가진 이 청년의 아버지는 자신이 기계공으로 일하고 있던 배가 독일잠수함 유보트에 의해 격침되는 바람에 목숨을 잃었다. 그리하여 이 고아 청년은 독일인들에 대해 격렬한 증오심을 품고 있었다. 두 청년은 학교에서 토론클럽을 만들었다.

"우리는 문화와 정치에 대해 토론하다가 서서히 전쟁과 덴마크의 상황, 독일과의 관계라는 주제에 접근하기 시작했지요. 독일인들에게 단호히 반대했지만, 적극적인 레지스탕스 운동의 문제에 대해서는 의견을 일치시키지 못했습니다. 그렇지만 모두 노르웨이가 독일인들에게 맞서 싸우는 방식을 이상적인 것으로 간주했고 덴마크의 묵인을 혐오했습니다. 1942년에 처칠클럽 조직원들이 파괴활동을 하고 무기를 훔쳤다는 혐의로 덴마크 법원으로부터 중형을 선고받았지요. 공식적으로 형을 선고하자 이 클럽이 벌인 쾌거에 대해 많은 소문이 떠돌았습니다. 우리 젊은이들은 우리나라를 독일인들에게 넘겨준 '어른들'이 입 한번 제대로 열지 못한 채 주눅 들어 있다는 사실에 크게 실망했습니다."

파괴활동을 비난하는 내용으로 이루어진 1942년 봄 빌헬름 불 총리의 라디오연설은 과단성 있는 사람들의 감정을 한층 더 확고하게 만들었다. 그래서 젊은 에스테르센은 행동에 나서 저항할 것을 국민들에게 촉구하는 전단을 뿌렸다. 그리고 나서 그는 선전활동이 종이로만 이루어지는 것은 아니라고 생각, 아마게르 섬에 있는 사격아카데미협회에 등록했다. 사격아카데미협회는 완전히 합법적인 단체였다. 교관들은 덴마크 군 장교 출신들로서 덴마크군에서 쓰는 89 모델 권총을 쏘는 법을 가르쳐주었다.

그 사이에 공산당 쪽에서 새로운 일이 일어났다. 1942년 11월에 악셀 라르센 공산당 당수가 체포된 것이었다. 그는 뇌엔가메와 작센하우젠으로 강제송환되었다. 체포를 면한 다른 당원들은 '코파(공산주의자 파르티잔)'라는 이름의 전투조직을 결성했다. 코파는 영국의 새로운 동맹자들로부터 지지를 얻기 위해 이름을 '보파(시민 파르티잔)'로 바꾸고 토대를 넓혔다.

1943년 1월, 소규모 학생조직이 보파에 합류를 요청했다.

"말도 안 돼! 너희들은 너무 어려! 가서 공부나 해!" 선참 직업군인들은 누군가의 강요가 아니라 자신의 뜻에 따라 스페인 전쟁에 참전했던 남성 특유의 거만스러운 표정을 지으며 이런 요지로 대답했다. 이 이야기는 FTP-MOI의 공산주의자 지도자들이 자신을 받아들이지 않은 것이 잘못이라는 것을 그들에게 보여주기 위해 파리에 있는 '좌안' 서점에 불을 질렀던 토마 엘렉의 경우를 상기시킨다.

화가 난 이 덴마크 젊은이들은 독자적인 행동에 나서기로 결정했다. 1943년 1월 25일, 그들은 직접 소이탄을 만들어 헬러룹에 있는 단스크 인두스트리 신디카트 회사가 독일인들의 요구에 따라 생산하여 창고에 적치한 청음 장비 더미에 던졌다. 아직 테러행위를 시도해보지 못했던 보파 지도부는 졸지에 허를 찔린 셈이 되었다. 결국 지도부는 이 젊은이들뿐 아니라 주로 코펜하겐에 자리 잡은 공장에서 일하고 있는 견습공 수십 명도 조직에 받아들였다. 이 150명의 파르티잔들은 수많은 파괴 공작을 수행했는데, 그중 일부는 독일 선박에 폭약을 설치하고 V2 로켓 저장장소를 파괴한 잠수공작 요원들 덕분에 가능했다.

바로 이 1943년 1월에 외르겐 에스페르센 역시 보파에 들어갔지만 보파가 어떤 정치적 성향인지는 알지 못했다. 세 사람이 친구 테글레르스(조직 내에서는 'HH'로 불렸다)의 어머니의 집으로 피신했다. 이제 막 파괴 공작을 벌이고 그날 밤에는 자기네들 집에서 자지 않는 게 좋겠다고 판단했던 것이다. 자기네 조직에 합류하고 싶은 생각이 없느냐는 질문을 받은 HH는 친구인 카르스텐('NC')과 헤에가아르드('스페를링'), 에스페르센('KK')에게 함께 이 조직에 들어가자고 제안했다. 이들은 1월 내내 화염병과 다른 폭탄 제조법을 배우는 등 레지스탕스 활동을 하는 데 필요한 기초 훈련을 받았다. 에릭 삭스토르프('뵈그')라는 이름을 가진 젊은 대학생의 도움을 받은 우두머리 포울 네데르가아르드 페테르센은 이 기술을 스페인 국제여단에서 배웠다.(페테르센 역시 조직에서는 'HH'로 불렸다)

전쟁이 끝나고 나서야 KK는 자신이 보파 내에 처음으로 조직된 파괴공작 부서들 중 한 곳에서 활동했다는 사실을 알게 되었다. 당시에는 당연하게도 서로를 암호명으로만 알고 있었던 것이다. 그러나 이 사실은 또 다른 사실을 설명해준다. 즉 그가 속한 조직이 포타슘과 당이 가득 들어있는 성냥갑으로 만든, 황산이 담긴 작은 병으로 활성화시킨 폭발물과 뇌관을 만들어야 했던 것은 런던 측에서 평판이 좋지 않은 공산주의자들보다는 다른 레지스탕스 조직들과 연계하는 쪽을 택했기 때문이다. 그들이 가지고 있는 무기도 빈약했다. 그들이 보유하고 있는 유일한 무기는 핸드백에 쉽게 숨길 수 있는 여성용 소형 6.35 구경 권총 한 자루 뿐이었다.

하지만 런던은 전략을 바꾸었다. 크리스티안 미카엘 로트빌(복엽기 '엘제민데'의 연속된 모험에서 보았던 그 젊은이)이 1942년 4월 결국 조국에 파견되었을 때, 그는 SOE로부터 확실한 임무를 부여받았다. 윌슨 대령은 덴마크 군과 연계된 '왕자' 조직과 접촉하여 '빨갱이들'과 관련되어 있지 않은 레지스탕스 조직들은 물론 아르네 시즈르의 학생정보조직 같은 반공산주의 조직들과 연합하도록 애써보라는 지시를 받았다. 처칠이 보파와 다른 조직에 무기를 공급하라고 허용하기까지는 1년이라는 시간이 걸렸다.

1943년 2월 독일군이 스탈린그라드에서 패한 것을 계기로 전기를 마련할 수 있었던 것은 사실이다. 외르겐 에스페르센의 조직은 본격적으로 파괴 활동을 개시했다. 2월 25일에는 공작기계를 생산하는 이론 공장에 불을 질렀고, 이어서 독일군 자동차를 수리하는 코펜하겐 북동부의 어느 공장에도 불을 질렀다. 청소년들은 정찰 임무를 수행하는 동시에 테러작전에도 참여해야 했기 때문에 그만큼 위험이 컸다. 게다가 모범적인 학생 노릇도 해야 했다.

외르겐은 이렇게 얘기한다. "우리는 낮에는 학교에 가고, 밤에는 파괴 활동을 수행했어요. 부모님들은 우리가 이러는 걸 전혀 모르고 계셨습니다. 두 가지를 동시에 해낸다는 것이 항상 쉬운 건 아니었죠. 1주일에 최소한 이틀 밤은 밖에 나가 있어야 했으니까요. 처음에는 공장에 밤에 몰래 들어갔고요. 한번은 낮에 항구에 있는 한센 모터 공장을 공격하려고 시도한 적도 있었지요."

그러나 정치적 상황을 고려해야 했다. 3월에 베를린 측은 덴마크에서 자유선거가 실시되는 것을 허용했다. 이것은 나치가 지배하는 유럽 전역에서 유일한 경우였다. 히틀러의 후계자인 베르너 베스트가 이 독창적인 실험을 한번 해보자고 총통을 설득했던 것이다. 즉 민주적인 절차를 거쳐 나치즘으로 이행해나가자는 것이었다. 활동이 금지된 DKP를 제외한 모든 정당이 자유롭게 활동할 수 있었다. 물론 독일인들은 새로 만들어진 덴마크 나치당의 승리를 보장하기 위해 자신들이 사용할 수 있는 모든 수단을 — 매수, 공갈, 위협을 — 사용했다. 그들은 덴마크 국민들이 자신들에게 서서히 적대적으로 변해간다는 것을 느끼고 있었다. 젊은이들은 영국 국기인 유니언잭의 색깔을 띤 배지를 점점 더 많이 달고 다녔다(물론 이들만은 아니었다). 특히 '스미드 덴 우드Smid den ud(그들을 쫓아내자)'의 앞 글자만 떤 SDU라는 세 글자가 새겨진 작은 핀을 꽂고 다녔다. 그것은 회녹색 군복을 입은 병사들뿐만 아니라 대독협력자들에게도 해당되는 구호였다. 중고등학교 학생들은 영국 공군 전투기의 휘장을 베낀 모표를 모자에 자랑스럽게 달고 다녔다.

선거 결과가 나오자 베를린 측은 크게 당황했다. 덴마크 나치당이 겨우 3석만 얻고 참패했던 것이다. 승자는 66석을 얻은 사민당이었고, 다른 정당이 나머지 의석을 나눠가졌다. 보수당은 31석, 농민당은 28석, 자유당은 13석, 그리고 군소정당들이 나머지 8석을 차지했다. 투표율은 무려 89.5퍼센트를 기록했다(이중에서 1.2퍼센트는 공산주의자들이 내린 방침에 따라 백지투표였다).

레지스탕스 조직들은 선거 결과에 고무되어 직접 행동에 나섰다. 4월에 외르겐의 특공대는 코펜하겐 북쪽에 있는 힐레르외드 지역의 대독협력 기업들에 대한 실력 행사에 온힘을 쏟았다. 그러나 이때부터 경찰도 경계태세에 들어갔다. 바리케이드 숫자를 늘리는 한편 레지스탕 검문에 유용한 정보를 제공해주는 사람에게는 2만 크로네의 현상금을 지급하겠다고 선전했다.

드디어 6월에 우리 파괴 공작원들은 SOE가 공로空路를 통해 넘겨준 폭약과 뇌관을 받았다. 같은 달 23일, 그들은 독일인들에게 넘겨줄 비행기 부품을 생산하는 공장을 공격했다. 이튿날, 외르겐과 테글레르스는 시험을 보기 위해 복습을 해야 했지만 한스라는 친구가 살고 있는 집에서 멀지 않은 외스테르브로가드에 위치한 소규모 전자제품 회사 알리앙스를 파괴해야 했다. 피곤하기도 하고 위험하기도 한 임무였다. 그들이 임무를 마친 뒤 자전거를 타고 테글레르스의 집으로 가는데 경찰 두 명이 다가왔다. HH로 불리는 젊은이가 두려움에 사로잡혀 죽어라고 페달을 밟았고, 그러자 경찰들도 그를 쫓아가기 위해 자전거에 올라탔다. 깜짝 놀란 외르겐은 정신을 차렸다. 그는 친구가 붙잡혔다고 확신하고 그 틈을 이용하여 모습을 감추었다.

"만일 체포당할 경우에는 24시간은 버텼다가 자백해야 해. 그래야 우리가 동지들과 장비를 안전한 곳에 숨길 수 있으니까 말이야." 포울이 점령당한 유럽 전역의 모든 레지스탕스 조직 우두머리들과 마찬가지로 이렇게 말했다.

그리하여 테글레르스는 입을 열지 않는다. 남을 쉽게 믿는 편인 외르겐은 자기 집에서 잤다. 어쨌든 그는 잠을 자려고 애썼다. 이날 밤은 아무 일 없이 지나갔다. 동이 틀 무렵, 그는 아침 산보를 시키기 위해 개를 데리고 나왔다. 그의 어머니가 보낸 가정부가 그를 쫓아왔다. "집에 가면 안 돼! 경찰이 있어!"

외르겐 에스페르센은 해방이 될 때까지 더 이상 집에 돌아가지 못했고 서로 다른 40명의 집에서 머물러야 했다. 그는 부모들을 만나 스웨덴으로 가서 숨어 지내겠다고 약속했다. 그들을 안심시키기 위해 이 이웃 나라에서 그들에게 편지를 보내게 했지만, 보파의 동료들이 게슈타포에게 체포된 이후로도 덴마크에서 이루어진 레지탕스 활동 중 가장 주목할 만한 파괴 공작을 이어나갔다. 1944년 6월 22일, 그는 재결성된 조직의 조직원들과 함께 가장 널리 알려진 공격을 감행했다. 보파 조직이 점령군을 위해 무기를 생산하는 레킬 리펠 신디카트 공장을 폭파했던 것이다.

그 사이에 그의 친구인 테글레르스는 증거 부족으로 덴마크 경찰에서 풀려났다. 그러나 그가 속했던 조직의 조직원들이 대부분 체포되는 바람에 그는 고립되었다(그중에는 포울도 끼어 있었다). 그래서 그는 많은 청소년이 조직원으로 활동하는 또 다른 조직, 절대 잠들지 않는 늙은 바이킹의 이름을 따온 홀게르 단스케 조직에 합류하기로 결심했다.

1943년 여름, 덴마크 청년들이 내기에서 이겼다. 이번에는 어른들이 나치 점령자들과 맞서 처음에는 소극적이었다가 나중에 적극적으로 변한 투쟁에 나섰던 것이다. 비밀조직들이 다양한 방식으로 투쟁을 벌이자 나치는 전술을 바꾸었다. 나치당이 선거에서 패한 뒤로 도처에서 노동자들의 파업과 시민운동이 활발하게 전개되었다. 나치는 가혹한 탄압으로 맞섰다.

예를 들어 오덴세에서는 일촉즉발의 상황이 조성되었다. 핀 섬에서 파괴 활동이 이어지자 계엄령이 내려졌다. 얼큰히 취한 회녹색 군복의 병사들과 덴마크 군악단 사이에 충돌이 일어났다. 독일인들에게 물건을 파는 가게들이 약탈당했다. 점령자에게 지나치게 친절하게 대하는 여성들의 옷을 벗긴 후 몸에 검은색 에나멜로 만자를 그려 넣는 일도 있었다. 8월이 되자 전권사절인 베르너 베스트는 이러한 상황을 논의하기 위해 베를린에 갔다. 오덴세는 백만 쿠로네의 벌금을 물어내야 했을 뿐 아니라 1943년 9월 1일부터는 파괴활동가와 레지스탕들에게 사형 선고를 내릴 수 있게 되었다. 1943년 8월 29일에 덴마크 내각이 사임하면서 나치가 국정을 직접 장악했다. 나치는 덴마크 육군과 해군을 해체해 버렸다. 무기는 회수하고, 선박은 선체에 구멍을 뚫어 가라앉혀 버렸다.

가장 눈길을 끈 레지스탕스 운동은 왕궁에서 벌어졌다. 독일군이 왕궁을 공격하자 경비대가 저항했다. 교전을 중단하라! 크리스티안 10세 왕과 알렉산드리나 여왕은 이후로 더 이상 왕궁 밖으로 나가지 못한 채 독일군의 감시를 받으며 지내야 했다.

중립국 스웨덴이 레지스탕스 조직들의 배후기지로 점점 더 많이 이용되고, 노르웨이의 레지스탕스 운동이 그 어느 때보다 집요하게 점령군을 괴롭힘에 따라 친나치 성향의 아리아 족 보루를 스칸디나비아 반도에 세우겠다는 히틀러의 계획은 수포로 돌아갔다. 이러한 상황에서 나치는 공산주의자 수감자들을 강제수용소로 보내고 유대인들을 강제송환하기 위해 대대적인 단속을 실시하겠다는 결정을 내렸다.

전쟁이 일어나기 훨씬 전에 이미 크리스티안 10세 왕은 독일 대사에게 반유대인주의는 받아들여질 수 없을 것이라고 알렸다. 그러고 나서 독일인들이 덴마크 국가사회주의 당의 설립을 용이하게 해달라고 요구하자 왕은 매우 낙관적인 태도로 이렇게 대답했다.

"덴마크 나치는 존재하지 않아!"

1943년도에 치러진 선거는 이 말이 옳다는 것을 증명했다. 그러나 그 전 해에 유럽 전역에서 그랬던 것처럼 나치가 곧 유대인에 대한 일제단속을 실시할 것임을 예감한 왕은 유대인 출신의 원자물리학자 니엘스 보어를 서둘러 스웨덴으로 보냈다. 니엘스 보어는 잉게보르그 공주에게 그녀의 오빠인 구스타프 5세 왕에게 덴마크 유대인들의 입장을 옹호해달라고 부탁했다.

나치가 유대인들에게 노란 별을 달고 다니도록 하고 유대인 게토를 만들려는 움직임을 보이자 덴마크 사람들은 시위를 벌였고, 주교들은 점령군을 비난했다. 왕이 자기도 다윗의 별을 달고 유대인 게토에서 살겠다고 제안했다는 소문도 떠돌았다. 그리하여 제2차 세계대전 중에 실시된 것 중에서 가장 규모가 큰 유대인 구출작전이 준비되었다.

어른들이 레지스탕스 운동을 시작했기 때문에 청소년들이 일선에 나서기를 그만두었다고 믿는 것은 잘못이다. 9월 초 코펜하겐에서는 한 학생 조직이 나치가 밀봉시켜놓은 유대예배당의 유리문을 부수고 수백 점의 토라 두루마리와 기도서, 그리고 다른 예배용 용품들을 교회에 숨겼다.

다른 두 젊은이의 활발한 투쟁을 지켜보자. 둘 다 학생인 외르겐 키엘레르와 누이동생 엘제베트는 코펜하겐의 어느 작은 아파트에 일종의 임시참모부를 설치했다. 그들이 홀게르 단스케 레지스탕스 조직의 조직원들이었기 때문에 그들의 아파트는 독일인들에게서 훔친 무기가 가득 쌓인 진짜 병기고는 물론 전단과 위조서류, 그리고 특히 「자유 덴마크」라는 지하신문을 찍어내는 작은 인쇄소로 변했다. 얼마 지나지 않아 그들의 형제자매들, 그리고 수많은 고등학생과 대학생들이 그들과 합류했다. 평화주의자 진영과 밀접한 관계를 유지하고 있던 엘제베트 덕분에 그들은 유대인들을 돕는 데 필요한 자금을 마련할 수 있었다.

9월 28일, 독일 공무원 게오르그 페르디난트가 덴마크 레지스탕들에게 유대인 일제단속이 임박했음을 알렸다(어쩌면 덴마크 국민들은 자국에 살고 있는 유대인들이 대규모로 체포될 경우 봉기할지도 몰랐다). 날짜는 10월 1일로 정해졌다. 외르겐과 다른 많은 학생이 합류해 인원이 늘어난 그의 조직은 단 며칠 만에 한편으로는 마르쿠스 멜키오르 대랍비와, 또 한편으로는 스웨덴 쪽으로 트롤선을 운행하는 선원들과 접촉했다. 평소에는 스웨덴에서 멀리 떨어진 바다에 설치된 등대에 식량을 공급하는 일을 하던 다른 선원들도 도움을 주겠다고 약속했다. 그밖에도 수백 명의 유대인이 레지스탕스 조직의 지시에 따라 집을 떠나 은신처와 덴마크 사람들의 집에 숨어 다음 지시를 기다렸다. 한층 더 긴밀한 협조가 이루어져 9월 중순에는 비밀 정보를 취합하는 자유위원회가 설립되었다.

디데이가 되자 소형 선단이 스웨덴 방향의 바다로 나가 코펜하겐과 스웨덴 항구인 란드스크로나 사이의 외르순드 해협을 통과했다. 더 북쪽으로 한 시간만 배를 타고 가면 덴마크의 헬싱괴르와 스웨덴의 헬싱보르그에 닿을 수 있었다. 요트와 어선, 상선, 그리고 심지어는 조정 경기용 보트까지 닻을 풀었다. 옛날에 이 바다를 누비던 바이킹들의 해적선만 없었다. 외르겐 키엘레르와 아르느 세즈르 같은 젊은이들뿐 아니라 국민들 대부분이 2주일 만에 몇 차례나 왔다 갔다 하면서 7천2백 명의 유대인들을 구했다. 이 숫자는 주로 코펜하겐에 사는 덴마크 유대인 사회의 거의 전부였다.

이 대탈주 작전에 참여했던 의로운 자들 중 한 부부의 아들은 이렇게 말한다. "우리 부모님은 아주 어렸을 때 레지스탕스 운동에 뛰어드셨습니다. 두 분은 이렇게 만나 사랑에 빠지셨대요. 아버지는 바다 구경은 한 번도 해본 적 없는 어린 농촌 소년이었지만 금방이라도 뒤집힐 것 같은 작은 배를 타고 사흘 동안이나 왔다 갔다 하면서 유대인들을 스웨덴에 데려다 주셨답니다."

그들 중에는 학자이자 왕과 알베르 아인슈타인의 친한 친구인 니엘스 보흐르도 있었다. 그러고 나서 그는 미국으로 건너가 로스 알모스에서 연구를 진행했고, 그로부터 2년 뒤 미국인들이 일본에 투하할 원자폭탄을 만들게 된다.

10월 2일, 독일인들이 유대인들을 체포하기 위해 실시한 작전은 당연히 실패로 끝났다. 나치는 유대인들이 서로 연락하지 못하도록 전화선을 미리 끊었지만, 여기서도 역시 스카우트와 기독교협회에 소속된 수백 명의 청소년들이 사방으로 뛰어다니면서 어떻게 대처해야 될지 모르는 유대인들에게 정보를 전달했다.

호사다마랄까. 이 대탈출 작전은 성공으로 끝났지만 결국 472명의 유대인은 체포되어 보헤미아 지방의 테레지엔스타트 강제수용소로 끌려갔다. 그리고 그중 50명은 집으로 영영 돌아가지 못했다. 강제수용소로 끌려간 사람들 중에는 외르겐 키엘레르가 끼어 있었다. 그는 구출작전을 펼치던 중 부상을 입은 홀게르 단스케의 동료를 데려가려다가 붙잡혔다. 그는 게슈타포에게 가혹한 심문을 받다가 두개골이 부서졌음에도 뇌엔가메에 이어 포르타 베스트팔리카 강제수용소로 끌려갔다.

그러나 다행스럽게도 그 역시 이 수용소에서 돌아왔고, 전쟁이 끝난 후 암 연구소 소장이 되어 강제수용의 결과에 관한 책을 여러 권 썼다. 레지스탕들의 모임에서는 처칠클럽의 조직원이었던 것은 물론 후에 코펜하겐 현대미술관 관장이 된 크누드 페데르센과 잔을 부딪치며 건배하게 되었다. 두 사람은 진짜 윈스턴 처칠이 1950년 덴마크에 와서 '팬클럽'의 조직원들을 치하했던 일을 기억하며 지금도 미소 짓는다. 그리고 외르겐은 파이프담배를 피우면 건강에 안 좋다는 사실을 크누드에게 상기시킨다.

제12장

로자와 아우슈비츠에서 저항한 자들

그들은 더 이상 인간이 아니었다. 모두가 발가벗고 있었다. 피골이 상접할 정도로 비쩍 마른 게 마치 해골처럼 보였다. 1943년 말은 정말 매섭게 추웠다. 그들은 바들바들 떨고 있었다. 처음에는 너무 추워서 닭살이 돋았고, 이윽고 공포가 불러일으키는 전율이 그들의 몸을 훑고 지나갔다. 그들은 독가스실이 있는 벙커에서 아무 말 없이 기다리고 있었다. 대부분 폴란드 인이었지만 네덜란드에서 끌려온 유대인들도 있었다. 이들은 안네 프랑크와 언니 마르고트, 그리고 그들의 부모들이 아우슈비츠로 끌려오기 1년 전인 11월 중순에 이곳으로 강제송환되었다.

많은 나치친위대 우두머리들이 자신들이 거둔 성공을 자축하기 위해 이곳으로 몰려왔다. 강제송환자 중에는 폴란드 레지스탕스 조직에서 활동하던 164명의 조직원이 끼어 있었다. 이 레지스탕들은 그들을 꽤나 애를 먹였다. 이들은 가을에 아우슈비츠와 카토비체, 크라코프 인근에서 체포되었다. 그들 중에는 12명의 소녀들로 이루어진 조직이 있었다. 이 여성들 역시 다른 사람들처럼 벌겨 벗겨진 채 수치를 당했다. 하지만 다른 사람들과는 달리 이들은 눈물을 흘리지 않았다. 이들은 자신들을 기다리고 있는, 이제 곧 독가스에 중독될 사람들을 마비시키는 끔찍한 운명에도 아랑곳하지 않은 채 서로를 격려해주고 있었던 것일까? 어쨌든 이 사춘기 소녀들 중 한 명이 가스실의 콘크리트에 금이 갈 만큼 날카로운 목소리로 침묵을 깨트렸다. 그녀는 단호하고 침착한 어조로 꼭 외워둔 시를 암송하듯 '억압체제'와 '히틀러의 살인자들'을 규탄하는 짧은 연설을 시작했다.

그녀가 결론지었다. "우리는 죽지 않고 우리 민족의 역사 속에 영원히 살아남을 것이다. 우리의 행동과 우리의 정신은 살아남아 꽃을 피울 것이다. 독일 민족은 우리의 피를 흘리게 한 대가를 그들이 생각하는 것보다 훨씬 더 크게 치를 것이다. 히틀러의 독일이 구현하고 있는 야만상태를 종식시키자! 폴란드 만세!"

이 어린 소녀는 뒤로 물러나 문을 닫으려고 하는 특수작업반을 향해 이 연설을 했다. 이 특수작업반은 강제송환된 사람들을 독가스로 질식시켜 그 시신을 소각로 중 한 곳에 불태운 다음 그들의 옷가지와 개인소지품을 회수하고 유해를 가까운 강에 뿌리는 등 가장 힘든 일을 하도록 선발된 수백 명의 젊은 유대인들로 구성되어 있었다. 수용소 고위층이 특수작업반원들을 독가스로 질식시키기로 결정을 내리는 일이 이따금 있기는 했지만, 대부분의 경우에는 죄수들을 처형하는 데 경험 있는 인원이 필요했기 때문에 그들을 죽이지는 않았다. 그건 피할 수 없는 일이었다. 자신들이 이제 곧 독가스실에서 몰살당하리라는 사실을 잘 알고 있던 강제수용소의 유대인들은 이들에게 온갖 욕설을 퍼부어대며 이들을 나치에게 영혼을 팔아넘긴 자들이라든가 유대민족의 무덤을 파는 자로 취급했.

이 어린 폴란드 소녀는 그들에게 욕설을 퍼붓는 것이 아니었다. 그들을 선민에서 제외하지도 않았다. 소녀가 맑고 깨끗한 목소리로 말을 걸자 그들은 표정이 굳어지더니 마치 다른 사람들처럼 발가벗겨지기라도 한 것처럼 문득 동작을 멈추었다.

"우리가 아무 죄도 없이 피를 흘린 데 대해 복수하는 것이 당신들의 신성한 임무라는 사실을 기억해주세요! 우리가 너무나 당당하게 확신을 갖고 우리의 죽음에 과감하게 맞섰다는 사실을 우리 폴란드 형제들에게 전해주세요!"

그러자 그 자리에 있던 폴란드 가톨릭교도들이 무릎을 꿇고 함께 기도

문을 외웠다. 그리고 다시 몸을 일으켜서 폴란드 국가인 다브로프스키의 마주르카를 불렀다. 유대인들 역시 언젠가는 이스라엘 찬가가 될 시온주의자들의 노래 〈하티크바〉를 부르기 시작했다. 이 두 노래의 멜로디가 뒤섞여 조화를 이루었다. 바로 그 순간, 나치가 가장 두려워하는 일이 일어났다. 폴란드 인들의 영혼이 종교적 확신과는 상관없이 융화되었던 것이다. 용납할 수 없는 일이었다. 최대한 빨리 끝내야 했다. 붉은색 십자가가 그려진(죄수들을 속이기 위해 흔히 사용하던 속임수였다) 자동차에 싣고 온 죽음의 독약 지클론 B가 벙커에 주입되었다. 그 순간, 이 지상의 저주받은 자들이 입을 모아 인터내셔널가를 부르기 시작하더니 죽음의 수증기 속에서 한 명씩 쓰러져갔다.

"그들은 노래가 우렁차게 울려 퍼지는 가운데 더 나은 세상을 꿈꾸며 도취상태에서 숨을 거두었습니다." 이 믿을 수 없는 장면을 직접 목격한 특수직업반원 레즈브 랑푸스는 이렇게 말한다. 그는 이때의 일을 비롯하여 제2아우슈비츠(소각로가 있는 비르케나우 강제수용소를 이렇게 불렀다)에서의 삶과 죽음에 관한 일화들을 이디시 어로 꼼꼼하게 기록했다. 그리고 나서 그는 다른 특수작업반원들처럼 자신의 유서나 다름없는 이 증언을 숨겼다. 그들은 이 증언에 자신의 이름을 써넣은 다음 둘둘 말아 수통 속에 넣어 땅에 파묻었고, 이 수통들은 강제수용소가 해방된 1945년에서 1980년까지 하나씩 하나씩 발견되었다. 바다에 던져진 병 속에서 보물이 숨겨진 곳을 찾을 수 있는 비밀 지도가 발견되는 것 같았다. 이곳 아우슈비츠의 보물은 야만에 저항하는 관대함과 인간적 따뜻함, 그리고 지성이었다.

이 기록은 젊은이들이 가장 중요한 역할을 했던 다양한 저항의 형태를 증명한다. 아우슈비츠에서만 그랬던 것은 아니다. 트레블린카와 소비보르를 비롯한 다른 대량학살 강제수용소에서도 그랬다. 저항의 규모는 작기도 했고 크기도 했다. 혼자서 저항하기도 했고 집단으로 저항하기도 했다. 혼자 탈출을 시도하거나 여러 명이 함께 탈주하려는 야심 찬 계획을 세우기도 했다. 강제로 끌려온 죄수 혼자서 이런 계획을 짠 것이 아니라 수용소 안팎의 비밀 레지스탕스 조직들과 공모했다.

이 비밀 레지스탕스 운동은 언제 어느 때 굴러 떨어질지 모르는 깊은 구렁 가장자리에 서 있지만 죽고 싶어 하지 않는, 혹은 당당하게 죽고자 하는 다양한 국적과 종교의 남자들과 여자들, 소년들, 소녀들 사이에 관계를 맺어주었다. 그들은 자신의 이야기가 알려지기를 바랐다.

레즈브 랑그푸스가 작성한 것 같은 이 특별한 기록은 특수작업반의 젊은이들이 앞서 등장한 어느 이름 모르는 젊은 소녀 레지스탕의 감동적인 연설에 귀 기울였다는 것을 보여준다. 자기 민족을 죽이는 데 결코 익숙해질 수 없었던 그들은 몇 달 전부터 몰래 저항을 준비하고 있었다.

우리는 소각로를 폭발시키려고 했다. 그렇게 된다면 나치친위대는 크게 당황할 것이다. 혼란스러운 틈을 타서 수백 명의 죄수들이 도망칠 수 있을 것이다. 분명히 희생자도 생길 것이고 보복도 이루어지겠지만, 그래도 우리는 죽음의 기계를 멈추게 할 수 있을 것이다. 그리고 우리는 살아남기 위해 싸우는 이 소름끼치는 순간에 유대 민족이 마치 양 떼처럼 반항하지도 않고 도살장에 끌려오지는 않았다는 사실을 증명할 것이다. 유대 민족이 저항했다는 것을 증명할 것이다!

바로 이것이 1943년 봄에 비르케나우 강제수용소에서 구상되었던 계획의 요지였다. 이때 제3제국은 서서히 곤경에 빠져들고 있었다. 2월에 독일군이 스탈린그라드에서 항복하고, 4월과 5월에 바르샤바 게토가 봉기했을 때는 6백 명의 젊은이들이 나치친위대 사단에 맞서 싸웠다. 그리고 정보가 유통되는 듯했다. 예를 들어 바르샤바 게토에서 봉기가 일어난 4월 19일에 벨기에 특공대의 공격을 받은 제20호 수송열차에 실려 벨기에에서 강제로 끌려온 유대인들은 무슨 말을 했는가? 레지스탕스 조직이 강제송환자들을 구출하기 위해 열차를 공격했다. 그래서 아니아 그로노프스키는 이렇게 대답할 수 있었다. "그래, 맞아. 우리 시몬은 도망치는 데 성공했어!"

하지만 특수작업반의 유대인들은 가스실과 소각로를 완벽하게 가동시키라는 명령이 여름에 떨어졌다는 사실에 흥분했다. 비르케나우는 1941년부터 대량학살을 위한 수용소가 건설되기 시작했던 아우슈비츠 중앙수용소에서 북서쪽으로 3킬로미터 떨어져 있었다. 1944년 여름에 히믈러는 독가스 살상을 강화하라는 지시를 내렸다. 7월 24일에는 24시간 만에 4만 6천 명이 독가스에 목숨을 잃기까지 했다. 그리고 1945년 1월까지 백만 명 이상의 유대인과 10만 명의 다른 강제송환자들이 독가스실에서 학살당했는데, 그중에는 어린아이들이 12만 명이나 끼어 있었다.

1922년 올쿠스츠에서 태어난 헨릭 만델바움은 1944년 4월 아우슈비츠에 도착했다. 그는 특수작업반의 생존자 70명 중 한 명이자 마지막 생존자 중 한 명이 된다. 2006년에 이루어진 인터뷰에서 그는 이 대량학살 단계를 강렬한 단어로 상기했다.

"특수작업반에 있을 때 정말 제가 지옥에 와 있다고 생각했습니다. 온통 불길과 연기에 휩싸여 있었거든요. 가스실을 비우기 전에 시신에서 금니를 뽑고 신체의 은밀한 부위에 숨겨놓은 보석을 찾아낸 다음 머리칼을 잘라야 했습니다. 시신들이 제2소각로에 있는 15개의 가마 중 한 곳에서 타는 데 20분 정도 걸렸지요.

강제송환자들이 수용소에 도착하면 나치친위대원들은 우선 샤워를 해야 한다고 그들에게 말했습니다. 그들은 탈의실처럼 생긴 곳에서 옷을 벗었지요. 그러고 나면 붉은 십자가가 그려진 앰뷸런스가 도착하고, 나치친 위대는 지붕에 난 두 개의 구멍을 통해 지클론 B 가스를 살포합니다. 2번과 3번 화장용 가마는 가장 현대적이고 처리 용량도 제일 컸지요. 그걸로도 충분하지 않을 때는 실외 풀밭에서 시체를 태웠습니다. 그러고 나면 우리는 뼈를 갈아 가루로 만든 다음 강에 뿌렸답니다."

바로 이러한 이유 때문에 수용소 내의 국제 레지스탕스 위원회와 관계가 맺어지고, 봉기 계획이 세워지고, 파괴 공작이 준비되었다.

주동자인 에른스트 뷔르거가 오스트리아 공산주의자 청년단 단장이었던 이 연결 조직은 아우슈비츠 제1수용소의 제4블록에서 모였다. 비엔나의 노동자 가정에서 여섯 번째로 태어난 에론스트는 스위스와 파리에 숨어 지내다가 제3제국에 의해 통합된 오스트리아로 돌아왔지만 1939년에 체포되었다. 이 공산주의자 청년단은 규모가 컸다. 러시아 전쟁에 반대하는 독일군 내 오스트리아 출신 병사위원회와의 연결 책임자였던 레오폴딘 시카가 벌인 투쟁이 이러한 사실을 증명해준다. 19살인 레오폴딘은 게슈타포의 고문을 받다가 아우슈비츠에서 친구 에른스트가 최종 봉기를 준비하고 있던 1943년 10월에 교수형당했다.

이 28세의 노련한 인물은 언어능력이 뛰어나고 레지스탕스 운동에 충분한 경험이 있었기 때문에 흔히 '정치범'이라고 불리며 붉은 삼각형을 달고 다니는 사람들(노란 삼각형과 붉은 삼각형으로 이루어진 별을 달고 다니는 사람들은 '유대인 정치범'이었다)과 유대인과 집시 강제송환자들을 연결시켜주는 조직의 책임자로 임명되었다. 그러나 이 지원 작전의 한가운데에는 이제 곧 독가스에 희생될 사람들을 열광시켰던 이 놀라운 연설의 주인공(나는 그녀의 이름을 모른다)과 흡사할 수도 있을 젊은 여성이 있었다.

이 시점에서 유대 민족은 마치 비시 면포로 짜이고 클로딘 컬러가 달린 체크무늬 옷을 입고 사진을 찍기 위해 얌전하게 포즈를 취하는 사춘기 소녀 같다. 광대뼈가 튀어나온 얼굴은 한편으로는 진지해 보이고, 또 한편으로는 장난스러워 보인다. 머리는 평범하게 손질되어 있다. 찰싹 달라붙은 머리를 가르마 타서 오른쪽 귀는 드러냈지만 왼쪽 눈은 거의 덮여 있다. 이 어린 소녀는 호기심이 잔뜩 어린 눈으로 사진기 렌즈를 뚫어지게 쳐다보고 있다. 사진기 렌즈는 그녀와 함께 사진에 나와 있는 여동생과 남동생이 장차 어떤 운명을 맞게 될지를 그녀에게 보여줄 것 같아 보인다. 어쨌든 지금 당장 그녀는 환한 얼굴 표정을 짓고 있다. 우수한 성적으로 중학교를 졸업했기 때문이다.

진한 갈색을 띤 이 사진은 전쟁이 일어나기 전에 찍혔다. 폴란드가 죽음의 특공대에 의해, 즉 히틀러의 나치친위대와 스탈린의 스메르시에 의해 분할된 1939년 이전의 일이었다. 소녀의 나이는 15살, 이름은 이디시 어로는 로즈자, 폴란드 어로는 로자. 로자 로바타는 바르샤바에서 북쪽으로 1백 킬로미터 떨어진 시에챠노프라는 작은 도시의 유복한 가정에서 태어났다. 그녀가 속해 있던 유대인 공동체는 18세기에 이곳을 점령한 스웨덴에 의해 처음으로 거의 전멸했다. 인종 학살이 꼭 어제 오늘의 일만은 아니었다. 파괴되었던 이 작은 도시는 재건되었고, 거의 유대인들만 살았다. 그러다가 또 다른 불행을 맞았다. 콜레라, 박해, 1920년대 러시아 인들의 약탈, 이 도시에 다시 지케나우라는 이름을 붙인 다음 예배당을 파괴하고 그것을 2천 명(도시의 전체 인구에 거의 해당)이 사는 게토로 바꿔버린 나치의 침략. 유대인들은 1941년 12월과 1942년 여름, 두 차례에 걸쳐 강제송환되었다. 나이가 어린 유대인들은 아우슈비츠로 보내졌다.

로자는 12살 때 청년경비대라는 조직에 가입했다. 1916년에 설립된 이 사회주의·유대민족주의 청년운동은 이스라엘 땅에서 '새로운 인간들'을 만들어내는 것이 목표였다. 1939년 당시 이 단체에는 전 세계를 통틀어 모두 7만 명이 가입되어 있었는데, 특히 동부유럽에 숫자가 많았다. 이 단체는 독일 출신 유대인인 칼 마르크스의 사회주의와 헝가리 출신 유대인인 테오도르 헤르즐의 유대민족주의, 그리고 실용적인 측면에서는 구스타프 위네켄이 창설한 융반데르푀겔 운동의 자연주의·자유주의 운동과 결합된 베이든 파월의 스카우트운동처럼 풍요하면서도 다양한 부식토에 깊이 뿌리를 내리고 있었다. 청년경비대의 많은 유대민족주의자 젊은이들은 1920년대에 영국의 위임통치를 받은 팔레스타인에 정착하여 '키부츠짐'이라고 불리는 개척공동체에 활기를 불어넣었다.

그러나 로자는 약속의 땅으로 가지 않았다. 그녀는 1942년 11월에 아우슈비츠 비르케나우 강제수용소로 끌려갔고, 그녀의 가족은 도착하자마자 독가스에 질식해 사망했다. 그녀는 독가스에 중독된 사람들의 옷을 수선하는 일을 하는 감방에 배정되어 살아남았다.

이 소녀는 비밀리에 만든 라디오를 청취하여 수집한 정보를 유포시키는 것을 목적으로 하는 최초의 소규모 레지스탕스 조직을 만들었다. 사람들은 그녀에 대해 말하면서 항상 그녀의 고결한 영혼을 찬양했다. 어느 절망의 밤에 죽이나 빵 등 그녀 앞으로 나온 얼마 안 되는 음식의 절반을 받아먹은 사람들이 그녀 주변에는 얼마든지 있었다.

1943년 3월, 그녀처럼 시에차노프 출신이며 수용소 내의 비밀조직에서 활동하던 노아 자블라도비츠가 그녀와 접촉했다. 그는 소각로와 가스실을 폭파하고 외부에서 활동하는 폴란드 파르티잔들의 도움을 받아 봉기를 일으키기로 계획했다는 말을 그녀에게 몰래 전했다. 그러나 그렇게 하려면 폭약이 필요했다.

로자는 역시 시에차노프 출신인 하다사 즐로트니카와 함께 아우슈비츠 내부에 위치하면서 V2 로켓을 점화시키는 부품을 만드는 탄약 공장에서 일하던 20명가량의 여성들과 접촉했다. 이 공장에는 오직 여성들만 일을 했다. 그리고 그중 아홉 명만이 로켓을 발사시키기 위한 시동장치가 만들어지는 화약고에 접근할 수 있었다. 그것은 전략상 결정적인 중요성을 가지고 있었고, '최종 해결책' 과정보다 더 깊은 비밀에 싸여 있었다.

청년이 물었다. "화약을 훔쳐서 폭약을 만들어야 하는데, 너 우리 도와줄 수 있어?" 이게 무슨 질문이란 말인가?

특수조직이 가동되었다. 로자는 '한카'라는 별명으로 불리는 또 한 명의 청년근위대 조직원 한나 바즈크블룸을 충원했다. 한나는 귀를 못 듣는 사람들을 고용, 나무로 된 상품을 만들어 파리와 뉴욕에서 엄청난 성공을 거둔 바르샤바의 수공업자 야쿱 바즈크블룸의 딸이었다. 야쿱은 불쌍한 장애인들을 착취하는 비열한 졸부가 아니었다. 그 역시 아내 레베카처럼 귀머거리에 벙어리였다.

그리하여 한카와 언니 에스투시아는 가혹한 선택을 해야 했다. 바르샤바 게토 내에서 비밀조직원이 되어 역시 청년근위대 조직원인 모르데카이 아니엘레비츠가 이끄는 봉기에 참가하든지, 부모들과 함께 강제수용소로 끌려가든지 둘 중 하나를 선택해야 했다. 부모들과 헤어지지 않기로 결심한 두 자매는 1943년 5월 마이다넥 수용소로 강제송환되었다. 부모들은 도착 즉시 살해당했다. 제3제국은 장애자와 박약자, 미치광이, 자폐증을 앓는 아이들을 '인간쓰레기'로 간주했던 것이다. 게다가 그들은 유대인이었다.

두 자매는 망연자실했지만 살아남았고, 9월에 아우슈비츠로 보내져 화약 공장에서 일해야 했다. 당시 그들은 친구 알라 게르트너를 통해 로자의 조직에 합류했다. 이것이야말로 부모님들의 복수를 하는 가장 좋은 방법 아니었겠는가? 유일하게 특수 작업반과 연락을 취하던 로자는 레지나 사피르즈테인을 비롯한 다른 여성 노동자들도 자기 조직에 끌어들였다.

1943년 가을, 이번에는 에스투시아 바즈크바움이 화약공장에서 일하던 또 다른 로자, 로자 그루나펠과 접촉했다.

"에스투시아가 저한테 접근해왔어요. 그녀는 레지스탕스 조직이 결성되었고 오직 우리만 화약 공장에 접근할 수 있기 때문에 도와줬으면 좋겠다고 말하더군요. 저는 붙잡힐 위험을 무릅쓰고 그렇게 할 각오가 되어 있었기 때문에 즉시 그 제안을 받아들였습니다. 그렇게 해야 싸울 수 있는 기회가 우리에게 주어질 테니까요."

이 젊은 여성들은 흑색 화약을 매일 같이 조금씩 손톱 밑이나 아주 작은 '봉지'에 몰래 숨겨가지고 나왔다. '한카'는 이렇게 이야기한다.

"우리 옷 속에는 작은 주머니가 달려 있어서 거기에 작은 천 조각에 둘둘 만 우리의 보물을 숨겼지요. 몸수색이 자주 벌어지곤 했습니다. 그들이 몸수색에 몰두하면 우리는 봉지에 달린 끈을 잡아당겨 검은 화약이 우리 뒤쪽의 바닥에 떨어지게 만들었지요. 그렇게 하면 화약이 발견되지 않았으니까요."

이렇게 모은 화약을 아시르 고델 질베르(시에찬노프 출신의 또 다른 젊은 레지스탕)가 전해주면 러시아 출신 죄수들이 폭약 전문가인 티모페이 보로딘의 지도를 받아 작은 원통형 모양의 다이너마이트는 물론 심지어는 수동식 수류탄까지 만들었다. 독가스 벙커와 소각로를 공격하기에 충분한 양의 폭탄이 1년 만에 만들어졌다.

1944년 초, 에른스트 뷔르가를 중심으로 한 아우슈비츠 레지스탕스 조직 지휘부는 제1아우슈비츠, 제2아우슈비츠 비르케나우, 제3아우슈비츠 모노비츠 이부나 등 모든 수용소가 참여하는 무장봉기를 일으키기로 결정했다. 거사일은 1944년 11월 첫 번째 일요일로 정해졌다. 폴란드 비밀군대인 아르미아 크라호바에 소속된 파르티잔들의 외부 지원도 받을 수 있었다. 그러나 이 무장봉기의 주축은 특수 작업반에 소속된 노동자 6백 명과 카포라고 불리는 그들의 조장들이었다.

사고가 이어졌다. 화약을 몸에 감춰가지고 나오던 여성들 여러 명이 붙잡혔던 것이다. 그러나 그들은 입을 열지 않았다. 그래서 작전은 계속 추진될 수 있었다. 이보다 더 나쁜 일은 특수 작업반의 노동자들이 머지않아 이동될 뿐 아니라 그들 역시 가스실에 들어가게 될지도 모른다는 소문이 떠돈 것이었다. 그리하여 거사일을 앞당기기로 결정이 내려졌다.

안식일인 1944년 10월 7일 토요일, 젊은이들은 레지스탕스 조직 지도부의 지시를 따르지 않은 채 봉기를 일으켰다. 레지스탕스 조직 우두머리였던 모쉐 콜코는 이렇게 상기한다. "그날 특수 작업반 노동자들을 이송할 것이라는 소문이 떠돌았습니다. 그리고 얼마 안 있어서 6백 명이 들고 일어났지요. 제2가마에 불이 붙었고, 잔혹하다고 널리 알려진 독일인 특수작업반 반장 한 사람이 그 속에 던져졌습니다. 육박전이 벌어져 나치친위대원 4명이 죽고 여러 명이 부상을 입었습니다. 가마 주변 지역은 전장으로 변했지요. 바리케이드가 파괴되고 특수작업반 반원들은 도망쳤습니다.

나치친위대에 비상이 걸렸지요. 작업반은 일을 중단하고 자기 막사로 돌아갔습니다. 나치친위대원들은 죄수들의 숫자를 확인했고, 꼭 약 먹은 쥐들처럼 수용소를 가로질러 내달렸습니다. 그들은 유대인들과 맞서 싸우게 되리라는 생각은 꿈에도 못했을 겁니다."

이 싸움에서 로자의 레지스탕스 조직은 제4호 화장용 가마와 그 옆에 붙어 있던 가스실을 폭약으로 파괴했다. 특수작업반 노동자들은 가혹하게 진압당해 3분의 1이 살해당했다. 다른 증언에 따르면, 그 사이에 그리스 출신 유대인이자 포병 대위였던 로도와 이삭 바르질라이가 제3호 가마를 폭파시켰고, 그리하여 거기 묶여 있던 750명의 특수작업반 노동자들이 목숨을 잃었다. 이곳에서 사용된 폭약 역시 로자의 조직이 제조했다.

이 수용소에 있었던 이탈리아 출신의 강제송환자 프리모 레비는 《만일 그게 인간이라면》이라는 책에서 당시 상황을 상세하게 이야기한다.

지난달 비르케나우의 화장용 가마가 폭파되었다. 어떻게 이런 일이 일어났는지 아는 사람은 아무도 없다(어쩌면 앞으로도 영영 알지 못할 것이다). 사람들은 존더코만도 얘기를 한다. 가스실과 화장용 가마에 배치된 특수작업반 말이다. 이 작업반은 정기적으로 없어지고, 수용소의 다른 구역과는 분리되어 있다. 사실대로 말하자면, 비르케나우에서는 우리처럼 무력하고 지친 수백 명의 유대인이 행동에 나서 자신들이 품고 있는 증오심이 결실을 맺게 할 수 있는 힘을 스스로 되찾았다.

게슈타포의 특수조직인 정치부서가 폭발물이 어디서 났는지를 알아내기 위해 현장에 급파되었다. 그들은 결국 로자 로보타와 레지나 사피르스즈테인, 알라 게르트너, 에스투시아 와즈크바움이 연루된 조직의 전모를 밝혀내는 데 성공했다. 이 네 사람은 체포되어 주동자인 얀클 한델스만을 포함한 무장봉기 책임자 14명과 함께 제11호 감방에 갇혔다. 그녀는 끔찍한 고문을 받았지만 이미 죽은 특수작업반 노동자들의 이름만 알려주었다. 에스투시아가 입을 꼭 다문 덕분에 동생 한카는 목숨을 구하여 이 유대인 대량학살에서 살아남을 수 있었다.

그녀를 조직에 끌어들였던 노아 자블라도비츠는 로자가 갇혀 있는 감방으로 들어가는 데 성공했다. 그는 그녀가 고문을 못 이겨 연기될 수도 있을 총봉기 계획과 주모자들의 이름을 발설했는지 알고 싶었다. 고문을 받고 몸이 눈에 띠게 허약해진 시에차노프 출신의 이 젊은 여자 친구는 자기가 아무 말도 하지 않았다고 대답했다. 그녀는 레지스탕스 활동을 계속하도록 격려하고 감옥에서 이디시 어로 된 메시지가 나갈 수 있도록 몇

마디 덧붙이기까지 했다. "강해져야 해. 그래서 용기 있게 행동해야 해."

"특수작업반 반장 한 사람이 10월에 감방으로 그들을 찾으러 왔지요." 1944년에 프랑스의 프와투 지방에서 체포될 당시 14살이었던 폴란드 유대인 이다 펜스터잡은 이렇게 말한다. 그녀는 아우슈비츠에서 두 번의 겨울을 보낸 후 이 무시무시한 사건을 겪었다.

"우리는 무슨 일이 일어났는지를 몰랐어요. 여자들이 제11감방에서 고문을 당했지요. 1945년 1월 어느 날 밤, 작업을 마치고 돌아온 우리 주간작업반이 소환됐습니다. 우리는 점호를 하려는 건 줄 알았어요. 우리 앞에는 줄이 두개 달린 교수대가 세워졌지요. 바우어라는 수용소장이 오랫동안 연설을 하더군요. 그는 이렇게 말했습니다. '내 말만 잘 들으면 아무 문제없을 것이다. 그러나 내 말에 복종하지 않을 경우 너희들을 기다리고 있는 건 바로 이 교수대다.'

우리는 두 여성이 교수형 당하는 걸 지켜봐야 했죠. 다른 두 여성은 야간작업반 앞에서 처형당했습니다. 그 장면은 다른 그 무엇보다도 저한테 깊은 영향을 미쳤어요. 그 두 여성이 왜 처형당했는지는 나중에서야 알게 되었습니다. 우리는 처형 장면을 보기 위해 거기 불려나간 것이었습니다. 저는 보는 척했지만 사실은 눈을 돌리고 있었어요. 그 두 여성은 아무 말도 하지 않았지요. 그들에게는 그럴 시간이 없었습니다. 그러나 삐걱거리는 줄 소리는······."[10]

로자와 그녀의 세 친구가 처형당한 후 1945년 1월 5일에도 소각로는 죽음의 작업을 계속했다. 하지만 독일인들은 패전이 불가피하다는 것을 알아차리고 아직 멀쩡한 소각로들을 파괴하려고 했다. 그들은 1월 20일

---

[10] 증언은 이다 그린스판이 된 이 사춘기 소녀가 베르트랑 프와레 델페크와 함께 쓴 《나는 울었네》(로베르 라퐁 출판사, 파리, 2002)에서 발췌한 것이다.

에서 26일 사이에 이들을 폭파시켰다. 이튿날, 적군이 수용소를 해방시켰다. 살아남은 사람은 극소수였다. 제1아우슈비츠 수용소에서는 1천2백 명, 비르케나우에서는 5천8백 명, 모노비츠 이부나(제3아우슈비츠)에서는 7백 명에 불과했다.

몸이 너무 약한 사람들은 베르겐 벨센(안네 프랑크는 이때까지만 해도 아직 살아 있었다)과 부헨발트, 라벤스브뤽 등 독일에 있는 강제수용소까지 '죽음의 행군'을 할 수 없었다. 그들의 제국이 무너져가고 있는 와중에서도 나치는 '최종 해결책'을 계속 추진할 것인지, 아니면 저질러진 범죄의 흔적을 지울 것인지를 놓고 갈피를 잡지 못했다. 수용소가 해방되기 전날, 나치친위대는 레지스탕스 위원회 사무국장이자 오스트리아 공산주의자 청년단 단장이었던 에른스트 뷔거를 체포했다.

로자가 처형되는 것을 보고 돌아온 이다가 치밀어 오르는 분노를 억제하느라 얼마나 애써야 했을지 이해할 수 있다. "수용소에서는 무장봉기가 단 한 차례도 일어나지 않았다는 말을 자주 들었어요. 그런데 그 말은 거짓이었죠! 1943년 10월 소비보르에서 소련 출신 장교인 사크코가 이끄는 봉기가 일어나서 50명이 벨로루시 파르티잔들과 합류할 수 있었어요. 아우슈비츠에서는 어려웠죠. 나치친위대와 그 하수인들은 조금만 무슨 일이 있어도 극도로 민감한 반응을 보였으니까요. 우리 중에 폴란드어나 독일어를 하는 사람은 거의 없었습니다. 그래서 우리는 봉기를 일으킨 특수작업반 노동자들과 도움을 준 공장의 네 여성에게 감탄했고, 그것이 실패로 돌아가자 절망했던 것입니다."

이다의 말이 맞다. 이 경이로운 시도는 숲을 가리는 잎이 무성한 나무가 되어서는 안 된다. 즉, 강제송환 당한 사람들이 자신들에게 강요된 운명에 맞서 수없이 저항했다는 사실이 감추어져서는 안 된다. 아우슈비츠에서 봉기를 일으킨 것이 로자와 그의 동지들만은 아니었다. 1942년 10월에도 이미 부디 강제수용소에서 프랑스 출신의 유대인 여성 90명이 봉기를 일으켰다가 가학취미를 즐기는 나치친위대의 도움을 받은 경비대(이들은 다름 아닌 독일의 여자죄수들이었다)의 도끼와 정육점의 고기 매다는 갈고리에 학살당했다. 그리고 제3아우슈비츠 수용소에 억류되어 있던 사람들도 봉기를 일으켰다.

아이들도 자발적으로 봉기를 일으켰다. 수용소 안을 떠돌다가 결국 뉘른베르크에서 벌어진 나치 재판에서 공개될 이야기가 그 사실을 증명한다. 아주 어린 소년이 자신을 가스실로 데려갈 트럭에 올라타기 전에 이렇게 외쳤다. "울지 마, 얘들아. 너희들은 너희 어머니와 아버지, 할머니, 할아버지가 학살당하는 걸 봤잖아. 이제 우리 차례가 된 거야. 저 높은 하늘에서 그 분들을 다시 만나게 될 거야." 그러고 나서 그는 나치친위대원 쪽으로 몸을 돌렸다. "내 유일한 기쁨이라면 당신들 역시 죽는 거예요." 나치친위대원이 그를 트럭 밖으로 밀어내더니 인정사정없이 두들겨 패기 시작했다.

1942년 트레블린카 수용소에서 자신이 바르샤바에서 운영했던 고아원의 어린이 2백 명과 함께 죽은 폴란드 인 야누즈 코르크작 같은 몇몇 교육가들도 교육을 통해 수동적인 레지스탕스 활동을 벌였다.

마찬가지로 아우슈비츠 비르케나우에도 '아동보호소'가 있었다. 매너가 좋은 것으로 호평 받고 있던 프레디 히르슈라는 이름의 유대인 교사는 주로 체코 출신인 8살에서 14살까지의 아이들을 모아 교육시킬 수 있도록 가스실에서 멀지 않은 막사 하나를 내달라고 수용소의 나치친위대 대장을 설득했다. 이 사실은 나치 폭정의 주요 측면을 드러낸다. 다시 말해 나치의 정책은 이 인간백정들이 취하는 태도의 예측불가능성에 근거한다. 결국 히르슈는 강제송환자들 가운데 교사들을 뽑아 6백 명의 아이들을 교육시킬 수 있게 되었다. 이 학생들은 좀 더 나은 수준의 음식이라든지, 수령의 권리가 있지만 이미 사망한 독일과 폴란드 출신 강제송환자들의 소포라든지, 이러한 약간의 특혜를 누릴 수 있었다. 반대로 교사들은 아무리 배가 고파도 아이들 음식에 손을 댈 수가 없었다. 만일 빵 한 조각이라도 손을 댔다가는 어른들의 막사로 다시 보내졌다.

히르슈는 아이들이 청결을 유지해야 한다고 거듭 강조했다. 강제송환된 사람들이 흔히 전염병에 걸려 죽어가는 상황에서는 청결이야말로 생존의 가장 중요한 조건이라는 것이었다.

당시 16살이었던 체코 출신 여성 주자나 루지크코바는 이렇게 기억한다. "그 아동 보호소에서 프레디 히르슈와 다른 교사들은 아이들에게 정상적으로 살아가고 있다는 느낌을 불어넣으려고 애썼지요. 거짓말을 하거나 도둑질을 하면 안된다, 예의바른 시민으로서 행동해야 한다, 항상 청결을 유지하려고 애써야 한다면서 말입니다. 이렇게 해서 많은 아이들 뿐 아니라 교사들도 목숨을 구할 수 있었지요. 왜냐하면 절망감이 그렇게 크지는 않았으니까요. 물론 그게 희망은 아니었어요. 언젠가는 가스실에 들어갈 거라는 걸 알고 있었으니까요. 그것은 말하자면 인류에 대한 기대감 같은 거였지요."

히르슈와 그의 동료들은 하루에 다섯 시간씩 꼭 필요한 지식을 아이들에게 가르쳤다. 우선 독일어부터 시작해서 나치친위대를 기쁘게 만들었다. 이상한 학교였다. 교실에 책상은 있는데 종이도 없고, 분필도 없고, 책도 없었다. 아이들은 뭐든지 암기해야 했다. 그리고 이러한 어려움 속에서도 그들은 기초교육을 받았을 뿐 아니라 유대민족의 역사와 종교에도 입문했다. 이 막사에서는 토요일의 종교축제인 안식일도 기념할 수 있었다.

나치친위대가 이 학교를 감독하러 왔다. 아이들이 독일 시를 암송하자 그들은 우쭐해 했다. 그러자 곧 상상조차 할 수 없는 일이 벌어졌다. 이 '어린이 보호소'가 다른 강제수용소 소장들에게 시범케이스로 소개된 것이었다. 마찬가지로 선생 중 한 사람이 월트 디즈니가 만든 영화『백설공주』(우리는 히틀러와 측근들이 이 영화를 몹시 좋아했다는 사실을 알고 있다)에 등장하는 장면 중 하나를 그림으로 그리라고 아이들에게 시켰다. 좋은 인상을 받은 나치친위대는 막사 안에 연극 무대를 세워 아이들이 수용소 고위층을 위해 이 동화를 공연하도록 했다. 백설공주는 난쟁이들의 오두막집을 깨끗이 청소하고 그들에게 에티켓을 가르쳐준다. 난쟁이들은 열심히 일을 하고, 일을 마치고 돌아오면서 즐겁게 노래를 부른다. 혹자는 아우슈비츠 수용소 정문의 박공에 또박또박 새겨진 '일을 하면 자유로워진다'라는 구호에 그들이 공감하고 있다고 믿을 수도 있으리라.

백설공주는 무질서와 혼란을 의미하는 사악한 마녀에 맞선 질서와 청결의 상징이 된다. 히르슈의 교육이 엄청난 성공을 거두자 나치친위대는 세 살에서 여덟 살까지의 어린아이들을 교육시킬 두 번째 막사는 물론 이제 막 태어난 아기들의 어머니들이 살게 될 주택을 지어달라는 요청까지 받아들였다.

그러나 암담한 날이 찾아왔다. 이러한 실험을 실시한 지 6개월이 지난 어느 날, 아무런 설명도 없이 막사에서 교육받는 아이들을 모조리 독가스로 질식시키라는 명령이 떨어졌다. 프레디 히르슈는 '자신의' 아이들을 구해주지 못한 것이 자기 책임이라고 생각하며 자살을 시도했다. 부상을 입은 그는 가스실로 끌려갔다. 아우슈비츠로 강제 송환된 15,711명의 체코 출신 유대인 가운데 살아남은 사람은 겨우 70명뿐이었다. 그리고 이것은 아동극단 단원 중 나이가 많은 아이들을 성인 막사로 보낸 히르슈 덕분이었다.

그 사이에 나치친위대 행정사무실에서 일한 체코 출신의 두 젊은 유대인 발레리아 발로바와 베라 폴티노바는 화장용 가마와 가스실 설계도를 복사하여 체코 레지스탕스 조직에 넘겨주었다. 이 두 여성은 멘겔레 박사가 인간 모르모트에 대해, 특히 쌍둥이들에 대해 저지른 실험에 관한 보고서를 여기에 첨부했다.

나이가 더 많은 다른 청소년들도 아무 저항 없이 죽음을 향해 끌려가지는 않았다. 수용소 안에서 함께 저항했을 뿐 아니라 시위도 벌였다. 이스라엘에서 1961년 벌어진 '최종 해결책'의 입안자인 아돌프 아이히만의 재판에 증인 자격으로 소환되었던 루마니아 출신의 유대인 청년 나슘 호크(당시 16세)가 이에 대해 증언할 것이다.

문제의 사건은 토라(토라는 유대교의 종교 율법이다) 환희축제를 며칠 앞두고 일어났다. 청소년들을 샤워실(가스실로 들어가는 입구를 위장한 샤워실이 아니라 진짜 샤워실)로 데려가고 그들의 옷을 소독한 나치친위대는 경기관총을 들고 막사를 둘러쌌다. 나이가 많은 사람들은 무슨 일이 벌어질지 이미 알고 있었다. 이것은 격리자들을 위한 막사로서, 여기 갇혀 있다가 곧 화장용 가마로 끌려가는 것이었다.

나슘 호크는 설명한다.

"두 번째 날 밤, 그러니까 환희축제 전날, 우리(우리의 숫자는 약 1천 명, 나이는 14살에서 16살까지였습니다) 중 몇 명이 시위를 계획하기 시작했지요. 물론 그것이 그냥 보여주는 것에 불과하리라는 사실은 잘 알고 있었지만요. 경비대가 막사의 양쪽 문을 막고 보초를 서고 있어서 우리는 한 사람이 창가의 기둥 위에 올라가 주의를 분산시키기로 했습니다. 일부가 막사 안으로 들어오는 동안 안에 있던 다른 사람들은 보초가 없는 문 쪽으로 몰려가 도망치자는 계획이었죠.

우리한테는 무기가 없었습니다. 그래서 이 계획이 실패로 끝나리라는 걸 처음부터 잘 알고 있었지요. 그렇지만 그러다보면 우리들 중 몇 명은 탈출할 가능성도 있었습니다."

자정이 되자 계획은 예상대로 진행되었다. 한 소년이 기둥 위로 기어올라가자 그에게 보초가 달려오더니 내려오라고 명령했다. 그러고 나서 다른 소년들이 첫 번째 문으로 우르르 몰려가자 두 번째 문을 지키고 있던 보초의 주의가 그 쪽으로 쏠리면서 두 번째 문이 텅 비었다. 소년들이 무리를 지어 어둠 속으로 사라졌다.

해가 뜰 무렵, 사라진 나슘과 친구들을 찾아내라는 지시가 수용소 전역에 내려졌다. 점심 때 양배추국을 두 양동이 가져다주자 많은 소년들이 항의의 표시로 뒤집어 엎어버리는 바람에 그 자리에 와 있던 수용소장이 깜짝 놀랐다. 단식투쟁이 시작된 것이었다.

나치친위대는 수용소 내에서 자유롭게 행동할 수 있다고 말함으로써 그들의 압력에 굴복하는 척 했다. 하지만 소년들은 밖으로 나오자마자 경기관총으로 무장한 병사들에게 둘러싸였다.

부대장이 명령했다. "5열 횡대로 정렬하라!"

소년들은 제3호 화장용 가마로 끌려갔다. 그들은 가마를 보자 앞으로 나가기를 거부한 채 꼼짝도 하지 않았다. 그러자 앞에서 그들의 발을 잡아당겨 억지로 걷게 만들었다. 높은 철문으로 둘러싸인 벙커 근처에 도착하자 소년들은 다시 한 번 저항의 표시로 걸음을 멈추었다. 다시 몸싸움이 벌어졌다. 소년들은 이제 샤워실처럼 생긴 곳으로 들어갔다.

"옷 벗어! 옷은 옷걸이에 걸어놓고 거기 쓰인 번호 외워둬!"

소년들이 다시 거부했다. 병사들이 바닥에 대고 총을 갈겼다. 소년들은 옷을 벗어 아무렇게나 바닥에 집어던졌고, 병사들은 다시 5열 횡대로 서라고 명령했다.

"너희들이 두려워하고 있다는 걸 저들에게 보여주지 말고 노래를 불러." 특수작업반원들이 그들에게 나지막한 목소리로 말했다.

행동으로 하는 것보다는 말로 하는 것이 쉽다. 이 특수작업반원들은 1943년 말에 강제송환자들이 폴로네즈곡을 노래하자 나치친위대원들이 동요했던 걸 본 것일까, 아니면 그것이 소년들을 괴롭히는 두려움을 떨쳐 버리는 가장 좋은 방법이라고 단순하게 생각한 것일까? 대부분 공포로 넋이 나가버린 듯했고, 겨우 몇 명만 기도문을 중얼거리거나 특수작업반원들이 시킨 대로 노래를 불렀다.

탈의실 문이 쾅 소리를 내며 열렸다. 반데르푀겔 출신으로서 나치 당 설립자가 된 아우슈비츠 수용소의 최고 책임자 루돌프 회쓰가 나치친위대원들을 이끌고 우르르 몰려 들어왔다. 친구들끼리 벌거벗고 지내던 어린 시절에 사람들은 자신에게 생기를 주는 호수 물에 뛰어들고, 태양 아래 웃으며 눈부신 미래를 향해 달렸다. 그때만 해도 우애라는 것이 존재했다.

무시무시한 자 회쓰가 한 소년에게 열에서 나오라고 하더니 근육을 만져본 다음 다리를 굽혀보라고 시켰다. 그 다음에는 뛰어보라고 하더니 오른쪽에 정렬시켰다. 그게 과연 좋은 징조일까 아닐까, 다들 궁금할 수밖에 없었다. 회쓰는 두 번째 소년에게 나이를 물었다.

소년이 대답했다. "백 살 가까이 됐습니다!"

"돼지 같은 녀석, 내게 그 따위로 말한 단 말이지? 저 놈을 지금 당장 저 안으로 쫓아버려!"

세 번째 소년은 루마니아 출신의 나숌 노크였다. 그에게도 역시 다리를 굽혀보고 뛰어보라고 시키더니 결국 오른쪽에 세워두었다. 이렇게 해서 150명의 소년이 선발되었다. 그것이 선발 과정이었다는 걸 알게 된 다른 소년들이 오른쪽 열에 슬그머니 끼어 들어가려고 했으나 나치친위대는 그러지 못하도록 거칠게 막았다.

나숌은 아이히만 재판에서 말했다. "그렇게 선발된 우리는 가스실에 등을 돌리고 있어야 했지요. 다른 아이들은 가스실로 끌려 들어갔습니다. 나중에 우리는 기차역으로 가서 열차에서 감자를 내려야 했죠."

이후에 어쩌면 그는 자신에게 이런저런 질문을 던졌을지 모른다. 그렇게 시위를 한 덕분에 내가 목숨을 구하게 된 걸까? 아니면 반대로 그것 때문에 친구들이 학살당한 것일까? 그리고 자신들이 시합에서 이길 거라는 나치의 확신을 조금씩 누그러뜨리기 위해 그들에게 반항하는 건 어쨌든 옳은 일이 아니었을까?

아우슈비츠 수용소에서는 약 7백 차례의 탈출 시도가 있었고, 그중 4백 차례는 성공을 거두었다. 그러나 수용소로 끌려가는 도중에 탈출을 시도하여 성공한 경우도 있었다. 벨기에에서 출발한 제20호 호송열차에서 탈출한 시몽 그로노프스키의 경우가 상징적이다. 루마니아 출신의 어린 소년 마테이 자켈의 경우도 눈길을 끄는데, 이 대규모 수용소에 도착하기 직전에 간신히 탈출했다는 차이는 있다.

이 10살짜리 소년의 아버지는 루마니아의 티미소아라에서 아들이 공부를 아주 잘했기 때문에 그를 무척 자랑스러워했다. 소년은 독일어와 헝가리 어, 루마니아 어를 유창하게 구사했다. 그러나 나치가 1940년 그의 나라를 침공하자 그의 삶은 지옥으로 변했다. 반 친구들이 그를 골탕 먹이고 쉬는 시간에 두들겨 패기 시작했던 것이다. 어느 날 그가 얼굴이 온통 멍투성이에 코피를 흘리며 학교에서 돌아오자 세일즈맨인 아버지 베른하르트, 동생과 어린 여동생을 보살피는 가정주부인 어머니는 그를 유대교 학교에 보내기로 결정했다. 이후 노란 별을 달고 다녀야 하는 시대가 왔고, 어느 날 독일인들이 집에 들이닥쳐 베른하르트를 끌고 갔다.

그의 어머니는 기독교를 믿는 친구들에게 어린 마테이를 데리고 있어 달라는 부탁을 해야겠다고 생각했다. 그러나 유럽 전역에 숨겨진 아이들과는 반대로 그는 다윗의 별을 계속 달고 있어야 했다. 그게 법이었다. 1944년 여름, 그는 체포되어 다른 수십 명의 소년과 함께 열차에 실렸다. 목적지는 아우슈비츠였다.

열차가 국경을 지나자 나치친위대는 호흡곤란과 배고픔, 병으로 죽은 사람들을 열차에서 끌어냈다. 그러나 새로운 강제송환자들이 가축을 싣는 화물차에 다시 빼곡히 올라탔다. 헝가리 사람들이 기차에 올라타자마자 소리쳤다. "우린 죽으러 가는 거야!" 헝가리 사람들이 그걸 어떻게 안단 말인가? 마테이는 그들의 말을 믿으려고 하지 않았다. 그러자 다음에 열차에 올라탄 체코 인들이 더 정확하게 말해주었다. "아우슈비츠에서 유대인들을 독가스로 죽인대!" 그 순간 아이는 아버지를 생각했다. 그리고 도망쳐야겠다고 생각했다.

그 혼자만 '무슨 일이 있어도 탈출을 시도해야 해!'라고 생각한 건 아니었다. 기회는 열차가 폴란드 남부의 비엘스코 비알라에 정차했을 때 생겼다. 나치친위대가 마테이 근처의 문을 열고 시체들을 밖으로 끌어냈다. 밖은 칠흑처럼 어두웠다. 십여 명의 죄수들이 느닷없이 열차 밖으로 뛰쳐나가더니 경비병들을 밀치고 뛰기 시작했다. 마테이도 거기 끼어들었다. 나치친위대가 그들을 향해 사격을 시작했다. 마테이에게는 총소리와 화약 냄새가 흥분제처럼 느껴졌다. 머릿속에는 오직 도망쳐야 한다는 생각뿐이었다. 그는 머리를 숙인 채 깊은 숲 속으로 뛰어들어 멈추지도 뒤도 돌아보지 않고 곧장 내달렸다. 멀리 보이는 산꼭대기가 목적지처럼 보였다. 나치가 겨우 '유대인 꼬마 하나' 때문에 호송열차를 세워 두지는 않을 것이다. 몇 시간 뒤, 그는 도저히 더 이상 달릴 힘이 없어서 나무 앞에서 쓰러졌다.

새들이 지저귀고 있었다. 동이 틀 무렵, 그림자 하나가 그를 향해 몸을 숙였다. 그림자는 물통 속의 물을 그에게 먹였다. 그러고 나서 그에게 야생의 작고 둥근 열매를 먹으라고 주었다. 날이 환해지면서 소년은 자기를 돌봐주고 있는 그 젊은 남자의 모습을 제대로 볼 수 있었다. 소년은 눈을 크게 떴다. 그 사람은 다 해진 독일 군복을 입고 있었다. 그가 독일어로 말했다.

"난 한스라고 해. 무서워할 것 없어. 난 오스트리아 사람인데 유대인들이 고통 받는 걸 보고 독일군에서 탈영했어. 그리고 파르티잔들과 합류했단다. 너, 파르티잔 알아? 우리 파르티잔은 숲 속에 수백 명, 수천 명이나 있어."

마테이는 학교에서 적의 언어를 배운 걸 더 이상 후회하지 않았다. 그 젊은 병사의 말은 사실이었다. 탈출한 폴란드 출신 죄수들과 러시아계 유대인들, 헝가리인들, 그와 같은 루마니아 인들이 수천 명이나 되었다. 그들은 전투단을 조직했다. 후방에서 독일군을 공격하고, 수용소에 갇힌 포로들과 접촉을 유지하고, 곧 나치 수용소를 해방시키게 될 적군을 지원했다.

"저도 파르티잔이 되고 싶어요!" 길을 잃었다가 다시 용기를 얻은 소년이 이렇게 소리쳤다.

한스가 웃음을 터트렸다. 그리고 소년의 손을 잡고 그를 숙영지로 데려갔다. 공들여 만든 벙커와 참호, 오두막집이 여기저기 눈에 띄었고, 거기서 다양한 국적을 가진 파르티잔들이 새로운 공격작전을 준비하고 있었다. 광천수가 나오는 샘도 있어서 목욕을 할 수도 있었고, 바위틈으로 흘러나오는 얼음처럼 차갑고 신선한 물을 마실 수도 있었다. 그가 모험이야기에서 읽은, 쉐어우드 숲 속의 로빈 후드 숙영지에 와 있는 것 같은 느낌이 들 정도였다. 숲 속에 이런 저항의 영토가 존재했다는 걸 과연 누가 나중에 믿을 수 있을까?

"자, 여기 널 지켜줄 총이 있다. 사격술과 어른들처럼 싸우는 법을 이제 곧 가르쳐주마." 적군의 정치 위원이었다가 수용소에 갇혔지만 그곳에서 탈출하여 이 파르티잔 부대를 이끌고 있던 보리스가 그에게 설명했다.

이렇게 해서 마테이 자켈은 형이나 다름없는 존재가 된 한스의 보호를 받으며 '부대의 마스코트'가 되었다. 매일 밤, 잠들 때마다 그는 가족을 생각했다. 그리고 매일 아침 눈을 뜰 때마다 '우리 가족들을 꼭 해방시켜 주고 말 거야!'라고 다짐했다.

그의 사격솜씨가 탁월하다는 사실을 알게 된 새로운 동지들은 독일군으로부터 빼앗은 슈미이허 경기관총을 그에게 주었다. 그리고 나서 그가 속한 무장 항독유격대의 활동 무대인 폴란드와 체코슬로바키아의 변두리에 있는 베스키드스 산맥에서 스카우트로서 정보를 수집하라는 대담한 임무를 그에게 부여했다. 어느 날, 그는 탄약을 실은 열차를 탈선시키기 위해 TNT를 다리 밑에 설치하는 것을 도왔다. 그가 속한 부대는 수차례나 독일군에게 포위당했다. 그러나 그럴 때마다 탁월한 게릴라전 기술을 가진 그의 부대는 적의 손을 벗어나곤 했다. 그러나 전투를 치르다 죽은 친구의 시신을 땅에 묻어야 하는 저주받은 날도 있었다.

마테이 자켈은 11살이 되었다. 그는 수없이 많은 매복 작전에 참여했다. 하지만 어느 날 영원히 잊히지 않을 사건이 일어났다. 정보 수집 임무를 수행하던 중에 경찰 끄나풀 노릇을 하면서 파르티잔들을 고발한 18살의 젊은 여성을 보게 된 것이었다. 그녀는 요정처럼 금발 머리에 아름다웠지만, 파르티잔들은 그를 매춘부로 취급했다.

키가 작았던 그는 권총을 잡고 젊은이들에게 둘러싸인 그녀 앞에 섰다.

부대장이 마테이에게 명령했다. "저년이 우릴 배신했으니 네가 죽여야 해!"

"전 못 해요! 전 아직 어린아이에 불과한 걸요!" 마테이가 고개를 저으며 대답했다.

"저년 때문에 유대인들이 고발당했어. 그러니 망설여서는 안 돼!"

소년은 눈을 질끈 감아버렸다. 소녀의 얼굴이 사라졌다. 아버지 얼굴이 문득 떠올랐다. 고발당한 유대인. 그는 떨지 않았다. 방아쇠 위에 놓인 손가락. 하지만 옆으로 총을 쏘는 바람에 그는 표적을 놓치고 말았다.

"난 어린아이에 불과하다고요!" 그는 이렇게 외치며 도망쳤다. 공포에 떨고 있던 그 여성에게 무슨 일이 일어났는지, 그는 영영 알지 못했다. 그녀가 살아남았으면 좋을 텐데. 그날 아무도 마테이에게 말을 걸지 않았다. 그렇다고 그를 비난하는 사람도 없었다.

드디어 전쟁이 막바지에 이르렀지만 그는 루마니아에 돌아가고 싶지 않았다. 자신이 자켈 가문의 유일한 생존자라는 사실을 알게 되었던 것이다. 어느 날, 한 유대인 단체가 그를 네덜란드로 데려다주었다. 1946년, 재건 중인 이 나라로 망명한 그는 아우슈비츠의 영웅 로자 로보타가 설립한 운동단체 하쇼마르 하트자이르에 가입했다. 그리고 몇 달 뒤, 많은 개척자와 마찬가지로 그는 약속의 땅 이스라엘에 정착하기로 결심했다. 그곳에는 차할의 유니폼을 입은 다른 전투들이 그를 기다리고 있었다.

제13장

사진가와 바르샤바의 '애덕스카우트'

'사진, 그것은 레지스탕스 운동이기도 하다.'

제르지 토마스제프스키는 나치에게 침략당한 바르샤바를 지키기 위해 14살 때인 1939년 9월에 스카우트로서 함께 싸웠던 형 스타니스라프가 알려준 이 좌우명을 인정할 수밖에 없었다. 아주 어렸을 때부터 제르지는 사진과 영화에 열광했다. 이미지를 포착하는 것은 야생동물을 잡는 것과 비슷했다. 미소나 고뇌의 순간의 시간을 고정시키는 생명은 죽음을 넘어선 존재의 힘을 다시 태어나게 한다. 남아 있는 사람들에게, 아니면 사진에 찍힌 사람들이 정말 고귀한 존재였다는 사실을 살아남은 사람들이 잊어버리게 될 때……

"사진기는 너의 무기가 되어 독일인들에게 맞설 수 있게 해줄 거야." 1년 뒤 동생을 폴란드의 '그림자 군단'에 끌어들이는 형은 이렇게 말했다. 사진은 전투의 소음을 넘어서서 이미지와 전파의 전쟁이 될 제2차 세계대전에서 없어서는 안될 무기가 되었다. 역시 그 사실을 이해하고 있던 나치는 독일 점령지역과 소련 점령지역으로 나뉘어 있던 폴란드에서 사진기 보유를 금지시켰다. 이러한 상황에서 제르지는 도대체 어디서 열렬한 취미를 즐기는 동시에 레지스탕으로서의 새로운 임무를 수행할 수 있단 말인가?

그건 아주 간단하다. 점령군만 손님으로 받는 바르샤바 시내의 사진전문점 포토 리스에 일자리를 얻어 보라고 귀띔해주는 것이었다. 이 가게에는 10명 정도의 젊은이들이 고용되어 독일인들이 찍어온 사진을 현상하는 일을 하고 있었다. 이 나이 또래의 소년들이라면 보통 휴가 나온 병사들이 라이카 카메라로 찍은 '예술 누드 사진'에 더 관심을 기울일 것이다. 그러나 암실에서 현상된 사진들은 보는 사람을 다른 식으로 어리둥절하게 만들었다. 독일인들은 '열등인간들'의 제국인 동유럽에서 그들이 저지른 약탈 장면과 총살 장면, 학살 장면을 찍으며 재미있어 했다. 시간이 지나면서 새로운 사진들이 이 폴란드 청년들의 손을 거쳐 갔다. 자기 나라의 수용소에서 찍힌 사진들, 혹은 소련이 1941년 침략받은 이후 벨로루시와 동부전선에서 활동한 나치친위대 소속 특수기동대가 저지른 살육 장면이 찍힌 사진들이었다. 그 사이에 제르지는 친구 미에크지슬라브 쿠차르스키와 화학자 안드르제즈 호노프스키와 함께 이 사진들을 복사하기 위해 비밀 아지트를 만들었다. 레지스탕스 조직원들이 일하는 우편물 분류센터에서 입수된 사진들도 제르지에게 맡겨졌다. 이 사진들은 완벽하게 복사되어 런던의 폴란드 망명정부로 전송되었다. 이 사진들은 정보 수집의 목적으로만 쓰일 때는 외부에 알려지지 않았다. 그러나 일부 사진들이 선전활동 수단으로 사용되어 유럽 전역에 유포되자 독일 군사안전부에 이어 게슈타포가 수사에 나섰다. 처음에는 어느 독일 병사가 가족에게 보냈던 사진 한 장이 전 세계를 돌아다녔다. 한 독일 병사가 아이를 품에 안고 도망치는 한 유대인 여성을 겨냥, 방아쇠를 당길 준비를 하고, 그동안 그보다 더 먼 곳에서는 사람들이 쭈그린 채 무덤을 파는 사진이었다. 이 사진은 우크라니아 지방의 아반고로드에서 학살이 자행될 당시 찍혔으며, 1942년 레지스탕스 조직이 중간에서 가로챘다. 1943년 초, 가죽 외투를 입은 게슈타포 요원들은 이 사진의 유포 경로를 역으로 추적하여 결국 바르샤바에서 가장 큰 사진 전문점을 찾아냈다.

'도망쳐야 한다! 포토 리스에서 대량검거가 이뤄질 것이다!' 매우 정통한 폴란드 비밀군 정보부에서 항상 이렇게 경고했다. 미에크지슬라브와 제르지는 허둥지둥 도망쳤다. 그러나 화학자 안드르제즈는 체포당해 처형되었다.

이 두 초보 사진사들은 많은 걸 배웠다. 레지스탕스 조직의 권유에 따라 비밀아지트를 만드는가 하면 마이크로필름을 만년필과 구두 뒤축, 치약에 숨기기 위한 장치를 만들기도 했다. 그들이 활동을 중단한 뒤, 그들이 볼 수 없었던 나치의 새로운 사진들이 유포되었다. 1943년 봄에 일어난 바르샤바 유대인 게토 '소탕작전'을 찍은 것들이었다.

특히 그중 한 장은 우크라니아 사진만큼 큰 충격을 불러일으켰고 가장 널리 알려진 제2차 세계대전 사진이 되었다. 이 사진에는 무릎까지 올라오는 짧은 외투를 입고 챙 달린 모자를 쓴 7살가량의 유대인 남자아이가 찍혀 있다. 아이는 군복을 입은 게슈타포 장교의 위협에 두 손을 번쩍 들고 있으며, 다른 남자들과 여자들은 바르샤바 유대인 게토 밖으로 끌려나가고 있다. 사진은 1943년 봄이 끝나갈 무렵에 찍힌 것으로 추정된다. 나치친위대 장교의 신원은 밝혀졌다. 조제프 블뢰쉐라는 이름의 이 장교는 독일민주공화국에서 재판을 받고 1969년 교수형에 처한다. 신원이 확인된 다른 아이들의 이름은 한카 라메트와 레오 카르투진스키, 한 엄마의 이름은 마틸다 라메트 골드핑거이고, 더 멀리 보이는 다른 엄마의 이름은 골다 스타브로프스키이다. 이 여성은 배낭 말고도 왼손에 무거운 바구니를 들고 있기 때문에 한 손만 들고 있다. 들려 있는 오른팔에는 푸른색 다윗의 별이 그려진 흰 완장을 차고 있는 것이 보인다. 이 불행한 사람들의 신원은 확인되었지만 챙 달린 모자를 쓴 어린 가브로슈가 누구인지는 확인되지 않았다.

제르지 토마스제프스키는 비록 당시에 이 사진을 보지는 못했음에도 유대인 게토 이야기를 잘 알고 있었다. 그는 바르샤바 인구의 3분의 1에 해당하는 40만 명의 유대인들이 어떻게 해서 1939년부터 철조망이 둘러쳐진 3미터 높이의 벽 뒤편에 갇힌 채 비참한 생활조건으로 살아가게 되었는지 알고 있었다. 기아와 질병이 걷잡을 수 없이 퍼지기 시작했던 1942년 7월부터 어떻게 해서 나치가 게토의 유대인들을 몰살하기 시작했는지 알고 있었다. 나치친위대는 매일 같이 5천 명의 유대인들을 바르샤바에서 1백 킬로미터 떨어진 트레블린카 강제수용소행 열차에 싣고 가서 죽였다. 1943년 봄, 나치는 이 일을 단번에 끝내기로 결정했다. 그들의 계획은? 남아 있는 유대인 6만 명을 강제송환한 다음 유대인 게토를 폐허로 만들어 버리는 것이었다. 어린이들이 어떤 상황에 있었는지를 알면 이곳이 얼마나 참담한 상태에 있었는지를 짐작할 수 있다. 많은 사람이 '아리아 족 편'을 통해 게토 밖으로 나와 식량을 구하고 물물교환으로 암시장을 운영했기 때문에 유대인들의 불행이 더더욱 피부로 느껴졌다.

게토 내부의 레지스탕스 조직 우두머리로서 당시 22세였던 마렉 에델만은 이 소년들의 비참한 상황을 이렇게 요약한다.

"아이들은 떼로 몰려다니며 구걸을 했습니다. 6살짜리 아이들이 경비병이 지켜보고 있는데도 아랑곳하지 않고 철조망 틈 사이로 빠져나와 반대편에서 먹을 것을 달라고 애걸했지요. 이 아이들이 가족을 먹여 살린 겁니다. 지나가던 사람들이 철조망에서 총소리가 나는 걸 듣고 이 어린 밀매자 중 하나가 배고픔과 싸우다가 방금 목숨을 잃었다는 걸 알게 되는 경우가 자주 있었지요. 날치기들도 출현했습니다. 소년들이, 더 정확히 말하자면 피골이 상접한 소년들이 지나가는 사람들이 들고 가던 장바구니를 빼앗아 도망치면서 그 안에 들어 있는 것들을 즉시 게걸스레 먹어치웠지요. 서두르다보니 비누나 마른 야채를 그냥 삼키는 일도 자주 일어났답니다."

게토 밖에서 어린이들의 운명에 관심을 갖고 마음을 쓴 청소년 레지스탕이 젊은 사진가 제르지만은 아니었다. 1929년 뢰드즈에서 태어난 욜란드 에빈은 매일같이 게토의 벽을 따라 비밀 학교에 갔다(비밀 학교에 가는 것은 폴란드 인들에게도 금지되어 있었다). '욜라'(가까운 사람들은 그녀를 이렇게 불렀다)는 자신과 친구들이 유대인들의 운명에 무관심하다는 사실을 인정했다. "미국인들이 오면 이 벽을 무너트릴 거야." 그러던 어느 날, 그녀는 유대인 아이들이 구걸하는 것을 보았다. "꼭 해골들이 돌아다니는 것 같았습니다. 입고 있는 옷은 다 해져 넝마나 다름없었고, 입술은 추위로 파래졌으며, 커다란 눈은 슬픔으로 멍해 보이더군요. 아침에 학교에 가기 전에 그들의 모습이 보이면 저는 제가 먹을 잼 바른 큰 빵 조각을 종이봉지에 넣어 창문으로 던져주었습니다. 제가 그러는 걸 독일인들이 보지 않도록 조심해야 했죠. 만일 그랬다가는 같은 건물에 사는 사람 모두가 경을 쳤을 테니까요."

그러나 이 1943년 봄에 그녀는 커버를 씌운 트럭들이 게토 안을 들락거린다는 사실을 눈치 챘다. 그녀가 던져준 빵 조각을 받아가던 아이들이 어디론가 사라져버렸다. 학교에서 욜라는 이 문제를 가지고 격렬한 토론을 벌였다.

한 친구가 "그들은 자신을 방어하지 않은 채 모두 침묵 속에서 죽어가고 있어"라고 말했다.

그러자 또 다른 친구가 "그건 폴란드 사람들이기도 해. 왜 그들을 위해 아무 것도 하지 않는 거지?"라고 물었다. 욜라는 그들의 운명에 대해 어떻게 말해야 할지 알 수가 없었다.

"난 유대인으로서가 아니라 인간으로서의 그들을 동정해. 우리는 기독교인이니까."

욜라는 이렇게 기억한다. "부활절이 되었죠. 그 해에는 하루하루가 무적이나 음울하고 추웠어요. 장터 축제가 벌어져 회전목마와 그녀가 게토의 벽 아래 설치되었답니다. 가슴을 에는 것 같은 음악이 우리 귀를 멍하게 만들었지요. 우리는 그것이 충격적인 공연이라는 데 의견이 일치했지요. 우리는 불안해져서 감히 서로를 쳐다보지 못했습니다.

근데 별안간 세상이 뒤집어졌습니다. 폭발소리와 기관총을 난사하는 소리, 소총이 발사되는 소리. 그전 며칠 동안 침묵이 계속되다가 느닷없이 이런 소리가 들려온 거였죠. 게토가 깨어나 봉기한 것이었습니다."

정말이었다. 그러나 게토의 젊은이들이 이 봉기를 준비했는지를 확인하기 위해 높은 벽 뒤편에 눈길을 던지기 전에 욜라가 자기 자신에게 던지는 질문에 부분적으로나마 대답하는 것이 좋을 것 같다. 게토의 아이들은? 수많은 아이들이 트레블린카 강제수용소로 끌려갔다. 하지만 모두가 강제송환된 것은 아니었다. 그들 중 2천5백 명은 요약해서 '제고타' 라고 불리는 폴란드 레지스탕스 특수조직 '유대인 지원위원회' 덕분에 목숨을 구했다. 이 위원회에 소속되어 어린이를 담당하는 부서는 사회복지사인 이레나 센들러가 설립했다. 이 단체는 런던의 폴란드 망명정부와 관계를 맺어 아이들을 구하고 그들을 유대인이 아닌 폴란드 사람들의 집에 숨겨주는 것을 임무로 하는 조직을 만들었다.

아이들이 나이가 아주 어리면 배낭이나 가방 속에 넣어서, 그리고 그보다 더 많을 때는 19세기 말 영국인 기술자 윌리엄 린들레이가 설계한 하수구를 통해 탈출시켰다. 바르샤바 '아리아 족' 거주 지역에 도착한 어린이들에게는 위조서류를 만들어주고 그들을 접대가정이나 수도원에 숨겨주었다.

제고타 조직책 중에는 '유대인들의 친구' 라고 불리는 작은 가족, 라즈스즈크작 가족이 있었다. 부모로 펠릭스와 웨로니카가 있고, 타데우스즈와 미르카라는 이름을 가잔 아이들이 있다. 유대인 아이들을 숨겨주는 이 두 아이는 얼마 지나지 않아 욜라처럼 폴란드 레지스탕스 운동에서 엄청나게 중요한 역할을 해낼 비밀군 산하의 거대한 어린이 스카우트 조직에 소속된다. 이제 곧 우리는 그들을 다시 만나 어떤 놀라운 상황에서 그들이 마이크로필름의 왕인 사진사 제르지 토마스제브스키를 만날지 알게 될 것이다.

그러나 욜라가 말한 대로 '게토는 이미 깨어났다.' 히틀러는 유월절을 유대인들을 최종 처리하는 날로 정해놓았다. 1943년 4월 19일 새벽 3시, 게토는 완전 포위되었다. 3시간 뒤, 페르디난트 폰 삼메른 프랑케네그 대령이 지휘하는 3천 명의 나치친위대는 폴란드 경찰과 친나치 우크라이나 보충병들과 함께 두 개의 문을 통해 게토 안으로 진입했다. 장갑차를 동반한 선발대가 밀라 거리와 자멘호프 거리가 만나는 첫 번째 큰 사거리에 도착했을 때 일제 사격이 시작됨과 동시에 선발대를 보호할 임무를 맡은 장갑차와 탱크에 화염병이 날아들어 불이 붙었다. 병사들이 이리저리 흩어져 달아났다. 10여 명의 사망자가 생겼다. 유대인들은 인명 피해를 전혀 입지 않았다. 독일인들은 게토에 사는 유대인들이 이처럼 조직적인 공격을 해오리라고는 꿈에도 생각해본 적이 없었다.

1942년 8월 트레블린카 강제송환을 위한 일제단속이 이루어졌을 때 유대인 전투조직이 결성되었다. 이 조직은 게토 내의 모든 청년조직에서 활동하고 있던 수백 명의 전투원을 결집시켰다. 새로운 유대국가에서 노동자 공화국을 건설하기 위해 팔레스타인으로 이주할 것을 역설했던 — 아우슈비츠 강제수용소에서 레지스탕스 운동을 벌였던 — 하쇼메르 하트자이르와 고르돈이아, 그리고 드로르의 유대민족주의자와 사회주의자 청년들도 이 조직에 다시 편성되었다. 드로르의 첫 번째 임무는 게토에 고등학교를 세워 군 간부를 양성하는 것이었다. 드로르는 또한 봉기가 일어나기 전에 설립된, 그 어떤 노선도 추종하지 않는 청년조직 아키바와 연결되어 있는 할루츠에 소속되어 있기도 했다(할루침은 폴란드 출신의 키부

침들이 소속된 개척자들이다). 폴란드 노동자당의 젊은 공산주의자들 역시 팔레스타인으로의 이주를 주장하지 않으며 유대민족주의자들이 장려하는 히브리 어의 부활보다는 이디시 어의 사용을 위해 운동하는 분드 조직과 협력한 유대인 전투조직에 속해 있었다.

몇 명(30대에 접어든 '선참')을 제외하면 각 조직의 우두머리들은 대체로 스무 살 이상이었고, 파르티잔들은 남녀 가릴 것 없이 모두 청소년이거나 이제 막 사춘기를 벗어난 젊은이들이었다. 훨씬 더 조숙한 아이들은 무장은 하지 않았지만 거대한 '눈치꾼'(적의 움직임을 미리 알려주는 이 어린 첩자들과 연락원, 감시원들을 이렇게 불렀다) 조직을 형성했다.

1942년 12월 2일, 하쇼메르 하트자이르의 조직원인 23세의 모르데차이 아니엘레비크즈가 유대인 전투부대 사령관으로 임명되었다. 그리고 여러 조직이 결합된 이 유대인 전투부대는 밀라 자멘호프 사거리에서 이루어진 첫 번째 공격을 통해 이름을 알렸다. 이 공격에는 분트와 하쇼메르, 드로르, PPR의 전투조직이 참가했다.

무장을 한 6백 명의 남녀 파르티잔들은 끝까지 싸울 각오가 되어 있었다. 이들은 22개 소부대로 편성되어 작은 게토와 큰 게토에 배치되었고, 큰 게토는 다시 중앙 게토와 브러시 만드는 사람들의 가게가 있는 '브러시 동네', 그리고 퇴벤스 슐츠 공장 구역(이곳에서 생산 활동을 하는 유대인들은 독일을 위해 열심히 일하며 전쟁이 끝나기를 조용히 기다릴 수 있다고 나치는 선전했다)으로 나뉘었다.

첫날 전투는 14시간 동안 계속되었다. 삼메른은 바르샤바 독일경찰을 지휘하는 나치친위대 대장 위르겐 스트루프로 교체되었다. 지휘관은 교체됐지만 이 격렬한 전투는 나치에게 점점 불리해졌다. 스트루프는 어떤 어려움에 부딪쳤는지를 전투보고서에 이렇게 설명한다. '유대인들과 범죄자들은 한 지점에서 다른 지점으로 순식간에 옮겨 다니며 저항했고, 마

지막 순간에 창고나 지하통로로 도망쳐 추적을 피했다.'

나치친위대는 벽을 무너뜨리고, 일렬종대를 이루어 뛰며 한 은신처에서 다른 은신처로 신속하게 이동했다. 유대인들이 전투에서 우위를 점했다. 4월 21일에도 전투는 치열하게 이어졌다.

스트루프 장군은 몹시 화가 났다. '적은 어제와 똑같은 무기를 사용했다. 특히 직접 만든 폭약을 쓴다. 우리는 여성들로 이루어진 전투조직(할루츠 조직)을 처음으로 보았다.'

과연 한 독일군 병사는 브러시 동네에 있는 건물 3층에서 젊은 여성이 자신의 분대를 향해 사격하는 모습을 보았다. "저것 좀 봐, 한스! 여자가 우리를 향해 총을 쏘고 있어!" 그것은 전설적인 미모를 자랑하던 드보라 보란이었다. 증거가 있다. 5월 2일, 파르티잔들이 무사히 철수할 수 있도록 그녀는 적군이 마주보이는 벙커에서 불쑥 모습을 드러냈고, 그러자 독일 특공대는 이 늘씬한 여성을 보고 깜짝 놀랐다. 그녀는 이 틈을 이용하여 독일군 특공대를 수류탄으로 전멸시켰다. 유감스럽게도 잠시 후 그녀는 무기를 손에 든 채 죽었지만, 그녀의 전우들은 그녀 덕분에 목숨을 구했다.

스트루프 장군이 여성들이 적극적으로 투쟁하는 것을 보고 놀란 건 잘못이었다. 여성들의 숫자는 남성들의 그것보다 결코 적지 않았다. '카지크'라는 별명으로 불리던 19살의 심하 로템은 브러시 동네에서 전투를 치르고 다음 전투를 치르는 사이에 드보라의 연인이 되었다. 그의 회고록에서 이 이야기가 나온다. 그는 특히 바르샤바의 아리아 족 편과 접촉을 유지하는 임무를 맡은 몇 안 되는 청년들 중 하나였다. '심부름꾼은 카지크만 빼고 다 여자였다(유대인 남자들보다 '구분하기가 덜 쉬웠기' 때문이다). 젊고 예쁜 이 여성들(다시 말해 이들은 '아리아 족' 폴란드 여성과 흡사해 보였다)은 대부분 폴란드 어를 완벽하게 구사했다. 그리고 모두가 목숨을 잃을지도 모르는 위험을 계속 무릅썼다.' 아내인 바라바라 헤르쇼프는 2008년에 출간된 그의 회고록 서문에 이렇게 썼다.

저항이 거세지자 4월 23일에 나치친위대 대장은 전술을 바꾸어 게토에 불을 지르기로 결심했다. 같은 날, 아니엘비츠는 아리아 족 편에 가서 도움을 청하는 임무를 맡은 심부름꾼이 편지를 전하게 했다. '조심하게. 어쩌면 우리는 다시 만나게 될지 모르네. 가장 중요한 건, 내 평생의 꿈이 실현되었다는 걸세. 나는 유대인들이 위대하고 완전하게 게토를 방어하는 것을 볼 만큼 충분히 오래 살았네.' 전투는 계속되었고, 그동안 대포는 물론 비행기까지 이 작은 유대인 도시를 폭격했다. 25일 밤, 스트루프는 이렇게 기록한다. '어제는 붉은 섬광이 지금까지 게토였던 곳을 뒤덮었다. 지금 그곳은 거대한 화염에 휩싸여 있다.'

5월 8일. 이번에는 밀라 거리의 벙커에 있는 지휘부가 포위당했다. 독일인들은 이 작은 보루를 독가스로 공격했다. 저항을 지휘하던 모르데차이 아니엘비츠는 여자 친구를 죽인 다음 수많은 동지들과 함께 스스로 목숨을 끊었다. 마렉 에델만은 뤼트라는 이름을 가진 한 젊은 여성이 독일인들에게 붙잡히지 않기 위해 일곱 번이나 자신을 쏜 끝에 겨우 목숨을 끊는 데 성공했다고 전한다.

마찬가지로 이 레지스탕들의 마지막 역시 영웅적인 투쟁으로 점철되었다. 예를 들어보자. 중앙 게토를 맡은 번트 조직의 전투부대 지휘관으로서 4월 19일의 1차 공격에 참여했던 다비드 호크베르그 역시 장렬한 최후를 맞았다. 어머니는 그가 너무 어리다고(그는 1925년생이다) 생각하여 그가 유대전투조직에 들어가는 것을 금했다. 이 어린 레지스탕의 최후는 사실 같지가 않아 믿기가 힘들다. 에델만은 이렇게 이야기한다. "독일군이 5개 전투부대와 수백 명의 민간인이 피신해 있던 은신처에 접근하자 이들의 죽음은 피할 수 없는 것으로 보였습니다. 다비드는 무기를 내려놓고 좁은 통로를 자기 몸으로 막았지요. 독일 병사들은 그를 즉시 사살했지만, 그들이 그의 시신을 좁은 통로에서 치우기 전에 다른 민간인들과 전투원들은 그곳을 빠져나갈 수 있었습니다."

20일 동안 계속된 전투가 끝났을 때 마렉 에델만과 카지크를 포함한 40명가량의 레지스탕들은 하수도를 통해 탈출하여 민간인들을 데리고 아리아 족 구역으로 넘어가는 데 성공했다. 그들을 도와주겠다고 약속했던 폴란드 국내군은 약속장소에 나타나지 않았다. 대신 폴란드 국내군과 경쟁관계에 있었던, 규모가 더 작고 좌파인 인민군의 트럭들이 그들을 안전한 목적지로 태우고 갔다.

독일군은 전투가 끝나갈 무렵 하수구를 여러 지점에서 차단시켜 놓았는데도 유대인들이 그걸 통해 탈출한 사실을 알고 놀랐다. 그래서 스트루프 장군은 1943년에 작성된 5월 16일에 작성된 최종보고서에 이렇게 썼다.

> 유대인들은 하수구와 폐허로 변한 벙커에 몸을 숨겼다. 처음에는 외딴 벙커만 있는 줄 알았다. 그러나 긴 시간을 요하는 이번 임무를 수행하는 과정에서 게토 전체에 수많은 지하실과 벙커, 통로가 조직적으로 설치되어 있다는 사실을 알았다. 각 벙커와 통로는 하수도로 이어진다. 유대인들은 이 하수 시설을 이용하여 은밀하게 바르샤바의 아리아 인 거주 지역으로 넘어갔다.

안내인들 중에는 카지크와 함께 브러시 동네에서 싸운 17세의 슐로모 슈스터라는 친구가 있었다. 드로르 조직원인 그는 놀라운 용기를 발휘하여 5월 8일에 하수구를 통해 탈출하는 데 성공했고, 그러고 나서 다시 오던 길로 가서 구출작전을 수행하다가 독일군에게 사살되었다.

미국 국적을 갖고 있었던 덕분에 봉기 직전에 게토를 떠날 수 있었던 16세의 미국계 유대인 여성 메리 버그는 이렇게 일기장에 썼다. '독일인들은 게토의 레지스탕들이 장렬하게 저항하자 아연실색했다. 굶주리고 지친 이 유대인들이 도대체 어디서 그렇게 엄청난 용기와 힘을 얻어 폴란드에 마지막으로 남은 유대인 성채를 지켜내는지 도저히 이해가 가지 않았던 것이다.'

그렇지만 스트루프 장군은 아주 만족스러워 하는 것처럼 보인다. '1943년 5월 16일 오전 10시에 전격적으로 작전을 개시하여 강도이자 하급인간들인 유대인 180명을 사살했다. 그 결과 바르샤바 유대인 구역은 더 이상 존재하지 않게 되었다. 체포된 유대인들과 사살이 확인된 유대인들의 숫자는 56,065명에 달한다. 오늘은 우리 측 인명 손실이 없었다.'

그러나 여기서 도망친 유대인들이 있었고, 이들은 결코 포기하지 않았다. 마렉 에델만이 이끄는 유대전투부대는 이후로 비밀과 저항으로 이루어진 이 세계에 대한 경험을 보유하게 되었다. 얼마 후 그들은 바르샤바에서 새로운 레지스탕스 활동을 벌인다.

게토가 화염에 휩싸여 있는 동안 바르샤바 북서쪽에 있는 비에라니 주택가에서는 욜라의 어머니가 그녀에게 이렇게 소곤댔다.

"오늘은 유대인이지만 내일은 우리 차례가 될 거야."

그녀는 자기가 말을 제대로 했다고 생각하지는 않았다. 그녀의 남편은 누군가의 밀고로 레지스탕스 조직과 관련되었다는 혐의를 받고 체포되었다. 그는 다시 풀려났지만, 그 사이 욜라의 어머니가 체포되어 음산한 파위아크 감옥에 두 달 동안 갇혀 있었다. 특히 건축가가 되고 싶어 했던 스무 살의 큰 오빠 요한이 게슈타포의 계략에 걸려들었다. 그는 실종되었다. 그리고 나중에 그가 죽었다는 소식이 나왔다.

욜라와 아버지는 완다 고모 집에서 우울한 1943년 크리스마스를 보내야 했다. 그후 욜라는 '헬레나 코다코프스카'라는 가명으로 이 집에서 지냈다. 그녀의 고3 시절이 우울할 것으로 예상되는 가운데 친구인 알렉산드라가 물었다.

"봉기가 준비되고 있다는데, 알고 있니?"

"아니, 금시초문이야!"

"자, 자! 너도 거기 참여해야 해! 네 오빠 뒤를 따라야 한다고."

욜라는 불안했다. '너무 불안해. 도대체 어떤 역할을 내게 맡길까? 내가 기관총으로 독일군을 죽이고 탱크에 수류탄을 던지다니, 상상이 잘 안 가. 뜻하지 않게 내게 주어질 이 새로운 책임을 맡고 싶은 마음도 별로 없어. 그리고 오빠 뒤를 잇는다는 것도 별로 내키지 않고. 하지만 좋아. 두고 보면 알겠지.'

욜라가 그런 생각을 하는 것도 무리는 아니었다. 거대한 청년 스카우트 조직의 기능과 임무는 거친 특공작전을 포함해서 매우 다양했다. 그리하여 이제 겨우 16살밖에 안 된 마리아 스티풀코프스카는 방첩활동뿐 아니라 폴란드의 매국노와 적들을 처단하는 임무를 맡은 AK의 한 조직에 소속되었다. 그녀는 이 자격으로 1944년 2월 1일 동부전선에서 특공대장으로 이름을 널리 알린 신임 나치경찰서장 프란츠 쿠체라의 암살 작전에 참여했다. 그리고 나치친위대장을 암살한 것도 마리아가 소속된 스자레 스제르기의 페가세 조직이었다.

스자레 스제르기(직역하면 '회색 조직')는 바르샤바에 사는 9천 명의 레지스탕 스카우트들로 이루어져 있었다. 가장 나이가 어린(12~14세) 스카우트들은 '자비스자'(중세의 유명한 기사의 이름)라는 이름을 가진 여러 단위부대에 편성되었다. 이들은 최초 구급조치를 하거나 우편물을 전달했으며, 무기를 운반하기도 했다. 이들보다 나이가 많은 15살에서 17살까지의 스카우트들은 '전투학교'에 소속되어 소규모 파괴 활동이나 선전

활동을 수행했다. 전단과 지하신문을 배포하고, 독일 국기를 찢고, 불이 나지 않았는데도 화재 경보를 울리고, 나치 영화를 상영하는 극장에 악취 나는 공을 던진다거나 관객들의 옷을 갈기갈기 찢었다. 마지막으로 이들은 좌파 유대민족주의자 조직인 하쇼마르 하트자이르와 연계하여 반유대주의 선전기관과 싸웠다.

'N' 부서는 이런 식으로 활동했다. 언뜻 재미있어 보일지 모르지만, 나치가 감시의 눈길을 번득이고 있었다는 사실을 생각해본다면 실제로는 위험하기 짝이 없었다. WISS, 즉 '애덕스카우트' 정보수집 부서는 적의 움직임을 예의주시하며 정보를 수집, 런던의 연합군에게 제공했다. 그리고 GS, 즉 '타격조직'도 있었는데, 쿠츠케라를 암살한 조직도 그중 하나였다. 마지막으로 아그리콜라라고 불린 비밀장교양성학교가 있었다.

욜라가 가입하게 될 '애덕스카우트'는 'W(바르샤바를 뜻하는 폴란드어 바르스자바Warzawa의 첫 글자)데이', 즉 디데이를 준비하고 있었다.

1944년 여름은 희망으로 충만했다. 미군이 노르망디 지방에 상륙했고 (폴란드의 1개 장갑사단도 여기 참가했다), 소련군은 동부전선으로 물밀듯이 밀려들었다. 7월 19일, 로코소프스키 장군이 이끄는 전투부대가 폴란드 땅에 진입하기 시작했다. 보르 코모로프스키 장군이 지휘하는 국내군 지휘부는 이때야말로 봉기를 일으킬 수 있는 절호의 기회라고 판단했다. 게다가 1944년 7월 20일에는 히틀러를 암살하려는 시도까지 있었다. 그렇다면 제3제국은 지금 무너져가고 있는 게 아닌가?

속도를 다투는 경쟁이 시작되었다. 런던의 폴란드 망명정부는 망설였다. 1939년에 러시아 인들이 카틴에서 폴란드군 장교 수천 명을 처형했다고 비난하며(처음에는 나치의 소행으로 알려졌지만, 그건 잘못된 정보였다) 1943년 이후로 러시아와 외교관계를 단절했던 것이다. 그렇기 때문에 스탈린과 협조하여 공세를 취한다는 것은 있을 수 없는 일이었다. 더더구나 스탈린은 불과 5년 전에 폴란드를 분할하는 데 참여하지 않았던가. 그러나 1944년에 이 '인민의 아버지'는 전 세계적으로 엄청난 영향력을 발휘하고 있었다. 심지어는 어제의 적들까지도 러시아 적군이 승리하기를 바라고 있었다. 정보 부서를 제외한 AK 지도부는 봉기를 일으키자는 제안에 찬성했다. 러시아 인들이 그들 방식대로, 즉 그들이 양성한 폴란드군으로 하여금 폴란드를 해방시키게 만들고 공산당에게 권력을 넘겨주기 전에 봉기를 일으키는 게 낫다는 것이었다. 스탈린과 루즈벨트, 처칠이 얄타에서 회담을 열고 자기들 마음대로 세계지도를 그리고 있었지만 AK의 우두머리들은 영국의 도움에 기대를 걸었다. 폴란드의 1개 공수사단이 런던에서 대기 중이었고, RAF의 1개 폴란드 전투비행중대도 파견되어 지원작전을 펼칠 수 있었다. 한편 이탈리아에서는 안더스 장군이 이끄는 폴란드 군이 프랑스군과 함께 카시노 산을 점령 중이었다. 필요할 경우에는 이 병력을 폴란드의 레지스탕스 조직에 합류시킬 수도 있었다. 그러나 스탈린은 브린디시에서 이륙한 항공기가 착륙하는 데 반대하고 나섰다. 7월 말, 소련인들은 바르샤바에서 12킬로미터 떨어진 곳까지 와 있었다. 그들이 과연 무기를 내려놓고 가만있을까?

7월 29일 밤, 친구 한 명이 욜라가 사는 집 문 아래로 쪽지를 슬그머니 밀어 넣고 갔다. '8월 1일 오후 5시에 필트르 거리 모퉁이로 갈 것.' 이제 봉기가 일어나리라는 것은 확실해졌다. 같은 순간에 봉기를 일으키자는 데 찬성했던 AK 정보 선전부는 사진사인 제르지 코마스제프스키를 소환했다.

"쥐르(이것은 그의 별명이었다), 동료들이랑 앞으로 일어날 일을 하나도 빼놓지 말고 사진으로 찍어라. 바르샤바에서 무슨 일이 일어났는지 전 세계가 다 알아야 하니까!"

그날 밤, 제르지는 전투가 벌어지기 전날 자신의 총을 닦을 때처럼 정성스럽게 35밀리미터 돌리나 사진기를 닦았다. 폴란드의 전투조직에 소속된 4만 명의 레지스탕들은 이렇게 자신의 무기를 닦았는데, 그중 4분의 1은 애덕스카우트였다.

8월 1일 오후 4시 10분. 알리나라는 이름을 가진 애덕스카우트가 봉기를 시작하라고 지시하는 지휘부의 전언을 가지고 텔레폰켄 공장 근처에 도착했다. 그러나 이미 사격이 시작되었다.

그는 이렇게 말했다. "오후 1시에 여전히 알레제 제로졸림스키에에 있는 우리 집에 있었어요. 동생이 물었습니다. '어디 가는 거야? 봉기할 거야?' 저는 계속 비밀을 지켰습니다. 임무였으니까요. 아담은 제가 장전되어 있는 총을 집어 드는 모습을 쳐다보고 있었습니다. 저는 그와 악수를 나눈 다음 어쩌면 다시는 못 보게 될지도 모르는 제 방을 흘낏 쳐다보았습니다. 그리고 그 방에 '내 마음 한 조각'을 남겨두었지요. 우리들 각자가 어떻게 행동해야 하는지는 미리 정해져 있었습니다. 저는 길거리를 걷다가 전투복 차림을 한 수백 명의 젊은이들을 보았습니다."

알리나가 그와 마찬가지로 전투개시 명령을 전달할 임무를 맡은 다른 세 스카우트들과 합류, 마르스잘코프스카 거리의 모퉁이를 돌아서서 즐로타 거리로 접어드는데 독일군 병사 다섯 명이 그들 앞에 불쑥 나타났다. 누가 먼저 쏠 것인가? '회녹색 군복을 입은 독일군'들이 '걸스카우트'들을 뚫어지게 응시했다. 알리나와 그의 동지들은 봉기가 시작되었다는 것을 깨달았다. 그러나 그들은 걸음을 서둘러 가던 길을 계속 갔다. 카롤코바 거리가 나타났다. 드디어 알리나는 기관총으로 무장한 레지스탕들이 쳐놓은 바리케이드에 도착했던 것이다.

오후 4시 45분. 욜라는 집을 나섰다. 그녀는 자신처럼 붉은색과 흰색이 섞인 자유의 완장을 찬 수십 명의 젊은이들을 만났다. 모두 같은 곳을 향해 가고 있었다. 일제사격 소리, 폭발 소리가 멀리서 들려왔다. 젊은이들은 약속장소로 정해져 있는 건물 앞에 가서 기다렸다. 지휘관들은 아직 나타나지 않았다. 그러나 욜라는 이렇게 행복했던 때가 없었다. 1939년 이후 처음으로 사람들이 길거리로 쏟아져 나왔다. 그들은 자유를 되찾은 듯했다.

"이런 바르샤바의 모습은 정말 오래간만이야!" 8월 3일, 구스타프 대대 산하의 하르체스카 스카우트단 데와 마리아 순찰대에 소속된 16살의 안나 스자트코프스카는 기뻐하며 이렇게 소리쳤다. "사람들은 미친 듯이 즐거워하며 서로 얼싸안고 감격스러운 나머지 눈물을 흘렸지요. 몰래 숨겨두었던 붉은색과 흰색 국기를 꺼내 건물을 장식했어요. 남녀노소 가릴 것 없이 모두가 서둘러 달려가 바리케이드 치는 걸 도왔지요. 길에 까는 돌과 쓰레기통, 큰 통, 무거운 가구, 장난감 자동차, 돌, 모래주머니, 판자, 쇠막대 등 닥치는 대로 집어다가 쌓아 올렸습니다. 총을 맞지 않고 길거리를 건널 수 있도록 바리케이드 밑에는 참호를 팠습니다."

전투가 점점 치열해지는 동안 구급대원으로 임명된 안나는 순찰대 대원들과 함께 구시가지에 위치한 사령부로 향했다. 젊은이들이 합류하여 새로운 부대를 만들기 위해 모여들었던 것이다. 많은 젊은이가 죽어갔다. 여성들 역시 피를 흘렸다. 병원이 폭격당하는 바람에 그곳에서 일하던 구스타프 연대 소속 간호병 두 명이 목숨을 잃었다. 할리나 가시오로프스카는 17살이었고, 이레나 가시오르프스카는 19살이었다. 이들의 진짜 이름은 챠자 보른츠테인과 에스터 파즈가 보르츠테인이었다. 유대인이었던 이들은 봉기 조직에 들어가기 위해 아리아 족 폴란드 이름을 써야 했던 것이다.

왜냐하면 유대인들은 많은 폴란드 인들이 전년에 자신들을 어떤 식으로 취급했든 상관없이 ― 옛날에 그들이 자신들을 박해했다는 사실에도 아랑곳하지 않고 ― 봉기에 합류했기 때문이다. 그들은 게토에서 탈출한 레지스탕들로서 바르샤바에 남아 있었거나 아니면 대량학살 강제수용소에서 도망친 사람들이었다.

1943년 8월 2일 트레블린카 대량학살 강제수용소에서 일어난 봉기에 참여했던 사무엘 윌렌버그가 그런 경우였다. 그의 나이는 스무 살, 비록 AK 사람들은 유대인들을 받아들이기 꺼려했지만 그는 반드시 봉기에 참여하겠다고 결심했다. 그래서 그는 싸우기 위해 이름을 바꾸어야 했다. AL('스칼라 장군'이 지휘하는 조직원 6백 명의 소규모 좌파 군대)과 접촉했지만 별다른 도움은 되지 않았다. 심지어 사무엘은 전투를 치르는 도중에 AK의 저격수에 의해 사살될 뻔도 했다. 일부 AK 조직원들의 태도와 이 조직 내부에 존재하는 극우파적 성향 때문에 카지크처럼 게토에서 탈출한 사람들은 AL과 함께 싸우는 쪽을 택했다. 그리하여 카지크는 비스툴레 강을 따라 이어져 있는 프레타 거리에 자리를 잡았다. 봉기가 일어나자 게토에서 싸우다 탈출한 전투원들은 숨어 있던 유대인들에게 함께 싸우자고 호소했다. 바르샤바에는 2만 5천 명의 유대인들이 아리아 족의 신분으로 위장해 살고 있었던 것으로 추정된다. 그중 1천여 명이 무기를 들고 분연히 일어나 싸우게 된다.

주저하지 않은 건 아니었지만, 그래도 아리아 족 출신의 레지스탕들은 일부 유대인 레지스탕들의 지원을 받게 된 것을 만족스럽게 생각했다. 이레나 폴코프스카 루텐버그도 그중 한 사람이었다. 봉기가 일어났을 당시 그녀의 나이는 14살이었다. 그녀의 어머니는 간호사로서 붉은색 벽돌로 쌓은 성채 근처 포드왈레 거리의 병원에서 일했다.

모녀는 함께 파르티잔들을 치료해주었다. 이레나는 기억한다. "쿠부슈라는 이름을 가진 애덕스카우트가 있었는데, 저처럼 14살이었어요. 이 소년은 바리케이드를 두고 싸우다가 총을 맞는 바람에 머리에 커다란 구멍이 생겼지요."

영원토록 잊히지 않을 이 바르샤바 봉기 때 제르지가 찍은 1천 장 이상의 사진들은 바르샤바 시민들이 얼마나 큰 즐거움을 느꼈는지는 물론 어린아이들과 청소년들이 참여하여 매우 중요한 역할을 해낸 이 레지스탕스 운동 조직의 규모가 얼마나 컸는지도 보여준다. 그는 솔렉 거리에서 자기 머리보다 훨씬 큰 집배원 모자를 쓰고 흰 독수리가 새겨진 집배원 가방을 든, 흰색과 붉은색이 섞인 완장을 찬 어린 우편업무 담당 스카우트들을 촬영했다. 그보다 더 뒤쪽에서는 챙 달린 모자를 쓴 반바지 차림의 가브로슈들이 5년 만에 발행된 130종의 신문 가운데 하나를 팔고 있다. 아름다운 금발 소녀 한 명은 머리를 바람에 흩날리며 길게 둘러쳐진 철조망 뒤에 서 있다. 넥타이를 맨 정장 차림에 두 손을 외투 호주머니 속에 집어넣고 있는 소년에게 그녀가 훈계를 하고 있는 것처럼 보인다. 소년은 독일군에게서 훔쳐온 철모를 쓰고 있으나 자기 자신이 그다지 자랑스럽지는 않은 듯 고개를 푹 숙이고 있다. 제르지는 이 사진에 '명령을 전달하는 연락원'이라는 제목을 달았지만, 솔직히 말하면 이 두 젊은이는 예전부터 서로 알고 지내던 사이로 전혀 다른 얘기를 하고 있는 것 같다. 로스텍 거리에서 사랑이 싹튼 것일까?

이 사진에서 중요한 것, 그것은 바르샤바가 다시 살아나고 있다는 사실이다. 하지만 바르샤바는 싸우고 있었다. 일단 현상이 되자 필름은 감춰지고 사진은 폴란드 인들이 독재에 맞서고 있다는 사실을 전 세계에 알리기 위해 런던으로 보내졌다. 다른 12명의 사진가도 그와 함께 BIP에 사진을 보냈다. 이렇게 해서 이 사진들은 여러 학회지와 신문을 장식했다. 언론만 꽃을 피운 건 아니었다. 이전에는 지하에서 숨을 죽이고 있던 문화계가 다시 땅 밖으로 나온 듯했다. 라디오는 정보와 음악을 쉴 새 없이 방송했고, 콘서트도 열렸다. 애덕스카우트 순찰대가 쇼팽의 피아노곡이 연주되는 건물 앞을 지나갔다. 폴란드가 영혼을 되찾았던 것이다.

폴란드 인들은 매일같이 불행을 극복해나가는 것 같았다. AK 돌격대가 예전에 게토였던 자리에 세워진 게시오프카 강제수용소를 공격하여 아직도 그곳에 갇혀 있던 360명의 남녀를 구출했다. 이들 중 많은 수가 봉기에 참여했다. AK 조직원들이 반유대주의자라는 표현은 더 이상 할 수 없게 되었다.

하지만 상황은 봉기를 일으킨 폴란드 인들에게 유리하게 돌아가지 않았다. 나치친위대 1개 사단이 올라의 서부 지구를 장악하여 단 하루 만에 수천 명의 폴란드인을 학살했다. 욜라는 이렇게 기록했다. '독일인들은 봉기가 시작되자마자 탱크와 중포, 항공기를 동원하여 주로 여성과 아이들로 이루어진, 무장도 변변치 못했던 레지스탕들을 공격하여 필트레스와 올라, 모코투프 지구를 다시 점령했다.'

8월 4일, 지도부와 연락이 끊어진 욜라는 다른 8명의 레지스탕 친구들과 함께 어느 건물의 지하실에 숨었다. 이들이 잠시 밖에 나와 보니 도시 일부가 화염에 휩싸여 있었다. 한 소년이 말했다. "다 글렀어." 다들 완장을 벗어 버렸다. 울고 싶었다. 그때 별안간 경기관총 소리가 들려왔다. 독일군 십여 명이 "강도들이다! 강도들이 여기 있어!"라고 소리치며 지하실로 내려왔다.

욜라는 속으로 생각했다. '내가 이렇게 머리를 땋아 늘어뜨리고 스코틀랜드 베레모를 쓰고 있는데 강도처럼 보인단 말이야?'

독일군은 젊은 레지스탕 8명을 체포했다. 그들은 또 다른 지하실로 끌려가 벽을 바라보고 일렬로 죽 늘어섰다. 총소리가 이어졌다. 장교가 이들을 한 명씩 차례로 사살했다. 욜라는 성호를 그었다. 장교가 그녀에게 다가오더니 땋아 늘인 왼쪽 머리를 들어올렸다. 백색 섬광. 욜라는 더 이상 레지스탕스 활동을 하지 못하게 되었다.

8월 7일. 독일군은 욜라를 사살했던 바로 그러한 특수부대의 전력을 강화했다. 봉기를 일으킨 폴란드 인들에게서 다시 탈환한 구역에서는 일제단속과 체포, 약식처형, 강제송환이 이어졌다. 1주일 만에 3만 5천 명의 시민이 학살당했다.

그동안 사진가 제르지는 봉기가 수세로 전환되었다는 사실을 깨달았다. 그는 더 열심히 사진을 찍었다. 사진도 찍고 글도 썼다. 신중을 기해야 했다. 바르샤바 시민들이 골레비아르제라고 부르는 독일군 정예 저격수들이 나이 어린 스카우트들부이든 뭐든 움직였다 하면 무조건 발포했기 때문이다. 제르지가 하는 일은 점점 힘들어졌다. 한번은 독일군 부대를 사진으로 찍어오라는 지시를 받았다. 그것은 현장사진이라기보다는 정보수집에 가까웠다. 그는 한 건물로 들어가 옥상으로 올라갔다. 그는 얼마나 위험한지 알아보기 위해 지팡이에 자기 모자를 씌워 옥상 가장자리 밖으로 살짝 내밀어보았다. 그의 모자는 총알에 즉시 갈기갈기 찢겨져나갔다!

신이여, 감사하나이다. 특수부대라고 해서 사격을 할 때마다 항상 목표물을 정확히 맞히는 것은 아니었다. 바로 이 8월 7일, 욜라는 의식을 되찾았다. 그녀는 자신의 두개골이 산산조각날 것이라 생각하고 두 손을 귀에 갖다 댔다. 손으로 만져보니 왼쪽 콧방울 옆에 작은 구멍 같은 게 나 있는 것이 느껴졌다. 머리를 망치로 얻어맞은 것 같은 기분이었다. 토하고 싶었다. 그녀 주변에 쓰러져 있는 몸뚱이들은 꼼짝도 하지 않았다. 친구들은 모두 죽었다. 문 밑으로 가느다란 햇빛이 새어 들어왔다. 그녀는 로봇처럼 느린 걸음걸이로 지하실에서 나와 건물 밖으로 나갔다. 그리고 본능적으로 거기서 5백 미터 떨어진 자기 집으로 향했다. 그녀의 집에 속한 건물을 관리하는 포폴 씨는 그녀의 부모에게 이러한 메시지를 전한 뒤 그녀를 입원시켰다.

"처형당한 줄 알았던 욜란드가 멀쩡하게 살아있어요!"

'영광의 63일!' 바르샤바 코뮌은 외부의 도움 없이 63일 동안 치열한 전투를 계속했다. 폴란드 연대와 그들을 지배하는 소련군은 비스툴레 강 건너편에서 꼼짝도 하지 않았다. 바르샤바 시민들이 봉기하여 용감하게 싸운 이야기를 다 하려면 책을 몇 권은 더 써야 할 것이다. 코뮌은 아직 죽지 않았지만 거의 죽어가고 있었다.

그래도 전과는 여전히 훌륭했다. 예를 들어 전투가 시작된 지 3주 뒤인 8월 20일에 바르샤바 시민들은 통신 건물을 장악했고 115명이나 되는 정예 나치친위대원들을 생포했다. 8월 25일, 파리가 해방되었다는 소식이 전해졌다. 스타니슬라스 리키에르니크라는 청년은 그 소식을 듣고 기뻐 날뛰었다. 하지만 생각을 바꾸었다. '젠장! 그 사람들은 사흘 만에 자유를 되찾았는데, 우리는 다 죽게 생겼잖아!'

비록 그와 장차 작가가 될 친구 로만 브라트니는 봉기에 참여하기는 했지만 봉기를 성공으로 이끌 가능성은 전혀 없다고 확신하고 있었다. 소련군이 그냥 팔짱만 끼고 있었기 때문에 더 그랬다. 스타니슬라스는 1941년 레지스탕스 운동에 뛰어들어 정보수집 임무를 맡다가 특공작전에 투입되었다. 며칠 전, 바르샤바에서 독일군 막사를 폭파하고 그의 부대가 주민들의 박수갈채를 받으며 동네를 순찰할 때는 가슴이 뿌듯했다. 바로 그 순간 최연소 해방훈장 보유자인 폴란드 출신 유대인 라자르 피트코비츠를 비롯한 폴란드 인들이 파리를 해방시키는 데 참여하고 있었다는 사실을 당시의 그가(비록 나중에 이 빛의 도시에 살게 되겠지만) 어떻게 알 수 있었겠는가? 그리고 폴란드 인들이 프랑스를 해방시키다가 목숨을 잃었다는 사실을 도대체 어떻게 알 수 있었겠는가?

봉기를 일으킨 바르샤바 시민들은 수세에 몰리자 1년 전 게토에서 전투를 치를 때 그랬던 것처럼 지하 12미터 깊이에 거미줄처럼 퍼져 있는 하수구를 이용해야 했다. 유대인들과 전투를 치러본 독일군은 바르샤바 시민들이 주로 이 수도의 하수도망을 이용해서 땅 밑을 옮겨 다닌다는 사실을 알고 있었다. 그래서 독일군은 이따금 하수구로 수류탄을 던져 넣곤 했다. 그렇지 않을 때는 강력한 성능을 갖춘 일종의 청진기를 이용해 땅 밑의 움직임을 탐지했다.

땅 밑의 어둠 속에서는 사람들이 탐지당하지 않도록 마치 유령들처럼 침묵 속에서 긴 행렬을 이루어 앞으로 나갔다. 말을 하는 것도, 횃불을 드는 것도 금지되어 있었다. 한쪽 손으로는 앞에 가는 사람의 손을 잡고 또 한손으로는 비누가 섞여 끈적끈적한 하수 속으로 빠지지 않도록 벽을 짚으며 전진했다. 애덕스카우트 대원들은 이 땅 밑의 어둠 속에서 안내인 역할을 충실히 수행했다.

8월 25일, 독일군은 구시가지의 경계선상에 위치한 무라노프스카 거리 지하에 일종의 둑을 세우자는 생각을 해냈다. 그렇게 하면 지하에서 이동을 봉쇄할 수 있을 뿐 아니라 특히 크라진스키 광장에서 수위를 높일 수 있으리라는 생각에서였다. 하지만 바르샤바 레지스탕들은 이 둑을 다이너마이트로 폭파해 버렸다.

이때까지 바르샤바의 여러 지구는 이 하수도 시설을 이용하여 서로 연락을 할 수 있었다. 하지만 애덕스카우트 대원들은 여전히 이야기를 전달하지 못하고 있었다. 그래서 놀라운 방법을 생각해냈다. 전언을 암호로 만들어 라디오 방송으로 런던에 보내고, 런던에서는 다시 라디오 방송을 통해 이것을 바르샤바의 고립된 지구로 보냈던 것이다.

그러나 구시가지가 함정이 되어버렸을 때도 6천 명의 레지스탕과 민간인들이 — 특히 부상을 입은 사람들이 — 하수구를 이용하여 이 민중 저항의 중심지에서 빠져나갈 수 있었고, 그중 천여 명은 시가지 북부의 비스툴레 강가에 자리 잡은 졸리보르즈 지구로 가는 데 성공했다. 바르샤바 공격작전을 지휘한 독일군의 폰 뎀 바흐 장군이 나중에 보르코모로프스키 장군과 항복협상을 벌일 때 인정하게 되겠지만, 그는 하수도 시설에 대해 아무것도 이해하고 있지 못했다. 그보다 1년 전에 유대인 게토를 공격하면서 스트루프 장군이 그랬던 것처럼 말이다.

독일 병사들은 이 미로에 대해 큰 공포심을 가지고 있었다. 폴란드 파르티잔들이 마치 폭죽사탕처럼 하수구에서 불쑥 나타나 그들을 함정에 빠트린 뒤 순식간에 사라지곤 했던 것이다.

8월 30일, 급강하폭격기들이 도시에 폭탄을 쏟아 붓는 가운데 도심에서 마지막 전투가 벌어졌다. 사진사 제르지는 구시가지로 진입하는 독일군 행렬을 따라가려고 했다가 공격받고 있는 발전소를 향해 기관총을 갈겼다. 그러고 나서 땅 밑 하수도로 이어지는 긴 행렬을 따라갔다.

9월 2일 새벽, 제르지는 다른 레지스탕들과 함께 구시가지 탈출을 시작했다. 여러 시간 동안 땅 밑을 계속해서 이동한 끝에 드디어 스로드미에치에 구역으로 빠져나오자 그들은 탈출에 성공했다며 서로 얼싸안고 즐거워했다. 제르지는 라도슬라브 연대의 젊은 병사들과 미오틀라 대대의 애덕스카우트 단원들을 사진으로 찍었다. 거기에는 붉은색과 흰색 휘장이 새겨져 있는 독일군 철모를 쓴 금발머리의 스카우트 단원 한 명이 끼어 있었다. 여자인지 남자인지 구분이 안 되었다. 여자들이 전투부대나 정찰부대에 들어가기 위해서 남자로 변장해야 하는 경우가 자주 있었다. 그 스카우트 단원 옆에는 청년으로 보일 수도 있지만 사실은 아직 나이 어린 소년에 불과한 레지스탕 두 명이 서 있었다. 우리는 독일군 철모를 쓴 '마스진카(기계)'라는 별명의 15살짜리 레지스탕을 이미 알고 있다. 그는 사실 제고타 상조조직의 일원으로서 가족들과 함께 그 전 해에 게토의 유대인들을 구출했던 소년 타데우즈 라즈스즈크작이다. 제르지는 그의 사진을 여러 장 찍었다. 그는 친구들과 함께 의기양양한 미소를 짓고 있다. 그것은 젊음이 죽음에 승리를 거둔 것을 자랑스러워하는 미소 같기도 하다. 물론 많은 애덕스카우트 단원 친구들이 목숨을 잃기는 했지만 말이다. 타데우즈의 사진이 또 있다. 옆모습이 찍혔는데, 장차 저명한 작가가 될 당시 17세의 레지스탕 헨리카 자르지카 지아코프스카 앞에서 걸어가고 있다. 이 이야기가 어떻게 끝날지 아직 모르고 있는 사람이라면 그가 면갑이 긴 철모를 쓰고 환한 미소를 짓고 있는 모습을 보며 바르샤바 코뮌이 승리를 거두었다고 믿을 수도 있을 것이다.

어쩌면 우리 사진사는 이 사건을 끝까지 '덮어서 가리고' 싶었던 게 아니었을까? 숙명의 1944년 10월 2일, 봉기를 일으킨 우두머리들은 항복하고 말았다. 항복을 받은 독일군은 바르샤바를 철저하게 파괴했다. 나치가 2차 세계대전 중에 대처해야 했던 것 중에 가장 규모가 컸던 이 봉기에서 폴란드 인구의 4분의 1이 목숨을 잃었다.

하지만 사진사 제르지는 다시 9월 6일에 전투 장면을 찍으러 갔고, 탐카 거리에 있는 두 채의 건물 사이로 잠입하다가 유산탄에 맞아 부상을 입었다. 동료들은 그를 바로 옆으로 데려다 놓았다. 우연히도 거기에는 나치의 폭격을 받은 그의 집이 있었다. 다리에 피가 흥건한 채 후송되기를 기다리는 와중에서도 그는 안간힘을 쏟으며 인도 위에 눕혀진 시신들의 신원을 확인하느라 애쓰고 있는 한 여인의 모습을 후세에 영원히 전할 사진으로 남겼다. 나중에 그는 병원에서 치료를 받으며 다른 부상자들의 사진을 찍었지만 이 병원은 곧바로 폭격을 당했다. 사진사 제르지는 레지스탕스 활동을 그만두었다.

그러나 사진들은 후세에 전해졌다. 1945년 1월 17일 러시아 적군이 바르샤바를 해방한 후 스탈린이 강요했던 또 다른 형태의 억압이라고 제르지가 생각했던 공산주의 치하에서도 사진들은 전해졌다. 소련군의 지휘를 받는 폴란드군의 대열 속에는 당시 21살의 장교로서 장차 국가수반이 될 보이치에흐 야루젤스키Wojciech Jaruzelski가 보인다. 적군은 나치가 봉기를 일으킨 바르샤바를 진압하기를 기다리며 꼼짝도 하지 않았다.

수십 년 동안 공산주의 정권은 이 봉기가 거론되는 것을 원치 않았다. 그리고 1975년, 레지스탕스 활동을 했던 W. 자카르스카가 제르지를 만나러 왔다. 봉기가 벌어지는 동안 그가 찍은 사진을 현상해준 사람이 바로 그녀였다. 그녀는 그동안 보관해온 모든 필름을 그에게 돌려주었다. 공산주의가 몰락하고 야루젤스키가 실각한 후 책이 출판되고 전시회가 열렸다. 봉기 당시 목숨을 바쳐 싸웠던 모든 아이들을 추모하기 위해 어린 파르티잔의 동상이 바르샤바에 세워졌다. 9천 명의 애덕스카우트 단원들을 추모하기 위해.

이 스카우트 대원들 가운데서 욜라는 공산주의를 피해 떠났다. 그녀는 프랑스에 정착, 의사와 결혼했고, 본인도 욜란드 베르나르 박사가 되어 그녀처럼 총알이 머리를 관통했지만 살아남은 부상자들을 만나려고 애썼다. 한편 타데우즈 라즈스즈크작은 가족들과 함께 훈장을 받았다. 이들 네 사람의 이름은 이스라엘에 있는 야드 바셈 기념탑에 새겨져 있다. 게토에서 탈출했던 사람들은 자신들의 끔찍한 체험을 잊지 않기 위해 즉시 글을 남겼다. 그러자 마렉 에델만과 '카지크'라고 불렸던 심하 로템도 회고록을 썼다. 로드즈 병원의 심장의학과 과장이 된 에델만은 연대노조 노조원이었다가 흰 독수리 훈장(폴란드의 최고훈장)을 받았다.

카지크는 이스라엘로 이민을 갔다. 영화감독인 클로드 란즈만은 『쇼아』를 만들기 위해 그와 인터뷰를 했다. 이 영화의 끝을 장식한 것도 바로 카지크였다. 카메라 앞에서 그는 자신이 19살 때 드보라를 사랑하게 되었던 것을, 그리고 게토가 함락당한 날 밤 이렇게 생각했던 것을 기억했다.

'난 마지막 유대인이야. 아침이 되기를 기다릴 거야. 독일군을 기다릴 거야.'

제14장

피콜리 파르티지아니 디틸리아
에 디 코르시카

예수님께서 십자가 위에서 울고 계시다. 라크리마 크리스티. 베수비오 산에서 자라는 금작화의 향을 가진 이 감미로운 음료의 병은 배가 불룩하게 튀어나와 있다. 피노키오가 소중하게 생각했던 토스카나산產 치안티 포도주의 그것처럼 말이다. 하지만 이 음료수 병들은 다 비워졌다. 그리고 여기에 휘발유를 집어넣으니 탁월한 성능을 발휘하는 화염병이 만들어졌다. 심지에 불을 붙여 던지면 병이 깨지면서 불이 다발 모양으로 확 퍼졌다. 물론 무거워서 나르기 힘들고, 카부르 광장이나 트리부날리 거리, 젠나로 성문, 알바 성문, 산타 테레사 거리에 인접한 골목길, 그리고 바리케이드가 쳐져 있는 다른 수많은 전투 현장에서 던지는 건 더욱 힘들었다. 그래서 길거리의 아이들 중에서도 나이가 가장 어린 아이들은 나이가 가장 많은 아이들에게 화염병을 맡겼고, 이들은 나치 문장이 그려진 타이거 탱크에 그것을 던졌다. 나폴리에서 일어난 봉기의 규모가 점점 더 커지자 무장 파르티잔들이 지원을 위해 급파되었다. 그리하여 나폴리는 나흘만인 1943년 10월 1일에 해방되었다. 유럽 도시들 중에서 처음으로 나치의 지배에서 벗어난 것이었다. 라 비타 에 벨리시마!

이 모든 것은 거리를 떠돌아다닌 아이들 덕분이었다. 여기저기 기운 반바지 하나만 입고 다닌 이 아이들은 인구 백만의 이 남쪽 도시에서 봉기가 일어나자 파르티잔들에게 도움을 줌으로써 많은 이에게 이탈리아 레지스탕스 운동의 상징이 되었다. 이렇게 된 것은 이미 스페인 내전을 찍은 사진으로 널리 알려진 보도사진가 로버트 카파Robert Capa 덕분이었다. 미군과 함께 나폴리에 들어간 그는 「라이프」지에 이 아이들의 사진을 실어서 그들을 불멸의 존재로 만들었다. 그중에서 가장 유명한 사진은 반바지와 남자용 속옷을 입고 철모를 쓴 기관총의 탄띠를 마치 커다란 스카프처럼 목에 걸고 있는 어린 부랑아의 사진이다.

전쟁이 끝난 후 정권을 잡은 기민당은 1944년에 바르샤바에서 봉기가 일어났을 때 함께 싸웠던 애덕스카우트 단원들을 기리는 동상을 세웠던 것처럼 이 캄파니아 지방의 주도에 이들 부랑아(스쿠그니초)를 기리는 동상을 세웠다. 나폴리의 부랑아들은 심지어 정당들이 벌인 논쟁의 중심이 되기도 했다. 즉 파시스트들에게 맞서 싸운 레지스탕스 운동의 정치적 역할을 최소화하기 위해 사회의 최하층을 차지하는 부랑아들의 역할을 과장했다는 것이다. 나폴리에서 만들어진 이 '스쿠그니초'라는 단어는 이탈리아의 다른 지역에서는 경멸적으로 사용되어 '후레자식'이라든가 '불량배'의 뜻으로 받아들여지기도 했다. 그리고 스쿠그니초들이 1943년 9월이 아닌 파시즘이 붕괴되기 시작한 7월 25일부터 이미 약탈을 일삼았다고 강조하는 사람들도 있었다.

그리하여 스쿠구니초의 전설은 여러 가지 사실을 감춘다. 그들은 반독봉기에 대거 참여했던 최하층계급의, 그리고 서민동네에 사는 가족들과 소상인, 장인들의 자녀들이다. 스쿠그니초들이 싸우다 죽은 곳이 아보카타라든지 산로렌초, 스텔라 등 오래된 '동네'라는 사실이 그 점을 증명한다. 이 경우에 스쿠그니초들은 부모를 도와 연락원이나 짐꾼, 감시인, 정보원 등의 역할을 했다. 때로는 무기를 사용하기도 했고, 에르네스토 미니노가 증언하는 것처럼 조직을 만들어 활동하기도 했다.

"저는 모두 12명의 소년들로 이루어진 조직에 속해 있었는데, 우리보다 나이가 많은 우두머리는 없었고, 다들 14살 아니면 15살이었습니다. 모두 스쿠그니초들이었죠. 우리보다 나이가 많은 예닐곱 명의 스쿠구니초들은 다리를 못 쓰거나 목발을 짚고 다녔기 때문에 우리 조직에 들어올 수 없었어요. 우리는 항상 무장을 하고 있었습니다. 제 친구들은 폭탄과 소총, 경기관총을 가지고 있었죠. 하지만 쏘는 법은 몰랐습니다. 단테 광장에도 우리 같은 스쿠그니초들로 이루어진 조직이 또 있었어요."

더 유복한 가정 출신의 조직원들이 포함된 이 조직들의 일부는 쾰른의 에델바이스 해적단이나 비엔나의 슐루르프단 단원들이랑 다소 비슷하게 이미 오래 전부터 파시즘에 저항해왔다. 요컨대 스쿠그니초들은 천사도 아니고 악마도 아니었다. 그들은 레지스탕스 운동에서 오직 그들만의 역할을 했을 뿐이다. 파시스트들과의 싸움에서 18세에서 40세까지는 2백 명이 목숨을 잃은 반면 스쿠그니초들은 수십 명이 — 심지어 7살에서 12살까지의 어린아이들도 17명이나 — 목숨을 잃었다. 사실 이들은 특별히 더 활발하고 잘 움직여서 쇨 대령이 지휘하는 독일군 저격수들의 손쉬운 표적이 되었다.

네 개의 군사황금메달이 겐나로 카푸오초(12세)와 필리포 일루미나티(14세), 파스쿠알레 포르미사노(17세), 마리오 메네치니(18세)의 용기에 경의를 표했다. 하지만 유감스럽게도 이 훈장들은 이 아이들과 청소년들이 레지스탕스 활동을 수행하다 죽은 후에 수여되었다.

9월 27일 밤 이들은 카스텔 산텔모 요새에 보관 중이던 무기를 훔쳐 서민 동네에 사는 나폴리 사람들에게 나눠주는 무훈을 세우기도 했다. 영미연합군이 진격해 독일군이 이 도시에서 도망치려 한다는 소문이 퍼진 28일 하루 동안 전투는 가장 치열하게 벌어졌다. 나폴리를 떠나려고 했던 독일군 트럭들은 쓰레기통과 쓰레기로 쳐놓은 바리케이드 때문에 꼼짝 못했다. 누가 이 쓰레기 바리케이드를 세웠을까? 당연히 스쿠그니초들이었다. 그리고 누가 화염병을 던지고, 목표물을 명중시키고, 탄약을 건물 옥상으로 날랐을까? 바로 스쿠그니초들이었다.

그리하여 12살의 어린 겐나로 카푸오초는 '머리가 개울 속에 빠지게'

되었다. 꼭 단편영화의 한 시퀀스를 보는 것 같다. 베레모를 쓴 그는 엉금엉금 기어서 파르티잔들이 기관총을 설치해놓은 채 기다리고 있는 테라스로 탄약을 날랐다. 그는 계단을 오를 때면 허리가 휘어질 정도로 무거운 탄약띠를 그들에게 넘겨주었다. 아래쪽에서 한 소년이 소리쳤다. "놈들이 온다!" 트럭과 장갑차의 엔진이 부르릉거리는 소리가 들려오자 모두 경계태세에 들어갔다. 기관총 사수가 방아쇠를 당겼지만 아래쪽에 있던 독일군은 총알이 어디서 날아오는지를 확인했고, 맨 앞에 있는 트럭의 포상에서 소형 이동식대포가 포구를 피콜리 파르티지아니 쪽으로 향했다. 젠나로는 화가 버럭 치밀었다. 그는 첫 번째 수류탄에 이어 두 번째 수류탄을 던졌다. 트럭에 불이 붙은 것을 확인하고 세 번째 수류탄을 던질 준비를 하던 그는 총탄에 맞고 쓰러져 다시는 일어나지 못했다.

14살인 지아코모 레티에리의 경우도 이만큼 비극적이다. 편자 만드는 일을 배우기 시작한 이 소년은 움베르토 광장의 상가에 있는 어느 구멍가게에서 자신의 재능을 발휘했다. 그해 여름이 끝나갈 무렵 그는 독일군이 타는 말들의 발에 편자를 박으며 시간을 보내고 있었다. 그동안 독일군 병사들은 총을 맞대어 세워놓고 담배를 피웠다. 조금 더 멀리 떨어진 곳에서는 독일군 정찰대가 독일군 사령부가 볼 때 그다지 믿을만하지 않은 이탈리아군에서 동원 해제된 병사 두 명의 동정을 살피고 있었다. 무슨 일이 일어났던 것일까? 말다툼이 일어난 것일까? 독일군 병사 한 명이 이탈리아 사람을 총으로 쏴 죽였다. 그리고 이어진 혼란스러운 와중에서 어린 지아코모는 손에 잡히는 총을 집어 들고 이탈리아 사람을 죽인 독일군 병사를 정확히 조준하여 단발에 즉사시켰다. 함정에 빠졌다고 생각한 독일군 병사들은 사방으로 흩어져 안전한 곳에 몸을 숨겼다. 지아코모는 그 틈을 이용하여 환호를 받으며 도망칠 수 있었다. "네 집으로 가서 다시는 나타나지 마라!" 할머니 한 사람이 자기 집 창가에서 소리쳤다. 지아코모는 걸음아 날 살려라 도망쳤다.

그가 가족의 생계를 책임지리라 믿고 있던 부모들은 위급한 상황이 끝나자 그를 대장간 화덕으로 다시 보냈다. 아무도 체포당하지 않았다. 나치는 누가 총을 쐈는지 모르고 있는 게 분명했다.

"그렇게 용기 있는 행동을 하다니, 정말 잘했다! 레지스탕스 활동에는 너 같은 소년이 필요하다!" 지아코모가 편자를 불에 달구고 있는데 오토바이를 탄 젊은 남자가 이렇게 말했다. 이 일이 성공을 거둔 것이 확실했다. 가죽으로 된 앞치마를 벗어던지고 오토바이 뒷좌석에 올라탄 그는 두근거리는 마음으로 자신의 가차 없는 운명을 향해, 도시 입구에 자리 잡은 독일군 막사를 향해 전속력으로 달렸다. 오토바이를 모는 그 젊은 남자는 끄나풀이었다. 그리하여 우리 어린 대장장이는 수갑이 차인 채 다른 죄수들과 함께 덮개가 씌워진 트럭 뒤에 실렸다. 얼마 후 이 불행한 사람들은 총살을 당해 그들이 직접 판 공동묘지에 내던져졌다. 신문기사에는 지아코모를 포함한 약탈자들이 처형당했다고만 나왔다. 지아코모에게는 레지스탕스 은메달이 수여되었다. 이 부분은 염두에 두기 바란다. 금메달을 받기 위해서는 도시가 해방되는 동안 '나폴리를 보고 죽어야' 한다.

여자들이 나폴리의 이 '영광의 나흘'에 참여하지 않았을 것이라고 생각하면 안 된다. 여자들은 연락원이라든지 게릴라전 전투원, 정보원, 조리사, 간호사 등 레지스탕스 운동에 꼭 필요한 모든 역할을 도맡았다. 그들은 '여성방어조직'을 결성, 나치와 싸우는 것은 물론 이탈리아 남성들의 남성우위론과 동원이 해제된 병사들의 폭력, 혹은 뜨거운 피를 가진 파르티잔들의 유혹에 대비하기까지 했다.

어쨌든 북쪽에 위치한 다른 도시들에서 1944년과 1945년에 일어난 봉기와 비교해볼 때 나폴리 봉기의 가장 큰 특징은 동네에 뿌리를 박은 이 자율적인 소규모 파르티잔 조직들의 존재이다. 일본군에 맞서 싸운 중국 게릴라들의 '시골이 도시를 포위한다'라는 교훈에 따라 도시에서 멀리 떨어져 있던 항독유격대나 기동부대와는 정반대였다.

물론 독일군과 싸우다 죽은 젊은이들의 운명을 애도해야 하기는 하지만, 라크리마 크리스티의 병마개를 따며 즐거워해야 할 이유 역시 존재한다. 즉 수천 명의 어린이들과 청소년들은 자신들이 해방시킨 도시에서 멀쩡하게 살아남았다. 이후 그들은 연합군의 도움으로 파시즘의 속박에서 벗어난 이탈리아 전역을 이 '머저리 같은 리탈(이탈리아 사람을 가리키는 경멸적인 표현—옮긴이)들'에게 심한 말을 못하는 히틀러가 대규모로 파견한 독일군으로부터 해방시킨다.

총통이 얼마나 실망했는지 짐작하려면, 1943년에 히틀러에 대해서 만큼이나 이 반도국가의 국민들에 대해 반감을 갖고 있던 처칠이 "주축국이 이탈리아에서 아랫배를 얻어맞았다"고 말했다는 사실을 상기하도록 하자. 동유럽과 스칸디나비아 제국, 북아프리카에서 당한 패배에 대해서는 언급하지 말자. 20년에 걸친 파시즘 후에 '검은 셔츠'의 제국이 붕괴하고 있는 중이었다. 퀵 모션으로 돌려보면 기록영화는 다음과 같은 내용으로 전개된다. 7월 25일에 파시스트들로 구성된 대의회와 빅토르 엠마누엘 왕은 무솔리니를 해임한다. 무솔리니는 아페니노 중앙산괴의 그란사쏘에 투옥된다. 연합군은 7월 10일 시칠리아에 상륙하고, 장화처럼 생긴 이탈리아 반도에 발을 디딘다. 9월 3일, 연합군은 레그기오에서 발톱 모양의 칼라브리아 주를 점령한 뒤 나폴리를 향해 진격하기 시작한다. 이전에 에티오피아 침공을 지휘했던 피에트로 바도글리오의 새 정부가 장화 뒤축에 해당하는 지역의 북쪽, 아드리아 해에 면한 바리 항구에 자리 잡는다. 9월 8일, 피에트로 바도글리오는 연합군과 정전협정을 맺기로 결정한다. 9월 9일, 파시즘체제의 폐지를 요구하는 선언문이 발표된다. 자유주의자들과 기민당, 행동당, 급진당, 사회당, 공산당 등 레지스탕스 운동을 벌인 여섯 주역이 이 선언문에 서명한다. 파시즘과 싸웠던 이들은 로마에서 비밀리에 국민해방위원회를 결성한다. 라디오에서 바도글리오는 이탈리아 국민과 군대를 향해 "어쨌든 독일인들에 대한 적대행위는 중단해달라"고 말한다. 그러나 희생된 것은 이탈리아군. 이탈리아군은 모든 전선에서 독일군에게 무장해제 당하고, 병사들은 포로가 되어 그중 3만 명이 독일로 강제송환되어 다시는 돌아오지 못한다. 9월 10일, 오토 스코르제니가 이끄는 나치친위군 비밀정보부 특공대가 실각한 무솔리니를 구한다. 독일군은 이탈리아를 침공한 뒤 나폴리까지 밀고 내려가 히틀러의 명령대로 이 나라의 중부와 북부에 이탈리아 사회주의공화국을 수립한다. 이 공화국이 자리 잡은 가르드 호수 변의 작은 도시 이름을 따서 '살로 공화국'이라는 명칭이 붙는다. 단, 공식 수도는 베로나.

그러나 주요한 정치적 파벌을 한데 모아놓은 파르티잔 조직이 사방에서 결성되었다. 그중 숫자가 가장 많은 — 전쟁이 끝날 무렵에 무려 575개에 이른 — 가리발디 여단은 청년전선과 여성방어조직을 은밀히 조종하는 이탈리아 공산당에 소속되어 있었다. 지우스티지아 에 리베르타는 사회주의자들과 자유주의자들을 모두 받아들인 반면 마테오티 여단은 확실하게 사회주의를 표방했다. 수많은 자율조직을 잊어서는 안 된다. 왕정주의자 조직과 가톨릭교도 조직, 트로츠키주의자 조직, 무정부주의자 조직, 그리고 공산주의자들이 말하는 것처럼 '무당파' 조직이 그 예라고 할 수 있다.

어떤 파벌을 다른 파벌과 구별하는 것이 항상 쉬운 일은 아니다. 물론 이탈리아 공산당이 마치 좋은 소식을 널리 퍼트리는 선교사들처럼 당의 일부 정치위원들을 입장이 다른 조직에 침투시키려고 애쓰기는 했다. 스코틀랜드 출신의 정보장교 스튜어트 후드는 1943년 말에 이러한 사실을 확인했다. 포로들이 독일군의 마수에 걸려드는 것을 원하지 않았던 이탈리아 지휘관의 지시에 따라 파르모 근처의 포로수용소에서 석방된 그는 이 소규모 파르티잔 조직에 들어가게 되었다.

"12월에 주민들과 함께 살며 일하던 파르모에서 출발하여 남쪽으로 걸어가다가 피렌체 근처의 산에서 이 조직과 함께 하게 됐어요. 이 조직은 란치오토 발레리니라는 이름을 가진 이탈리아군 특무상사가 결성했는데, 이 사람은 휴전이 되자 기관총과 여러 종류의 총, 탄약, 수류탄을 트럭에 가득 싣고 언덕을 향해 달렸지요. 이 조직에는 토드트 조직(독일군이 일을 시키려고 징발한 노동자들)에서 탈영했던 러시아 포로 두 명과 포로가 된 유고슬라비아인 두 명이 소속되어 있었어요. 이탈리아 인들은 무솔리니의 군대에서 싸우고 싶어 하지 않아서 포로로 잡히거나 총살당한 위험이 있었던 노동계급 출신의 청년들이든지, 아니면 패잔병들이었어요.

이 조직의 노선을 명확하게 규정한다는 건 쉬운 일이 아니었습니다. 약간 좌파인 정치위원이 한 사람 있었는데 자기가 트로츠키를 읽었다고 말하더군요. 소년들은 19세기로 거슬러 올라가는 토스카나 지방의 급진주의 전통과는 이미 결별했습니다. 그들은 파시즘 학교에서 성장했지만 〈붉은 깃발〉이라는 노래를 불렀고, 반면에 그들의 지휘관인 발레리니는 피렌체에 있는 행동당(급진공화파)과 관계를 맺고 있었지요."

젊은 파르티잔들로 이루어진 이들 조직 중 상당수는 같은 순간 러시아에서 싸운 콤소몰 조직이나 유고슬라비아의 항독지하유격대를 연상시킨다. 발레리니 조직의 경우 아페니노 산맥의 한 작은 마을에서 순식간에 비극적인 최후를 맞이했다. 잠을 자고 있다가 살로의 '검은 조직'에 소속된 민병대원들에게 포위당해 모두 죽음을 맞았던 것이다. 지휘관들 역시 살해당했고, 부상자들은 모두 피렌체 감옥으로 끌려갔다. 오직 스튜어트 후드만 유고 출신 동지와 함께 지하묘지로 도망치는 데 성공했다. 그는 전쟁이 끝나고 나서 오랜 시간이 지난 후 BBC 방송국 사장이 되었다. 또 그는 사드 후작과 『살로 소돔의 120일』이라는 작품에서 파시스트 체제의 이 마지막 몇 개월에 대한 종말론적 관점을 보여주게 될 영화감독 피에르 파올로 파졸리니의 문학작품을 번역하게 된다.

파르티잔 조직에 맞서 항독유격대를 소탕, 레지스탕스 운동을 저지할 임무를 맡은 것은 나치친위대의 지원을 받은 민병대였다. 이러한 현상은 같은 시기에 프랑스에서 일어난 것과 충분히 비교될 만하다.

징집 명령을 내림으로써 반항적인 젊은이들을 열광시키는 임무는 이번에도 레나토 리치 백작에게 맡겨졌다. 우선 1925년, 1926년, 1927년에 태어나서 16, 17, 18살이 된 젊은이들부터 징집영장이 발부되었다. 전쟁이 일어나기 전에 발릴라 전국아동연맹 총재를 지낸 리치는 이 연맹을 나이가 더 많은 전위연맹과 통합하여 1937년에 '이탈리아 선도청년단'을 발족시켰다. 1943년 9월 15일, 라디오에서는 그란 사쏘에서 탈출하여 파시즘체제의 최고집행부에 복귀한 무솔리니가 국가의 안전을 위해 자원민병대의 기초를 세우는 지시를 가장 먼저 내렸다고 알렸다. 리치 백작은 13만 명에 달하는 청년 예비 병력에서 인원을 뽑아 히믈러가 원하는 이 민병대를 설립하려고 했다.

그러나 어림도 없었다. 살로 친위부대를 만들려던 리치 백작은 명백한 한 가지 현실에 직면해야 했다. 수많은 젊은이들이 레지스탕스 운동에 뛰어들기 위해 자취를 감추어 버린 것이었다. 대부분은 그냥 징집당하는 것을 피하려고 했다. 어쩔 수 없이 일어나게 되어 있는 내전에 참가하지 않기 위해서였다. 결국 나치는 우수한 정예 젊은이들을 징발하여 독일군에 편입시켰다. 예를 들면 알바니아를 점령하고 있는 제21스칸더베르그 나치친위 산악사단이 있다. 그 외에 모험에 강한 흥미를 느낀 나머지 자신이 운명의 파도에 휩쓸리도록 내버려둔 젊은이들도 있었다.

젊은 위고 프라트가 바로 그런 경우다. 장차 《코르토 말테즈》라는 만

화를 그리게 될 그는 영국인들에 의해 어머니와 함께 감옥에 갇히면서
'무솔리니의 가장 어린 병사'가 된 것을 크게 자랑스러워했다. 1941년에
포로로 잡혀 있었던 그는 당시 아디스 아베바에 진주한 영국군 정보장교
스튜어트 후드의 심문을 받을 수도 있었다. 그러나 위고는 스코틀랜드의
킬트를 좋아하기는 했지만 그를 직접 만나지는 않았다. 반대로 큰 비극을
겪어야 했다. 얼마 후 감옥에 갇혔던 아버지가 세상을 떠난 것이었다. 이
청년은 결국 1943년에 베니스(그는 이 도시의 유대인 게토에서 자랐다) 적
십자 덕분에 어머니와 함께 본국으로 송환될 수 있었다. 그리고 나서 잠
시나마 그를 반갑게 맞이했던 움브리아 주의 입대 전 학교는 바도글리오
의 이탈리아가 휴전협정에 조인하자 문을 닫아 버렸다.

위고 프라트는 파르티잔과의 전투에서 선봉에 서고자 하는 돌격대인
늑대부대에 들어갔다. 그러나 프라트처럼 열렬한 파시즘 투사조차 결국
포기하고 말았다. 그는 늑대부대에서 탈영하자마자 간첩으로 오인 받아
체포당했다. 결국 그는 나치에 의해 강제로 독일해군경찰에 들어가야 했
다. 그는 다시 탈영했다. 이번에는 파르티잔들의 도움을 받아 전선을 떠
날 수 있었다. 젊은 위고는 연합군이 되었고, 스코틀랜드의 킬트 차림으
로 미 제5사단에 배속된 트럭을 타고 1945년 4월 28일 마지막으로 해방
된 도시 중 한 곳인 베니스에 들어갔다. 하지만 한 진영에서 다른 진영으
로 넘어간 인물이 위고 프라트만이 아니었다.

1940년에 망통이 약탈당할 때 젊은 파시스트들과 함께 있었던 젊은 이
탈로 칼비노 역시 검은 셔츠를 벗어던지고 리구리아 지방의 산 속으로 들
어가 가리발디 부대에 합류했다. 그는 이 모험에서 영감을 받아 《거미집
의 오솔길》이라는 작품을 썼다.

이것은 가리발디 파르티잔 부대의 마스코트가 된 아주 영리한 이탈리
아 꼬마 피노의 이야기다. 그는 하층 프롤레타리아 출신의 어린이이기 때

문에 자신의 조건을 극복해야 한다. 그는 폭력의 세계에서 살고 있다. 그 것은 거미집이라는 별개의 세계다. 매춘부인 누나는 독일인들을 손님으로 받는다. 그는 독일군의 권총을 훔쳐 항독유격대원들과 합류한다. 소설은 '언제나 혼자서 탁월한 무훈을 세우겠다'는 그의 맹세로서 끝이 난다. 그는 독일군 대위를 죽일 것이다. 그리하여 모든 사람이 그를 존경할 것이고, 그가 자신들과 함께 싸우기를 바랄 것이다.

과연 비밀조직과 게릴라, 혹은 공동생활에 뛰어드는 것은 성인들의 세계에 들어가도록 허용되는 입문의식으로 체험되었다. 토스카나 지방 파르티잔인 14세의 알도 파기올리는 회고록에서 도시지역의 가리발디 부대에 해당하는 파르티잔 전투부대의 전투원으로서의 생활에 대해 이야기한다. 파르티잔 전투부대가 피렌체에서 테러를 감행하는 데 참여하기 전에 그는 친구들과 함께 아르노 강에 뛰어들었다. 담력과 남자다움, 침착성을 시험하기 위해 얼음처럼 차갑고 소용돌이가 이는 이 강에서 자주 수영을 하곤 했다. 그리고 나서 그는 동지들의 연대성을 충분히 체험, 독일 병사들이 파티를 벌이는 피렌체의 어느 식당을 공격했다.

파시스트 남성성의 신화가 청소년들이 레지스탕스 진영에서 활기차게 보내는 데 상당한 기여를 했다는 것은 역사의 아이러니다. 젊은 항독유격대원들 중 상당수가 파시즘에 매혹되어 있다가 독일인들에게 치열하게 저항했다는 사실 역시 인정해야 한다. 피사 근처의 폰테데라 출신인 장샤를 시시는 이렇게 설명한다.

"북이탈리아는 무솔리니가 독일과의 동맹에 충실한 이탈리아 사회공화국을 세워놓은 동안 독일군에 의해 점령당했습니다. 저는 17살이었고, 무솔리니의 부대에 징집될 수 있었습니다. 항독지하운동 단체에 합류하지 않는 한 말이죠. 저로서는 결정을 내리는 게 쉽지 않았습니다. 왜냐하면 저는 발릴리아 무솔리니 청년단에서 컸고, 파시스트들의 대의를 굳게 믿고 있었거든요. 제가 최종적으로 결정을 내리게 된 것은 제 우상(무솔리니)이 몰락했기 때문이었습니다. 그래서 저는 항독지하운동가가 되기로 했습니다."

시시가 '항독지하운동가'가 되었다는 것은 곧 밀라노의 비밀 파르티잔조직에 합류하게 되었다는 것을 의미한다. V1과 V2 미사일 부품을 제조하는 공장에서 여러 명의 파르티잔들과 함께 일하게 되었던 것이다. 그들은 이러한 상황을 이용, 눈에 잘 안 띄는 파괴와 생산지연 임무를 수행했다. "그래서 저는 '도시' 파르티잔들 중 한 명이 되었어요. 두 차례나 총상당할 뻔했지만, 전쟁이 끝날 무렵에는 다행히도 살아 있었습니다. 그 때는 영화에서나 볼 수 있을 만큼 무시무시한 혁명의 장면들을 체험했지만 그것들을 상세히 묘사할 수는 없습니다. 제가 파르티잔 시대에 품었던 이상은 그 후 완전히 파괴되었으니까요."

밀라노 침투 작업은 다른 형태를 띠었다. '생쥐 새끼'라는 암호명을 가지고 있었던 지네타 사강이 증언하는 것처럼 정보 수집은 대부분 여성들이 담당했다. 16살이던 그녀는 파시스트 고위직인 아들을 보살피는 어느 노파의 집에 가정부로 들어가는 데 성공했다. 그녀는 휴지통을 뒤지고 전화 통화를 엿들었다. 그녀가 얻어낸 소중한 정보는 그녀가 속한 지우스티지아 에 리베르타 조직에 전달되었다. 유대인 어머니가 아우슈비츠로 강제송환되었기 때문에, 그녀는 수백 명의 유대인과 아내와 마찬가지로 파시즘에 맞서 저항하다가 1943년 9월에 총살당한 의사 아버지를 비롯한 소위 '국가의 적'들을 스위스로 탈출시킬 충분한 동기를 갖고 있었다. 1945년 2월에 생쥐 새끼의 차례가 되었다. 이 젊은 여성은 정말 끔찍한 시련을 겪었다. 그녀는 검은 연대 민병대원들에게 체포되어 고문당하고 강간당한 다음 지하 감옥에 내던져졌다. 어느 날, 한 차례 심문이 끝나고 다음 심문을 기다리고 있는 사이에 그녀는 감방의 축축한 밀짚 위에서 절망스러워하고 있었다. 그런데 간수 한 사람이 죄수를 들여다보는 구멍을 통해 성냥갑을 던져주는 것이었다. 열어보니 종이 한 장이 들어 있었고, 거기에는 '용기를 잃지 마!'라고 쓰여 있었다. 그녀는 성냥을 켜서 불꽃이 흔들리는 것을 보다가 다시 어둠 속에 묻혔다.

지네타는 다시 용기를 냈다. 그건 잘한 행동이었다. 며칠 후, 두 명의 독일군 탈영병이 파르티잔들과 힘을 합쳐 그녀를 석방시켜줄 것이었기 때문이다. 그녀는 한 수도원에서 치료를 받았다. 하지만 이 일들을 영원히 잊지 못할 것이다.

작은 희망을 상징하는 이 작은 불꽃은 그녀의 마음속에 항상 켜져 있었다. 그녀는 철조망으로 둘러싸인 촛불의 이미지를 통해 전 세계의 양심수와 정치범을 보살피는 엠네스티 인터내셔널의 상징이 되었다. 전 세계에 알려져 있는 이 로고를 이해하기 위해서는 지네타처럼 철창 뒤에서 애타게 기다렸어야 한다. 미국으로 망명한 그녀는 희망 속에서 이 로고를 그렸고, 엠네스티 미국 지부를 설립했다. 그리고 그리스에서는 멜리나 메로쿠리Melina Mercouri와 함께, 칠레에서는 존 바에즈Joan Baez와 함께, 폴란드에서는 레흐 바웬사Lech Walesa와 함께 독재에 맞서 싸웠다. 인생 막바지까지 그녀만의 불꽃은 계속 타올라 그녀는 전쟁고아들을 보살피기도 했다. 이들은 예전에 그녀가 피콜리 파르티지아니의 이탈리아에서 마주했던 각양각색의 아이들과 다를 게 없었다.

25만 명에서 30만 명에 이르는 모든 연령대의 파르티잔들은 조국을 되찾았다. 그중에서 4만 5천 명은 목숨을 거뒀고, 귀한 생명을 잃은 이들 중 절반 이상은 18살이 채 되지 않았다. 레지스탕스 운동은 규모가 점점 커지면서 나이가 더 어린 파르티잔들을 받아들였다.

레지스탕스 운동은 1943~1944년 겨울에 시작되었다. 그리고 로마에서 게릴라전을 촉발시킨 사건이 발생했다. 파시스트국민당 창설기념일인 3월 23일, 독일군 트럭이 라젤라 거리를 지나갈 때 폭탄이 설치된 자동차가 폭발했던 것이다. 독일군 32명과 이탈리아인 행인들이 사망했다. 이튿날인 24일, 끔찍한 보복이 시작되었다. 나치는 아르데아티나 거리에 인접한 채석장에서 유대인과 파르티잔, 그리고 인질로 잡힌 민간인 등 모두 335명을 총으로 쏴 죽였다. 이탈리아 레지스탕스 운동의 역사에서 가장 비극적인 이 '아르데아티네스 참호의 학살' 이후로 인질을 처형하는 정책이 시작되었다.

혁혁한 레지스탕스 활동으로 널리 알려졌다가 이 정책에 희생된 두 젊은이의 예를 인용해보기로 한다. 첫 번째는 '미르코' 라는 별명으로 불렸던 지오르다노 카베스트로다. 파르모 출신인 그는 15살 때인 1940년에 파시즘에 반대하는 회보를 펴냈다. 3년 뒤인 1943년, 고등학교를 마친 그는 같은 도시에서 첫 번째 파르티잔 조직을 결성했다. 6개월 뒤에 체포된 그는 사형선고를 받았다가 사면되었지만 계속해서 인질로 감옥에 갇혀 있어야 했다. 그는 1944년 5월 4일 민병대원 네 명이 살해된 데 대한 보복으로 총살당했다. 그와 함께 인질로 총살당한 다른 세 명의 파르티잔 중에는 '니노'로 불렸던 비토 살미가 있었다. 그는 볼로냐 출신으로 제142가리발디 돌격대의 일원이었다. 그는 1944년 4월 파르모에서 몬타그라냐 전투에 참가했다가 포로로 잡혔다. 사형선고를 받았지만 사면되었다가 인질로 붙잡혀 있었다.

다른 점령국가의 레지스탕들처럼 그들도 마지막 편지를 썼는데, 그것을 읽는 사람에게 '의무를 다하라'고 호소하는 내용이었다. 지오르다노의 편지를 읽어보자.

파르모, 1944년 5월 4일

친애하는 동지들에게,

이제 우리 차례가 되었습니다. 우리는 이탈리아의 구원과 영광을 위해 죽어간 세 명의 이름 높은 동지들과 이제 곧 만날 것입니다. 여러분은 이제 여러분이 의무의 부름에 응해야 한다는 사실을 알고 있습니다. 나는 죽을 것입니다. 하지만 우리의 대의는 앞으로도 찬란하고 위대하며 아름답게 살아남을 것입니다.

우리는 모든 악의 종말에 이르렀습니다. 가능한 한 더 많은 희생자를 내려고 하는 거대한 괴물의 목숨은 이제 경각에 달려 있습니다.

여러분은 살아 있을 것입니다. 너무나 아름답고 따뜻한 태양을 가지고 있는, 너무나 착한 엄마들과 너무나 친절한 소년들을 가지고 있는 이 가엾은 이탈리아를 부흥시키는 것은 이제 여러분의 몫입니다.

저의 젊음은 막을 내렸습니다. 하지만 저는 저의 젊음이 모범이 될 것이라고 확신합니다.

우리의 육신이 자유를 밝히는 거대한 등대가 되기를!

지오르다노

19세의 대학생 브루노 프리타이온의 어깨 너머로 그의 마지막 편지를 읽어보기로 하자. '아틸리오'라는 별명을 가지고 있는 그는 이탈리아 북동부에 있는 프리오울 지방의 산다니엘이라는 곳에서 태어났다. 그는 1940년에 전쟁이 일어나자 고향 도시에 공산주의자 세포를 조직했다. 1943년 9월에는 대학을 떠나 파르티잔들과 합류, 타글리아메토 여단의 피사카네 대대에서 벌인 모든 전투에 참여했고, 이후 실비오 펠리코 대대 분견대의 정치위원 부관이 되었다. 1944년 12월 15일, 브루노는 밀고당하여 민병대에 체포되었다. 고문당하고 우디네 감옥에 수감된 그는 1945

년 1월말에 사형선고를 받았다. 다른 7명의 동지들과 함께 총살당하기 전 날인 1월 29일, 그는 연인인 에다에게 편지를 썼다.

1945년 1월 31일

에다,

네게 몇 자 쓰고 싶어. 에다, 불행하게도 이게 나의 마지막 편지가 될 것 같아. 운명이 그걸 원하고 있으니 말이야. 이 편지가 너무나 큰 불행을 당한 널 위로했으면 좋겠어.

에다, 난 사형선고를 받아 처형될 거야. 하지만 그들이 내 육체는 죽일 수 있어도 내 몸 속에 깃들어 있는 확신은 죽이지 못해. 난 죽을 거야. 아무 후회 없이 죽을 거야. 반대로 나는 하나의 대의를 위해, 하나의 정당한 대의를 위해 내 삶을 희생시킨다는 데 대해 자부심을 가지고 있어. 나의 희생이 헛된 것이 되지 않고 우리의 것인 이 뜨거운 투쟁이 한층 더 치열하게 이루어졌으면 좋겠어. 난 이 같은 대의에 봉사하며 대가를 바란 적도 없고, 이 모든 희생이 언젠가 보상을 받기를 바란 적도 없어. 나에 대한 최고의 보상은 내가 그다지 기여하지는 못했지만 그래도 항상 충실했던 이 대의가 활짝 꽃을 피우는 걸 보는 거야.

에다, 운명이 우리를 갈라놓았어. 우리의 사랑을, 내가 너에게 느꼈고 우리를 영원토록 행복하게 해줄 날을 헛되이 기다렸던 이 사랑을 죽이고 있는 운명이 말이야. 에다, 네가 너를 너무나 진지하게 사랑했던 추억을 영원히 네 마음속에 간직해줘.

모든 사람에게 작별인사를.

잘 있어, 에다.

브루노

과연 이러한 희생은 헛되지 않았다. 한 달 두 달이 지나면서 이탈리아 파르티잔들은 연합군의 공세에 맞추어 잃었던 땅을 조금씩 회복했고, 살로 공화국은 마치 줄어드는 가죽처럼 계속 축소되었다. 연합군이 프랑스의 노르망디 지방에 상륙하기 이틀 전인 1944년 6월 4일에 로마의 해방이 이루어졌다.

프랑스의 해방이 시작되기 훨씬 전에 한 젊은이가 조국을 해방시키기 위해 프랑스를 떠났다. 브루노 트렌틴이었다. 우리는 그가 1940년에 최초로 결성된 남부지역 레지스탕스 조직들 중 하나인 프랑스봉기조직에 참여하는 것을 이미 보았다. 이 조직의 고등학생 집회는 서점을 운영하는 아버지 실비오 트렌틴의 집에서 열렸다. 브루노가 17살이 된 1943년 9월 8일에 그의 가족은 이탈리아로 돌아와 롬바르디아 지방과 피에몬테 지방에서 레지스탕스 활동을 벌였다. 브루노는 11월에 아버지와 함께 체포되었다. 아버지가 죽자 브루노는 지우스티지아 에 리베르타 부대의 지휘관이 되어 1945년 4월 밀라노를 해방시킬 때 큰 역할을 했다.

1945년 4월 28일에 제노바와 볼로냐, 모데나, 밀라노, 토리노, 베니스 등 북부의 대도시에서 봉기가 일어나 해방을 맞이했다. 모데나에서는 15세의 무정부주의자 골리아르도 피아쉬가 '모데나' 사단 휘하의 제3코스트리아뇨 부대를 이끌며 도시를 해방시켰다. 제네바에서는 기동타격부대인 발릴라 부대가 명성을 떨쳤다. 이 부대에서 가장 유명한 전투원인 '다리오'라는 별명의 쥬세페 리바네라는 20세의 기계공으로서 1945년 4월 25일 제노바를 해방시키기 위한 전투에서 목숨을 잃었다. 게릴라전 전문가인 발릴라 부대는 그 전 달에 크라바스코 인근의 야산에서 매복하던 중 9명의 나치친위부대원을 사살하여 유명해졌다. 이로써 1년 전에 일어났던 학살에 대해 복수가 이루어질 수 있었다.

이 끔찍한 전쟁이 끝나자 두 개의 무정부주의자 조직과 가리발디 부대들 간에 속도를 다투는 경쟁이 시작되었다. 그러나 결국 '파르티잔 빌'이라는 별명을 가진 스무 살의 제52가리발디 부대 정치위원 우르바노 라자로 때문에 무솔리니는 스위스로 넘어가려다가 1945년 4월 26일 코모 호수 변의 동고라는 곳에서 붙잡혔다. 우르바노가 속한 조직이 자동차 행렬을 세웠을 때 우르바노가 독일군 군복을 입고 있는 무솔리니를 알아봤던 것이다.

그러자 이상한 장면이 벌어졌다. 젊은 파르티잔들이 로마의 지시를 기다리며 무솔리니를 데려가는 동안 이 파시스트들의 우두머리가 머리가 박박 깎인 아주 젊은 여성 파시스트 투사를 끌고 가는 또 다른 파르티잔 조직과 마주친 것이었다. 무솔리니는 자신이 모든 것을 폐허로 만든 이 내전이 그 사춘기 소녀를 기다리는 비참한 운명의 원인이라는 사실을 결국 깨달았을까? 그날 밤, 무솔리니는 그를 감시하는 젊은 파르티잔들과 이런저런 이야기를 나누었다. 젊은이들은 실현성 없는 계획을 세우고 주요한 지정학적 사건들을 예측하는 이 옛 국가수반의 말에 주의 깊게 귀를 기울였다. 그는 걱정스러운 표정이기는 했지만 그렇다고 겁을 먹은 것 같지는 않았다. 그는 나이가 가장 어려 보이는 마리오니라는 파르티잔에게 이렇게 말했다. "젊음이란 정말 아름다운 거야!" 소년은 그렇게 생각하지 않는다는 듯이 미소를 지었다. "아냐, 아냐, 젊음은 정말 굉장한 거야. 난 젊은 사람들이 좋아. 내게 무기를 겨누고 있는 젊은이들까지도 말이야." 그는 호주머니에서 금시계를 꺼내더니 소년에게 주었다. "자, 자, 가져! 기념이 될 테니까!"

그 시간, 자동차 한 대가 로마에서 출발, 정북쪽을 향해 전속력으로 달려가고 있었다. 차에는 에스파냐 국제여단 출신의 노련한 공산주의 투사 한 사람이 타고 있었다. 그는 무솔리니와 그의 정부 클라라 페타치를 처형하라는 임무를 부여받았다.

무솔리니가 죽는 것을 보고도 분노하지 않은 파시스트 청년단 출신들 중에는 피에르 파올로 파졸리니가 있었다. 그의 작품을 번역하게 될 스코틀랜드 인 스튜어트 후드가 다른 파르티잔들과 함께 아펜니노 산맥을 행군하고 있던 그 순간, 스무 살이었던 그는 물론 지오벤투 이탈리아나 델리토리오 파시스트 조직에 속해 있기는 했지만 살로 군에 강제 징집되고 싶지 않아 몸을 숨기고 있었다. 이러한 몰락의 분위기는 그가 만든『살로 소돔의 120일』이라는 영화에서 느껴진다. 파시즘의 종말에 대한 무시무시하고 끔찍하고 잔혹한 관점을 보여주는 이 영화에서 그를 매혹시켰던 청소년들은 주요 희생자가 된다.

현실에서 볼로냐 출신의 이 젊은이는 군복무를 하던 1943년에 독일군에게 무기를 반납하기를 거부했다. 그는 프리울리 지방의 카사르사라는 곳으로 도망쳐 시를 쓰는 일에 몰두하면서 남자 대학생과 슬로베니아 출신의 여자 바이올리니스트를 동시에 사랑했다. 그러나 그 무엇으로도 치유할 수 없을 만큼 깊은 마음의 상처가 그의 마음을 갈기갈기 찢어놓았다. 그것은 이후에 이탈리아 레지스탕스 운동의 금빛 전설이 언급하게 될 것보다 덜 목가적인 상황의 결과였다. 바로 파르티잔들 간의 갈등이었다.

그가 숨어 살던 프리울리 지방은 돈 카밀로와 페포네의 작은 세계와 다소 비슷하면서도 더욱 참혹했다. 주임신부의 이름은 돈 아스카니오 다 루카였다. 그는 신자 중 한 사람인 돈 레덴도 벨로와 함께 1848년에 오스트리아군에 용감하게 저항했던 마을의 이름을 따라 오소포라는 파르티잔 조직을 결성했다. 이 조직의 조직원들은 자신들을 '공산주의자들' 과 구분하기 위해 목에 초록색 스카프를 둘렀다. 10개 전투부대로 구성된 돈 아스카니오 여단은 열차파괴활동을 벌이고, 영국정보부와 연계하여 독일군에 관한 정보를 수집하고, 파시즘에 반대하는 선전활동을 펼쳤다.

반면에 1943년 9월부터 프리울리 지방에서 활동했던 가리발디 여단은 독창적인 공산주의를 발전시켰다. 유고슬라비아 공산당의 통제하에 있었던 것이다. 그중 일부가 공산주의자 여단에 소속된 슬로베니아 이주민들과 이탈리아 사람들 간의 충돌은 점점 더 자주 일어났다. 이 이주민들은 크로아티아 출신 아버지와 슬로베니아 출신 어머니 사이에서 태어나 유고슬라비아 파르티잔들의 우두머리가 된 티토를 맹목적으로 추종했다.

　두 조직의 관계는 개선과 악화를 반복했다. 1945년에 그들은 함께 독일군과 싸웠다. 하지만 돈 아스카니오가 이끄는 오소포 여단의 2백 명에 달하는 조직원들은 티토를 추종하는 가리발디 여단보다 앞선 5월 1일에 해방된 우디네라는 도시에 삼색기를 꽂았다. 그리고 특히 그 사이인 2월 7일 성모마리아가 나타났다고 전해지는 작은 마을의 이름을 딴 '포르주스의 학살'이 일어났다. '지아카'가 지휘하는 가리발디 특공대가 엘다 투르체티라는 이름을 가진 그들 조직에 소속된 에스타페타의 계략으로 함정에 빠진 오소포 파르티잔 20명을 학살했던 것이다. 당시에 성직자 선전기관에서는 이 공산주의자들이 슬로베니아 파르티잔들이 프리울리 지방을 병합하도록 이런 도발을 감행했다고 선전했다.

　죽은 사람들 중에는 피에르 파올로 파졸리니의 동생인 19세의 구이도가 있었다. 공산주의 조직보다 더 온건한 조직에 가입하라고 형에게 충고했던 사람이 바로 이 구이도였다. 시인이자 영화감독인 형은 개인적인 비극에도 전쟁이 끝나자 다른 수많은 이탈리아인들처럼 이탈리아 공산당에 가입했다. 그러나 그는 계속 구이도의 죽음으로 인한 깊은 충격에서 벗어나지 못한 채 다음과 같은 시를 썼다.

　　다른 파르티잔들에게, 공산주의자 파르티잔들에게 살해당한 파르티잔,
　　내 동생 구이도를 생각할 때마다 눈물이 나네……

어쨌든 티토를 추종하는 유고슬라비아 파르티잔들은 엄청난 규모의 게릴라전을 벌였다. 수많은 젊은 파르티잔들은 이 게릴라전이 스탈린(그의 심복이나 다름없는 유럽의 공산당들은 항독유격대에서 다른 의견을 가진 사람들을 처단함으로써 내부 문제를 해결하려 했다)으로부터 독립된 상이한 형태의 공산주의를 건설하기 위해 치러진다는 느낌을 받았다.

그러나 같은 시기인 1945년 초에 슬로베니아 항독지하단체에서 싸운 샤를 보나페디는 이런 질문을 자신에게 던지지 않았다. 그가 싸워야 하는 것은 '검은 조직'이 아니라 나치가 옛 이탈리아 지역에 세운 슬로베니아 정부의 '백색 근위대'였다. 1941년 4월 유고슬라비아가 침공당하자 슬로베니아가 헝가리와 독일, 이탈리아로 분할되었기 때문이다.

샤를은 이탈리아 인이 아니라 코르시카 인이었다. 하지만 그의 이야기는 이탈리아 파시즘과의 전투와 밀접하게 연관되어 있다. 바로 그것 때문에 그는 진정한 국제 파르티잔으로서 슬로베니아 항독비밀단체의 일원이 되지 않았던가?

그의 이야기는 코르시카 섬에서 시작된다. 샤를 투생 보나페디는 1925년 7월에 아버지가 대장장이로 일하는 페트레토 비치사노에서 태어났다. 독일군 총사령부 정보서류에 의하면 1941년 이 면소재지에는 1,575명의 주민이 살고 있었다. 샤를은 마을의 학교를 마치고 아작시오 고등학교에 들어갔다. 열심히 공부하는 학생이었던 그는 에콜노르말 입학시험에 합격하여 교사가 되고 싶어했다.

1942년 11월, 연합군이 북아프리카에 상륙하자 독일군은 프랑스의 자유지역을 서둘러 침공했고, 이탈리아군도 최소한의 범위 내에서 그렇게 했다. 민족주의당 당수인 부르귀바가 변절하여 미국인들과 연합하는 바람에 튀니지를 잃자, 이탈리아군은 1940년부터 눈독을 들여왔던 코르시카 섬에 군홧발을 디뎠다.

1942년 11월 11일, 무솔리니의 군대가 코르시카 섬을 점령했다. 레지스탕스 운동은 즉시 적극적인 활동을 시작했다. '코르시카 주민에게 드리는 호소문'이 배포되었다. 당시 17살이던 샤를 보나페디는 그로부터 얼마 전 에콜노르말 시험에 합격했음에도 1943년 초에 공산당이 주도하는 민족전선에 들어갔다.

"여기 호소문이 50부 있으니 나눠주게!" 레오 미켈리가 그에게 말했다.

이 젊은 활동가는 "누구에게 어떻게 나눠줘야 합니까?"라고 물었다.

그는 이 비밀단체에서 누구에게 말을 하고, 신뢰할 수 있을만한 사람을 어떻게 알아내는지를 스스로 깨달았다. 그러나 1943년 7월 6일 이탈리아 인들은 페트레토 비키아사노에서 일제단속을 벌였다. 샤를은 다른 40여 명의 레지스탕과 함께 체포되었다. 코르시카의 레지스탕스 비밀작전은 당시 절정에 이르렀다. 과연 자유프랑스군 조직 재판이 열리고 있었다. 재판 중에 이탈리아 검사는 코르시카의 장 물랭이라고 불리던 프레드 스카마로니에게 나름의 경의를 표했다. 프레드 스카마로니는 고문을 당해 자백하느니 감방에서 스스로 목숨을 끊는 쪽을 택했고, 이 검찰 대리인은 모자를 벗어 그에게 애도를 표했다.

"법정은 무장한 조국을 돕기 위해 군인들이 저지른 간첩죄가 그것을 저지른 사람에게는 명예로운 범죄이며, 에드몬드 세베리 대위의 경우가 이와 동일함을 인정할 수밖에 없습니다. 하나의 이념을 위해 그는 자신의 의무감을 자신의 목숨을 희생시키는 데까지 몰고 가 스스로 목숨을 끊었습니다."

세베리는 아작시오 도청에서 근무하던 공무원으로서 드골 장군이 특히 민족전선과 협조하여 코르시카 섬의 레지스탕스 운동을 통합할 임무를 주며 파견한 스카마로니의 암호명이었다. 그러나 스카마로니는 체포되어 끔찍한 고문을 받고 결국 청산가리 환약을 삼켰다. 그는 죽으면서 아작시오 성채의 감방 벽에 이렇게 썼다. '난 자백하지 않았어.' '드골 만세!' '프랑스 만세!'

그리하여 샤를은 드골 지지자들과 함께 코르시카 봉기를 준비하는 공산주의자들이 이끌어가는 이 민족전선에 들어갔다. 그는 OVRA(흔히 게슈타포에 비교되는 이탈리아 비밀정보부)가 위대한 스카마로니에 대해 그랬던 것처럼 좌파 젊은이들을 가만 내버려두지 않을 것이라는 사실을 알고 있었다.

샤를이 바스티아에서 총살당했다는 소문이 돌았다. 페트레토 마을 사람들은 실의에 빠졌다. 다행스럽게도 이것은 헛소문이었다. 이 젊은 레지스탕은 12일 동안은 아작시오 성채에, 그리고 다시 1개월 동안은 이 도시의 바테스티 막사에 투옥되었다.

8월 20일, 이탈리아군은 그를 109명의 다른 코르시카 인들과 함께 나폴레옹의 유령이 아직도 떠돌고 있을지 모르는 엘바 섬의 알베르토 강제수용소로 끌고 갔다. 그러나 이 죄수의 유명세와는 반대로 그들의 상황은 비참했다. 이 지하 감옥에서 그들이 음식으로 받은 거라곤 아침에 죽 한 그릇, 점심에 빵 125그램과 쌀 한 국자, 저녁에 마카로니뿐이었다. 많은 사람이 단순 인질로 붙잡혀 왔지만, 다행스럽게도 페트레토 마을 출신이 35명이나 되어 하루에 20시간씩 갇혀 있어도 그들은 사기를 잃지 않을 수 있었다.

1944년 10월 4일, 죄수들은 드디어 '만세!'라고 외칠 수 있게 되었다. 바스티아와 코르시카가 해방된 것이었다. 그렇다고 조국으로 돌아갈 수 있는 것은 아니었다. 이튿날 나치는 이 죄수들을 한데 모아 오스트리아로 보내버렸다. 무개화차를 타고 나흘 동안 여행한 끝에 그들은 슬로베니아 국경 북쪽에 있는 볼프스베르그 강제수용소에 도착했다. 폴란드나 독일에 있는 나치강제수용소에서 무슨 일이 일어났는지를 알고 있던 그들은 낡은 성에 기대 세워진, 지하에 탄약 공장이 있는 이 강제수용소의 생활 조건에 안도의 한숨을 내쉬었다. 수감자들은 낮에는 자유롭게 인근 농장이나 우유보관소, 공장에 가서 일을 할 수 있었다. 웬만한 전쟁포로의 대우를 받은 것이었다. 엘바 섬에 갇혀 있던 것을 생각하면 이 정도도 감지덕지해야 할 판이었다.

이 청년은 말한다. "온탕에서 목욕을 했지요. 욕조에는 비누와 수건, 속옷이 준비되어 있었습니다. 지난 두 달 동안 옷도 제대로 갈아입지 못했는데 말입니다. 먹기도 실컷 먹었죠. 고기와 야채, 디저트, 맛있는 맥주, 설탕을 넣은 진짜 커피, 담배 등 식사다운 식사를 한 것입니다. 밤에는 흰 시트가 깔리고 따뜻한 담요로 덮인 매트에서 잠을 잤습니다. 우리는 계속해서 자유를 누렸고, 그곳 주민들도 우리에게 호의적이었죠."

샤를 보나페디와 동료들은 가족과 친구들에게 편지도 쓸 수 있었다. 그렇게 해서 뜻밖의 서신교환이 이루어졌고, 이는 그 젊은이가 안정된 상황에 놓여 있었음을 다달이 증명한다.

이렇게 쌓인 편지들을 통해 우리는 이 청년의 상황이 어떻게 변해갔는지 알아볼 수 있다.

1944년 2월 12일. '저는 이곳에서 정말 잘 지내고 있습니다. 그러니 제 걱정은 조금도 하지 마세요. 제가 어떻게 생활하고 있는지 말씀드릴게요. 그럼 짐작하실 수 있을 겁니다. 여기 도착했을 때 제가 프랑스 사람이라고 말했더니 모두 우리가 친구라고 말하더군요. 어떤 사람들은 저한테 빵을 주었고, 또 어떤 사람들은 담배를 주었습니다. 정말 너무 좋았습니다. 그러고 나서 일이 시작되었는데, 다들 저한테 죽도록 일할 필요는 없다고 말하더군요.'

이렇게 해서 그의 편지에서는 익살스럽기 짝이 없는 오스트리아 생활의 연대기가 이어지고, 이 코르시카 출신 청년은 이렇게 주어진 기회를 충분히 이용하여 유럽 전역을 짓누르고 있는 전쟁의 공포에서 서서히 벗어난다.

'아! 정말 재미있는 생활이야! 사람들이 포도주를 마실 때는 꼭 카페에 앉아 있는 것 같아. 식탁 밑의 병과 아무 것도 담기지 않은 잔도 그렇고. 식탁에 앉아 잔에 든 브랜디를 마시는 여자들을 봐야 한다니까. 정말 신기해. 난 그런 광경을 한 번도 본 적이 없거든.'

그가 젊은 여성들에게 무심할 리가 없었다. 이탈리아 어를 조금 할 줄 아는 한 여성이 크리스마스 때 케이크를 가져와 그와 함께 먹었다. 그와 그의 새 친구 네 명은 프랑스 인이었기 때문에 모든 사람들로부터 그처럼 환대를 받는 게 분명했다. 그러나 새로 온 이탈리아 인 죄수들은 그렇지 않았다. '그들이 시내에 나가면 주민들이 여자건 아이건 남자건 가릴 것 없이 모두들 '어이, 이탈리아에서는 똥 1킬로그램이 얼마지?' 라고 묻습니다. 도대체 왜 그러는 걸까요?'

그러나 한 편의 독일 영화 앞에는 모두 모여 앉았다. 이 영화에서는 눈부시게 아름답지만 정치적으로는 아주 관대한 다니엘 다리유가 연기한다. 그녀가 부르는 프랑스어 노래는 코르시카 출신의 보나페디의 마음을 크게 감동시켰다.

5월에 그의 앞에 나타난 젊은 유고슬라비아 여성도 그의 마음을 동요시켰다. '너무나 아름다운 이 유고 여성을 여러분께 데려갈 수 있을 것 같습니다. 그녀는 내 구역을 담당하는 사람의 딸이니 자리를 준비해두세요. 웃지 마세요. 저 지금 진지해요.'

역시 진지한 것이 있었으니, 연합군이 프랑스에 상륙하면서 전쟁지도가 바뀐 것이었다. 1944년 6월 28일에 그는 이렇게 썼다. '이 유배생활이 곧 끝나기를 간절히 바라고 있습니다. 우리는 최후의 승리를 거두어 다시 만나는 행복을 누릴 것입니다.'

그러나 프랑스가 실제로 해방된 그해 여름에 샤를 보나페디는 나치와의 전쟁이 아직 끝나지 않았다는 사실을 알게 되었다. 그는 연합군이 아우슈비츠나 베르겐 벨센과는 전혀 닮은 게 없는 수용소를 해방시켜 주러 올 때까지 가만히 앉아서 기다리는 대신 그곳을 탈출해 새로운 레지스탕스 단체에 합류하기로 결심했다.

그래서 그는 1944년 8월 25일 부모들에게 편지를 보내 자신이 탈출하겠다는 사실을 미리 알렸다.

사랑하는 부모님,

혹시나 해서 편지를 보냅니다. 부모님이 이 편지를 받으실 수 있을지 없을지 모르겠어요. 어쨌거나 제가 떠나기 전에 부모님 생각을 했다는 사실을 아셨으면 좋겠습니다. 전 내일 오후 1시에 떠납니다. [⋯]

프랑스 인들과 함께 싸울 수가 없으므로 저는 슬라브 족 애국자들과 합류할 것입니다. 제가 오랫동안 소식을 전하지 못하게 되더라도 걱정하지 마세요. 제게 무슨 불행한 일이 일어나면 부모님들도 통보받을 테니까요. 하지만 설사 그런 일이 일어나더라도 슬퍼하지 마세요. 전 제게 주어진 의무를 다하다 죽을 테니까요. 아빠, 아빠가 절 학교에 보내기 위해 희생을 마다하지 않으신 걸 알아요. 제가 싸우려고 하는 것은 다른 아빠들이 자기 아이를 키우기 위해 피를 흘리지 않아도 되도록 하기 위해서랍니다. 모든 사람이 평화와 번영의 세계에서 일을 할 수 있도록 하기 위한 거랍니다. 설사 제가 쓰러진다 하더라도 다른 사람이 남아 우리들의 과업을 완수할 겁니다. 엄마, 걱정하지 마세요. 엄마 아들은 미래의 엄마들이 더 이상 자식 걱정을 하지 않아도 되게 하기 위해 싸울 겁니다. 용기를 내세요. 지금 이 순간 제가 용기를 내려고 애쓰는 것처럼 말예요. 전 울고 싶지 않아요. 아니에요, 그것이 제가 하려고 하는 의무랍니다. 내 동생 파울로, 엄마 아빠를 내버려두면 안 돼. 내가 이렇게 해야만 한다는 사실을 두 분께 이해시켜드리렴. 부모님을 안아드리고, 모든 친구들과 이웃들에게 대신 인사 전해줘. 돌아가고야 말겠다는 굳은 각오를 하고 있으니 파티도 할 수 있을 거야. 모든 사람에게 용기를 불어넣어주렴! 혹시 내가 죽었다는 소식을 듣거든 쥘 몬돌로니의 묘지 옆에 십자가나 하나 세워주렴.

안녕, 곧 다시 만나요. 승리가 멀지 않았어요. 모든 사람들을 있는 힘껏 포옹합니다. 엄마, 용기와 희망 잃지 마세요. 당신의 아들은 언제나 엄마를 생각할 거예요.

샤를

8월 25일, 그는 함께 감옥에 갇혀 있었던 마르세유의 친구 장 지오반니에게 편지를 썼다. 여기서도 그는 1943년 7월에 아작시오에서 이탈리아 비밀정보부 요원에게 살해당한 페트레토 마을의 동무 쥘 몬돌로니를 언급한다.

1944년 8월 25일 칠리에서

나의 절친 지오반니에게,

난 내일 유고슬라비아 군에 합류하여 싸우러 간다. 우리의 대의를 옹호하고 그것이 승리를 거둘 수 있도록 파르티잔들과 합류하는 거야.

우리는 세 동지들과 함께 독일군을 죽이고 도망칠 거야. 코르시카 출신의 친한 동지들 중 몇 명과 함께 하고 싶지만 그건 불가능해. 그렇지만 우리는 싸울 거야.

날 대신해서 우리의 모든 친구들에게 인사 전해줘. 어쩌면 우리는 영영 못 볼지도 몰라. 나를 대신해서 쥘의 묘지에 꽃 한 송이와 우리 단기를 놓아 주렴. 지금 나는 그의 길을 따라가면서 그를 생각하고 있어! 그의 가족에게 나 대신 인사드리고 그들의 아들이 우리에게 귀감이 되었다고 말해주렴.

난 멋진 문장도 쓸 줄 모르고 그렇게 하고 싶지도 않아. 하지만 내가 하늘을 우러러 한점 부끄럼 없는 '공산주의자'로 죽으려고 애쓸 것이라는 점만은 알아줘.

안녕, 그리고 곧 다시 만났으면 좋겠다. 승리가 멀지 않았으니까 말이야. 이번 승리를 거두고 나면 하늘의 도움으로, 우리가 우리의 대의를 위해 프랑스에서 함께 싸울 수 있었으면 좋겠다.

자, 안녕. 너의 손을 꼭 붙잡으마.

샤를

샤를 보나페디는 티토의 파르티잔들과 합류한 뒤 슬로바니아의 산악 지방에서 민족해방군 제1대대 제1중대 구베크 소대 소속 기관총 사수로 싸웠다. 그는 슬로베니아 파시스트들의 '백색 근위대'와 맞섰다. 그리고 1945년 3월 2일 슬로베니아 파르티잔들이 라제 폴자네에서 이 파시스트들과 맞서 벌인 최후의 작전 중 포탄 파편을 맞고 목숨을 잃었다.

그의 가족은 수십 년 동안 그의 무덤이 어디에 있는지 찾아내려고 애썼다. 지금은 그가 다른 74명의 파르티잔들과 함께 프림스코보 지방의 인반크나 고리카라는 소도시에 있는 라도호바 바스에 묻혀 있는 것으로 알려져 있다. 2007년 10월, 그의 친구들의 요구에 따라 그가 가족에게 보낸 편지는 기 모케의 편지와 마찬가지로 코르시카의 중학교와 고등학교에서 읽혔다.

제15장

안느 코르, 브르타뉴의 수수께끼

LA ROSE ET L'EDELWEISS

오늘 브레스트에는 비가 내리지 않는다. 사촌인 마들렌 말에 따르면, 안느 코르의 검은 머리칼과 눈에서는 마치 안달루시아 여인처럼 푸른색 광택이 났다. 그녀는 거무스레한 피부를 가진 미인이었다. 그러나 1944년 5월 23일 브레스트 시내를 걷고 있는 안느 코르의 머리칼은 다갈색으로 엷게 물들어 있었다. 그녀는 아무도 자기를 못 알아볼 거라고 믿었다. 하지만 그렇지 않았다. 경찰 끄나풀은 사람 얼굴을 귀신같이 알아보는 자들이었다. 그걸로 먹고 사는 자들 아닌가. '아르노', 혹은 '아르망'이라고 불리는 자가 그녀를 알아보고 게슈타포에 알렸다.

보통 때 같았으면 이 젊은 여성은 기쁨에 넘쳤으리라. 나흘 뒤면 19살이 되었기 때문이다. 하지만 그녀의 안색은 좋아 보이지 않았다. 조금 전에 그녀는 딸기의 고장인 플루가스텔에서 자전거를 타고 할아버지도 못 알아본 채 그의 앞을 전속력으로 지나쳐갔다. 그녀가 근심스러운 표정을 짓고 있는 것은 자신이 수배 중이라는 사실을 알고 있었고, 또 피니스테르 지방 비밀군 우두머리인 '푸생' 대령이 그녀에게 위험한 임무를 새로 부여했기 때문이었다.

"만일 안느가 이런 상황에서 사라지지 않으면 해방되었을 때 머리를 박박 깎일지도 몰라." 가족의 친구 한 사람이 안타까운 듯 한숨을 내쉬며 이렇게 말했다. 그녀는 그보다 두 학년 위였다. 그녀는 무척 예뻤다. 독일군이 정박지 반대편의 군항인 브레스트의 학교 문을 폐쇄하는 바람에 반이 나뉘어 다울라스 전역에 여기저기에 흩어지기는 했지만, 남자아이들은 자기보다 나이가 많은 여자아이들에게 추파를 던졌다.

그리고 이제는 80세가 된 이 증인에게는 의심의 여지가 없다. 아니크는 역사의 희생양이었다. 15살 때부터 레지스탕스 운동에 '몸과 마음'을 바쳤기 때문이다. 그는 알 듯 말 듯한 미소를 지으며 '몸'이라는 단어에 힘을 주었다. 이 불가해한 사건에서는 모든 것이 이중의 의미를 가지고 있다.

'안느 코르가 독일인들에게 '친절했던' 건 사실이잖아, 안 그래? 그녀는 레지스탕이 아니었어.' 이 은밀한 소문은 플루가스텔 다울라스 전역을 떠돌았다. 안 그러면 도대체 왜 그녀와 강제송환되어 사망한 그녀의 친구 장 케르네이스를 추모하는 현판 앞에 1945년 5월 8일을 기념하며 놓인 꽃다발이 치워졌겠는가?

레지스탕스 운동과 관련된 청소년들의 투쟁을 사람들은 왜 자꾸 은폐하는 것일까? 여기엔 또 다른 이유가 있다. 당시에 자신이 아무 것도 하지 않았음을 마음속으로 후회하는 어른들, 더 나아가 동시대 또래들이 품은 질투 때문이다. '어둠의 전쟁'에 빠진 이들의 기억은 영원한 비난의 대상처럼 되고 만다. "싸움에 나선 젊은이들이 아니면 그럴 수밖에 없어요. 그 사람들은 잘 몰라요, 레지스탕스를 말이죠!" 환멸을 느낀 그 사람은 나에게 포도주 한 잔을 다시 건네며 이야기한다. 난 생각을 멈추지 않는다. 우리가 질문하는 증인과 일심동체가 되는 것, 아마도 그것이 연구의 가장 큰 미덕일 것이다. 그와 함께 우리는 기억들을 다시 끄집어낸다.

그래서 나는 안느 코르의 수수께끼를 밝혀내기 위해 그녀를 알고 있었고 그녀와 어울렸고 그녀를 사랑했던 그녀의 여동생 자닌을 비롯한 생존자들과 서류를 찾았다.

그녀는 일찍부터 레지스탕스 활동을 시작했다. 처음에는 충동적으로, 나중에는 조직적으로 활동했다. 15살이던 1940년 여름 그녀는 패잔병인 오둘과 클루제라는 이름의 프랑스군 병사들이 플루가스텔에 있는 사촌

르갈의 집에 몸을 숨기도록 도와주었다. 이 두 사람은 그들로부터 엷은 보라색 전통의상을 빌려 입고 '녹회색 군복의 독일군'에게서 도망칠 수 있었다. 안느 코르의 사촌인 피에르 르갈은 그녀가 다울라스와 로페르레에서 출발, 평야를 지나 케르고프 방앗간으로 사촌들을 만나러 오곤 했다고 기억한다.

"결혼식이나 일요일 점심식사 때 이따금 가족들이 플루가스텔의 종교인들과 다울라스의 속인들로 나누어졌지요. 이 지방 언어를 말하는 사람들과 프랑스 어를 말하는 다른 사람들, 그리고 브르타뉴 의상을 입는 사람들과 도시민 옷을 입는 식구들로 나누어지기도 했고요. 그러나 단란한 가족이었습니다. 안느가 우리를 만나러 방앗간으로 오면 다들 즐거워했습니다. 자기 어머니가 안 좋아하는 옷을 입고 머리쓰개를 쓴 채 나타날 때도 있었습니다. 저 역시 다울라스에 있던 그녀의 집에 가는 걸 좋아했고요. 저는 각반을 좀 느슨하게 풀어놓을 수 있었죠. 손재주가 좋았던 안느 아버지 덕분에 우리는 1936년에 처음으로 TSF 라디오를 갖게 되었는데, 그건 정말 굉장한 일이었습니다! 저는 그와 함께 자주 낚시를 하러 가곤 했습니다. 그는 안느도 함께 가길 바랐습니다. 하지만 안느는 낚시를 좋아하지 않았어요. 낚시를 하기에는 성질이 너무 급했거든요."

이후 '아니크'(친구들은 그녀를 이렇게 불렀다)는 1940년 11월 11일 브레스트에서 벌어진 시위에 참가했다. 그녀는 크로종 반도 근처에서 격추된 영국 공군조종사들의 무덤에 꽃을 바쳤다. 그리고 2년 뒤에는 빅토르 뒤뤼 고등학교와 페늘롱 고등학교에서 사촌지간인 마들렌 다니와 함께 유대인 교사들을 옹호했다. 이때 또 안느는 일상생활에서 독일에 저항하라고 다른 사람들에게 권유하기 위해 '점령당한 사람에 대한 충고'라는 제목의 선언문을 직접 작성하기도 했다.

그녀가 대입자격시험에서 떨어진 것은 어쩌면 저항행위를 하는 데 너무 많은 시간을 할애해서가 아니었을까? 다울라스에 있는 공립초등학교 교장이었던 안느의 어머니는 그녀를 오해했다. 때로는 자기 딸들과도 타협하지 않는 이 여장부는 이 '파리지앵'을 집으로 돌아오도록 하자고 자동차 정비공장을 운영하는 남편을 설득했다.

"안느를 집으로 데려와야 해요! 파리로 보내는 게 아니었어요!"

코르 씨는 이 방탕아가 돌아오자 적이 안심되었다. 그 자신이 이미 독일인들 때문에 어려움을 겪고 있었다. 사람들 말에 따르면 독일인들은 파리를 퇴폐의 도시로 바꿔놓았다. '파리의 아름다운 밤'과 타바렝 무도장의 벌거벗은 무희들…….

이 파리지앵은 1942년 10월 신학기 때부터 모를렉스 고등학교에서 다시 공부를 시작했다. 그러나 그녀는 다울라스에서 크리스마스 축제 후 개인적인 비극을 체험했다. 1월 23일, 그녀는 한 어린 소녀를 데리고 산책을 하고 있었다. 그녀는 이 아이가 여기저기 뛰어다니도록 그냥 내버려두었다. 바로 그 순간 하늘이 어두워졌다. 영국공군 전투기들이 계곡으로 밀려들더니 도시가 환히 내려다보이는 고가다리를 공격하여 여러 개의 아치가 파괴되었다. 독일군으로서는 매우 소중한 파리와 브레스트 간 철도망이 끊겼던 것이다. 어린 소녀는 안느가 탄복해 마지않았던 폭탄에 목숨을 잃었다. 정말 엄청난 충격이었다. 전쟁이란 얼마나 어리석은 짓인가…….

당시의 사진을 보면 안느는 모를레, 다울라스, 캥페르에서 항상 남녀친구들과 함께 있다. "그러나 이 작은 세계를 이끌어가는 것은 언제나 안느였죠." 다울라스 여성조직에 속해 있던 이베트 메네즈는 이렇게 회상한다. 그녀는 1927년생으로 나이가 가장 어린 편에 속했다. 물랭 메르 쪽으로 갔던 요트여행의 기억에서는 장 콕토의 영화 『영원한 회귀』에나 나올법한 멋진 사진이 한 장 남아 있다. 여기서 선장인 안느는 돛대 근처에서 친구 마들렌 마르익과 이베트 살랭, 자클린 벨렉, 자클린 이베트에 둘러싸여 있다. 무사태평해 보이는 그들은 곧 태풍이 몰려오리라는 걸 알고나 있었을까?

1943년에 찍은 또 다른 사진에서는 이들 중 한 소년이 안느와 무척 가깝다는 인상을 풍긴다. 안느는 이 소년 때문에 모를레 고등학교에서 퇴학당한 것일까? 그녀의 사촌 마들렌은 그렇다고 말한다. "맞아요. 안느는 남자 문제로 퇴학당했어요. 남자랑 같이 있다가 감독교사에게 들킨 거예요. 그때랑 지금은 다르다는 사실을 아셔야 해요. 그때는 여학생들에게 아주 엄격하게 굴었으니까요."

안느는 레지스탕스 활동에 관해서는 훨씬 더 비밀스러웠다. 그녀는 자기가 독일인들을 증오한다는 사실을 가까운 사람들에게 감추지 않았다. 하지만 그들은 그녀가 '해방'이라는 운동조직에 가입되어 있다는 사실은 전혀 모르고 있었다. 당시 이 '해방' 레지스탕스 운동연맹에서 발행한 지하신문 「해방」은 은밀하게 배포되었다. "유일한 지도자는 드골이었습니다. 그리고 우리는 오직 우리의 자유를 위해서 투쟁했지요." 1943년 봄, 독일의 STO(의무노동부)가 수만 명의 프랑스 젊은이들을 독일로 끌고 가 강제노동을 시킬 것이라는 보도가 나왔다. 1943년 3월 9일자 「해방」지의 제호는 '프랑스의 젊은이들은 대답한다. 엿이나 처먹어라!'였고, 여기엔 '히틀러에게 봉사하는 노예행위를 거부하라!'라는 구호가 곁들여 있었다. 같은 신문 1면에는 독일군 총살 집행반의 사진이 실려 있었는데, 이 총살 집행반 앞에서 신부 한 사람이 곧 총살당하게 될 어떤 소년과 마지막 대화를 나누고 있다. 여기엔 이런 사진 설명이 붙어 있다. '다른 수많은 순교자 가운데 한 순교자. 브레스트에서 전화선을 절단한 17세의 한 프랑스 청년이 독일군에게 총살당했다. 그는 의연하게 죽음을 맞았다.'

안느의 임무는 친구들이 떠나지 못하도록 STO에 대해 파괴공작을 벌이는 것이었다. 다만 경계가 삼엄해졌으니 극도로 조심하라는 것이었다.

1943년 여름, 그녀는 브레스트보다 작지만 피니스테르 지방의 도청소재지인 캥페르의 브리죄 고등학교에 들어갈 준비를 했다. 웅장한 생코랑텡 대성당이 내려다보고 있는 이 작은 행정·상업도시에서는 레지스탕스 운동에 대한 탄압을 알리는 북이 울렸다. 독일 특수정보부에 소속되어 있던 국가안전부와 특공대가 랑데르노에 자리 잡았고, 여기서 다울라스의 코르 가문과 아무 상관이 없는 무시무시한 매국노 '프티 코르'가 악명을 떨쳤다. 이 지역에는 '아르망 씨'라는 사람이 지휘하는 군정보부도 활동했는데, 이 '아르망 씨'의 진짜 이름은 위슈브록이었다. 그는 전쟁이 일어나기 전 샤틀롱 근처에 있는 퐁 드 뷔스의 화약고에서 간첩행위를 한 혐의로 사형선고를 받은 적이 있었다. 1944년에 히틀러는 군정보부 총책임자인 카나리 장군을 반역음모 혐의로 체포하게 된다. 그 결과 그의 정보부는 국가안전부의 통제하에 들어가게 된다. 이곳이 흔히들 말하는 게슈타포다. 간단히 말하건대, 불명확해도 유명한 이 명칭을 한번 기억해두자.

'아르망'에게는 두 명의 프랑스 인 부관이 있었는데, 이들은 본부가 있는 빌라 미모사에서 죄수들을 잔인한 방법으로 고문하는 것으로 악명이 높았다. 첫 번째 인물인 루이 젤레르는 장교였으나 마약밀매 혐의로 강등된 자다. 두 번째는 '마키'라는 별명을 가진 베르나르 마소트라는 이름의 악동, 아니 미남이다. 마지막으로 경찰 공안과는 잔혹함의 영역에서 '젤레르 패거리'와 경쟁을 벌였던 앙리 수티프 형사 덕분에 독일군을 완벽하게 지원할 수 있었다. 그들에게 붙잡힌 모든 레지스탕들(드골 지지자들, FTP, '프랑스방어'와 '해방' 조직 조직원들)은 최악의 고문을 받아야 했다.

그로부터 얼마 전 수티프는 캥페르에서 젊은 레지스탕들로 이루어진 폴 콜레트 조직을 와해시켰다. 많은 레지스탕들이 그들의 조직에 기 모케라는 이름을 붙인 것처럼 이 캥페르 출신 젊은이들도 콜레트에 대한 경외심을 표현하고자 했다. 노르망디 지방 출신으로 스무 살이던 그는 전적으로 자신의 결정에 따라 1941년 8월 27일 베르사유에서 LVF(Légion des volontaires français contre le bolchevisme, 볼셰비즘에 반대하는 프랑스 자원부대 부대원들)의 제1차 소련 파병 모임 때 피에르 라발 의회의장을 향해 방아쇠를 당겼다. 극작가 장 아누이는 이 행위에 영감을 얻어《안티고네》라는 희곡을 썼다. 크레옹은 안티고네에게 이렇게 말한다. '난 널 이해할 수 있어. 내가 스무 살이었다면 나도 너처럼 했을 거야.'

바다로 뻗어나간 돌출부이며 레지스탕스 운동의 선봉인 브르타뉴 지방의 방파제 끝에서 폴 콜레트라는 이름은 한 청년조직의 상상력을 사로잡았다. 15명 정도로 이루어진 그들은 공산주의자 청년단 책임자들과 ― 20세의 우체부 프랑수아 르로이와 16세의 신참 철도원 마르셀 바릴과 ― 1942년 8월 로리앙에서 고문당해 죽은 23세의 앙드레 키이우의 뒤를 이어받은 14세의 민족전선 우두머리 앙드레 멜롱의 후원하에 캥페르에서 진짜 게릴라전을 벌였다.

LVF와 비시 정부 선전활동 책임사무소, 그리고 심지어는 경찰에 대한 테러활동은 폴 콜레트 조직이 대독협력자들을 집중적으로 공격했다는 사실을 가리킨다. '수사를 벌인 결과 민족전선과 공산주의청년조직이 캥페르에서 결성되었다는 사실이 드러났다.' 수티프 형사는 젊은 레지스탕들의 이력을 상세히 드러내는 긴 보고서에 이렇게 적었다. '조직원들의 상황에 관한 검토가 보여주는 것처럼, 이미 여러 건의 테러를 감행한 바 있는 이 조직들에 대해 심도 있는 수사가 진행 중이다. 여러 면에서 볼 때 폴 콜레트 조직은 민족전선의 특수조직인 것으로 보인다.'

간단히 말해서, 캥페르는 극도로 치열한 첩보전쟁의 무대가 되었다. 1943년 여름, 주로 군인 출신들로 이루어진 ORA(Organisation de résistance armée, 무장저항조직)와 사회주의자들과 가까운 북부해방 조직이 통합되어 해방운동조직이 탄생했다. 이 조직의 우두머리는 제1차 세계대전 당시 포크 장군의 총사령부에 소속된 장교로서 크르와 드 푸(레지스탕스 활동을 벌이다가 오스트리아로 강제송환된 라 록크 장군이 이끄는 극우단체)의 이 지역 책임자였던 루이 오디베르 장군이었다.

낭트 지역에 기반을 두고 '베르트랑'이라는 가명으로 활동한 오디베르는 안전과 암호화된 문서의 보관, 체포를 당할 경우의 비밀 준수, 배신자의 처형 등과 관련하여 브르타뉴 지방에 있는 다섯 개 도의 책임자들에게 확실한 지침을 내렸다. 임무 지령 가운데 하나는 특히 독일 비밀경찰 조직에 대한 침투공작과 관련되어 있었다. 피니스테르 지역 책임자인 마티유 돈나르(암호명 '푸생')와 그의 캥페르 담당 부관인 로제르 부리에르(암호명 '베르토')의 후원 하에 마르소 조직이 결성되었다. 이 조직은 국민전선에서 활동하다가 FTP에 가담하는 대신 해방 조직을 선택한 앙드레 펠렌(암호명 '막스')이 이끌었다. 마르소 조직은 캥페르에 사는 15명가량의 고등학생들로 구성되어 있었고, 정보요원과 코난 형제가 지휘하는 돌격대, 브리죄 여자고등학교 학생들 가운데 모집한 침투요원으로 나뉘었다. 안느 코르와 파리에서 온 친구 자클린 라제르도 이 침투요원에 지원했다. 그러나 자클린은 키가 작고 곱슬머리에다가 생긴 것도 그다지 예쁘지 않아서 침투요원으로는 적당하지 않다고 판단되었다. 그래서 매력적인 용모를 가진 안느가 침투요원으로 선발되었다.

1943년 가을, 그녀는 가까운 사람들과 반 친구들을 놀라게 했다. 그녀가 경리국 소속 대위와 팔짱을 끼고 다니는 모습이 수차례 목격된 것이었다. 독일군에게 욕설을 퍼붓곤 하던 그녀가 도대체 어떻게 그럴 수 있단 말인가? 마들렌느는 기억한다. "사실 저는 안느가 독일군 장교와 관계를 맺고 있다는 사실을 알고 있었어요. 안느가 독일어를 공부해서 능숙하게 구사했다는 사실을 알아야 합니다. 제가 파리에 살고 있을 때, 안느가 수영장에 가야 하니 수영복을 보내달라고 저한테 부탁했지요. 수영이라고는 전혀 할 줄 모르는 안느가 말이죠. 전쟁이 끝난 뒤에 독일어를 할 줄 아는 제 남편감과 저는 브레스트에 있는 할머니의 아파트에서 안느가 독일군 장교가 나눈 열렬한 사랑의 편지를 발견했습니다. 이 장교가 그 경리국 소속 장교였을까요? 알 수 없었습니다."

학교가 독일인들에게 점령되어 브리죄의 에콜 노르말에서 수업을 받았기 때문에 안느를 매일 만났던 베트 메네즈는 다음과 같이 말한다. "어쨌든 그녀는 자기가 캥페르에서 어떤 독일군 장교의 보호를 받고 있으니 아무 일 없을 거라고 말했습니다."

또한 피에르와 앙리 르 구에스 형제는 이 다울라스의 여자친구를 자랑스러워하며 이렇게 회상한다. "1945년 이후 우리는 그녀가 독일인들과 접촉하여 비밀문서가 가득 든 서류가방을 손에 넣는 데 성공, 조직의 책임자에게 넘겨주었다는 사실을 레지스탕스 운동 측 정보통으로부터 들어 알게 되었습니다."

몇몇 독일인과 접촉한 이유 중 하나는 독일군 병사들이 나치즘에 반대하고 나중엔 탈영하도록 마르소 조직이 그들을 대상으로 한 유인물을 독일어로 작성해 제작했기 때문이다. 안느와 함께 유인물을 작성한 것은 이 조직에 속한 조직원의 여동생이자 브리죄 여자고등학교 학생인 엘리안 뷔르크켈이었다. 안느는 이렇게 해서 그 잘생긴 독일군 대위를 알게 된 것일까?

확실한 것은 마르소 조직이 매우 적극적으로 활동했다는 사실이다. 어떤 의미에서 보면 이 조직은 수티프에 의해 와해된 폴 콜레트 조직의 뒤를 이어받았다. 캥페르에서는 새로운 작전이 펼쳐져 이 도시 주민들을 혼란에 빠트렸다. 마르소 조직 역시 거기에 대한 보복으로 LVF 사무실을 공격하는 한편 프랑스대중당 사무실을 폭파했다. 1943년 11월 11일 밤, 이

지역 STO 책임자인 장 프라리유는 암살당할 뻔했지만 간신히 목숨을 건졌다. 총을 쏜 것은 알랭과 조르주 코난 형제였다. 이 암살계획이 실패로 돌아가자 다울라스의 장 케르네이스가 소속되어 있던 또 다른 레지스탕스 조직 투르마 방장스는 캥페르 도청에 보관되어 있는 6만 건의 STO 차트를 훔쳐서 파괴한다는 획기적인 작전을 연기해야 했다. 그러나 이 작전은 몇 주 뒤에 성공을 거두었다. 그 직후에 마르소 조직은 재편되어 캥페르 근처에 있는 케르페우테운과 플로고넥 마을에서 레지스탕스 활동을 벌이기 시작했고, 브리죄의 여성조직이 이들에게 식량을 공급했다.

안느 코르가 가족들과 함께 크리스마스를 보내러 다울라스에 오자 집안 분위기가 심상치 않았다. 모녀는 거의 말을 나누지 않았다. 딸은 엄청난 비밀을 안고 있었다. 잔느 코르는 안느가 친구 자클린을 데리고 바캉스를 보내러 왔다는 사실에 그나마 안심이 되었다. 그러다가 딸이 친구와 나누는 대화를 우연찮게 듣게 되었다. 자클린이 말했다. "더 적극적으로 활동해야 해." 왠지 예감이 좋지 않았다.

1944년 4월 25일 아침 6시, 캥페르. 게슈타포 요원 베르나르 마소트가 툴 알 라에르('도둑놈 구덩이'라는 뜻의 브르타뉴 방언) 광장에서 피투성이가 된 채 발견되었다. 코난의 형 알랭과 마르소 조직원 두 명이 쏜 총에 맞아 죽었던 것이다. 브리죄 고등학교에 가기 위해 대성당을 지나가던 이베트 메네즈는 겁에 질려 있는 안느를 만났다. "이베트, 나, 어떻게 해야 돼? 나 때문에 마소트가 죽었어! 마소트는 나랑 같이 밤을 보냈어. 이제 어떡하지?"

"학교에 가면 안 돼. 빨리 도망쳐. 틀림없이 독일군이 널 찾으러 다닐 거야."

이베트가 옳았다. 이베트는 엔느봉 쪽 성에 레지스탕들이 숨어 있는 것 같으니 그리 가는 게 어떻겠느냐고 안느에게 물었다. 이베트는 노동자 두 사람이 이상하다는 듯 자기들을 뚫어지게 쳐다보고 있다는 걸 알아챘다. 하기야 예쁜 아가씨들이 안절부절 못하고 있는 모습이 눈에 안 띨 리가 없었다. 안느는 두 눈에 눈물이 그렁그렁한 채 도망쳤다. "그 사이에 독일군이 학교에 나타나더니 우리 모두를 한 교실에 몰아넣고 가방을 뒤졌어요." 이베트 메네즈는 이렇게 회상한다.

독일 경찰과 프랑스 민병대는 수사를 벌여 안느가 루이 젤러의 보좌관인 마소트와 함께 기차역 앞의 슈발느와르 호텔과 오데 강가의 에페 호텔, 그리고 안느 코르가 세를 든 작은 아파트가 면한 툴 알 라에르 광장에 나타났다는 사실을 알아냈다. 즉 마소트는 그녀와 함께 밤을 보낸 후 이 아파트 아래에서 총에 맞아 죽은 시체로 발견된 것이었다. 에르게 아르멜 동네에 있는 고문기술자들의 소굴 빌라 미모사에 비상이 걸렸다. 엎친 데 덮친 격이라는 말도 있지 않은가. 이번에는 총책임자인 '아르망'이 칼라크 쪽에서 FTP에게 살해되었다.

러시아의 LVF에서 활동했던 루이 드니가 독일 경찰과 자동차로 이루어진 분대를 지휘했다. 그는 전권을 위임받고 친구 마소트를 살해한 범인을 찾아 나섰다. 우선 코난의 형제들부터 체포했다. 이들의 아버지가 항의하자 경찰은 그를 넘어뜨린 뒤 군화 발로 인정사정없이 짓밟았다. 알랭 코난이 마소트에게서 발견한 서류를 — 게슈타포가 체포하려고 계획한 사람들의 명단을 — 레지스탕스 활동을 하는 교사에게 넘겨주었고, 이 서류가 다시 베르토 대령에게 전달되었다는 사실을 게슈타포 드니는 결국 알아낼까?

안느 코르와 자클린 라제르는 플로고넥에 있는 로레트 예배당 쪽에서 반독유격활동을 벌이고 있는 마르소 조직에 참여하기로 결정했다. 반독유격대원 중에는 기독교학생청년단 단원으로 '키다리 자크'라고 불린 18세의 자크 마이에와 엘리안의 오빠 루이 브뤼크켈('룰루')도 있었다. 이 두 사람은 코난과 함께 마소트를 암살했다. 그래서 그들은 안느와 자클린이 4월 25일 유격대에 합류하러 나타난 것을 보고도 놀라지 않았다.

'막스'는 마르소 조직의 운영일지에 이렇게 썼다. '에른스트'(앙리 풀리캉)가 정의로운 행위(마소트의 처형)를 하고 나서 위험에 처해 있던 자클린 라제르와 안느 코르를 유격대에 데려왔다. 이 두 젊은 여성은 열흘 동안 우리와 함께 있었다. '앙리'는 두 사람이 할 일을 제2국에서 찾아보기 위해 낭트로 갔다. […] 5월 2일, 두 여고생은 두아르네네즈를 거쳐 브레스트로 갔다.'

피니스티르 지방 전역에서 나치에게 쫓기던 두 젊은 여성은 위험을 무릅쓰고 새로운 임무를 수행하기로 결심했다. 변장을 하고 머리를 적갈색으로 물들였던 안느 코르와 친구 자클린은 누군가의 밀고로 인해 1944년 5월 24일에 체포되었다. 이제 붙잡혔으니 과연 그들에게 무슨 일이 일어날 것인가? 가족들은 어떻게 생각할 것인가?

며칠 만에 두 번째로 자동차 앞바퀴가 다울라스에 있는 코르 자동차정비소 앞에서 끌리면서 타이어가 찌익 소리를 냈다. 검은 옷차림의 사내들이 히히덕거리며 소식을 알렸다. 안느의 여동생 자닌은 그녀의 피를 얼어붙게 만든 그 의기양양한 고함소리를 영영 잊지 못할 것이다. "이번엔 우리가 잡았어!" 어머니 잔느가 얼굴을 들었다. 그녀는 아무 말도 하지 않았다. 그녀는 견뎌내야 한다는 것을 알고 있었다. "자클린, 그 나쁜 년! 안느를 끌어들이다니!" 코르 부인은 이렇게 투덜거렸다. 자클린이 딸에게 나쁜 영향을 끼쳤다고 생각했던 것이다. 자클린이 딸을 구렁텅이 속으로 끌고 갔다고 생각했던 것이다. 어쨌든 함께 체포된 자클린과 안느는 브레스트에 있는 케리누 감옥에 갇혔다.

심문을 받은 후 부모들에게 보낸 편지를 읽어보면 안느 코르는 꼭 길을 잃은 어린 소녀 같다.

> 어쩌면 석방되는 날에도 두 분 앞에 감히 모습을 못 드러낼지도 모르겠어요. 지금까지 두 분 마음만 아프게 했으니 다시 두 분 딸이 될 자격이 없는 거지요.
> 제가 두 분을 얼마나 깊이 사랑하는지, 지금처럼 절절히 느낀 적은 없었답니다. 저번에 길거리에서 할아버지를 뵈었지만 그냥 고개를 푹 숙이고 지나가야 했어요. 그분을 향해 달려가 목에 매달려 '할아버지, 절 집으로 데려다주세요!'라고 말하고 싶었지만 그렇게 할 수 없었던 제 마음이 얼마나 찢어지게 아팠는지, 두 분은 상상도 못하실 거예요.
> 여기서 저는 자신이 한 짓을 여전히 이해하지 못하는, 그리고 특히 자신이 얼마나 엄청난 일을 저질렀는지 생각조차 안 하는 어린 소녀 취급을 받는답니다. 저는 제가 무슨 짓을 하는지 정확히 알지 못하고 되는 대로 살아온 거예요.

5월 31일, 안느는 캥페르의 감옥으로 이감되었다.

> 사랑하는 엄마 아빠,
> 제 주거지가 바뀌었답니다. 지금 캥페르의 생샤르 감옥에 있어요. 어제 다울라스를 지나갈 때 아빠 자동차 정비공장을 보았답니다. 자크 모로가 약국 문에 서 있는 것도 보았어요. 그가 차에 타고 있는 저를 알아봤는지 그건 잘 모르겠네요. 시내를 지나가면서 엄마랑 자닌이 지금 학교에 있겠구나, 그런 생각을 했어요.
> 감방에 저 혼자만 있는 건 아니에요. 모두 6명인데, 잘 지내고 있답니다.

다들 저보다 나이가 훨씬 더 많아서 제가 새로 들어오니까 즐거워하는 것 같아요.

이 젊은 여성 수인은 (자신의 아버지가 브레스트 감옥에 억류되었던 적이 있었기 때문에) 금요일에 자신에게 물건을 갖다 줄 수 있는 방법을 부모에게 설명한다.

혹시 차입을 하실 거라면 머리핀 10개랑 치약을 좀 넣어주세요. [⋯] 절대 아무 걱정 마세요. 두 분이 걱정 많이 하시리라는 건 저도 잘 알고 저 역시 제 자신을 생각하면 슬퍼지지만, 최대한 빨리 두 분 곁으로 돌아가기 위해 최선을 다하고 있답니다. 게다가 브레스트처럼 여기서도 다들 저한테 친절하게 대해줘요. 할머니께서도 너무 슬퍼하지 마시고 손녀를 계속 사랑해주셨으면 좋겠어요. 그리고 자닌도 언니를 잊지 않았으면 좋겠고요. 사랑하는 자닌, 언니를 위해 기도해주렴! 얌전하게 행동하고 학교에서도 공부 열심히 해서 엄마를 비롯한 모든 사람을 기쁘게 해주렴.

2주 뒤, 안느 코르는 렌느에 있는 자크 카르티에 감옥으로 이감되었다. 이곳의 분위기는 특별해서 흥분의 도가니에 빠져 있었다. 한 달 전에 이미 연합군이 노르망디에 상륙해 프랑스를 해방시키기 위한 전투가 치열하게 벌어지고 있었다. 나치친위대가 있기는 했지만, 수감자들이 인질과 잡범, 레지스탕으로 나뉘어 있는 자크 카르티에 감옥의 관리는 그냥 전쟁이 끝나가고 있다는 것을 알고 있는 독일 병사들에 의해서만 이루어지고 있었다.

이 젊은 브르타뉴 출신 여성은 7월 7일에 이렇게 썼다. '8일 만에 도착했어요. 온갖 우여곡절을 겪으며 여행을 했답니다. 이 얘기는 나중에 해

드릴게요.' 적이 안심이 되는 상황이었다. '우리가 매일 같이 보는 사람들의 얼굴이 진짜 척도랍니다.'

캉페르에서 훌쩍거리던 어린 소녀는 곧 풀려나리라는 확신이 들자 점령자에게 '아니오'라고 말할 줄 알았던 것을 자랑스러워하는 젊은 여성이 되었다.

두 분에게 큰 걱정을 끼쳐드렸던 저의 운명에 대해서는 이제 안심하셔도 될 것 같아요. 그러니 저 때문에 너무 걱정 마세요. 머지않아 돌아갈 수 있을 거예요. 어려운 일이라는 건 알고 있어요. 하지만 특히 전쟁이 끝날 날이 머지않은 지금은 슬픈 일은 생각하지 않으려고 애써야 해요.

여기서 저는 불만이 별로 없어요. 저보다 8일 늦게 태어난 젊은 여성과 젊은 부인, 그리고 엄마 나이랑 거의 비슷해서 저를 자상하게 보살펴주시는 분과 같이 있답니다.

이들은 자기가 누구라는 걸 안느에게 알려주었을까? 오늘날 우리는 그들이 누구였는지 알고 있다. 그들은 브르타뉴 비밀군 사령관의 어머니인 마르그리트 알라르와 그의 아내인 마들렌 알라르였다. 두 사람은 알라르 장군의 도피를 돕다가 1943년 12월에 체포되었는데, 감방을 함께 쓰는 두 명의 젊은 여성을 보호해준 이 상류사회 여성들은 적극적인 레지스탕스 활동에 직접 참여했다는 혐의로 고발당했다. 또 한 명의 수감자인 시몬 제제퀠은 1차 세계대전 중에 부상을 입고 앞을 볼 수가 없게 된 레자르드리외 시장의 딸이었다. 생브리왹에 있는 에른스트 고등학교 출신으로 18세에 비밀정보부에 소속된 튀르크와즈 조직의 조직원이었던 시몬은 4월 14일 렌느에서 체포되었다. 그녀의 오빠 이봉의 이야기와 마찬가지로 그녀의 이야기도 코트 다르모르 지방에 있는 생브리왹 고등학교의 놀랍고 파란만장한 이야기와 밀접하게 연관되어 있다.

파리의 뷔퐁 고등학교 학생들처럼 생브리왹의 아나톨 르 브라즈 고등학교 학생들도 점령자들에게 반대하는 1940년 11월 10일의 시위에 참가했다. 12월에 또 다시 30명가량 되는 젊은이들이 줄을 지어 생귀욤 거리의 우측 차도로 내려갔다. 이렇게 하는 것은 금지되어 있었다. 고등학교 수업이 도시 여기저기서 이루어졌기 때문에 여러 가지 형태의 시위를 하는 것은 수월했다. 도처에서 낙서를 하고, 분필로 로렌 십자가를 그리고, 독일에 협력하는 정부를 모욕했다. 페탱 원수의 사진이 원숭이 그림으로 뒤덮여 있었고, 그 아래에는 그가 정전협정을 맺을 때 했던 유명한 '나는 나 자신을 프랑스에 바친다'라는 문구가 사진 설명으로 붙어 있었다. 1941년 봄, 잔 다르크와 나폴레옹, 히틀러를 비교해보아야겠다는 얼토당토않은 생각을 한 어느 철학교사는 학생들이 단 한 명만 빼놓고 교실에서 떠나는 것을 보았다. 그러고 나서 드골 장군이 레지스탕스 활동을 벌이라고 호소한 날일뿐 아니라 독일군이 생브리왹에 진주한 날이기도 한 1941년 6월 18일에는 르 브라즈 고등학교 학생들 모두가 단추 구멍에 상장喪章을 달았다. 독일에 협력하는 교장과 교감은 이 상장이 어떤 정치적 의미를 가지고 있는지 이해할 수 없었다. 그것은 저항하는 젊은 브르타뉴를 의미했다.

1942년 말, 60여 명의 르 바즈 고등학교 학생들이 자신은 점령군을 거부한다는 것을 널리 알리기 위해 다시 모였다. 얼마 후 그들은 전국해방운동 내부에서 무장투쟁을 벌이기로 했다. 1943년 말, 그들의 조직은 생브리왹 감옥을 공격해서 감옥에 갇혀 있는 애국자들을 구출할 계획까지 세웠다. 이 사실을 알게 된 문학 교사 이브 라보케르는 그 계획을 단념시키려고 했다. 리베 노르 소속의 이 레지스탕은 그렇게 하는 데 부분적으로는 성공했지만, 단 한 사람을 제외한 모든 수학·철학반 학생들과 충혼

탑 앞으로 시위를 벌이러 가자는 제안은 받아들여야 했다. 이들이 사라지자마자 독일군이 텅 빈 광장으로 밀려들었다. 그러나 또 다른 소규모 고등학생 조직이 독일 병사 한 명을 죽였다. 일종의 브르타뉴 민족주의자인 경찰 끄나풀이 이들을 밀고했다. 12월 10일, 등교시간인 아침 8시에 학교는 게슈타포와 프랑스 경찰에 의해 포위되었다. 학생 중 한 명이 독일 병사를 죽인 권총을 몸에 지니고 있었기 때문이다. 20명의 고등학생이 체포되었다. 그들 중 세 명, 조르주 조프루아와 피에르 르 코르넥, 이브 사라윈은 고문을 당한 뒤 1944년 초에 사형선고를 받았다.

피에르 르 코르넥은 2월 21일에 부모들에게 이렇게 썼다. '두 분이 충격을 받고 쓰러지지 않으시기를 바라요. 전선에서 싸우다 죽어간 제 나이 또래의 모든 무명용사들을 생각하세요. 이것이 바로 잔혹한 전쟁, 프랑스 민족이 프랑스를 되살리기 위해 치르고 있는 전쟁이랍니다. 저는 병사였고, 제가 조국을 위해 할 수 있는 일을 다 했습니다. 저의 삶은 짧았습니다. 그러나 저는 그 삶이 아름다웠다고 생각합니다. 왜냐하면 제게는 이상이 있었거든요. 마지막으로 부모님께 부드러운 입맞춤을 보냅니다. 추신: 조금 전에 종부성사를 받았습니다. 저를 위해 기도해주세요.'

이브 사라윈도 이렇게 썼다. '저는 자유라는 원대한 이상을 위해 싸웠습니다. 다른 사람들이 제가 시작한 과업을 완성하리라는 것을, 우리 모두가 프랑스를 되살리기 위해 죽으리라는 것을 알고 몹시 흡족해하며 숨을 거둘 것입니다. 그러니 이 끔찍한 소식을 듣더라도 낙심하지 마시고 역경과 당당히 맞서세요.'

1944년 2월 21일 오후 3시 16분, 조르주 조프루아와 피에르 르 코르넥, 이브 사라윈은 발레리앵 산에서 총살집행반의 총탄에 맞아 산화했다. 그들은 원래 오후 3시에 총살당하기로 예정되어 있었는데, 이 시간에는 다른 레지스탕들이 죽음을 맞았다. 어린 토마 엘렉과 그가 속한 조직의 우두머리 미삭 마누시앙, MOI 단원들 등 붉은 대자보 조직원들이었다.

이 레지스탕 고등학생들 가운데 안느 코르와 함께 붙잡힌 시몬의 남동생 이봉 제제켈은 같은 시련을 겪지 않았다. 1940년 당시 15살이던 그는 생브리욀 고등학교에서 제1차 대학입학자격고사 준비를 하고 있었다. 영국으로 건너가려고 애썼지만 배를 구할 수 없었다. 독일인들이 눈먼 그의 아버지가 시장을 지내는 레자르드리외에 나타났다. 그는 프랑스에 남아 시험을 치르고(시험 결과는 '최상'이었다) 수학반 개학을 맞았다. 그는 쉴 새 없이 공부를 하면서도 점령군에 대한 저항을 계속했다. 어설프게 독일에 협력하는 철학교사의 수업을 거부했던 것도 그였다.

밤이 되면 그는 드골을 지지하는 요원으로서 달리아 조직의 일원인 이브 르 에나프와 함께 해안에서 상륙 훈련을 하곤 했다. 17살이 되던 1942년 11월, 그는 드디어 기상천외한 상황에서 런던으로 가는 데 성공했다. 클로로포름에 적신 탐폰으로 생브리욀과 앵글로 노르만 군도 사이의 바다를 순찰하는 책임을 맡은 초계정 '오렌느'호를 지키고 있는 독일군 보초를 잠재웠다. 그는 이 초계정을 직접 몰고 브르타뉴 선원들과 독일군 포로와 함께 영국 해안에 상륙했다.

그가 다른 사람들처럼 자유프랑스 사람들과 함께 런던에 머무르고 싶어 했을 것이라고 말할 수도 있다. 하지만 그건 제제켈을 잘 모르고 하는 소리다. 그는 자신에게 임무를 부여하여 다시 파견해줄 것을 상부에 계속 요구했다.

코트 뒤 노르 비밀조직의 동료인 장 앙슬랭은 이렇게 썼다. '항독유격 대원들은 대부분 젊은 사람들이었다. 게릴라전을 펼치기 위해서는 성찰력보다는 대담성이, 침착함보다는 열의가 요구되었다. 정보조직들이 나이가 좀 든 사람들 가운데 우선적으로 요원을 선발했다는 사실은 반대의 이유로 이해될 수 있다. 그렇기 때문에 18살의 나이에 비밀조직의 우두머리가 된 이봉 제제켈의 운명은 예외적인 것으로 보이는 것이다.'

1944년 1월, 이 젊은이는 비밀정보부의 제안을 받아들여 정보수집과 해상연락이라는 두 가지 임무를 받고 낙하산으로 브르타뉴에 침투했다. 튀르크와즈 조직에게 맡겨진 이 '블라베' 작전에서 그는 해상정보 담당 책임자가 되었다. 그리하여 비밀요원들이 배를 타고 영국으로 다시 떠나도록 여러 차례 노력했다. 그러나 자신이 조직에 연락원으로 새로 가입시킨 여동생이 체포되고 이틀 뒤에 그는 파리의 몽파르나스 역에서 게슈타포에 체포되었다.

그리고 시몬이 이 이야기를 안느에게 하고 있는 동안 그녀의 오빠 이봉은 자크 카르티에 감옥의 또 다른 감방에 갇혀 있었다. 이 감옥에서 안느와 시몬은 사람들에게 가장 좋은 친구가 되었다.

나중에 마들렌 알라르는 안느의 동생 자닌에게 이런 편지를 보냈다. '시몬과 안느 두 사람은 모두 열정을 갖고 레지스탕스 운동에 뛰어들었단다. 아니, 난 열정이라는 단어 대신 그들의 열여덟이라는 나이에 어울리는 무사태평이라는 단어를 쓰려고 했어. 두 사람은 그들의 젊음에 희생되었지. 그들의 기질은 학대를 견뎌낼 수 있을 만큼 강하지 못했거든.'

다시 렌느에서 보낸 편지에서 안느 코르는 부모들을 안심시킬 수 있는 단어를 찾으려고 애썼다. '저는 계속해서 두 분을 생각하고 있답니다. 벌써 절 용서해주셨으리라 꼭 믿고 싶어요. 이런 시련을 겪기 전까지만 해도 저는 제가 두 분을 얼마나 사랑하는지, 제가 두 분과 떨어져 있는 것이 얼마나 힘든 일인지를 계속 깨닫지 못하고 있었어요. 하지만 측은하게 생각하지는 마세요. 이제 곧 다시 함께 모일 수 있을 테니까요. 아빠와 자닌 생일 때는 그렇게 못했지만 엄마와 제 생일 때는 그렇게 할 수 있을 거예요.'

열심히 공부를 하고 싶어 캥페르에 놓고 온 책을 가져다가 '바캉스 동안에 시험 준비를 하고 싶다'고 말하기 전에, 할아버지와 할머니를 비롯하여 플루가스탈과 브레스트에 사는 모든 사람에게 인사를 하기 전에, 안느는 다울라스의 이웃에 관한 우울한 정보 한 가지를 또박또박한 필체로 전했다. '장 케르네이스가 다른 사람들과 함께 긴 여행을 떠났답니다.' 이 말은 매국노와 대독협력자들을 처단하는 임무를 맡은 '방장스 의용군' 조직의 돌격대 소속인 17살의 소년이 렌느 감옥을 떠나 강제송환되었다는 것을 의미했다. 그는 7월 28일에 뇌엔감 강제수용소에 도착했다가 다시 뤼네부르크 감옥으로 이감되어 8개월 후에 숨을 거두었다.

큰 사건이 일어났다. 1944년 8월 4일 렌느가 해방되었던 것이다. 그러나 제3제국이 마치 부상당한 야수처럼 그 어느 때보다 더 잔혹해진 광란의 징후를 새롭게 보이면서 환희는 탄식으로 바뀌었다. 그 전날, 자크 카르티에 감옥의 죄수들을 독일로 보낸다는 결정이 내려졌다. 독일군은 진군 중인 연합군과의 전투에 참여하기보다 유대인들에 대한 '최종 해결책'을 계속 추진하고 레지스탕스 활동을 한 죄수들을 처형하는 데 동원되었다.

1944년 8월 2일 오후 2시에 벌써 이 도시에 대한 폭격이 시작되었고, 교도소 담에 구멍이 생기면서 탈출 시도가 이루어졌다. 게슈타포도 공포에 사로잡힌 나머지 심문 중이던 죄수들을 버려두고 도망쳤을 정도였다. 밤 11시, 교도소장의 부인인 필리포 부인이 여자 죄수들에게 이감 계획을 알려주었다. 독일군은 냉정을 되찾아 여성 죄수들에게 짐을 들려 도시를 가로질러 가게 했다.

그들 중에는 시몬 제제켈과 안느 코르, 자클린 라제르, 마르그리트 알라르와 그의 아내 마들렌 알라르, 그리고 FTP의 정보 조직인 B부서에 소속되어 있던 화가 마티스의 딸 마르그리트 뒤튀 같은 여성들이 있었다. 이들은 새벽 2시 라 쿠루즈 기차역에서 보초가 네 명씩 탄 각 차량에 60

명씩 올라탔고, 이 열차는 파괴되지 않은 유일한 기차 노선을 이용, 르동을 향해 출발했다.

그동안 다울라스의 코르 가족은 안느가 소속된 조직으로부터 격려 편지를 받았다. '많은 죄수들이 탈출했으며, 우리는 안느와 그녀의 동지들을 구출하기 위해 부대를 파견하였습니다.'

하지만 이건 전혀 사실이 아니었다. 열차를 공격하여 죄수들을 구출하려는 시도를 한 레지스탕스 조직은 하나도 없었다. 그렇지만 죄수들은 마치 서부영화처럼 미국인들이 나타나 열차를 멈춰 세우리라는 희망을 공유했다. 그러니 탈출하려고 애쓸 필요도 없었다. 낭트에서는 한 철도원이 정치범들을 태운 열차가 지나간다는 사실을 알고 철로를 파괴할 생각으로 레지스탕스 조직에 알렸다. 헛수고였다. 하지만 생마르스 뒤 데제르가 가까워지면서 열차가 속도를 줄이자 열차 맨 뒤에 설치된 기관총이 불을 뿜는데도 아랑곳하지 않고 그들은 도망치는 데 성공했다. 그들 중 한 사람, 플루에카 출신의 젊은 장 마리 라주는 머리에 두 발을 맞았다. 8월 4일, 이 열차는 다른 호송열차와 연결되었다. 그리고 이 열차들은 생리옹 당제르에 멈춰 섰다.

안느 코르는 다른 2천 명과 함께 벨포르로 끌려갔다. 목적지는 독일이었다. 이 열차는 '랑제 호송열차'라는 이름으로 알려져 있는데, 8월 6일 이 도시에 멈춰 섰다는 단순한 이유에서였다. 열차는 18시간 만에 50킬로미터를 달렸다. 이번에는 다리가 끊겼다. 죄수들은 계속 걸어가는 것으로 결정되었다. 오랜만에 열차 밖에 나와 시원한 공기를 쐬다니, 얼마나 좋은가! 그때 어디선가 영국군 전투기가 나타나더니 호송열차를 폭격했다. 죄수들은 그 틈을 이용하여 탈출했다. 트럭들은 여자들을 근처에 있는 생피에르 데 코르 기차역으로 싣고 갔다. 남자들은 걸었다. 죄수들을 옮겨 실을 때 레지스탕들은 다시 총탄이 빗발치는 가운데 도망쳤다.

바로 그 순간, 안느는 자클린이 도망치는 것을 보면서 소리쳤다. "행운을 빌게, 자클린! 우리 부모님 좀 찾아가서 나 무사하다고 전해 드려!"

그날 자클린 라제르는 무사히 도망칠 수 있었다. 마르소 조직의 코난 형제도 탈출에 성공했다. 총 168명의 죄수가 나치의 마수에서 벗어났지만 안느 코르는 그렇지 못했다. 벨포르행 456호 호송열차가 움직이기 시작했을 때 그녀는 새로 사귄 친구들인 시몬, 마르그리트, 마들렌과 함께 있었다.

"전쟁이야말로 정말 엄청난 불행입니다!" 그들이 탄 차량에 배치된 감시병 윌리 벤드트는 이렇게 말했다. 레나니 웨스트팔리아 지방에 있는 소도시 레이드트 출신인 이 40대 병사는 자신이 감시하는 차량에 탄 여자 죄수들, 특히 안느에게 좋은 감정을 품었던 것 같다. 그래서 그는 그들이 가혹한 취급을 받지 않도록 앞장서서 배려했다. 그로부터 20년이 흐른 1960년대에 드골과 아데나우어가 화해를 시도하자 벤드트 병사는 그녀를 벨포르까지 호송한 후 자신은 미군의 포로가 되었다 1947년에 석방되었다는 내용의 편지를 안느 앞으로 보냈다. 그녀를 단 한순간도 잊은 적이 없으니 1965년 크리스마스 때 한번 만나보고 싶다는 내용을 적었다.

1944년 8월 15일, 호송열차가 벨포르에 도착했다. 안느와 그녀의 불행한 동료들은 아트리 요새에 갇혔다. 알자스 지방 출신의 한 간수가 죄수 몇 명을 책임지고 풀어주었다. 그중에는 마티스의 딸도 끼어 있었다.

안느 코르의 편지는 이날부터 끊겼다. 그러나 '8월 29일에 안느 코르가 육체적으로나 정신적으로나 매우 건강한 상태에서 밀루즈 쪽으로 떠났다'는 전갈이 일 에 빌렌 교도소의 중개로 전해졌다.

안느는 아트리 요새에서 또 다른 젊은 레지스탕 엘리즈 괴스트쉬를 만나 그와 함께했다. 1944년 8월 31일, 두 사람은 라벤스브뤼크 강제수용소를 향해 같이 떠나 9월 4일 이곳에 도착했다.

안느는 수인번호 62813번을 달고 한 달간 이 수용소에 머물렀는데, 여기서 마르그리트 알라르가 죽었다. 그러고 나서 그녀의 며느리 마들렌과 안느, 그리고 다른 많은 브르타뉴 출신 여성들은 작센하우젠 강제수용소에 이어 베를린에서 20킬로미터 떨어진 루드비히스펠트 겐스하겐 공장으로 끌려갔다. 다임러 벤츠 메르세데스 회사에 속해 있던 이 공장에서는 전투기 엔진을 만들었다. 이 공장에서 여성들은 그야말로 노예처럼 일했지만 강제수용소에서보다 나은 대우를 받았다. 괴링 원수가 이끄는 독일군은 마지막으로 안간힘을 쓰기 위해 그들을 필요로 했다. 그것은 곧 시시각각 압박해오고 있는 미군과 소련군에게 다시 공세를 취해보려 한다는 것을 의미했다.

"저는 안느 코르를 잘 알고 있었어요. 사람들은 그녀를 아니크라는 애명으로 불렀답니다. 그녀는 겐스하겐에서 우리랑 같이 있었죠. 수인번호는 62813이었어요. 우리는 루드비히스펠트 작업반에서 일했지요. 저는 매일 밤 침대에 누워 아래쪽으로 보이는 그녀를 보곤 했습니다. 정말 아름다웠지요. 머리가 적갈색으로 빛났고요. 그녀는 저한테 이렇게 말했어요. '제 이름은 안느 코르고, 아버지는 자동차 정비공장을 하고 계세요.' 정비공장이 록튀디인가 하는 곳에 있다고 했던 것 같아요."

2008년 8월에 뤼세트 빌라르 키뇽(수인번호 62956)으로부터 이 이야기를 들었을 때 나는 강제송환되었다가 살아남은 이 여성을 다시 만나 정말 기뻤다. 레지스탕스 활동을 했던 그녀는 19살 때인 1944년 8월 15일 부르고뉴 지방의 오툉이라는 도시에서 체포되었다. 그리고 오라니엔부르그 작센하우젠에 속해 있던 겐스하겐에서 안느 코르를 알게 되었다. 여기서 살아나온 사람들은 작센하우젠을 '작소'라고 불렀다. 그녀가 브르타뉴의 도시 이름을 약간 혼동하고 있는 것은 — 다울라스 대신 록튀디라고 말한 것은 — 충분히 이해가 간다. 왜냐하면 수인번호가 62815이고 이름이 릴리 쿠파인 젊은 여성이 록튀디 출신이었던 것이다. 91명의 프랑스 여성들은 모두 라벤스브뤼크의 28호 막사에서 함께 지냈고, 우연히도 릴리는 안느의 사촌인 마들렌의 친구였다. 뤼세트는 안느의 머리가 적갈색이었다고 말했지만(모든 죄수들이 공장에서 머리를 박박 깎은 것은 아니었다) 내가 알고 있는 것은 검은 머리의 안느 뿐이었다. 안느가 체포될 당시 머리를 적갈색으로 물들이고 있었다는 말을 한 달 뒤인 2008년 9월에 어릴 적 친구인 이베트 메네즈가 내게 해줄 때까지는 말이다.

뤼세트의 증언은 그녀가 겐스하겐 공장에서의 생활을 일기장에 기록했기 때문에 더욱 주목할 만하다. 이 내용은 엘리즈 괴에스키가 내게 해준 이야기와도 일치한다.

"벨포르 교도소에서 안느를 만났어요. 우리는 1944년 8월 31일 독일로 출발해서 9월 4일에 푸르스텐베르그 근처의 라벤스브뤼크 강제수용소에 도착했죠. 여기서는 3주일간 머물렀어요. 9월 26일, 베를린에서 20킬로미터 떨어진 루드비히스펠트라는 곳에 있는 비행기 엔진공장으로 떠났죠. 여기서도 허기로 고통받으면서 너무 불행한 생활을 했다는 말은 별로 할 필요도 없을 거예요. 안느와 제가 하는 일은 그렇게 힘들지 않았답니다. 검사부에 있었으니까요."

당시 약 1천2백 명의 여성들이 전기가 통하는 철조망으로 둘러싸인, 네 모퉁이에 감시탑이 서 있는 겐샤겐 루드비히스펠트 공장에서 일했다. 일은 조립과 재조립, 마무리 작업의 세 가지로 분업화되어 있었다. 《삼각형의 영향 하에서》라는 책에서 미레이유 말레는 다음과 같이 설명한다.

'조립실에서는 새로운 부품을 가지고 진짜 엔진을 조립했다. 러시아와 폴란드 여성들이 일하는 이 부서는 저속으로 가동되다가 순식간에 중단되어야 했다. 내가 일하던 재조립실은 격추되거나 사고를 당한 비행기의 손상된 낡은 엔진을 완전히 해체한 다음 다시 조립해야 했다. 마무리 작업반은 다시 작업해야 될 부분이 없는지 확인하고 세부적인 부분을 다시 손질하고 엔진을 발송했다. 이 부서에서 일하는 여성들은 인원이 적었고 폴란드 인 몇 명을 제외하면 대부분 독일인들이었다.' 결국 안느와 엘리즈는 폴란드 인들과 일을 했던 것이다.

먹는 것은 라벤스브뤼크에서 먹던 것과 흡사했다. 그러나 하루에 12시간씩 일하면서 6개월을 버텨야 했다. 안느 코르와 그녀의 불행한 동료들은 1944년 10월부터 1945년 4월 13일까지 이곳에 머물렀다.

처음 몇 주 동안 죄수들은 공장에서 3킬로미터 떨어진 임시수용소에서 잠을 자야 했다. 그래서 아침저녁으로 두 곳을 왕복해야 했다. 여자 나치친위대원과 동료 죄수를 감시하는 자들은 그들에게 노래를 부르도록 했다. 길을 가다가 만나는 독일 민간인들이 수용소 안에서 무슨 일이 일어나고 있는지 눈치 채지 못하도록 하기 위해서였다. 그래서 프랑스 여성들은 제1차 세계대전 당시의 프랑스군 병사들이 좋아했던 〈마들롱이 와서 우리에게 마실 걸 따라줄 때〉라는 노래를 불렀다. 그러자 나치친위대원들은 기뻐했다. 여자 죄수들이 말을 고분고분 잘 들었던 것이다. 그렇지만 이런 종류의 야유는 엄청난 대가를 치를 수도 있었다. 유고슬라비아 인들이 행진 중에 그들의 국가를 부르며 '티토 만세! 스탈린 만세!' 라고 외치다가 나치친위대에게 사살된 적이 있었기 때문이다.

11월부터 사령부는 그들을 공장 2층에서 재우기로 결정했다. 노동자들이 하루 두 번씩 먼 길을 오가다보면 피로를 견디다 못해 목숨을 잃을 수 있었기 때문이다. 발트 해에서 얼음처럼 차가운 바람이 불어와 기온이 영하 30도로 떨어져 더 그랬다.

이렇게 해서 뤼세트는 안느 옆에 있게 되었다. 3층 침대에 짚이 들어간 매트를 하나씩 깔고 거기서 두 명씩 잤다. 일요일에는 조금 더 오래 잘 수 있었지만 피로 외에도 각종 질병이 퍼졌다.

안느 코르, 브르타뉴의 수수께끼 | 479

대부분의 여성 노동자들은 온몸에 더러운 기계기름을 묻히거나 도로용 분무기에서 뿜어 나오는 페인트 냄새를 맡으며 작업을 하느라 탈진했다. "아네트 르 칼로넥은 피를 토했지요. 끝까지 버티다가 결국 고향으로 돌아가 2년간 요양생활을 한 끝에 지금도 살아 있답니다." 반대로 검사 작업을 하는 안느나 철사 만드는 작업장에 배치된 뤼세트는 운이 좋았다. 그러나 나치친위대는 모든 나치 강제수용소에서 벌어졌던 잔혹행위를 멈추지 않았다.

뤼세트 키나르가 말한다. "어느 날 점호가 끝난 뒤에 우리를 공장 마당으로 데려가더군요. 연출된 장면이 우리를 기다리고 있었습니다. 한 젊은 (16살 정도의) 여성이 전기가 흐르는 철조망 위에 내던져 있었는데, 손에 예리한 펜치를 들고 있었습니다. 그녀가 밤새 도망치려 했다고 우리가 믿게 만들려는 것이었죠. 우리는 '감전사'한 그 여성 앞을 줄지어 지나가야 했습니다. 러시아 출신 여성이었습니다. 나치친위대원이 이따금 그녀의 머리를 군화발로 차곤 했어요. 사람들이 그녀의 얼굴을 보도록 하기 위해서였죠."

이 젊은 여성들이 이 지옥 같은 곳에서 지내다보니 저항정신을 잃어버렸다고 생각할 수도 있을 것이다. 하지만 '자유의 꽃'이라는 일화를 들으면 그러한 의구심은 순식간에 사라진다. 당시 뤼세트는 1944년 11월 11일을 기념하기 위해 갖고 있던 예리한 펜치로 철사를 구부려 3색 꽃을 만들 생각을 했다. 그것은 여성들이 불복종의 표시로 자랑스럽게 달고 다닐 수 있을 일종의 브로치였다. 그녀가 60년 뒤에 똑같이 만들어서 내게 선물한 이 철사로 된 꽃은 마치 국화처럼 보인다. 세 가지 색깔의 꽃잎이 달린 '자유의 국화'.

이 젊은 부르고뉴 지방 출신은 철사를 꼬아 자유의 꽃들을 만들었고, 또 다른 프랑스 여성으로서 도장 작업장에서 일하는 뤼시엔 팔리에르는 꽃에 색칠을 할 수 있도록 페인트를 가져다주었다.

"장비(철사와 펜치)를 감추어두고 몰래 꽃을 만들었지요. 며칠 만에 꽃을 15개 만들어 가까운 데서 일하는 동료부터 하나씩 나눠주었습니다. 그 노예의 세계에서 세 가지 색깔을 띤 이 작은 꽃은 어찌나 아름다워 보이던지……

이렇게 해서 1944년 11월 11일 추위와 배고픔, 강박관념, 그리고 두려움에도 불구하고 우리 몇몇 프랑스와 벨기에 여성들은 세 가지 색깔을 띤 브로치를 낡은 옷에 자랑스럽게 달면서 제1차 세계대전 당시 싸운 프랑스 병사들에 대한 경외심을 표현하려고 했습니다. 그러면서 자부심도 느꼈지만 한편으로는 어느 정도 두려움을 느낀 것도 사실이죠.

드니즈 르 플로익(수인번호 8029)은 점호를 하는 동안 브로치를 가슴에 달고 있었는데 나치친위대원이 그걸 보더니 확 잡아 떼더군요. 브르타뉴 지방 출신의 또 다른 젊은 여성 미슐린 르 칼로넥(아네트의 동생)은 머리에 브로치를 달고 공장을 가로질러 걸어갔습니다. 좀 두렵기는 했지만 그래도 우리를 괴롭히는 자들 앞에서 우리나라의 세 가지 색깔을 자랑스레 내보인다는 것은 결국 우리 모두를 대신한 일종의 '복수' 같은 것이라고 할 수 있었어요. 다행히도 보복은 가해지지 않았습니다. 우리가 브로치를 금방 없애 버렸으니까요."

이 여성들이 당한 고난에 대해 얘기하자면 아마도 몇 페이지를 더 할애해야 할 것이다. 하지만 1945년 봄이 되면서 미소 연합군이 접근해오고 있었다. 독일군 사령부는 만일 강제송환자들이 석방될 경우 베를린에 사는 민간인들을 공격할 수도 있다는 핑계하에 이들을 최대한 멀리 보낸다는 결정을 내렸다. 이러한 결정을 내린 데는 또 다른 이유가 있다. 궁지에 몰린 나치 우두머리들이 적군이 독일을 침공하기 전 마지막으로 영국인들과 별도로 평화협정을 맺기 위해 그들을 교환 조건으로 이용하려 했다는 것이다.

1945년 4월 13일, 3백 킬로미터에 걸친 '죽음의 행군'이 시작되었다. 나치친위대들은 옷을 벗어 불 속에 던지라고 여성들에게 명령했다. 그들에게 푸른색과 회색 줄무늬가 들어간 원피스와 웃옷을 입힌 뒤 행군이 시작되었다. 이들은 '작소' 중앙수용소로 끌려갔다. 분류가 이루어졌다. 병이 난 3천 명은 수용소 안의 보건소에 남았다. 4월 21일 아침, 3만 3천 명의 남녀가 170킬로미터에 달하는 행군을 위해 정렬했다.

뤼세트는 말한다. "우리는 오후 5시에 마지막으로 출발했지요. 우리 열은 느릿느릿 움직였습니다. 평균 체중이 30에서 35킬로그램밖에 안 될 정도로 다들 허약해졌거든요. 덥지 않아서 담요를 머리에 뒤집어썼습니다. 우리에게는 칼로리가 부족했죠. 총을 든 병사들이 우리를 둘러쌌습니다. 뒤에 남은 병자들은 며칠에 걸친 전투가 끝나고 4월 26일에 자유의 몸이 되었죠.

바로 이날부터 우리는 줄무늬 옷을 입은 시체를 50미터, 혹은 백 미터마다 한 구씩 보게 되었습니다. 더 이상 걷지 못하는 사람, 지칠 대로 지친 사람, 이질에 걸린 사람은 목에 총을 맞고 갓길에 내던져졌지요."

1945년 5월 2일, 미군과 소련군이 합류하기로 예정되어 있던 파르심이라는 곳에서 나치친위대는 모든 강제송환자들을 숲 속으로 몰아넣은 다음 어디론가 사라져버렸다. 뤼세트 빌라르와 그녀의 동료들은 깨달았다. 드디어 자유의 몸이 되었던 것이다! 뤼세트는 5월 3일 오후에 강제송환된 남자들과 미슐린 르 칼로넥, 아니크 르 레이, 뤼시엔 팔리에르 등과 함께 삼색 국화 봉기를 일으켰던 여자 친구들과 소련군 구역에서 미군 구역으로 넘어갔다.

그렇다면 거기 없는 다른 여자 친구들은 도대체 어떻게 된 것일까? 우리가 지금까지 쭉 지켜보았던 안느 코르는 어떻게 된 것일까? 바로 이것이 크나큰 수수께끼의 시작이다.

얼마 후 프랑스로 돌아온 안느의 친구 페르디낭드 티퇴는 잔느 코르에게 이런 편지를 썼다. '유감스럽게도 저로서는 다른 소식은 알려드릴 수가 없군요. 안느는 오라이니엔부르그 수용소에서 병이 났고, 우리가 4월 22일이나 23일에 다시 행군을 시작했을 때 그녀는 다른 환자들이랑 같이 수용소에 그냥 남아 있었습니다. 프랑스 인 의사가 우리들에게 말하기를, 자기가 마지막 순간까지 그들과 함께 있을 것이며 환자들은 차를 타고 가게 될 것이라고 했거든요.'

록튀디 출신의 릴리 쿠파 안느(얼마 후에 죽었다)나 '자유의 꽃' 저항에 참여했던 미슐린 르 칼로넥이 안느와 함께 있었던 것으로 추정된다. 내가 그녀에게 안느의 사진을 보낸 후 뤼세트 빌라르의 뇌리에서는 또 다른 기억 하나가 줄곧 떠나지 않았다. "그녀는 죽음의 행진을 했어요. 당신이 그 사진을 저한테 보냈을 때 저는 그녀를 알아보았지요. 이 편지에 동봉한 사진에도 그녀는 저랑 함께 있었어요. 우리를 해방시켜 주러 온 러시아 병사들과 함께 있었답니다."

그렇지만 선명하지 않은데다 멀리서 찍힌 이 사진에서 자유를 되찾은 여성들(미슐린, 뤼시엔느, 뤼세트)이 미소를 짓고 있는 건 알아볼 수 있지만 안느가 본인인지 아닌지는 확실히 구별되지 않는다. 사실 이 여성들도 수종에 걸리는 바람에 뺨이 부풀어 올라 있어 쉽게 알아볼 수가 없다.

내가 접촉했던 또 다른 여성 질베르트 자코는 안느 코르가 '죽음의 행군'을 잘 하던 중에 둑에서 굴러 떨어졌다고 증언했다. 나치친위대가 행군을 한 강제송환자들에 대해 작성한 관리 명단에는 그녀의 이름이 분명히 나와 있다. 살아남은 엘리즈 고이세트키의 이름도 나와 있다. 그녀는 르 두브에서 달루아스의 코르 자동차정비소에 편지를 썼다. '4월 17일에 우리는 공장을 떠나 오라니엔부르그 강제수용소로 향했습니다. 닷새 뒤에 우리는 긴(170킬로미터) 행군을 시작했고, 떠나기 이틀 전에 저는 안느와 헤어졌지요. 왜냐구요? 안느가 좀 아파서 우리랑 같이 떠날 수 없었거든요.'

나중에 가족과 접촉했던 마들렌 알라르는 자닌 코르에게 그들이 렌느에서 라벤스브뤽크까지 갇혀 있었던 이야기를 해주었다. 그녀는 이 수용소에서 죽은 시몬 제제켈과 그녀의 시어머니, 그리고 뇌엔감프에서 죽은 이본 제제켈의 운명에 대해 언급했다. "안느는 살아남았어요. 아주 우연히 그녀를 다시 만났거든요. 그 긴 1944~1945년 겨울에 그녀가 무엇을 했는지는 저도 몰라요. 그녀는 얼굴이 많이 해쓱해졌지만 분명히 살아 있었어요. 그래서 우리는 1945년 4월말에 수용소에서 재회했고, 여기서 다시 철수했지요. 이후로는 안느를 보지 못했지만, 제때 치료만 받았다면 분명히 버텨낼 수 있었을 거에요."

강제송환된 사람들이 고향으로 다시 돌아간 후 파리에 살고 있던 그녀의 사촌 마들렌과 남편은 돌아온 사람들에 관한 모든 정보가 모여 있는 뤼테티아 호텔을 매일 같이 찾아갔다. 안느를 만날지도 모른다는, 혹은 생존자 명단에서 그녀의 이름을 발견할 수 있을지도 모른다는 희망에서였다. '하지만 난 안느를 알아보지 못할 거야.' 마들렌은 이렇게 생각했다.

1945년에 라디오 방송을 통해 안느 코르라는 이름을 가진 여성이 벨기에의 군병원에서 치료를 받았다는 사실이 알려졌다. 그리고 다시 소식이 끊겼다. 사람들은 증거는 없지만 그녀가 수용소에서 죽어 공동묘지에 묻혔을 것이라고 생각했다. 작센하우젠 기록보관소 소장인 아스트리드 레이 박사는 2008년 8월 내게 이런 편지를 보냈다. '가장 큰 문제는 나치친위대가 철수하기 전에 수용소의 관리서류를 다 파기해 버렸다는 사실입니다. 안느 코르의 경우 1944년 10월 1일자 이동 서류가 있어서 그녀가 이날 라벤스브뤽에서 작센하우젠으로 이감되었다고 나와 있지요. 1945년 4월 겐스하겐 수용소에서 사망했다는 언급은 2004년에 발행된 《프랑스 강제송환자 기념서》에 나와 있습니다.'

바꿔 말하자면 뱀이 꼬리를 무는 것이다. 그녀는 프랑스 호적에는 사망한 것으로 나와 있지만 수수께끼는 전혀 풀리지 않는다. 내가 이 책을 쓰고 있는 순간, 그녀의 자취는 더 이상 찾을 수 없다.

그녀가 속해 있던 조직의 책임자인 베르토 중령은 전쟁이 끝난 후 그녀가 레지스탕스 운동에서 해낸 역할에 대해 언급하며 신중한 입장을 취했다.

나, FFI의 도 책임자였던 베르토 중령은 다울라스에 살았으며 1944년 당시 캥페르 고등학교 학생이었던 안느 코르 양이 캥페르의 마르소 조직에 소속되어 레지스탕스 활동을 했음을 증명합니다.

그녀는 자신에게 맡겨진 모든 임무를, 특히 게슈타포의 프랑스 인 요원들을 찾아내는 임무를 매우 충실하게 수행하였습니다.

임무를 수행하던 중 브레스트에서 체포된 그녀는 렌느에 수감되었다가 독일로 강제송환되었습니다.

FFI도 책임자
베르토 중령

강제송환되었다가 작센하우젠에서 돌아온 여성들 가운데는 1940년 샹젤리제 거리에서 벌어진 학생 시위에 참여했던 공산주의자 피에르 에르베의 아내 안니 에르베가 있다. 1941년에 체포되어 샤토브리앙 교도소에 갇힌 이 미래의 피니스테르 도의회의원은 기 모케의 운명을 따르지 않았다. 왜냐하면 안느 코르가 그녀의 탈출을 도와주었기 때문이다. 그러나

이 젊은 여성 레지스탕은 레지스탕스 활동을 벌이다가 강제송환되고 말았다.

시인 자크 프레베르Jacques Prévert는 에르베 부부의 절친한 친구였다. 그들은 어느 날 함께 브레스트에 갔다. 이 시인은 1947년에 안느를 위해 시를 썼다. 이 시에서 그는 안느를 '바르바라'라고 불렀다.

브레스트에 쉼 없이 비가 내리네
그전에 그랬던 것처럼
하지만 더 이상 예전 같지 않아 모든 게 망가졌네
그것은 몹시 가슴 아픈 애도의 비라네

제16장

1944년 여름, 잃어버린 아이들의 부대

LA ROSE ET L'EDELWEISS

"제가 캥페르에서 고등학교를 다닐 때 역사를 담당했던 필리포 선생님은 정말 훌륭한 분이셨습니다. 그 분은 제1차 세계대전 때 약관의 소위셨고, 1919년에는 볼셰비키들과 싸우기 위해 폴란드로 가셨지요. 당시에 드골 대위는 포로였어요. 하지만 필리포 선생님은 부하들이 모두 적탄에 쓰러져가는 것을 목격했습니다. 그분은 전쟁에 대해 깊은 혐오감을 느끼고 열렬한 평화주의자가 되셨습니다. 필리포 선생님은 그런 쪽으로 우리에게 영향을 미쳤습니다. 그런데 이상하게도 그분의 제자인 우리는 바로 그분의 영향을 받아, 평화주의의 영향을 받아 레지스탕스 운동에 뛰어들게 되었지요."

15살에 시작한 레지스탕스 활동을 내게 얘기해주던 르네 보티에르는 조금 더 멀리 갔다. 평화주의에 관한 한 알베르 필리포는 '조국의 후예들'의 영혼을 고양시키는 글들을 학생들에게 읽혔다. 빅토르 위고의 몇몇 시부터 시작했다. 《징벌 시집》에 수록되어 있는 이 시들 중에는 예를 들면 1853년에 일어난 봉기에 가담하라고 호소하는 시가 있다. 또한 위고는 바로 이 시기에 저항하는 아이들의 상징인 가브로슈라는 등장인물을 소설 《레 미제라블》을 위해 상상해냈다. 늘 그랬듯이 위고는 사람들의 의식을 일깨우고자 했다.

잠들어 있는 사람들에게

그대들은 무장하지 않았는가? 상관없다!

쇠스랑을 들라! 망치를 들라!
그대의 집 문의 경첩을 잡아 빼라
그대의 외투에 돌을 채워 넣으라!
그리고 희망의 고함을 내지르라!
다시 위대한 프랑스가 되라!
다시 위대한 파리가 되라!
열정을 발휘하여 그대들의 나라를
노예상태에서 벗어나게 하라!
그대들의 기억을 경멸로부터 벗어나게 하라!

그리고 1870년 패배 이후로 이 '프랑스인들에 대한 호소'는 프루시아인들에 대해 분명하게 표현되었다.

오, 의용병들이여, 잡목 숲을 통과하라, 격류를 건너라, 어둠과 황혼을 이용하라, 밤낮으로 전쟁을 하라!

1942년에 공산당 의용유격대(Francs-tireurs et partisans, FTP)는 이 저항의 작가로부터 그들의 조직 명칭을 빌려 썼다. 그리고 1944년 여름, FTP는 다른 레지스탕스 조직들을 통합한 프랑스국내군(Forces françaises de l'intérieur, FFI)과 공동전선을 펼쳤다. 그리고 브르타뉴 지방에 있는 도시 카마레 출신으로서 FFI-FTP에 소속된 15살의 가브로슈 르네 보티에르는 바로 이 전선에 참여했다.

그는 처음에는 스카우트 운동 때문에 이 역경의 길로 들어섰다. 나와 인터뷰를 하면서 그는 선배인 로제르 르 브라즈가 이끄는 프랑스 척후병 조직의 르네 마덱 동아리에서 함께 활동했던 친구들에게 경의를 표하고 싶어 했다. 이 동아리는 레지스탕스 운동에서 집단적으로 두각을 나타냈던 보기 드문 동아리들 중 하나였다. 과연 1943년에 그는 조조와 봅을 비롯한 젊은이들과 함께 해안방어시설 도면을 작성하고 벙커에 설치된 대포의 발사 각도를 기록했는데, 이것은 연합군에게 매우 유용한 정보였다. 자신의 제자들이 무엇을 하고 있는지를 알게 된 필리포는 신중을 기할 것을 부탁했다. 그러면서도 그들을 칭찬해주고, 쉽게 계산할 수 있도록 컴퍼스도 빌려주었다. 그러고 나서 그는 이 자료들을 런던에 전달했다. 르네와 그의 친구들은 스승이 자기 나름의 방식으로 레지스탕스 활동을 한다는 사실은 알고 있었지만 이 '점잖은 보호자'가 얼마 지나지 않아 FFI 피니스테르 지방 책임자가 될 것이라는 사실은 몰랐다.

1944년 5월의 어느 날 아침, 르네는 필리포 선생에게 전해야 할 도면을 호주머니 속에 집어넣고 학교에 도착했다. 독일군의 회녹색 군복이 학교를 가득 메우고 있었다. 야수들이 군화 뒤축을 부딪치는 소리, 욕설을 퍼붓는 소리가 들려왔다. 독일 병사들이 책가방과 개인사물함을 뒤졌다. 심지어 그들은 브리죄 고등학교에 다니는 여학생에게서 받은 연애편지까지 찾아서 읽어봤다. 이거 런던으로 보내는 암호문 아냐?

게슈타포는 요원 중 한 명을 총으로 사살한 남녀학생조직의 공모자들을 찾아내려고 했다. 나치경찰은 누구를 찾고 있는 것일까? 코난 형제와 룰루 뷔르크켈, 그의 여동생 엘리안, 매혹적인 안느 코르 등 간단히 말하자면 르네 보티에르가 알고 있는 마르소 조직의 조직원 전부였다. 원숭이처럼 영리한 그는 총을 메고 있는 독일 병사 바로 앞에서 도면을 꺼내 종이비행기와 종이배를 만들었다. 그런 다음 그걸 구겨서 공처럼 둥글게 만들어 휴지통 속에 던졌다. 아슬아슬했다. 그가 가방 검사를 받을 차례가 되었다.

6월에는 상황이 한층 더 심각해졌다. 이 지역 지리에 훤한 척후병 조직원들이 감시가 허술한 독일군 대공포벙커에서 독일군의 수류탄이 쌓여 있는 것을 발견했다. 바로 이날부터 그들은 수류탄을 일부는 조직에 공급하고, 또 일부는 만약의 경우를 대비하여 따로 빼내 보관했다.

연합군이 노르망디에 상륙하고 보름가량 지난 6월 말, 불의 시련이 시작되었다. 르네 보티에르와 친구 봅은 수류탄이 가득 들어 있는 배낭을 메고 캥페르 시내를 가로질러갔다.

"그런데 우리가 라 투르 도배르뉴 군부대 앞을 지나갈 때 오토바이 한 대와 사이드카가 우리를 쫓아오는 것이었습니다. 자칫 잘못 했다가는 배낭을 뺏길지도 모르는 일이었죠. 봅과 저는 각자 다른 방향으로 도망쳤어요. 그들은 봅의 뒤를 쫓아갔습니다. 조금 뒤 저는 한 청년이 독일군 총에 맞아 죽었다는 사실을 알게 되었지요. '그 놈들이 봅을 죽였어!' 저는 복수를 해야 했습니다.

저는 독일군 호송대가 브리엑이나 크로종 반도로 이어지는 도로를 통과한다는 사실을 알고 있었어요. 어른들처럼 혼자 힘으로 해냈습니다. 맨 끝에 있는 트럭에 수류탄을 던졌지요. 수류탄이 운전수의 가슴을 맞고 튀어 오르더니 그의 발밑에 떨어져 폭발했습니다. 운전수의 배가 터지면서 내장이 보이더군요. 그 순간 생각했습니다. '다시는 이런 거 안 해!' 다시는 사람을 죽이지 않겠다는 것이었죠. 더더구나 봅이 죽지 않았다는 사실을 알게 되었거든요. 쫓아오는 오토바이와 사이드카를 따돌린 것이었죠. 그는 저를 찾고 있었습니다.

여름에 크로종 반도에서 전투가 벌어졌을 때 저는 필리포 대령과 함께 싸웠는데, 저한테 지급된 소형기관총의 방아쇠를 당기고 싶지 않았습니다. 그분은 제 뜻을 이해해주시더군요. 저는 제가 왜 그러는지 그 이유를 선생님에게 설명했죠. 그러니까 그분은 이렇게 말씀하셨어요. '우리들끼리 하는 말이지만, 난 네가 15살 나이에 사람을 죽이는 건 원치 않는다!' 아버지 같은 필리포 선생님께선 우리 젊은이들을 위하고 싶어 하셨던 겁니다. 그분은 레지스탕스 운동의 우두머리인 동시에 평화주의자이셨습니다."

하나의 전쟁에서 또 하나의 전쟁으로. 영화감독인 르네 보티에르가 어린 시절을 보낸 이 캉페르에서 1944년 6월에 게릴라전을 벌이게 만든 연쇄적 상황은 유명했지만 오랫동안 상영이 금지되어 있던 영화 『오레스에서 스무 살을 맞다』(알제리 전쟁에 투입된 젊은 병사들의 정신적 혼란을 다룬 영화)에서 그가 얘기했던 것과 약간 비슷하다.

"르네 마덱 조직에서 함께 활동했던 동지들은 1945년 내가 영화를 만들려고 하니까 이렇게 말하더군요. '이제 네 눈에 보이는 것, 네가 아는 것, 진실인 것을 찍어봐.'"

물론 이 일화 역시 연합군의 상륙이 불러일으킨 놀라운 소용돌이만큼 '짧은 바지를 입고 치른 전쟁'이 어떤 것이었는지를 잘 드러낸다. 바로 이때 수십만 명의 청소년들과 이제 막 사춘기를 벗어난 젊은이들이 최후의 전투에 몸을 바쳤다. 혼자 참여하기도 하고, 자율적인 조직에 소속되어 싸우기도 했으며, 그게 아니면 항상 용감한 필리포처럼 책임감을 갖추지는 않은 어른들이 이끄는 조직에 소속되어 싸우기도 했다.

영화인인 르네 보티에르는 우리가 그의 영화 필름을 그가 수류탄 공격을 감행하기 전인 보름 전으로 돌려 젊은이들이 주저 없이 앞장섰던 이 해방전쟁의 다른 — 그가 체험했던 장면만큼 눈에 띄는 — 장면들을 지켜보기를 원한다.

런던 라디오방송을 청취하는 프랑스 사람들의 수는 4년 만에 크게 늘었다. 전쟁이 끝난 후에도 많은 사람은 그것이야말로 자기들이 '레지스탕스 운동을 했다는 증거'라고 말하곤 했다. 좀 아니다 싶을 정도로. 그냥 지나가도록 하자. 어쨌든 오직 조직 책임자들만이 지시나 식별표지로 방송되는 '개인적인 메시지'를 해독할 수 있었다.

끊이지 않는
우수로
내 마음 괴롭히네

BBC 방송을 통해 전파된 어느 16세 소년이 쓴 시 구절은 프랑스 상륙작전이 개시될 것임을 알리는 일종의 암호문이었다. 이 시를 쓴 사람은 폴 베를렌Paul Verlaine이다. 프러시아에게 패하고 난 1871년 파리 코뮌 당시 미아부대와 함께 싸웠던 이 시인이 쓴 이 작품보다 더 탁월한 선택이 어디 있겠는가?

인류 역사상 최대 규모의 군사작전이 벌어지기 2시간 45분전에 BBC는 결국 매우 집단적인 것이 된 이 '개인 전언'을 방송했다. 많은 프랑스 아이들은 부모들처럼 이 '우울한 시집'을 배웠기 때문에 즉시 이 시를 완성시켰다.

가을날 바이올린의
기나긴 흐느낌

독일군 라디오 청취반은 이것 역시 암호문이라고 생각했다. 무기가 낙하산으로 투하될 것이라고 알리는 암호문이거나, 매국노의 신원을 확인했다고 알리는 암호문이거나, 아니면 파괴활동을 지휘하기 위해 프랑스에 파견된 SOE 소속 비밀요원과 무사히 접선했다고 알리는 암호문이라고 단정 지었던 것이다. 이제 게슈타포는 레지스탕스 조직의 존재를 알아내어 와해시키려고 했다. 하지만 독일군 라디오 청취반도 이번에는 깜빡 속아 넘어갔다. 그것은 모든 작전구역의 지휘관들에게 보내는 'B 암호문'이었다. '오버로드' 작전이 이제 곧 시작되리라는…….

디데이. 1944년 6월 6일 화요일 아침 6시 30분. 오버로드 작전이 개시되었다. 30만 명의 병력이 5천7백 척의 배(1천2백 척의 전함이 호위)에 나눠 타고 코랑탱 해안과 오마하 비치, 유타 비치에 상륙했다. 나이가 가장 어린(18세) 젊은이들은 특히 공수부대에 많이 소속되어 있었다. 아이젠하워 최고사령관은 이미 북아프리카와 이탈리아에 상륙해본 경험이 있는 노련하고 나이도 많은 미군 병사들을 제1선에 배치했다.

가장 나이가 적은 미군 병사의 이름은 브루클린 출신의 조 아르젠지오였다. 그는 16살이었는데 1944년 1월 '빅 레드 원'이라 불리는 미 제1사단 제16보병연대와 함께 출발하기 위해 서류를 위조했다. 그처럼 나이가 어린 병사들은 제2선에서 상륙하거나 전사한 병사들을 대신하여 작전에 투입될 것이라는 말이 떠돌았다. 그래서 작전이 개시되기 전날 영국에서 '빅 쇼'(미국에서는 뭐든지 다 '빅'이다!)를 보러 갈 것이라는 말을 들은 그는 깃털 같은 걸 몸에 단 예쁜 다리의 댄서들이 등장하는 쇼를 볼 줄 알았다. 하지만 너벅선에 올라타는 순간 그는 빅 쇼가 오버로드, 즉 상륙작전이라는 것을 금세 알아차렸다!

그러므로 '리틀 조'는 그날 아침 총탄이 빗발치는 불바다 속을 헤치고 노르망디 땅을 밟은 나이 어린 병사들 중 한 명이었다. 그러나 코를 모래 속에 처박은 채 숨겨간 전우들이라고 해봤자 그보다 두 살에서 다섯 살밖에 많지 않았다. 오마하는 독일군이 가장 강력하게 요새화시켜 놓은 해안이었기 때문에 2천5백 명의 연합군 병력이 여기서 상륙 첫날 희생되었다. 리틀 조는 상륙하자마자 총과 탄약통을 잃어버리는 바람에 콘크리트 블록 뒤에 기다리다 옆에서 숨져간 전우의 총을 회수해야 했다. 오랫동안 참고 기다릴 필요가 없었다. 이후 며칠 동안 많은 하사관들이 전사하는 바람에 그는 졸지에 하사로 임명되었다. 그리고 이어서 파리를 해방시키고 알자스 지방에 대한 공격에 참여했다. 물론 부상은 입었지만 그다지 심각하지는 않았다.

미군 병력과 맞선 독일군들도 생각만큼 그렇게 나이가 많지는 않았다. 전투를 치르기 위해 모여든 병사들 역시 이제 막 소년기를 벗어나 겨우 청년기에 접어들었을 뿐이었다. 캉에 주둔한 제12히틀러청년 기갑친위대 사단(모든 병사가 히틀러청년단 출신이었는데, 이건 보기 드문 일이었다.)의 병사들은 1926년생들이었다. 연합군이 상륙한 해안에서 가장 가까이 있던 제12히틀러청년 사단은 6월 7일 영국군이 돌파하는 것을 막았지만 결국 병력의 30퍼센트(8천 명)를 잃었다. 프리츠 위트 사단장 역시 6월 14일 영국 공군의 폭격에 숨졌다.

오버로드 동쪽 끝에 있는 리바 벨라 해안에 자리 잡은 독일군 진지를 공격한 것은 177명의 키에페르 특공대였다. 그들은 조국을 재정복하기 위해 처음으로 조국 땅을 밟은 프랑스인들이었다. 그들 중엔 1940년 14살의 나이에 런던으로 갔던 브르타뉴 지방 출신의 그웬 아엘 볼로레도 있었다. 그는 이 상륙작전에서 살아남은 25명 중 한 사람으로서 자신의 청소년기가 어떻게 그날 막을 내렸는지 이야기했다.

"제 앞의 참호에 독일군 병사들이 있다는 걸 느꼈습니다. 그들 역시 어둠 속을 뚫어져라 살펴보고 있었습니다. 이따금씩 문장이 토막토막 들려오기도 하고, 노리쇠를 만지작거리는 소리가 들려오기도 했지요. 저는 잡목림 바닥에 찰싹 엎드려 있었어요. 축축한 땅의 일부가 되어버린 것처럼 말입니다. 모기들이 손과 얼굴을 물어댔지만 저는 아무것도 못 느끼는 사람처럼 꼼짝하지 않고 있었어요. 조금만 소리를 냈다가는 우리 부대가 전멸할 테니까요. 〔…〕 이날은 영원히 제 기억 속에 새겨졌습니다. 피는 짜디짰고 바다는 붉었죠. 구역질이 나더군요."

상륙 전후에 폭격이 이루어졌기 때문에 지상전투가 벌어질 당시 노르망디 지방의 도시들은 폐허로 변해 있었다. 에브뢰는 6월 7일에서 17일 사이에 무려 11차례나 폭격을 당했다. 군사목표물이 전혀 없는 생로 같은 도시도 6월 7일 밤에 폭격을 당했다. 주민들은 붕괴된 건물의 지하실에 매몰되어 죽어갔다. 그럼에도 그들은 레지스탕이건 단순한 시민이건 간에 가리지 않고 자신이 할 수 있는 데까지 오버로드 작전에 도움을 주었다. 하지만 그들을 '최후의 레지스탕'이라고 부르지 말기 바란다. 특히 훈련을 받지 않았을 때 레지스탕스 활동을 벌인다는 것이 어쩌면 가장 힘든 일일지도 모른다. 그리고 연합군 총사령부는 일종의 '대규모 봉기'를 필요로 했다.

나이가 가장 어린 사람들에게 그것은 마치 보물찾기 놀이와도 같았다. 척후병과 미행자 노릇을 하는 아메리카 인디언들이 등장하는 소설에서처럼 짧은 바지를 입은 노르망디 지방 아이들도 보기 드문 용기로 무장했다. 《디데이의 비밀》이라는 책을 쓴 질 페로는 내게 이렇게 설명했다. "코랑텡 지방에서는 그들을 '젖은 엉덩이'라고 불렀죠. 그들은 노르망디 지방의 움푹한 길과 숲 속에서 미군과 낙하산 부대원들을 안내했습니다." 이것 역시 아예 잊히거나 아니면 애들 놀이나 인디언 카우보이 놀이 정도로 치부되어 버린 또 다른 형태의 레지스탕스 운동이다. 그러나 이 아이들은 해방군을 돕다가 진짜로 총에 맞아 죽을 뻔했다.

'아이들이 일요일만 되면 지겨워한다'와 '토마토를 따야 한다', '수에즈는 덥다' 등 새로운 암호문이 BBC 라디오를 통해 방송되었다. 런던에서 이러한 지시가 내려짐에 따라 레지스탕스 운동 조직들은 증강된 독일 병력이 연합군의 노르망디 상륙작전을 좌초시키지 못하도록 전 지역에서 행동에 나서야 했다. 디데이 다음 날, 180대의 열차가 탈선했고, 5백 군데의 철로가 절단되었다. 1944년 6월 한 달 동안 최소 3천 곳에서 열차 운행이 중단되었다.

'녹색 계획'(철로)과 '자주색 계획'(전화선), '청색 계획'(전기선), '비벤둠'(도로교통) 등 미리 정해진 네 가지 계획에 따라 파괴활동도 개시되었다. 그 바람에 독일군은 온갖 고생을 다했다. 얼마 후 '적색 계획'으로 게릴라 작전이 전면적으로 시행되었다. 이번에는 정말로 젊은이들이 총궐기하여 항독유격전을 펼쳤다.

일상적으로 이루어지는 탄압과 모욕, 식량 부족, 유대인들에 대한 대량 검거, 레지스탕들의 강제송환, STO의 도입에도 점점 더 많은 수의 청소년들과 젊은이들이 조직된 레지스탕스 활동에 뛰어들었다. 도시의 작은 세포들은 규모가 더 커졌고, 거기에 소속된 소수 항전부대들은 도시와 농촌, 산악지방에서 게릴라전을 벌였다. 항독유격대에는 연합군을 지원하고 해방군을 조직하라는 지시가 떨어졌다. 1943년 9월부터 이탈리아에서 전개되었던 것과 비교될 만한 시나리오가 전개되었다.

우리가 지금까지 그 자취를 따라온 수많은 아이들과 청소년들은 최후의 해방 전투를 벌여 그들이 그토록 간절히 바랐던 대로 결실이 맺어지는 것을 볼 수 있게 된다. 그들은 뷔퐁이나 생브리윅 고등학교 학생들이나 '적군'이나 '검은손' 조직의 젊은 게릴라들처럼 목숨을 잃기도 했다. 강제수용소나 대량학살수용소에서도 많은 수가 죽어갔다. 그들은 얼마나 많이 돌아오게 될까? 그리고 어떤 상태로 돌아오게 될까? 그리고 아이젠하워 총사령부가 신뢰했던 청년 게릴라군은 무엇과 흡사했을까?

자유프랑스관이 최근에 시행한 조사가 증명한 것처럼 프랑스자유군의 절반은 20세 이상의 젊은이들로 이루어져 있었다. STO 거부자들, 그리고 때로는 연합군 상륙작전이 불러일으키는 위험조차 의식하지 못한 채 도취감 속에서 레지스탕스 활동을 벌인 대학생과 고등학생들로 이루어진 항독유격대에 대해서도 같은 말을 할 수 있다. '피피'들은 의기양양하게 항독유격대에 합류했다. 피피는 수만 명씩 무리를 이루어 이후에 서로 연결될 레지스탕스 조직들의 신경 노릇을 하게 될 젊은 프랑스국내군 병사들에게 붙은 애칭이다.

필리프 샤플로는 자신이 리포터로 일하는 「우에스트 프랑스」 신문사에서 발행된 《어린 레지스탕들》이라는 책에서 수많은 인물을 대략적으로 묘사하면서 '불행하게도 평화로운 어린시절을 보내지 못하는 어린이들의 영웅적인 겸허함'에 대해 언급하고, '때때로 무시되거나, 아니면 너무나 자주 잊혀 버린 레지스탕스 운동에 대한 이 '작은 손들'의 기여'를 강조할만한 충분한 이유를 가지고 있었다.

내가 이후에 열거하게 될 1944년 여름의 중요한 사건들에서 볼 수 있듯이 나이 어린 레지스탕들의 프랑스 해방에 대한 기여도는 점점 더 커졌다. 그러나 그중 일부는 확실한 지시를 받은 상태에서 무장을 하고 노련한 지휘관들의 지휘하에 전투를 치러야 하는 상황에서 그렇게 하지 않고 서두르는 바람에 비극을 맞기도 했다. 그들은 바로 6월 6일에 라디오 프랑스의 마이크에 대고 이렇게 선언한 드골 장군의 호소에 응했다. "그들이 어디에 있건, 그들이 누구건 프랑스의 아들들은 자신이 가지고 있는 모든 수단을 동원하여 싸워야 할 성스러운 의무를 가지고 있다."

그러면 달력을 한 장씩 떼어 보자.

상륙일, 1944년 6월 7일, 프랑스의 다른 곳. 부르그 앙 브레스에서는 1942년 말에 청년동맹군(Forces unies de la Jeunesse, FUJ)과 합류했던 랄랑드 고등학교 조직이 도道 재정국을 공격했다. 그 직후인 대입자격 시험날에 게슈타포가 그들 중 20여 명을 체포하여 여러 명을 강제송환했고,

거기서 살아남은 학생들이 도 해방에 참여했다. 부르그 앙 브레스의 랄랑드 고등학교는 1946년 10월의 법령에 의거하여 처음으로 레지스탕스 메달을 수여받았다.

여전히 이 6일에 같은 엔 도에서 '청년항독유격대'가 활동을 시작했다. 18살의 베르나르 강글로프는 녹색 계획에 의거하여 다른 레지스탕들과 함께 앙베리유의 프랑스철도청 창고를 공격했다. 52대의 화물열차와 10대의 공작기계가 파괴되었다. 이 청년은 1925년 9월 벨포르에서 태어나 오툉에 있는 군인 자제 학교에 들어갔다. 이 학교는 13세에서 18세까지의 학생들이 장교가 될 수 있도록 준비시켰다. 이미 1940년에 튈로 후퇴하기 전에 2학년 학생들로 이루어진 부대가 '사자'라는 별명을 가진 그랑즈레 준위의 지휘하에 툴롱 쉬르 아루에서 전투에 참가한 적이 있었다. 그러나 오툉에 있는 이 학교는 결국 1944년 5월에 문을 닫았다. 나이가 적은 학생들은 집으로 돌아갔지만 그들의 선배들은 항독유격대에 합류했다. '뽀빠이'라는 별명을 갖고 있던 강글로프 역시 5월에 친구들('뚱보 네네'라는 별명으로 불리던 르네 바릴과 토마)과 함께 엔 도의 '군인 자제 항독유격대'에 들어갔다.

엔 도의 이 항독유격대들은 로망스 프티 대령의 지휘를 받았다. 그의 연락원인 엘렌 로젠탈(암호명 '미쉐트')은 그로부터 1주일 뒤에 스무 살이 되었다. 마술경기 결승전 진출자인 이 파리 출신의 여성 기수는 아버지가 민병대가 쏜 총알 두 발을 머리에 맞고 숨지자 17살의 나이로 레지스탕스 운동에 뛰어들었다. 그녀는 오트 사브와 지방에서 활동하는 항독유격대들의 연락원이 되었다. 글리에르 고원의 유격대가 와해될 때까지 톰 모렐 비밀부대를 위해 외부와 연락을 유지했는데, 함정에 빠지거나 체포당할 위험을 수도 없이 모면하다가 결국 1943년 11월 엔 도의 항독유격대에 합류하여 조르제트 그로필레이(암호명 '조')나 폴레트 메르시에 같은 젊은 여성들과 접촉했다.

나중에 유럽에서 전쟁이 끝나자 그녀는 일본인들과 싸우는 중국 비밀정보부와 연락하는 요원으로서 역할을 계속해 나갔다. 그러다가 진정한 평화가 찾아오자 동물 보호에 열렬한 관심을 보였다. '우리의 동물친구들' 역시 전쟁으로 인해 고통받는다는 사실을 사람들은 알고 있었을까? 숲 속의 항독유격대는 동물들과 함께 살아간다.

솔로뉴에서는 리베르테 의용군 소속 고등학생들이 항독유격대에 합류하고 싶어 했다. 하지만 그들은 배신당했다. 나치는 59명을 약식 처형했다. 나흘 뒤, 다른 대학생 친구 13명과 함께 라 페르테 생오뱅 항독유격대에 합류할 예정이던 자크 브라크는 체포되어 10명의 동지와 함께 강제송환되던 중에 죽고 말았다. 그들 중에는 루이 르 그랑 고등학교 학생으로서 「프랑스의 수호」라는 지하신문을 배포하며 레지스탕스 활동을 시작했던 베르나르 빌레트도 있었다. 그와 함께 루이 르 그랑 고등학교에 이어 몽테뉴 고등학교에서 이 신문을 배포했던 친구 중 피에르 알비세는 기독교학생청년단 소속으로서 센 에 와즈 노르 지방의 항독유격대에 들어갔다. 그는 체포되어 1944년 8월 16일에 총살당했다.

1944년 6월 7일, 디데이 하루 뒤. 최대 규모의 독일군 병력이 1944년 여름 브르타뉴 지방에 집결해 있었다. 파름바커 장군이 이끄는 15만 병력이 만일 노르망디 지방에 주둔하고 있었더라면 연합군의 상륙을 좌절시킬 수도 있었을 것이다. 더 정확히 말하자면, 모르비앙 지방에 주둔해 있던 독일군은 연합군 후방에 대한 가장 큰 위협이었다. 그리하여 연합군이 노르망디 지방에 상륙하기 전날 제2공수연대와 제4 SAS여단의 젊은 프랑스 출신 공수부대 대원들이 모르비앙과 코트 다르모르 지역 FFI의 활동을 통괄하기 위해 낙하산으로 투하되었다. 이 공수부대원들 중에 (1940

년 11월 11일 샹젤리제 거리에서 시위하는 것을 우리가 보았던) 폴 레제르와 (프랑스 인 어머니와 영국인 아버지 사이에서 태어났으며 17살 때 자유프랑스 사관학교에 들어간) 조르주 윌리엄 테일러, (생 브리욍 해방 전투에 참여한) 스무 살의 SAS 루이 마스로가 있었다.

1944년 6월 10일, 디데이 나흘 뒤. 오트 비엔 지방에서는 '리무쟁의 티토'라고 불리는 조르주 갱구앵이 피니스테르 지방의 FFI를 제외하고는 병력이 가장 많은 8천 명의 FFI를 지휘했다. 나치친위대 사단은 타른 에 가론 지방에서 노르망디 지방으로 올라왔다. 6월 9일, 이 사단은 리모주에 도착했고, 이튿날 오라두르 쉬르 글란에서 학살을 자행했다. 이 나치 친위대는 과거의 '인질 총살'과는 달리 643명의 희생자 중에 여자들과 아이들은 이 마을 교회에서 산 채로 태워 죽였다.

리모주에서는 15살의 '꼬마 마르셀'이 두 번째로 체포되었다. 전국해방운동(Mouvement de libération nationale, MLN) 소속인 마르셀 미셸은 4월에 이미 아버지와 함께 체포된 적이 있었다. 두 사람 모두 고문을 당했지만 자백은 하지 않았다. 소년은 풀려났고, 아버지는 강제송환되었다. 마르셀은 6월 10일에 탈출했다가 7월에 다시 붙잡혀 고문당했다. 하지만 그는 다시 풀려나 코레즈 지방에서 활동하는 로지에르 드 쥐악 항독유격대에 합류하여 8월 5일 브리베 라 가이아르드의 해방 전투에 참가했다.

1944년 6월 11일, 디데이 5일 후. 프랑스의 남쪽 끝에서는 모두가 노르망디 상륙을 생각하며 기쁨 속에서 수영을 할 수도 있었다. 연합군이 프로방스 지방에도 상륙하기를 바라기도 했다. 시기상조였지만 니스의 마세나 고등학교는 달랐다. 이 학교에서는 1940년에 다섯 명의 고등학생이 '조조'라는 레지스탕스 조직을 결성했다. 4년 뒤 또 다른 '5인 클럽'

이 항독유격대로 이어지는 가파른 길에 뛰어들었다. 그들은 후방 지역으로 가서 프랑스 해방을 준비하기로 결심했다. 유감스럽게도 23세의 대학생 자크 아당과 그의 17세(세자르 오브와 질베르 캉팡)와 18세(로제르 드몽소와 프랑시스 갈로) 고등학교 친구들은 게슈타포에게 체포되어 알프 드 오트 프로방스 지방에 있는 생쥘리앵 뒤 베르동에서 총살당하고 말았다. 마세나 고등학교는 해마다 그들을 추념한다. 얼마 뒤인 7월 7일, 12세의 한 소년은 두 명의 레지스탕, 니스에서 농사를 짓는 세라펭 토랭과 이탈리아 토스카나 지방 출신의 석공 앙주 그라시가 나치에 의해 빅토리아 거리에 있는 가로등에 목이 매달려 죽어 있는 것을 발견했다. 이 소년은 장차 마세나 고등학교에서 교사 생활을 하고 작가가 될 막스 갈로Max Gallo였다. 그는 파시즘과 레지스탕스 운동이 무엇이었는지를 끊임없이 상기했다. 다른 니스 사람들처럼 그 역시 8월 28일이 되기를 기다려 '천사의 만'이 해방되는 것을 보게 된다.

1944년 6월 13일, 디데이 1주일 후. 연합군이 프랑스 남부에 상륙할 것이라는 기대감은 또 다른 결과를 낳았다. 5일 밤 '알프스 산맥에 사는 야생 영양이 펄쩍 뛰어 오른다'라는 암호가 발령되었다. 이 암호는 베르코르 지방의 항독유격대들에게 행동에 돌입하라는 뜻이었다. 그 다음 달인 7월 13일에서 20일까지 이 지방의 항독유격대는 완전히 포위당했다. 절반 정도가 무장한 4천 명의 항독유격대원들이 항공 지원을 받는 독일군 제157사단의 1만 5천 병력에 맞서 저항했다. 7월 23일, 항독유격대가 패하자 민간인들이 학살당했다. 특히 라 샤펠 앙 베르코르에서 많은 사망자가 발생했다. 연합군이 단념해버리는 바람에 850명의 항독유격대원이 목숨을 잃었다. 프랑스 북부지방 출신의 레이몽 톤노(16세)는 7월 28일 레 벨 평원에서 벌어진 전투에서 살아남았지만, 그와 함께 싸웠던 형 펠릭스(20세)와 그의 친구인 장 슈발, 카미유 라쿠르(모두 17살)는 모두 전사했다.

1944년 6월 15일. 다른 곳에서처럼 보르도에서도 행복의 기운이 널리 퍼졌다. "의료 레지스탕스 활동의 우두머리인 앙드레 다르티그 박사님은 보르도 레지스탕스 운동의 '점잖은 아버지'였습니다." 그의 제자인 베나제 박사는 이렇게 말했다. "6월 중순에 롱샹 고등학교 출신이자 갈리아 조직의 일원인 테리유가 다르티그 박사님께 빅토르 위고 고등학교와 생 시르 사관학교 준비반, 해외프랑스학교 학생들이 항독유격대를 결성하여 독일군을 공격하고자 한다고 알렸습니다. 비극이 잉태되고 있었지요."

다음 날, 다르티그는 학생 대표인 스무 살의 빅토르 위고 고등학교 학생 다니엘 디에랭을 만났다. '다니'라는 별명으로 불리던 이 청년은 기니의 코나크리 출신으로서 흰 군모를 쓰고 단봉낙타를 타고 다니는 메하리 장교가 되기를 꿈꿨다. 그는 이 고등학생들과 의대생들, 사관학교 생도들, 장차 식민지의 관리가 될 학생들이 모여 항독유격대를 결성하려고 하는 이유를 이 의사에게 설명했다. 다르티그와 친구들은 이 젊은이들이 무모한 행동을 하지 못하도록 설득하려고 애썼다. 그들이 선택한 지롱드 랑드 지방의 소카 근처 리슈몽 농장은 기복 없는 평야지대에 자리 잡고 있어서 독일군의 공격에 무방비로 노출되어 있었다.

다르티그 박사는 말한다. "계속해서 설득했지요. 너희들에게는 천연방어물이 전혀 없다, 함정을 팔 만한 장소도 없다, 사면도 없다, 어쨌든 소형기관총 몇 정과 얼마 안 되는 탄약으로는 오래 버틸 수 없을 것이다, 라고 말이죠."

하지만 아무리 설득해도 젊은이들은 막무가내였다. 15명의 고등학생들은 간부학교 교관이 되고자 하는 파리 시앙스포 출신의 프랑수아 모스(암호명 '드니')와 함께 모였다. 그들은 낙하산 투하를 기다렸지만 감감무 소식이었다.

7월 14일, 60명의 독일군과 40명의 민병대가 리슈몽 농장을 포위했다. 전투가 시작되었다. 청소년들이 농장 밖으로 나올 기미가 안 보이자 독일군은 건물을 대포로 박살냈다. 탈출을 시도했던(그중 한 명이 프랑스 국기를 손에 들었다) 15명의 레지스탕은 대부분 사살되었다. 그들 중 세 명만 돌파구를 뚫는 데 성공했다. 공격자 중 20명이 더 이상 일어나지 못했기 때문에 부상자들은 더 장렬하게 최후를 맞았다.

1944년 6월 17일. 자유프랑스 해군 제2부서의 책임자였으나 3년 전 발레리앙 산에서 총살당한 오노레 데스티엔 도르브 해군 대위의 조카 다비드 레니에는 삼촌의 죽음을 절대 잊지 않았다. 그는 삼촌의 예를 따르고자 했다. 17살이 되던 1942년 말 다비드는 루이 르 그랑 고등학교에서 프랑스방어 조직에 가입했고, 자유의 의용병 조직의 우두머리인 맹인 자크 뤼세이랑의 지휘 하에 이 조직에서 발행하는 지하신문을 배포했다. 6월 17일에 그는 특공대를 지휘하여 탱크 부품을 실은 열차를 탈선시켰다. 밀고를 당한 그는 이틀 뒤 발 드와즈에서 독일군 3개 대대가 롱크롤 항독유격대(그는 이 부대의 지휘관 중 한 명이었다)를 공격할 당시 생포되었다. 6월 20일에 총살형당한 그는 프랑스 해방훈장을 추서받았다.

1944년 6월 18일. 모르비앙 지방에 있는 생마르셀에는 영국 공군 특수군의 공수부대원들과 노르망디 지방으로 향하는 독일군의 진격을 지연시키게 될 모르비앙 항독유격대의 물자가 투하되었다. 연합군이 노르망디에 상륙하기 전날인 6월 5일, 마리엔 대위가 지휘하는 SAS 공수부대원들과 플뢰르멜 조슬랭이 지휘하는 FFI들이 합류했다. 4천 명을 무장시킬 수 있는 장비가 낙하산으로 투하되었다. 6월 7일, 수백 명의 FFI가 라 누에트 농장을 향해 몰려들면서 수호성인축제와 대중봉기의 분위기가 이곳을 지배했다. 생마르셀에는 '작은 프랑스'라는 이름이 붙었다.

6월 18일, 독일군이 2천5백 명의 FFI와 200명의 SAS 공수부대원들을 포위했다. 치열한 전투 끝에 점령군은 큰 피해를 입었고, 항독유격대는 전면 후퇴했다. 독일군은 생마르셀 마을 파괴와 민간인 학살을 시작으로 대규모 보복을 가했다. 얼마나 많은 사람들이 죽었을까? 역사가들에 따라 그 숫자는 FFI와 SS가 2백 명에서 50명, 독일군이 5백 명에서 3백 명까지 다르다. 레지스탕스 운동이 성공을 거둔 것이라고 말해야 할까, 아니면 나치가 군사적으로 실패한 거라고 말해야 할까? 모르비앙 지방 전역에서 온 FFI들이 결집한 이 수호성인 축제를 시작으로 브르타뉴 지방의 젊은 레지스탕들이 전투태세를 갖추었다는 것이 많은 사람들의 공통된 생각이다. 이 젊은이들 가운데 연락원인 기 미셸 부바르와 형 로이크(15세)가 있었는데, 이들도 전투에 참가하게 된다.

방대한 저서 《레지스탕스 연대기》에서 알랭 게랭은 생마르셀뿐 아니라 글리에르와 베르코르 등 다른 곳의 항독유격대원들에게도 적용될 수 있는 판단을 내린다. FFI의 간부장교와 SAS의 우두머리들이 젊은 FFI들을 제대로 지휘하지 못했다는 것이다.

독일군의 녹회색 군복이 파도처럼 내륙지방에서 브르타뉴 지방의 해안으로 몰려들었을 당시 젊은 레지스탕들은 대부분 나이가 13살에서 20살 사이였다. 그들의 청소년기, 그들의 청춘기는 점령으로 인한 제약과 낙심, 억압으로 잔혹하게 점철되어 있었다. 그리고 그들이 희망을 품으며 탄복해 마지 않던 선배들이 본의 아니게, 무모하게, 그러면서도 막무가내로 드디어 때가 왔다는 생각을 그들이 하도록 했다. 예를 들어, 무기를 들고 많은 사람 앞으로 열을 지어 행진하게 하면 그들이 허망한 자유를 품게 되는 식이다. 이것이 어찌 그들을 도취시키지 않았겠는가?

아무튼 나치는 생마르셀에서 처음으로 궁지에 몰렸다. 이 상징적인 사건 이후 많은 사람이 대거 합류하면서 레지스탕 운동은 단연 활기를 띠었다.

1944년 6월 24일. 여전히 브르타뉴다. 세 명의 SAS 공수부대원이 귀스크리프에 항독유격대를 조직했다. 14살 때 렌느에서 레지스탕스 운동에 뛰어들었던 장 케리엘이 이곳에 몸을 숨겼다. 장 케리엘은 이후 ORA(Organisation de la résistance armée, 무장레지스탕스 단체)에서 레지스탕스 활동을 계속했다. 드골이 호소한 날인 1940년 6월 18일에 16살의 나이로 런던으로 떠났던 바로 그 카르빌 대위가 SAS의 지휘관이었다. 그는 1944년 6월 18일에 낙하산으로 투하되어 귀스크리프 항독유격대를 지휘했다. 로스포르덴 항독유격대 대원들이 그와 그의 유격대에 도움을 요청했을 때 그는 치명상을 입은 상태였다.

1944년 6월 28일. 노르망디에서 치열한 전투가 벌어지고 있는 동안 독일군은 레지스탕 조직들을 한층 더 가혹하게 진압했다. 알랑송 쪽에서는 리오 마을의 비극이 일어났다. 체포된 레지스탕이 소규모 항독유격대를 밀고했다. 아르장탕 지역 책임자인 에티엔 팡투는 자신의 농장에 숨어 나치친위대의 지원을 받는 게슈타포와 맞섰다. 게슈타포는 그의 딸 시몬느를 붙잡아 죽이겠다고 그를 위협했다. 아버지는 동지들 중 한 명과 함께 항복했다. 세 사람 모두 고문을 당했다. 항독유격대의 도 책임자가 어디 있는지 불라는 요구를 받았다. 하지만 그들은 입을 열지 않았다. 팡투는 얼굴이 완전히 엉망이 되고 온몸이 피투성이가 되었지만 그래도 힘을 내어 딸에게 말했다. "아무 말도 하지 마라, 얘야. 절대 말하면 안 된다." 이 사춘기 소녀는 절대 입을 열지 않았다. 화가 난 나치친위대원들은 두 어른을 총살하고 시몬느는 다른 곳으로 데려가 강간한 다음 강제송환시켰다. 그녀의 영웅적인 침묵에도 나치친위대는 바로 그날 밤 한 항독유격대를 공격, 총살시켰다. 이 어린 시몬느 역시 '레지스탕' 이었다는 사실을 인정하지 않을 수 있을까?

1944년 6월 30일. 그르노블 출신의 피에르 루이베는 에피날 군사학교를 다녔다. 1941년 16살이었던 그는 자유프랑스 조직에 합류하려다가 투옥되었지만 결국 알레르트 유격대에 들어갔다. 그는 보르도 레지스탕스 조직의 요청에 따라 수천 발의 포탄과 실탄이 저장되어 있는 채석장 목록을 작성했다. 연합군이 외르트비즈 탄약보급소를 폭격할 수 없게 되자 루이베는 동지 한 사람과 함께 다이너마이트로 그곳을 폭파시키겠다고 제안했다. 6월 8일과 18일에 이루어진 시도는 실패로 끝났다. 이들이 30일에 다시 한 시도는 독일군에게 발각되었다. 이 청년은 그가 다이너마이트에 불을 붙이지 못하게 하려고 달려드는 독일군 병사 17명과 함께 장렬히 산화했다. 그는 비밀정보부(BCRA) 소속으로서 1944년 2월 13세의 나이로 살해당한 브르타뉴 출신의 소년 마르튀랭 앙리오처럼 프랑스해방훈장을 추서받았다.

1944년 7월 11일. 다시 오툉 군인자제학교 출신의 강글로프에게 돌아가 보자. 그는 독일군의 이동을 혼란에 빠트리는 '레일 전쟁'에 참여하는 것으로 만족하지 않았다. 바주카포(미국인들이 1942년에 생산해낸 새로운 무기) 반장인 그는 7월 11일 뇌빌 쉬르 엔 교량 공격에 참가했다. 독일군 병력수송단을 지연시키는 것이 목적이었다. 이를 위해 맨 앞에 설치된 기관총을 파괴해야 했다. 사수인 르네 바릴이 전투가 시작되자마자 독일군에게 쉽게 노출되어 사살되었다. 탄약수인 토마와 강글로프도 부상을 입었다. 강글로프의 부상은 심했다. 총을 네 발 맞았는데, 그중 한 발이 목덜미와 폐를 관통하여 허리에 박혔다. 동료들이 그를 업고 헛간에 데려다 놓은 다음 구조 요청을 위해 자리를 비웠다. 그는 혼자 남아 끔찍한 고통을 겪어야 했다. 13일, 민병대가 그를 발견했다. 상태가 너무나 위중했기 때문에 그의 입을 열게 만드는 건 불가능한 일이었다. 부르그 앙 브레스 병원에서도 그는 자신의 신원을 밝히려고 하지 않았다. 심지어는 종부성사를 드리려는 신부에게도 자신이 누구인지 말하지 않았다. 강글로프는 7월 14일에 숨졌다. 그의 무덤에는 '뽀빠이 하사'라고 쓰인 나무 십자가가 세워졌다. 40년 뒤, 오툉 군사고등학교에는 '베르나르 강글로프 병영'이라는 이름이 붙었다. 이 학교 출신 중에 독일군과 싸우다 죽은 사람은 모두 12명이었다. 여기서 우리는 군에 소속되어 있던 젊은 레지스탕들이 민간인들보다 훨씬 더 큰 명예를 얻었다는 사실을 알 수 있다.

1944년 7월 12일. 독일군이 오툉에서 20킬로미터 떨어진 아노스트라는 작은 마을에 보복을 가하자 레지스탕들은 새로운 사명감으로 무장했다. 독일군은 이러한 사실을 이해하지 못한 듯했다. 그리하여 12일 밤 독일군은 프랑수아 바드방(17세)과 그의 친구 앙드레 페페르를 체포했다. 파리에 있는 앙리 4세 고등학교의 철학반 학생들은 바드방 가문 소유의 성에서 임시로 거처하고 있었다. 프랑수아는 레지스탕스 운동에 뛰어든 명문가의 막내아들이었다. 그의 아버지 쥘은 외무부 법률 전문가로서 1941년 5월 '애국심'을 발휘하며 떠들썩하게 사임했다. 그의 누나인 쉬잔 바스티드는 국제법 전문가로서 레지스탕스 전국위원회의 결성에 참여했다. 이 위원회는 주요한 비밀운동조직들을 통합, 쥘의 법과대학 제자였던 장 물랭에 의해 설립되었다. 프랑수아의 형제 중 한 사람인 앙드레는 스카우트단 사무총장으로서 이 단체를 레지스탕스 운동에 참여시켰다는 의심을 받고 있었다. 요컨대 바드방 가족은 아주 오래 전부터 나치의 감시대상이 되어 왔다. 어린 막내 프랑수아와 그의 친구는 아노스트 숲에서 활동하고 있는 소크라트 항독유격대에 들어가 독일군의 움직임에 관한 정보를 제공했다는 혐의를 받고 있었다.

이미 그 전날 샬롱 쉬르 사온 지방을 담당하는 게슈타포 특공대가 교회 옆에 있는 귀야르 호텔에 사령부를 차렸다. 게슈타포는 소형기관총의 총구를 700미터 떨어진 레 플라스 마을에 겨누고 16살의 위귀에트 파엥을 쏘아 쓰러트렸다. 이 젊은 여성이 거울로 한 병사의 눈에 햇빛을 반사시켜 앞을 못 보게 했거나, 모르스 신호로 통신을 하는 항독유격대 스카우트 대원으로 간주되었기 때문이라는 것이었다.

그녀는 큰 부상을 입었다. 의사는 그녀를 오툉 병원에 입원시켜도 좋다는 허가를 받아내지 못했다. 그녀는 바드방과 그의 친구가 독일군에게 체포된 12일 아침에 숨을 거두었다. 페페르는 길가에서 총에 맞아 숨졌다. 프랑수아 바드방은 감시병들의 감시가 소홀한 틈을 타 죽을힘을 다해 들판을 가로질러 도망쳤다. 그러나 빗발치듯 쏟아지는 경기관총의 총탄에 쓰러지고 말았다.

'모르방의 항독유격대가 아노스트 숲에서 섬멸됐습니다!' 비시 라디오에서 이런 뉴스가 흘러나왔다. 이 두 고등학생을 죽인 게 무슨 엄청난 승리라도 되는 것처럼 말이다! 그러자 상황은 예상했던 것과는 정반대로 흘렀다. 젊은이들이 소크라트 항독유격대에 합류하기 위해 밀려들었던 것이다. 유해를 회수하여 장례식을 치르기 위해서는 특공대가 떠날 때까지 사흘을 기다려야 했다. 그곳에 사는 다른 젊은이들도 소크라트 유격대에 들어가고 싶어 했다. 7월 20일, 장 르노와 로제르 모로, 로제르 카스텔, 그리고 앙트완과 아당 바르지록 형제 등 다섯 명의 젊은이가 다시 독일군에게 체포되어 총살당했다.

1944년 7월 14일. 보르도에서는 독일인들이 국경일을 골라 상카르 고등학생들을 포위하여 사살했다. 그리고 군인자제학교를 나온 베르나르 강글로프도 이날 끝내 자백하지 않고 죽었다. 다른 끔찍한 사건들도 그와 동시에 일어났다.

그러나 국경일과 대중봉기의 추억, '1793년의 의용병들', 발미의 승리 등을 이 전례 없는 여름에 기념하기 위한 강도 높은 레지스탕스 활동이 프랑스 전역에서 이루어졌다.

7월 14일이 기회의 날이 된 사람도 한 명 있었다. 12살 때인 1940년 11월 11일 샹젤리제 거리에서 시위를 벌인, 1942년 7월의 유대인 대량 검거 당시 벨디브에서 탈출하는 데 성공하면서 적극적으로 레지스탕스 운동에 합류한 라자르 피트코비츠였다. 그는 다시 게슈타포에게 붙잡혔으나 리옹 역에서 이동할 때 탈출에 성공했다. 다음 달 그는 파리 봉기에 참여하여 프랑스해방훈장을 받았다. 나이가 가장 어린 레지스탕 중 한 명으로서 생전에 훈장을 받았던 것이다!

1944년 7월 15일. 당시의 분위기를 잘 나타낸 한 가지 사건이 있었다. 청소년들이 점령군에게 홀로 맞서기로 결정했던 것이다. 이 결정은 때로 그들이 배신당할 위험을 대수롭지 않게 생각했기 때문이기도 했다. 피니스테르 지방에서 호송열차를 수류탄으로 공격한 르네 보티에르의 혁혁한 무훈을 도대체 어떻게 잊을 수 있단 말인가? 코트 다르모르 지방에서는 트레귀에르 고등학교 3학년생인 18살 장 라울이 친구와 함께 산보를 하다가 독일군 순찰대에게 붙잡혀 폼메리 조디로 끌려갔다. 들고 가던 타이프라이터와 서류 때문에 레지스탕으로 밝혀진 그는 생브리왹 감옥에 간혀 고문을 당했다. 그의 시신은 루데아크 쪽 공동묘혈에서 발견되었다. 60년이 지난 지금도 이 사건은 안느 코르 사건처럼 여전히 수수께끼에 싸여 논쟁을 불러일으킨다. 누군가가 장 라울을 밀고한 것이 아닐까?

1944년 7월 23일, 파리가 해방되기 한 달 전. 파리 전역에서 게릴라전이 펼쳐졌다. 여기서도 젊은이들은 독일군에 맞서 싸웠다. 18살 때 레지스탕스 운동에 뛰어들어 독일군 차량 파괴 공작을 벌이고 7월 23일에는 권총으로 독일군 장교를 쏴 죽였던 마들렌 리포(암호명 '라이네르')에게 일어난 일이 이 사실을 증명한다.

FTP 소속의 이 젊은 여성 레지스탕은 게슈타포에 의해 파리의 레 소세 거리로 끌려가 고문을 당했다. 나치는 그녀에게 물고문을 가하더니 다시 생전 처음 보는 사람들 앞에서 고문하기도 했다. 그녀가 자백하도록 하기 위해서였다. 가장 소름끼치는 것은, 한 소년을 그녀의 방에 집어넣은 것이었다. 그녀는 이렇게 얘기한다.

"짧은 바지를 입은 한 소년을 내게 데려오더군요. 독일군이 말했어요.

— 자, 여기 너처럼 어린 테러리스트가 있다. 하지만 나이는 너보다 훨씬 더 어리지. 네가 순순히 자백을 하면 이 아이를 그냥 내보내줄 거야. 하지만 자백 안 하면 이 아이는 무사하지 못할 거야. 그렇게 되면 다 네 잘못이야.

— 난 아무 것도 몰라요. 정말이에요. 저 아이, 때리지 마세요. 저 아이는 아무 죄도 없어요. 저 아이를 그냥 내버려둬요. 때리려면 차라리 날 때리라고요.

그 독일군은 머리를 가로젓더니 황소 힘줄로 있는 힘껏 아이를 후려치더군요. 정말 끔찍했어요. 저는 정말 미쳐버릴 것 같았어요. 아이가 울부짖었어요. 얼굴에서 피가 흐르더군요. 다리에는 붉은 자국이 띠 모양으로 길게 생겼고요. 아이가 푹 쓰러졌습니다. 독일군이 아이를 다시 일으키더군요. 아이의 코는 더러워졌고 양쪽 뺨에는 먼지와 눈물이 뒤범벅되어 있었습니다.

제가 독일군의 요구에 굴복하여 거짓으로 약속시간과 주소를 알려주려고 하는 순간 아이가 아무 말 하지 말라며 머리를 경련하듯 흔들었습니다. 그런 모습은 처음이었습니다."

1944년 7월 27일. 자전거는 연락원에게 최고로 훌륭한 무기였다. 만일 전국 레지스탕스 연락원 출신 협회 같은 게 만들어졌다면 '어린 여왕(자전거를 가리키는 옛 표현—옮긴이)'이 상징이 되었을 것이다. 수백 명(어쩌면 수천 명일지도 모른다)의 청소년들과 어린이들이 항독유격대와 도시 조직을, 우두머리들과 파르티잔들을 연결시켜주는 힘든 일을 해냈다. 이렇게 해서 1944년 여름 프랑스 전역에서 수천 건의 메시지가 전달되었다. 연락원 중에는 여자들이 압도적으로 많았다. 바리케이드를 더 쉽게 통과할 수 있어서 그랬다. 자전거를 탄 이 '작은 그림자의 군대'의 초상화를 다시 한 번 주저하지 말고 그려보자. 자신이 다니는 고등학교가 있는 라샤트르의 FTP 소속인 스무 살의 욜란드 제르보는 여자 친구인 프랑스와즈 드샹블랑과 함께 자전거를 타고 연락 임무를 수행했던 앵드르 도에서 수도 없이 함정에 빠질 뻔했다. 쥬 레 브와(6월 12일)와 쥬네스트(16일)에서 항독유격대에 대한 공격이 일어난 후 7월 27일 당피에르에서 가장 치열했던 전투가 벌어졌고, 그녀도 이 전투에 참여해 싸웠다. 그녀는 여기서 살아남았고, 해방전투 후에는 리모주에서 국내군 제2사무국 통계부서에 소속되어 전쟁을 계속했다.

1944년 7월 30일. 독일군은 그르노블 근처의 샤르네클에서 샤를 볼마르크를 총살시켰다. 이 바르샤바 출신 폴란드 인은 19살 때 레지스탕스 운동에 뛰어들었다. 그는 노르망디와 툴루즈, 이제르 지방 등 프랑스 전역에서 레지스탕스 조직에 참여했다. 비밀인쇄소를 세우기 위해서건, '저항과 상부상조를 위한 유대인연맹(UJRE)' 그룹과 함께 싸우기 위해서건, (이 부분이 압권이다) 이탈리아 청소년들을 모아 가리발디 전투조직을 결성하여…….

1944년 8월 1일. 연합군의 아브랑슈 돌파작전이 결국 성공으로 끝나는 동안 프랑스 전역에서는 수많은 젊은이들이 FFI에 새로 합류했다. 영국 비밀정보부와 B부서(공산주의자), BCRA(드골 지지자)의 연락원들(질 페로는 이들을 '빗자루를 탄 간첩'이라고 부른다)은 결정적인 역할을 했다. 그들 가운데는 장 자크 오뒥도 있었다. 그는 13살 때 FFI에 들어가 해방될 때까지 사르트 지방에서 싸웠다. 과연 그가 태어난 망스와 샤르트르, 파리에서 그는 1943년부터 영국 특수작전집행위원회와 에르퀼 조직의 연락원으로 활동한 사실을 공식적으로 인정받았다. 그는 외국의 훈장은 많이 받았지만 정작 레지옹도뇌르 훈장은 받지 못했다. '외국의 열강(영국)을 위해 일했다'는 이유로 거부당했던 것이다. 그가 스무 살 때의 일이었다. 이 실수는 결국 1988년에 수정되었다.

1944년 8월 4일. '나폴레옹의 모자는 페로스 귀렉에 있는가?'라는 새로운 'B암호문'이 방송되었다. BBC 방송이 브르타뉴 봉기의 시작을 알리는 신호를 보냈던 것이다. 디낭과 렌느가 해방되었고, 랑제로 향하는 마지막 강제송환 열차가 그 전날 출발했다. 피니스테르 지방에서는 1만 1천 명의 의용군이 게릴라전을 벌였다. 브르타뉴 지방 전역에서 3만 명의 레지스탕들이 점령군을 집요하게 공격했지만, 이중에서 3분의 1은 무장도 하지 않은 상태였다.

그래서 생폴 드 레옹에 주둔해 있던 독일군에게서 무기를 훔쳐내기도 했다. 그러자 독일군은 20명의 젊은 인질들을 처형하기로 결정했고, 로스코프에서도 똑같은 일이 벌어졌다. 오후 6시 45분, 17살의 알렉상드르 메레르가 클루아트르 광장에서 처형되었다. 그리고 트레게르라는 이름을 가진 청년을 포함한 13명이 모를레로 끌려가 학살당했다. 다음 날인 6월 7일, 코트 다르모르 지방에 있는 플리제디의 항독유격대 대원들이 겡강으로 진격하여 독일군 병사 6백 명을 포로로 잡았다. 7월 27일, 독일군은 코트 말루앵에 위치한 항독유격대를 정복하려고 노력했지만 그것이 쉽지 않다는 것을 깨달았다. 이 유격대의 지휘관 중 한 명인 16세의 으젠 리우는 많은 학교 친구와 축구 클럽 친구들을 끌어 모았다. 그 다음 주에 이들은 레자르드리외와 팽폴을 해방시켰다. 8월 16일에 팽폴이 해방될 때에는 '토토르'라는 암호명을 가진 뤼시앵 카미레라는 청년도 참여했다. 19살 때 FTP의 조직원이 되었다가 다시 생브리윅의 슈발리에 대위의 보호 하에 FFI에 합류했던 그는 폭약이 장치된 바리케이드와 토치카, 기관총 진지, 고사포 진지를 차례차례 뛰어넘었다. '천개의 얼굴을 가진 인간'이라는 별명을 갖고 있던 그는 전쟁이 끝난 후 영화 스턴트맨이 되어 1944년 노르망디 상륙작전을 다룬 최초의 영화 『가장 길었던 날』 등 다수의 영화에 출연했다.

1944년 8월 14일. 전략적이라고 판단된 르와레 지방 한가운데의 숲 지대는 이틀 동안 전투가 계속된 끝에 결국 해방되었다. 오를레앙도 이 승리에 힘입어 16일 해방되었다. 항독유격대가 결정적인 역할을 했다. 이 유격대는 파리에 있는 장송 드 사이으 고등학교 학생들로 구성되어 있었다. 전쟁이 끝난 뒤 육군사관학교 생도가 되고 싶었던 이들은 '코르니슈'

를 신설했다. 코르니슈는 이 학교의 준비반을 가리키는 말이다. 몽탕공과 알뱅 샬랑동(추후 장관으로 임명)이 이 '베강 코르니슈'를 이끌어나갔다. 알뱅 샬랑동이 6월 7일 오를레앙 숲에서 만나자고 친구들에게 알렸다.

한 증인은 이렇게 기억한다. "알뱅은 쉴리 쉬르 르와르에서 로리스로 이어지는 도로 변에 위치한 바르나베스 농장에 사령부를 차렸습니다. 이 농장의 주인인 엘리즈 부부는 레지스탕스 조직에 큰 도움을 주었지요. 이 부부는 네 달 동안 이 육군사관학교 준비반 학생들을 먹여주고 재워주었습니다. 이를 위해 자신들이 기르던 소와 돼지, 닭, 오리를 잡고 비축해둔 감자를 삶았지요. 특히 용기를 발휘하여 죽음을 포함한 온갖 위험을 감수했습니다. 세 딸도 부모들만큼 용감했죠. 용감하다고 해서 그들이 쾌활하지 않거나 상냥하지 않은 것은 물론 아니었습니다. 그래서 이 젊은 육군사관학교 준비반 학생들은 바르나베스 농장에 대해 영원토록 잊지 않을 추억을 간직하게 되었습니다. 이들은 이 농장이야말로 '평화의 안식처'라고 생각했죠. 이 역사의 격동기에 이러한 표현이야말로 아낌없는 찬사라고 하지 않을 수 없습니다."

1944년 8월 16일. 런던에서 파견된 마르슈레라는 이름의 비밀정보부 대위가 파리와 인근 지역(클라마르, 쉘, 드라비에으)의 젊은이들과 만나자는 약속을 했다. FTP와 민간군가단체 청년부(OCMJ)에 소속된 이 35명의 기독교인들은 18세에서 22세 사이로서 항독유격대를 조직하여 거대한 무기고에 접근하고자 했다. 그러나 마르슈레는 사실 게슈타포의 끄나풀이었고, 그 바람에 모두 체포되었다. 이들은 여러 곳의 나치비밀경찰 사무실에 분산 수감되어 고문을 당했다. 이튿날 르루 거리에 있는 파리 게슈타포 본부 앞에서 8구의 시체가 발견되었다. 파리 주둔 독일군 사령관인 폰 콜티츠 장군이 더 이상 인질을 처형하지 않겠다고 약속했는데도 다른 사람들은 불로뉴 숲의 폭포로 끌려가 소형기관총과 수류탄으로 학살당했다. 2007년 5월 16일, 프랑스 대통령으로 당선된 니콜라 사르코지는 이들을 기리는 기념식에 참석했고, 여기서 막스 갈로가 연설했다.

1944년 8월 18일. 베르농(외르 지방)이 해방될 때 독일군에게 최후의 일격을 가한 FFI 소속 정보 요원의 이름은 윙베르 페리디였고, 나이는 이제 겨우 14살이었다. 2월에 방장스 조직에 들어간 후 그는 쉬지 않고 임무를 수행했다. 6월 6일에서 10일까지 파괴공작에 관한 '녹색 계획'이 시행되었을 때는 이미 교통로와 전화선을 파괴하고 무기 수송을 도왔다. 그 정도로는 충분치가 않다고 판단한 듯 그는 9월부터는 제1노르망디 대대에 지원하여 전쟁을 끝까지 수행했다.

그동안 파리에서는 봉기하라는 외침이 증가했다. 젊은이들은 파리 청년 애국전선 조직의 기관지인 「가브로슈」 신문을 배포했다.

1944년 8월 19일. 갈리아 조직의 연락원인 잔느 토랑은 페르피냥의 해방에 참여했다. 그녀는 12살 때인 1942년 아버지의 권유로 이 조직에 합류했다. 그녀는 스페인에서 연락원의 임무를 수차례 수행했지만, 그녀의 아버지는 강제송환되었다(피레네 산맥 반대편에서는 자유프랑스를 돕는 젊은이들이 활동했다. 예를 들어 그중 한 명인 스페인 여성 마리나 베가는 17살 때 감시의 눈을 번뜩이는 프랑코 장군과 민병대에게 발각될 위험을 무릅쓴 채 프랑스 레지스탕들의 탈출을 돕는 지하조직망을 만들었다). 같은 순간에 여전히 페르피냥에서는 또 한 명의 연락원이 자전거를 타고 돌아다니고 있었다. '뽀빠이'라는 암호명을 가진 피에르 다미아니였다. 그는 BCRA 조직원인 아버지가 맡기는 비밀서류를 자전거 튜브 안에 넣어 전달했다. 뽀빠이는 16살이 되기 전날인 1944년 9월 27일에 자신이 동원 해제되자 해군에 지원하여 전쟁을 계속했다. 그동안 파리처럼 툴루즈에서도 해방 전투가 시작되었고, 패튼 장군의 전차들이 수도에 점점 더 가까이 접근했다.

오후 2시경 공산주의자 청년단 책임자이기도 한 장 프롱토가 이끄는 구역인 생 제르맹 대로에서 FFI가 독일군 차량을 향해 처음으로 총을 발사했다. 이어진 전투에서 민간인 세 명과 경찰 한 명, 프레드 팔라시오(21세)와 장 귀오레(22세), 조제 바롱(19세) 등 FFI 세 명이 죽었다.

1944년 8월 20일. 됐다, 끝났다, 툴루즈가 해방됐다! 우리는 툴루즈 시청 광장을 작은 깃발로 장식했다. FFI의 수장 중에는 프랑스에서 가장 나이 어린 지휘관 중 한 명인 세르주 아셔가 있다. '라바넬'로 불리는 그는 24세다. 19살이던 1940년부터 전단지 배포를 시작한 후 레지스탕스 연합운동의 특공대들을 책임진 것은 물론 민족해방운동의 지도자 중 한 사람이 되기도 했다. 공산당의 일원으로 프랑스의 해방을 맞이한 후인 1949년에는 프랑스의 인도차이나 정치에 반대하여 군대를 나온다. 젊은 이들이 속한 단체들은 서로 다르면서도 활발한 활동을 펼치며 로즈 시의 해방에 나섰다. 경찰서 침입과 게슈타포 요원 숙청에 집중한 모항주 단체, 그리고 마르크 레비가 소설 《자유의 아이들》을 통해 다시 한 번 서사시로 탄생시키기도 한 FTP-MOI의 35여단 '마르셀 랑제르' 소속 젊은이들을 그 예로 들 수 있다. 물론 1940년에 설립된 프랑스반란단체도 잊으면 안 된다. 이 단체는 브뤼노 트랑탱을 비롯한 고등학생들과 함께 그들의 모국 이탈리아를 해방시키는 데 앞장섰다. 포와 오트사부아는 그 다음날 해방되었다.

군인행동위원회(Comité d'action militaire, Comac)와 독일인들은 파리에서 휴전 협상을 벌였다.

1944년 8월 22일. 같은 날, 정전협정이 깨졌다. 파리 봉기의 규모가 커졌다. 6백 개의 바리케이드가 설치되었다. 젊은이들이 나이에 상관없이 모두 나서 그것들을 설치했다. 가브로슈가 죽지 않았던 것이다. 독일군은 에콜 밀리테르와 의회, 뤽상부르그 궁, 콩코르드 광장, 오페라 극장, 레퓌블리크 광장, 마제스틱 호텔, 폰 콜티츠 장군이 자리 잡은 뫼르스 등 전략 거점으로 후퇴했다.

오후가 되자 미군 제12군단 사령관 오마르 브래들리 장군은 르클레르크 장군에게 제2기갑사단을 파리로 진격시키라고 지시했다.

이 책을 쓴 어린 로제르 팔리고의 아버지가 지휘하는 바티뇰 지역 FFI 소속의 젊은이들은 소무아 공장 노동자들이 그들을 위해 서둘러 완성시킨 장갑차를 찾으러 갔다. 이 장갑차는 흰 페인트로 쓴 FFI라는 글자를 자랑스럽게 내보이며 최초로 파리에 진격하여 전투가 한층 더 치열하게 벌어지고 있던 17구 구청의 방어를 지원했다.

10구에서는 샤를 딜렝 학교를 졸업한 17세의 '비프'가 전투에 참여했다. 그는 이미 2년 전부터 보이스카우트로 위장하여 유대인 구출 조직을 이끄는 등 나치에 맞서 투쟁해왔다. 파리가 해방되자 그는 혁명 당시의 한 장군을 기리는 뜻에서 마르셀 마르소라는 이름으로 제1군에 지원, 나치와의 전쟁을 계속했고, 그 후 20세기 최고의 무언극 배우가 되었다.

1944년 8월 23일. 「위마니테」 신문은 '모두가 바리케이드로!' 라는 표제를 붙였다. 일 드 프랑스 지역 FFI 책임자인 롤 탕기 대령은 봉기에 참여할 것을 모든 파리 사람들에게 촉구했다.

마들렌 리포는 라울 노들링 스웨덴 영사가 주도한 8월 19일의 포로 교환 때 석방되었다. 그녀는 다시 활동을 시작하여 파리 19구에서 작전을 전개한 생쥐스트 부대를 지휘했다. 그러고 나서 26일에는 20구의 FFI와 함께 벨빌 빌레트 다리에서 독일군 열차 두 량을 공격했다. 독일 병사 80명은 항복했다. 이튿날인 8월 24일, 30명가량의 레지스탕들로 이루어진 생쥐스트 부대는 여전히 이 젊은 여성의 지휘하에 레퓌블리크 광장에 있는 헤르만 괴링 독일군 막사를 공격했다. 기 모케 부대와 나란히 싸우던 이 부대의 '기술 보좌관' 중에는 브르타뉴 출신의 젊은 트로츠키주의자 앙드레 칼베스가 있었다. 그는 브르타뉴 지방의 포낭 항구에서 독일어로 된 신문을 발행하고 나치에 반대하는 독일 선원 위원회를 설립한 다음 이곳을 떠났다. 그는 '각자가 독일군을 무찌르자!'라는 공산당 슬로건에 매우 적대적이었다. 《장화도 메달도 없이》라는 자신의 회고록에서 말한 것처럼 이 국제주의자는 결코 즐거운 마음으로 총을 쏜 것이 아니었다.

'나는 로미에르 거리 아래쪽에서 기다리고 있었다. 독일 병사들이 그 길에 있었다. 그중 한 명, 젊은 병사가 모퉁이에 나타났다. 그는 총구를 위로 한 채 지붕을 올려다보고 있었다. 그의 눈에 문득 내가 띈 모양이었다. 분명히 그는 미소를 지었다. 상황이 좀 우스꽝스럽게 되어버렸다. 우리는 3미터 정도 떨어져 있었다. 그가 총구를 낮추었다. 나는 방아쇠를 당겼다. 그가 길거리에 쓰러졌다. 그의 무기를 빼앗는다는 것은 불가능한 일이었다. 다른 독일 병사들이 그쪽에 총을 겨누고 있었던 것이다.' 얼마 후 생쥐스트 부대가 30명 정도의 포로를 잡았을 때 칼베스가 걱정하던 부분이 사실로 확인되었다. 병사들 대부분이 히틀러청년단 출신이었다.

1944년 8월 24일. FFI는 5구, 6구, 7구, 14구, 15구, 즉 다섯 개 구를 장악했다. 독일군은 생오귀스탱 광장에서 흰 국기가 자랑스럽게 펄럭이는 자동차 안에서 자신들을 향해 총을 쏜 젊은이 다섯 명을 붙잡았다. 3구에서는 '아비냉'이라는 암호명을 가진 모리스 클루그스타인이 바르샤바를 생각하며 싸웠다. 그는 파리와 동시에 봉기를 일으킨 이 도시에서

1924년에 태어났다. 유대인전투조직에 소속되어 있었던 그는 툴루즈에서 나치와 싸웠으며 MLN의 조직원으로서 파리 해방에도 참가했다. 가족들의 복수를 위해 수도를 해방시킨 외국 출신의 그 모든 유대인들의 긴 리스트를 작성한다면 사라 케르츠조프스키(14세)와 모이즈 바즈스레(14세), 혹은 어린 양재사 안나 바이너(15세), 16살의 여성용 모자 판매원 자클린 보르망 등을 잊어서는 안 될 것이다.

알자스 지방 출신인 어린 잔느 보르쉐르는 전통의상을 입고 삼색기를 든 채 드론느 제2 DB 사령관을 시청에서 맞아들이라는 간청을 받았다. 클로드 로이는 '봉기한 파리의 부릅뜬 눈들' 이라는 탐방기사에서 다음과 같이 말한다. '눈물과 먼지가 그녀의 둥근 뺨에 굵고 거무스름한 자국을 남겨놓았습니다. 하지만 그녀는 정말 아름다웠지요.'

FFI는 이 알자스 지방 출신 소녀를 그날 포로로 잡힌 독일인들이 있는 진지로 데려갔습니다. 그녀는 국기를 활짝 폈습니다. 이 알자스 출신 여성과 파리 사람들은 창백한 얼굴로 차렷 자세를 취하고 있는 독일 병사들 앞에서 마르세예즈를 불렀지요.

1944년 8월 25일. 파리가 해방되었다. 제2 DB 선견대(스페인의 라 누에베 의용병들)가 드론 사령관과 함께 파리에 입성했다. 제2 DB와 콩코르드 광장까지 동행한 항독유격대원 중에는 17살의 쌍둥이 피에르와 조르주 슈브리에가 있었다. 이들은 2년 전 의용대에 들어가 1944년 초에 파리 지역에서 바이오 농장의 항독유격대를 창설했다.

그것은 또한 복수의 순간이기도 했다. 하지만 여자들의 머리를 박박 깎고 대독협력자를 약식 처형하는 이런 식의 숙정을 그다지 자랑스러워 할 수는 없을 것 같다. 젊은이들도 여기 가담했다. 혐오스러워하는 사람들도 있었다.

벨빌 고등학교 학생 장 루이 베송은 이렇게 얘기한다. "한 여자가 교회 광장으로 끌려나와 의자에 앉아 있더군요. 거의 벌거벗겨져 있었습니다. 사람들이 그녀에게 욕설을 퍼붓고 침을 뱉었습니다. 한 남자가 이발기를 가지고 그녀의 머리를 완전히 깎아버리더군요. 모두 재미있어 했습니다. 물론 그녀는 더 이상 그 자리에 없어서 자신을 옹호해 줄 수 없는 독일군 장교의 애인이었다는 비난을 받았죠."

더욱 공감을 불러일으키는 복수도 있었다. 세 차례나 공격을 받았던 독일 서점 '좌안'은 FTP 소속으로서 파리 지역 고등학생을 위한 전국학생전선 책임자인 이방 드니의 지휘 하에 징발당했다. 장송 드 사이 고등학교의 공산주의청년단 출신으로 지도부가 망설이는 데도 1940년 11월 11일 고등학생 시위를 조직하면서 레지스탕스 활동을 시작했던 그에게 이보다 더한 복수가 어디 있겠는가?

드골 장군은 시청 청사에 도착하여 이튿날 샹젤리제 거리로 내려갔다. 지붕 위의 저격수들과 벌이는 산발적인 전투는 끝이 났다. 환희에 찬 파리는 자유를 만끽했다. 리옹도 그렇게 될 것이며, 마르세유 역시 사흘 뒤면 그렇게 되리라. 8월 27일 파리에서 전투가 끝났을 때 9백 명의 FFI와 민간인이 목숨을 잃었다.

그러나 노트르담 대성당에서 울린 것은 조종弔鐘이 아니라 환희의 테데움이었다. 도처에서 먹고 마시며 흥청댔다. 어느 날 앙드레 칼베스는 이렇게 설명했다. "그것은 분명히 젊은이들을 위한 특별파티였어요. FFI는 모처럼 즐거운 시간을 가졌지요. 저는 생쥐스트 부대 대원인 친구 귀드라마르와 함께 파리 시내로 나갔습니다. 어느 날 밤에는 2백 명가량 되는 미국인들이 담요 위에서 파리지앵들과 '우호관계를 맺는 것'을 보았어요. 9월의 파리에는 오직 8천 명의 미군 탈영자들뿐이었죠. 하지만 저는 파비엥 대령이 지휘하는 부대와 함께 로렌 지방으로 떠나 해방전투를 계속 치러야 했습니다. 제가 태어난 브르타뉴로 돌아가기 위해서는 그래야 했죠."

1944년 9월 3일의 에필로그. 그리하여 브르타뉴로 돌아가게 되었다. 캥페르는 8월 초에 해방되었고, 르네 마덱 척후병 조직은 필리포 '대령'이 지휘하는 FFI 대대 제6중대에 배속되었다. 전투는 9월 18일 해방일에 있었던 폭격으로 거의 쑥대밭이 된 브레스트 쪽에서 계속되었다.

그동안 르네 보티에르와 친구들은 감시 임무를 부여받았다. 그러나 사령부는 그들에게 아무 지시도 내리지 않은 채 후퇴했다. 9월 초 크로종 소반도에 있는 텔그뤽 근처의 독일군 대포를 파괴한다는 결정이 내려졌다. FFI는 미군 전차의 지원을 받으며 전진했다. 그러나 미 공군이 먼저 나서서 텔그뤽을 폭격했다. 50명가량의 민간인과 25명의 FFI, 심지어는 미군들도 12명이나 목숨을 잃었다. 사망자 중에는 릴리 앙틱과 로베르 그랑장, 르 브라즈 등 세 명의 스카우트대원이 끼어 있었다. 후에 르네 마덱 조직은 국가공로훈장을 수여받았다.

9월 3일 그날, 그가 탄 트럭은 텔그뤽에서 3킬로미터 떨어진 곳에서 고장이 났다. 그 바람에 그는 친구들과 합류할 수 없었다. B-17기의 폭격을 면한 그는 멀쩡하게 살아남았다. 16살의 그는 수많은 '미아부대' 중 한 곳에서 싸웠다는 사실에 자부심을 가질 수 있었다. 그리고 거기서 무사히 살아남았다는 사실에도.

결론

LA ROSE ET L'EDELWEISS.

기 모케와 '자유의 아이들'

"그래, 맞아. 1940년 11월 11일, 샹젤리제 거리에서……. 그 유명한 시위에 참여했어. 아! 그걸 레지스탕스 운동이라고 말할 수는 없지. 그냥 친구들이랑 함께 가본 것뿐이지. 기억나는군. 라 무에트에서 만나자고 약속했었지. 그렇지만 끝까지 있지는 못했다네. 분위기가 험악해지기 시작해서 지하철 안으로 도망쳤거든. 정말 무서웠어! 하지만 전쟁이 막바지에 접어들면서 장송 드 사이 고등학교의 육군사관학교 준비반 학생들이랑 같이 제1군 산하 제2돌격대와 함께 떠날 때는 그렇지 않았지."

이것은 전형적인 경우다. 그는 좀처럼 입을 열지 않다가 겨우 이렇게 말했다. 마치 현행범으로 체포된 소년처럼 말이다. 내가 이 책을 끝낼 때쯤 되어서야 이 친구 앙드레 셀라리에는 점령당한 프랑스에서 전개된 레지스탕스 운동의 토대가 된 이 고등학생과 대학생들의 시위에 자신이 참여했다는 이야기를 나에게 털어놓았다. 그는 이것이 장난꾸러기들이 거리를 뛰어다니며 벌인 한 차례의 소란에 불과했다고 생각한다. 하지만 앙드레는 미디어업계에 종사하고 있다. 그래서 사건과 그것이 미치는 여파의 관계에 대해 누구보다 더 잘 알고 있다. 이 책을 읽는 독자들보다 나이가 많은 사람들은 그가 프랑스 국영 라디오 TV 방송국의 런던 특파원과 본 특파원을 지낼 때, 혹은 TV 방송국 보도국장을 지낼 때 화면에 나와 보도하던 모습을 기억한다. 나이가 비교적 어린 사람들은 『버릇없는 아줌마』라는 영화에 출연한 그의 딸 클레망틴을 알고 있을 것이다. 그의 아내 마르틴 덕분에 나는 소중한 정보를 한 가지 얻을 수 있었다. 앙드레가 18살 때 이 시위에 참가했다는 것이다. 신중함, 그것은 셀라리에 식의 용기이기도 하다. 그리고 앙드레는 다시 활동을 시작했다. 맹인들을 위해 조너선 리텔의 소설 《호의적인 사람들》 전체(900쪽!)를 묵직한 목소리로 녹음하여 오디오 북으로 만든 것이다. 모든 희망이 사라진 것처럼 보일 때, 앞을 못 보는 사람들은 자유의 의용병이라는 조직을 만든 어린 자크 뤼세이랑처럼 다른 사람들보다 더 잘 본다.

책이 시작될 때부터 끝날 때까지 줄곧 그랬다. 그것 때문에 취재하기가 더 어려웠다. 안느 코르의 사촌인 마들렌은 결국 빅토르 뒤뤼나 페늘롱 고등학교의 유대인 교사들을 보호하는 것을 레지스탕스 운동으로 간주해서는 안 된다고 내게 말했다. 어린 유대인 시몬 그로노프스키는 아우슈비츠 강제수용소로 향하는 제20호 호송열차에서 뛰어내린 자신에게 사람들이 레지스탕스 활동을 했다고 말하자 놀랐다. 또 한 사람, 장 다니는 어린 나이에 레지스탕으로서 기독교노동청년단에 가입하여 1940년 프랑스군 패잔병들을 숨겨준 것에 대해 잘 얘기하려고 하지 않는다. '노란 별을 달지 않으려고 했다'는 이유로 체포된 재즈광들과 스윙 키드들. 교사가 등을 돌리고 있을 때 흑판에 'VDG!(Vive de Gaulle, 드골 만세!)'라고 쓴 고등학생들.

통신문을 전달하기 위해 자전거를 타고 들판을 종횡무진 누볐던 사춘기 소녀들. 런던에서 민방위작전에 참여했던 보이스카우트 대원들, 독일군이 기관총을 갈겨대는데도 아랑곳하지 않고 '차'를 끓일 소나무 잎을 찾으러 떠난 레닌그라드의 붉은 선구자단 단원들, 혹은 봉기가 일어나자 하수도를 통해 통신문을 전달하고 도망치기도 했던 바르샤바의 애덕스카우트 단원들. 그렇다, 이 모든 것 역시 레지스탕스 활동인 것이다!

러시아와 폴란드, 덴마크, 이탈리아 등의 나라에서는 레지스탕스 운동을 했던 아이들과 나치즘과 싸웠던 청소년들에 대해 더 분명하게 경의를 표했다. 나는 80세 이상의 옛 청소년들을 인터뷰하는 것 말고도 기록과 훈장, 책, 인터넷상의 기록을 이용할 수 있었다.

독일에서는 그렇게 하는 게 더 어렵다. 이 책의 서두에서 설명한 것처럼 나는 《아이들의 역사》라는 소설을 쓰다가 에델바이스 해적단에 대해 알게 되었다. 인터넷에 그에 관한 몇 가지 정보가 나와 있었다. 그리고 나서 최근 들어 많이 출판된 독일어 책들을 구할 수 있었다. 우연의 일치일까, 내 소설이 출간된 2004년에 해적단이 드디어 '레지스탕'으로 인정받았다. 그리하여 나는 그들을 만나러 갔고, 그들에게 무슨 일이 일어났는지 알게 되었다.

1945년 이후 해적단에 대한 얘기는 더 이상 들을 수 없었다. 쾰른 시장을 지냈던 — 그러나 나치에 반대했던 — 콘라드 아데나우어의 서독에서도, 그리고 동독에서도 말이다. 제3제국의 잔해 위에 건설된 이 두 개의 독일은 해적단과 나바조, 그리고 그들의 친구인 스윙 키드들을 1989년까지 베를린 장벽 양쪽에서 유행했던 용어로 보면 무정부주의자나 훌리건 정도로 간주했다.

그래서 게르트뤼드 코크는 이렇게 말했다. "괴링 원수의 미망인은 1945년이 지나자마자 바로 전쟁미망인 연금을 받았어요. 하지만 제 경우는 나치가 제 삶을 망쳤는데도 제가 그들과 싸웠다는 사실조차 인정해주지 않았죠!"

하지만 1984년부터는 독일에서도 레지스탕들을 인정해주기 시작했다. 이 해에 쾰른 시는 도시의 어느 거리에 1944년에 해적단 친구들과 함께 교수형을 당했던 바르톨로마우스 쉰크의 이름을 붙였다. 얼마 후 쾰른 지역 의회의장인 사민당의 위르겐 로테르스는 해적단이 진짜 레지스탕으로서의 지위를 획득했으면 한다는 바람을 피력했다. 역사가와 저널리스트들의 연구 덕분에 이 바람이 실제로 이루어지기까지 20년이 더 지나야 했다. 나치친위대 출신이나 단순한 독일군 병사 모임과 비교해 볼 때 해적단 단원들은 지식인도 아니었고, 전후에 그들을 결집시킬만한 정치적 소신이나 조직도 갖추고 있지 못했다. 오히려 나치 비밀정보부 출신들이 협회를 설립하는 데 성공했다.

시간이 지나자 요한 윌리히와 바르트 쉰크도 게슈타포와 맞서 유대인들의 목숨을 구한 공로를 인정받아 이스라엘 정부로부터 의인 메달을 수여받았다. 결국 2000년 초부터 해적단 출신들은 학생들을 만나 자기들이 어떻게 싸웠는가를 얘기해 줄 수 있게 되었다. 매년 6월이 되면 쾰른에서는 해적단 음악축제가 열리며, 요한과 게르트루드는 무릎에 기타를 올려놓고 여기에 참가한다. 나치즘에 대한 레지스탕스의 역할을 인정하는 책들도 쓰이고 있다. 요한 윌리히가 참여했던 콜로네 에렌펠트 조직에 대해 자유롭게 이야기한 『에델바이스 해적』이라는 영화가 2004년에 니코와 키키 폰 글라소프에 만들어지기도 했다. 요한 윌리히는 이 장편영화의 학술고문이 되어 달라는 간청을 받았다.

이후 독일에서 명예를 누리는 반나치 독일청년 조직은 백장미 조직만이 아니다. 독일의 여러 학교에 이 조직의 이름이 붙어 있고, 이와 관련된 문학상도 제정되어 있지만 말이다. 1989년 베를린 장벽이 무너진 후 스타시 문서보관소에서 발견된 게슈타포의 심문기록은 숄 형제가 얼마나 의연하고 용기 있게 행동했는지를 증명한다. 그리고 2005년에는 마르크로테문트가 만든 『소피 숄의 마지막 날들』이라는 감동적인 영화가 다시 한 번 그들에게 경의를 표했다.

그래서 내가 퀼른에서 에델바이스 해적단을 다시 발견하도록 도와주었던 동료 미카엘 뮐러가 라인강 건너편에서는 독일군 탈영자에 대해 언급하는 것이 금기시되어 있다고 내게 설명해주었을 때 나는 깜짝 놀랐다. 이 젊은이들이 해적단에 합류하거나 그냥 몸을 숨기기 위해 나치즘과의 관계를 끊었다기보다는 그들이 형법상 독일을 배신한 자들이라는 인식이 있었던 것이다. 지금 글을 쓰는 2008년에도 마찬가지다. 그들에게 군인 퇴직연금을 받을 자격이 일체 없다는 말은 굳이 할 필요조차 없을 것이다.

라인 강 반대쪽에서도 2007년이 되어서야 검은손 조직에 소속되어 있던 알자스 젊은이들에 관한 글들이 제라르 피스터의 책임하에 《마르셀 베이눔과 검은손 조직》이라는 제목을 달고 처음으로 출판되었다. 이 글은 내가 이 이야기를 하는 데 매우 유용하게 쓰였다. 이 얇은 책의 서문에서 정치학자이자 역사학자인 알프레드 그로써는 백장미 조직의 한스와 쇼피 숄을 1943년에 처형된 검은손 조직의 우두머리 마르셀 바이눔과 비교한다.

요컨대 이 둘을 구분해야 한다는 것이다. 검은손 조직이 은폐된 것은 두 가지 이유 때문이었다. 첫 번째 이유는 검은손이 완전히 자율적이고 매우 확고한 조직을 갖춘 청소년 단체로서 어른들(영국비밀정보부)에게 도움을 요청했다가 버려졌기 때문이다. 로렌 지방에서 활동했던 '프랑스의 희망' 조직(지나가는 김에 한마디 하자면, 이 조직에서 활동했던 조직원 모두의 이름이 레지스탕스 운동을 벌였던 특수요원들을 기리는 뜻에서 세워진 라 마튀엘 기념탑에 새겨졌으면 한다)의 경우 역시 프랑스 정보당국이 그들을 이용하고 조종하다가 버린 방식으로 볼 때 그다지 유쾌하지가 않다. 그러나 검은손이 어떤 조직이었는지 알려지지 않은 두 번째 이유는 정치적이다. 지금까지 우리는 프랑스 공산당의 영향을 받아 독일에 반대하는 최초의 테러가 1941년 8월 파리에서 파비앵 대령에 의해 감행되었다고 알고 있었다. 그런데 검은손 조직의 청소년들은 1940년 12월부터 활동을 시작했고, 바그너 알자스 지사의 자동차에 대한 테러는 1941년 5월에 발생했다. 말하자면 파비앵 대령의 테러보다 넉 달 빨랐고, 특히 프랑스 공산당이 레지스탕스 운동에 뛰어들게 만들었던 독일군의 소련 침공보다 한 달 앞섰다.

나는 대학생 시위로 알려진 1940년 11월 11일의 그러한 예들을 얼마든지 들 수 있다. 만일 이것을 고등학생들에 의해 주도된 자발적인 운동이라고 간주한다면 이 사건에 대한 정치적 해석은 달라진다.

레지스탕스 운동에 참여한 청소년들은 대부분 정치적 선입견이나 저의를 갖고 있지 않았다. 그래서 그들은 여러 조직에 가입하기도 했다. 서로 어울리지 않는 여러 운동에 참여했고, 통합된 조직에 들어갔다. 때로는 혼자 활동하기도 했다. 그래서 전쟁이 끝나자 그들은 상여금을 요구하고, 훈장을 받게 해달라고 요청하고, 계급을 올려주고 의례를 갖추어달라고 간청할 수 있는 위치에 있진 않았다.

그들은 죽어서야 기념탑에 이름이 새겨졌다. 역사는 그들을 언급하지 않은 채 대충 쓰였다. 레지스탕스 운동에서 여성들이 했던 역할이 최근까지도 과소평가되었으니 우리가 이 책에서 본 바와 같이 대규모로 활동했던 청소년들에 대해서는 더 이상 말해서 뭐하겠는가?

그 결과 레지스탕스 운동을 다룬 백여 권의 최근 저서에서 젊은 레지스탕들에 관한 일화를 수집하고, 인터뷰를 위해 아직 살아있는 사람들의 신원을 확인하고, 참고자료를 읽으려고 하면 정말 크게 실망하게 된다. 레지스탕스 운동을 다룬 역사서에는 '어린 그림자 군단'에 관한 부분이 포함되어 있지 않다. 설사 언급이 된다 할지라도 매우 경멸적이다.

앙리 노게르는 무려 다섯 권이나 되는 저서 《프랑스 레지스탕스사》 (3,500쪽 분량)에서 뷔퐁 고등학교에 대해 겨우 13줄밖에 할애하지 않고 있다. 관련 언급도 이런 식이다. '1941년 6월, 우리가 이미 말했던 앙리 4세 고등학교의 학생들이 「자유의 의용병」 창간호를 펴냈다.' 이 지면에서 의문 삼았던 자크 뤼세이랑을 비롯하여 결국 수용소의 NN('Nuit et Brouillard', '밤과 안개')에 강제수용되었던 '고등학생'들에게 감사를 전하고 싶다.

그리고 우두머리들의 이야기에 대해서는 뭐라고 말해야 할까……. 그들은 젊은 레지스탕들을 언급하면서 얼마나 거만을 떠는지 모른다. 이 젊은 레지스탕들의 투쟁과 희생 덕분에 자신들이 최고위 공직에 진출하고, 가장 높은 계급에 오르고, 활짝 열린 문을 통해 레지스탕스의 성전에 들어갈 수 있었는데도 말이다. 하지만 장 물랭의 비서였던 다니엘 코르디에 같은 예외는 항상 있다. 그는 이렇게 말한다. '그림자 군단은 아이들의 군대입니다.'

그러나 젊은이들이 결성한 대부분의 비밀조직은 공식적으로 인정받지 못했다. 그리고 여러 가지 의문을 제기받는다. 다음 두 가지 질문은 반드시 던져진다. 왜 나이가 어린 레지스탕 중에는 사후 수령자를 제외하면 프랑스 해방 훈장을 받은 사람이 그렇게 적을까? 숫자가 프랑스 자유군의 절반이나 되는데 말이다. 왜 재향군인부는 레지스탕스 자원자를 16세부터만 인정했을까? 그 바람에 16세 이상 되는 사람만 레지스탕 출신 연금을 받을 수 있었다.

위대한 우두머리들이 세상을 떠났다. 관점도 바뀌었다. 나는 조직의 청산인들이 — 자신들의 조직에 소속되어 있던 레지스탕들이 공인을 받는 데 죽을 때까지 책임이 있는 사람들이 — 어떤 역사적 관점을 강요하는 경향이 있다는 사실에 주목했다. 그들이 더 '젊은' 레지스탕들에 의해 대체되면서 모든 것이 완화되었다. 최근까지만 해도 나이가 어린 사람들의 레지스탕스 활동에는 별다른 관심을 기울이지 않은 역사가들의 태도도 간혹 거기 한몫했다.

그 결과, 대단히 유용한 개인수첩과 개인들의 증언을 제외하면 이 문제를 전반적으로 다루는 저작물은 매우 드물다. 하지만 2007년도에는 로랑스 티보의 지도하에 《레지스탕스 운동의 젊은이들》이 나왔고, 2008년에는 필리프 샤플로가 쓴 《레지스탕스 운동과 청소년들(1939-1945)》이 출판되었다. 그러나 이론의 여지없이 수많은 독자에게 가장 큰 영향을 미친 책은 툴루즈 FTP-MOI 소속 마르셀 랑제르 부대의 젊은이들에 관한 놀라운 이야기인 마르크 레비의 소설 《자유의 아이들》(2007)이다. 이 책의 주인공 중에 한 명은 이렇게 편지를 쓴다. '자유로운 세상이 찾아오면 우리 얘기를 해줘. 우리가 그들을 위해서 싸웠다고 말이야.' 이것이야말로 2007년 어느 날 장차 프랑스 대통령이 될 인물이 런던에서 MOI에 소속되어 싸웠던 젊은 레지스탕의 아들이자 조카인 이 소설가와 몇 시간에 걸쳐 얘기를 나눈 주요한 이유가 아니었겠는가?

2007년 5월, 앙리 구에노 특별보좌관이 선거운동 기간 중에 건네준 기 모케의 마지막 편지를 읽은 니콜라 사르코지 신임 대통령은 매년 10월 22일(이 젊은이가 숨을 거둔 날)에 각 학교 학생들이 이 편지를 의무적으로 읽게 하기로 결정했다. 나 역시 3년 전에 《아이들의 역사》라는 책에 전문을 삽입하면서 깨달았던 것처럼 이 편지는 감동적이고 매우 종합적이기 때문에 훨씬 더 매끄럽게 쓰인 다른 편지들에 앞서 선택되었다. 그리고 이 편지를 고른 또 한 가지 이유는 정치적인 색깔을 전혀 띠지 않았기 때문이다. 독자 여러분께 부탁하건대, 내가 이 편지를 다시 인용한다고 해서 뭐라 하지 않았으면 좋겠다. 최근에 이 편지에 대해 언급한 사람들 모두 그것을 실제로 읽어보았을 것 같지는 않아서 재차 인용하는 것이니까 말이다.

사랑하는 엄마, 사랑하는 어린 동생, 사랑하는 아빠,
저는 이제 곧 죽을 거예요! 용기를 잃지 말라는 부탁을 여러분께 드리고 싶습니다. 특히 엄마, 단단히 마음먹으셔야 해요. 저는 지금도 여전히 용기 있게 견디고 있답니다. 앞으로도 저보다 먼저 죽어간 분들처럼 불굴의 용기를 간직하고 싶어요. 물론 저도 살고 싶어요. 하지만 제가 진심으로 바라는 건, 저의 죽음이 헛되어서는 안 된다는 거죠.
장과는 미처 포옹도 제대로 하지 못했어요. 로제르와 리노 형제와는 포옹을 했지만요. 사실 그 아이를 슬프게 만들 수는 없었어요.
제 물건이 모두 엄마에게 보내졌으면 좋겠어요. 세르주가 물려받아서 쓸 수 있을 거예요. 언젠가는 세르주가 그것들을 가지고 다니면서 자랑스러워했으면 좋겠어요.
엄마 아빠, 그동안 너무 힘들게 해드리기는 했지만, 그래도 마지막으로 다시 한번 인사드릴게요. 아빠, 아빠가 제게 가라고 말씀해주신 길을 가기 위해 제가 최선을 다했다는 사실을 잊지 말아주세요. 내 모든 친구들이여, 그리고 내가 진심으로 사랑하는 동생아, 이제 작별을 고해야겠구나! 동생아, 열심히 공부해서 나중에 큰 인물이 되기 바란다. 비록 네 형의 삶은 17년으로 짧게 마감되지만 말이다!
저는 아무 후회도 없어요. 여러분 모두의 곁을 떠나야 한다는 것 말고는.
전 텡텡, 미셸과 함께 죽을 거예요.
엄마, 다시 한 번 말씀드리지만, 용기 잃으시면 안 돼요. 그리고 힘들더라도 이겨내셔야 해요. 그렇게 하겠다고 약속해주세요. 제가 바라는 건 이것뿐입니다.

더 이상 쓸 수가 없군요. 엄마, 아빠, 세르주, 마음으로부터의 입맞춤을 보냅니다. 용기 잃지 마세요!

여러분을 사랑하는 여러분의 기가.

이 책에서 여러 차례 언급되기는 했지만, 그래도 파리공산주의청년단의 책임자 중 한 명이었던 기 모케가 공산당이 레지스탕스 운동을 벌이지 않고 독소평화협정을 그대로 받아들였던 시대인 1940년 10월 13일 파리 동부 역에서 유인물을 나눠주다 체포되었다는 사실을 다시금 상기해야 한다. 공산주의청년단 동지들이 대부분 풀려났던 것과는 달리 이 17세 청년은 낭트 지역에 있는 샤토브리앙 강제수용소에 인질로 이감되었다. 공산당 특수조직의 특공대가 낭트에서 독일군 장교 한 사람을 살해하자 그는 1941년 10월 22일 함께 갇혀 있던 26명의 동료들과 함께 총살당하고 말았다.

2007년 5월 24일, 너무나 당연하게도 「위마니테」에서는 특집호를 발간하여 총살형당한 이 젊은 레지스탕의 사진을 1면 전체에 싣고 '기 모케는 과연 어떤 사람이었는가?'라는 제목을 붙였다. 이 공산주의자들의 영웅을 도구화하지 못하도록 하기 위해서였다. 사실 일부 역사가들은 공산당이 1941년 6월 이전의 레지스탕스 운동에 대해 취했던 모순적인 태도를 은폐하기 위해 이 젊은 레지스탕을 전설적인 인물로 만들었다고 주장해 왔다.

프랑스 대통령이 이 청년의 유덕을 기리도록 하겠다는 결정을 내리자 이후 격렬한 논쟁이 이어졌다. 하지만 이 결정에 찬성하는 측이나 반대하는 측이 어떤 동기를 갖고 그러는지는 줄곧 이해되지는 않았다. 따라서 나는 다음과 같이 말하는「리베라시옹」의 로랑 조프랭 편집국장이 드러낸 관점을 전적으로 지지한다.

> 우리, 솔직해지자. 만일 니콜라 사르코지가 아닌 다른 정치인이 기 모케가 1941년 독일군에게 총살당하기 직전에 부모들에게 쓴 편지를 모든 프랑스 학생들이 읽게 하자고 제안했더라면 과연 이 문제를 가지고 이런 식으로 논쟁을 벌였을까? 예를 들어 좌파 대통령이 그렇게 했더라면 어떻게 되었을까? 틀림없이 안 그랬을 것이다. 〔…〕 우파 정치인의 입장에서 정치적으로 자기 자신의 확신과 반대되는 한 젊은이를 상징적인 인물로 선택한다는 것이야말로 관용의 제스처가 아닐까? 정치적 술책이라고? 그럴 수도 있을 것이다. 그러나 의도보다는 행위를 보고 판단해야 한다. 이것은 적절한 행위다. 바로 이것이 이번 사건의 본질이다. 모든 점에서 눈물이 날 만큼 감동적인 이 편지는 레지스탕스 운동과 야만적인 히틀러주의가 맞선 가차 없는 투쟁에서 드러난 영웅적 정신을 가장 잘 보여준 아주 좋은 예가 아닐 수 없다.

니콜라 사르코지가 2차 세계대전 후에 태어난 최초의 프랑스 대통령이라는 사실도 상기하자. 그가 앙리 구에노와 막스 갈로의 영향 하에 드골 장군의 후계자를 자처함으로써 레지스탕스 운동의 전통을 되찾으려 했다는 사실도 상기하자.

어쨌든 이 정도만 해도 고무적이지 않은가? 레지스탕스 운동에 대해 무관심했던 전임 대통령 세 사람(조르쥬 퐁피두, 발레리 지스카르 데스탱, 프랑수아 미테랑)의 태도보다는 그의 태도를 더 환영해야 하지 않을까?

기 모케에 관한 논쟁이 벌어졌을 때 어떤 사람들은 '과연 그는 레지스탕이었는가?' 라는 질문을 던졌다. 이들은 그가 나누어주다 체포당한 유인물의 내용을 그 증거로 내세웠다. 그것은 프랑스 공산당 중앙위원회, 더 정확히 말하자면 당시 모스크바에 망명해 있던 모리스 토레즈 당서기와 전쟁이 시작되어 끝날 때까지 비밀조직을 이끌어나갔던 자크 뒤클로 당서기가 서명한 '프랑스 민중들이여!' 같은 종류의 유인물 아니었던가? 만일 그렇다면, 그것은 스탈린과 히틀러가 협력하는 독소평화협정에 찬동하는 당 정책을 지지하라는 호소인 것이다. 예를 들면 검은손 조직의 조직원들처럼 1940년 여름부터 독일군들과 맞서 싸웠던 수많은 젊은이들의 레지스탕스 운동과는 완전히 다르다는 것이다.

젊은 기 모케가 규율을 매우 잘 준수하는 조직원으로서 아버지 프로스페르 모케를 절대적으로 존경했기 때문에 그날 이 유인물을 나눠주었을 가능성은 충분히 있다. 그리고 그가 공산주의청년단의 입장에서는 매우 힘들었을 이 시기에 그러한 종류의 다른 유인물들을 나눠주었을 가능성 역시 존재한다.

우리가 이 책의 서두에서 이미 만났던 마루시아 나이첸코는 기 모케가 체포되기 직전인 1940년 10월에 일어났던 한 가지 일화를 자신의 회고록에서 언급한다. 동지인 조르주 펠트만이 체포되자 그녀는 문제가 될 만한 문서들을 자신의 아파트에서 치웠다. 그녀는 이런 문서 중에 오토 아베츠 독일대사 앞으로 된 편지 한 통을 발견했다. 그녀는 펠트만이 프랑스 공산당 지도부의 요청에 따라 「위마니테」를 다시 발간하기 위한 독일인들과의 협상에 관여했다는 사실을 알고 있었다. 그는 어떻게 해야 했을까? 그는 '이 편지를 기 모케에게 건네주었고, 기 모케는 이것을 직접 들고 갈 책임을 졌다. 내가 기를 본 것은 이때가 마지막이었다. 며칠 뒤 프티지라르(공산주의청년단 단원들의 친구로서 구금 중에 경찰 끄나풀이 되었다)의 밀고로 체포되었던 것이다.' 그래서 그가 공산당 당원으로서 독소평화협정을 지지하는 내용의 유인물을 나눠주었으리라는 것이다. 그러나 이렇게 주장하는 '역사가들'은 그 어떤 증거도 제시하지 못한다.

마찬가지로 기 모케의 전기 작가인 피에르 루이 바스에 따르면, 이 젊은이는 친구에게 자기가 쓴 시 한 편을 줄 테니 예를 들면 알제리로 강제 송환된 자신의 아버지 같은 정치범들에게 보낼 돈을 기부하라는 제안을 했다고 한다. 이 정도로도 이미 레지스탕스 활동을 했다고 말해야 되지 않을까. 그러나 이것이 그가 레지스탕스 활동을 했다는 확실한 증거는 될 수 없다. 그러므로 이런 종류의 토론은 증거 부족으로 인해 아무 결론도 없이 지지부진해진다.

그런데 '과연 그는 레지스탕이었는가?' 라는 이 질문이 그렇게 중요한가? 만일 한 달 뒤에 체포당하지 않았더라면 아마도 그는 샹젤리제 거리에서 벌어졌던 11월 11일의 시위에 참가할 생각을 했을지 모른다. 예를 들면 장송 드 사이 고등학교의 이방 드니 같은 다른 공산주의청년단 단원들이 그랬던 것처럼 말이다. 그리고 1년 후 풀려나 히틀러가 소련을 침공하고 나서 거의 한 달이 다 되어가던 1941년 7월 14일의 시위 때 그처럼 굳은 의지를 가진 공산당 당원인 친구 오딜 아리기를 따라갔을지도 모르는 것이다. 만일 그랬다면 논쟁은 더 이상 이뤄지지 않았을 것이다. 어쨌든 1940년 11월 10일의 시위를 조직했던 클로드 랄레는 결국 체포되어 기 모케와 같이 샤토브리앙에서 총살당했다. 기 모케가 죽은 후 그를 헐뜯었던 사람들은 그의 '죄'는 너무 일찍 체포당한 것이라고 말했다.

그리고 어쨌든 그는 체포되고 나서 샤토브리앙 강제수용소 내의 비시 정부를 지지하는 간수들과 경찰들에 집단적으로 맞서며 레지스탕스 운동을 벌이다가 총살당하지 않았던가?

나는 독자의 반응을 촉발시키기 위해 한 걸음 더 나아가려 한다. 레지스탕들이 청소년이 아닌 어른이었다고 치자. 그랬더라면 때로는 설명하기 어려운 역할을 맡은 그들을 같은 식으로 취급했을까?

어쨌든 난 클로드 랄레와 카를 쉰하아르의 친구인 피에르 덱스가 자신의 역작 《기억 부정》에 남긴 이야기를 인정할 수밖에 없다. 젊은 공산주의자 카를은 샹젤리제에 있다가 총살당했다.

도대체 어떻게 기 모케를 비난할 수 있단 말인가? 아버지가 투옥되자 공산당이라는 종교를 숭배하게 된 이 젊은이를 말이다. 그는 파리를 억누르던 두려움의 이불을 걷어치우며 대담하게 위법행위를 저질렀다. 히틀러가 소련을 침공하자 프랑스 공산당이 정책을 180도 바꾸어 낭트에서 테러를 저질렀고, 그로 인해 자기가 인질로 총살당했다는 사실을 그는 과연 알고나 있었을까?

그의 희생을 여러 세대의 사람들에게 알린 공적을 니콜라 사르코지에게 돌리자. 사실 많은 사람에게 기 모케는 10월 20일이 되어도 꽃다발 하나 갖다 바치는 사람 없는 포르트 드 생캉 근처 지하철역 이름에 불과했다.

그가 프랑스 공산당을 약화시키기 위해 그런 선택을 했다고 생각하는 사람들도 있다. 불가능한 일은 아니다. 쇠퇴해가고 있던 프랑스 공산당의 공산주의자들은 레지스탕스 운동에서 자신들이 해냈던 역할이 상기되는 것을 너무나 좋아했다. 그리하여 자신들의 당에 '총살형당한 7만 5천 명의 당'이라는 이름을 붙였다. 그러나 드골이 니콜라 사르코지 현 대통령에 앞서 그렇게 했다는 사실을 기억하자. 즉 한편으로는 전략적 이유에서, 또 한편으로는 1986년 여름 숨을 거둘 때까지 비탄에 잠겨 있던 불쌍한 프로스페르 모케에 대한 연민 때문에 프랑스 공산당의 파렴치함을 더 이상 거론하지 않았던 것이다.

사람들이 그 청년을 도구화하지 않길 바라는 마음에, 피에르 루이 바스는 《푸케의 기 모케》라는 소책자를 발간하여 선수를 친다. 여기서 그는 그 사건을 평가한다.

 사람들이 이 기념비적인 역사를 여러 모로 살펴보고 프랑스가 기에게 경의를 표한다거나, 우표를 헌정한다거나, 국경일에 나팔을 불어주는 데 기뻐해도 유리 깨지는 소리는 난다. 삐걱거리는 문. 구겨진 의상. 축제에서 쓰인 낡은 초롱 몇 개. 내 말은, 이 나라엔 총살형당한 사람들의 목소리가 메아리치지 않는 분위기가 있다는 얘기다. 그렇다. 아마 위험한 건 본질을 없애기 위해 역사를 심하게 훼손하는 일일 것이다. 결국 그건 어떤 인물, 어떤 얼굴의 특징들을 거기에 담긴 이야기, 사랑, 맹세를 망각하면서 사용할 수 있을 거라는 생각과 같다. 난 그게 시류 속에 있다는 걸 안다.

 한 걸음 더 나가, 그가 일체의 권위를 거부한 채 레지스탕스 운동에 뛰어든 청소년들과는 달리 상냥하고 아버지와 당에 대해 규율을 잘 지키는 청년이어서 기 모케를 선택한 것은 아닐까 의문을 품어볼 수 있다. 그리고 헝가리 출신이기 때문에 니콜라 사르코지의 마음에 들 수도 있었을 젊은 토마 엘렉은 그와 완전히 반대되는 예다. 이 청소년은 소이탄을 만들고 한 서점(물론 독일서점)에 불을 냄으로써 그가 가입하려고 했던 MOI 조직과 아버지에게 반항했다. 그러고 나서 어느 전투조직에 들어가 열차를 탈선시키는 데 탁월한 능력을 발휘했다(이것 역시 지금의 시류에서는 가장 적절한 예가 아닐지 모른다). 결국 그의 조직은 경찰이 그의 신원을 확인하자 그를 버렸다. 그리고 그는 어머니에게 편지도 쓰지 않았다. 이것도 죄가 될까?
 요컨대, 오직 기 모케의 모습만 길고 파란만장한 '국가소설'에 등장할 수 있는 것은 분명 아니다. 신임 대통령은 권력을 잡자마자 불로뉴 숲 폭포 앞에서 희생당한 사람들에게도 애도를 표했다. 그리고 12살 때 FTP

소속의 토렝과 그라시가 교수형당하는 것을 보고 큰 충격을 받았던 막스 갈로도 장 물랭의 유해가 팡테옹에 안장될 때 앙드레 말로가 그랬던 것처럼 추도사를 낭독했다.

막스 갈로는 대통령이 조의를 표하고 한 달 후 유대인대학살 위령탑에 나타난 것은 '회개하고 망각하는 프랑스의 모습이 아니라 영웅적 행위에 대해 감사하고 역사를 하나의 거대한 블랙홀로 간주하기를 거부하는 프랑스의 모습과 일치한다'고 생각한다.

2007년 10월 22일, 교육부는 기 모케의 편지가 전국에 있는 대부분의 고등학교에서 읽힌 것으로 추정한 반면 전국중등교육교원노동조합은 '매우 제한된 숫자의 학교만 이번 조처에 따랐다'고 주장하며 '집단적으로 거부할 것'을 호소했다.

많은 토론이 이루어졌다. 레지스탕들이 교실로 찾아왔다. 개방적인 교사들은 '교육적인 견지에서 이 문제를 조명해보자'고 제안했다. 조사하고 탐색하는 사람에게 레지스탕스 운동에 뛰어든 청소년들의 잊힌 역사는 완전히 새로운 역사적 관점을 소개할 수 있는 가장 좋은 기회가 된다.

기 모케가 마지막으로 쓴 편지를 읽자고 촉구하는 것이 처음 있는 일은 아니다. 1948년에도 교육부는 뷔퐁 고등학교 학생들의 마지막 편지를 읽을 것을 호소한 바 있다(에드웽 바이가 감독하고 필리프 토랑통이 레이몽 뷔르가르 교사 역을 맡은 TV용 영화『인생은 아름다우리』가 2007년 프랑스 2 TV 채널에서 방영된 덕분에 이 학생들은 나이 어린 사람들에게도 친숙한 존재가 되었다).

프랑스와 이탈리아, 네덜란드, 레지스탕스 활동을 했었던 청소년들이 쓴 모든 편지에서 가장 큰 감동을 불러일으키는 것은, 그들이 레지스탕스 활동을 했음을 마지막 순간까지 부인하지 않는다는 사실이다. 그들이 레지스탕스 운동에 뛰어든 것을 후회하거나 인정하지 않는 증언은 나오지 않았다. 레지스탕 청소년들이 쓴 편지가 무척 많다는 사실을 고려해본다면, 여러 지역에서 어느 정도의 지역적·정치적 균형을 잡고자 하는 레지스탕 출신과 교사들이 오히려 다른 젊은 레지스탕들에게 경의를 표하거나 아니면 기 모케와 동시에 그들에게 경의를 표하기를 바라는 것은 놀라운 일이 아니다. 긍정적인 결과가 나타났다. 학생들이 레지스탕스의 진정한 성격에 대해 토론하게 된 것이다.

이렇게 하여 새로운 이야기와 얼굴들이 출현했다. 레 글리에르에서는 폴 레핀의 이야기와 얼굴이, 툴루즈와 몽토방에서는 루이 사바티에의 이야기와 얼굴이, 스트라스부르에서는 마르셀 바이눔의 이야기와 얼굴이 새로 등장했다. 한편 벨포르에서 활동했던 기 라리고디 조직의 스카우트 단원들에 관한 이야기도 새로 알려졌고, 파리의 MOI 조직에 소속되어 있던 토마 엘렉의 영웅적 무훈과 켕페르에서 활동했던 안느 코르의 수수께끼도 밝혀졌다.[11]

코르시카에서 레지스탕이었던 피에르 오르소니는 대통령이 프랑스의 모든 중고등학교에서 기 모케의 편지를 읽게 하고 싶어 한다는 사실을 알고 오트 코르스 지방 교육감을 찾아가 허심탄회하게 이야기를 나눈 끝에 샤를 보나페디의 편지를 읽게 하도록 하겠다는 약속을 받아냈다. 이때까지만 해도 샤를 보나페디의 이름은 오직 그의 고향마을인 프트르토의 작은 아작시오 광장과 오래 된 부속학교에만 붙어 있었다. 피에르 오르소니 덕분에 레지스탕스 운동의 시대가 어떠했는지, 그리고 당연히 본토에서 일어났던 봉기와는 다른 1943년 봉기는 어떻게 일어났는지를 설명할 수

---

11 토마 엘렉의 이름은 2008년 발레리앙 산에서 벌어진 추모식에서 앙드레 앙그로와 모리스 펠르렝, 카를 숀하아르, 페르낭 잘니코프, 클로드 바로키에르 등 역시 총살당한 다른 젊은 레지스탕들의 이름과 함께 언급되었다. 내가 이 책을 쓰고 있는 지금 로베르 게디구이앙 감독은 붉은 대자보 조직을 다룬 영화 「범죄의 군대」를 촬영하고 있는데, 그레그와르 르프랭스 렝게가 토마 엘렉 역을 맡았다.

있게 되었다.

경의를 표해야 할 다른 젊은 레지스탕들이 많이 있다는 사실을 강조한 교사들과 학부모들은 틀리지 않았다. 이제는 그러한 사실을 깨달아야 할 때다. 인터넷 블로그에 가장 많이 등장하는 이름은 브장송 출신의 앙리 페르테다.

이 청년이 레지스탕스 활동을 했다는 데에는 아무런 의심의 여지가 없다. 그가 죽기 전에 마지막으로 쓴 편지도 감동적이다. 그리고 그는 기 모케와 직접적으로 연관이 있다. 기 모케는 자신도 모르는 사이에 의용유격대와 국민전선, 그리고 다른 많은 청소년 조직에서 만든 유인물과 신문을 통해 레지스탕스 운동에 뛰어든 다른 젊은이들에게 계시를 주었다(대부분 프랑스 공산당의 탁월한 선전활동 덕분이었다.). 나는 생쥐스트 부대와 함께 파리 19구의 해방전투에 참가했던 기 모케 부대를 언급한 바 있다. 브르타뉴 지방을 비롯한 다른 곳에도 그런 부대가 많이 있었다. 브장송의 젊은이들은 '기 목케' 조직을 결성했다. '기 모케'가 아니라 '기 목케'인 것은 그들에게 영감을 준 신문이 이 젊은 레지스탕의 성을 잘못 표기했기 때문이다. 1926년 10월생으로 그들 중에서 가장 나이가 어렸던 앙리 페르테는 브장송에 있는 빅토르 위고 고등학교 학생이었다. 1942년 여름 그는 이 조직의 일원으로 여러 작전에 참여했다. 1943년 4월에는 몽포송 경찰서를 공격하여 그곳에 보관되어 있던 폭약을 탈취했고, 5월 7일에는 샤토파린에 있던 고압선 철탑을 파괴했다. 마지막으로 6월 12일에는 한 세관사무소 소장을 공격하는 데 참여했다. 1943년 7월 3일 독일군에 체포된 그는 1943년 9월 사형선고를 받고 같은 달 26일에 처형되었다.

그는 16살이었다. 독일 법에 의하면 원칙적으로 페르테는 아직 어려서 18살이 될 때까지는 처형될 수 없었다. 파리의 특수조직에 소속된 젊은 레지스탕으로서 화학관 재판 당시 재판을 받은 앙드레 키르센도 그런 경우였다. 그러나 이 두 예외적인 경우에는 다음과 같은 이유로 사형선고가 내려졌다. '지적, 도덕적 발달 상태를 볼 때 피고는 18세 이상 되는 사람의 그것과 일치하는 책임감을 가지고 있는 것으로 간주될 수 있다.' 그래서 독일 재판부는 앙리 페르테에 대해 '피고가 비록 실제 나이는 16세지만 성인의 그것에 뒤지지 않는 지적 능력을 가지고 있다'고 판단했다.

이러한 판단은 우리가 이 책에서 만났던 대다수의 청소년들에게 적용된다. 1943년 9월 26일, 샤토브리앙에서 그랬던 것처럼 브장송 성에서도 16명의 레지스탕이 처형되었다. 레지스탕들이 용기를 잃지 않고 마르세예즈를 부르는가하면, 시민들이 애국의 열정에 불타오르는 등 이곳은 샤토브리앙보다 더 눈길을 끌었다.

처형되는 날 아침, 젊은 기독교도 앙리 페르테는 가족에게 마지막 편지를 썼다. 다음은 감동적인 이 긴 편지의 일부를 발췌한 것이다.

브장송, 라 뷔트 교도소(두브)
1943년 9월 26일

사랑하는 부모님,

이 편지를 받으시면 무척이나 힘들어하시리라 생각됩니다. 하지만 저는 두 분이 항상 용기로 충만해 계신 모습을 보았어요. 그리고 앞으로도 여전히 용기를 잃지 않으시리라 믿어 의심치 않습니다. 비록 절 사랑해서 그렇게 하시는 거라도 말이죠. 제가 감방 안에서 정신적으로 얼마나 큰 고통을 겪었는지, 두 분을 더 이상 뵐 수가 없어서, 두 분께서 멀리서나마 제게 마음 쓰시는 걸 더 이상 느낄 수가 없어서 얼마나 힘들었는지 모르실 거예요. 감방에 갇혀 있는 88일 동안 두 분의 소포보다 두 분의 사랑이 훨씬 더 그리웠답니다. 그래서 그동안 힘들게 해드린 걸 용서해달라고 두 분께 자주 부탁드리곤 했지요. 지금 제가 두 분을 얼마나 사랑하는지 잘 아시죠? 전에는 그냥 두 분

을 의례적으로 사랑했어요. 하지만 지금은 두 분이 그동안 제게 얼마나 잘해주셨는지를 깨닫게 되었답니다. 저는 제가 자식으로서 두 분을 진정으로 사랑하고 있다고 생각합니다. 어쩌면 전쟁이 끝나고 나서 감방에 같이 있었던 어떤 동료가 저에 대해서, 저의 이러한 사랑에 대해서 말씀드리게 될지도 모르겠습니다. 제가 동료들에게 자식으로서의 참사랑에 대해 말했거든요. 이 동료가 이 신성한 임무를 게을리 하지 않기를 바랍니다. [⋯]

저의 작은 책장은 피에르에게, 교과서는 사랑하는 아빠께, 수집품은 사랑하는 엄마께 드리겠어요. 하지만, 엄마, 선사시대 도끼와 골 족의 칼집은 조심해서 다루셔야 해요.

저는 조국을 위해 죽는 것입니다. 프랑스가 자유를 되찾고 프랑스 인들이 행복해지기를 바랍니다. 제가 바라는 것은 세계 최고라며 잘난 체 하는 프랑스가 아니라 근면하고 부지런하고 정직한 프랑스입니다. 가장 중요한 것은 프랑스 인들이 행복해지는 것입니다. 살면서 행복을 누릴 줄 알아야 합니다. 제 걱정은 하지 마세요. 용기와 유머를 끝까지 잃지 않고, 사랑하는 엄마가 제게 가르쳐주신 〈상브르와 뫼즈〉라는 노래를 부를 테니까요.

피에르에게는 엄격하면서 다정하게 대해주세요. 학교 공부 열심히 하는지 확인하시고, 열심히 안 한다 싶으면 억지로라도 시키세요. 게으름 피우도록 그냥 내버려두시면 안 돼요. 피에르는 저보다 뒤지지 않는 실력을 갖추어야 해요.

군인들이 저를 데리러 오는군요. 서둘러야 합니다. 제 필체가 꼬불꼬불해 보일지도 모르지만, 그건 제 연필이 너무 작아서랍니다. 저는 죽음이 두렵지 않아요. 저의 신념은 확고합니다.

아빠, 기도해주세요. 제가 저의 행복을 위해 죽는 거라고 생각하세요. 저의 그 어떤 죽음이 이보다 더 명예롭겠어요? 저는 조국을 위해 기꺼이 죽는 것입니다. 우리 네 사람은 머지않아 하늘나라에서 다시 만나게 될 거예요.

엄마, 기억하세요.

'그리고 이처럼 복수하는 자들에게 새로운 옹호자들이 생길 것이며 복수하는 자들이 죽고 나면 이 옹호자들에게는 후계자가 생기리라.'

안녕히 계세요. 죽음이 저를 부릅니다. 저는 눈을 가리는 것도, 묶이는 것도 원하지 않아요. 여러분 모두에게 입맞춤을 보냅니다. 하지만 죽는다는 건 힘든 일입니다.

프랑스 만세.

사형선고를 받은 16살 청년.

H. 페르테.

철자가 틀렸더라도 너그러이 봐주세요. 다시 읽고 고쳐야 하는데 그럴 시간이 없군요.

발신인: 신 기까이, 하늘에서, 앙리 페르테

기 모케의 가족처럼 앙리 페르테의 가족도 이 레지스탕스의 비극에서 벗어나지 못했다. 브장송 출신의 이 젊은 레지스탕이 죽고 나서 37년이 지난 1980년 11월 26일, 그의 어머니와 동생은 스스로 목숨을 끊었다.

앙리 페르테의 편지는 기 모케와 다른 많은 레지스탕들이 쓴 편지와 동등하게 읽힐 만하다. 그러나 가장 중요한 것은 뭐니 뭐니 해도 이 청소년들의 역사를, 그들이 어떤 상황에서 레지스탕스 운동에 뛰어들었는지, 그들이 어떤 식으로 나치에 맞서 저항했는지를 이야기하는 것이다. 나치즘을 직접 체험하고, 사실에 근거한 정보를 최대한 많이 알고 있는 사람들과 거기에 대해 이야기하고 깊이 생각해보는 것이다. 그리고 우리가 이 책에서 지켜봐 온 아이들과 청소년들, 그리고 나이 어린 성인들이 그랬던 것처럼, 장차 역사적으로 다시 어려운 상황이 되었을 때 과연 어떻게 행동해야 할지를 스스로에게 묻는 것이다.

레지스탕스 청소년들과 함께했던 우리 여행을 벨기에서 시몽 그로 노프스키와 함께 끝내고자 한다. 제20호 호송열차에서 탈출했던 소년 시몽과 함께 말이다. 50년 동안 그는 자신에게 일어났던 일들에 대해 일체 입을 열지 않았다. 종전 후에야 그는 로베르 메트리오와 유라 리브쉬츠, 장 프랑클몽(암호명 '팡플무스')의 세 레지스탕이 무슨 일을 했는지 알게 되었다. 그들이 제20호 호송열차를 공격했고, 그래서 자신이 다른 유대인들과 함께 도망칠 수 있게 되었다는 사실을 알게 된 것이다. 그리고 자신이 전쟁이 끝날 때까지 숨어 있는 동안 유라가 1944년 2월 17일 총살형을 당했다는 사실을, 그의 두 친구가 강제로 송환되었다가 다행스럽게 살아 돌아왔다는 사실을 알게 되었다.

그는 혼자가 되었다. 어머니와 누이동생은 강제로 끌려갔다가 세상을 떴고, 아버지도 전쟁이 끝난 후 슬픔을 이기지 못하고 눈을 감았다. "저는 이 세상에서 오직 혼자였습니다. 다행히 음악이, 재즈가 저를 구해주었지요." 이때까지만 해도 그는 증언을 해야겠다는 생각을 여전히 하지 않고 있었다. 그러고 나서 몇 년 전에 그는 벨기에 강제송환자협회 회장이 되었다. 어느 날 그는 말린에서 연설을 했다. 과거에 그는 어머니와 누이동생과 함께 여기 감금되어 있다가 '핏치포이'(어린아이들에게 두려움을 불러일으키지 않기 위해 강제송환되는 장소를 이디시 어로 이렇게 불렀다)를 향해 먼 길을 떠났다. 그는 다음과 같은 요지로 말했다. "우리에게 일어났던 일을 되씹는 것도 좋은 일이기는 합니다. 하지만 지금 이 순간에도 민족말살 행위가 저질러지고 있습니다. 예를 들면 르완다처럼 말입니다. 그리고 팔레스타인 사람들의 그것처럼 비극적인 상황이 되풀이되고 있습니다." 사람들은 이런 내용의 연설을 그다지 좋아하지 않았고, 시몽은 이 협회 회장직을 사임해야 된다는 사실을 깨달았다.

내가 2008년 봄에 인터뷰를 했을 때 시몽 그로노프스키는 화가 나 있었다. 그는 프랑스에서 일어난 기 모케 사건이라든지, 유대인 아이들 사건(2008년에 니콜라 사르코지 프랑스 대통령은 프랑스 유대지도자들과의 연례 만찬에서 2차 세계대전 중에 나치에게 희생된 유대인 아이들에 대한 기억을 전국의 초등학교 5학년 학생들에게 주입시키자고 제의했다―옮긴이) 등 프랑스에서 일어나고 있는 일을 죽 지켜보고 있었다. 그는 역시 강제송환되었던 시몬 베유처럼 그것은 좋은 생각이 아니며, 그로 인해 아이들이 충격을 받고 동요할 것이라고 생각했다. 그러나 이번에는 벨기에서 일어난 한 가지 사건이 다시 그에게 고통을 주었다.

'늑대들과 함께 살아남다' 스캔들이 이제 막 터진 것이었다. 벨기에 여성 미샤 드퐁세카는 1997년 《미샤, 유대인 대학살의 기억》이라는 책을 통해 자신의 이야기를 함으로써 전 세계를 충격에 빠트렸다. 이 책에서 그녀는 유대인 아버지와 어머니가 강제로 송환되고 난 1941년에 7살이었던 자신이 어떻게 수용가정의 감시를 피해 달아났는지를 이야기한다. 부모들을 만나기 위해 어떻게 독일과 폴란드, 우크라이나를 통과했는지를 이야기한다. 하지만 결국 부모를 찾지 못한 그녀는 루마니아와 발칸제국, 그리고 이탈리아를 통해 다시 집으로 돌아왔다. 그녀는 자신이 어떻게 동물적인 감각을 발휘하여 숲 속에 몸을 숨기고 마을에서 좀도둑질을 했는지 상세하게 이야기한다. 자신이 어떻게 《정글북》에 나오는 모글리처럼 자기를 보호해 준 늑대들과 함께 살았는지를 이야기한다. 엄청난 성공을 거둔 이 책은 프랑스 출신 영화감독 베라 벨몽에 의해 영화화되기도 했다. 그녀 역시 유대인으로서 MOI가 시키는 대로 전쟁이 끝날 때까지 숨어 있었다. 그러다가 모든 게 밝혀졌다! 어느 날, 그녀가 누구인지를 알아낸 독자들의 요구에 따라, 그녀는 자신이 허언증 환자라고 털어놓은 것이었다. 그녀의 진짜 이름은 모니크 드 바엘, 유대인도 아니었다. 물론 이 어마어마한 모험은 아예 해본 적도 없었다. 게다가 그녀는 동지들을 배신한 벨기에 레지스탕의 딸이었다. 그래서 어렸을 때 '매국노의 딸' 취급을 받았다. 어쨌든 그녀는 모든 사람을 속였고, 그녀에게 가장 먼저 속아 넘어간 출판사는 독자들에게 사과했다. 하지만 이 출판사는 이 작품이 '실화'가 아니라 '소설'이라고 주장하며 계속 팔기로 결정했다.

시몽은 이렇게 소리쳤다. "저는 그 속임수에 넘어가지 않았습니다! 그래서 정말 화가 납니다! 저는 그렇게 말했어요! 도대체 어떻게 그녀는 자기가 7살의 나이로 수천 킬로미터를 걸었다고 믿게 만들 수 있었을까요? 저는 1943년 4월 19일 열차에서 뛰어내려 브뤼셀까지 겨우 70킬로미터를 걸었는데도 이미 다리가 아파 죽을 지경이었는데 말입니다. 자, 이제 나는 그것 때문에 강연회를 해야 합니다. 전쟁이 어떤 것이었는지, 유대인 대학살이 어떠했다고, 레지스탕스 운동이 어떠했다고 누군가 이야기할 때 속아 넘어가면 안 된다고 순진한 사람들에게 설명하기 위해서 말입니다."

과거 게슈타포 건물이 있었던 루이즈 드 브뤼셀 거리에서 그와 헤어질 때 나는 적이 안심이 되었다. 제20호 수송열차에서 뛰어내렸던 시몽이 자신은 레지스탕스 운동을 했고 지금도 여전히 하고 있다고 내게 말했기 때문이다.

장미와 에델바이스

초판 1쇄 인쇄 2011년 12월 16일
초판 1쇄 발행 2011년 12월 20일

지은이 | 로제 팔리고
옮긴이 | 우석훈, 이재형
발행인 | 정상우
주간 | 김영훈
기획편집 | 이민정
마케팅·관리 | 현석호, 김정숙

발행처 | 오픈하우스 @openhousebooks
출판등록 | 2007년 11월 29일 (제13-237호)
주소 | 서울시 마포구 서교동 465-18 (121-841)
전화 | 02-333-3705   팩스 | 02-333-3745
홈페이지 | www.openhousebooks.com

ISBN 978-89-93824-56-8 (03900)

• 잘못된 책은 바꾸어 드립니다.
• 값은 뒤표지에 있습니다.